中華古籍保護計劃

ZHONG HUA GU JI BAO HU JI HUA CHENG GUO

·成果·

陕西师范大学图书馆古籍普查登记目录

全国古籍普查登记目录

国家图书馆出版社
National Library of China Publishing House

圖書在版編目(CIP)數據

陝西師範大學圖書館古籍普查登記目録/《陝西師範大學圖書館古籍普查登記目録》
編委會編. --北京:國家圖書館出版社,2018.12
（全國古籍普查登記目録）
ISBN 978 - 7 - 5013 - 6572 - 2

Ⅰ.①陝…　Ⅱ.①陝…　Ⅲ.①院校圖書館—古籍—圖書館目録—西安　Ⅳ.①Z838

中國版本圖書館 CIP 數據核字(2018)第 217517 號

書　　名　陝西師範大學圖書館古籍普查登記目録
著　　者　《陝西師範大學圖書館古籍普查登記目録》編委會　編
責任編輯　黄　鑫

出　　版　國家圖書館出版社(100034　北京市西城區文津街 7 號)
　　　　　　（原書目文獻出版社　北京圖書館出版社）
發　　行　010 – 66114536　66126153　66151313　66175620
　　　　　　66121706(傳真)　66126156(門市部)
E-mail　　nlcpress@ nlc. cn(郵購)
Website　www. nlcpress. com→投稿中心
經　　銷　新華書店
印　　裝　河北三河弘翰印務有限公司
版　　次　2018 年 12 月第 1 版　2018 年 12 月第 1 次印刷

開　　本　787×1092(毫米)　1/16
印　　張　33.5
字　　數　700 千字

書　　號　ISBN 978 – 7 – 5013 – 6572 – 2
定　　價　340.00 圓

《全國古籍普查登記目錄》

工作委員會

《全國古籍普查登記目録》

序　言

　　全國古籍普查登記工作是"中華古籍保護計劃"的首要任務,是全面開展古籍搶救、保護和利用工作的基礎,也是有史以來第一次由政府組織、參加收藏單位最多的全國性古籍普查登記工作。

　　2007年國務院辦公廳發布《關於進一步加强古籍保護工作的意見》(國辦發[2007]6號),明確了古籍保護工作的首要任務是對全國公共圖書館、博物館和教育、宗教、民族、文物等系統的古籍收藏和保護狀況進行全面普查,建立中華古籍聯合目録和古籍數字資源庫。2011年12月,文化部下發《文化部辦公廳關於加快推進全國古籍普查登記工作的通知》(文辦發[2011]518號),進一步落實了全國古籍普查登記工作。根據文化部2011年518號文件精神,國家古籍保護中心擬訂了《全國古籍普查登記工作方案》,進一步規範了古籍普查登記工作的範圍、内容、原則、步驟、辦法、成果和經費。目前進行的全國古籍普查登記工作的中心任務是通過每部古籍的身份證——"古籍普查登記編號"和相關信息,建立古籍總臺賬,全面瞭解全國古籍存藏情況,開展全國古籍保護的基礎性工作,加强各級政府對古籍的管理、保護和利用。

　　《全國古籍普查登記工作方案》規定了全國古籍普查登記工作的三個主要步驟:一、開展古籍普查登記工作;二、在古籍普查登記基礎上,編纂出版館藏古籍普查登記目録,形成《全國古籍普查登記目録》;三、在古籍普查登記工作基本完成的前提下,由省級古籍保護中心負責編纂出版本省古籍分類聯合目録《中華古籍總目》分省卷,由國家古籍保護中心負責編纂出版《中華古籍總目》統編卷。

　　在黨和政府領導下,在各地區、各有關部門和全社會共同努力下,古籍普查登記工作得以扎實推進。古籍普查已在除臺、港、澳之外的全國各省級行政區域開展,普查内容除漢文古籍外,還包括各少數民族文字古籍,特別是於2010年分別啓動了新疆古籍保護和西藏古籍保護專項,因地制宜,開展古籍普查登記工作;國家古籍保護中心研製的"全國古籍普查登記平臺"已覆蓋到全國各省級古籍保護中心,并進一步研發了"中華古籍索引庫",爲及時展現古籍普查成果提供有力支持;截至目前,已有11375部古籍進入《國家珍貴古籍名録》,浙江、江蘇、山東、河北等省公布了省級《珍貴古籍名録》，古籍分級保護機制初步形成。

《全國古籍普查登記目録》是古籍普查工作的階段性成果，旨在摸清家底，揭示館藏，反映古籍的基本信息。原則上每申報單位獨立成冊，館藏量少不能獨立成冊者，則在本省範圍内幾個館目合并成冊。無論獨立成冊還是合并成冊，均編製獨立的書名筆畫索引附於書後。著録的必填基本項目有：古籍普查登記編號、索書號、題名卷數、著者（含著作方式）、版本、冊數及存缺卷數。其他擴展項目有：分類、批校題跋、版式、裝幀形式、叢書子目、書影、破損狀況等。有條件的收藏單位多著録的一些擴展項目，也反映在《全國古籍普查登記目録》上。目録編排按古籍普查登記編號排序，内在順序給予各古籍收藏單位較大自由度，可按分類排列古籍普查登記編號，也可按排架號、按同書名等排列古籍普查登記編號，以反映各館特色。

此次全國古籍普查登記工作，克服了古籍數量多、普查人員少、普查難度大等各種困難，也得到了全國古籍保護工作者的極大支持。在古籍普查登記過程中，國家古籍保護中心、各省古籍保護中心爲此舉辦了多期古籍普查、古籍鑒定、古籍普查目録審校等培訓班，全國共 1600 餘家單位參加了培訓，爲古籍普查登記工作培養了大量人才。同時在古籍普查登記工作中，也鍛煉了普查員的實踐能力，爲將來古籍保護事業發展奠定了良好的基礎。

《全國古籍普查登記目録》的出版，將摸清我國古籍家底，爲古籍保護和利用工作提供依據，也將是古籍保護長期工作的一個里程碑。

國家古籍保護中心
2013 年 10 月

《全國古籍普查登記目録》

編纂凡例

一、收録範圍爲我國境内各收藏機構或個人所藏，産生於 1912 年以前，具有文物價值、學術價值和藝術價值的文獻典籍，包括漢文古籍和少數民族文字古籍以及甲骨、簡帛、敦煌遺書、碑帖拓本、古地圖等文獻。其中，部分文獻的收録年限適當延伸。

二、以各收藏機構爲分册依據，篇幅較小者，適當合并出版。

三、一部古籍一條款目，複本亦單獨著録。

四、著録基本要求爲客觀登記、規範描述。

五、著録款目包括古籍普查登記編號、索書號、題名卷數、著者、版本、册數、存缺卷等。古籍普查登記編號的組成方式是：省級行政區劃代碼—單位代碼—古籍普查登記順序號。

六、以古籍普查登記編號順序排序。

《陝西省古籍普查登記目錄》

工作委員會

主　任：任宗哲

副主任：李全虎　周雲岳　張海翔　楊居讓

委　員（按姓氏筆畫排序）：

王小芳　郎　菁　姜　妮　張志鵬

程麗君　綦勝利　劉　穎　藺　晨

《陝西師範大學圖書館古籍普查登記目録》
編委會

《陝西師範大學圖書館古籍普查登記目錄》
前 言

古籍是凝聚和傳承我國傳統文化的重要載體,是華夏文明源遠流長的精神遺産,正所謂"國有史,方有志,家有譜",古籍裏保存着中華民族的歷史記憶、思想智慧和知識體系。我國自古重視對古籍的典藏、整理和出版,在藏書樓裏存藏着刻印精良的古籍原本,在經典目錄學著作裏記錄着流傳稀少的善本,這些都是前人經過努力,爲我們後世子孫保存的精神財富,而如何繼承前人的保護成果,汲取其營養,挖掘其内涵,使薪火相傳,古爲今用,是擺在我們子孫後代面前的新課題。自2007年以來,國家提出在"十一五"期間开始實施"中華古籍保護計劃",提出在對全國存藏單位的古籍收藏和保護狀況進行全面普查的基礎上,建立中華古籍聯合目録和古籍數字資源庫。此次出版的《陝西師範大學圖書館古籍普查登記目録》便是此計劃的階段性成果之一。

陝西師範大學圖書館古籍藏量豐富,共有24萬册,其中善本900多部,1萬餘册,書籍内容品類衆多,涵蓋了經、史、子、集、叢各部,無論是存藏數量還是種類,在西北地區地方高校都是首屈一指。陝西地方文獻收藏是我館的特色資源,被譽爲"地方百科全書"的地方志文獻收藏最多,其中西北地方志及陝西省各縣縣志的收藏較爲齊備,共有地方志文獻1400餘部,另外館藏豐富的陝西地方名人傳記、文集和家譜資料,以及關中理學人物著述,都在我校的教學科研中發揮着積極的作用,爲陝西地域文化及關學研究的開展提供了充足的文獻保障。

2005年我館古籍轉移至新建的圖書館五層,存藏條件大爲改觀。2007年適逢"中華古籍保護計劃"開始實施,我館積極響應號召,在國家和省兩級古籍保護中心的領導和部署下,大力推進我館的古籍保護工作。2012年在陝西省古籍整理辦公室統一規劃下,我館對存藏古籍進行了全面普查,出版了《陝西古籍總目·陝西師範大學圖書館分册》,摸清了家底。此外,我們還積極參與"全國古籍重點保護單位"和《國家珍貴古籍名録》的申報工作,2009年我館被文化部正式授予"全國古籍重點保護單位"稱號,是陝西省高校圖書館中第一個獲此殊榮的存藏單位,截至目前我館共有15部古籍入選了《國家珍貴古籍名録》。這15部古籍裏,時代最早的可上溯至宋慶元三年(1197)在四川眉山咸陽書隱齋刻印的《新刊國朝二百家名賢文粹》,該書半

1

葉十四行,行二十四字,白口,左右雙邊,采用蝴蝶裝,爲研究宋代的雕版印刷和古籍特有的裝幀形式提供了直觀物證。其次元刻本有《纂圖互注南華真經》福建建陽書坊刻本,明刻本中比較有代表性的《大明一統志》爲明天順五年(1461)司禮監刻本,是明代全國地理總志,是書已於1984年由三秦出版社影印出版。另外稿本有《星烈日記彙要》《梁啓超手稿》等,均爲海内外唯一收藏的孤本。

我館在重視古籍保護工作的同時,也一直致力於古籍整理和開發,協調古籍藏和用的矛盾。我們對利用率高的古籍文獻率先進行數字化處理,現已將館藏西北地方志文獻進行原書掃描,加工建成"西北地方志特色數據庫"。我館還加入了浙江大學發起的CADAL項目,實現古籍文獻數字化資源共享,避免重複建設,同時古籍工作人員在工作中也積極向讀者推薦使用最新出版的古籍影印本和電子文獻等資源,努力做到古籍保護與開發利用并舉。

此次出版的《陝西師範大學圖書館古籍普查登記目錄》收錄古籍8108部85276冊,進一步摸清了我館古籍存藏家底,在内容上删除了我館原有目錄中所著錄的民國時期書籍和域外書籍,是一部更嚴謹的古籍目錄,爲今後的古籍整理和開發工作打下了堅實的基礎。陝西師範大學圖書館將以獲批"全國古籍重點保護單位"爲契機,秉承"保護古籍,守望文明,傳承文化"的理念,加快標準化古籍書庫建設,加大館藏古籍的原生性和再生性保護,并與兄弟圖書館及各類藏書機構加強溝通、交流與合作,共同爲保護中華民族的精神遺産做出應有的貢獻。

本目錄中的《陝西師範大學古籍整理研究所古籍普查登記目錄》收錄古籍161部1719冊,是陝西師範大學歷史文獻學專業藏書。該專業係著名史學家暨古文獻學家黃永年先生創建,創建伊始即重視圖書資料建設。從20世紀80年代至今,入藏以明清刻本爲主的古籍460餘部5100多冊(含民國綫裝書)。由於這些古籍主要用於培養文獻學人才,多爲通行易見之本,在版本上則重視代表性,因而基本形成系列,涵蓋了明清時期各階段,并兼有少量活字本、套印本和批校本,在文獻學教學方面發揮了顯著作用,成爲我校古文獻學課程的一個突出特色。其中亦有明初刻本《戰國策》,明嘉靖三十三年(1554)梁佐刻藍印本《丹鉛總錄》,明嘉靖晋藩養德書院刻、配補唐藩翻刻元張伯顔本《文選》,明嘉靖徐時泰東雅堂刻本《昌黎先生集》,明嘉靖郭雲鵬濟美堂覆宋廖氏世采堂本《河東先生集》,明萬曆湖州閔齊伋手校朱墨套印本《莊子南華真經》等頗有價值的善本,此次得藉機緣登記著錄以公之於世。

由於時間緊迫、人力不足,加之編纂人員學術水平有限,本書難免存在錯漏之處,敬請方家不吝賜教。

李永明
2018年9月

目　　録

陝西師範大學圖書館古籍普查登記目錄

全國古籍普查登記目錄

國家圖書館出版社
National Library of China Publishing House

610000 - 1042 - 0000001　綫善 098.1/630

十三經註疏二百六十二卷　清乾隆四十年(1775)刻本　一百三十二冊　存二百九十三卷(周易兼義一至八、尚書註疏一至二十、毛詩註疏一至二十、周禮註疏二十三至四十二、儀禮註疏一至六十三、左傳註疏一至六十、公羊傳註疏一至二十八、穀梁傳註疏一至二十、論語註疏一至二十、孝經註疏一至九、爾雅註疏一至十一、孟子註疏一至十四)

610000 - 1042 - 0000002　綫 091/630

十三經注疏三百四十六卷附考證　清同治十年(1871)廣東書局刻本　一百二十冊

610000 - 1042 - 0000003　綫 098.1/630

宋本十三經注疏四百十六卷附校勘記　(清)阮元撰　清光緒十三年(1887)上海脈望仙館石印本　二十四冊

610000 - 1042 - 0000004　綫 098.1/630

宋本十三經注疏四百十六卷附校勘記　(清)阮元撰　清光緒十三年(1887)上海脈望仙館石印本　三十二冊

610000 - 1042 - 0000005　綫 098.1/630

十三經注疏四百十六卷附校勘記　(清)阮元撰　清光緒袖海山房石印本　三十二冊

610000 - 1042 - 0000006　綫 098.1/039

仿宋相臺五經九十六卷附考證　(宋)岳珂輯　清光緒二年(1876)江南書局刻本　三十二冊

610000 - 1042 - 0000007　綫善 090.88/728

三經評注檀弓一卷考工記二卷孟子二卷　(宋)謝枋得　(宋)蘇洵注　(明)郭正域評點　明萬曆四十五年(1617)閔齊伋刻三色套印本　四冊

610000 - 1042 - 0000008　綫 098.1/165

皇清經解一千四百卷　(清)阮元輯　清道光九年(1829)廣東學海堂刻本　三百五十冊

610000 - 1042 - 0000009　綫 098.1/165

皇清經解一千四百卷　(清)阮元輯　清道光九年(1829)廣東學海堂刻本　三百六十冊

610000 - 1042 - 0000010　綫 098.1/165

皇清經解一千四百卷　(清)阮元輯　清道光九年(1829)廣東學海堂刻咸豐十一年(1861)補刻本　三百六十冊

610000 - 1042 - 0000011　綫 098.1/165

皇清經解一百九十卷　(清)阮元輯　清光緒十一年(1885)上海點石齋石印本　二十四冊

610000 - 1042 - 0000012　綫 098.1/045

皇清經解續編一千四百三十卷　王先謙輯　清光緒十四年(1888)南菁書院刻本　三百二十冊

610000 - 1042 - 0000013　綫 098.1/045

皇清經解續編一千四百三十卷　王先謙輯　清光緒十四年(1888)南菁書院刻本　三百二十冊

610000 - 1042 - 0000014　綫 098.1/045

皇清經解續編二百九卷　王先謙輯　清光緒十五年(1889)上海蜚英館石印本　三十二冊

610000 - 1042 - 0000015　綫 098.1021/649

皇清經解檢目八卷　(清)蔡啟盛編　清光緒十二年(1886)刻本　二冊

610000 - 1042 - 0000016　綫 012.5/481

皇清經解縮版編目十六卷　(清)陶治元編　清光緒十七年(1891)石印本　二冊

610000 - 1042 - 0000017　綫 012.5/322

皇清經解縮本編目十六卷　(清)凌忠照編輯　清光緒十八年(1892)上海古香閣石印本　四冊

610000 - 1042 - 0000018　綫 091/414

通志堂經解一百四十種　(清)納蘭成德輯　清同治十二年(1873)廣州粵東書局刻本　四百七十九冊　缺一卷(周易傳義附錄九)

610000 - 1042 - 0000019　綫 091/414

通志堂經解一百四十種　(清)納蘭成德輯　清同治十二年(1873)廣州粵東書局刻本　四

百八十四册

610000－1042－0000020　綫090/235

五經類編二十八卷 （清）周世樟輯　清乾隆五十年(1785)刻本　十二册

610000－1042－0000021　綫090/235

五經類編二十八卷附一卷 （清）周世樟輯　清刻本　十二册

610000－1042－0000022　綫090/235

五經類編二十八卷 （清）周世樟輯　清刻本　九册　缺一卷(一)

610000－1042－0000023　綫090/235

五經類編二十八卷 （清）周世樟輯　清刻本　八册　存一卷(一)

610000－1042－0000024　綫098.1/106

五經合纂大成三十四卷 （清）同文書局輯　清光緒十一年(1885)廣百宋齋石印本　九册　存十六卷(易經一至四,書經一至六,詩經一至二、五至八)

610000－1042－0000025　綫091.7/726

四經精華三十卷 （清）薛悟邨等輯　清光緒二十年(1894)刻本　十四册

610000－1042－0000026　綫098.1/039

初刻經典便覽四種 （清）王武沂輯　清嘉慶十八年(1813)刻本　四册

610000－1042－0000027　綫121.1224/039

周易十卷 （三國魏）王弼注　清乾隆四十八年(1783)刻本　三册

610000－1042－0000028　綫121.1224/039

周易四卷 （三國魏）王弼注　清同治十年(1871)刻本　二册

610000－1042－0000029　綫121.1224/039

周易十卷 （三國魏）王弼注　清光緒八年(1882)長沙龍氏家塾刻本　四册

610000－1042－0000030　綫善121.12516/793

周易八卷附王輔嗣論易一卷 （宋）蘇軾撰　明末閔齊伋刻朱墨印本　六册

610000－1042－0000031　綫善121.1224/1159

周易四卷 （宋）朱熹本義　清康熙八年(1669)紫陽崇道堂刻本　二册

610000－1042－0000032　綫121.125/542

周易八卷 （宋）程頤傳　（宋）朱熹本義　（宋）呂祖謙音訓　清解梁書院刻本　二册　存四卷(二至五)

610000－1042－0000033　綫121.1252/115

周易十二卷附易學啟蒙四卷 （宋）朱熹本義　（清）劉世讜輯　清光緒元年(1875)刻本　三册

610000－1042－0000034　綫121.1252/115

周易十二卷附周易本義考一卷 （宋）朱熹本義　（清）劉世讜輯　清光緒元年(1875)刻本　二册

610000－1042－0000035　綫121.127/238

周易四卷 （宋）朱熹本義　清光緒十四年(1888)陝西求友齋刻本　二册

610000－1042－0000036　綫121.1252/115

周易四卷 （宋）朱熹本義　清光緒十四年(1888)陝西求友齋刻本　二册

610000－1042－0000037　綫121.1252/115

周易四卷 （宋）朱熹本義　清光緒十八年(1892)刻本　一册　存一卷(上經)

610000－1042－0000038　綫121.1252/115

周易四卷 （宋）朱熹本義　（清）李兆賢輯　（清）范翔鑑　清學源堂刻本　四册

610000－1042－0000039　綫121.1/348

周易三卷 （明）秦鏌訂正　清刻本　一册

610000－1042－0000040　綫121.127/236

周易不分卷 （宋）朱熹本義　清抄本　一册

610000－1042－0000041　綫善531.122/630

周易兼義九卷 （漢）鄭玄注　（唐）賈公彥疏　明崇禎四年(1631)忠興堂刻本　六册

610000－1042－0000042　綫善121.1/037

周易正義九卷 （三國魏）王弼注　（唐）孔穎達疏　（唐）陸德明撰　明嘉靖李元陽刻十三

經注疏本　六冊

610000 – 1042 – 0000043　綫 121.1241/155
周易集解十七卷　(唐)李鼎祚集解　清光緒
十七年(1891)四川犍為縣幕刻本　四冊

610000 – 1042 – 0000044　綫 121.1241/155
周易集解十七卷　(唐)李鼎祚輯　清刻本
四冊　存十四卷(四至十七)

610000 – 1042 – 0000045　綫善 121.1/155
易說十卷　(唐)李鼎祚集解　王闓運說　清
光緒三十二年(1906)刻本　四冊

610000 – 1042 – 0000046　綫 121.1252/115
易經十二卷首一卷末一卷　(宋)朱熹本義
(清)劉世讜輯　清同治四年(1865)金陵書局
刻本　二冊

610000 – 1042 – 0000047　綫 121.1251/542
易經八卷　(宋)程頤傳　清光緒九年(1883)
江南書局刻本　二冊

610000 – 1042 – 0000048　綫 121.1251/542
易經八卷　(宋)程頤傳　清宣統元年(1909)
學部圖書局石印本　六冊

610000 – 1042 – 0000049　綫 121.125/542
伊川易傳四卷　(宋)程頤撰　清光緒十八年
(1892)劉氏傳經堂刻本　四冊

610000 – 1042 – 0000050　綫 121.1252/430
郭氏傳家易說十一卷　(宋)郭雍撰　清乾隆
武英殿聚珍本　四冊

610000 – 1042 – 0000051　綫 121.1/542
易經精義旁訓三卷　(宋)程頤傳　清光緒三
十二年(1906)刻本　三冊

610000 – 1042 – 0000052　綫 121.1251/115
易經本義十二卷首一卷末一卷　(宋)朱熹本
義　清同治四年(1865)金陵書局刻本　二冊

610000 – 1042 – 0000053　綫善 121.125/618
易經訓解四卷　(宋)熊禾訓解　(明)陳子龍
訂　明崇禎十六年(1643)白炤山房熊友于刻
本　二冊

610000 – 1042 – 0000054　綫 121.13/125
易小傳六卷　(宋)沈該撰　清通志堂刻本
四冊

610000 – 1042 – 0000055　綫 121.1251/036
童溪易傳三十卷　(宋)王宗傳撰　清通志堂
刻本　八冊

610000 – 1042 – 0000056　綫 121.125/565
誠齋易傳二十卷　(宋)楊萬里撰　清乾隆武
英殿木活字印本　六冊

610000 – 1042 – 0000057　綫 121.126/214
周易集注十六卷　(明)來知德撰　清康熙刻
本　八冊

610000 – 1042 – 0000058　綫 121.126/214
來瞿唐先生易注十五卷首一卷末一卷　(明)
來知德撰　清嘉慶十四年(1809)寧陵符永培
刻本　二十冊

610000 – 1042 – 0000059　綫 121.126/214
來瞿唐先生易注十五卷首一卷末一卷　(明)
來知德撰　清寧遠堂刻本　十冊

610000 – 1042 – 0000060　綫 121.126/521
新鐫增補周易備旨一見能解六卷　(明)黃淳
耀撰　(清)嚴而寬增補　清嘉慶元年(1796)
致和堂刻本　六冊

610000 – 1042 – 0000061　綫 121.126/521
新鐫增補周易備旨一見能解六卷　(明)黃淳
耀撰　(清)嚴而寬增補　清嘉慶二十二年
(1817)慎遠堂刻本　六冊

610000 – 1042 – 0000062　綫 121.127/521
石渠閣新鐫周易幼學能解□□卷　(明)黃淳
耀撰　(清)壽國　(清)蔣先庚參補　清刻本
三冊　存三卷(二、五至六)

610000 – 1042 – 0000063　綫善 121.1/452
陸君啟先生易略三卷　(明)陸夢龍撰　明萬
曆愛亶館刻本　四冊

610000 – 1042 – 0000064　綫 121.126/168
周易心宗四卷　(明)吳惇寬註　清光緒十八
年(1892)刻本　四冊

610000－1042－0000065　綫 121.12/632

周易廣義四卷 (明)鄭敷教撰　清陝西張鵬飛刻本　六冊

610000－1042－0000066　綫 121.17/242

學易記五卷 (明)金貴亨撰　(清)李錫齡校刊　清道光二十年(1840)刻本　二冊

610000－1042－0000067　綫 121.127/155

御纂周易折中二十二卷首一卷 (清)李光地等撰　清康熙五十四年(1715)刻本　十四冊

610000－1042－0000068　綫 121.127/155

御纂周易折中二十二卷首一卷 (清)李光地等撰　清同治十年(1871)湖北崇文書局刻本　十二冊

610000－1042－0000069　綫 121.127/155

御纂周易折中二十二卷首一卷 (清)李光地等撰　清刻本　十六冊

610000－1042－0000070　綫 121.127/155

御纂周易折中二十二卷首一卷 (清)李光地等撰　清刻本　十六冊

610000－1042－0000071　綫 127.127/171

御纂周易述義十卷 (清)吳鼎纂　(清)梁錫璵修　清乾隆二十年(1755)刻本　四冊

610000－1042－0000072　綫 127.127/171

御纂周易述義十卷 (清)吳鼎纂　(清)梁錫璵修　清道光十八年(1838)刻本　八冊

610000－1042－0000073　綫 121.127/544

御纂周易述義十卷 (清)傅恒等纂　清同治十二年(1873)味經書院刻本　八冊

610000－1042－0000074　綫 121.127/544

御纂周易述義十卷 (清)傅恒纂　清刻本　四冊

610000－1042－0000075　綫 121.177/036

周易筮述八卷 (清)王宏撰著　清乾隆五十八年(1793)刻本　四冊

610000－1042－0000076　綫 121.1376/036

周易圖說述四卷畧例一卷 (清)王宏撰著　清道光二年(1822)刻本　六冊

610000－1042－0000077　綫 121.127/238

周易說略四卷 (清)張爾岐撰　清刻本　五冊　存三卷(一下、二上、四上)

610000－1042－0000078　綫 121.177/671

周易詳說十八卷 (清)劉紹攽撰　清乾隆劉氏傳經堂刻本　八冊

610000－1042－0000079　綫 121.127/521

周易精義四卷 (清)黃淦纂　清刻本　一冊　存三卷(二至四)

610000－1042－0000080　綫 098.1/539

周易補疏二卷 (清)焦循撰　清道光八年(1828)受古書店刻本　一冊

610000－1042－0000081　綫 121.12/593

周易指三十八卷周易圖五卷易斷辭一卷易上下經一卷易例一卷首一卷 (清)端木國瑚撰　清道光刻本　二十冊

610000－1042－0000082　綫 121.129/040

周易原編十二卷 (清)王巍纂　清道光十五年(1835)抄本　四冊

610000－1042－0000083　綫 121.137/236

周易用初六卷 (清)杜宗嶽撰　清道光二十二年(1842)寶蕍堂刻本　七冊　存四卷(一下、二至四)

610000－1042－0000084　綫 121.17/034

周易或問六卷 (清)文天駿編　清道光刻本　六冊

610000－1042－0000085　綫 121.127/311

周易姚氏學十六卷首一卷 (清)姚配中撰　清光緒三年(1877)湖北崇文書局刻本　六冊

610000－1042－0000086　綫 292.1/447

周易卦象六卷附占易祕解一卷 (清)張丙嚞輯　清光緒二十二年(1896)保陽刻本　七冊

610000－1042－0000087　綫善 121.127/407

易經增訂旁訓三卷 (清)徐立綱撰　清乾隆三十六年(1771)匠門書屋刻本　一冊

610000－1042－0000088　綫 121.127/214

易經大全會解四卷 (宋)朱熹本義　(清)范

翔原本　(清)來爾繩纂輯　清乾隆五十四年(1789)三多齋刻本　四冊

610000－1042－0000089　綫121.127/214
易經體注大全合參四卷　(清)范翔原本(清)來爾繩纂輯　清嘉慶二年(1797)文會堂刻本　四冊

610000－1042－0000090　綫121.127/214
易經會解體注四卷　(宋)朱熹本義　(清)來爾繩纂輯　清三多齋刻本　二冊　存二卷(一至二)

610000－1042－0000091　綫121.127/214
易經體注合參四卷　(清)來爾繩纂輯　(宋)朱熹本義　清刻本　一冊　存三卷(二至四)

610000－1042－0000092　綫121.127/214
易經體注大全合參四卷首一卷　(清)范翔原本　(清)來爾繩纂輯　(宋)朱熹本義　清文會堂刻本　一冊　存三卷(周易下經、系辭傳、說掛傳)

610000－1042－0000093　綫121.127/156
易經體注大全合參四卷首一卷　(清)范翔鑑　(清)李兆賢輯著　(宋)朱熹本義　清學源堂刻本　四冊

610000－1042－0000094　綫121.115/726
易經精華六卷末一卷　(清)薛嘉穎輯　清道光七年(1827)光韙堂刻本　二冊

610000－1042－0000095　綫121.127/013
易酌十四卷周易雜卦圖一卷　(清)刁包撰　清道光二十三年(1843)刻本　十三冊　存十二卷(一至十二)

610000－1042－0000096　綫121.127/458
易箋八卷首一卷　(清)陳法撰　清乾隆三十年(1765)刻本　六冊

610000－1042－0000097　綫121.119/152
易古文三卷逸孟子一卷十三經注疏錦字四卷　(清)李調元輯　清道光十年(1830)刻本　一冊

610000－1042－0000098　綫121.17/539

易話二卷易廣記三卷　(清)焦循撰　清道光八年(1828)刻本　一冊

610000－1042－0000099　綫121.1274/539
易通釋二十卷　(清)焦循撰　清刻本　一冊　存三卷(十二至十四)

610000－1042－0000100　綫121.127/579
易經備旨七卷　(清)鄒聖脈纂　清光緒九年(1883)邵州經翼山房刻本　二冊

610000－1042－0000101　綫121.127/565
易經音訓不分卷　(清)楊國楨撰　清道光十一年(1831)刻本　一冊　存上經

610000－1042－0000102　綫121.12/222
易釋五卷易表一卷　(清)易順豫撰　清末刻本　六冊

610000－1042－0000103　綫121.137/103
合訂刪補大易集義粹言八十卷　(清)納蘭性德撰　清康熙十六年(1677)通志堂刻本　二十冊

610000－1042－0000104　綫121.137/113
讀易集說不分卷　(清)朱勳撰　清嘉慶二十二年(1817)刻本　十二冊

610000－1042－0000105　626/501
乾坤兩卦解一卷　(清)湯斌撰　清湯氏祠堂刻本　一冊

610000－1042－0000106　綫621.2241/048
尚書十三卷附考證十三卷　(漢)孔安國傳　清乾隆四十八年(1783)刻本　三冊

610000－1042－0000107　綫621.2241/048
尚書十三卷附考證十三卷　(漢)孔安國傳　清末刻本　四冊

610000－1042－0000108　綫621.224/048
尚書注疏二十卷　(漢)孔安國注　(唐)孔穎達疏　明崇禎五年(1632)古虞毛氏汲古閣刻本　十冊

610000－1042－0000109　綫621.224/048
附釋音尚書注疏二十卷附校勘記二十卷　(漢)孔安國傳　(唐)陸德明音義　(唐)孔

穎達疏　清嘉慶二十年(1815)江西南昌府學刻本　八冊

610000－1042－0000110　綫621.224/048
附釋音尚書注疏二十卷附校勘記二十卷
(漢)孔安國撰　(唐)陸德明音義　(唐)孔穎達疏　清光緒十八年(1892)湖南寶慶務本書局刻本　八冊

610000－1042－0000111　綫621.2222/120
尚書大傳四卷補遺一卷　(漢)伏勝撰　(漢)鄭玄注　清光緒元年(1875)湖北崇文書局刻本　一冊

610000－1042－0000112　綫621.2/120
尚書大傳四卷考異一卷補遺一卷續補遺一卷　(漢)伏勝撰　(漢)鄭玄注　清光緒三年(1877)湖北崇文書局刻本　一冊

610000－1042－0000113　綫621.227/037
尚書讀本十卷尚書逸文敘二卷　(漢)馬融(漢)鄭玄注　(宋)王應麟撰集　(清)孫星衍補集　清刻本　二冊　存八卷(一至八)

610000－1042－0000114　綫621.2241/048
書經讀本不分卷　(漢)孔安國傳　(唐)陸德明釋文　清光緒十九年(1893)陝西刊書處刻本　二冊

610000－1042－0000115　綫621.2252/648
書經六卷　(宋)蔡沈集傳　清康熙八年(1669)紫陽朱氏崇道堂刻本　四冊

610000－1042－0000116　綫621.2252/648
監本書經六卷　(宋)蔡沈集傳　清咸豐七年(1857)稻香齋刻本　四冊

610000－1042－0000117　綫621.2252/648
書經六卷　(宋)蔡沈集傳　清同治七年(1868)楚北崇文書局刻本　四冊

610000－1042－0000118　綫621.2252/648
書經六卷　(宋)蔡沈集傳　清同治十年(1871)刻本　四冊

610000－1042－0000119　綫621.2252/648
書經六卷　(宋)蔡沈集傳　清光緒七年

(1881)京都隆福寺聚珍堂書坊刻本　四冊

610000－1042－0000120　綫621.2252/648
書經六卷首一卷末一卷　(宋)蔡沈集傳　清光緒七年(1881)金陵書局刻本　四冊

610000－1042－0000121　綫621.2252/648
書經六卷　(宋)蔡沈集傳　清光緒三十四年(1908)學部圖書局石印本　五冊　缺一卷(五)

610000－1042－0000122　綫121.1/348
書經四卷　(明)秦鏷訂正　清刻本　一冊

610000－1042－0000123　綫071.51/039
書疑九卷　(宋)王柏撰　清同治八年(1869)退補齋刻本　二冊

610000－1042－0000124　綫621.2/648
書傳音釋六卷首一卷末一卷　(宋)蔡沈集傳(元)鄒季友音釋　清同治五年(1866)望三益齋刻本　八冊

610000－1042－0000125　綫621.225/648
書傳音釋六卷首一卷末一卷　(宋)蔡沈集傳(元)鄒季友音釋　清同治刻本　二冊　存三卷(二至四)

610000－1042－0000126　綫善621.1/040
尚書要旨三十卷　(明)王肯堂撰　明萬曆刻本　六冊　存十八卷(一至十八)

610000－1042－0000127　綫621.227/696
尚書離句六卷　(清)錢在培輯解　清雍正八年(1730)刻本　二冊　缺一卷(四)

610000－1042－0000128　綫621.227/696
尚書離句六卷　(清)錢在培輯解　清李光明莊刻本　二冊

610000－1042－0000129　綫621.227/696
尚書離句六卷　(清)錢在培輯解　清光緒醉經堂刻本　二冊

610000－1042－0000130　綫621.227/696
尚書離句六卷　(清)錢在培輯解　清經餘堂刻本　一冊

610000 – 1042 – 0000131　綫 621.22/036

尚書箋三十卷　王闓運集注并箋　清光緒二十九年(1903)東洲刻本　四冊

610000 – 1042 – 0000132　綫 621.227/119

尚書約注五卷　(清)任啟運撰　清刻本　一冊　存二卷(三至四)

610000 – 1042 – 0000133　綫 621.227/039

欽定書經傳說彙纂二十一卷首二卷書序一卷　(清)王頊齡等纂　清道光十八年(1838)刻本　十六冊

610000 – 1042 – 0000134　綫 621.227/039

欽定書經傳說彙纂二十一卷首二卷書序一卷　(清)王頊齡等纂　清同治七年(1868)刻本　十二冊

610000 – 1042 – 0000135　綫 621.227/039

欽定書經傳說彙纂二十一卷首二卷書序一卷　(清)王頊齡等纂　清同治十年(1871)湖北崇文書局刻本　十二冊

610000 – 1042 – 0000136　綫 621.227/039

欽定書經傳說彙纂二十一卷首二卷書序一卷　(清)王頊齡等纂　清光緒十四年(1888)江南書局刻本　十一冊　缺二卷(首二卷)

610000 – 1042 – 0000137　綫 621.227/039

欽定書經傳說彙纂二十一卷首二卷書序一卷　(清)王頊齡等纂　清光緒十九年(1893)湖南漱芳閣刻本　十二冊

610000 – 1042 – 0000138　綫 621.227/039

欽定書經傳說彙纂二十一卷首二卷書序一卷　(清)王頊齡等纂　清光緒十九年(1893)湖南漱芳閣刻本　十冊

610000 – 1042 – 0000139　綫 621.227/039

欽定書經傳說彙纂二十一卷首二卷書序一卷　(清)王頊齡等纂　清刻本　十六冊

610000 – 1042 – 0000140　綫 621.227/039

欽定書經傳說彙纂二十一卷首二卷書序一卷　(清)王頊齡等纂　清刻本　十二冊

610000 – 1042 – 0000141　綫 621.227/039

欽定書經傳說彙纂二十一卷首二卷書序一卷　(清)王頊齡等纂　清刻本　二十冊

610000 – 1042 – 0000142　綫 621.227/699

書經體注六卷　(清)錢希祥輯　清雍正三年(1725)刻本　三冊

610000 – 1042 – 0000143　綫 621.227/699

書經體注大全合參六卷　(宋)蔡沈集傳　(清)錢希祥　(清)高介石纂輯　清乾隆六十年(1795)文會堂刻本　四冊

610000 – 1042 – 0000144　綫 621.227/699

書經體注大全合參六卷　(清)錢希祥纂　清乾隆十九年(1754)郁文堂刻本　四冊

610000 – 1042 – 0000145　綫 621.227/699

書經體注大全合參六卷　(清)錢希祥纂　清學源堂刻本　四冊

610000 – 1042 – 0000146　綫 621.227/699

書經體注大全合參六卷　(清)錢希祥纂　清蓮溪書屋刻本　三冊

610000 – 1042 – 0000147　綫 621.25/291

書經體注圖考大全六卷　(清)范翔鑒定　清道光二十七年(1847)崇順堂刻本　二冊

610000 – 1042 – 0000148　綫 621.25/291

書經精義四卷首一卷末一卷　(清)黃淦纂　清嘉慶九年(1804)鳴鳳樓刻本　二冊

610000 – 1042 – 0000149　綫 621.227/726

書經精華六卷　(清)薛嘉穎撰　清嘉慶二十四年(1819)薛氏光韄堂刻本　二冊

610000 – 1042 – 0000150　綫 621.277/726

書經精華六卷　(清)薛嘉穎撰　清道光七年(1827)刻本　二冊

610000 – 1042 – 0000151　綫 621.227/039

書經精華十卷首一卷　(清)王巨源纂　清魏朝俊古香閣刻本　六冊

610000 – 1042 – 0000152　綫 121.127/579

書經備旨七卷　(清)鄒聖脈纂輯　清光緒九年(1883)邵州經翼山房刻本　一冊　存三卷(五至七)

610000－1042－0000153　綫 621/358

書經備旨七卷　(清)鄒聖脈纂輯　清光緒十二年(1886)上海點石齋石印本　二冊

610000－1042－0000154　綫 621.278/363

書經圖說五十卷　(清)孫家鼐等纂輯　(清)詹秀林等繪圖　清光緒三十一年(1905)石印本　十六冊

610000－1042－0000155　綫 621.281/054

禹貢指南四卷　(宋)毛晃撰　清杭州刻武英殿聚珍本　二冊

610000－1042－0000156　綫 621.281/282

禹貢錐指二十卷略例一卷圖一卷　(清)胡渭撰　清康熙四十四年(1705)漱六軒刻本　十二冊

610000－1042－0000157　綫 621.281/282

禹貢錐指二十卷略例一卷圖一卷　(清)胡渭撰　清康熙四十四年(1705)漱六軒刻本　六冊

610000－1042－0000158　綫 621.281/282

禹貢錐指二十卷略例一卷圖一卷　(清)胡渭撰　清康熙四十四年(1705)漱六軒刻本　十冊

610000－1042－0000159　綫善 621.28/036

禹貢譜二卷　(清)王澍　(清)金詢撰　清康熙四十六年(1707)刻本　二冊

610000－1042－0000160　綫 621.281/036

禹貢譜二卷　(清)王澍　(清)金詢撰　清康熙刻本　二冊

610000－1042－0000161　綫 621.2812/309

禹貢正詮四卷　(清)姚彥渠輯　清同治九年(1870)刻本　二冊

610000－1042－0000162　綫 621.281/407

禹貢會箋十二卷山水總目一卷圖一卷　(清)徐文靖箋　(清)趙弁訂　清同治十三年(1874)慈溪何氏刻本　四冊

610000－1042－0000163　綫 621.281/561

禹貢本義一卷　楊守敬撰　清光緒三十二年

(1906)鄂城刻本　一冊

610000－1042－0000164　綫 669.212/556

禹貢圖考一卷　(清)雷柱編繪　清宣統元年(1909)長安陝西學務公所圖書館石印本　一冊

610000－1042－0000165　綫 621.282/286

定正洪範集說一卷毛詩指說一卷　(元)胡一中撰　清康熙十五年(1676)通志堂刻本　一冊

610000－1042－0000166　綫 621.27/214

尚書因文六卷　(清)武士選撰　清光緒十八年(1892)關中書局刻本　四冊

610000－1042－0000167　綫 621.22/040

尚書後案三十卷後辨一卷　(清)王鳴盛撰　清乾隆四十五年(1780)刻本　八冊

610000－1042－0000168　綫 621.27/672

書考辯二卷　(清)劉紹攽撰　清乾隆十六年(1751)劉氏傳經堂刻本　一冊

610000－1042－0000169　綫 621.27/514

古文尚書考二卷　(清)惠棟撰　清乾隆五十七年(1792)刻本　一冊

610000－1042－0000170　綫 621.2/470

尚書考異六卷　(明)梅鷟撰　清光緒十一年(1885)吳縣朱記榮槐廬家塾刻本　三冊

610000－1042－0000171　綫 621.224/367

尚書今古文注疏三十卷　(清)孫星衍撰　清光緒十年(1884)吳縣朱記榮槐廬家塾刻本　八冊

610000－1042－0000172　綫 621.227/367

今文尚書三十卷　(清)孫星衍注　清宣統三年(1911)四川成都存古書局刻本　二冊

610000－1042－0000173　綫 621.27/083

今文尚書考證三十卷　(清)皮錫瑞撰　清光緒二十三年(1897)師伏堂刻本　六冊

610000－1042－0000174　綫 071.7/745

書古微十二卷　(清)魏源撰　清光緒四年(1878)淮南書局刻本　四冊

610000－1042－0000175　綫 621.27/042

尚書孔傳參正三十六卷　王先謙撰　清光緒
三十年(1904)虛受堂刻本　六冊

610000－1042－0000176　綫 831.11/630

毛詩三十卷　(漢)鄭玄箋　清同治十一年
(1872)五雲堂刻本　六冊

610000－1042－0000177　綫 831.112/630

毛詩二十卷　(漢)鄭玄箋　清刻本　六冊

610000－1042－0000178　綫 831.11/630

毛詩二十卷　(漢)鄭玄箋　清刻本　四冊

610000－1042－0000179　綫善 831.1/630

毛詩注疏二十卷　(漢)鄭玄箋　(唐)孔穎達
疏　明崇禎五年(1632)忠興堂刻本　二十
三冊

610000－1042－0000180　綫 831.11241/048

毛詩注疏二十卷　(漢)鄭玄箋　(唐)孔穎達
疏　(清)阮元校勘　清光緒十九年(1893)陝
甘味經刊書處刻本　三十二冊

610000－1042－0000181　綫 831.112/054

附釋音毛詩注疏七十卷校勘記二十卷　(漢)
毛亨傳　(漢)鄭玄箋　(唐)孔穎達疏
(清)阮元校勘　清嘉慶二十年(1815)江西南
昌府學刻本　八冊

610000－1042－0000182　綫 831.1122/630

鄭氏詩譜一卷毛詩二十卷毛詩音義三卷
(漢)鄭玄箋　(唐)陸德明音義　清江南書局
刻本　六冊

610000－1042－0000183　綫 831.11252/630

詩經二十卷　(漢)鄭玄箋　清刻本　四冊

610000－1042－0000184　綫善 831.11252/115

詩經八卷　(宋)朱熹集傳　清康熙八年
(1669)紫陽朱氏崇道堂刻本　四冊

610000－1042－0000185　綫 831.11252/115

詩經八卷　(宋)朱熹集傳　清道光十三年
(1833)刻本　二冊

610000－1042－0000186　綫 831.11252/115

詩經八卷詩經小序備覽一卷詩經圖考一卷

(宋)朱熹集傳　清咸豐六年(1856)稻香齋刻
本　四冊

610000－1042－0000187　綫 831.11252/115

詩經八卷　(宋)朱熹注　清同治十年(1871)
刻本　四冊

610000－1042－0000188　綫 831.11252/115

詩經八卷詩序辨一卷　(宋)朱熹集傳　清光
緒十三年(1887)傳經堂刻本　六冊

610000－1042－0000189　綫 831.11252/115

詩經八卷　(宋)朱熹集傳　清光緒十九年
(1893)滬上熙記書莊刻本　四冊

610000－1042－0000190　綫 831.11252/115

詩經八卷　(宋)朱熹集傳　清光緒二十一年
(1895)湖北官書局刻本　四冊

610000－1042－0000191　綫 831.11252/115

詩經八卷　(宋)朱熹集傳　清光緒二十六年
(1900)江西書局刻本　四冊

610000－1042－0000192　綫 831.11252/115

詩經八卷　(宋)朱熹集傳　清光緒三十四年
(1908)學部圖書局石印本　四冊

610000－1042－0000193　綫 831.11252/115

詩經八卷　(宋)朱熹集傳　清光緒陝西求友
齋刻本　四冊

610000－1042－0000194　綫 831.11252/115

詩經八卷　(宋)朱熹集傳　清光緒善成堂刻
本　四冊

610000－1042－0000195　綫 831.11252/115

詩經八卷　(宋)朱熹集傳　清刻本　四冊

610000－1042－0000196　綫 121.1/348

詩經四卷　(明)秦鏷訂正　清刻本　一冊

610000－1042－0000197　綫 831.11431/454

毛詩草木鳥獸蟲魚疏二卷　(晉)陸機撰　羅
振玉校訂　清光緒十二年(1886)上海聚珍仿
宋印書局鉛印本　一冊

610000－1042－0000198　綫 831.11252/115

詩經讀本不分卷　(宋)朱熹注　清光緒元年

(1875)陝西求友齋刻本 四冊

610000－1042－0000199 綫831.11351/643
詩本義十五卷 （宋）歐陽修撰 清通志堂刻本 二冊

610000－1042－0000200 綫831.1127/030
詩經十八卷首二卷 （清）方玉潤撰 清同治十年(1871)隴東分署刻本 十冊

610000－1042－0000201 綫831.177/040
詩說二卷附詩經拾遺一卷 （清）王照圓撰 清光緒八年(1882)東路廳署刻本 三冊

610000－1042－0000202 綫831.11352/377
潔齋毛詩筵講義四卷 （宋）袁燮撰 清蘇杭刻本 一冊

610000－1042－0000203 綫831.1127/596
詩經古譜二卷 （宋）趙彥肅撰 清光緒三十四年(1908)學部圖書局石印本 一冊

610000－1042－0000204 綫善831.116/048
毛詩要義三十卷 （宋）魏了翁撰 清抄本 十冊

610000－1042－0000205 綫善831.114/037
詩地理考六卷 （宋）王應麟撰 元至元六年(1340)慶元路儒學刻明嘉靖南京國子監修補玉海附十三種本 六冊

610000－1042－0000206 綫831.17/788
詩緝三十六卷 （宋）嚴粲撰 清嘉慶十五年(1810)聽彝堂刻本 十二冊

610000－1042－0000207 綫善831.114/508
六家詩名物疏五十五卷 （明）馮復京撰 明萬曆三十三年(1605)刻本 十冊

610000－1042－0000208 綫善831.1127/343
詩經娜嬛體注八卷 （明）梁小王撰 明刻本 一冊 存一卷(五)

610000－1042－0000209 綫善831.11/799
古名儒毛詩解十三種三十四卷 （明）鍾惺輯 明末擁萬堂刻本 六冊 存十四卷(子夏小序一卷、子貢詩傳一卷、申培詩說一卷、鄭玄詩譜一卷、詩傳綱領一卷、讀詩一得一卷、印古詩語一卷、玉海紀詩一卷、困學紀詩一卷、讀詩錄一卷、逸詩一卷、詩地理考二卷、胡氏詩識一卷)

610000－1042－0000210 綫831.13/193
詩經古本古義二十八卷 （明）何楷撰 清光緒十八年(1892)石印本 十六冊

610000－1042－0000211 綫831.126/570
葉太史參補古今大方詩經大全十五卷 （明）葉向高編纂 （明）張以成校正 清刻本 二冊 存五卷(七至八、十三至十五)

610000－1042－0000212 綫831.112/155
詩所八卷 （清）李光地注 清康熙五十七年(1718)刻本 七冊

610000－1042－0000213 綫831.128/625
詩經正解三十三卷首一卷 （清）姜文燦（清）吳荃撰 清康熙深柳堂刻本 四冊 存六卷(十一至十五、二十六)

610000－1042－0000214 綫831.1127/036
欽定詩經傳說彙纂二十一卷首二卷詩序二卷 （清）王鴻緒等纂 清雍正五年(1727)刻本 二十四冊

610000－1042－0000215 綫831.1127/036
欽定詩經傳說彙纂二十一卷首二卷詩序二卷 （清）王鴻緒等纂 清同治七年(1868)閩浙總督馬新貽刻本 十六冊

610000－1042－0000216 綫831.1127/036
欽定詩經傳說彙纂二十一卷首二卷詩序二卷 （清）王鴻緒等纂 清同治十年(1871)湖北崇文書局刻本 十八冊

610000－1042－0000217 綫831.1127/036
欽定詩經傳說彙纂二十一卷首二卷詩序二卷 （清）王鴻緒等纂 清光緒十四年(1888)湖南省城漱芳閣刻本 十七冊

610000－1042－0000218 綫831.1127/036
欽定詩經傳說彙纂二十一卷首二卷詩序二卷 （清）王鴻緒等纂 清刻本 二十冊

610000－1042－0000219 綫831.1127/570

贈言堂遵註詩經能解指南彙編三十一卷
（清）葉義昂纂輯　清雍正十一年（1733）贈言堂刻本　三冊　存十六卷（一至五、二十一至三十一）

610000－1042－0000220　綫善831.117/611
詩考二卷　（清）臧鏞堂校輯　清抄本　一冊

610000－1042－0000221　綫善831.167/671
詩經葉音辨譌八卷首一卷　（清）劉維謙撰清乾隆三年（1738）壽峰書屋刻本　四冊

610000－1042－0000222　綫831.1274/579
新增詩經補注附考備旨八卷　（清）鄒梧岡纂輯　清乾隆二十八年（1763）聚錦旭刻本六冊

610000－1042－0000223　綫831.11/406
毛詩名物圖說九卷　（清）徐鼎輯　清乾隆三十六年（1771）刻本　二冊

610000－1042－0000224　綫831.11/406
毛詩名物圖說九卷　（清）徐鼎輯　清道光十一年（1831）刻本　四冊

610000－1042－0000225　綫831.115/224
毛詩品物圖考七卷　（日本）岡元鳳纂輯　清光緒十二年（1886）石印本　二冊

610000－1042－0000226　綫831.112/291
詩瀋二十卷　（清）范家相撰　清乾隆三十九年（1774）刻本　六冊

610000－1042－0000227　綫831.127/115
詩經離句襯解八卷　（清）朱榛編訂　清嘉慶二年（1797）文星堂刻本　四冊

610000－1042－0000228　綫831.1127/493
毛詩證讀五卷讀詩或問一卷　（清）戚學標撰　清嘉慶十年（1805）刻本　六冊

610000－1042－0000229　綫831.117/459
毛詩稽古編三十卷　（清）陳啟源撰　清嘉慶十八年（1813）刻本　六冊

610000－1042－0000230　綫831.117/459
毛詩稽古編三十卷　（清）陳啟源撰　清光緒九年（1883）刻本　八冊

610000－1042－0000231　綫善831.1/081
毛詩禮徵十卷　（清）包世榮撰　清道光八年（1828）涇縣包氏刻本　六冊

610000－1042－0000232　綫831.127/726
詩經精華十卷　（清）薛嘉穎輯　清道光七年（1827）刻本　四冊

610000－1042－0000233　綫831.1127/343
詩經精義集鈔四卷　（清）梁中孚輯　清道光七年（1827）刻本　四冊

610000－1042－0000234　綫831.1127/664
詩經衍義圖考大全合參八卷　（清）黃坤五定（清）江晉雲輯注　清道光八年（1828）刻本四冊

610000－1042－0000235　綫善831.17/308
詩經通論十八卷　（清）姚際恒撰　清道光十七年（1837）王篤鐵琴山館刻本　八冊

610000－1042－0000236　綫831.113/461
毛詩鄭箋改字說四卷齊詩翼氏學疏證二卷
（清）陳橋樅撰　清道光十年至二十四年（1830－1844）小嫏嬛館刻本　二冊

610000－1042－0000237　綫802.17/542
毛詩音韻考四卷　（清）程以恬撰　清道光四年（1824）渭南研經堂刻本　一冊　存一卷
（二）

610000－1042－0000238　綫831.1127/464
詩毛氏傳疏三十卷　（清）陳奐撰　清道光二十七年至咸豐九年（1847－1859）吳門南園掃葉山莊陳氏刻本　十二冊

610000－1042－0000239　綫831.1127/464
詩毛氏傳疏三十卷　（清）陳奐撰　清光緒九年（1883）吳門南園校經成記陳氏刻本　十冊

610000－1042－0000240　綫831.1127/461
詩毛氏傳疏三十卷　（清）陳奐撰　清光緒二十七年（1901）上海鴻章書局石印本　十二冊

610000－1042－0000241　綫831.117/464
陳氏毛詩五種　（清）陳奐撰　清咸豐九年至光緒二十七年（1859－1901）刻本　二冊　存

四種

610000 - 1042 - 0000242　綫831.112/579
御案詩經備旨八卷　（清）鄒聖脈纂輯　清乾隆二十八年(1763)刻本　六冊

610000 - 1042 - 0000243　綫831.112/579
御案詩經備旨八卷　（清）鄒聖脈纂輯　清刻本　四冊

610000 - 1042 - 0000244　綫831.112/579
御案詩經備旨八卷　（清）鄒聖脈纂輯　清刻本　三冊　存六卷(三至八)

610000 - 1042 - 0000245　綫831.112/579
詩經備旨八卷　（清）鄒聖脈纂輯　清光緒十年(1884)上海點石齋石印本　二冊

610000 - 1042 - 0000246　綫831.112/579
詩經備旨八卷　（清）鄒聖脈纂輯　清末上海會文堂書局石印本　三冊　存六卷(三至八)

610000 - 1042 - 0000247　綫831.112/155
詩義旁通十二卷　（清）李允升輯　清咸豐二年(1852)易簡堂刻本　六冊

610000 - 1042 - 0000248　綫802.1197/170
詩小學三十卷　（清）吳樹聲撰　清同治十年(1871)壽光官廨刻本　十二冊

610000 - 1042 - 0000249　綫831.117/640
續詩經音律八卷　（清）遲德成註　清光緒四年(1878)濟南尚志堂刻本　四冊

610000 - 1042 - 0000250　綫831.112/640
詩經音律續編八卷　（清）遲德成註　清光緒七年(1881)刻本　四冊

610000 - 1042 - 0000251　綫831.117/544
御纂詩義折中二十卷　（清）傅恒等撰　清乾隆刻本　八冊

610000 - 1042 - 0000252　綫831.117/463
御纂詩義折中二十卷　（清）傅恒等撰　清道光十八年(1838)刻本　十六冊

610000 - 1042 - 0000253　綫831.117/463
御纂詩義折中二十卷　（清）傅恒等撰　清光

緒十二年(1886)涇陽姚光昭刻本　十二冊

610000 - 1042 - 0000254　綫831.117/544
御纂詩義折中二十卷　（清）傅恒等撰　清涇陽姚光昭刻本　十冊

610000 - 1042 - 0000255　綫831.112/461
毛詩異文箋十卷　（清）陳玉樹撰　清光緒十三年(1887)刻本　三冊

610000 - 1042 - 0000256　綫831.17/745
詩古微上編六卷中編十卷下編二卷首一卷　（清）魏源撰　清光緒十三年(1887)青浦席氏掃葉山房補刻本　十冊

610000 - 1042 - 0000257　綫831.17/745
詩古微上編三卷中編十卷下編二卷首一卷　（清）魏源撰　清光緒十三年(1887)刻本　八冊

610000 - 1042 - 0000258　綫831.1127/359
毛詩傳箋通釋三十二卷　（清）馬瑞辰撰　清光緒十四年(1888)廣雅書局刻本　十二冊

610000 - 1042 - 0000259　綫831.1127/285
毛詩後箋三十卷　（清）胡承珙撰　清光緒十六年(1890)廣雅書局刻本　十二冊

610000 - 1042 - 0000260　綫802.41088/802
詩本音十卷　（清）顧炎武撰　清光緒十六年(1890)長沙思賢講舍刻本　二冊　存八卷(一至八)

610000 - 1042 - 0000261　綫831.112/225
毛詩注疏校勘剳記不分卷　（清）□□輯　清光緒十九年(1893)刻本　四冊

610000 - 1042 - 0000262　綫831.117/170
毛詩復古錄十二卷　（清）吳懋清撰　清光緒二十年(1894)刻本　六冊

610000 - 1042 - 0000263　綫831.147/090
詩經名物辨解七卷　（日本）江村如圭纂述　清宣統三年(1911)京師書林中井平治郎刻本　一冊　存二卷(六至七)

610000 - 1042 - 0000264　綫831.112/694
田間詩學不分卷　（清）錢澄之撰　清刻本

七冊

610000－1042－0000265　綫831.1167/132
毛詩異義四卷詩譜一卷　（清）汪龍撰　清刻本　四冊

610000－1042－0000266　綫831.116/292
毛詩昀訂十卷　（清）苗虁撰　清咸豐元年(1851)刻本　二冊

610000－1042－0000267　綫831.112/449
詩貫十四卷　（清）張敘撰　清刻本　五冊

610000－1042－0000268　綫善831.112/461
詩經喈鳳詳解八卷圖說一卷　（清）陳抒孝撰　（清）汪基增訂　清乾隆四十五年(1780)三多齋刻本　八冊

610000－1042－0000269　綫831.127/461
詩經喈鳳詳解八卷　（清）陳抒孝撰　（清）汪基增訂　清刻本　七冊　存七卷(二至八)

610000－1042－0000270　綫831.112/461
詩經喈鳳詳解八卷圖說一卷　（清）陳抒孝撰　（清）汪基增訂　清三多齋刻本　四冊　存六卷(三至八)

610000－1042－0000271　綫831.1127/521
詩經精義四卷　（清）黄淦纂　清刻本　一冊　存三卷(二至四)

610000－1042－0000272　綫831.1127/127
詩經融注大全體要八卷　（清）高朝瓔撰　（清）沈世楷輯　清嘉慶十三年(1808)刻本　四冊

610000－1042－0000273　綫831.1127/328
詩經體注大全合參八卷　（清）高朝瓔撰　（清）沈世楷輯　清嘉慶二十年(1815)崇順堂刻本　四冊

610000－1042－0000274　綫831.1127/328
詩經體注大全體要八卷　（清）高朝瓔撰　（清）沈世楷輯　清光緒九年(1883)刻本　四冊

610000－1042－0000275　綫831.1127/328
詩經融注大全體要八卷　（清）高朝瓔撰

（清）沈世楷輯　清光緒十三年(1887)書業德刻本　四冊

610000－1042－0000276　綫831.1127/328
詩經體注大全合參八卷　（清）高朝瓔撰　（清）沈世楷輯　清刻本　四冊

610000－1042－0000277　綫831.1127/328
詩經體注大全合參八卷　（清）高朝瓔撰　（清）沈世楷輯　清刻本　四冊

610000－1042－0000278　綫831.1127/328
詩經體注大全合參八卷　（清）高朝瓔撰　（清）沈世楷輯　清刻本　四冊

610000－1042－0000279　綫831.1127/328
詩經體注大全合參八卷　（清）高朝瓔撰　（清）沈世楷輯　清刻本　四冊

610000－1042－0000280　綫831.1127/328
詩經融注大全體要八卷　（清）高朝瓔撰　（清）沈世楷輯　清刻本　四冊

610000－1042－0000281　綫831.1127/328
詩經融注大全體要八卷　（清）高朝瓔撰　（清）沈世楷輯　清刻本　四冊

610000－1042－0000282　綫831.1127/328
詩經體注大全八卷　（清）高朝瓔撰　（清）沈世楷輯　清貴文堂刻本　四冊

610000－1042－0000283　綫831.1127/328
詩經體注大全八卷　（清）高朝瓔撰　（清）沈世楷輯　清致和堂刻本　四冊

610000－1042－0000284　綫831.112/552
詩經增訂旁訓四卷　（清）□□編　清初匠門書屋刻本　二冊

610000－1042－0000285　綫831.113/031
朱子詩義補正八卷　（清）方苞撰　（清）單作哲編　清刻本　四冊

610000－1042－0000286　綫831.15/737
詩外傳十卷　（漢）韓嬰撰　明末清初汲古閣刻本　四冊

610000－1042－0000287　綫831.15/737

韓詩外傳十卷　（漢）韓嬰撰　清嘉慶四年(1799)味經堂刻本　一冊

610000－1042－0000288　綫831.15/737
韓詩外傳十卷補遺一卷拾遺一卷　（漢）韓嬰撰　清光緒元年(1875)望三益齋刻本　四冊

610000－1042－0000289　綫831.15/737
韓詩外傳十卷　（漢）韓嬰撰　清光緒三年(1877)湖北崇文書局刻本　二冊

610000－1042－0000290　綫831.12/115
齊魯韓三家詩釋五卷　（清）朱士端撰　清抄本　四冊

610000－1042－0000291　綫573.115222/630
周禮十二卷　（漢）鄭玄注　（唐）陸德明音義　清光緒十二年(1886)湖北官書處刻本　六冊

610000－1042－0000292　綫573.115222/630
周禮六卷　（漢）鄭玄注　（唐）陸德明音義　清光緒二十年(1894)金陵書局刻本　六冊

610000－1042－0000293　綫573.115222/630
周禮六卷　（漢）鄭玄注　（唐）陸德明音義　清嘉慶十一年(1806)張青選清芬閣刻本　六冊

610000－1042－0000294　綫善573.11522/632
周禮注疏四十二卷　（漢）鄭玄注　（唐）賈公彥疏　明崇禎刻本　二十冊

610000－1042－0000295　綫573.11522/630
周禮注疏四十二卷　（漢）鄭玄注　（唐）賈公彥疏　清四友堂刻本　二十冊

610000－1042－0000296　綫573.11522/632
附釋音周禮注疏四十二卷校勘記四十二卷　（漢）鄭玄注　（唐）賈公彥疏　（清）陸德明釋文　清嘉慶二十年(1815)江西南昌府學刻本　二十四冊

610000－1042－0000297　綫573.11522/632
附釋音周禮注疏四十二卷校勘記四十二卷　（漢）鄭玄注　（唐）賈公彥疏　（清）陸德明釋文　清光緒二十六年(1900)陝甘味經刊書

處刻本　二十四冊

610000－1042－0000298　綫善573.11526/039
周禮注疏刪翼三十卷　（漢）鄭玄注　（明）王志長輯　明崇禎刻本　十冊　存十七卷(七至八、十六至三十)

610000－1042－0000299　綫573.11522/632
周禮注疏刪翼三十卷　（漢）鄭玄注　（明）王志長輯　清乾隆六十年(1795)醉墨齋刻本　十六冊

610000－1042－0000300　綫573.1157/426
宋葉文康公禮經會元節本四卷　（宋）葉時撰　（清）陸隴其點定　（清）許元淮節選　清嘉慶五年(1800)刻本　四冊

610000－1042－0000301　綫573.1157/635
太平經國之書十一卷首一卷　（宋）鄭伯謙撰　清同治十二年(1873)粵東書局刻本　二冊

610000－1042－0000302　綫善573.1158/093
考工記二卷　（□）□□撰　明萬曆四十五年(1617)閔齊伋刻朱墨印本　二冊

610000－1042－0000303　綫573.11527/521
周禮六卷　（清）黃叔琳注　清嘉慶九年(1804)刻本　四冊

610000－1042－0000304　綫573.1152/521
周禮節訓六卷　（清）黃叔琳撰　（清）姚培謙重訂　清雍正九年(1731)刻本　二冊

610000－1042－0000305　綫573.1152/521
周禮節訓六卷　（清）黃叔琳撰　（清）姚培謙重訂　清道光二十一年(1841)刻本　二冊

610000－1042－0000306　綫573.1152/521
周禮節訓六卷　（清）黃叔琳撰　（清）姚培謙重訂　清咸豐三年(1853)刻本　二冊

610000－1042－0000307　綫573.1152/521
周禮節訓六卷　（清）黃叔琳撰　（清）姚培謙重訂　清咸豐三年(1853)刻本　二冊

610000－1042－0000308　綫573.1152/521
周禮節訓六卷　（清）黃叔琳撰　（清）姚培謙重訂　清咸豐三年(1853)刻本　二冊

610000－1042－0000309　綫 573.1152/521
周禮節訓六卷　（清）黃叔琳撰　（清）姚培謙
重訂　清咸豐三年(1853)刻本　二冊

610000－1042－0000310　綫 573.1152/521
周禮節訓六卷　（清）黃叔琳撰　（清）姚培謙
重訂　清光緒十三年(1887)刻本　二冊

610000－1042－0000311　綫 573.1152/521
周禮節訓六卷　（清）黃叔琳撰　（清）姚培謙
重訂　清光緒十三年(1887)刻本　二冊

610000－1042－0000312　綫 573.11515/521
周禮精義六卷　（清）黃淦纂　清嘉慶十二年
(1807)刻本　二冊

610000－1042－0000313　綫 573.11527/152
周禮摘箋五卷儀禮古今考二卷　（清）李調元
撰　清道光刻本　一冊

610000－1042－0000314　綫 573.115/235
周禮讀本六卷　（清）周樽輯　清乾隆五十八
年(1793)留餘堂刻本　四冊

610000－1042－0000315　綫 573.115/459
周禮精華六卷　（清）陳龍標輯　清嘉慶十一
年(1806)古香閣魏氏刻本　四冊

610000－1042－0000316　綫 573.115/459
周禮精華六卷　（清）陳龍標輯　清嘉慶十八
年(1813)集古堂刻本　三冊

610000－1042－0000317　綫 573.115/459
周禮精華六卷　（清）陳龍標輯　清刻本
四冊

610000－1042－0000318　綫 573.115/459
周禮精華六卷　（清）陳龍標輯　清光韠堂刻
本　六冊

610000－1042－0000319　綫 573.11527/293
周禮易讀六卷　（清）司徒則廬輯　清道光十
五年(1835)絡野堂刻本　四冊

610000－1042－0000320　綫 573.11527/293
周禮易讀六卷　（清）司徒則廬輯　清咸豐四
年(1854)忠興堂刻本　四冊

610000－1042－0000321　綫 573.115/364
周禮政要四卷　（清）孫詒讓撰　清光緒二十
八年(1902)刻本　二冊

610000－1042－0000322　綫 573.115/364
周禮政要四卷　（清）孫詒讓撰　清光緒西安
官書局鉛印本　二冊

610000－1042－0000323　綫 573.115/364
周禮政要二卷　（清）孫詒讓撰　清光緒二十
九年(1903)上海書局石印本　二冊

610000－1042－0000324　綫 573.115/133
周禮約編六卷　（清）汪基鈔撰　清光緒三十
三年(1907)陝西學務公所鉛印本　三冊

610000－1042－0000325　綫 573.11527/326
周禮集解節要六卷　（清）高紫超集解　（清）
鄒愷纂訂　清尚古齋刻本　一冊　存二卷
(一至二)

610000－1042－0000326　綫 573.115/154
周禮古學考十一卷　（清）李長壽撰　清宣統
元年(1909)鉛印本　二冊

610000－1042－0000327　綫 573.1156/565
周禮音訓不分卷　（清）楊國楨撰　清道光十
年(1830)刻本　二冊

610000－1042－0000328　綫 573.1156/565
周禮音訓不分卷　（清）楊國楨撰　清道光十
年(1830)刻本　二冊

610000－1042－0000329　綫 573.1152/468
欽定周官義疏四十八卷首一卷　（清）鄂爾泰
等撰　清乾隆十九年(1754)刻本　三十二冊

610000－1042－0000330　綫 573.1152/468
欽定周官義疏四十八卷首一卷　（清）鄂爾泰
等撰　清道光十八年(1838)刻本　四十冊

610000－1042－0000331　綫 573.1152/468
欽定周官義疏四十八卷首一卷　（清）鄂爾泰
等撰　清同治十年(1871)湖北崇文書局刻本
二十八冊

610000－1042－0000332　綫 573.1152/468
欽定周官義疏四十八卷首一卷　（清）鄂爾泰

等撰　清光緒十九年（1893）湖南漱芳閣刻本
二十四冊

610000－1042－0000333　綫573.1152/468
欽定周官義疏四十八卷首一卷　（清）鄂爾泰
等撰　清刻本　四十八冊

610000－1042－0000334　綫573.11527/467
周官精義十二卷　（清）連斗山輯　清乾隆四
十一年（1776）善成堂刻本　三冊

610000－1042－0000335　綫573.11527/467
周官精義十二卷　（清）連斗山輯　清乾隆四
十一年（1776）刻本　六冊

610000－1042－0000336　綫573.11527/467
周官精義十二卷　（清）連斗山輯　清嘉慶二
年（1797）致和堂刻本　六冊

610000－1042－0000337　綫573.11527/467
周官精義十二卷　（清）連斗山輯　清嘉慶十
八年（1813）刻本　八冊

610000－1042－0000338　綫善554.25/130
周官祿田考三卷釋骨一卷　（清）沈彤撰　清
乾隆刻本　三冊

610000－1042－0000339　綫531.122/630
儀禮十七卷　（漢）鄭玄注　（唐）陸德明音義
清同治七年（1868）湖北崇文書局刻本
四冊

610000－1042－0000340　綫531.122/630
儀禮十七卷　（漢）鄭玄注　（唐）陸德明音義
清光緒十二年（1886）湖北官書處刻本
四冊

610000－1042－0000341　綫善531.122/630
儀禮注疏十七卷　（漢）鄭玄注　（唐）賈公彥
疏　明崇禎四年（1631）忠興堂刻本　十四冊

610000－1042－0000342　綫善531.122/630
儀禮注疏十七卷　（漢）鄭玄注　（唐）賈公彥
疏　明崇禎刻本　十四冊

610000－1042－0000343　綫531.1241/548
儀禮疏八卷校勘記八卷　（漢）鄭玄注　（唐）
賈公彥等疏　（清）阮元校勘　清光緒十三年

（1887）點石齋石印本　二冊

610000－1042－0000344　綫531.1276/285
儀禮古今文疏義十七卷　（清）胡承珙撰　清
光緒三年（1877）湖北崇文書局刻本　四冊

610000－1042－0000345　綫531.1652/444
儀禮識誤三卷　（宋）張淳撰　清杭州刻武英
殿聚珍本　一冊

610000－1042－0000346　綫531.127/173
儀禮章句十七卷　（清）吳延華撰　清乾隆二
十二年（1757）東壁書莊刻本　四冊

610000－1042－0000347　綫531.12/322
禮經釋例十三卷　（清）凌廷堪撰　清嘉慶十
四年（1809）刻本　八冊

610000－1042－0000348　綫531.137/521
儀禮精義二卷　（清）黃淦撰　清嘉慶二十年
（1815）刻本　二冊

610000－1042－0000349　綫531.127/468
欽定儀禮義疏四十八卷首二卷　（清）允祿等
撰　清道光十八年（1838）刻本　四十冊

610000－1042－0000350　綫531.127/468
欽定儀禮義疏四十八卷首二卷　（清）允祿等
撰　清同治十年（1871）湖北崇文書局刻本
三十二冊

610000－1042－0000351　綫531.12/468
欽定儀禮義疏四十八卷首二卷　（清）允祿等
撰　清光緒十九年（1893）湖南漱芳閣刻本
二十七冊

610000－1042－0000352　綫531.127/068
欽定儀禮義疏四十八卷首二卷　（清）允祿等
撰　清尊經閣刻本　四十冊

610000－1042－0000353　綫531.127/468
欽定儀禮義疏四十八卷首二卷　（清）允祿等
撰　清紫陽書院刻本　四十冊

610000－1042－0000354　綫531.127/061
欽定儀禮義疏四十八卷首二卷　（清）允祿等
撰　清刻本　五十冊

610000－1042－0000355　綫531.127/468
欽定儀禮義疏四十八卷首二卷　（清）允祿等撰　清刻本　二十五冊

610000－1042－0000356　綫531.127/068
欽定儀禮義疏四十八卷　（清）允祿等撰　清光緒石印本　四冊

610000－1042－0000357　綫531.15/447
儀禮圖六卷　（清）張惠言撰　清同治九年(1870)楚北崇文書局刻本　三冊

610000－1042－0000358　綫531.12/133
儀禮約編不分卷　（清）汪基撰　清光緒三十二年(1906)陝西學務研究所鉛印本　一冊

610000－1042－0000359　綫531.16/565
儀禮音訓不分卷　（清）楊國楨撰　清道光十年(1830)刻本　二冊

610000－1042－0000360　綫531.3236/721
大戴禮記十三卷　（漢）戴德撰　清康熙五十七年(1718)刻本　二冊

610000－1042－0000361　綫531.327/048
大戴禮記補注十三卷　（漢）戴德撰　（唐）孔廣森注　清同治十三年(1874)淮南書局刻本　四冊

610000－1042－0000362　綫531.38127/721
夏小正傳箋不分卷　（漢）戴德傳　（清）沈秉成箋　清同治六年(1867)刻本　一冊

610000－1042－0000363　綫531.2257/458
禮記二十卷考異二卷　（漢）鄭玄注　（清）張敦仁考異　清同治九年(1870)崇文書局刻本　八冊

610000－1042－0000364　綫531.222/630
禮記二十卷　（漢）鄭玄注　清刻本　八冊

610000－1042－0000365　綫531.222/630
禮記二十卷　（漢）鄭玄注　清刻本　十冊

610000－1042－0000366　綫善531.2257/458
禮記十卷　（元）陳澔集說　清康熙八年(1669)紫陽朱氏崇道堂刻本　十冊

610000－1042－0000367　綫531.2257/458
禮記十卷　（元）陳澔集說　清乾隆五十五年(1790)刻本　五冊

610000－1042－0000368　綫531.2257/458
禮記十卷　（元）陳澔集說　清嘉慶十八年(1813)英秀堂刻本　五冊　存五卷(一至四、六)

610000－1042－0000369　綫531.2257/458
禮記十卷　（元）陳澔集說　清道光十六年(1836)刻本　十冊

610000－1042－0000370　綫531.2257/458
禮記十卷　（元）陳澔集說　清同治五年(1866)金陵書局刻本　十冊

610000－1042－0000371　綫531.2257/458
禮記十卷　（元）陳澔集說　清同治十年(1871)刻本　十冊

610000－1042－0000372　綫531.2257/458
禮記十卷　（元）陳澔集說　清京都文錦堂刻本　十冊

610000－1042－0000373　綫121.1/348
禮記六卷　（明）秦鑨訂正　清刻本　二冊

610000－1042－0000374　綫善531.222/630
禮記注疏二十卷　（漢）鄭玄注　（唐）孔穎達疏　明崇禎五年(1632)忠興堂刻本　九冊

610000－1042－0000375　綫531.222/630
禮記注疏六十三卷　（漢）鄭玄注　（唐）孔穎達疏　清刻本　十五冊　存四十三卷(二十一至六十三)

610000－1042－0000376　綫531.222/630
禮記注疏六十三卷　（漢）鄭玄注　（唐）孔穎達疏　清刻本　三十冊

610000－1042－0000377　綫531.222//630
附釋音禮記注疏六十三卷校勘記六十三卷　（漢）鄭玄注　（唐）孔穎達疏　（唐）陸德明釋文　清嘉慶二十年(1815)江西南昌府學刻本　二十四冊　存八十卷(注疏一至四十、校勘記一至四十)

610000－1042－0000378　綫531.2274/468

欽定禮記義疏八十二卷首一卷　（清）允祿等撰　清道光十八年(1838)刻本　八十三冊

610000－1042－0000379　綫531.2274/468

欽定禮記義疏八十二卷首一卷　（清）允祿等撰　清同治十年(1871)湖北崇文書局刻本　四十八冊

610000－1042－0000380　綫531.2274/468

欽定禮記義疏八十二卷首一卷　（清）允祿等撰　清光緒十九年(1893)湖南漱芳閣刻本　四十冊

610000－1042－0000381　綫531.227/061

欽定禮記義疏八十二卷首一卷　（清）允祿等撰　清刻本　八十三冊

610000－1042－0000382　綫531.227/468

欽定禮記義疏八十二卷首一卷　（清）允祿等撰　清紫陽書院刻本　六十四冊

610000－1042－0000383　綫531.2274/468

欽定禮記義疏八十二卷首一卷　（清）允祿等撰　清刻本　四十八冊

610000－1042－0000384　綫531.2274/468

欽定禮記義疏八十二卷首一卷　（清）允祿等撰　清刻本　八十二冊

610000－1042－0000385　綫531.2274/368

禮記集解六十一卷尚書顧命解一卷　（清）孫希旦撰　清咸豐十年(1860)瑞安孫氏盤谷草堂刻本　十六冊

610000－1042－0000386　綫531.227/666

禮記恒解四十九卷　（清）劉沅輯注　清宣統元年(1909)刻本　八冊

610000－1042－0000387　綫531.227/115

禮記訓纂四十九卷　（清）朱彬輯　清宣統元年(1909)學部圖書局石印本　十冊

610000－1042－0000388　綫531.227/579

禮記全文備旨十一卷　（清）鄒聖脈纂輯　清乾隆二十九年(1764)刻本　一冊　存二卷(一至二)

610000－1042－0000389　綫531.227/579

禮記全文備旨十一卷　（清）鄒聖脈纂輯　清光緒十二年(1886)上海點石齋石印本　二冊　存七卷(一至七)

610000－1042－0000390　綫531.227/579

禮記備旨萃精十一卷　（清）鄒聖脈纂輯　清刻本　四冊

610000－1042－0000391　綫531.227/438

漱芳軒合纂禮記體註四卷　（清）曹庭玉（清）程元功纂　（清）范翔鑒定　清康熙五十二年(1713)文會堂刻本　四冊

610000－1042－0000392　綫531.227/409

漱芳軒合纂禮記體註四卷　（清）徐文初纂輯（清）范翔鑒定　清乾隆五十五年(1790)刻本　四冊

610000－1042－0000393　綫531.227/409

漱芳軒合纂禮記體註四卷　（清）徐文初纂輯（清）范翔鑒定　清咸豐七年(1857)福德堂刻本　四冊

610000－1042－0000394　綫531.227/440

禮記體註大全四卷　（清）曹士珵纂輯　（清）范翔鑒訂　（清）徐文初參訂　清道光二年(1822)刻本　四冊

610000－1042－0000395　綫531.227/409

全本禮記體注大全合參十卷　（清）范翔原定（清）徐文初參訂　（清）徐敬軒補輯　清文會堂刻本　十冊

610000－1042－0000396　綫531.227/409

全本禮記體註大全合參十卷　（清）范翔原定（清）徐文初參訂　（清）徐敬軒補輯　清致和堂刻本　十冊

610000－1042－0000397　綫531.215/521

禮記精義六卷　（清）黃淦纂　清嘉慶十年(1805)刻本　一冊　存三卷(四至六)

610000－1042－0000398　綫531.227/152

禮記補注四卷　（清）李調元撰　清道光刻本　一冊

610000－1042－0000399　綫531.31/512

禮記省度四卷　（清）彭頤纂　清乾隆二十四年(1759)芸經堂刻朱墨印本　四冊

610000－1042－0000400　綫531.31/512

禮記省度四卷　（清）彭頤纂　清乾隆二十四年(1759)芸經堂刻朱墨印本　六冊

610000－1042－0000401　綫531.22/133

禮記約編五卷　（清）汪基鈔撰　清光緒三十二年(1906)陝西學務公所鉛印本　五冊

610000－1042－0000402　綫531.215/133

繪圖禮記節本十卷　（清）汪基鈔撰　清宣統元年(1909)上海會文學社石印本　六冊

610000－1042－0000403　綫531.227/407

禮記旁訓辨體六卷　（清）徐立綱輯　清張氏循陔堂刻本　四冊　存四卷(一、三至五)

610000－1042－0000404　綫531.227/407

禮記增訂旁訓六卷　（清）徐立綱撰　清刻本　五冊　存五卷(二至六)

610000－1042－0000405　綫531.227/148

禮記易讀二卷　（清）志遠堂主人輯　清道光二十年(1840)刻本　一冊　存一卷(上)

610000－1042－0000406　綫531.227/148

禮記易讀二卷　（清）志遠堂主人輯　清光緒五年(1879)刻本　一冊　存一卷(上)

610000－1042－0000407　綫531.222/735

禮記易讀四卷　（清）志遠堂主人輯　清光緒七年(1881)刻本　二冊

610000－1042－0000408　綫531.222/735

禮記易讀二卷　（清）志遠堂主人輯　清光緒七年(1881)崇順堂刻本　一冊　存一卷(下)

610000－1042－0000409　綫531.227/735

禮記易讀二卷　（清）志遠堂主人輯　清刻本　三冊

610000－1042－0000410　綫531.27/285

禮記心典傳本三卷　（清）胡瑤光纂　清刻本　四冊

610000－1042－0000411　綫531.8551/736

新定三禮圖二十卷　（宋）聶崇義集注　清刻本　二冊

610000－1042－0000412　綫531.8551/736

新定三禮圖二十卷　（宋）聶崇義集注　清末上海同文書局石印本　二冊

610000－1042－0000413　綫531.827/133

三禮約編十九卷　（清）汪基撰　清嘉慶九年(1804)敬堂刻本　八冊

610000－1042－0000414　綫531.827/133

三禮約編十三卷禮器圖說一卷　（清）汪基撰　（清）江永校纂　清光緒三十三年(1907)陝西學務公所鉛印本　十冊

610000－1042－0000415　綫531.827/133

三禮約編十九卷　（清）汪基撰　清刻本　八冊

610000－1042－0000416　綫531.837/209

三禮通釋二百八十卷　（清）林昌彝撰　清同治三年(1864)廣州刻本　四十八冊

610000－1042－0000417　綫善531.827/242

禮箋三卷　（清）金榜撰　清乾隆五十九年(1794)方起泰刻本　二冊

610000－1042－0000418　綫531.827/242

禮箋三卷　（清）金榜撰　清游文齋刻本　二冊

610000－1042－0000419　綫531.25/133

禮器圖說五卷　（清）汪基撰　清光緒三十三年(1907)陝西學務公所鉛印本　一冊

610000－1042－0000420　綫531.87/514

半農先生禮說十四卷　（清）惠士奇撰　清紅豆齋刻本　四冊

610000－1042－0000421　綫善532/358

司馬氏書儀十卷　（宋）司馬光撰　清乾隆研香書屋刻本　二冊

610000－1042－0000422　綫532/174

四禮翼四卷　（明）呂坤撰　清同治十二年(1873)西安藩署刻本　一冊

610000－1042－0000423　綫 532/142

四禮初稿四卷　（明）宋纁輯　清刻本　一冊

610000－1042－0000424　綫 531.77/409

讀禮通考一百二十卷　（清）徐乾學撰　清光
緒七年(1881)江蘇書局刻本　三十二冊

610000－1042－0000425　綫 531.77/409

讀禮通考一百二十卷　（清）徐乾學撰　清光
緒二十四年(1898)新化三味堂刻本　四十冊

610000－1042－0000426　綫 531.77/348

五禮通考二百六十二卷總目二卷首四卷
（清）秦蕙田輯　清光緒六年(1880)江蘇書局
刻本　一百二十八冊

610000－1042－0000427　綫 531.77/348

五禮通考二百六十二卷總目二卷首四卷
（清）秦蕙田輯　清光緒六年(1880)江蘇書局
刻本　一百冊

610000－1042－0000428　綫 531.77/348

五禮通考二百六十二卷　（清）秦蕙田輯　清
光緒二十二年(1896)新化三味堂刻本　一百
十九冊

610000－1042－0000429　綫 531.77/227

禮經通論一卷　（清）邵懿辰撰　清宣統三年
(1911)上海國學扶輪社鉛印本　一冊

610000－1042－0000430　綫 531.1/038

鄉儀一卷　（明）王承裕校勘　清道光十八年
(1838)刻本　一冊

610000－1042－0000431　綫 192.3/115

文公家禮儀節八卷　（宋）朱熹編　（明）楊慎
輯　清道光五年(1825)刻本　四冊

610000－1042－0000432　綫 192.3/115

文公家禮儀節八卷　（宋）朱熹編　（明）楊慎
輯　清咸豐六年(1856)刻本　四冊

610000－1042－0000433　綫 532/174

朱子增損呂氏鄉約一卷　（宋）呂大忠撰
（宋）朱熹增損　清光緒十六年(1890)劉氏傳
經堂刻本　一冊

610000－1042－0000434　綫 532/174

朱子增損呂氏鄉約一卷　（宋）呂大忠撰
（宋）朱熹增損　清光緒十七年(1891)賀瑞麟
刻本　一冊

610000－1042－0000435　綫 534/082

朱子家禮八卷首一卷　（明）丘浚輯　清康熙
四十年(1701)紫陽書院刻本　七冊

610000－1042－0000436　綫 534/274

經世家禮鈔八卷　（清）柏森輯　清光緒二十
年(1894)柏經正堂刻本　一冊

610000－1042－0000437　綫 532.1/048

聖門禮志一卷　（清）孔傳鐸輯　清康熙刻本
一冊

610000－1042－0000438　綫 041.7/348

宦鄉要則八卷首一卷　（清）秦再增輯　清光
緒十二年(1886)石印本　二冊

610000－1042－0000439　綫 532.21/448

喪服今制表一卷　（清）張華理撰　清抄本
一冊

610000－1042－0000440　綫 531.14/364

九旗古義述一卷　（清）孫詒讓撰　清光緒二
十八年(1902)刻本　一冊

610000－1042－0000441　綫 533.2025/802

聖廟祀典圖考五卷首一卷　（清）顧沅輯　清
道光六年(1826)刻本　四冊

610000－1042－0000442　綫 533.2025/802

聖廟祀典圖考三卷首一卷　（清）顧沅輯　清
光緒上海同文書局影印本　四冊

610000－1042－0000443　綫善 300/580

御製律呂正義上編二卷下編二卷續編一卷
（清）聖祖玄燁撰　清康熙武英殿刻本　五冊

610000－1042－0000444　綫 911.1/447

日鋤齋律呂新書初解二卷　（清）張琛撰　清
嘉慶二十三年(1818)松林堂刻本　二冊

610000－1042－0000445　綫 911/458

聲律通考十卷　（清）陳澧撰　清咸豐十年
(1860)番禺陳氏刻本　二冊

610000 - 1042 - 0000446　綫 911/458

聲律通考十卷　（清）陳澧撰　清咸豐至光緒刻本　二冊

610000 - 1042 - 0000447　綫 621.76/064

春秋三傳十六卷陸氏三傳釋文音義十六卷首一卷　（春秋）左丘明等撰　（唐）陸德明音義　清同治十年(1871)刻本　十九冊

610000 - 1042 - 0000448　綫 621.76/064

春秋三傳十六卷陸氏三傳釋文音義十六卷首一卷　（春秋）左丘明等撰　（唐）陸德明音義　清同治十年(1871)刻本　十四冊

610000 - 1042 - 0000449　綫 621.762/064

春秋三十卷　（春秋）左丘明等撰　清刻本　七冊　存八卷(八至十二、十四至十六)

610000 - 1042 - 0000450　綫 621.742/282

春秋三十卷綱領一卷列國圖說一卷諸國興廢說提要一卷　（宋）胡安國傳　（宋）林堯叟音註　清乾隆五年(1740)文盛堂刻本　八冊

610000 - 1042 - 0000451　綫 621.742/282

春秋三十卷　（宋）胡安國傳　清金陵懷德堂刻本　八冊

610000 - 1042 - 0000452　綫 621.742/282

春秋三十卷　（宋）胡安國傳　清刻本　十一冊　存十六卷(一至十六)

610000 - 1042 - 0000453　綫 621.742/282

春秋三十卷　（宋）胡安國傳　清刻本　四冊　存二十三卷(一至六、十四至三十)

610000 - 1042 - 0000454　綫 621.7/348

春秋十七卷列國東坡圖說一卷列國興廢說一卷　（明）秦鏷訂正　清刻本　三冊

610000 - 1042 - 0000455　綫 621.74/282

春秋胡傳三十卷綱領一卷正經音訓一卷提要一卷諸國興廢說一卷列國東坡圖說一卷　(宋)胡安國撰　（宋）林堯叟音註　（明）吳繼武校梓　明繡谷吳繼武刻本　一冊　存七卷(一至七)

610000 - 1042 - 0000456　綫 621.76/237

春秋三傳通經合纂十二卷　（明）周統編　清乾隆四十五年(1780)刻本　七冊　缺一卷(九上)

610000 - 1042 - 0000457　綫 621.7347/152

春秋三傳比二卷　（清）李調元輯　清道光刻本　一冊

610000 - 1042 - 0000458　綫 621.777/671

春秋筆削微旨二十六卷　（清）劉紹攽撰　清乾隆十九年(1754)刻本　六冊

610000 - 1042 - 0000459　綫 621.76/078

四傳春秋纂例不分卷　蒙俊生抄　清末民初抄本　四冊

610000 - 1042 - 0000460　綫 621.731/064

春秋左傳白文不分卷　（春秋）左丘明撰　清抄本　四冊

610000 - 1042 - 0000461　綫 621.73231/064

春秋左傳五十卷　（晉）杜預集解　（宋）林堯叟句解　（唐）陸德明音釋　清光緒八年(1882)關中節署刻本　十冊

610000 - 1042 - 0000462　綫 621.73231/064

春秋左傳三十卷首一卷　（晉）杜預注　（唐）陸德明音釋　（宋）林堯叟附注　（清）馮李驊集解　清光緒十二年(1886)湖北官書處刻本　十二冊

610000 - 1042 - 0000463　綫 621.73231/064

春秋左傳五十卷　（晉）杜預注　（唐）陸德明音義　（宋）林堯叟注釋　清宣統二年(1910)上海掃葉山房石印本　十二冊

610000 - 1042 - 0000464　綫 095.12/311

春秋左傳杜林五十卷　（晉）杜預註　（唐）陸德明音義　（宋）林堯叟補註　清光緒二十一年(1895)澹雅局刻本　十六冊

610000 - 1042 - 0000465　綫 621.73231/064

春秋左傳杜林真本五十卷　（晉）杜預註　（唐）陸德明音義　（宋）林堯叟補註　清三樂齋刻本　十六冊

610000 - 1042 - 0000466　綫 621.73231/064

春秋左傳杜林合注五十卷　（晉）杜預注
（唐）陸德明音義　（宋）林堯叟注釋　清末校
經山房石印本　五冊　存二十二卷（四至九、
十五至十八、二十七至三十四、四十七至五
十）

610000－1042－0000467　綫621.73231/064
春秋左傳杜注三十卷首一卷　（晉）杜預注
（清）姚培謙補輯　清光緒九年(1883)江南書
局刻本　八冊

610000－1042－0000468　綫善621.73231/064
春秋左傳杜注三十卷首一卷　（晉）杜預注
（清）姚培謙增輯　清光緒十五年(1889)戶部
江南書局刻本　八冊　存二十四卷（一至二
十一、二十八至三十）

610000－1042－0000469　綫621.73231/064
春秋左傳杜注三十卷首一卷　（晉）杜預注
（清）姚培謙增輯　清小鬱林刻本　十六冊

610000－1042－0000470　綫621.73231/064
春秋左傳杜注三十卷首一卷　（晉）杜預注
（清）姚培謙補輯　清光緒二十二年(1896)新
化三昧堂刻本　十二冊

610000－1042－0000471　綫善621.73231/160
春秋左傳注疏六十卷　（晉）杜預注　（唐）孔
穎達疏　（唐）陸德明釋文　明萬曆十九年至
二十年(1591－1592)北京國子監刻本　二
十冊

610000－1042－0000472　綫621.73231/160
春秋左傳注疏六十卷　（晉）杜預注　（唐）孔
穎達疏　清四有堂刻本　二十八冊

610000－1042－0000473　綫621.73231/160
附釋音春秋左傳注疏六十卷校勘記六十卷
（晉）杜預注　（唐）孔穎達疏　清刻本　八冊
　存三十卷（注疏四十六至六十、校勘記四十
六至六十）

610000－1042－0000474　綫531.1241/548
附釋音春秋左傳注疏十二卷校勘記十二卷
（晉）杜預注　（唐）孔穎達疏　（唐）陸德明
釋文　（清）阮元校勘　清光緒十三年(1887)

上海點石齋石印本　四冊

610000－1042－0000475　綫845.22/174
東萊博議四卷古字注釋二卷　（宋）呂祖謙撰
（清）張明德評點　清末刻本　二冊

610000－1042－0000476　綫845.22/174
東萊博議四卷　（宋）呂祖謙撰　清雙芙蓉館
石印本　四冊

610000－1042－0000477　綫845.22/174
增批輯注東萊博議四卷　（宋）呂祖謙撰
（清）劉鍾英輯注　清光緒石印本　四冊

610000－1042－0000478　綫善621.76257/078
春秋類對賦一卷　（宋）徐晉卿撰　清康熙十
五年(1676)通志堂刻本　一冊

610000－1042－0000479　綫善621.76257/078
春秋集傳詳說三十卷　（元）以則堂撰　清康
熙十五年(1676)通志堂刻本　二冊

610000－1042－0000480　綫善621.76257/078
春秋諸國統紀六卷目錄一卷　（元）齊伯恒撰
　清康熙十五年(1676)通志堂刻本　二冊

610000－1042－0000481　綫621.7/160
左繡三十卷　（清）馮李驊輯注　清康熙五十
九年(1720)刻本　八冊

610000－1042－0000482　綫621.7/160
左繡三十卷　（清）馮李驊輯　（清）陸浩評輯
　清大文堂刻本　十六冊

610000－1042－0000483　綫621.739/359
左傳事緯十二卷左傳字釋一卷　（清）馬驌撰
　清乾隆四十年(1775)黃暹刻本　十冊　缺
一卷（七）

610000－1042－0000484　綫621.739/359
左傳事緯十二卷　（清）馬驌撰　清刻本
十冊

610000－1042－0000485　綫621.739/359
左傳事緯十二卷　（清）馬驌撰　清光緒九年
(1883)上海文瑞樓石印本　六冊

610000－1042－0000486　綫621.7307/329

左傳鈔六卷　（清）高塘集評　清乾隆五十三年(1788)刻本　八冊

610000－1042－0000487　綫 621.737/064
左傳類對二卷　（□）□□□撰　清乾隆五十三年(1788)宏恩堂刻本　二冊

610000－1042－0000488　綫 621.7327/069
左傳易讀六卷　（清）司徒修輯注　清道光十六年(1836)絡野堂刻本　六冊

610000－1042－0000489　綫 621.7327/069
左傳易讀六卷　（清）司徒修輯注　清咸豐六年(1856)刻本　六冊

610000－1042－0000490　綫 621.73276/069
左傳易讀六卷　（清）司徒修輯注　清光緒善成堂刻本　六冊

610000－1042－0000491　綫 621.7327/064
春秋左傳初學讀本不分卷　（春秋)左丘明撰　清刻本　五冊

610000－1042－0000492　綫 621.73/292
欽定春秋左傳讀本三十卷　（清）英和等纂　清同治八年(1869)江蘇書局刻本　十冊

610000－1042－0000493　綫 621.75/042
春秋左傳折衷便讀八卷　（清）王與山編　清同治三年(1864)刻本　八冊

610000－1042－0000494　綫 621.7327/152
春秋左氏傳賈服注輯述二十卷　（清）李貽德撰　清同治五年(1866)刻本　三冊　存十一卷(一至十一)

610000－1042－0000495　綫 621.7327/152
春秋左氏傳賈服注輯述二十卷　（清）李貽德撰　清光緒八年(1882)江蘇書局刻本　六冊

610000－1042－0000496　綫 621.7627/395
春秋集古傳注二十六卷春秋或問六卷　（清）鄶坦集注　清光緒二年(1876)淮南書局刻本　六冊

610000－1042－0000497　綫 621.7367/565
春秋左傳音訓不分卷　（清）楊國楨撰　清道光十年(1830)大梁書院刻本　三冊

610000－1042－0000498　綫 621.732/272
春秋左傳旁訓十八卷　（□）□□□撰　清光緒十年(1884)魏氏古香閣刻本　十冊

610000－1042－0000499　綫 621.7327/235
增補左繡匯參三十卷首一卷　（清）周謙亭（清）周正思纂　清乾隆十四年(1749)蒿山書屋刻本　十六冊

610000－1042－0000500　綫 621.7327/579
御案春秋左傳經解備旨十二卷首一卷春秋輿地圖一卷　（清）鄒聖脈纂輯　清刻本　四冊

610000－1042－0000501　綫 621.7327/737
如酉所刻諸名家評點春秋綱目左傳句解六卷　（清）韓菼重訂　清經餘堂刻本　六冊

610000－1042－0000502　綫 621.7327/737
如酉所刻諸名家評點春秋綱目左傳句解彙雋六卷　（清）韓菼重訂　清泰山堂刻本　六冊

610000－1042－0000503　綫 621.7327/737
點評春秋綱目左傳句解彙雋六卷　（清）韓菼重訂　清末上海錦章圖書局石印本　六冊

610000－1042－0000504　綫 621.7327/667
左傳舊疏考正八卷　（清）劉文淇撰　清光緒三年(1877)湖北崇文書局刻本　四冊

610000－1042－0000505　綫 621.7347/152
左傳官名考二卷　（清）李調元輯　清道光刻本　一冊

610000－1042－0000506　綫善 621.71222/196
春秋公羊傳注疏二十八卷　（戰國)公羊高撰（漢）何休詁　（唐）陸德明音義　明崇禎七年(1634)古虞毛氏汲古閣刻本　十二冊

610000－1042－0000507　綫 621.71241/407
春秋公羊傳注疏二十八卷　（戰國)公羊高傳（漢）何休詁　（唐）徐彥疏　清光緒十三年(1887)上海點石齋石印本　二冊　存四卷(一至四)

610000－1042－0000508　綫 621.71222/196
春秋公羊傳十一卷　（戰國)公羊高撰　（漢）何休解詁　（唐）陸德明音義　清同治七年

（1868）湖北崇文書局刻本　四冊

610000－1042－0000509　綫621.71241/057

春秋公羊經傳解詁十二卷　（戰國）公羊高傳（漢）何休解詁　（唐）陸德明音義　清道光四年（1824）揚州汪氏問禮堂刻本　二冊

610000－1042－0000510　綫621.71222/196

春秋公羊傳音訓不分卷　（戰國）公羊高撰（漢）何休解詁　（唐）陸德明音義　清道光十年（1830）刻本　一冊

610000－1042－0000511　綫621.71241/057

監本附音春秋公羊注疏二十八卷校勘記二十八卷　（戰國）公羊高撰　（漢）何休解詁（唐）徐彥疏　清嘉慶二十年（1815）江西南昌府學刻本　八冊

610000－1042－0000512　綫621.757/433

春秋董氏學八卷附史記董仲舒傳一卷　康有為撰　清光緒二十四年（1898）上海大同譯書局刻本　六冊

610000－1042－0000513　綫621.72231/291

春秋穀梁傳十二卷　（晉）范甯集解　（唐）陸德明音義　清同治七年（1868）湖北崇文書局刻本　四冊

610000－1042－0000514　綫621.72231/291

春秋穀梁傳十二卷　（晉）范甯集解　清同治七年（1868）金陵書局刻本　二冊

610000－1042－0000515　綫621.72231/291

春秋穀梁傳十二卷　（晉）范甯集解　（明）閔齊伋裁注　清稽古樓刻本　四冊

610000－1042－0000516　綫善621.72231/291

春秋穀梁傳注疏二十卷　（晉）范甯集解（唐）楊士勛疏　明崇禎八年（1635）古虞毛氏刻本　八冊

610000－1042－0000517　綫621.72/730

春秋穀梁經傳補注二十四卷首一卷末一卷　（晉）范甯集解　（清）鍾文烝補注　清光緒二年（1876）刻本　八冊

610000－1042－0000518　綫621.72231/291

監本附音春秋穀梁注疏二十卷校勘記二十卷　（晉）范甯集釋　（唐）楊士勛疏　清嘉慶二十年（1815）江西南昌府學刻本　八冊

610000－1042－0000519　綫621.72231/291

監本附音春秋穀梁注疏二十卷校勘記二十卷　（晉）范甯集解　（唐）楊士勛疏　清光緒十三年（1887）點石齋石印本　一冊　存八卷（注疏一至四、校勘記一至四）

610000－1042－0000520　綫621.727/279

穀梁大義述三十卷　（清）柳興恩撰　清光緒十四年（1888）南菁書院刻本　六冊

610000－1042－0000521　綫621.71/571

春秋繁露十七卷附漢廣川董子集一卷下馬陵詩文集二卷　（漢）董仲舒撰　（明）孫鑛評清乾隆四十四年（1779）董文昌等刻本　六冊

610000－1042－0000522　綫621.71/571

春秋繁露十七卷　（漢）董仲舒撰　（清）凌曙注　清嘉慶二十年（1815）刻本　四冊

610000－1042－0000523　綫621.7/160

春秋經傳集解三十卷春秋年表一卷春秋名號歸一圖二卷　（晉）杜預集解　（唐）陸德明音義　清同治八年（1869）楚北崇文書局刻本十二冊

610000－1042－0000524　綫621.7/160

春秋經傳集解三十卷　（晉）杜預集解　清光緒六年（1880）掃葉山房刻本　十六冊

610000－1042－0000525　綫621.7/160

春秋經傳集解三十卷　（晉）杜預集解　（唐）陸德明音義　清宣統二年（1910）學部圖書局影印本　十五冊

610000－1042－0000526　綫621.7/160

春秋經傳集解三十卷　（晉）杜預注　清刻本　十六冊

610000－1042－0000527　綫621.7/160

春秋經傳集解三十卷　（晉）杜預撰　（唐）陸德明釋文　**春秋名號歸一圖二卷**　（五代）馮繼先撰　清刻本　二十九冊　缺二卷（二十

三、春秋名號歸一圖上）

610000－1042－0000528　綫 621.7/160
春秋釋例十五卷　（晉）杜預撰　（清）紀昀等
纂　清刻武英殿聚珍本　十冊

610000－1042－0000529　綫 621.7373/447
春秋衷一四卷　（宋）胡安國傳　（清）張念庭
訂　清光緒九年（1883）光裕堂刻本　二冊
存二卷（一至二）

610000－1042－0000530　綫 210.75/103
春秋意林二卷　（宋）劉敞撰　（清）納蘭成德
校訂　清通志堂刻本　一冊

610000－1042－0000531　綫 621.7625/283
春秋體註大全合參四卷　（宋）胡安國傳
（清）范翔鑒訂　（清）周熾纂輯　清康熙五十
年（1711）刻本　四冊

610000－1042－0000532　綫 621.7625/283
春秋體注大全合參四卷　（宋）胡安國傳
（清）范翔鑒訂　（清）周熾纂輯　清道光四年
（1824）刻本　四冊

610000－1042－0000533　綫 621.7625/283
春秋體註四卷　（宋）胡安國傳　（清）范翔參
訂　清乾隆五十四年（1789）文會堂刻本
四冊

610000－1042－0000534　綫 621.702/272
春秋年表一卷　（宋）環中撰　（清）成德校訂
清巴陵鍾謙鈞刻本　一冊

610000－1042－0000535　綫 621.7/414
春秋經解十五卷　（清）納蘭成德輯　清通志
堂刻本　十冊

610000－1042－0000536　綫 621.7/414
春秋注解四種五十七卷　（清）納蘭成德撰並
校訂　清通志堂刻本　四冊

610000－1042－0000537　綫善 621.7/157
春秋紀傳五十一卷　（清）李鳳雛撰　清康熙
四十五年（1706）李鳳雛刻本　十六冊

610000－1042－0000538　綫 621.7/157
春秋紀傳五十一卷　（清）李鳳雛編　清康熙

四十五年（1706）刻本　十六冊

610000－1042－0000539　綫 621.76/039
欽定春秋傳說彙纂三十八卷首二卷　（清）王
掞等纂　清康熙六十年（1721）刻本　二十冊

610000－1042－0000540　綫 621.76/039
欽定春秋傳說彙纂三十八卷首二卷　（清）王
掞等纂　清同治十年（1871）湖北崇文書局刻
本　二十冊

610000－1042－0000541　綫 621.76/039
欽定春秋傳說彙纂三十八卷首二卷　（清）王
掞等纂　清光緒十四年（1888）刻本　十八冊

610000－1042－0000542　綫 621.76/039
欽定春秋傳說彙纂三十八卷首二卷　（清）王
掞等纂　清刻本　四十冊

610000－1042－0000543　綫 621.75/671
春秋通論二十六卷　（清）劉紹攽撰　清乾隆
八年（1743）劉氏傳經堂刻本　八冊

610000－1042－0000544　綫 621.7023/802
春秋大事表五十卷輿圖一卷附錄一卷　（清）
顧棟高輯纂　清乾隆十三年（1748）萬卷樓刻
本　二十冊

610000－1042－0000545　綫 621.7023/802
春秋大事表五十卷輿圖一卷附錄一卷　（清）
顧棟高輯纂　清同治十二年（1873）刻本　二
十冊

610000－1042－0000546　綫 621.7023/802
春秋大事表五十卷輿圖一卷附錄一卷　（清）
顧棟高輯纂　清光緒十四年（1888）陝西求友
齋刻本　二十四冊

610000－1042－0000547　綫 621.7023/802
春秋大事表五十卷輿圖一卷附錄一卷　（清）
顧棟高輯纂　清光緒十四年（1888）陝西求友
齋刻本　二十四冊

610000－1042－0000548　綫 621.7023/802
春秋大事表五十卷輿圖一卷附錄一卷　（清）
顧棟高輯纂　清光緒十四年（1888）陝西求友
齋刻本　二十四冊

610000 – 1042 – 0000549　綫 621.7023/802

春秋大事表五十卷輿圖一卷附錄一卷 （清）顧棟高輯纂　清光緒十四年(1888)陝西求友齋刻本　二十四冊

610000 – 1042 – 0000550　綫 621.7023/802

春秋大事表五十卷輿圖一卷附錄一卷 （清）顧棟高輯纂　清光緒十四年(1888)陝西求友齋刻本　二十四冊

610000 – 1042 – 0000551　綫 621.7023/802

春秋大事表五十卷輿圖一卷附錄一卷 （清）顧棟高輯纂　清光緒十四年(1888)陝西求友齋刻本　二十四冊

610000 – 1042 – 0000552　綫 621.7023/802

春秋大事表五十卷輿圖一卷附錄一卷 （清）顧棟高輯纂　清光緒十四年(1888)陝西求友齋刻本　二十四冊

610000 – 1042 – 0000553　綫 621.7527/407

春秋增訂旁訓精義四卷 （清）徐立綱撰　清乾隆四十七年(1782)吳郡張氏刻本　二冊

610000 – 1042 – 0000554　綫 621.7627/207

春秋體註三十卷 （清）林雲銘原定　（清）湯慶菉補輯　清乾隆五十八年(1793)志德堂刻本　五冊　存十五卷(一至十五)

610000 – 1042 – 0000555　綫 621.755/598

春秋世系不分卷 （清）趙權中補輯　清咸豐五年(1855)渭南趙氏刻本　一冊

610000 – 1042 – 0000556　綫 621.735/460

春秋世族譜二卷 （清）陳厚耀撰　清嘉慶五年(1800)葉氏刻本　二冊

610000 – 1042 – 0000557　綫 621.735/460

春秋世族譜二卷 （清）陳厚耀撰　清光緒二十五年(1899)兩湖書院正學堂刻本　一冊

610000 – 1042 – 0000558　綫 621.735/460

春秋世族譜二卷 （清）陳厚耀撰　清光緒二十五年(1899)兩湖書院正學堂刻本　一冊

610000 – 1042 – 0000559　綫 621.7537/521

春秋精義四卷 （清）黃淦撰　清嘉慶九年

(1804)刻本　二冊

610000 – 1042 – 0000560　綫 621.7127/057

公羊穀梁易讀不分卷 （□）□□撰　清道光十二年(1832)來鹿堂刻本　一冊

610000 – 1042 – 0000561　綫 621.7677/598

春秋集傳辨異十二卷 （清）趙培桂集辨　清同治五年(1866)明德堂刻本　十二冊

610000 – 1042 – 0000562　綫 621.75/445

春秋屬辭辨例編六十卷首二卷 （清）張應昌撰　清同治十二年(1873)江蘇書局刻本　三十二冊

610000 – 1042 – 0000563　綫 621.7/394

春秋或問六卷 （清）邵坦撰　清光緒二年(1876)淮南書局刻本　一冊

610000 – 1042 – 0000564　綫 621.7/042

春秋例表二十八卷 （清）王代豐撰　清光緒七年(1881)四川尊經書院刻本　一冊

610000 – 1042 – 0000565　綫 621.7527/579

春秋備旨十二卷 （清）鄒聖脈纂輯　清光緒十年(1884)上海點石齋石印本　三冊

610000 – 1042 – 0000566　綫 621.7/131

春秋集傳十七卷 （清）汪紱纂　清光緒二十一年(1895)刻本　四冊

610000 – 1042 – 0000567　綫 621.5/544

春秋逸傳十四卷 （清）傅上瀛撰　清光緒二十二年(1896)刻本　四冊

610000 – 1042 – 0000568　綫 621.75/222

春秋大旨提綱表四卷 劉爾炘撰　清光緒三十四年(1908)甘肅高等學堂刻本　二冊

610000 – 1042 – 0000569　綫 621.7578/669

喟經日記不分卷 劉爾炘撰　清光緒三十四年(1908)甘肅高等學堂刻本　一冊

610000 – 1042 – 0000570　綫 533.1/464

春秋謚法表不分卷 （清）陳延齡撰　清宣統二年(1910)北京開智石印書局石印本　一冊

610000 – 1042 – 0000571　綫 621.7/414

春秋權衡十七卷 （清）納蘭成德校訂 清通志堂刻本 二冊

610000－1042－0000572 綫621.7/414

春秋屬辭十五卷 （清）納蘭成德校訂 清通志堂刻本 三冊

610000－1042－0000573 綫621.7/544

御纂春秋直解十二卷 （清）傅恒等纂 清刻本 八冊

610000－1042－0000574 綫善193.1251/148

欽定孝經注疏九卷 （宋）邢昺注疏 明崇禎二年(1629)古虞毛氏刻本 五冊

610000－1042－0000575 綫193.1251/148

孝經注疏九卷校勘記九卷 （宋）邢昺注疏 （清）阮元撰校勘記 清光緒十八年(1892)湖南寶慶務本書局刻本 二冊

610000－1042－0000576 綫善193.1/570

孝經衍義一百卷首二卷 （清）葉方藹等編 清康熙二十九年(1690)刻本 三冊 存二十卷(一至二十)

610000－1042－0000577 綫193.122/630

孝經音訓一卷 （清）楊國楨撰 清道光十年(1830)刻本 一冊

610000－1042－0000578 綫193.137/242

孝經傳說圖解二卷 （清）金拓嚴 （清）戴蓮洲撰 清同治十年(1871)師古齋刻本 四冊

610000－1042－0000579 綫193.127/149

孝經合璧一卷 （□）□□輯 清光緒二十九年(1903)刻本 一冊

610000－1042－0000580 綫善121.22251/194

欽定論語注疏二十卷 （三國魏）何晏集解 （宋）邢昺疏 明崇禎十年(1637)古虞毛氏刻本 四冊

610000－1042－0000581 綫121.223/194

論語注疏四卷孝經注疏二卷 （三國魏）何晏集解 （宋）邢昺疏 清光緒十三年(1887)上海點石齋石印本 一冊

610000－1042－0000582 綫121.223/194

論語注疏解經二十卷 （三國魏）何晏集解 （宋）邢昺疏 清刻本 五冊 缺一卷(一)

610000－1042－0000583 綫善121.222/115

論語集注十卷 （宋）朱熹集注 明正統司禮監刻本 四冊

610000－1042－0000584 綫121.2227/115

論語集注四卷 （宋）朱熹集注 清光緒十七年(1891)西安刻本 一冊

610000－1042－0000585 綫121.222/115

論語十卷 （宋）朱熹集注 清宣統三年(1911)石印本 二冊

610000－1042－0000586 綫121.2227/135

論語集注大全二十卷 （清）汪份增訂 清致和堂刻本 十二冊

610000－1042－0000587 綫121.2227/040

論語集注本義彙參十二卷 （清）王步青輯 清敦復堂刻本 七冊

610000－1042－0000588 綫121.2227/040

論語集注本義彙參二十卷 （清）王步青輯 清刻本 十二冊

610000－1042－0000589 綫121.2127/670

增訂二論詳解四卷 （清）劉忠輯 清雍正十二年(1734)興盛堂刻本 四冊

610000－1042－0000590 綫121.2227/666

論語正義二十四卷 （清）劉寶楠注 清同治五年(1866)刻本 六冊

610000－1042－0000591 綫121.2227/718

戴氏注論語二十卷 （清）戴震注 清同治十年(1871)刻本 二冊

610000－1042－0000592 綫121.2227/077

論語講義十卷 （清）史延輝撰 清刻本 二冊

610000－1042－0000593 綫121.2215/677

論語講義不分卷 諸宗元編 清光緒三十一年(1905)江蘇通州翰林院編譯印書局鉛印本 一冊

610000－1042－0000594　綫121.227/166

讀論語政治彙抄一卷　（清）君樂抄　清光緒二十年(1894)抄本　一冊

610000－1042－0000595　綫802.81/167

論語韻言一卷　（清）吳寅吉撰　清末抄本一冊

610000－1042－0000596　綫121.26/599

孟子七卷　（漢）趙歧注　清光緒五年(1879)山西濬文書局刻本　三冊

610000－1042－0000597　綫121.26252/599

孟子注疏四卷　（漢）趙歧注　（宋）孫奭疏　清光緒十三年(1887)點石齋石印本　一冊

610000－1042－0000598　綫121.26252/599

重刊宋本孟子注疏四卷　（漢）趙歧注　（宋）孫奭疏　清光緒十八年(1892)湖南寶慶務本書局刻本　八冊

610000－1042－0000599　綫121.26252/599

欽定孟子注疏十四卷　（漢）趙歧注　（宋）孫奭疏　清刻本　七冊

610000－1042－0000600　綫善121.26252/599

孟子注疏解經十四卷　（漢）趙歧注　（宋）孫奭疏　明嘉靖李元陽刻十三經注疏本　十四冊

610000－1042－0000601　綫121.26252/599

孟子注疏解經十四卷　（漢）趙歧注　（宋）孫奭疏　清刻本　六冊

610000－1042－0000602　綫121.2652/115

孟子十四卷序說一卷　（宋）朱熹集注　清刻本　四冊

610000－1042－0000603　綫121.2625/218

載詠樓重鐫硃批孟子二卷　（宋）蘇洵批　清康熙三十三年(1694)三樂齋刻朱墨印本二冊

610000－1042－0000604　綫121.2625/218

增補蘇批孟子二卷孟子年譜一卷　（宋）蘇洵批　（清）趙大浣增補　清咸豐六年(1856)刻

朱墨印本　二冊

610000－1042－0000605　綫121.2625/218

增補蘇批孟子二卷孟子年譜一卷　（宋）蘇洵批　（清）趙大浣增補　清同治十三年(1874)大文堂刻朱墨印本　一冊

610000－1042－0000606　綫121.262/115

孟子要略五卷　（宋）朱熹撰　（清）曾國藩按　清同治十三年(1874)傳忠書局刻本　一冊

610000－1042－0000607　綫121.2627/113

孟子十二卷　（清）朱良玉纂輯　清刻本十冊

610000－1042－0000608　綫121.2627/135

孟子集注大全十一卷　（清）王份增訂　清致和堂刻本　九冊

610000－1042－0000609　綫121.2627/040

孟子集注本義彙參十四卷首一卷　（清）王步青輯　清乾隆十年(1745)常熟孫氏敦復堂刻本　七冊　存八卷(七至十四)

610000－1042－0000610　綫126.2627/040

孟子集注本義彙參七卷首一卷　（清）王步青輯　清文會堂刻本　六冊

610000－1042－0000611　綫121.2627/133

標孟七卷　（清）汪有光等評校　清康熙十六年(1677)刻本　二冊

610000－1042－0000612　綫121.2627/133

標孟七卷　（清）汪有光等評校　清刻本二冊

610000－1042－0000613　綫121.2667/719

孟子字義疏證三卷　（清）戴東原撰　清光緒三十四年(1908)上海國學保存會鉛印本一冊

610000－1042－0000614　綫121.262/074

孟子講義十二卷　（清）史可亭輯　清刻本十冊　缺二卷(四、六)

610000－1042－0000615　綫121.267/807

讀孟子七篇書後不分卷　（□）□□撰　清光緒十九年(1893)稿本　一冊

610000－1042－0000616　綫善 121.2512/115

大學章句一卷附大學或問一卷　（宋）朱熹撰
　明正統司禮監刻本　一冊

610000－1042－0000617　綫善 121.2512/115

大學章句大全三卷大學或問一卷　（宋）朱熹
撰　清刻本　二冊　存二卷（章句大全中、
下）

610000－1042－0000618　綫善 121.251/374

大學衍義四十三卷　（宋）真德秀撰　（明）陳
仁錫評閱　明崇禎五年(1632)陳仁錫刻本
十冊

610000－1042－0000619　綫善 121.251/374

大學衍義四十三卷　（宋）真德秀撰　（明）陳
仁錫評閱　明崇禎五年(1632)刻本　八冊

610000－1042－0000620　綫 125.7/374

大學衍義四十三卷　（宋）真德秀撰　明崇禎
十一年(1638)楊鸚刻清印本　十冊

610000－1042－0000621　綫 121.2512/374

大學衍義四十三卷　（宋）真德秀撰　清同治
十三年(1874)金陵書局刻本　八冊

610000－1042－0000622　綫 121.2517/374

大學衍義四十三卷　（宋）真德秀撰　清光緒
十三年(1887)柏經正堂刻本　十二冊

610000－1042－0000623　綫 121.251/374

大學衍義輯要六卷　（宋）真德秀撰　（清）陳
宏謀纂輯　清道光二十二年(1842)寶恕堂刻
本　四冊

610000－1042－0000624　綫 121.251/458

大學衍義輯要六卷　（宋）真德秀原本　（清）
陳宏謀纂　**大學衍義補輯要十二卷首一卷**
(明)邱濬原本　（清）陳宏謀纂　清同治四年
(1865)明德堂刻本　八冊

610000－1042－0000625　綫 121.251/409

大學衍義體要十六卷　（宋）真德秀原編
(清)徐桐輯　清光緒刻本　八冊

610000－1042－0000626　綫 121.251/409

大學衍義體要十六卷　（宋）真德秀原編

（清）徐桐輯　清光緒刻本　八冊

610000－1042－0000627　綫 121.251/638

大學衍義約旨二卷　（宋）真德秀撰　（清）慶
恕編　清光緒二十五年(1899)刻本　二冊

610000－1042－0000628　綫善 121.2517/082

大學衍義補一百六十卷首一卷　（明）丘浚撰
　明弘治元年(1488)建寧府刻本　六十冊

610000－1042－0000629　綫善 121.2517/082

大學衍義補一百六十卷首一卷　（明）丘浚撰
　（明）陳仁錫評閱　明萬曆陳仁錫刻本　四
十冊

610000－1042－0000630　綫 121.2517/374

大學衍義補一百六十卷首一卷　（明）丘浚撰
　（明）陳仁錫評閱　清道光刻本　四十八冊

610000－1042－0000631　綫 121.251/227

大學衍義補輯要十二卷首一卷　（明）邱濬撰
　（清）陳宏謀纂輯　清道光二十二年(1842)
寶恕堂刻本　十二冊

610000－1042－0000632　綫 121.2517/039

大學直解二卷　（清）王建常撰　清同治七年
(1868)劉氏傳經堂刻本　一冊

610000－1042－0000633　綫 121.25127/039

大學直解二卷　（清）王建常撰　清光緒三原
劉氏傳經堂刻本　一冊

610000－1042－0000634　綫 121.2512/039

大學直解二卷　（清）王建常撰　清世德堂刻
本　二冊

610000－1042－0000635　綫善 121.2532/115

中庸章句一卷附中庸或問一卷　（宋）朱熹撰
　明正統司禮監刻本　一冊

610000－1042－0000636　綫 121.253251/065

十先生中庸集解二卷　（宋）石𡽪編　清道光
二十九年(1849)莫氏影山草堂刻本　二冊

610000－1042－0000637　綫 121.25327/135

中庸章句大全三卷　（明）胡廣等撰　（清）汪
份增訂　清刻本　五冊

610000－1042－0000638　綫121.25327/133

中庸指掌二卷　（清）汪瑞堂撰　（清）周際華增訂　清道光二十一年(1841)刻本　二冊

610000－1042－0000639　綫121.25137/277

學庸俗話十三卷　（清）查體仁撰　清光緒十八年(1892)成都古臥龍橋黃文舫齋刻本　四冊

610000－1042－0000640　綫121.21/115

四書十九卷　（宋）朱熹集注　清同治十年(1871)刻本　六冊

610000－1042－0000641　綫121.21252/115

四書十九卷　（宋）朱熹集注　清光緒十二年(1886)刻本　五冊

610000－1042－0000642　綫121.21/115

四書十九卷　（宋）朱熹注　清性善堂刻本　十三冊

610000－1042－0000643　綫121.21/115

四書十九卷　（宋）朱熹注　清刻本　六冊

610000－1042－0000644　綫121.21/115

四書十九卷　（宋）朱熹注　清刻本　十三冊

610000－1042－0000645　綫121.21/115

四書十九卷　（宋）朱熹注　清刻本　十二冊

610000－1042－0000646　綫121.21/115

四書十九卷　（宋）朱熹注　清刻本　七冊

610000－1042－0000647　綫121.212/194

四書古注群義彙解九種　（清）□□編　清光緒十九年(1893)上海同文書局石印本　十六冊

610000－1042－0000648　綫121.212/194

四書古注群義彙解九種　（清）□□編　清光緒三十年(1904)上海同文升記書局石印本　十冊

610000－1042－0000649　綫121.212/194

校正四書古注群義十種　（清）簡青書局輯　清末上海簡青書局石印本　十二冊

610000－1042－0000650　綫097/115

正蒙四書十九卷　（宋）朱熹集注　清嘉慶十五年(1810)刻本　六冊

610000－1042－0000651　綫121.21278/206

四書貫珠講義十九卷　（宋）朱熹集注　（清）林文竹輯　清光緒三年(1877)刻本　二冊　存十卷(論語一至十)

610000－1042－0000652　綫121.21278/118

四書貫珠講義十九卷　（宋）朱熹章句　（清）林文竹輯　清光緒二十九年(1903)酉腴山館鉛印本　十二冊

610000－1042－0000653　綫121.212/115

四書集注十九卷　（宋）朱熹集注　清光緒三十年(1904)上海商務印書館鉛印本　六冊

610000－1042－0000654　綫121.212/115

四書集注十九卷　（宋）朱熹集注　清光緒三十二年(1906)上海商務印書館鉛印本　六冊

610000－1042－0000655　綫121.212/291

漱芳軒合纂四書體注十九卷　（宋）朱熹章句　（清）范翔參訂　清康熙三十九年(1700)刻本　五冊

610000－1042－0000656　綫121.2152/115

四書章句集注十九卷　（宋）朱熹集注　清光緒十二年(1886)傳經堂刻本　六冊

610000－1042－0000657　綫121.212/291

四書章句集注十九卷附審音辨體考異類句　（宋）朱熹集注　清光緒十七年(1891)刻本　六冊

610000－1042－0000658　綫121.212/115

四書章句集注十九卷附審音辨體考異類句　（宋）朱熹集注　清光緒二十年(1894)昧經刊書處刻本　一冊　存二卷(大學一卷、中庸一卷)

610000－1042－0000659　綫121.2152/115

新刻批點四書讀本十九卷　（宋）朱熹集注　（清）高玲批點　清道光七年(1827)愷元堂刻朱墨印本　六冊

610000－1042－0000660　綫121.21/115

四書正本十九卷四書圖一卷四書句辨一卷四書字辨一卷 （宋）朱熹注 （清）童槭校輯 清同治四年(1865)童氏忠恕堂刻本 十二冊

610000－1042－0000661 綫121.21/115

四書正本十九卷四書圖一卷句字辨一卷 （宋）朱熹注 清同治六年(1867)酉陽州屬禮房刻本 十四冊

610000－1042－0000662 綫121.212/115

四書讀本十九卷 （宋）朱熹集注 清末刻本 五冊 存十七卷(論語一至十、孟子一至七)

610000－1042－0000663 綫121.212/115

四書監本辨正十九卷 （宋）朱熹集注 清同文堂刻本 六冊

610000－1042－0000664 綫121.21357/446

四書通證六卷 （元）張存中撰 清刻本 二冊

610000－1042－0000665 綫121.2127/208

新訂四書補注備旨十卷 （明）鄧林撰 （清）杜定基增訂 清光緒十年(1884)刻本 六冊

610000－1042－0000666 綫121.2127/208

新訂四書補注備旨十卷 （明）鄧林撰 （清）杜定基增訂 清光緒二十二年(1896)學庫山房刻本 六冊

610000－1042－0000667 綫121.2127/208

新訂四書補注備旨十卷 （明）鄧林撰 （清）杜定基增訂 清慎詒堂刻本 八冊

610000－1042－0000668 綫121.2127/208

新訂四書補注備旨十卷 （明）鄧林撰 （清）杜定基增訂 清光緒十四年(1888)上海石印本 六冊

610000－1042－0000669 綫121.2127/644

新訂四書補注備旨十卷 （明）鄧林撰 （清）杜定基增訂 清末上海章福記書局石印本 八冊

610000－1042－0000670 綫121.2137/447

四書或問語類大全合訂四十一卷 （清）張榕端閱 （清）黃越等合訂 清康熙三十七年(1698)古吳光裕堂刻本 三冊 存四卷(大學一至三、中庸一)

610000－1042－0000671 綫121.2127/114

桂林堂合訂四書發注十九卷 （清）朱奇生纂輯 （清）翟蠡洲鑒定 清雍正元年(1723)桂林堂刻本 六冊

610000－1042－0000672 綫121.217/464

增補四書精繡圖像人物備考十二卷圖一卷 （明）薛應旂撰 （明）陳仁錫增訂 清古吳光霽堂刻本 八冊

610000－1042－0000673 綫121.217/464

增補四書精繡圖像人物備考十二卷圖一卷 （明）薛應旂撰 （明）陳仁錫增訂 清豫章致和堂刻本 八冊

610000－1042－0000674 綫121.21472/464

增補四書精繡圖像人物備考十二卷 （明）薛應旂撰 （明）陳仁錫增訂 清味經堂刻本 三冊

610000－1042－0000675 綫121.217/752

欽定化治四書文不分卷 （清）方苞等選評 清乾隆五年(1740)刻本 二冊

610000－1042－0000676 綫121.217/752

欽定正嘉四書文不分卷 （清）方苞等選評 清乾隆五年(1740)刻本 四冊

610000－1042－0000677 綫121.217/752

欽定隆萬四書文不分卷 （清）方苞等選評 清乾隆五年(1740)刻本 四冊

610000－1042－0000678 綫121.217/461

欽定啟禎四書文不分卷 （清）方苞等選評 清乾隆五年(1740)刻本 六冊

610000－1042－0000679 綫121.217/447

欽定本朝四書文不分卷 （清）方苞等選評 清乾隆五年(1740)刻本 九冊

610000－1042－0000680 綫121.212/291

四書體注十九卷 （清）范翔參訂 清雍正八年(1730)刻本 五冊

610000 – 1042 – 0000681　綫 121.21273/413

四書體注合講十九卷 （清）翁復輯　清雍正八年（1730）學源堂刻本　六冊　存十八卷（大學一、論語一至十、孟子一至七）

610000 – 1042 – 0000682　綫 121.21273/413

四書體注合講十九卷 （清）翁復輯　清雍正八年（1730）刻本　十冊

610000 – 1042 – 0000683　綫 121.2127/239

四書味根錄二十七卷 （清）金澄撰　清道光二十二年（1842）刻本　十三冊

610000 – 1042 – 0000684　綫 121.2127/239

四書味根錄十四卷 （清）金澄撰　清光緒八年（1882）學海堂刻本　六冊

610000 – 1042 – 0000685　綫 121.2127/239

四書味根錄十四卷 （清）金澄撰　清刻本六冊

610000 – 1042 – 0000686　綫 121.2127/239

四書味根錄三十七卷首一卷 （清）金澄撰清光緒四年（1878）石印本　四冊

610000 – 1042 – 0000687　綫 121.2127/239

四書味根錄題鏡合編不分卷 （清）金澄撰清光緒十四年（1888）上海點石齋石印本六冊

610000 – 1042 – 0000688　綫 121.212/319

日講四書解義二十六卷 （清）庫勒納等纂清康熙十六年（1677）刻本　十冊　存十二卷（一至十、十二至十三）

610000 – 1042 – 0000689　綫 121.217/234

四書語錄四十六卷 （清）周在延編　清康熙二十三年（1684）刻本　十冊　存三十二卷（一至三、五至二十二、三十六至四十六）

610000 – 1042 – 0000690　綫 121.2137/135

四書題鏡不分卷 （清）汪鯉翔纂　清乾隆九年（1744）刻本　十六冊

610000 – 1042 – 0000691　綫 121.2137/135

四書題鏡全集不分卷 （清）汪鯉翔纂　清同治三年（1864）刻本　十冊

610000 – 1042 – 0000692　綫 121.2127/040

四書朱子本義匯參四十三卷首四卷 （清）王步青輯　清乾隆十年（1745）敦復堂刻本　三十冊

610000 – 1042 – 0000693　綫 121.2147/088

四書古人典林十二卷 （清）江永編　清乾隆十四年（1749）刻本　八冊

610000 – 1042 – 0000694　綫 121.2147/689

四書釋地一卷續一卷又續一卷三續一卷 （清）閻若璩撰　清乾隆三十五年（1770）東吳王氏聽雨齋刻本　六冊

610000 – 1042 – 0000695　綫 121.2147/689

四書釋地補一卷續補一卷又續補二卷三續補一卷 （清）閻若璩撰　（清）樊延枚校補　清嘉慶二十一年（1816）梅陽海涵堂刻本　六冊

610000 – 1042 – 0000696　綫 121.2147/689

四書釋地補一卷續補一卷又續補二卷三續補一卷 （清）閻若璩撰　（清）樊延枚校補　清嘉慶二十一年（1816）梅陽海涵堂刻本　五冊

610000 – 1042 – 0000697　綫 121.217/461

四書考輯要七卷 （清）陳榕門輯　清乾隆三十六年（1771）刻本　五冊

610000 – 1042 – 0000698　綫 121.212/447

新增四書備旨靈捷解二卷 （清）張素存撰（清）鄒蒼崖增補　清乾隆三十九年（1774）無德堂刻本　一冊　存二卷（大學一卷、中庸一卷）

610000 – 1042 – 0000699　綫 121.217/438

四書摭餘說七卷 （清）曹之升撰　清嘉慶三年（1798）曹氏家塾刻本　六冊

610000 – 1042 – 0000700　綫 121.217/438

四書摭餘說七卷 （清）曹之升撰　清末民初抄本　八冊

610000 – 1042 – 0000701　綫 121.2127/135

四書經注集證十九卷 （清）汪延機輯　清嘉慶三年（1798）江都汪氏刻本　十六冊

610000 – 1042 – 0000702　綫 121.2127/135

四書經注集證十九卷 （清）汪延機輯 清光緒二十六年(1900)刻本 十五冊

610000－1042－0000703 綫121.2104/611

四書人物類典串珠四十卷 （清）臧志仁輯 清嘉慶四年(1799)刻本 十二冊

610000－1042－0000704 綫121.2104/611

四書人物類典串珠四十卷首一卷 （清）臧志仁輯 （清）楊春圃補 清嘉慶十六年(1811)刻本 十二冊

610000－1042－0000705 綫121.2104/611

四書人物類典串珠四十卷首一卷 （清）臧志仁編輯 （清）楊春圃補 清嘉慶十八年(1813)刻本 十二冊

610000－1042－0000706 綫121.21475/611

四書人物類典串珠四十卷 （清）臧志仁編輯 清同治六年(1867)京都琉璃廠刻本 八冊

610000－1042－0000707 綫121.2104/611

增注四書人物類典串珠四十卷 （清）臧志仁編輯 清光緒十八年(1892)五彩局石印本 四冊

610000－1042－0000708 綫041.7/088

四書典林三十卷 （清）江永纂 清嘉慶七年(1802)鶴軒刻本 十二冊

610000－1042－0000709 綫121.217/364

四書說苑十一卷附補遺一卷 （清）孫應科輯 清道光四年(1824)刻本 四冊

610000－1042－0000710 綫121.2127/233

四書左國輯要二卷 （清）周龍官輯 清道光九年(1829)福文堂刻本 四冊

610000－1042－0000711 綫121.2137/155

四書反身錄八卷 （清）李顒撰 （清）王心敬輯 清道光十一年(1831)浙江書局刻本 四冊

610000－1042－0000712 綫121.217/155

四書反身錄十四卷 （清）李顒撰 清同治六年(1867)上浣牛樹梅刻本 四冊

610000－1042－0000713 綫121.217/155

四書反身錄八卷 （清）李顒撰 清光緒十一年(1885)西安馬存心堂刻本 二冊 存二卷(論語一至二)

610000－1042－0000714 綫121.21376/039

四書心解不分卷 （清）王相吉撰 清道光二十四年(1844)邠州儒學官署刻本 四冊

610000－1042－0000715 綫121.2127/113

四書貫解十九卷 （清）朱良玉撰 清道光二十六年(1846)刻本 五冊 缺二卷(孔子六至七)

610000－1042－0000716 綫121.2177/718

駁四書改錯二十一卷 （清）戴大昌撰 清道光二十八年(1848)刻本 四冊

610000－1042－0000717 綫121.2167/506

耕餘嘖錄十二卷 （清）馮世瀛輯 清同治八年(1869)刻本 六冊

610000－1042－0000718 綫121.2138/297

四書新繹二十卷 （清）段紹印撰 清同治十一年(1872)刻本 十五冊

610000－1042－0000719 綫121.214/737

四書典制類聯注音三十三卷 （清）閭鑑波編輯 清光緒二年(1876)寶興堂刻本 六冊 存十八卷(一至十八)

610000－1042－0000720 綫121.28/689

大學中庸論語校勘記不分卷 （清）閻敬銘等校 清光緒五年(1879)山西浚文書局刻本 三冊

610000－1042－0000721 綫121.2177/038

四書劄記九卷 （清）王巡泰撰 清光緒九年(1883)刻本 八冊

610000－1042－0000722 綫121.2167/158

四書析義大全十九卷 （清）杜定基訂 清光緒十年(1884)寶慶經文堂刻本 一冊

610000－1042－0000723 綫121.2157/158

四書圖考十三卷 （清）杜炳撰 清光緒十三年(1887)鴻文書局石印本 四冊

610000－1042－0000724 綫121.2/454

松陽講義十二卷 （清）陸隴其撰 清光緒十四年(1888)涇陽柏經正堂刻本 六冊

610000－1042－0000725 綫121.2167/154
四書字類釋義六卷 （清）李子潛撰 清光緒十六年(1890)柏經正堂刻本 一冊

610000－1042－0000726 綫121.2127/286
四書疏註撮言大全三十七卷 （清）胡斐才輯 清乾隆三十八年(1773)體元堂刻本 三冊 存九卷(大學一、論語七至十四)

610000－1042－0000727 綫121.2127/286
四書疏註撮言大全三十七卷 （清）胡斐才輯 清光緒十八年(1892)益元書局刻本 十九冊

610000－1042－0000728 綫121.2127/286
四書疏註撮言大全三十七卷 （清）胡斐才輯 清刻本 二十五冊

610000－1042－0000729 綫121.2127/286
四書疏註撮言大全三十七卷 （清）胡斐才輯 清刻本 九冊 存十四(孟子一至十四)

610000－1042－0000730 綫121.2127/119
四書約旨十九卷 （清）任啟運撰 清光緒二十年(1894)浙江官書局刻本 十二冊

610000－1042－0000731 綫121.2127/671
四書凝道錄十九卷 （清）劉紹攽撰 清光緒二十年(1894)涇陽劉文在堂刻本 十六冊

610000－1042－0000732 綫121.217/144
四書讀書樂七卷 （清）辛全撰 清光緒二十四年(1898)柏經正堂刻本 六冊

610000－1042－0000733 綫121.2137/367
關中書院四書講義九卷 （清）孫景烈撰 清乾隆滋樹堂刻本 六冊

610000－1042－0000734 綫121.2137/077
四書講義大全十九卷 （清）史延煇輯 清光緒二十七年(1901)刻本 十冊 存十六卷(大學一至二、中庸一至二、孟子一至十二)

610000－1042－0000735 綫121.2127/603
四書會解九卷 （清）蔡灃輯 清還醇堂刻本

十一冊

610000－1042－0000736 綫121.2227/521
四書會要錄三十卷 （清）黃瑞輯 清刻本 十冊 存十六卷(論語一至五、九至十,中庸一至二,孟子一至三、六至八、十二)

610000－1042－0000737 綫121.212/406
四書集評彙語不分卷 （清）徐養元定 （清）陳美發增補 清順治十七年(1660)刻本 三冊 存大學、中庸、上論

610000－1042－0000738 綫121.217/142
四書經史摘證七卷 （清）宋繼種輯 （清）孫延英注 清刻本 一冊 存一卷(七)

610000－1042－0000739 綫121.2127/564
四書述要十九卷 （清）楊玉緒撰 清永順堂刻本 六冊

610000－1042－0000740 綫121.217/579
四書引經傳原委錄不分卷 （□）梓經館主編輯 清刻本 一冊

610000－1042－0000741 綫621.8/328
四書左國彙纂四卷 （清）高其名 （清）鄭師成纂 清抄本 四冊

610000－1042－0000742 綫121.2127/234
天蓋樓四書語錄四十六卷 （清）呂留良撰 （清）周在延編 清刻本 二冊 存十卷(二十三至三十二)

610000－1042－0000743 綫121.2227/670
纂補四書大全二十卷 （清）劉嗣固撰 清刻本 十冊 存九卷(九至十、十四至二十)

610000－1042－0000744 綫532/088
鄉黨圖考十卷 （清）江永撰 清乾隆三十九年(1774)刻本 四冊

610000－1042－0000745 綫532/088
鄉黨圖考十卷 （清）江永撰 清乾隆五十二年(1787)致和堂刻本 四冊

610000－1042－0000746 綫532/088
鄉黨圖考補證六卷 （清）王漸鴻撰 清光緒三十四年(1908)黃山丁氏海隅山館刻本

六冊

610000－1042－0000747　綫098/423

五經異義疏證三卷　(漢)許慎撰　清嘉慶十八年(1813)刻本　三冊

610000－1042－0000748　綫802.17/456

經典釋文三十卷考證三十卷　(唐)陸德明撰　(清)盧文弨考證　清乾隆五十六年(1791)刻本　十六冊

610000－1042－0000749　綫802.17/456

經典釋文三十卷考證三十卷　(唐)陸德明撰　(清)盧文弨考證　清乾隆五十六年(1791)刻本　十二冊

610000－1042－0000750　綫802.17/456

經典釋文三十卷考證三十卷　(唐)陸德明撰　(清)盧文弨考證　清同治八年(1869)湖北崇文書局刻本　十二冊

610000－1042－0000751　綫802.17/456

經典釋文三十卷考證三十卷　(唐)陸德明撰　(清)盧文弨考證　清刻本　十冊

610000－1042－0000752　綫802.17/456

經典釋文三十卷考證三十卷孟子音義國語補音三卷　(唐)陸德明撰　(清)盧文弨考證　清光緒二年(1876)成都尊經書院刻本　十六冊

610000－1042－0000753　綫善090/632

六經奧論六卷首一卷　(宋)鄭樵撰　清通志堂刻本　一冊

610000－1042－0000754　綫098.5/565

六經圖考不分卷　(宋)楊甲撰　清康熙禮耕堂刻本　六冊

610000－1042－0000755　綫098/229

相臺書塾刊正九經三傳沿革例一卷　(宋)岳珂撰　清光緒三年(1877)湖北崇文書局刻本　一冊

610000－1042－0000756　綫090.78/542

程子經說八卷　(宋)程頤撰　清光緒十八年(1892)劉氏傳經堂刻本　二冊

610000－1042－0000757　綫098.1/670

公是先生七經小傳三卷　(宋)劉敞撰　清同治刻本　一冊

610000－1042－0000758　綫098/229

經學四種　(宋)岳珂等撰　清光緒三年(1877)湖北崇文書局刻本　八冊

610000－1042－0000759　綫090.25/542

伊川經說八卷　(宋)程頤撰　清傳經堂刻本　一冊　存五卷(四至八)

610000－1042－0000760　綫098.9/366

古微書三十六卷　(明)孫㲉輯　清嘉慶十七年(1812)禹航陳世望對山問月樓刻本　八冊

610000－1042－0000761　綫098.5/116

授經圖二十卷　(明)朱睦㮮撰　清道光十九年(1839)刻本　二冊

610000－1042－0000762　綫090.26/656

五經蠡測六卷　(明)蔣悌生撰　清通志堂刻本　二冊

610000－1042－0000763　綫善098.5/415

五經圖六卷　(明)章達　(明)盧謙編　明萬曆四十二年(1614)章達刻本　一冊

610000－1042－0000764　綫善098.5/688

五經圖十二卷　(明)盧謙訂正　(清)盧雲英重編　清雍正四年(1726)刻本　六冊

610000－1042－0000765　綫098.5/419

五經圖八卷　(明)章達　(明)盧謙編　清刻本　一冊

610000－1042－0000766　綫098.5/122

五經全圖六卷　(清)牟欽元編輯　清道光十一年(1831)刻本　六冊

610000－1042－0000767　綫098/423

五經揭要五種　(清)許寶善編　(清)周蕙田輯錄　清乾隆五十三年至五十四年(1788－1789)刻本　六冊

610000－1042－0000768　綫098.1/506

五經集解三十三卷石經考辨二卷　(清)馮世瀛撰　清同治十年(1871)馮氏無味齋刻本

三十四冊

610000－1042－0000769　綫098.1/043

五經體注大全七十二卷　(清)來爾繩等纂
清道光二十年(1840)刻本　二十冊

610000－1042－0000770　綫091.7/127

重校五經體注四十卷　(清)沈世楷輯　清光
緒十年(1884)上海點石齋石印本　十一冊
存三十卷(詩經一至八、春秋一至十二、禮記
一至十)

610000－1042－0000771　綫098.1/043

五經傳說彙纂一百八十四卷　(清)□□輯
清光緒十四年(1888)上海點石齋石印本　二
十六冊

610000－1042－0000772　綫098.1/146

皇朝五經彙解二百七十卷　(清)抉經心室主
人纂　清光緒十四年(1888)鴻文書局石印本
三十二冊

610000－1042－0000773　綫098.5/630

六經圖二十四卷　(清)鄭之僑輯　清乾隆九
年(1744)刻本　十二冊

610000－1042－0000774　綫098.5/122

六經全圖三十六卷　(清)牟欽元輯　清道光
十一年(1831)慕古堂刻本　一冊

610000－1042－0000775　綫098.5/486

六經全圖六卷　(清)常定遠輯　清道光十一
年(1831)張洪範刻本　二冊

610000－1042－0000776　綫098.7/521

七經精義三十八卷　(清)黃淦輯　清嘉慶九
年(1804)刻本　六冊　存十四卷(周禮一至
六、儀禮一至四、春秋精義一至四)

610000－1042－0000777　綫098.7/521

七經精義三十八卷　(清)黃淦輯　清嘉慶十
三年(1808)刻本　十四冊

610000－1042－0000778　綫098.17/521

七經精義三十八卷　(清)黃淦輯　清嘉慶十
五年(1810)尊德堂刻本　七冊　存十八卷
(周易一、首一卷,書經一至四、首一卷、末一

卷,詩經一至四、首一卷、末一卷,春秋一至
四)

610000－1042－0000779　綫098.5/218

七經掌訣一卷　(清)孟超然纂　清道光十四
年(1834)刻本　一冊

610000－1042－0000780　綫098.7/013

御纂七經義疏　(清)聖祖玄燁撰　清光緒二
十九年(1903)鑄記書局石印本　二十冊

610000－1042－0000781　綫090.79/547

欽定七經綱領一卷　(清)溥儀撰　清宣統元
年(1909)學部圖書局鉛印本　一冊

610000－1042－0000782　綫098.1/730

古經解彙函十六種附小學彙函十四種　(清)
鍾謙鈞輯　清同治十二年(1873)粵東書局刻
本　六十六冊

610000－1042－0000783　綫098.1/730

古經解彙函十六種附小學彙函十四種　(清)
鍾謙鈞輯　清同治十二年(1873)粵東書局刻
本　三十四冊

610000－1042－0000784　綫098.1/730

**古經解彙函十六種附小學彙函十四種續附十
種**　(清)鍾謙鈞輯　清光緒十四年(1888)上
海蜚英館石印本　二十冊

610000－1042－0000785　綫098.1/186

古經解鉤沉三十卷　(清)余蕭客撰　清乾隆
刻本　八冊

610000－1042－0000786　綫089.7/539

群經宮室圖二卷　(清)焦循撰　清嘉慶刻本
十一冊

610000－1042－0000787　綫802.251/297

群經字詁七十二卷　(清)段諤廷撰　(清)黃
本驥編訂　清道光二十九年(1849)長沙黔陽
楊氏瀏陽門厲刻本　二十冊

610000－1042－0000788　綫098.7/118

經義考三百卷　(清)朱彝尊輯　清乾隆二十
年(1755)刻本　五十四冊　缺三卷(二百八
十六、二百九十九至三百)

610000－1042－0000789　綫098.7/118

經義考三百卷　（清）朱彝尊輯　清乾隆四十二年(1777)刻本　四十八冊　缺三卷(二百八十六、二百九十九至三百)

610000－1042－0000790　綫098.7/118

經義考三百卷　（清）朱彝尊輯　清光緒二十三年(1897)浙江書局刻本　五十冊　缺三卷(二百八十六、二百九十九至三百)

610000－1042－0000791　綫098.7/413

經義考補正十二卷　（清）翁方綱撰　清乾隆五十七年(1792)刻本　六冊

610000－1042－0000792　綫098.7/413

經義考補正十二卷　（清）翁方綱撰　清道光三十年(1850)南海伍崇曜粵雅堂刻本　三冊

610000－1042－0000793　綫090/091

經解入門八卷　（清）江藩纂　清光緒二十年(1894)上海文林書局石印本　二冊

610000－1042－0000794　綫善098.1/688

經義雜記三十卷敘錄一卷　（清）臧琳撰　清嘉慶四年(1799)臧庸拜經堂刻本　三冊

610000－1042－0000795　綫071.7/461

左海經辨二卷　（清）陳壽祺撰　清道光三年(1823)三山陳氏刻本　二冊

610000－1042－0000796　綫090/284

經學紺珠十四卷　（清）嵩蓮舫鑒定　（清）胡有秩纂輯　清道光六年(1826)刻本　六冊

610000－1042－0000797　綫098.37/037

經義述聞三十二卷　（清）王引之撰　清道光七年(1827)京師西江米巷壽藤書屋刻本　十六冊

610000－1042－0000798　綫098/154

經義文選要十卷　（清）李元春輯　清道光、咸豐刻本　四冊　存五卷(六至十)

610000－1042－0000799　綫098/154

經義文選要四卷　（清）李元春輯　清刻本　四冊

610000－1042－0000800　綫090.78/309

遂雅堂學古錄七卷　（清）姚文田撰　清道光七年(1827)刻本　四冊

610000－1042－0000801　綫098.1/291

經藝選腴標題不分卷　（清）范顯名　（清）錢青選等纂　（清）浣溪主人校正　清咸豐八年(1858)刻本　五冊

610000－1042－0000802　綫090.7/710

經文囊括十卷　（清）謝階樹等撰　清同治元年(1862)京都刻本　六冊　存六卷(一至五、十)

610000－1042－0000803　綫098.6/304

群經平議三十五卷　（清）俞樾撰　清同治五年(1866)刻本　十六冊

610000－1042－0000804　綫090/459

白虎通疏證十二卷　（清）陳立撰　清光緒元年(1875)淮南書局刻本　四冊

610000－1042－0000805　綫090.97/534

緯攟十四卷首一卷　（清）喬松年輯　（清）李霖雲校梓　清光緒三年(1877)強恕堂刻本　八冊

610000－1042－0000806　綫072.7/113

十三經札記二十二卷　（清）朱亦棟撰　清光緒四年(1878)武林竹簡齋刻本　六冊

610000－1042－0000807　綫098.1/037

十三經策案二十二卷　（清）王漢輯　清光緒十一年(1885)上海同文書局石印本　二冊

610000－1042－0000808　綫089.7/041

鄂宰四種　（清）王筠撰　清光緒八年(1882)牟山刻本　二冊

610000－1042－0000809　綫802.17/124

經玩六種二十卷　（清）沈淑撰　清雍正三年(1725)常熟沈氏孝德堂刻本　六冊

610000－1042－0000810　綫091.7/649

經窺十六卷　（清）蔡啟盛撰　清光緒十七年(1891)刻本　四冊

610000－1042－0000811　綫善098.1/802

西崖經說一卷　（清）顧成章撰　清光緒十八

年(1892)木活字印本　一册

610000－1042－0000812　綫 121.217/371

四書五經義二卷　（清）栢衡選輯　清光緒二
十七年(1901)西安書局鉛印本　一册

610000－1042－0000813　綫 090.9/083

經學歷史一卷　（清）皮錫瑞撰　清光緒三十
二年(1906)思賢書局刻本　一册

610000－1042－0000814　綫 098.37/514

九經古義十六卷　（清）惠棟撰　清潮陽縣署
刻本　六册

610000－1042－0000815　綫 098.37/119

任兆麟述記三卷　（清）任兆麟撰　清末石印
本　二册

610000－1042－0000816　綫 090.78/543

通藝錄四十六卷　（清）陳姚田撰　清刻本
十二册

610000－1042－0000817　綫 098.1/521

縮本精選經藝淵海十卷　（清）黃逢甲等選
清光緒十一年(1885)上海點石齋石印本
十册

610000－1042－0000818　綫 090/433

新學僞經考十四卷　康有爲撰　清光緒十七
年(1891)廣州康氏萬木草堂刻本　六册

610000－1042－0000819　綫 090/587

今古學考二卷　廖平撰　清光緒刻本　二册

610000－1042－0000820　綫 098.5/565

十一經音訓十一種　（清）楊國楨撰　清道光
十一年(1831)刻本　十六册

610000－1042－0000821　綫 794.5/458

蜀石經殘字一卷　（清）陳宗彝輯刻　清道光
六年(1826)三山陳氏刻本　一册

610000－1042－0000822　綫 794.67/788

唐石經校文十卷　（清）嚴可均撰　清嘉慶九
年(1804)刻本　二册

610000－1042－0000823　綫 099/788

唐石經校文十卷　（清）嚴可均撰　清光緒八

年(1882)崇甯譚明經刻本　四册

610000－1042－0000824　綫 099.97/215

石經考異二卷　（清）杭世駿撰　清咸豐元年
(1851)湖南長沙小嫏嬛山館刻本　一册

610000－1042－0000825　綫 099/788

石經彙函十種　（清）王秉恩輯　清光緒十六
年(1890)四川尊經書局刻本　十册

610000－1042－0000826　綫 099/373

歷代石經略二卷　（清）桂馥撰　清光緒九年
(1883)刻本　二册

610000－1042－0000827　綫 090.5/271

研經社雜誌不分卷　研經社編　清宣統三年
(1911)研經社鉛印本　三册

610000－1042－0000828　綫 802.81/537

六藝綱目二卷附錄二卷　（元）舒天民撰
（元）舒恭注　（明）趙宜中附注　九水山房文
存二卷　（清）畢亨撰　清咸豐三年(1853)聊
城楊氏海源閣刻本　四册

610000－1042－0000829　綫 802.81/537

六藝綱目二卷附錄一卷劄記一卷　（元）舒天
民述　（元）舒恭注　（明）趙宜中附注　清光
緒七年(1881)籒書邨汪氏刻本　七册

610000－1042－0000830　綫 099/537

六藝綱目二卷附發原一卷字原一卷　（元）舒
天民撰　清光緒二十二年(1896)關中書院刻
本　二册

610000－1042－0000831　綫 802.2/708

小學考五十卷　（清）謝啓昆編　清咸豐二年
(1852)南康謝氏樹經堂刻本　十六册

610000－1042－0000832　綫 802.2/708

小學考五十卷　（清）謝啓昆編　清光緒十五
年(1889)上海鴻文書局石印本　六册

610000－1042－0000833　綫 802.2/708

小學考五十卷　（清）謝啓昆編　清光緒十五
年(1889)上海書局石印本　六册

610000－1042－0000834　綫 802.2/119

小學鉤沈十九卷　（清）任大椿輯　清光緒十

年(1884)李氏半畝園刻本　四冊

610000－1042－0000835　綫802.19/119

小學鉤沈十九卷　（清）任大椿輯　清光緒十年(1884)龍氏刻本　二冊

610000－1042－0000836　綫802.088/285

漢音拘沈一卷敘例一卷附記一卷鄭許字義異同評二卷駁春秋名字解詁一卷雅學考一卷（清）胡元玉輯　清光緒十三年(1887)長沙梁益智書局刻本　一冊

610000－1042－0000837　綫802/548

澤存堂五種　（清）張士俊輯　清光緒十四年(1888)上海蜚英館影印本　八冊

610000－1042－0000838　綫802.51/517

輶軒使者絕代語釋別國方言十三卷首一卷續方言二卷補一卷　（漢）揚雄撰　（晉）郭璞注（清）杭世駿續　（清）程際盛補　清光緒十七年(1891)長沙思賢講舍刻本　二冊

610000－1042－0000839　綫802.51/517

輶軒使者絕代語釋別國方言十三卷續方言二卷　（漢）揚雄撰　（晉）郭璞注　（清）杭世駿續　清光緒福山王氏天壤閣刻本　二冊

610000－1042－0000840　綫802.51/517

輶軒使者絕代語釋別國方言十三卷校正補遺一卷　（漢）揚雄撰　（晉）郭璞注　清光緒刻小學彙函本　一冊

610000－1042－0000841　綫802.51/517

輶軒使者絕代語釋別國方言十三卷　（漢）揚雄撰　（晉）郭璞注　清閩刻本　三冊

610000－1042－0000842　綫802.51/699

輶軒使者絕代語釋別國方言箋疏十三卷（清）錢繹撰　清光緒十六年(1890)紅蝠山房刻本　六冊

610000－1042－0000843　綫802.51/699

輶軒使者絕代語釋別國方言箋疏十三卷（清）錢繹撰　清光緒十六年(1890)紅蝠山房刻本　六冊

610000－1042－0000844　綫802.51/699

輶軒使者絕代語釋別國方言箋疏十三卷（清）錢繹撰　清光緒十六年(1890)紅蝠山房刻本　六冊

610000－1042－0000845　綫802.5/699

輶軒使者絕代語釋別國方言箋疏十三卷附劉歆與揚雄書一卷　（清）錢繹撰　清廣雅書局刻本　三冊

610000－1042－0000846　綫802.51/699

輶軒使者絕代語釋別國方言箋疏十三卷（清）錢繹撰　清光緒十六年(1890)廣雅書局刻本　六冊

610000－1042－0000847　綫802.5/699

方言箋疏十三卷　（清）錢繹撰　清光緒十六年(1890)廣雅書局刻本　四冊

610000－1042－0000848　綫802.5/716

方言疏證十三卷續方言二卷　（清）戴震疏證　清刻本　二冊

610000－1042－0000849　綫802.51/517

方言疏證十三卷　（清）戴震疏證　清刻本　二冊

610000－1042－0000850　綫善802.16/669

逸雅八卷　（漢）劉熙撰　明末刻本　一冊

610000－1042－0000851　綫802.1621/669

逸雅八卷　（漢）劉熙撰　（明）石九鼎重訂抄本　一冊

610000－1042－0000852　綫802.11231/430

爾雅三卷　（晉）郭璞注　（唐）陸德明音義清江南李光明莊刻本　四冊

610000－1042－0000853　綫802.1123/430

爾雅三卷　（晉）郭璞注　（唐）陸德明音義清嘉慶二十二年(1817)刻本　三冊

610000－1042－0000854　綫802.11231/430

爾雅三卷附音釋三卷　（晉）郭璞注　（唐）陸德明音義　清光緒十二年(1886)湖北官書處刻本　三冊

610000－1042－0000855　綫善193.1251/148

欽定爾雅注疏十一卷　（晉）郭璞注　（宋）邢

昺疏　明崇禎二年(1629)古虞毛氏刻本
五冊

610000－1042－0000856　綫802.11251/148
爾雅注疏十一卷　(晉)郭璞注　(宋)邢昺疏
　清乾隆四十三年(1778)三樂齋刻本　六冊

610000－1042－0000857　綫802.11231/430
爾雅註疏十一卷　(晉)郭璞註　(宋)邢昺疏
　清嘉慶七年(1802)刻本　四冊

610000－1042－0000858　綫802.11231/430
爾雅注疏十一卷　(晉)郭璞注　(宋)邢昺疏
　清嘉慶七年(1802)英德堂刻本　四冊

610000－1042－0000859　綫802.11251/148
爾雅注疏十一卷附爾雅音義二卷　(晉)郭璞
注　(宋)邢昺疏　清光緒二十一年(1895)成
都善成堂刻本　四冊

610000－1042－0000860　綫802.11251/148
爾雅注疏十一卷　(晉)郭璞注　(宋)邢昺疏
　清隆文堂刻本　四冊

610000－1042－0000861　綫802.1123/430
爾雅經注三卷附音釋一卷集證三卷　(晉)郭
璞注　清光緒七年(1881)刻本　二冊

610000－1042－0000862　綫193.122/630
爾雅音訓三卷　(晉)郭璞注　(唐)陸德明音
義　清道光十年(1830)刻本　一冊

610000－1042－0000863　綫802.11231/430
爾雅音圖四卷　(晉)郭璞注　清嘉慶六年
(1801)南城增氏藝學軒刻本　四冊

610000－1042－0000864　綫802.11231/430
爾雅音圖四卷　(晉)郭璞注　清光緒十年
(1884)上海點石齋石印本　二冊

610000－1042－0000865　綫802.11231/430
爾雅音圖四卷　(晉)郭璞注　清光緒十年
(1884)上海同文書局石印本　二冊

610000－1042－0000866　綫802.11231/430
爾雅音圖四卷　(晉)郭璞注　清光緒石印本
　二冊

610000－1042－0000867　綫802.11231/430
爾雅正義二十卷　(晉)郭璞注　(清)邵晉涵
增輯　清乾隆五十三年(1788)餘姚邵氏家塾
刻本　八冊

610000－1042－0000868　綫802.112521/632
爾雅三卷　(宋)鄭樵注　明崇禎虞山毛氏汲
古閣刻本　二冊　缺一卷(中)

610000－1042－0000869　綫善802.1651/768
爾雅翼三十二卷　(宋)羅願撰　明萬曆二十
三年(1595)胡文煥刻格致叢書本　十冊

610000－1042－0000870　綫802.1651/768
爾雅翼三十二卷　(宋)羅願撰　清照曠閣刻
本　五冊

610000－1042－0000871　綫802.1651/768
新刻爾雅翼三十二卷　(宋)羅願撰　(明)畢
效欽校　清刻本　六冊

610000－1042－0000872　綫802.11231/148
爾雅疏十卷　(宋)邢昺等疏　清光緒四年
(1878)吳興陸氏十萬卷樓刻本　六冊

610000－1042－0000873　綫802.11251/148
爾雅疏十卷　(宋)邢昺等疏　清光緒二十年
(1894)陝甘味經刊書處刻本　十冊

610000－1042－0000874　綫802.112/372
爾雅義疏二十卷　(清)郝懿行撰　清光緒十
年(1884)榮縣蜀南閣刻本　八冊

610000－1042－0000875　綫802.112/372
爾雅郭注義疏三卷　(清)郝懿行撰　清光緒
十四年(1888)湖北官書局刻本　八冊

610000－1042－0000876　綫802.1127/622
爾雅正郭三卷　(清)潘衍桐撰　清光緒十七
年(1891)刻本　一冊

610000－1042－0000877　綫802.13/040
小爾雅疏八卷　(清)王煦撰集　清嘉慶五年
(1800)刻本　二冊

610000－1042－0000878　綫802.111/154
爾雅蒙求二卷　(清)李撥式撰　清同治十二
年(1873)味經書院刻本　四冊

610000－1042－0000879　綫802.111/151

爾雅蒙求二卷　（清）李鴻逵撰　清光緒十三年(1887)寶華堂刻本　二冊

610000－1042－0000880　綫099.12/039

爾雅郭注佚存補訂二十卷　（清）王樹枏撰　清光緒十八年(1892)資陽刻本　六冊

610000－1042－0000881　綫善802.15/457

埤雅十八卷　（宋）陸佃撰　明天啓六年(1626)堂策檻刻本　四冊

610000－1042－0000882　綫802.16/457

埤雅二十卷　（宋）陸佃撰　清刻本　六冊

610000－1042－0000883　綫802.16/113

駢雅七卷　（明）朱謀㙔纂　清同治十一年(1872)經綸書室刻本　八冊

610000－1042－0000884　綫802.152/669

釋名疏證八卷續釋名一卷補遺一卷　（漢）劉熙撰　（清）畢沅疏證　清乾隆五十四年(1789)畢氏靈巖山館刻本　六冊

610000－1042－0000885　綫802.152/669

釋名疏證八卷續釋名一卷補遺一卷　（漢）劉熙撰　（清）畢沅疏證　清乾隆五十四年(1789)畢氏靈巖山館刻本　三冊

610000－1042－0000886　綫802.152/669

釋名疏證八卷續釋名一卷補遺一卷　（漢）劉熙撰　（清）畢沅疏證　清乾隆五十四年(1789)畢氏靈巖山館刻本　二冊

610000－1042－0000887　綫802.152/669

釋名疏證八卷續釋名一卷補遺一卷　（漢）劉熙撰　（清）江聲疏補　清乾隆五十五年(1790)經訓堂刻本　二冊

610000－1042－0000888　綫802.152/669

釋名疏證補八卷續釋名一卷補遺一卷疏證補附一卷　（漢）劉熙撰　（清）畢沅疏證　王先謙撰集　清光緒二十二年(1896)刻本　四冊

610000－1042－0000889　綫善802.15/447

廣雅十卷　（三國魏）張揖撰　（隋）曹憲音義　明天啓郎奎金堂策檻刻本　一冊

610000－1042－0000890　綫802.15/041

廣雅疏證十卷附博雅音十卷　（清）王念孫撰　清光緒五年(1879)淮南書局刻本　八冊

610000－1042－0000891　綫802.15/041

廣雅疏證十卷附博雅音十卷　（清）王念孫撰注　清刻本　八冊

610000－1042－0000892　綫802.157/039

廣雅補疏四卷　（清）王樹枏撰　清光緒十六年(1890)新城王氏青神刻本　一冊

610000－1042－0000893　綫802.2/078

增訂金壺字考十九卷二集二十一卷補錄一卷補注一卷　（宋）釋適之編　（清）田朝恒增訂　清乾隆二十四年(1759)貽安堂刻本　六冊

610000－1042－0000894　綫802.2/078

增訂金壺字考十九卷二集二十一卷補錄一卷補注一卷　（宋）釋適之編　（清）田朝恒增訂　清乾隆二十七年(1762)刻本　二冊

610000－1042－0000895　綫802.2/078

增訂金壺字考一卷附古體假借字一卷　（清）郝在田撰　清光緒元年(1875)刻本　一冊

610000－1042－0000896　綫802.2/078

校增金壺字考一卷附古體假借字一卷　（清）郝在田撰　清光緒九年(1883)刻本　二冊

610000－1042－0000897　綫041/607

通俗編三十八卷　（清）翟灝編　清乾隆十六年(1751)無不宜齋刻本　八冊

610000－1042－0000898　綫041/607

通俗編三十八卷　（清）翟灝編　清乾隆十六年(1751)無不宜齋刻本　十二冊

610000－1042－0000899　綫802.61/039

經傳釋詞十卷　（清）王引之撰　清嘉慶二年(1797)刻本　二冊

610000－1042－0000900　綫802.61/039

經傳釋詞十卷　（清）王引之撰　清嘉慶二十四年(1819)成都書局刻本　四冊

610000－1042－0000901　綫043/165

經籍纂詁一百六卷　（清）阮元撰集　清光緒

元年(1875)淮南書局補刻本　四十冊

610000－1042－0000902　綫802.17/165

經籍纂詁一百六卷　(清)阮元撰集　清光緒二十五年(1899)上海鴻寶齋石印本　十二冊

610000－1042－0000903　綫802.23/521

字詁義府合按　(清)黃生撰　清光緒三年(1877)歙西黃氏刻本　四冊

610000－1042－0000904　綫802.17/449

經字異同四十八卷　(清)張維屏輯　清光緒五年(1879)清泉精舍刻本　四冊

610000－1042－0000905　綫802.1/449

五雅全書五十三卷　(清)張金吾等撰　清光緒九年(1883)文選樓刻本　九冊　存四十八卷(廣釋名二卷、必雅十九卷、埤雅六至二十、廣雅十卷、爾雅補郭二卷)

610000－1042－0000906　綫071.75/696

恒言錄六卷　(清)錢大昕纂　清光緒十年(1884)長沙龍氏家塾刻本　三冊

610000－1042－0000907　綫802.17/171

經詞衍釋十卷補遺一卷　(清)吳昌瑩撰　清成都書局刻本　四冊

610000－1042－0000908　綫802.53/445

蜀方言二卷　(清)張慎儀撰　清刻本　一冊

610000－1042－0000909　綫802.51/542

廣續方言四卷　(清)程先甲輯　清光緒二十三年(1897)木活字印本　二冊

610000－1042－0000910　綫802.17/041

群經字類二卷　(清)王念孫撰　清刻本　一冊

610000－1042－0000911　綫802.7/749

文法一撚四卷　(清)魏茂林纂輯　清道光二十一年(1841)刻本　四冊

610000－1042－0000912　綫802.61/666

助字辨略五卷　(清)劉淇撰　清咸豐五年(1855)聊城楊氏海源閣刻本　五冊

610000－1042－0000913　綫802.617/487

虛字賦不分卷　(□)□□撰　清末抄本　一冊

610000－1042－0000914　綫802.27/071

急就篇四卷　(漢)史遊撰　(宋)王應麟補注　清光緒五年(1879)福山王懿榮天壤閣家塾刻天壤閣叢書本　四冊

610000－1042－0000915　綫善802.28/802

大廣益會玉篇三十卷　(南朝梁)顧野王撰　(唐)孫強增字　(宋)陳彭年等重修　清康熙四十三年(1704)張士俊澤存堂刻澤存堂五種本　六冊

610000－1042－0000916　綫802.28/802

玉篇三十卷　(南朝梁)顧野王撰　清康熙四十三年(1704)張氏澤存堂刻本　二冊

610000－1042－0000917　綫802.28/802

玉篇三十卷　(南朝梁)顧野王撰　(唐)孫強增訂　清道光三十年(1850)新化鄧氏邵州東山精舍刻本　四冊

610000－1042－0000918　綫802.28/802

玉篇三十卷　(南朝梁)顧野王撰　清光緒遵義黎氏刻本　二冊

610000－1042－0000919　綫802.297/734

干祿字書一卷　(唐)顏元孫撰　清刻本　一冊

610000－1042－0000920　綫善802.28/069

類篇十五卷　(宋)司馬光撰　清康熙四十五年(1706)曹寅揚州詩局刻曹楝亭五種本　七冊

610000－1042－0000921　綫802.28/069

類篇十五卷　(宋)司馬光撰　清光緒二年(1876)川東官舍刻本　十四冊

610000－1042－0000922　綫802.28/446

復古篇二卷　(宋)張有撰　清光緒八年(1882)淮南書局刻本　三冊

610000－1042－0000923　綫善802.21/154

重刊許氏說文解字五音韻譜十二卷　(宋)李燾撰　明刻本　十二冊

610000－1042－0000924　綫802.295/141

漢隸字源六卷　（宋）婁機撰　清光緒三年（1877）刻本　六冊

610000－1042－0000925　綫802.28/484

班馬字類五卷　（宋）婁機撰　清刻本　四冊

610000－1042－0000926　綫802.28/440

續復古編四卷　（元）曹本撰　清光緒十三年（1887）刻朱印本　四冊

610000－1042－0000927　綫802.43/152

字鑑五卷　（元）李文仲編　清末石印本　一冊

610000－1042－0000928　綫善802.23/238

六書正訛五卷　（元）周伯琦撰　明中期刻本　二冊

610000－1042－0000929　綫802.23/238

六書正訛五卷　（元）周伯琦撰　清光緒十二年（1886）恭壽堂刻本　四冊

610000－1042－0000930　綫善802.23/486

六書通十卷　（明）閔齊伋撰　（清）畢弘述篆訂　清康熙五十九年（1720）畢弘述刻本　五冊

610000－1042－0000931　綫802.23/532

六書通十卷　（明）閔齊伋撰　（清）畢弘述篆訂　清乾隆六十年（1795）刻本　五冊

610000－1042－0000932　綫802.3/470

字彙十二卷首一卷末一卷　（明）梅膺祚音釋　清道光八年（1828）大文堂刻本　七冊　存七卷(子、丑、寅、卯、辰、巳,首一卷)

610000－1042－0000933　綫802.3/470

字彙十二卷首一卷末一卷　（明）梅膺祚音釋　清六合堂刻本　十一冊　缺一卷(末一卷)

610000－1042－0000934　綫802.3/470

字彙十二卷首一卷末一卷韻法直圖一卷　（明）梅膺祚音釋　清經綸堂刻本　十四冊

610000－1042－0000935　綫802.39/470

光霽字彙十二首一卷　（明）梅膺祚音釋　清懷德堂刻本　十四冊

610000－1042－0000936　綫802.295/591

漢隸分韻七卷　（明）李石迭撰　清乾隆三十七年（1772）辨志堂刻本　四冊

610000－1042－0000937　綫802.3/587

正字通十二集首一卷　（明）張自烈撰　（清）廖文英輯　清康熙九年（1670）刻本　四十八冊

610000－1042－0000938　綫802.3/587

正字通十二集首一卷　（明）張自烈撰　（清）廖文英輯　清康熙二十一年（1682）刻本　二十二冊

610000－1042－0000939　綫802.3/447

康熙字典十二集　（清）張玉書等纂　清康熙五十五年（1716）刻本　四十冊

610000－1042－0000940　綫802.3/447

康熙字典十二集　（清）張玉書等纂　清道光七年（1827）刻本　四十冊

610000－1042－0000941　綫802.3/447

康熙字典十二集　（清）張玉書等纂　清刻本　三十二冊

610000－1042－0000942　綫802.3/447

康熙字典十二集　（清）張玉書等纂　清光緒三年（1877）鉛印本　四十四冊

610000－1042－0000943　綫802.3/447

康熙字典十二集　（清）張玉書等纂　清光緒八年（1882）上海點石齋石印本　四冊

610000－1042－0000944　綫802.3/447

康熙字典十二集　（清）張玉書等纂　清光緒十八年（1892）上海臨雲閣石印本　六冊

610000－1042－0000945　綫802.3/447

康熙字典十二集　（清）張玉書等纂　清光緒十九年（1893）上海復和書局石印本　六冊

610000－1042－0000946　綫802.3/447

康熙字典十二集　（清）張玉書等纂　清光緒上海鴻寶書局石印本　六冊

610000－1042－0000947　綫802.3/447

康熙字典十二集　（清）張玉書等纂　清上海

商務印書館銅活字印本　七冊

610000－1042－0000948　綫802.295/802

隸辨八卷　（清）顧藹吉撰　清乾隆八年(1743)天都黃晟刻本　八冊

610000－1042－0000949　綫802.295/802

隸辨八卷　（清）顧藹吉撰　清乾隆八年(1743)天都黃晟刻本　八冊

610000－1042－0000950　綫802.295/802

隸辨八卷　（清）顧藹吉撰　清同治十二年(1873)聚賢齋刻本　八冊

610000－1042－0000951　綫善802.295/607

隸篇十五卷續十五卷再續十五卷　（清）翟雲升撰　清道光十八年(1838)翟雲升刻本　十冊

610000－1042－0000952　綫802.295/607
(794.7/607)

隸篇十五卷續十五卷再續十五卷　（清）翟雲升撰　清道光十七年至十八年(1837－1838)東萊翟氏刻本　十冊

610000－1042－0000953　綫802.295/607
(794.7/607)

隸篇十五卷續十五卷再續十五卷　（清）翟雲升撰　清道光十七年至十八年(1837－1838)東萊翟氏刻本　五冊

610000－1042－0000954　綫802.295/513

隸法彙纂十卷　（清）項懷撰　清乾隆四十五年(1780)刻本　四冊

610000－1042－0000955　綫802.296/065

草字彙十二卷　（清）石梁集　清康熙四十年(1701)芥子園刻本　一冊

610000－1042－0000956　綫802.296/065

草字彙十二卷　（清）石梁集　清乾隆五十二年(1787)刻本　八冊

610000－1042－0000957　綫802.296/065

草字彙十二卷　（清）石梁集　清乾隆五十三年(1788)刻本　十二冊

610000－1042－0000958　綫943.7/065

草字彙十二卷　（清）石梁集　清光緒十二年(1886)上海同文書局石印本　四冊

610000－1042－0000959　綫802.296/342

草字彙摘要不分卷　（清）梁民憲編　清刻本　四冊

610000－1042－0000960　綫802.23/250

六書轉注錄十卷　（清）洪亮吉撰　清光緒四年(1878)授經堂刻本　四冊

610000－1042－0000961　綫802.23/507

六書准不分卷　（清）馮鼎調輯　清順治十七年(1660)傳忠堂刻本　二冊

610000－1042－0000962　綫802.25/623

六書會原四卷　（清）潘肇豐撰　清嘉慶六年(1801)鳴鳳堂刻本　二冊

610000－1042－0000963　綫802.23/544

六書分類十二卷首一卷　（清）傅世垚撰　清康熙四十四年(1705)聽松閣刻本　十二冊

610000－1042－0000964　綫802.23/544

六書分類十二卷首一卷　（清）傅世垚撰　清康熙四十四年(1705)聽松閣刻本　十二冊

610000－1042－0000965　綫善802.23/544

六書分類十二卷首一卷　（清）傅世垚撰　清乾隆五十四年(1789)傅應奎聽松閣刻本　十三冊

610000－1042－0000966　綫802.23/544

六書分類十二卷首一卷　（清）傅世垚撰　清末民初上海錦文堂石印本　二十三冊

610000－1042－0000967　綫823.27/152

六書分毫三卷曲話二卷古音合二卷　（清）李調元撰　清道光五年(1825)李朝夔刻本　一冊

610000－1042－0000968　綫802.294/661

象形字譜二卷古篆古義一卷古篆筆勢論一卷　（清）蔣和撰　清嘉慶元年至二年(1796－1797)刻本　三冊

610000－1042－0000969　綫802.2/144

藝文備覽一百二十卷　（清）沙木集注　清嘉

慶十一年(1806)刻本　三十冊

610000－1042－0000970　綫802.298/730
芸香館重刊正字略一卷　(清)王筠撰　(清)
鍾文校並書　清道光五年(1825)粵東刻本
一冊

610000－1042－0000971　綫802.298/078
四庫全書辨正通俗文字一卷續刻一卷　(□)
□□撰　清道光五年(1825)西安錢唐王朝梧
刻本　一冊

610000－1042－0000972　綫802.298/170
辨訛一得二十卷　(清)吳巨禮輯　(清)吳占
魁　(清)吳占春注　清道光七年(1827)刻本
六冊

610000－1042－0000973　綫802.2/041
文字蒙求四卷　(清)王筠撰　清道光十八年
(1838)刻本　一冊

610000－1042－0000974　綫802.27/041
文字蒙求四卷　(清)王筠撰　清梁溪浦氏刻
本　一冊

610000－1042－0000975　綫802.2/041
文字蒙求四卷　(清)王筠撰　清刻本　一冊

610000－1042－0000976　綫802.27/041
文字蒙求廣義四卷　(清)王筠撰　(清)蒯光
典增注　清光緒二十七年(1901)江楚書局刻
本　五冊

610000－1042－0000977　綫802.298/041
翰苑分書七種　(清)王筠等撰　清光緒六年
至八年(1880－1882)刻本　六冊

610000－1042－0000978　綫802.298/445
翰苑分書臨文正宗六種　(清)張端卿等撰
(清)戴彬元等書　清光緒十一年至十二年
(1885－1886)石印本　六冊

610000－1042－0000979　綫943.7/512
十三經集字摹本四卷　(清)彭玉雯篆　(清)
萬青銓校正　清道光二十九年(1849)江右彭
玉雯刻本　八冊

610000－1042－0000980　綫943.7/512

十三經集字摹本四卷　(清)彭玉雯篆　(清)
萬青銓校正　清咸豐二年(1852)江右彭玉雯
刻本　六冊

610000－1042－0000981　綫943.7/512
十三經集字摹本四卷　(清)彭玉雯篆　(清)
萬青銓校正　清刻本　八冊

610000－1042－0000982　綫802.17/008
狀元閣十三經集字　(清)彭玉雯篆　清南京
李光明莊刻朱墨印本　一冊

610000－1042－0000983　綫802.27/151
翰苑十三經集字不分卷　(清)李鴻藻輯　清
光緒十四年(1888)裕興堂刻本　一冊

610000－1042－0000984　綫802.298/335
通俗字林辨證五卷　(清)唐塤輯　清咸豐六
年(1856)刻本　二冊

610000－1042－0000985　綫802.225/483
唐寫本說文解字木部箋異一卷　(清)莫友芝
撰　清同治二年(1863)刻本　二冊

610000－1042－0000986　綫802.298/222
字辨證篆十五卷　(清)易本烺纂　清同治八
年(1869)刻本　四冊

610000－1042－0000987　綫802.298/521
字學舉隅不分卷　(清)龍啟瑞輯　清道光二
十六年(1846)刻本　一冊

610000－1042－0000988　綫802.298/521
字學舉隅不分卷　(清)龍啟瑞輯　清同治十
年(1871)刻本　一冊

610000－1042－0000989　綫802.298/521
字學舉隅不分卷　(清)龍啟瑞輯　清同治十
三年(1874)刻本　一冊

610000－1042－0000990　綫802.298/521
字學舉隅不分卷　(清)龍啟瑞輯　清光緒十
五年(1889)刻本　一冊

610000－1042－0000991　綫802.298/521
校增字學舉隅二卷　(清)龍啟瑞輯　清同治
十三年(1874)刻本　一冊

610000 – 1042 – 0000992　綫802.225/805

增廣字學舉隅四卷　（清）龍啟瑞輯　（清）鐵珊增輯　清光緒元年（1875）刻本　四冊

610000 – 1042 – 0000993　綫802.298/521

增廣字學舉隅四卷　（清）龍啟瑞輯　（清）鐵珊增輯　清光緒二十四年（1898）秦萬意堂抄本　一冊

610000 – 1042 – 0000994　綫802.298/521

字學舉隅續編不分卷　（清）龍啟瑞重編　清光緒二年（1876）京都懿文齋刻本　二冊

610000 – 1042 – 0000995　綫802.298/521

字學舉隅續編不分卷　（清）龍啟瑞重編　清光緒六年（1880）刻本　一冊

610000 – 1042 – 0000996　綫802.3/528

字類標韻六卷　（清）華綱鑑定　（清）范多玕重訂　清光緒元年（1875）肆江王氏刻本　二冊

610000 – 1042 – 0000997　綫802.27/528

增註字類標韻六卷　（清）華綱鑑定　（清）范多玕重訂　清光緒二年（1876）石印本　二冊

610000 – 1042 – 0000998　綫802.297/624

楷法溯源十四卷目錄一卷　（清）潘存輯　楊守敬編　清光緒三年（1877）刻本　十五冊

610000 – 1042 – 0000999　綫802.61/567

臨文便覽不分卷　（清）楊仰山撰　清光緒九年（1883）和溪書院刻本　一冊

610000 – 1042 – 0001000　綫802.28/119

字林考逸八卷補本一卷　（清）任大椿撰　清光緒十六年（1890）江蘇書局刻本　三冊

610000 – 1042 – 0001001　綫802.22/363

許學叢刻二集九種　（清）許頌鼎　（清）許溎祥輯　清光緒十三年（1887）海甯許氏古均閣刻本　四冊

610000 – 1042 – 0001002　綫802.3/039

字典考證十二集　（清）弈繪等輯　清光緒十四年（1888）上海同文書局石印本　一冊

610000 – 1042 – 0001003　綫802.3/099

增補考正字彙二卷　（清）陳溟子撰　清光緒十四年（1888）上海國文盧府石印本　二冊

610000 – 1042 – 0001004　綫802.2/367

倉頡篇三卷續一卷補二卷　（清）孫星衍纂　（清）任大椿續　（清）陶方琦補　清光緒十六年（1890）江蘇書局刻本　二冊

610000 – 1042 – 0001005　綫802.2/367

倉頡篇三卷續一卷補二卷　（清）孫星衍纂　（清）任大椿續　（清）陶方琦補　清光緒十六年（1890）刻本　一冊

610000 – 1042 – 0001006　綫802.2/367

倉頡篇三卷　（清）陳其榮輯　清光緒十八年（1892）徐氏觀自得齋刻本　一冊

610000 – 1042 – 0001007　綫802.2/367

倉頡篇校證三卷補遺一卷　（清）孫星衍纂　（清）梁章鉅校證　清光緒五年（1879）刻本　二冊

610000 – 1042 – 0001008　綫802.294/667

古文審八卷　（清）劉心源撰　清光緒十七年（1891）嘉魚劉氏龍江樓刻本　四冊

610000 – 1042 – 0001009　綫802.25/364

名原二卷　（清）孫詒讓撰　清光緒三十一年（1905）刻本　一冊

610000 – 1042 – 0001010　綫802/679

文字發凡四卷　（清）龍志澤編　清光緒三十年（1904）鉛印本　二冊

610000 – 1042 – 0001011　綫802.19/067

正字考不分卷　（□）□□撰　清宣統內府刻本　六冊

610000 – 1042 – 0001012　綫802.298/496

簡字五種　勞乃宣述　清光緒三十二年至三十三年（1906 – 1907）刻本　五冊

610000 – 1042 – 0001013　綫802.3/018

檢字懿貫州二卷末一卷　（清）三家村學究編　清光緒石印本　六冊

610000 – 1042 – 0001014　綫793.2/132

汪氏鐘鼎字源五卷　（清）汪立名集刊　清刻

本　二冊

610000－1042－0001015　綫 802.913/157

清文彙書十二卷　（清）李延基撰　清嘉慶十一年(1806)京都琉璃廠雙峯閣刻本　十二冊

610000－1042－0001016　綫 802.9/200

清文補彙八卷　（清）宜興編　清乾隆五十一年(1786)刻本　八冊

610000－1042－0001017　綫 802.9/180

三合便覽不分卷清文指要一卷蒙文指要一卷　（清）富俊編　清刻本　十二冊

610000－1042－0001018　綫 802.2/416

小學答問一卷　章炳麟撰　清宣統元年(1909)刻本　一冊

610000－1042－0001019　綫 802.211/424

說文解字十五卷標目一卷　（漢）許慎撰　（宋）徐鉉等校定　明末清初毛氏汲古閣刻本　六冊

610000－1042－0001020　綫 802.211/424

說文解字十五卷標目一卷　（漢）許慎撰　（宋）徐鉉等校定　清嘉慶十二年(1807)刻本　四冊

610000－1042－0001021　綫 802.211/424

說文解字十五卷標目一卷　（漢）許慎撰　（宋）徐鉉校定　清嘉慶十四年(1809)陽湖孫氏平津館刻本　八冊

610000－1042－0001022　綫 802.211/424

說文解字十五卷標目一卷　（漢）許慎撰　（宋）徐鉉校定　清同治十年(1871)大興朱筠刻本　八冊

610000－1042－0001023　綫 802.211/424

說文解字十五卷校記一卷　（漢）許慎撰　（宋）徐鉉等校定　**說文通檢十四卷首一卷末一卷**　（清）黎永椿編　清同治十二年(1873)番禺陳昌治刻本　六冊

610000－1042－0001024　綫 802.223/297

說文解字注三十二卷　（漢）許慎撰　（清）段玉裁注　清嘉慶二十年(1815)刻本　二十

四冊

610000－1042－0001025　綫 802.223/297

說文解字注三十二卷六書音韻表二卷汲古閣說文訂一卷　（漢）許慎撰　（清）段玉裁注　清同治十一年(1872)湖北崇文書局刻本　十五冊

610000－1042－0001026　綫 802.223/424

說文解字注三十二卷六書音韻表二卷汲古閣說文訂一卷　（漢）許慎撰　（清）段玉裁注　清同治十一年(1872)湖北崇文書局刻本　十八冊

610000－1042－0001027　綫 802.223/297

說文解字注三十二卷六書音韻表二卷汲古閣說文訂一卷　（漢）許慎撰　（清）段玉裁注　清光緒元年(1875)湖北崇文書局刻本　十八冊

610000－1042－0001028　綫 802.223/297

說文解字注三十二卷六書音韻表二卷　（漢）許慎撰　（清）段玉裁注　清經韻樓刻本　十六冊

610000－1042－0001029　綫 802.224/697

說文解字斠詮十四卷　（漢）許慎撰　（清）錢坫注　清嘉慶十二年(1807)刻本　十四冊

610000－1042－0001030　綫 802.225/424

說文解字校錄十五卷　（漢）許慎撰　（清）鈕樹玉撰　清光緒十一年(1885)江蘇書局刻本　十五冊

610000－1042－0001031　綫善 802.244/373

說文解字義證五十卷　（清）桂馥撰　清道光三十年至咸豐二年(1850－1852)連筠簃刻本　二十六冊

610000－1042－0001032　綫 802.225/373

說文解字義證五十卷　（清）桂馥撰　清同治九年(1870)湖北崇文書局刻本　三十二冊

610000－1042－0001033　綫 802.225/041

說文釋例二十卷補正十三卷　（清）王筠注　清同治四年(1865)刻本　二十冊

610000－1042－0001034　綫802.225/041

說文釋例二十卷補正十三卷　（漢）許慎撰（清）王筠注　清同治四年(1865)刻本　十六冊

610000－1042－0001035　綫802.212/411

說文解字通釋四十卷附錄一卷　（南唐）徐鍇撰　清乾隆四十七年(1782)刻本　八冊

610000－1042－0001036　綫善802.212/411

說文解字繫傳通釋四十卷校勘記三卷　（南唐）徐鍇撰　（清）承培元等撰校勘記　清道光十九年(1839)祁寯藻刻本　九冊

610000－1042－0001037　綫善802.212/411

說文解字繫傳通釋四十卷校勘記三卷　（南唐）徐鍇撰　（清）承培元等撰校勘記　清道光十九年(1839)祁寯藻刻本　八冊

610000－1042－0001038　綫802.212/411

說文解字通釋四十卷附錄一卷　（南唐）徐鍇撰　（南唐）朱翱反切　清刻本　二十四冊

610000－1042－0001039　綫802.212/411

說文解字通釋四十卷　（南唐）徐鍇撰　清光緒刻本　八冊　存二十五卷(十六至四十)

610000－1042－0001040　綫802.212/411

說文解字篆韻譜五卷　（宋）徐鉉撰　清南陵徐乃昌影印本　五冊

610000－1042－0001041　綫善802.221/595

說文長箋一百卷六書長箋七卷　（明）趙宧光撰　明崇禎四年(1631)趙均小宛堂刻本　二十八冊

610000－1042－0001042　綫802.257/661

說文字原集註十六卷表一卷表說一卷　（清）蔣和撰　清抄本　四冊

610000－1042－0001043　綫802.224/171

說文字原考略六卷　（清）吳照輯　清乾隆五十七年(1792)南城吳照南昌刻本　四冊

610000－1042－0001044　綫802.225/151

說文辨字正俗八卷　（清）李富孫注　清嘉慶刻本　四冊

610000－1042－0001045　綫802.24/788

說文聲類二卷說文聲類出入表一卷　（清）嚴可均撰　清嘉慶七年(1802)宛平嚴可均刻本　一冊

610000－1042－0001046　綫802.224/039

說文拈字七卷補遺三卷　（清）王玉樹撰　清嘉慶八年(1803)芳梫堂刻本　四冊　存二卷（補遺上、中）

610000－1042－0001047　綫802.24/309

說文聲系十四卷　（清）姚文田撰　清嘉慶九年(1804)刻本　二冊

610000－1042－0001048　綫802.225/041

說文韻譜校五卷　（清）王筠撰　清道光十三年(1833)歸安姚氏咫進齋刻本　四冊

610000－1042－0001049　綫802.225/041

說文韻譜校五卷　（清）王筠撰　清光緒十六年(1890)濰縣劉氏刻本　二冊

610000－1042－0001050　綫802.225/041

說文解字句讀三十卷　（清）王筠撰　清道光八年(1828)四川尊經書局刻本　十四冊

610000－1042－0001051　綫802.225/037

說文句讀三十卷補正一卷　（清）王筠撰　清道光三十年(1850)刻本　十六冊

610000－1042－0001052　綫802.225/041

說文解字句讀三十卷　（清）王筠撰　清同治四年(1865)刻本　十六冊

610000－1042－0001053　綫802.26/535

說文新附考六卷說文續考一卷　（清）鈕樹玉撰　清道光四年(1824)刻本　二冊

610000－1042－0001054　綫802.26/632

說文新附考六卷　（清）鄭珍撰　清光緒五年(1879)歸安姚氏刻本　二冊

610000－1042－0001055　綫802.224/696

說文答問疏證六卷　（清）錢大昕撰　（清）薛傳均注　清道光十七年(1837)刻本　二冊

610000－1042－0001056　綫802.225/292

說文聲訂二十八卷　（清）苗夔撰　清道光二

十一年(1841)刻本　一冊

610000－1042－0001057　綫802.225/292
說文聲讀表七卷　(清)苗夔篆　清道光二十二年(1842)刻本　一冊

610000－1042－0001058　綫802.225/292
說文建首字讀不分卷　(清)苗夔篆　清咸豐元年(1851)刻本　一冊

610000－1042－0001059　綫802.225/292
苗氏說文四種　(清)苗夔撰　清咸豐元年(1851)漢磚亭刻本　四冊

610000－1042－0001060　綫802.225/292
苗氏說文四種　(清)苗夔撰　清咸豐刻本　八冊

610000－1042－0001061　綫802.225/292
苗氏說文四種　(清)苗夔撰　清道光二十二年(1842)理董居刻本　六冊

610000－1042－0001062　綫802.298/632
說文逸字二卷附錄一卷　(清)鄭珍撰　清咸豐八年(1858)湖南經濟書堂刻本　二冊

610000－1042－0001063　綫802.298/632
說文逸字二卷附錄一卷　(清)鄭珍撰　清同治、光緒福山王氏刻本　一冊

610000－1042－0001064　綫802.298/632
說文逸字辨正二卷　(清)鄭珍撰　(清)李楨辨正　清宣統元年(1909)思賢書局刻本　二冊

610000－1042－0001065　綫802.225/483
仿唐寫本說文解字木部一卷箋異一卷　(清)莫友芝撰　清同治三年(1864)刻本　一冊

610000－1042－0001066　綫802.224/483
仿唐寫本說文解字木部一卷箋異一卷　(清)莫友芝撰　清刻本　一冊

610000－1042－0001067　綫802.298/206
說文字辨十四卷　(清)林慶炳輯　清同治四年(1865)刻本　四冊

610000－1042－0001068　綫802.225/041

王氏說文四種　(清)王筠撰　(清)陳山嵋(清)陳慶鏞訂正　清同治四年(1865)刻本　二十八冊

610000－1042－0001069　綫802.251/279
說文引經考異十六卷　(清)柳榮宗撰　清同治六年(1867)刻本　二冊

610000－1042－0001070　綫802.251/279
說文引經考異十六卷　(清)柳榮宗撰　清同治六年(1867)刻本　四冊

610000－1042－0001071　綫802.251/279
說文引經考異十六卷　(清)柳榮宗撰　清同治六年(1867)刻本　二冊

610000－1042－0001072　綫802.251/461
說文引經考證七卷　(清)陳瑑撰　清同治十三年(1874)湖北崇文書局刻本　二冊

610000－1042－0001073　綫802.278/510
重文本部考一卷　(清)曾紀澤撰　清同治八年(1869)刻本　一冊

610000－1042－0001074　綫802.223/297
汲古閣說文訂一卷　(清)段玉裁撰　清同治十一年(1872)湖北崇文書局刻本　一冊

610000－1042－0001075　綫802.27/461
說文提要一卷　(清)陳建侯撰　清同治十二年(1873)湖北崇文書局刻本　一冊

610000－1042－0001076　綫802.223/537
段氏說文注訂八卷　(清)鈕樹玉撰　清道光三年(1823)刻本　二冊

610000－1042－0001077　綫802.223/535
段氏說文注訂八卷　(清)鈕樹玉撰　清同治十三年(1874)湖北崇文書局刻本　二冊

610000－1042－0001078　綫802.225/535
說文新附考六卷續考一卷　(清)鈕樹玉撰　清同治十三年(1874)湖北崇文書局刻本　二冊

610000－1042－0001079　綫802.224/311
說文校義十五卷　(清)姚文田　(清)嚴可均撰　清同治十三年(1874)歸安姚氏刻本

六冊

610000－1042－0001080　綫802.26/556

說文外編十五卷補遺一卷　（清）雷浚撰　清
光緒二年(1876)刻本　四冊

610000－1042－0001081　綫802.21021/665

說文通檢十四卷首一卷末一卷　（清）黎永椿
編　清粵東省城西湖街富文齋刻本　二冊

610000－1042－0001082　綫802.21021/665

說文通檢十四卷首一卷末一卷　（清）黎永椿
編　清光緒二年(1876)湖北崇文書局刻本
二冊

610000－1042－0001083　綫802.225/802

說文辨疑一卷　（清）顧廣圻撰　清光緒三年
(1877)湖北崇文書局刻本　一冊

610000－1042－0001084　綫802.24/669

說文雙聲二卷　（清）劉熙載　（清）陳宗彝輯
清光緒四年(1878)刻本　一冊

610000－1042－0001085　綫802.27/426

說文分韻易知錄五卷　（清）許巽行撰　清光
緒五年(1879)刻本　十冊

610000－1042－0001086　綫802.24/644

許氏說文解字雙聲迭韻譜不分卷　（清）鄧廷
楨撰　清光緒七年(1881)後知不足齋刻本
一冊

610000－1042－0001087　綫802.24/644

許氏說文解字雙聲迭韻譜不分卷　（清）鄧廷
楨撰　清光緒九年(1883)同文書局石印本
一冊

610000－1042－0001088　綫802257/169

說文古籀補十四卷補遺一卷附錄一卷　（清）
吳大澂撰　清光緒九年(1883)刻本　二冊

610000－1042－0001089　綫802.257/169

說文古籀補十四卷補遺一卷附錄一卷　（清）
吳大澂撰　清光緒二十四年(1898)刻本
四冊

610000－1042－0001090　綫802.224/487

說文古籀疏證六卷　（清）莊述祖撰　清光緒

二十年(1894)刻本　四冊

610000－1042－0001091　綫802.225/359

說文段注撰要九卷　（清）馬壽齡撰　清光緒
九年(1883)金陵胡氏愚園刻本　四冊

610000－1042－0001092　綫802.225/449

說文發疑六卷　（清）張行孚撰　清光緒九年
(1883)刻本　三冊

610000－1042－0001093　綫802.225/556

雷氏四種　（清）雷浚撰　清光緒十年(1884)
刻本　八冊

610000－1042－0001094　綫802.225/556

雷氏四種　（清）雷浚撰　清光緒十年(1884)
刻本　六冊

610000－1042－0001095　綫802.225/115

**說文通訓定聲十八卷檢韻一卷說雅十九卷古
今韻准一卷行狀一卷補遺一卷聲母千字一卷
說文六書爻例一卷**　（清）朱駿聲撰　清同治
九年(1870)朱孔彰補刻本　二十四冊

610000－1042－0001096　綫802.225/115

**說文通訓定聲十八卷檢韻一卷說雅十九卷古
今韻准一卷行狀一卷補遺一卷聲母千字一卷
說文六書爻例一卷**　（清）朱駿聲撰　清光緒
十三年(1887)上海積山書局石印本　八冊

610000－1042－0001097　綫802.225/115

**說文通訓定聲十八卷檢韻一卷說雅十九卷古
今韻准一卷行狀一卷補遺一卷**　（清）朱駿聲
撰　清光緒二十年(1894)石印本　八冊

610000－1042－0001098　綫802.225/449

說文審音十六卷　（清）張行孚撰　清光緒二
十四年(1898)漸西村舍刻本　四冊

610000－1042－0001099　綫802.223/041

說文段注訂補十四卷　（清）王紹蘭撰　清光
緒十四年(1888)刻本　八冊

610000－1042－0001100　綫802.63/359

校正馬氏文通十卷　（清）馬建忠撰　清光緒
二十八年(1902)上海文林石印本　八冊

610000－1042－0001101　綫802.225/124

說文古本考十四卷　（清）沈濤纂　清吳縣潘氏滂喜齋刻本　八冊

610000－1042－0001102　綫802.42/368
唐寫本唐韻　（唐）孫緬撰　清光緒三十四年(1908)國粹學報館影印本　一冊

610000－1042－0001103　綫802.42/006
集韻十卷　（宋）丁度撰　清光緒二年(1876)歸安姚覲元川東官舍刻本　十冊

610000－1042－0001104　綫善802.42/461
廣韻五卷　（宋）陳彭年等重修　清康熙四十三年(1704)張士浚刻本　六冊

610000－1042－0001105　綫善802.42/170
韻補五卷　（宋）吳棫撰　明嘉靖許宗魯刻本　四冊

610000－1042－0001106　綫802.42/170
韻補五卷　（宋）吳棫撰　韻補正一卷　（清）顧炎武撰　清光緒九年(1883)邵武徐氏刻本　二冊

610000－1042－0001107　綫802.42/069
切韻指掌圖二卷　（宋）司馬光撰　清同治九年(1870)渭南嚴氏刻本　一冊

610000－1042－0001108　綫802.42/069
切韻指掌圖二卷　（宋）司馬光撰　清宣統二年(1910)刻本　二冊

610000－1042－0001109　綫802.42/069
切韻指掌圖二卷　（宋）司馬光撰　清光緒九年(1883)上海同文書局石印本　一冊

610000－1042－0001110　綫802.28/643
附釋文互注禮部韻略五卷淳熙重修文書式一卷　（□）□□撰　清光緒二年(1876)歸安姚覲元川東官舍刻本　四冊

610000－1042－0001111　綫善802/669
隸韻十卷　（宋）劉球撰　清嘉慶十五年(1810)秦恩復刻本　八冊

610000－1042－0001112　綫802.295/669
隸韻十卷　（宋）劉球撰　清嘉慶十五年(1810)秦恩復刻本　六冊

610000－1042－0001113　綫善802.42/737
大明正德乙亥重刊改並五音類聚四聲篇十五卷五音集韻十五卷　（金）韓道昭撰　明正德十五年(1520)京都衍法寺刻本　十二冊

610000－1042－0001114　綫善802.43/737
大明成化丁亥重刊改並五音類聚四聲篇十五卷　（金）韓道昭撰　明成化七年(1471)金臺大隆福寺刻本　五冊

610000－1042－0001115　綫善802.42/737
大明萬曆己丑重刊改並五音類聚四聲篇十五卷五音集韻十五卷　（金）韓道昭撰　明崇禎十年(1637)南京圓覺庵刻本　十冊

610000－1042－0001116　綫802.43/616
古今韻會舉要三十卷　（元）熊忠撰　清光緒九年(1883)淮南書局刻本　十冊

610000－1042－0001117　綫善802.4/667
經史正音切韻指南一卷檢篇大貼數法一卷　（元）劉鑑撰　明萬曆二十六年(1598)京都衍法寺刻本　一冊

610000－1042－0001118　綫802.16/113
駢雅訓纂十六卷首一卷序目一卷駢雅七卷　（明）朱謀㙔撰　（清）魏茂林訓纂　清光緒七年(1881)成都瀹雅齋刻本　八冊

610000－1042－0001119　綫善802.28/152
重刊詳校篇海五卷　（明）李登撰　明萬曆三十六年(1608)刻本　十冊

610000－1042－0001120　綫善802.43/470
韻法直圖一卷韻法橫圖一卷字彙一卷　（明）梅膺祚撰　明刻本　一冊

610000－1042－0001121　綫802.43/470
韻法直圖一卷韻法橫圖一卷　（明）梅膺祚撰　清三讓堂刻本　一冊

610000－1042－0001122　綫善802.43/674
洪武正韻十六卷　（明）樂韶鳳等撰　明正德十年(1515)張淮刻本　十冊

610000－1042－0001123　綫善802.43/674
洪武正韻十六卷　（明）樂韶鳳等撰　明萬曆

三年(1575)司禮監刻本　十六冊

610000－1042－0001124　綫善 802.43/674

洪武正韻十六卷　(明)樂韶鳳等撰　明末刻本　五冊

610000－1042－0001125　綫善 045/548

新校經史海篇直音五卷　(□)□□撰　明萬曆三年(1575)司禮監刻本　十二冊

610000－1042－0001126　綫善 802.43/671

門法玉鑰匙一卷　(明)釋真空撰　清抄本一冊

610000－1042－0001127　綫 802.17/463

屈宋古音義三卷　(明)陳第撰　清刻本二冊

610000－1042－0001128　綫 042/562

韻藻述五卷　(明)楊慎撰　清道光七年(1827)長白福申刻本　二冊

610000－1042－0001129　綫 802.16/031

通雅五十二卷　(清)方以智輯　清康熙五年(1666)刻本　十冊

610000－1042－0001130　綫 802.16/032

通雅五十二卷　(清)方以智輯　清刻本　十六冊

610000－1042－0001131　綫 802.44/450

字學呼名能書四十四韻　(清)張仲儒撰　清同治十三年(1874)陝西明誠堂刻本　十二冊

610000－1042－0001132　綫 802.41/679

古韻通說二十卷　(清)龍啟瑞撰　清同治六年(1867)刻本　四冊

610000－1042－0001133　綫 802.41/679

古韻通說二十卷　(清)龍啟瑞撰　清光緒九年(1883)四川尊經書局刻本　二冊

610000－1042－0001134　綫 802.44/227

古今韻略五卷　(清)邵長蘅纂　清康熙三十五年(1696)商丘宋犖刻本　五冊

610000－1042－0001135　綫 802.44/227

古今韻略五卷　(清)邵長蘅纂　清刻本

五冊

610000－1042－0001136　綫善 802.4/802

顧氏音學五書音論三卷詩本音十卷易音三卷唐韻正三卷古音表二卷　(清)顧炎武撰　清康熙山陽張弨符山堂刻本　十二冊

610000－1042－0001137　綫 802.44/671

學韻紀要二卷　(清)劉紹攽撰　清乾隆五年(1740)劉氏傳經堂刻本　一冊

610000－1042－0001138　綫 802.1672/170

別雅五卷附別雅訂五卷　(清)吳玉搢撰　清乾隆七年(1742)新安程氏督經堂刻本　六冊

610000－1042－0001139　綫 802.42/250

漢魏音四卷　(清)洪亮吉撰　清乾隆五十年(1785)西安刻本　一冊

610000－1042－0001140　綫 802.42/250

漢魏音四卷　(清)洪亮吉撰　清乾隆五十年(1785)西安刻本　一冊

610000－1042－0001141　綫 821.3/403

詩韻歌訣初步五卷　(清)倪璐輯撰　清乾隆二十五年(1760)克復堂刻本　四冊

610000－1042－0001142　綫 043/039

新刊校正增補圓機詩韻活法全書十四卷　(明)王世貞增校　清嘉慶三年(1798)經元堂刻本　二十三冊

610000－1042－0001143　綫 802.44/115

葉韻考正十六卷　(清)朱履中輯　清嘉慶九年(1804)小酉山房刻本　二冊

610000－1042－0001144　綫 802.44/643

韻對屑玉箋注二卷附增注切字捷法一卷　(清)歐達徹纂　(清)鍾映雪　(清)唐祖澤合注　清嘉慶二十一年(1816)會稽陶�刻本　一冊

610000－1042－0001145　綫 802.24/183

四聲便覽四卷　(清)余六師編　清乾隆二十四年(1759)刻本　一冊

610000－1042－0001146　綫 802.24/183

四聲便覽四卷　(清)余六師編　清光緒十七

年(1891)刻本　一冊

610000－1042－0001147　綫802.24/309

四聲易知錄四卷　（清）姚文田輯　清嘉慶十
七年(1812)刻本　二冊

610000－1042－0001148　綫802.24/309

四聲易知錄四卷　（清）姚文田輯　清光緒八
年(1882)廣州刻本　二冊

610000－1042－0001149　綫802.44/089

江氏音學十書十二卷　（清）江有誥撰　清嘉
慶十九年(1814)刻本　八冊

610000－1042－0001150　綫802.404/054

韻字略十二卷　（清）毛謨編　清嘉慶二十一
年(1816)刻本　二冊

610000－1042－0001151　綫802.29/802

韻字彙錦五卷　（清）顧掄輯　清道光二年
(1822)玉峰蔡厚田刻本　五冊

610000－1042－0001152　綫802.44/632

四音釋義十二集　（清）鄭長庚輯　清道光四
年(1824)刻本　十二冊

610000－1042－0001153　綫802.44/632

四音釋義十二集　（清）鄭長庚輯　清道光五
年(1825)學德堂刻本　六冊

610000－1042－0001154　綫802.44/155

榕村韻書二卷　（清）李光地撰　（清）李維迪
重校　清道光五年(1825)刻本　一冊

610000－1042－0001155　綫802.41/448

古韻發明不分卷　（清）張明撰　清道光六年
(1826)滕陽張氏刻本　四冊

610000－1042－0001156　綫821.3/186

詩韻集成十卷　（清）余照輯　清道光十六年
(1836)刻本　二冊

610000－1042－0001157　綫821.3/183

詩韻集成十卷　（清）余照輯　清道光二十二
年(1842)文瑞堂刻本　四冊

610000－1042－0001158　綫821.3/186

詩韻集成十卷　（清）余照輯　清咸豐九年

(1859)文光堂刻本　四冊

610000－1042－0001159　綫821.3/186

詩韻集成十卷　（清）余照輯　清光緒十年
(1884)裕和堂刻本　二冊

610000－1042－0001160　綫821.3/186

詩韻集成十卷　（清）余照輯　清光緒十六年
(1890)遊藝閣刻本　四冊

610000－1042－0001161　綫821.3/186

詩韻集成十卷　（清）余照輯　清世順堂刻本
　四冊

610000－1042－0001162　綫821.13/117

漁古軒詩韻五卷　（清）朱德蕃增訂　清道光
十七年(1837)新園刻本　五冊

610000－1042－0001163　綫043/430

詩韻類錦十一卷附錄一卷　（清）郭化霖編
清道光二十七年(1847)刻本　八冊

610000－1042－0001164　綫802.44/350

述均十卷　（清）夏燮撰　清咸豐五年(1855)
番陽宮廨刻本　四冊

610000－1042－0001165　綫802.42/458

切韻考六卷外篇三卷　（清）陳澧撰　清道光
二十二年(1842)刻本　三冊

610000－1042－0001166　綫802.42/458

切韻考六卷外篇三卷　（清）陳澧撰　清光緒
五年(1879)刻本　三冊

610000－1042－0001167　綫802.42/458

切韻考六卷外篇三卷　（清）陳澧撰　清光緒
八年(1882)番禺陳氏刻本　二冊

610000－1042－0001168　綫802.42/458

切韻考六卷外篇三卷　（清）陳澧撰　清光緒
十五年(1889)刻本　三冊

610000－1042－0001169　綫802.42/458

切韻考外篇三卷　（清）陳澧撰　清光緒十年
(1884)刻本　一冊

610000－1042－0001170　綫802.44/094

字音考異一卷　（□）□□撰　清光緒八年

(1882)刻本　一册

610000－1042－0001171　綫802.298/154
問奇一覽二卷　(清)李書雲輯　清康熙二十
九年(1690)刻本　二册

610000－1042－0001172　綫802.44/131
重訂空穀傳聲一卷　(清)汪鎏輯　清光緒八
年(1882)李光明莊刻本　一册

610000－1042－0001173　綫043/001
韻典題考十二卷　(清)一適主人編　清道光
十六年(1836)刻本　二册

610000－1042－0001174　綫043/129
韻辨附文五卷　(清)沈兆霖輯　清道光二十
三年(1843)宏道書院刻本　二册

610000－1042－0001175　綫043/129
韻辨附文五卷　(清)沈兆霖輯　清道光二十
三年(1843)宏道書院刻本　四册

610000－1042－0001176　綫043/129
韻辨附文五卷　(清)沈兆霖輯　清光緒三年
(1877)刻本　二册

610000－1042－0001177　綫043.7/501
詩韻合璧五卷分韻文選題解擇要一卷　(清)
湯文潞編　清咸豐七年(1857)三益齋刻本
六册

610000－1042－0001178　綫043.7/501
詩韻合璧五卷虛字韻藪一卷　(清)湯文潞編
清光緒四年(1878)上海淞隱閣刻本　五册

610000－1042－0001179　綫043.7/501
詩韻合璧五卷論古韻通轉一卷　(清)湯文潞
編　清光緒十一年(1885)善成堂書坊刻本
五册

610000－1042－0001180　綫043.7/501
詩韻合璧五卷　(清)湯文潞編　清光緒十二
年(1886)石印本　五册

610000－1042－0001181　綫043.7/501
詩韻合璧五卷論古韻通轉一卷　(清)湯文潞
編　清光緒二十三年(1897)上海積山書局石
印本　六册

610000－1042－0001182　綫043.7/501
詩韻合璧五卷虛字韻藪一卷　(清)湯文潞編
清光緒四年(1878)上海淞隱閣鉛印本
五册

610000－1042－0001183　綫043.7/520
韻海鴛鴦十六卷　(清)尋樂居士編輯　清道
光二十八年(1848)同安堂刻本　二十册

610000－1042－0001184　綫802.44/489
韻海鴛鴦仄聲四十二卷　(清)崔騏編輯　清
咸豐十年(1860)仙源崔氏尋樂軒刻本　六册

610000－1042－0001185　綫802.44/718
聲韻考四卷　(清)戴震撰　清刻本　一册

610000－1042－0001186　綫802.41/088
古韻標準四卷　(清)江永撰　清咸豐二年
(1852)刻本　二册

610000－1042－0001187　綫802.44/607
韻字鑑四卷　(清)翟文泉撰　清咸豐二年
(1852)三友堂刻本　四册

610000－1042－0001188　綫812.13/571
聲調四譜圖說十二卷首一卷末一卷　(清)董
文渙撰　清同治三年(1864)洪洞董氏刻本
六册

610000－1042－0001189　綫802.44/447
韻學發原一卷　(清)張書田撰　清同治三年
(1864)陝西明誠堂刻本　一册

610000－1042－0001190　綫802.44/447
韻學發原一卷　(清)張書田撰　清同治三年
(1864)陝西明誠堂刻本　一册

610000－1042－0001191　綫802.42/154
佩文廣韻彙編五卷　(清)李元編輯　清同治
十一年(1872)金陵書局刻本　二册

610000－1042－0001192　綫802.44/231
佩文詩韻五卷　(清)□□輯　清同治九年
(1870)刻本　一册

610000－1042－0001193　綫802.44/451
佩文詩韻釋要五卷　(清)周兆基撰　陸潤庠
校　清宣統三年(1911)上海商務印書館石印

本　二冊

610000－1042－0001194　綫802.23/297

六書音韻表五卷　（清）段玉裁撰　清同治十一年(1872)湖北崇文書局刻本　二冊

610000－1042－0001195　綫802.42/116

韻彙五卷末一卷　（清）沈道寬編　（清）朱彝尊輯　清同治十三年(1874)盛德堂刻本　五冊

610000－1042－0001196　綫802.61/627

虛字韻藪五卷　（清）潘維城輯　清光緒二年(1876)刻本　二冊

610000－1042－0001197　綫802.417/544

古音類表九卷　（清）傅壽彤撰　清光緒二年(1876)刻本　三冊

610000－1042－0001198　綫823.27/152

古音合二卷曲話二卷六書分毫三卷　（清）李調元撰　清道光五年(1825)李朝夔刻本　一冊

610000－1042－0001199　綫043.7/283

韻字同異辨二卷　（清）胡文炳輯　清光緒二年(1876)刻本　二冊

610000－1042－0001200　綫802.24/027

韻詁五卷附補遺一卷　（清）方濬頤輯　清光緒四年(1878)淮南書局刻本　六冊

610000－1042－0001201　綫802.24/027

韻詁五卷附補遺一卷　（清）方濬頤輯　清光緒五年(1879)刻本　六冊

610000－1042－0001202　綫802.42/029

集韻考正十卷　（清）方成珪撰　清光緒五年(1879)瑞安孫氏詒善祠墊刻永嘉叢書本　十冊

610000－1042－0001203　綫善802.44/155

音韻闡微不分卷　（□）□□撰　清初抄本　五冊

610000－1042－0001204　綫802.44/040

音韻闡微十八卷韻譜一卷　（清）王蘭生編纂　清光緒七年(1881)淮南書局刻本　五冊

610000－1042－0001205　綫043.7/091

韻岐五卷　（清）江昱輯　清光緒七年(1881)刻本　二冊

610000－1042－0001206　綫802.4/155

古今韻考四卷　（清）李因篤撰　校刻古今韻考附記一卷　（清）楊傳第撰　清光緒六年(1880)福山王氏天壤閣刻本　一冊

610000－1042－0001207　綫802.4/155

古今韻考四卷　（清）李因篤撰　校刻古今韻考附記一卷　（清）楊傳第撰　清光緒九年(1883)歸安姚氏刻本　二冊

610000－1042－0001208　綫043.7/152

蕭選韻系二卷　（清）李麟閣編　清光緒十年(1884)上海同文書局石印本　二冊

610000－1042－0001209　綫802.4188/802

音學五書三十八卷　（清）顧炎武撰　清光緒十年(1884)刻本　十六冊

610000－1042－0001210　綫802.44/802

音學五書三十八卷　（清）顧炎武撰　清光緒十一年(1885)岵瞻堂刻本　十二冊

610000－1042－0001211　綫802.41088/802

音學五書三十八卷　（清）顧炎武撰　清光緒十一年(1885)四明觀稼樓刻本　十二冊

610000－1042－0001212　綫802.41088/802

音學五書三十八卷　（清）顧炎武撰　清光緒十六年(1890)思賢講舍刻本　十四冊

610000－1042－0001213　綫802.44/802

音學五書三十八卷　（清）顧炎武撰　清刻本　十四冊

610000－1042－0001214　綫043.7/311

韻海大全不分卷　（清）姚培謙編　（清）趙克宜增輯　清光緒十三年(1887)上海積山書局石印本　六冊

610000－1042－0001215　綫802.44/556

韻府鉤沉五卷　（清）雷浚撰　清光緒十三年(1887)刻本　四冊

610000－1042－0001216　綫802.41/008

形聲類篇五卷 （清）丁履恒撰 清光緒十四年(1888)虎林刻本 一冊

610000－1042－0001217 綫802.44/151
李氏音鑒六卷 （清）李汝珍撰 清嘉慶刻本 五冊

610000－1042－0001218 綫802.44/151
李氏音鑒六卷 （清）李汝珍撰 清同治七年(1868)木樨山房刻本 四冊

610000－1042－0001219 綫802.44/151
李氏音鑒六卷 （清）李汝珍撰 清光緒十四年(1888)木樨山房刻本 四冊

610000－1042－0001220 綫802.4/285
古今中外音韻通例不分卷 （清）胡垣撰 清光緒十四年(1888)刻本 四冊

610000－1042－0001221 綫821.1/598
聲調三譜十二卷 （清）趙執信等撰 清光緒十八年(1892)關中書院刻本 四冊

610000－1042－0001222 綫821.1/598
聲調三譜四卷 （清）趙執信等撰 清光緒八年(1882)刻本 二冊

610000－1042－0001223 綫802.24/392
聲譜二卷 （清）時庸勱撰 清光緒十八年(1892)河南星使行臺刻聽古廬聲學十種本 二冊

610000－1042－0001224 綫802.24/392
聲說二卷 （清）時庸勱撰 清光緒十八年(1892)河南星使行臺刻聽古廬聲學十種本 二冊

610000－1042－0001225 綫802.63/359
馬氏文通十卷 （清）馬建忠撰 清光緒二十四年(1898)刻本 十冊

610000－1042－0001226 綫802.4/641
增補五方元音十二卷 （清）樊騰鳳撰 （清）年希堯增補 清光緒三十四年(1908)石印本 一冊

610000－1042－0001227 綫802.4/641
剔弊廣增分韻五方元音二卷 （清）樊騰鳳撰

（清）趙培梓新編 清刻本 一冊

610000－1042－0001228 綫802.4/641
五方元音二卷附韻略一卷 （清）樊騰鳳撰 （清）年希堯增補 清末上海廣益書局石印本 一冊

610000－1042－0001229 綫802.44/609
同聲韻學便覽四卷 （清）蒯光燮編輯 清光緒三十四年(1908)安徽合肥蒯氏刻本 四冊

610000－1042－0001230 綫802.24/174
六書十二聲傳十二卷 （清）呂調陽撰 清光緒刻本 九冊

610000－1042－0001231 綫802.45/088
音學辨微一卷附錄一卷 （清）江永撰 清宣統元年(1909)上海國學保存會石印本 一冊

610000－1042－0001232 綫803.51/409
欽定同文韻統六卷 （清）允祿等監纂 （清）章嘉胡土克圖纂修 清宣統二年(1910)理藩部刻朱墨印本 五冊

610000－1042－0001233 綫善802.41/292
歌麻古韻考四卷 （清）吳樹聲撰 清中期抄本 四冊

610000－1042－0001234 綫802.81/078
改良四千字文正音不分卷 （□）□□撰 清抄本 一冊

610000－1042－0001235 綫802.44/150
聲律啟蒙撮要二卷 （清）車萬育撰 清刻本 一冊 存一卷(下)

610000－1042－0001236 綫821.3/066
詩韻題解合璧十卷 （清）甘蘭友輯 清聚福堂刻本 二冊

610000－1042－0001237 綫821.3/066
詩韻題解合璧十卷 （清）甘蘭友輯 清敬書堂刻本 二冊

610000－1042－0001238 綫802.44/155
韻書音義考五卷 （清）李光瓊纂 清慎治堂刻本 二冊

610000－1042－0001239　綫802.44/802
易音三卷　(清)顧炎武撰　清刻本　一冊

610000－1042－0001240　綫805.2/659
德字初桄不分卷　(清)蔣煦撰　(德國)施彌
德校音　清光緒十二年(1886)鉛印本　二冊

610000－1042－0001241　綫803.1/46
東語入門二卷　(清)陳天麒輯譯　清光緒二
十一年(1895)海鹽陳氏石印本　二冊

610000－1042－0001242　綫803.18/528
東文新法會通二卷　(清)廖宇春編　清光緒
二十八年(1902)東亞善鄰學館石印本　二冊

610000－1042－0001243　綫610.1/069
二十四史　(漢)司馬遷等撰　清光緒十年
(1884)上海同文書局石印本　七百十一冊

610000－1042－0001244　綫610.1/069
二十四史　(漢)司馬遷等撰　清光緒二十八
年(1902)武林竹簡齋石印本　二百八十八冊

610000－1042－0001245　綫625.404/685
欽定遼金元三史語解四十六卷　(清)高宗弘
曆撰　清光緒四年(1878)江蘇書局刻本
六冊

610000－1042－0001246　綫善610.11/069
史記一百三十卷　(漢)司馬遷撰　(南朝宋)
裴駰集解　(唐)司馬貞索隱　(唐)張守節正
義　明萬曆二十四年(1596)南京國子監刻清
修補印本　二十冊

610000－1042－0001247　綫610.11/069
史記一百三十卷　(漢)司馬遷撰　(南朝宋)
裴駰集解　(唐)司馬貞索隱　(唐)張守節正
義　清同治五年至九年(1866－1870)金陵書
局刻本　二十冊

610000－1042－0001248　綫610.11/069
史記一百三十卷　(漢)司馬遷撰　(南朝宋)
裴駰集解　(唐)司馬貞索隱　(唐)張守節正
義　清同治五年至九年(1866－1870)金陵書
局刻本　二十冊

610000－1042－0001249　綫610.11/069
史記一百三十卷　(漢)司馬遷撰　(南朝宋)
裴駰集解　(唐)司馬貞索隱　(唐)張守節正
義　清同治九年(1870)楚北崇文書局刻本
二十四冊

610000－1042－0001250　綫610.11/069
史記一百三十卷　(漢)司馬遷撰　(明)歸有
光評點　**史記四卷**　(清)方望溪(苞)評點
清光緒二年(1876)武昌張氏刻本　十六冊

610000－1042－0001251　綫610.11/069
史記一百三十卷　(漢)司馬遷撰　(明)歸有
光評點　**史記四卷**　(清)方望溪(苞)評點
清光緒二年(1876)武昌張氏刻本　二十冊

610000－1042－0001252　綫610.11/069
史記一百三十卷　(漢)司馬遷撰　(南朝宋)
裴駰集解　清光緒四年(1878)金陵書局刻本
十六冊

610000－1042－0001253　綫610.11/069
史記一百三十卷　(漢)司馬遷撰　(南朝宋)
裴駰集解　清光緒二十年(1894)陝甘味經書
院刻本　十六冊

610000－1042－0001254　綫610.11/069
史記一百三十卷　(漢)司馬遷撰　清刻本
二十八冊

610000－1042－0001255　綫610.11/069
史記一百三十卷　(漢)司馬遷撰　清光緒八
年(1882)上海點石齋石印本　四冊

610000－1042－0001256　綫610.11/069
史記一百三十卷　(漢)司馬遷撰　(南朝宋)
裴駰集解　(唐)司馬貞索隱　(唐)張守節正
義　清光緒十年(1884)上海同文書局石印本
二十冊

610000－1042－0001257　綫610.11/069
史記一百三十卷　(漢)司馬遷撰　(南朝宋)
裴駰集解　(唐)司馬貞索隱　(唐)張守節正
義　清光緒二十八年(1902)竢實齋石印本
八冊

610000－1042－0001258　綫610.11/342

史記志疑三十六卷附錄三卷　（清）梁玉繩撰
清光緒十三年（1887）廣雅書局刻本　二
十冊

610000－1042－0001259　綫610.11/342

史記志疑三十六卷　（清）梁玉繩撰　**補遺一**
卷　（清）梁學昌輯　清光緒十四年（1888）餘
姚朱氏刻本　十二冊

610000－1042－0001260　綫610.11/342

史記志疑三十六卷　（清）梁玉繩撰　清中期
刻本　十六冊

610000－1042－0001261　綫610.11/069

史記論文一百三十卷　（漢）司馬遷撰　（清）
吳見思評點　清康熙二十六年（1687）刻本
二十四冊

610000－1042－0001262　綫610.11/069

史記論文一百三十卷　（漢）司馬遷撰　（清）
吳見思評點　清康熙刻本　二十四冊　缺二
卷（六十四至六十五）

610000－1042－0001263　綫610.11/697

校刊史記集解索隱正義札記五卷　（清）錢泰
吉輯　清同治五年（1866）金陵書局刻本
四冊

610000－1042－0001264　綫610.11/445

校刊史記集解索隱正義札記五卷　（清）張文
虎撰　清同治十一年（1872）金陵書局刻本
二冊

610000－1042－0001265　綫610.11/039

歸方評點史記合筆六卷　（清）王拯纂　清光
緒元年（1875）錦城節署刻本　四冊

610000－1042－0001266　綫善622.101/370

前漢書一百二十卷　（漢）班固撰　（唐）顏師
古注　明嘉靖八年至九年（1529－1530）南京
國子監刻明清遞修本　二十四冊

610000－1042－0001267　綫622.101/370

前漢書一百二十卷　（漢）班固撰　（唐）顏師
古注　清乾隆四年（1739）刻本　三十九冊

610000－1042－0001268　綫622.101/370

前漢書一百二十卷　（漢）班固撰　（唐）顏師
古注　清同治八年（1869）金陵書局刻本　十
六冊

610000－1042－0001269　綫622.101/370

前漢書一百二十卷　（漢）班固撰　（唐）顏師
古注　清同治十年（1871）成都書局刻本　三
十冊

610000－1042－0001270　綫622.101/370

前漢書一百二十卷　（漢）班固撰　（唐）顏師
古注　清同治十二年（1873）嶺東使署刻本
十六冊

610000－1042－0001271　綫622.101/370

前漢書一百二十卷　（漢）班固撰　（唐）顏師
古注　清光緒十三年（1887）金陵書局刻本
三十二冊

610000－1042－0001272　綫622.101/370

前漢書一百二十卷　（漢）班固撰　（唐）顏師
古注　清光緒二十三年（1897）味經刊書處刻
本　三十六冊

610000－1042－0001273　綫622.101/370

前漢書一百二十卷　（漢）班固撰　（唐）顏師
古注　清光緒三年（1877）武林竹簡齋石印本
十二冊

610000－1042－0001274　綫622.101/370

欽定前漢書一百二十卷附考證　（漢）班固撰
（唐）顏師古注　清光緒十年（1884）上海同
文書局石印本　三十二冊

610000－1042－0001275　綫622.1/370

前漢書一百卷　（漢）班固撰　（唐）顏師古注
清末上海集成圖書公司鉛印本　二十冊

610000－1042－0001276　綫622.101/042

前漢書補注一百卷　王先謙撰　清光緒二十
六年（1900）刻本　三十二冊

610000－1042－0001277　綫622.101/370

前漢書補注一百卷　（漢）班固撰　（唐）顏師
古注　王先謙補注　清光緒二十六年（1900）
上海文瑞樓影印本　三十七冊　存九十三卷

（一至二十八、三十六至一百）

610000 – 1042 – 0001278　綫 622.101/410
漢書西域傳補注二卷　（清）徐松撰　清光緒
二十年(1894)廣雅書局刻本　一冊

610000 – 1042 – 0001279　綫 622.1/265
前漢書校勘札記一百卷　（清）劉光蕡等撰
清光緒二十二年(1896)陝甘味經書院刻本
五冊

610000 – 1042 – 0001280　綫 622.105/670
續漢書八志三十卷　（晉）司馬彪撰　（南朝
梁）劉昭補注　清金陵書局刻本　二冊

610000 – 1042 – 0001281　綫 622.105/705
校漢書八表八卷　（清）夏燮撰　清光緒十六
年(1890)江城公所刻本　六冊

610000 – 1042 – 0001282　綫善 622.083/403
班馬異同三十五卷　（宋）倪思撰　（宋）劉辰
翁評　明萬曆刻本　十二冊

610000 – 1042 – 0001283　綫 622.201/291
欽定後漢書一百二十卷　（南朝宋）范曄撰
清光緒元年(1875)慎記書莊石印本　八冊

610000 – 1042 – 0001284　綫善 622.301/710
季漢書六十卷　（明）謝陛撰　明萬曆三十一
年(1603)謝氏刻本　十二冊

610000 – 1042 – 0001285　綫 622.201/372
續後漢書九十卷　（元）郝經撰　清刻本　二
十四冊

610000 – 1042 – 0001286　綫 622.205/696
後漢郡國令長考一卷　（清）錢大昭撰　清刻
本　一冊

610000 – 1042 – 0001287　綫善 622.301/461
三國志六十五卷　（晉）陳壽撰　（南朝宋）裴
松之注　明末毛氏汲古閣刻本　十二冊

610000 – 1042 – 0001288　綫 622.301/461
三國志六十五卷　（晉）陳壽撰　（南朝宋）裴
松之注　清同治九年(1870)金陵書局刻本
八冊

610000 – 1042 – 0001289　綫 622.301/461
三國志六十五卷　（晉）陳壽撰　（南朝宋）裴
松之注　清同治十年(1871)成都書局刻本
十四冊

610000 – 1042 – 0001290　綫 622.301/461
三國志六十五卷　（晉）陳壽撰　（南朝宋）裴
松之注　清光緒七年(1881)文雅齋刻本
十冊

610000 – 1042 – 0001291　綫 622.301/461
三國志六十五卷　（晉）陳壽撰　（南朝宋）裴
松之注　清光緒石印本　二十四冊

610000 – 1042 – 0001292　綫 622.301/461
三國志六十五卷　（晉）陳壽撰　（南朝宋）裴
松之注　清光緒十年(1884)上海同文書局石
印本　二十冊

610000 – 1042 – 0001293　綫 622.301/461
三國志六十五卷　（晉）陳壽撰　（南朝宋）裴
松之注　清光緒十一年(1885)上海同文書局
石印本　十四冊

610000 – 1042 – 0001294　綫 622.301/461
三國志六十五卷　（晉）陳壽撰　（南朝宋）裴
松之注　清光緒十三年(1887)江南書局刻本
十二冊

610000 – 1042 – 0001295　綫 622.301/461
三國志六十五卷　（晉）陳壽撰　（南朝宋）裴
松之注　清光緒二十八年(1902)竢實齋石印
本　四冊

610000 – 1042 – 0001296　綫 622.3083/235
三國志注證遺四卷　（清）周壽昌撰　清光緒
九年(1883)思孟堂刻本　二冊

610000 – 1042 – 0001297　綫 622.3083/412
三國志質疑六卷　（清）徐紹楨撰　清光緒十
二年(1886)羊城刻本　二冊

610000 – 1042 – 0001298　綫 622.3083/696
三國志辨疑三卷　（清）錢大昭撰　清光緒十
五年(1889)廣雅書局刻本　一冊

610000 – 1042 – 0001299　綫 622.3083/696

三國志辨疑三卷　(清)錢大昭撰　清光緒三
十年(1904)刻本　一冊

610000 - 1042 - 0001300　綫 622.3083/625
三國志考證八卷　(清)潘眉撰　清光緒十五
年(1889)廣雅書局刻本　二冊

610000 - 1042 - 0001301　綫 622.3083/700
三國志證聞三卷　(清)錢義吉撰　清光緒十
一年(1885)江蘇書局刻本　二冊

610000 - 1042 - 0001302　綫 622.3083/340
三國志旁證三十卷　(清)梁章鉅撰　清光緒
十五年(1889)廣雅書局刻本　六冊

610000 - 1042 - 0001303　綫 662.3/250
三國疆域志補注十九卷　(清)洪亮吉撰
(清)謝鐘英補注　清光緒二十四年(1898)刻
本　五冊　存十一卷(一至十一)

610000 - 1042 - 0001304　綫 662.3/170
三國郡縣表補正八卷　(清)吳增僅撰　清光
緒三十三年(1907)鄂城刻本　四冊

610000 - 1042 - 0001305　綫 623.101/198
晉書一百三十卷　(唐)房玄齡等撰　清康熙
十一年(1672)刻本　三十八冊

610000 - 1042 - 0001306　綫 623.1/198
晉書一百三十卷　(唐)房玄齡等撰　音義三
卷　(唐)何超撰　清同治十年(1871)金陵書
局刻本　二十冊

610000 - 1042 - 0001307　綫 623.101/198
晉書一百三十卷　(唐)房玄齡等撰　清光緒
十八年(1892)石印本　八冊

610000 - 1042 - 0001308　0
晉書一百三十卷　(唐)房玄齡等撰　清光緒
十八年(1892)石印本　八冊

610000 - 1042 - 0001309　綫 623.101/232
晉略六十六卷　(清)周濟撰　清光緒二年
(1876)味儁齋刻本　十冊

610000 - 1042 - 0001310　綫 623.1083/009
晉書校正五卷補晉書藝文志四卷　(清)丁國
鈞撰　清光緒十五年(1889)刻本　四冊

610000 - 1042 - 0001311　綫善 623.5101/129
宋書一百卷　(南朝梁)沈約撰　明萬曆二十
二年(1594)南京國子監刻清順治十六年
(1659)遞修本　二十四冊

610000 - 1042 - 0001312　綫善 623.5101/129
宋書一百卷　(南朝梁)沈約撰　明萬曆二十
二年(1594)南京國子監刻清修補印本　十二
冊　存六十卷(四十一至一百)

610000 - 1042 - 0001313　綫 623.5101/129
宋書一百卷　(南朝梁)沈約撰　清同治十一
年(1872)金陵書局刻本　二十六冊

610000 - 1042 - 0001314　綫 623.5101/129
宋書一百卷　(南朝梁)沈約撰　清光緒十四
年(1888)上海圖書集成印書局鉛印本　十
二冊

610000 - 1042 - 0001315　綫 625.1/372
郝蘭皋雜著三種　(清)郝懿行訂　清刻本
一冊

610000 - 1042 - 0001316　綫善 623.5201/692
南齊書五十九卷　(南朝梁)蕭子顯撰　明萬
曆十六年至十七年(1588 - 1589)南京國子監
刻本　十冊

610000 - 1042 - 0001317　綫 623.5201/692
南齊書五十九卷　(南朝梁)蕭子顯撰　清光
緒十八年(1892)武林竹簡齋刻本　二冊

610000 - 1042 - 0001318　綫善 623.5301/312
梁書五十六卷　(唐)姚思廉撰　明萬曆三年
(1575)南京國子監刻清修補印本　八冊

610000 - 1042 - 0001319　綫 623.5301/312
梁書五十六卷　(唐)姚思廉撰　清初古吳趙
氏刻本　四冊

610000 - 1042 - 0001320　綫 623.5301/312
梁書五十六卷　(唐)姚思廉撰　清同治十三
年(1874)金陵書局刻本　八冊

610000 - 1042 - 0001321　綫 623.5301/312
梁書五十六卷　(唐)姚思廉撰　清光緒十四
年(1888)上海圖書集成印書局鉛印本　四冊

610000－1042－0001322　綫 623.5301/312

梁書五十六卷　（唐）姚思廉撰　清光緒三十三年(1907)上海華商集成圖書公司鉛印本　四冊

610000－1042－0001323　綫 623.5301/312

梁書五十六卷　（唐）姚思廉撰　清光緒三十四年(1908)上海集成圖書公司鉛印本　四冊

610000－1042－0001324　綫善 623.5401/312

陳書三十六卷　（唐）姚思廉撰　明萬曆十五年至十六年(1587－1588)南京國子監刻清修補印本　四冊

610000－1042－0001325　綫 623.5401/312

陳書三十六卷　（唐）姚思廉撰　清同治十一年(1872)金陵書局刻本　四冊

610000－1042－0001326　綫 623.5401/312

陳書三十六卷　（唐）姚思廉撰　清光緒十八年(1892)武林竹簡齋石印本　一冊

610000－1042－0001327　綫 623.5/312

陳書三十六卷　（唐）姚思廉撰　清光緒二十三年(1897)上海華商集成圖書公司鉛印本　四冊

610000－1042－0001328　綫善 623.601/749

魏書一百十四卷　（北齊）魏收撰　明萬曆二十四年(1596)南京國子監刻清修補印本　二十四冊

610000－1042－0001329　綫善 623.6301/708

西魏書二十四卷　（清）謝啟昆撰　清乾隆六十年(1795)謝氏樹經堂刻本　六冊

610000－1042－0001330　綫 623.6301/708

西魏書二十四卷　（清）謝啟昆撰　清乾隆六十年(1795)樹經堂刻本　六冊

610000－1042－0001331　綫 623.6301/708

西魏書二十四卷　（清）謝啟昆撰　清光緒九年(1883)樹經堂刻本　六冊

610000－1042－0001332　綫善 623.6401/153

北齊書五十卷　（唐）李百藥撰　明萬曆十六年至十七年(1588－1589)南京國子監刻清修補印本　八冊

610000－1042－0001333　綫 623.6401/153

北齊書五十卷　（唐）李百藥撰　清同治十三年(1874)金陵書局刻本　六冊

610000－1042－0001334　綫善 623.6501/084

周書五十卷　（唐）令狐德棻撰　明萬曆十六年(1588)南京國子監刻本　六冊

610000－1042－0001335　綫善 623.6501/084

周書五十卷　（唐）令狐德棻撰　明萬曆十六年(1588)刻清修補印本　八冊

610000－1042－0001336　綫善 623.501/154

南史八十卷　（唐）李延壽撰　明萬曆十六年至十九年(1588－1591)南京國子監刻清修補印本　二十冊

610000－1042－0001337　綫善 623.601/154

北史一百卷　（唐）李延壽撰　明萬曆十九年至二十一年(1591－1593)南京國子監刻清修補印本　三十冊

610000－1042－0001338　綫 623.601/154

北史一百卷　（唐）李延壽撰　清同治八年(1869)金陵書局刻本　三十二冊

610000－1042－0001339　綫 623.601/154

北史一百卷　（唐）李延壽撰　清同治十一年(1872)金陵書局刻本　三十二冊

610000－1042－0001340　綫 623.601/154

北史一百卷　（唐）李延壽撰　清光緒十八年(1892)武林竹簡齋石印本　八冊

610000－1042－0001341　綫 623.621/157

北史一百卷　（唐）李延壽撰　清光緒二十九年(1903)同文書局石印本　二十四冊

610000－1042－0001342　綫 623.601/154

北史一百卷　（唐）李延壽撰　清光緒三十三年(1907)上海圖書集成公司石印本　十六冊

610000－1042－0001343　綫善 623.701/750

隋書八十五卷　（唐）魏徵等撰　明萬曆二十二年至二十三年(1594－1595)南京國子監刻清修補印本　二十冊

610000－1042－0001344　綫623.701/750
隋書八十五卷　(唐)魏徵等撰　清同治十年(1871)刻本　十二冊

610000－1042－0001345　綫623.701/750
隋書八十五卷　(唐)魏徵等撰　清光緒十八年(1892)石印本　六冊

610000－1042－0001346　綫善624.101/643
唐書二百二十五卷　(宋)歐陽修　(宋)宋祁撰　**釋音二十五卷**　(宋)董衝撰　明成化十八年(1482)、嘉靖八年至十年(1529－1531)、三十年(1551)南京國子監刻明清遞修本　四十四冊

610000－1042－0001347　綫善624.101/643
唐書二百二十五卷　(宋)歐陽修撰　清康熙三十九年(1700)刻本　十冊　存二十六卷(四十至五十、六十一至七十五)

610000－1042－0001348　綫624.101/643
新唐書二百二十五卷　(宋)歐陽修撰　清初刻本　二十冊　存五十四卷(本紀一至四,列傳一至二、三十七至六十八、七十七至九十、一百四十九至一百五十)

610000－1042－0001349　綫善624.1083/600
新舊唐書互證二十卷　(清)趙紹祖撰　清嘉慶十八年(1813)趙氏古墨齋刻本　四冊

610000－1042－0001350　綫善624.2/643
五代史記七十四卷　(宋)歐陽修撰　明萬曆四年至五年(1576－1577)南京國子監刻清修補印本　八冊

610000－1042－0001351　綫625.101/495
宋史四百九十六卷　(元)托克托等撰　清光緒元年(1875)浙江書局刻本　一百冊

610000－1042－0001352　綫625.101/495
宋史四百九十六卷　(元)托克托等撰　清光緒十八年(1892)武林竹簡齋石印本　三十二冊

610000－1042－0001353　綫625.101/495
宋史四百九十六卷　(元)托克托等撰　清光

緒二十九年(1903)五洲同文局石印本　一百冊

610000－1042－0001354　綫625.501/495
遼史一百十六卷　(元)脫脫等撰　清康熙十一年(1672)江寧府儒學教授荊子邁刻本　八冊

610000－1042－0001355　綫625.501/100
遼史一百十六卷　(元)托可托等撰　清同治十二年(1873)江蘇書局刻本　十二冊

610000－1042－0001356　綫625.503/100
遼史一百十六卷　(元)托克托等撰　清光緒十四年(1888)上海圖書集成印書局鉛印本　八冊

610000－1042－0001357　綫625.501/100
遼史一百十六卷　(元)托克托等撰　清光緒十八年(1892)武林竹簡齋石印本　三冊

610000－1042－0001358　綫625.501/495
遼史一百十六卷　(元)脫脫等撰　清光緒二十三年(1897)上海華商集成圖書公司鉛印本　八冊

610000－1042－0001359　綫625.504/643
遼史拾遺二十四卷　(清)厲鶚撰　清光緒元年(1875)江蘇書局刻本　八冊

610000－1042－0001360　綫625.5083/566
遼史拾遺補五卷　(清)楊復吉輯　清光緒三年(1877)江蘇書局刻本　二冊

610000－1042－0001361　綫625.601/100
金史一百三十五卷　(元)托克托等撰　清同治十三年(1874)江蘇書局刻本　二十冊

610000－1042－0001362　綫625.601/100
金史一百三十五卷　(元)托克托等撰　清光緒十一年(1885)上海圖書集成印書局鉛印本　十六冊

610000－1042－0001363　綫625.601/100
金史一百三十五卷　(元)托克托等撰　清光緒十八年(1892)武林竹簡齋石印本　八冊

610000－1042－0001364　綫625.601/100

金史一百三十五卷 （元）托克托等撰 清光
緒點石齋石印本 八冊

610000－1042－0001365 綫625.6/495

金史一百三十五卷 （元）脫脫等撰 清光緒
二十三年(1897)上海集成圖書公司鉛印本
十六冊

610000－1042－0001366 綫625.6/495

金史一百三十五卷 （元）脫脫等撰 清光緒
二十九年(1903)五洲同文書局石印本 二十
四冊

610000－1042－0001367 綫625.604/094

大金國志四十卷 （宋）宇文懋昭撰 清嘉慶
二年(1797)掃葉山房刻本 二冊

610000－1042－0001368 綫625.604/094

大金國志四十卷 （宋）宇文懋昭撰 清嘉慶
二年(1797)掃葉山房刻本 四冊

610000－1042－0001369 綫625.604/094

大金國志四十卷 （宋）宇文懋昭撰 清掃葉
山房刻本 四冊

610000－1042－0001370 綫625.6083/262

金史詳校十卷附史論五答一卷 （清）施國祁
撰 清光緒六年(1880)會稽章氏刻本 十
二冊

610000－1042－0001371 綫625.6083/262

金史詳校十卷 （清）施國祁撰 清光緒二十
年(1894)刻本 十冊

610000－1042－0001372 綫625.6073/243

欽定金史語解十二卷 （清）高宗弘曆撰 清
光緒四年(1878)江蘇書局刻本 二冊

610000－1042－0001373 綫625.701/137

元史二百十卷目錄二卷 （明）宋濂等撰 明
天啓至清康熙遞修本 五十冊

610000－1042－0001374 綫625.701/137

元史二百十卷目錄二卷附考證 （明）宋濂等
撰 清同治十三年(1874)江蘇書局刻本 四
十冊

610000－1042－0001375 綫625.701/137

元史二百十卷目錄二卷附考證 （明）宋濂等
撰 清同治十三年(1874)江蘇書局刻本 三
十九冊

610000－1042－0001376 綫625.701/137

元史二百十卷目錄二卷附考證 （明）宋濂等
撰 清同治十三年(1874)江蘇書局刻本 四
十冊

610000－1042－0001377 綫625.701/137

元史二百十卷目錄二卷附考證 （明）宋濂等
撰 清同治十三年(1874)江蘇書局刻本 四
十冊

610000－1042－0001378 綫625.701/137

元史二十一卷 （明）宋濂等撰 清光緒二十
三年(1897)上海集成圖書公司鉛印本 二十
四冊

610000－1042－0001379 綫625.701/745

元史九十五卷 （清）魏源撰 清光緒三十一
年(1905)邵陽魏氏慎微堂刻本 三十二冊

610000－1042－0001380 綫625.704/152

元朝秘史十五卷 （元）□□撰 （清）張穆等
校 清道光二十七年(1847)靈石楊氏刻本
二冊

610000－1042－0001381 綫625.704/450

元朝秘史十五卷 （元）□□撰 （清）張穆等
校 清光緒二十年(1894)上海復古書局石印
本 十冊

610000－1042－0001382 綫625.704/450

元朝秘史十五卷 （元）□□撰 （清）張穆等
校 清光緒二十六年(1900)上海掃葉山房石
印本 十冊

610000－1042－0001383 綫625.704/450

長春真人西遊記二卷 （元）李志常述 清光
緒二十六年(1900)上海掃葉山房石印本
十冊

610000－1042－0001384 綫625.704/450

蒙古遊牧記十六卷 （清）張穆撰 清光緒二
十六年(1900)上海掃葉山房石印本 十冊

610000－1042－0001385　綫625.704/152

元朝秘史十五卷　（清）李文田注　清光緒二十九年(1903)石印本　二冊

610000－1042－0001386　綫625.704/570

元朝秘史十卷續集二卷　（元）忙豁侖紐察（元）脫察安撰　葉德輝編輯　清光緒三十四年(1908)長沙葉氏觀古堂刻本　六冊

610000－1042－0001387　綫625.701/745

元史新編九十五卷附校勘節略　（清）魏源撰　清光緒三十一年(1905)邵陽魏慎微堂刻本　三十二冊

610000－1042－0001388　綫625.7073/044

欽定元史語解二十四卷　（清）高宗弘曆撰　清光緒四年(1878)江蘇書局刻本　六冊

610000－1042－0001389　綫625.7083/254

元史譯文證補三十卷　（清）洪鈞撰　清光緒二十三年(1897)刻本　六冊

610000－1042－0001390　綫625.701/510

元書一百二卷首一卷　曾廉撰　清宣統三年(1911)刻本　二十冊

610000－1042－0001391　綫善610.4/227

弘簡錄二百五十四卷　（明）邵經邦（清）邵遠平撰　清康熙二十七年(1688)邵遠平刻本　七十六冊

610000－1042－0001392　綫610.4/227

弘簡錄正編二百五十四卷續編四十二卷　（明）邵經邦（清）邵遠平撰　清康熙四十五年(1706)繼善堂刻本　七十六冊

610000－1042－0001393　綫610.4/227

弘簡錄正編二百五十四卷續編四十二卷　（明）邵經邦（清）邵遠平撰　清康熙邵遠平刻本　八十冊

610000－1042－0001394　綫625.7/227

續弘簡錄元史類編四十二卷　（清）邵遠平撰　清刻本　十六冊

610000－1042－0001395　綫626.06/036

明史稿三百十卷目錄二卷　（清）王鴻緒撰

清敬慎堂刻本　一百冊

610000－1042－0001396　綫626.06/036

明史稿三百十卷目錄二卷　（清）王鴻緒撰　清敬慎堂刻本　八十冊

610000－1042－0001397　綫626.06/036

明史稿三百十卷目錄二卷　（清）王鴻緒撰　清敬慎堂刻本　九十六冊

610000－1042－0001398　綫626.06/036

明史稿三百十卷目錄二卷　（清）王鴻緒撰　清敬慎堂刻本　九十三冊

610000－1042－0001399　綫626/450

明史三百三十二卷目錄四卷　（清）張廷玉等撰　清光緒三年(1877)湖北崇文書局刻本　八十冊

610000－1042－0001400　綫626/450

明史三百三十二卷目錄四卷　（清）張廷玉等撰　清刻本　八十冊

610000－1042－0001401　綫626/450

明史三百三十二卷目錄四卷　（清）張廷玉等撰　清刻本　一百冊

610000－1042－0001402　綫626./450

明史三百三十二卷目錄四卷　（清）張廷玉等撰　清光緒十八年(1892)石印本　二十四冊

610000－1042－0001403　綫626.01/224

明史一隅不分卷　（□）□□撰　清抄本　四冊

610000－1042－0001404　綫626/286

欽定明鑑二十四卷首一卷　（清）托津等纂　清同治九年(1870)湖北崇文書局刻本　十冊

610000－1042－0001405　綫626/501

擬明史稿二十卷　（清）湯斌撰　清湯氏祠堂刻本　十三冊

610000－1042－0001406　綫610.21/459

竹書紀年二卷　（清）陳詩集注　清嘉慶六年(1801)蘄州陳氏家塾刻本　二冊

610000－1042－0001407　綫610.21/464

竹書紀年集證五十卷首一卷　（清）陳逢衡撰　清嘉慶十八年（1813）褱露軒刻本　三十四冊

610000－1042－0001408　綫610.21/407

竹書紀年統箋十二卷前編一卷雜述一卷　（清）徐文靖箋　清乾隆刻本　四冊

610000－1042－0001409　綫610.21/407

竹書紀年統箋十二卷前編一卷雜述一卷　（清）徐文靖箋　清光緒三年（1877）浙江書局刻本　四冊

610000－1042－0001410　綫610.21/407

竹書紀年統箋十二卷　（清）徐文靖箋　清光緒二十一年（1895）上海醉經樓石印本　一冊

610000－1042－0001411　綫625.1603/410

三朝北盟會編二百五十卷　（宋）徐夢莘撰　清光緒三十四年（1908）刻本　四十冊　存一百八十五卷（一至一百八十五）

610000－1042－0001412　綫610.23/069

資治通鑑二百九十四卷　（宋）司馬光編集　清咸豐七年（1857）邛州伍氏刻本　八十冊

610000－1042－0001413　綫610.23/069

資治通鑑二百九十四卷　（宋）司馬光撰　（元）胡三省音注　清同治八年（1869）江蘇書局刻本　一百十冊

610000－1042－0001414　綫610.23/069

資治通鑑二百九十四卷　（宋）司馬光撰　（元）胡三省注　清同治十年（1871）湖北崇文書局刻本　一百冊

610000－1042－0001415　綫610.23/069

資治通鑑二百九十四卷釋文辨誤十二卷　（宋）司馬光撰　（元）胡三省音注辨誤　清光緒十三年（1887）長沙解州書院刻本　一百冊

610000－1042－0001416　綫610.23/069

資治通鑑二百九十四卷敘錄三卷　（宋）司馬光撰　（元）胡三省音注辨誤　清光緒十四年（1888）長沙楊氏刻十七年（1891）重印本　八十九冊

610000－1042－0001417　綫610.23/069

資治通鑑二百九十四卷附釋文辨誤十二卷　（宋）司馬光　（元）胡三省音注辨誤　清光緒二十八年（1902）上海積山書局石印本　三十冊

610000－1042－0001418　綫610.23/069

資治通鑑補二百九十四卷　（宋）司馬光撰　（明）嚴衍補　清光緒二年（1876）武進盛氏思補樓木活字印本　八十冊

610000－1042－0001419　綫610.23/069

資治通鑑補正二百九十四卷首一卷　（宋）司馬光撰　（明）嚴衍補正　清光緒二十八年（1902）上海益智書局石印本　四十八冊

610000－1042－0001420　綫610.23/069

資治通鑑目錄三十卷　（宋）司馬光編　清光緒十七年（1891）刻本　六冊

610000－1042－0001421　綫610.23/069

資治通鑑目錄三十卷　（宋）司馬光編　清光緒十七年（1891）刻本　八冊

610000－1042－0001422　綫610.23/069

資治通鑑目錄三十卷附釋例一卷問疑一卷　（宋）司馬光撰　（明）陳仁錫評閱　清刻本　十五冊

610000－1042－0001423　綫610.23/073

資治通鑑釋文三十卷　（宋）史炤撰　（清）胡元常輯　清光緒十五年（1889）刻本　七冊

610000－1042－0001424　綫610.29/668

資治通鑑外紀十卷目錄五卷　（宋）劉恕編集　清嘉慶十六年（1811）刻本　五冊

610000－1042－0001425　綫610.29/668

資治通鑑外紀十卷目錄五卷　（宋）劉恕編　（清）胡克家注補　清同治十年（1871）江蘇書局刻本　十冊

610000－1042－0001426　綫610.24/115

資治通鑑綱目前編二十五卷正編五十九卷續編二十七卷　（宋）朱熹撰　（明）陳仁錫評閱　明刻清印本　三十二冊　存三十五卷（前

編五至十二、十四至十七,正編一至六、八至九、十一至十七,續編二、六、八至十一、十五、十九)

610000－1042－0001427　綫610.24/115
資治通鑑綱目前編二十五卷正編五十九卷
(宋)朱熹撰　(明)陳仁錫評閱　清刻本　十冊　存九卷(前編一至四、正編六至十)

610000－1042－0001428　綫善610.24/271
訂正通鑑綱目前編二十五卷　(明)南軒撰
明崇禎刻本　六冊　存十五卷(一至八、十二至十三、十七至十九、二十二至二十三)

610000－1042－0001429　綫善610.24/115
資治通鑑綱目五十九卷　(宋)朱熹撰　明弘治九年(1496)黃仲昭刻本　十三冊　存八卷(一至八)

610000－1042－0001430　綫善610.24/115
資治通鑑綱目五十九卷　(宋)朱熹撰　(明)黃仲昭彙編　明萬曆二十八年(1600)朱燮元刻本　六十冊

610000－1042－0001431　綫善610.24/115
資治通鑑綱目前編二十五卷正編五十九卷
(宋)朱熹撰　(明)陳仁錫評閱　明刻清印本　三十冊　存二十一卷(前編一至四,正編二十一至二十八、五十一至五十九)

610000－1042－0001432　綫善610.24/115
資治通鑑綱目五十九卷　(宋)朱熹撰　(明)陳仁錫評閱　清光緒二年(1876)述荊堂刻本　三十冊

610000－1042－0001433　綫善610.24/115
資治通鑑綱目五十九卷　(宋)朱熹撰　(明)陳仁錫評閱　清光緒十年(1884)關中明德書院刻本　三十冊

610000－1042－0001434　綫善610.24/115
資治通鑑綱目五十九卷　(宋)朱熹撰　清初刻本　七十八冊　缺二卷(一中、四上)

610000－1042－0001435　綫善610.24/115
資治通鑑綱目五十九卷　(宋)朱熹撰　清刻

本　三十八冊　存二十八卷(一至二十八)

610000－1042－0001436　綫善610.24/115
朱子綱目全書　(宋)朱熹等編　明萬曆金陵趙敬山刻本　一百冊

610000－1042－0001437　綫善610.24/115
通鑑綱目全書四種　(宋)朱熹等撰　(清)聖祖玄燁批　清康熙刻本　五十五冊

610000－1042－0001438　綫善610.24/048
資治通鑑綱目發明五十九卷　(宋)尹起莘撰　明成化內府刻本　二冊　存二十八卷(三十二至五十九)

610000－1042－0001439　綫610.24/435
續資治通鑑綱目二十七卷　(明)商輅撰　(明)陳仁錫評閱　明刻清印本　六冊　存六卷(五、七、十至十一、十七至十八)

610000－1042－0001440　綫610.24/435
續資治通鑑綱目二十七卷　(明)商輅撰　(明)陳仁錫評閱　清康熙四十年(1701)王公行刻本　二十冊

610000－1042－0001441　綫610.24/435
續資治通鑑綱目二十七卷　(明)商輅撰　(明)陳仁錫評閱　清刻本　三十冊

610000－1042－0001442　綫610.24/450
資治通鑑綱目三編二十卷　(清)張廷玉等撰　清乾隆十一年(1746)刻本　六冊　存十五卷(一至十五)

610000－1042－0001443　綫610.24/450
資治通鑑綱目三編六卷　(清)張廷玉等纂　清末石印本　二冊

610000－1042－0001444　綫610.24/450
資治通鑑綱目三編二十三卷　(清)張廷玉等撰　清末上海富強齋石印本　九冊

610000－1042－0001445　綫610.23/486
續資治通鑑二百二十卷　(清)畢沅編纂　清同治六年(1867)江蘇書局刻本　六十冊

610000－1042－0001446　綫610.23/486
續資治通鑑二百二十卷　(清)畢沅編纂　清

同治八年(1869)江蘇書局刻本 六十冊

610000－1042－0001447 綫610.23/486
續資治通鑑二百二十卷 (清)畢沅編纂 清光緒十年(1884)上海蜚英館石印本 二十四冊

610000－1042－0001448 綫610.23/073
通鑑地理通釋十四卷 (宋)王應麟撰 清光緒浙江書局刻本 三冊

610000－1042－0001449 綫610.23/170
資治通鑑地理今釋十四卷 (清)吳熙載撰 清光緒八年(1882)江蘇書局刻本 三冊

610000－1042－0001450 綫610.23/170
資治通鑑地理今釋十六卷 (清)吳熙載撰 清光緒二十三年(1897)廣東經史閣刻本 四冊

610000－1042－0001451 綫610.23/170
資治通鑑地理今釋十六卷 (清)吳熙載撰 清末石印本 三冊

610000－1042－0001452 綫610.24/220
通鑑綱目分注補遺四卷 (清)芮長恤撰 清光緒十六年(1890)刻本 四冊

610000－1042－0001453 綫610.24/445
通鑑綱目釋地糾謬六卷通鑑綱目釋地補注六卷 (清)張庚撰 清乾隆十五年(1750)強恕齋刻本 二冊

610000－1042－0001454 綫善610.23/286
通鑑釋文辨誤十二卷 (元)胡三省撰 (明)陳仁錫校訂 明天啓陳仁錫刻本 二冊

610000－1042－0001455 綫610.23/286
通鑑釋文辨誤十二卷 (元)胡三省撰 清刻本 二冊 存八卷(五至十二)

610000－1042－0001456 綫610.23/286
通鑑釋文辨誤十二卷 (元)胡三省撰 清同治十年(1871)湖北崇文書局刻本 四冊

610000－1042－0001457 綫610.23/286
通鑑釋文辨誤十二卷 (元)胡三省撰 清光緒十五年(1889)石印本 三冊

610000－1042－0001458 綫610.2/583
通鑑輯覽一百二十卷 (清)傅恒撰 清同治十年(1871)浙江書局刻朱墨印本 四十八冊

610000－1042－0001459 綫610.23/311
通鑑攬要前編二卷正編十九卷續編八卷 (清)姚培謙 (清)張景星錄 清乾隆十一年(1746)刻本 十五冊 存六卷(續編一至六)

610000－1042－0001460 綫625.83/696
通鑑注辨證二卷 (清)錢大昕撰 清光緒十年(1884)長沙龍氏家塾刻本 一冊

610000－1042－0001461 綫610.23/480
新刊通鑑輯要□□卷 (□)□□輯 清刻本 一冊 存一卷(十三)

610000－1042－0001462 綫善625.02/726
宋元通鑑一百五十七卷 (明)薛應旂撰 明天啓六年(1626)陳仁錫刻本 四十二冊

610000－1042－0001463 綫610.23/069
御批增補了凡綱鑑四十卷 (宋)司馬光撰 (明)趙田 (明)袁黃編纂 清光緒漢讀樓石印本 七冊 存二卷(十三至十四)

610000－1042－0001464 綫610.23/069
新鐫趙田歷朝袁先生編纂古本歷史大方綱鑑補三十九卷首一卷 (宋)司馬光撰 (明)趙田 (明)袁黃編纂 清刻本 五冊 存六卷(十二至十七)

610000－1042－0001465 綫610.23/069
鼎鍥趙田了凡袁先生編纂古本歷史大方綱鑑補三十九卷首一卷 (宋)司馬光撰 (明)趙田 (明)袁黃編纂 清潭陽余象斗刻本 三冊 存八卷(四至十一)

610000－1042－0001466 綫610.29/039
新刊瑯琊王鳳洲先生編纂古本歷史大方綱鑑補三十九卷首一卷 (明)王世貞編纂 清刻本 四冊 存五卷(二十一至二十五)

610000－1042－0001467 綫610.29/039
新刊瑯琊王鳳洲先生編纂古本歷史大方綱鑑補三十九卷首一卷 (明)王世貞編纂 清刻

本　二冊　存二卷(二十九、三十一)

610000－1042－0001468　綫610.23/039
重訂王鳳洲先生綱鑑會纂四十六卷　（明）王
世貞纂　（明）陳仁錫訂　清大道堂刻本　三
冊　存七卷(一至七)

610000－1042－0001469　綫610.2/039
增評加批歷史綱鑑補三十九卷首一卷　（明）
王世貞　（明）袁黃編纂　清光緒二十八年
(1902)上海富強齋石印本　十三冊　缺二卷
(二、首一卷)

610000－1042－0001470　綫610.24/380
**袁王綱鑑合編三十九卷附御撰明紀綱目二十
卷**　（明）王世貞　（明）袁黃編纂　清光緒三
十年(1904)上海商務印書館鉛印本　十六冊

610000－1042－0001471　綫610.23/039
袁王綱鑑合編三十九卷　（明）王世貞　（明）
袁黃編纂　清末上海掃葉山房石印本　六冊
存十二卷(十一至二十二)

610000－1042－0001472　綫610.23/039
綱鑑會纂三十九卷首一卷　（明）王世貞纂
清學源堂刻本　四十冊

610000－1042－0001473　綫610.23/379
袁王加批綱鑑彙纂三十九卷首一卷　（明）袁
黃　（明）王世貞編纂　清光緒上海掃葉山房
石印本　二十四冊

610000－1042－0001474　綫610.2/802
綱鑑正史約三十六卷　（明）顧錫疇編　清同
治八年(1869)浙江書局刻本　二十冊

610000－1042－0001475　綫610.23/173
綱鑑易知錄九十二卷　（清）吳乘權等輯　清
康熙五十年(1711)尺木堂刻本　四十二冊

610000－1042－0001476　綫610.23/173
**綱鑑易知錄九十二卷御撰資治通鑑綱目三編
二十卷**　（清）吳乘權等輯　清富文堂刻本
四十八冊

610000－1042－0001477　綫610.24/688
綱鑑擇語九卷　（清）司徒則廬輯　清嘉慶二

十二年(1817)刻本　九冊

610000－1042－0001478　綫610.24/688
綱鑑擇語十卷　（清）司徒則廬輯　清道光十
六年(1836)刻本　八冊

610000－1042－0001479　綫610.24/688
綱鑑擇語十卷　（清）司徒則廬輯　清末石印
本　六冊

610000－1042－0001480　綫610.81/458
綱鑑總論二卷　（清）周道卿撰　清光緒二十
八年(1902)詠梅閣刻本　一冊

610000－1042－0001481　綫610.2/583
歷代通鑑輯覽一百二十卷　（清）傅恒等輯
清同治十一年(1872)湖北崇文書局刻本　五
十九冊

610000－1042－0001482　綫610.72/458
分類歷代通鑑輯覽六十四卷末一卷　（清）陳
善勛輯纂　清光緒二十九年(1903)文瀾書局
石印本　二十四冊

610000－1042－0001483　綫610.2/544
御批歷代通鑑輯覽一百二十卷　（清）傅恒等
纂　清同治十一年(1872)湖北崇文書局刻本
六十冊

610000－1042－0001484　綫610.2/544
御批歷代通鑑輯覽一百二十卷　（清）傅恒等
纂　清光緒二十三年(1897)同文書局石印本
二十冊

610000－1042－0001485　綫610.2/468
御批歷代通鑑輯覽一百二十卷　（清）傅恒等
纂　清光緒二十八年(1902)萬寶書局石印本
二十冊

610000－1042－0001486　綫610.2/583
御批歷代通鑑輯覽一百二十卷　（清）傅恒等
纂　清光緒二十九年(1903)上海通元書局刻
本　二十四冊

610000－1042－0001487　綫610.2/544
御批歷代通鑑輯覽一百二十卷　（清）傅恒等
纂　清光緒三十一年(1905)上海商務印書館

鉛印本　四十冊

610000－1042－0001488　綫610.29/680
歷朝通鑑輯略□□卷　（□）□□輯　清萬卷堂刻本　二冊　存三卷（五十四至五十六）

610000－1042－0001489　綫善610.29/726
甲子會紀五卷　（明）薛應旂撰　（明）陳仁錫評　明崇禎二年（1629）刻本　三冊

610000－1042－0001490　綫610.23/739
鑑撮四卷附讀史論略一卷　（清）曠敏本編　清刻本　五冊

610000－1042－0001491　綫善610.2/174
呂東萊先生大事紀十二卷通釋三卷解題十二卷　（宋）呂祖謙撰　明崇禎阮元聲刻本　五冊　存二十二卷（大事紀十二卷、解題一至十）

610000－1042－0001492　綫610.29/069
稽古錄二十卷　（宋）司馬光撰　清同治十一年（1872）湖北崇文書局刻本　四冊

610000－1042－0001493　綫610.29/069
稽古錄二十卷　（宋）司馬光撰　清光緒九年（1883）解梁書院刻本　四冊

610000－1042－0001494　綫610.7/666
史存二十卷　（清）劉沅輯　清道光二十七年（1847）雙流劉沅刻本　十六冊

610000－1042－0001495　綫善622.102/387
前漢紀三十卷　（漢）荀悅撰　**後漢紀三十卷**　（晉）袁宏撰　明嘉靖二十七年（1548）黃姬水刻本　十八冊

610000－1042－0001496　綫善622.102/387
漢紀三十卷　（漢）荀悅撰　**後漢紀三十卷**　（晉）袁宏撰　明萬曆二十六年（1598）南京國子監刻本　二十冊

610000－1042－0001497　綫624.102/291
唐鑑二十四卷　（宋）范祖禹撰　清同治十三年（1874）刻本　三冊　存十七卷（一至十七）

610000－1042－0001498　綫624.102/291
唐鑑二十四卷　（宋）范祖禹撰　清光緒十六

年（1890）柏經正堂刻本　四冊

610000－1042－0001499　綫650.7/045
靖康要錄六卷　（宋）王藻撰　清光緒十八年（1892）十萬卷樓刻本　六冊

610000－1042－0001500　綫善626.02/043
皇明永陵編年信史四卷　（明）支大綸撰　明萬曆刻本　四冊

610000－1042－0001501　綫善626.02/730
明紀編年十二卷　（明）諸燮撰　（清）王汝南續撰　清順治十七年（1660）蘇州擁萬堂刻本　十冊

610000－1042－0001502　綫626.02/755
明大政纂要六十三卷　（明）譚希思編輯　清光緒湖南思賢書局刻本　二十八冊

610000－1042－0001503　綫善626.02/115
重鐫朱青巖先生擬編明紀輯略十六卷　（清）朱璘撰　清康熙三十五年（1696）刻本　十六冊

610000－1042－0001504　綫626.02/311
明史攬要八卷　（清）姚培謙　（清）張景星撰　清乾隆二十四年（1759）刻本　五冊

610000－1042－0001505　綫626.02/286
欽定明鑑二十四卷首一卷　（清）托津等撰　清嘉慶二十三年（1818）刻本　八冊

610000－1042－0001506　綫626.02/100
欽定明鑑二十四卷首一卷　（清）托津等撰　清同治九年（1870）湖北崇文書局刻本　十冊

610000－1042－0001507　綫626.02/350
明通鑑一百卷首一卷　（清）夏燮編輯　清同治刻本　四十八冊

610000－1042－0001508　綫626.02/350
明通鑑一百卷首一卷　（清）夏燮編輯　清光緒二十三年（1897）湖北官書處刻本　四十冊

610000－1042－0001509　綫626.02/350
明通鑑目錄二十卷　（清）夏燮編　清光緒二十五年（1899）湖北官書處刻本　八冊

610000－1042－0001510　綫 626.02/459

明紀六十卷　（清）陳鶴纂　清同治十年(1871)江蘇書局刻本　二十八冊

610000－1042－0001511　綫 627.102/656

東華錄十六卷(天命朝至雍正朝)　（清）蔣良驥撰　清抄本　八冊

610000－1042－0001512　綫 627.102/042

九朝東華錄一百二十卷　王先謙編　清光緒石印本　六十冊

610000－1042－0001513　綫 627.102/042

東華錄五十九卷(天聰朝至順治朝)　王先謙編　清光緒鉛印本　七冊

610000－1042－0001514　綫 627.102/042

東華錄一百九十五卷(天命朝至雍正朝)　王先謙編　清光緒十年(1884)上海廣百宋齋鉛印本　三十二冊

610000－1042－0001515　綫 627.102/042

東華錄一百六十九卷(天命朝至康熙朝)　王先謙編　清光緒十七年(1891)上海廣百宋齋鉛印本　二十冊

610000－1042－0001516　綫 627.202/042

東華錄一百十卷(康熙朝)　王先謙編　清光緒十年(1884)上海廣百宋齋鉛印本　十四冊

610000－1042－0001517　綫 627.302/042

東華錄二十六卷(雍正朝)　王先謙編　清光緒十七年(1891)上海廣百宋齋鉛印本　五冊

610000－1042－0001518　綫 627.402/042

東華續錄一百七十卷(乾隆朝至嘉慶朝)　王先謙編　清刻本　六十八冊

610000－1042－0001519　綫 627.402/042

東華續錄一百二十卷(乾隆朝)　王先謙編　清光緒十年(1884)廣百宋齋鉛印本　二十八冊

610000－1042－0001520　綫 627.402/042

東華續錄一百二十卷(乾隆朝)　王先謙編　清光緒十七年(1891)上海廣百宋齋鉛印本　二十八冊

610000－1042－0001521　綫 627.502/042

東華續錄五十卷(嘉慶朝)　王先謙編　清光緒十年(1884)廣百宋齋鉛印本　八冊

610000－1042－0001522　綫 627.502/042

東華續錄五十卷(嘉慶朝)　王先謙編　清光緒十七年(1891)上海廣百宋齋鉛印本　八冊

610000－1042－0001523　綫 627.602/042

東華續錄六十卷(道光朝)　王先謙編　清光緒十年(1884)廣百宋齋鉛印本　八冊

610000－1042－0001524　綫 627.602/042

東華續錄六十卷(道光朝)　王先謙編　清光緒十七年(1891)上海廣百宋齋鉛印本　八冊

610000－1042－0001525　綫 627.702/625

東華續錄六十九卷(咸豐朝)　（清）潘頤福編　清光緒十八年(1892)上海圖書集成印書局石印本　八冊

610000－1042－0001526　綫 627.702/042

東華續錄一百卷(咸豐朝)　王先謙編　清光緒二十年(1894)上海積山書局石印本　十八冊

610000－1042－0001527　綫 627.702/042

東華續錄一百卷(同治朝)　王先謙編　清光緒二十四年(1898)文瀾書局石印本　二十四冊

610000－1042－0001528　綫 627.802/115

東華續錄二百二十卷(光緒朝)　（清）朱壽朋編　清宣統元年(1909)上海圖書集成公司鉛印本　六十四冊

610000－1042－0001529　綫 627/579

十一朝東華錄詳節二十四卷　（清）鄔樹庭編　清光緒二十六年(1900)上海東文學堂石印本　十六冊

610000－1042－0001530　綫 610.3/380

歷朝紀事本末九種六百五十八卷　（宋）袁樞等輯　清光緒二十五年(1899)上海慎記書莊石印本　五十六冊

610000－1042－0001531　綫 610.3/380

歷朝紀事本末九種六百五十八卷 （宋）袁樞
等輯　清光緒二十八年（1902）上海捷記書局
石印本　四十二冊

610000－1042－0001532　綫善610.3/380
通鑑紀事本末四十二卷 （宋）袁樞編輯　明
萬曆二年（1574）李栻刻本　四十冊

610000－1042－0001533　綫610.3/380
通鑑紀事本末二百三十九卷 （宋）袁樞編輯
（明）張溥論正　清同治十二年（1873）江西
書局刻本　八十冊

610000－1042－0001534　綫610.3/380
通鑑紀事本末二百三十九卷 （宋）袁樞編輯
清光緒十三年（1887）廣雅書局刻本　四十
八冊

610000－1042－0001535　綫610.3/380
通鑑紀事本末二百三十九卷 （宋）袁樞編輯
清光緒十三年（1887）廣雅書局刻本　三十
一冊　存一百四十二卷（四十七至一百、一百
五十二至二百三十九）

610000－1042－0001536　綫610.3/380
通鑑紀事本末二百三十九卷 （宋）袁樞編輯
清光緒十四年（1888）崇德堂鉛印本　十二
冊　存一百三十三卷（一至一百三十三）

610000－1042－0001537　綫610.3/380
通鑑紀事本末二百三十九卷 （宋）袁樞編輯
清光緒二十一年（1895）上海積山書局石印
本　五冊　存二百九卷（一至二百九）

610000－1042－0001538　綫610.3/380
通鑑紀事本末二百三十九卷 （宋）袁樞編輯
清光緒石印本　十二冊　存一百六卷（一
百三十四至二百三十九）

610000－1042－0001539　綫621.73/328
左傳紀事本末五十三卷 （清）高士奇編纂
清同治十二年（1873）江西書局刻本　十二冊

610000－1042－0001540　綫621.73/328
左傳紀事本末五十三卷 （清）高士奇編纂
清光緒二十六年（1900）刻本　十二冊

610000－1042－0001541　綫621.7303/328
左傳紀事本末五十三卷 （清）高士奇編纂
清光緒十四年（1888）上海書業公所崇德堂鉛
印本　五冊

610000－1042－0001542　綫621.73/328
左傳紀事本末五十三卷 （清）高士奇編纂
清光緒二十二年（1896）慎記書莊石印本
一冊

610000－1042－0001543　綫621.7317/328
左傳紀事本末五十三卷 （清）高士奇編纂
清光緒二十八年（1902）上海捷記書局石印本
三冊

610000－1042－0001544　綫610.3/359
繹史一百六十卷 （清）馬驌撰　清康熙刻本
四十冊

610000－1042－0001545　綫610.3/359
繹史一百六十卷 （清）馬驌撰　清光緒二十
三年（1897）武林尚友齋石印本　二十四冊

610000－1042－0001546　綫629.27/430
蜀鑑十卷札記一卷 （宋）郭允蹈撰　清光緒
七年（1881）成都志古堂刻本　六冊

610000－1042－0001547　綫善625.03/506
**宋史紀事本末一百九卷元史紀事本末二十七
卷** （明）陳邦瞻撰　（明）張溥評點　明末刻
本　二十四冊

610000－1042－0001548　綫625.103/506
宋史紀事本末一百九卷 （明）馮琦編　（明）
陳邦瞻增訂　（明）張溥論正　清同治十三年
（1874）江西書局刻本　二十冊

610000－1042－0001549　綫625.103/506
宋史紀事本末一百九卷 （明）馮琦編　（明）
陳邦瞻增訂　（明）張溥論正　清光緒十三年
（1887）廣雅書局刻本　十六冊

610000－1042－0001550　綫625.103/464
宋史紀事本末一百九卷 （明）陳邦瞻編輯
清光緒十四年（1888）上海書業公所崇德堂鉛
印本　八冊

610000－1042－0001551　綫 625.503/153

遼史紀事本末四十卷　（清）李有棠編纂　清光緒十九年(1893)李杺鄂樓刻本　四冊

610000－1042－0001552　綫 625.503/153

遼史紀事本末四十卷　（清）李有棠撰　清光緒二十六年(1900)廣雅書局刻本　四冊

610000－1042－0001553　綫 625.503/153

遼史紀事本末四十卷首一卷末一卷　（清）李有棠編纂　清光緒二十九年(1903)李杺鄂樓刻本　八冊

610000－1042－0001554　綫 625.403/153

遼史紀事本末四十卷首一卷末一卷　（清）李有棠編纂　清光緒十九年(1893)上海同文書局石印本　十冊

610000－1042－0001555　綫 625.303/449

西夏紀事本末三十六卷　（清）張鑑撰　清光緒十年(1884)江蘇書局刻本　四冊

610000－1042－0001556　綫 625.303/449

西夏紀事本末三十六卷首二卷　（清）張鑑撰　清光緒十一年(1885)金陵刻本　四冊

610000－1042－0001557　綫 625.303/449

西夏紀事本末三十六卷首二卷　（清）張鑑撰　清光緒十四年(1888)上海書業公所鉛印本　二冊

610000－1042－0001558　綫 625.303/449

西夏紀事本末三十六卷首二卷　（清）張鑑撰　清光緒二十八年(1902)上海捷記書局石印本　一冊

610000－1042－0001559　綫 625.403/153

金史紀事本末五十二卷首一卷　（清）李有棠編纂　清光緒十九年(1893)上海同文書局石印本　十冊

610000－1042－0001560　綫 625.603/153

金史紀事本末五十二卷首一卷　（清）李有棠撰　清光緒二十二年(1896)上海著易堂印書局鉛印本　四冊

610000－1042－0001561　綫 625.603/153

金史紀事本末五十二卷首一卷　（清）李有棠撰　清光緒二十七年(1901)廣雅書局刻本　六冊

610000－1042－0001562　綫 625.603/153

金史紀事本末五十二卷首一卷末一卷　（清）李有棠撰　清光緒二十九年(1903)李杺鄂樓刻本　十二冊

610000－1042－0001563　綫 625.703/461

元史紀事本末二十七卷　（明）陳邦瞻編輯　清同治十三年(1874)江西書局刻本　四冊

610000－1042－0001564　綫 625.703/461

元史紀事本末二十七卷　（明）陳邦瞻編輯　清同治十三年(1874)江西書局刻本　二冊

610000－1042－0001565　綫 625.703/461

元史紀事本末二十七卷　（明）陳邦瞻編輯　清同治十三年(1874)江西書局刻本　四冊

610000－1042－0001566　綫 625.703/461

元史紀事本末二十七卷　（明）陳邦瞻編輯　清同治十三年(1874)江西書局刻本　四冊

610000－1042－0001567　綫 625.703/461

元史紀事本末二十七卷　（明）陳邦瞻編輯　清光緒十三年(1887)廣雅書局刻本　三冊

610000－1042－0001568　綫 625.703/464

元史紀事本末二十七卷　（明）陳邦瞻編輯　清光緒十四年(1888)上海書業公所崇德堂鉛印本　二冊

610000－1042－0001569　綫 625.703/464

明史紀事本末八十卷　（清）谷應泰編輯　清光緒十四年(1888)上海書業公所崇德堂鉛印本　二冊

610000－1042－0001570　綫 626.03/178

明朝紀事本末八十卷　（清）谷應泰編著　清順治十五年(1658)刻本　二十四冊

610000－1042－0001571　綫 626.03/178

明朝紀事本末八十卷　（清）谷應泰編輯　清順治十五年(1658)刻本　二十四冊

610000－1042－0001572　綫 626.03/178

明史紀事本末八十卷　（清）谷應泰編輯　清同治十三年(1874)江西書局刻本　二十冊

610000－1042－0001573　綫 626.03/178
明史紀事本末八十卷　（清）谷應泰編輯　清光緒十三年(1887)廣雅書局刻本　十六冊

610000－1042－0001574　綫 626.03/178
明史紀事本末八十卷　（清）谷應泰編著　清刻本　十六冊

610000－1042－0001575　綫 625.703/464
明史紀事本末八十卷　（清）谷應泰編輯　清光緒十四年(1888)上海書業公所崇德堂鉛印本　八冊

610000－1042－0001576　綫 627.103/564
三藩紀事本末四卷　（清）楊陸榮編　清康熙五十六年(1717)刻本　二冊

610000－1042－0001577　綫 627.103/564
三藩紀事本末四卷　（清）楊陸榮編　清刻本　二冊

610000－1042－0001578　綫善 627.403/537
欽定剿捕臨清逆匪紀略十卷　（清）舒赫德等纂　夢庵雜著臨清寇略一卷　（清）俞蛟撰　清刻本　十冊

610000－1042－0001579　綫 627.52/100
欽定平定教匪紀略四十二卷首一卷　（清）托津等編纂　清刻本　四十冊

610000－1042－0001580　綫 627.7/162
平定粵匪紀略十八卷附紀四卷　（清）杜文瀾纂輯　清同治九年(1870)刻本　十冊

610000－1042－0001581　綫 627.7403/268
欽定剿平粵匪方略四百二十卷首一卷　（清）奕訢等纂　清同治十一年(1872)鉛印本　一百四十冊

610000－1042－0001582　綫 627.78/268
欽定剿平捻匪方略三百二十卷　（清）奕訢等纂　清同治十一年(1872)鉛印本　一百冊

610000－1042－0001583　綫 627.79/669
欽定平定貴州苗匪紀略四十卷　（清）奕訢等纂　清光緒二十二年(1896)鉛印本　十冊

610000－1042－0001584　綫 627.77/268
欽定平定陝甘新疆回匪方略三百二十卷首一卷　（清）奕訢等纂　清光緒二十二年(1896)鉛印本　八十冊

610000－1042－0001585　綫 610.5/766
路史四十七卷　（宋）羅泌撰　清光緒三十二年(1906)刻本　十六冊

610000－1042－0001586　綫 610.4/766
路史發揮六卷國名記七卷　（宋）羅泌撰　（宋）羅苹注　（明）喬可傳校　清刻本　六冊

610000－1042－0001587　綫善 075.6/644
函史上編八十一卷下編二十二卷　（明）鄧元錫撰　明末木活字印本　六十四冊

610000－1042－0001588　綫善 075.6/644
函史下編二十一卷　（明）鄧元錫撰　清刻本　二十冊

610000－1042－0001589　綫 610.19/154
尚史七十二卷　（清）李鍇撰　清嘉慶十九年(1814)刻本　二十四冊

610000－1042－0001590　綫善 621.79/532
戰國策十二卷　（漢）劉向編　明萬曆四十八年(1620)閔齊伋刻朱墨藍三色套印本　十二冊

610000－1042－0001591　綫善 621.77/315
國語九卷　（三國吳）韋昭注　清康熙四十二年(1703)學聚堂刻本　三冊

610000－1042－0001592　綫 621.504/048
逸周書二十二卷首一卷末一卷　（晉）孔晁注　（清）陳逢衡補注　清道光五年(1825)梅山刻本　八冊

610000－1042－0001593　綫 621.504/048
逸周書校釋十一卷　（晉）孔晁注　（清）朱右曾校釋　清光緒三年(1877)湖北崇文書局刻本　二冊

610000－1042－0001594　綫善 610.4/485
華陽國志十二卷　（晉）常璩撰　明萬曆吳琯

刻本　五冊

610000－1042－0001595　綫 625.104/069

涑水記聞十六卷　（宋）司馬光撰　清乾隆三
十九年(1774)刻本　一冊　存二卷(一至二)

610000－1042－0001596　綫 625.104/069

涑水記聞十六卷　（宋）司馬光撰　清刻本
四冊

610000－1042－0001597　綫 625.104/069

涑水記聞十六卷　（宋）司馬光撰　清宣統三
年(1911)鄂官書處刻本　四冊

610000－1042－0001598　綫善 625.204/817

竊憤錄一卷續錄一卷南渡錄大略一卷　（宋）
□□撰　清抄本　一冊

610000－1042－0001599　綫 625.104/156

靖康傳信錄三卷建炎進退志四卷建炎時政記
三卷　（宋）李綱撰　清光緒十八年(1892)吉
林探源書舫盛福介臣氏刻本　三冊

610000－1042－0001600　綫 856.9/229

桯史十五卷附錄一卷　（宋）岳珂撰　清光緒
四年(1878)申報館鉛印本　二冊

610000－1042－0001601　綫善 625.104/042

東都事略一百三十卷　（宋）王稱撰　清初振
鷺堂刻本　十冊

610000－1042－0001602　綫 625.104/042

東都事略一百三十卷　（宋）王稱撰　清光緒
九年(1883)淮南書局刻本　八冊

610000－1042－0001603　綫 625.104/117

曲洧舊聞十卷　（宋）朱弁撰　清乾隆至道光
刻本　二冊

610000－1042－0001604　綫 625.01/042

宋遼金元別史三百二卷　（宋）王稱等撰　清
嘉慶三年(1798)掃葉山房刻本　四十冊

610000－1042－0001605　綫 625.201/697

南宋書六十八卷　（明）錢士升撰　清嘉慶二
年(1797)南沙席世臣掃葉山房刻本　十冊

610000－1042－0001606　綫 625.704/196

元聖武親征錄一卷　（清）何秋濤校訂　清光
緒刻本　一冊

610000－1042－0001607　綫 626.804/168

兩朝剝復錄六卷首一卷校證六卷樓山遺事一
卷忠節吳次尾先生年譜一卷　（明）吳應箕輯
（清）夏燮校正　清同治二年(1863)江西省
寓刻本　五冊

610000－1042－0001608　綫 626.804/168

兩朝剝復錄六卷首一卷校證六卷東林本末二
卷　（明）吳應箕纂　（清）夏燮校正　清同治
五年(1866)文江官廨刻本　十六冊

610000－1042－0001609　綫善 626.704/128

兩朝從信錄三十五卷　（明）沈國元撰　明崇
禎刻本　十二冊

610000－1042－0001610　綫 626.804/697

甲申傳信錄十卷　（明）錢𪨶撰　清光緒申報
館鉛印本　四冊

610000－1042－0001611　綫 625.7704/809

庚申外史二卷　（明）權衡撰　清末民初交通
圖書館石印本　一冊

610000－1042－0001612　綫善 626.04/633

鄭端簡公徵吾錄二卷　（明）鄭曉撰　明隆慶
鄭氏刻本　二冊

610000－1042－0001613　綫善 626.04/633

鄭端簡公吾學編六十九卷　（明）鄭曉撰　明
隆慶元年(1567)鄭氏刻本　二十冊

610000－1042－0001614　綫善 626.04/633

鄭端簡公吾學編六十九卷　（明）鄭曉撰　明
萬曆刻本　三冊

610000－1042－0001615　綫善 610.4/039

弇山堂別集一百卷　（明）王世貞撰　明萬曆
十八年(1590)翁氏雨金堂刻本　十二冊

610000－1042－0001616　綫善 089/067

弇州史料前集三十卷後集七十卷弇州山人續
稿選三十八卷　（明）王世貞撰　（明）董復表
輯　明萬曆四十二年(1614)董復表刻本　三
十四冊

610000－1042－0001617　綫善 626.04/196

名山藏一百六卷　（明）何喬遠撰　明崇禎十三年（1640）刻本　四十冊

610000－1042－0001618　綫 192.1/447

帝鑒圖說不分卷　（明）張居正輯　清光緒六年（1880）上海點石齋石印本　四冊

610000－1042－0001619　綫 626.04/129

野獲編三十卷補遺四卷　（明）沈德符撰（清）錢枋輯　清道光七年（1827）錢塘姚氏扶荔山房刻本　三十二冊

610000－1042－0001620　綫 626.04/129

野獲編三十卷補遺四卷　（明）沈德符撰（清）錢枋輯　清道光七年（1827）錢塘姚氏扶荔山房刻本　二十四冊

610000－1042－0001621　綫 626.04/129

野獲編三十卷補遺四卷　（明）沈德符撰（清）錢枋輯　清道光七年（1827）錢塘姚氏扶荔山房刻本　三十四冊

610000－1042－0001622　綫 626.904/606

三湘從事錄一卷　（明）蒙正發撰　（清）金永森輯注　清光緒三十三年（1907）武昌刻本　一冊

610000－1042－0001623　綫 626.04/670

明宮史八卷　（明）劉若愚編述　清宣統二年（1910）上海國學扶輪社鉛印本　二冊

610000－1042－0001624　綫 626.804/267

明季北略二十四卷　（清）計六奇輯　清都城琉璃廠半松居士木活字印本　十二冊

610000－1042－0001625　綫 626.904/267

明季南略二十四卷　（清）計六奇輯　清都城琉璃廠半松居士木活字印本　十二冊

610000－1042－0001626　綫 626.904/267

明季北略二十四卷明季南略十八卷　（清）計六奇輯　清光緒十三年（1887）上海圖書集成印書局鉛印本　十二冊

610000－1042－0001627　綫 626.04/394

明季稗史彙編十六種　（清）留雲居士輯　清

都城琉璃廠留雲居士木活字印本　十二冊

610000－1042－0001628　綫 626.04/498

明季稗史彙編十六種　（清）留雲居士輯　清光緒十三年（1887）上海圖書集成印書局鉛印本　十二冊

610000－1042－0001629　綫 626.04/498

明季稗史彙編十六種　（清）留雲居士輯　清光緒二十二年（1896）上海圖書集成印書局鉛印本　十二冊

610000－1042－0001630　綫 626.04/498

明季稗史彙編十六種　（清）留雲居士輯　清光緒二十二年（1896）上海圖書集成印書局鉛印本　十二冊

610000－1042－0001631　綫 626.04/498

明季稗史彙編十六種　（清）留雲居士輯　清光緒二十二年（1896）上海圖書集成印書局鉛印本　十二冊

610000－1042－0001632　綫 626.04/498

明季稗史彙編十六種　（清）留雲居士輯　清光緒二十二年（1896）上海圖書集成印書局鉛印本　十二冊

610000－1042－0001633　綫 626.04/498

明季稗史彙編十六種　（清）留雲居士輯　清光緒二十二年（1896）上海圖書集成印書局鉛印本　十二冊

610000－1042－0001634　綫 626.04/498

明季稗史彙編十六種　（清）留雲居士輯　清光緒二十二年（1896）上海圖書集成印書局鉛印本　十二冊

610000－1042－0001635　綫 626.04/498

明季稗史彙編十六種　（清）留雲居士輯　清光緒二十二年（1896）上海圖書集成印書局鉛印本　十二冊

610000－1042－0001636　綫 626.804/802

明季實錄一卷　（清）顧炎武輯　清光緒十四年（1888）吳縣朱記榮槐廬家塾刻槐廬叢書本　一冊

610000 – 1042 – 0001637　綫 626.904/500

南疆繹史紀略六卷列傳二十四卷首二卷
（清）溫睿臨撰　（清）李瑤勘定　清道光十年
（1830）都城琉璃廠半松居士木活字印本　二
十冊

610000 – 1042 – 0001638　綫 626.904/500

南疆繹史紀略六卷列傳二十四卷首二卷
（清）溫睿臨撰　（清）李瑤勘定　清道光十年
（1830）都城琉璃廠半松居士木活字印本　二
十冊

610000 – 1042 – 0001639　綫 626.904/500

南疆繹史紀略六卷列傳二十四卷首二卷
（清）溫睿臨撰　（清）李瑤勘定　清道光十年
（1830）都城琉璃廠半松居士木活字印本　二
十冊

610000 – 1042 – 0001640　綫 626.904/444

臨安旬制記三卷附錄一卷 （清）張道撰　**靈
隱書藏紀事一卷** （清）潘衍桐編　**錢塘百詠
一卷** （清）楊象濟撰　**靈隱藏經碑一卷**
（清）石韞玉撰　清光緒錢塘丁氏刻本　一冊

610000 – 1042 – 0001641　綫 626.02/364

二申野錄八卷 （清）孫之騄輯　清光緒二十
七年（1901）吟香館刻本　四冊

610000 – 1042 – 0001642　綫 626.804/505

見聞隨筆二卷 （清）馮甦撰　清嘉慶二十一
年（1816）臨海宋氏刻本　一冊

610000 – 1042 – 0001643　綫 626.04/173

綏寇紀略十二卷補遺三卷 （清）吳偉業纂輯
清嘉慶九年（1804）昭文張海鵬照曠閣刻本
八冊

610000 – 1042 – 0001644　綫 626.04/173

綏寇紀略十二卷補遺三卷 （清）吳偉業纂輯
清嘉慶九年（1804）昭文張海鵬照曠閣刻本
四冊

610000 – 1042 – 0001645　綫 626.04/173

綏寇紀略十二卷補遺三卷 （清）吳偉業纂輯
清嘉慶九年（1804）昭文張海鵬照曠閣刻本
十冊

610000 – 1042 – 0001646　綫 626.704/034

先拔志始二卷 （清）文秉撰　清同治二年
（1863）江西刻本　二冊

610000 – 1042 – 0001647　綫 626.802/409

小腆紀年附考二十卷 （清）徐鼒撰　清咸豐
刻本　十二冊

610000 – 1042 – 0001648　綫 626.802/409

小腆紀年附考二十卷 （清）徐鼒撰　清咸豐
刻本　十一冊

610000 – 1042 – 0001649　綫 626.802/409

小腆紀年附考二十卷 （清）徐鼒撰　清咸豐
刻本　十二冊

610000 – 1042 – 0001650　綫 626.704/458

荊駝逸史五十種 （清）陳湖逸士編　清道光
古槐山房木活字印本　二十四冊

610000 – 1042 – 0001651　綫 626.704/458

荊駝逸史五十種 （清）陳湖逸士編　清道光
古槐山房木活字印本　三十冊　缺七種（甲
申紀變、遇變紀略、滄州紀事、偽官據城記、歷
年城守記、北使紀略、宏光朝偽東宮偽后及黨
禍紀略）

610000 – 1042 – 0001652　綫 626.704/458

荊駝逸史五十二種 （清）陳湖逸士編　清宣
統三年（1911）中國圖書館石印本　十六冊

610000 – 1042 – 0001653　綫 626.704/458

荊駝逸史五十二種 （清）陳湖逸士編　清宣
統三年（1911）中國圖書館石印本　十六冊

610000 – 1042 – 0001654　綫 626.04/413

海東逸史十八卷 （清）翁洲老民撰　清光緒
邵武徐氏刻本　一冊

610000 – 1042 – 0001655　綫 626.04/322

南天痕二十六卷 （清）凌雪纂修　清宣統二
年（1910）復古社鉛印本　六冊

610000 – 1042 – 0001656　綫 629.27/668

蜀高抬貴手七卷首一卷 （清）劉景伯輯　清
宣統三年（1911）裴氏刻本　四冊

610000 – 1042 – 0001657　綫 653.172/739

東徵集六卷 （清）藍鼎元撰 （清）王者輔評
清雍正十年(1732)刻本 二冊

610000－1042－0001658 綫 857.47/091
臺灣外記三十卷 （清）江日昇撰 清康熙四
十三年(1704)求無不獲齋木活字印本 八冊

610000－1042－0001659 綫 857.47/091
臺灣外記三十卷 （清）江日昇撰 清光緒四
年(1878)上海進步書局石印本 六冊

610000－1042－0001660 綫 857.47/091
臺灣外記三十卷 （清）江日昇撰 清末上海
進步書局石印本 十八冊

610000－1042－0001661 綫 627.803/250
臺灣戰記二卷 （清）洪棄父撰 清光緒三十
二年(1906)鉛印本 二冊

610000－1042－0001662 綫 608/726
掌故叢編七種 （清）薛福成等撰 清光緒二
十七年(1901)上海掃葉山房石印本 十四冊

610000－1042－0001663 綫 627.04/447
皇朝掌故彙編內篇六十卷首一卷外篇四十卷
首一卷 張壽鏞等編 清光緒二十八年
(1902)求實書社鉛印本 六十冊

610000－1042－0001664 綫 573.171.447
皇朝掌故彙編內篇六十卷首一卷外篇四十卷
首一卷 張壽鏞等編 清光緒二十八年
(1902)求實書社鉛印本 六十冊

610000－1042－0001665 綫 627.1/349
交山平寇本末三卷 （清）夏騸撰 （清）陸慶
臻評 清康熙二年(1663)擁青閣刻本 三冊

610000－1042－0001666 綫善 856.09/522
觸藩始末三卷 （清）華廷傑撰 清抄本
一冊

610000－1042－0001667 綫 627.54/703
靖逆記六卷 （清）盛大士撰 清嘉慶二十五
年(1820)桐蔭書屋刻本 四冊

610000－1042－0001668 綫 627.54/803
靖逆記二卷 （清）盛大士撰 清道光十九年
(1839)刻本 二冊

610000－1042－0001669 綫 627.75/040
咸豐象山粵氛紀實一卷 （清）王蒔蕙撰 清
末抄本 一冊

610000－1042－0001670 綫善 627.77/165
咸京被難述略一卷 （清）酉山書癡撰 清同
治二年(1863)稿本 一冊

610000－1042－0001671 綫 782.871/461
思痛錄一卷 （清）陳才芳撰 清光緒十一年
(1885)刻本 一冊

610000－1042－0001672 綫 627.7/182
蜀燹述略六卷 （清）余鴻觀輯 清光緒二十
七年(1901)馮江學署刻本 四冊

610000－1042－0001673 綫 627.88/619
拳匪紀略八卷前編二卷後編二卷附圖一卷
（清）僑析生輯 清光緒二十七年(1901)石印
本 六冊

610000－1042－0001674 綫 627.88/619
拳匪紀略八卷前編二卷後編二卷附圖一卷
（清）僑析生輯 清光緒二十九年(1903)上海
書局石印本 六冊

610000－1042－0001675 綫 627.88/619
京津拳匪紀略十二卷 （清）僑析生等輯 清
光緒二十七年(1901)香港書局石印本 六冊

610000－1042－0001676 綫 627.88/098
西巡大事本末記六卷 （日本）吉田良太郎譯
（清）八詠樓主人錄 清光緒二十七年
(1901)上海書局石印本 六冊

610000－1042－0001677 綫 627.88/098
西巡迴鑾始末記六卷 （日本）吉田良太郎編
譯 清光緒二十八年(1902)石印本 六冊

610000－1042－0001678 綫 627.88/098
西巡迴鑾始末記六卷 （日本）吉田良太郎編
譯 清光緒二十八年(1902)石印本 六冊

610000－1042－0001679 綫 627.88/098
西巡迴鑾始末記六卷 （日本）吉田良太郎編
譯 清光緒三十一年(1905)上海書局石印本
六冊

610000－1042－0001680　綫 627.04/668

劉大將軍臺戰實況一卷　（清）□□撰　清光緒二十一年(1895)刻本　一冊

610000－1042－0001681　綫 626.04/054

後鑒錄七卷　（清）毛奇齡撰　清西河合集刻本　二冊

610000－1042－0001682　綫 650/592

紀恩慕義一卷　（清）福堂軍門輯　清光緒二年(1876)刻本　十二冊

610000－1042－0001683　綫 627.703/036

湘軍記二十卷　（清）王定安撰　清光緒十五年(1889)江南書局刻本　十二冊

610000－1042－0001684　綫 627.703/036

湘軍記二十卷　（清）王定安撰　清光緒十六年(1890)袖海山房石印本　四冊

610000－1042－0001685　綫 627.703/039

湘軍志十六卷　王闓運撰　清光緒十一年(1885)成都墨香書屋刻本　四冊

610000－1042－0001686　綫 627.703/039

湘軍志十六卷　王闓運撰　清光緒二十八年(1902)湖南書局刻本　四冊

610000－1042－0001687　綫 629.13/048

豫軍紀略十二卷　（清）尹耕雲纂　清光緒三年(1877)申報館鉛印本　六冊

610000－1042－0001688　綫 627.7803/022

山東軍興紀略二十二卷　（清）張曜撰　清光緒上海申報館鉛印本　十冊

610000－1042－0001689　綫 627.75/528

錫金團練始末記一卷　（清）華翼綸撰　清朱絲欄抄本　一冊

610000－1042－0001690　綫 681.5/313

東方兵事紀略五卷　（清）姚錫光撰　清光緒二十三年(1897)京都琉璃廠得古歡室石印本　五冊

610000－1042－0001691　綫善 626.04/521

行朝錄四卷　（清）黃宗羲編撰　清抄本　二冊

610000－1042－0001692　綫 626.04/521

行朝錄四卷　（清）黃宗羲編撰　清末抄本　二冊

610000－1042－0001693　綫 627.77/200

再生記一卷　（清）謝恩浩撰　清同治五年(1866)刻本　一冊

610000－1042－0001694　綫 610.23/739

鑒撮四卷　（清）曠敏本輯　**附歷代紀年便覽一卷**　（清）陳鐘珂輯　**讀史論略一卷**　（清）杜詔撰　清同治八年(1869)益和堂刻本　五冊

610000－1042－0001695　綫 610.74/424

十年讀書之廬重刊韻史二卷　（清）許遴翁撰　清咸豐十一年(1861)刻本　二冊

610000－1042－0001696　綫 610.74/424

韻史二卷　（清）許遴翁撰　清同治五年(1866)皖城藩署刻本　一冊

610000－1042－0001697　綫 627.804/672

越事備考十二卷　（清）劉名譽編輯　清光緒二十一年(1895)慕盦氏桂林刻本　四冊

610000－1042－0001698　綫 571.46/433

預備立憲意見書不分卷　康繼祖輯　清光緒三十二年(1906)教育品物公司鉛印本　二冊

610000－1042－0001699　綫 627.89/556

預備立憲公會報二十四期　預備立憲公會編　清光緒三十四年至宣統元年(1908－1909)鉛印本　二十三冊　缺一期(二)

610000－1042－0001700　綫 607/148

古史探源二卷　（英國）克羅德撰　（清）任廷旭譯　清光緒二十五年(1899)上海美華書館鉛印本　一冊

610000－1042－0001701　綫 627.804/175

保華全書四卷　（英國）貝思福撰　（美國）林樂知譯　蔡爾康等述　清光緒二十五年(1899)上海吳雲記書局鉛印本　四冊

610000－1042－0001702　綫 610.4/078

中國文明小史不分卷　（日本）田口卯吉撰

（清）劉陶譯　清光緒二十八年（1902）上海廣
益書局鉛印本　一冊

610000－1042－0001703　綫802.82/447
洋禍論一卷　張璵撰　**應變須才論一卷**
（清）張羅澄撰　**阻割地書一卷**　劉錫爵撰
上起義兵援臺灣書一卷　廖鏡清撰　**乞總署
代奏下忱書一卷**　劉永福撰　**清節糜費疏一
卷**　廷獻撰　**中興十六策不分卷**　夏震撰
清末抄本　一冊

610000－1042－0001704　綫651.7/433
清皇帝聖訓九百二十二卷　（清）太祖努爾哈
赤等撰　清京都擷華書局鉛印本　二百八十
七冊

610000－1042－0001705　綫651.7/433
清皇帝聖訓九百二十二卷　（清）太祖努爾哈
赤等撰　清末石印本　一百冊

610000－1042－0001706　綫651.711/433
太祖高皇帝聖訓四卷　（清）太祖努爾哈赤撰
　清光緒石印本　一冊

610000－1042－0001707　綫651.731/433
世宗憲皇帝聖訓三十六卷　（清）世宗胤禛撰
　清光緒石印本　三冊

610000－1042－0001708　綫651.751/433
仁宗睿皇帝聖訓一百十卷　（清）仁宗顒琰撰
　清光緒石印本　十四冊

610000－1042－0001709　綫651.761/433
宣宗成皇帝聖訓一百三十卷　（清）宣宗旻寧
撰　清光緒石印本　十八冊

610000－1042－0001710　綫651.771/433
穆宗毅皇帝聖訓一百六十卷　（清）穆宗載淳
撰　清光緒石印本　十六冊

610000－1042－0001711　綫651.7/059
清雍正上諭內閣八十九卷續編七十卷　（清）
允祿等編　（清）弘晝續編　清光緒浙江書局
刻本　三十二冊

610000－1042－0001712　綫652.73/291
硃批諭旨三百六十卷　（清）世宗胤禛批

（清）鄂爾泰等編　清光緒十三年（1887）上海
點石齋石印本　六十冊

610000－1042－0001713　綫652.73/291
硃批諭旨三百六十卷　（清）世宗胤禛批
（清）鄂爾泰等編　清光緒十三年（1887）上海
點石齋石印本　六十冊

610000－1042－0001714　綫652.73/291
硃批諭旨三百六十卷　（清）世宗胤禛批
（清）鄂爾泰等編　清光緒十三年（1887）上海
點石齋石印本　六十冊

610000－1042－0001715　綫652.73/291
硃批諭旨三百六十卷　（清）世宗胤禛批
（清）鄂爾泰等編　清光緒十三年（1887）上海
點石齋石印本　四十冊

610000－1042－0001716　綫652.73/291
憲廟硃批諭旨不分卷　（清）世宗胤禛批　清
光緒十三年（1887）上海廣百宋齋鉛印本　五
十五冊

610000－1042－0001717　綫655.5/606
閣抄匯纂一卷　（清）□□纂　清光緒二十四
年（1898）抄本　一冊

610000－1042－0001718　綫655.5/606
閣抄匯纂一卷　（清）□□纂　清光緒二十五
年（1899）抄本　一冊

610000－1042－0001719　綫655.5/677
諭摺匯存不分卷　（清）□□輯　清光緒三十
二年（1906）刻本　十冊

610000－1042－0001720　綫651.780/677
諭旨雜抄不分卷　（清）□□輯　清宣統二年
（1910）抄本　一冊

610000－1042－0001721　綫善652/444
歷代名臣奏議三百五十卷　（明）黃淮等輯
（明）張溥刪正　明崇禎八年（1635）張溥刻本
　六十冊

610000－1042－0001722　綫652/598
歷代名臣奏議選二十四卷　（清）趙承恩編輯
　清同治十三年（1874）紅杏山房刻本　十

六冊

610000－1042－0001723　綫 652.0/375
歷代名臣奏議策論二十卷　（清）耻不逮齋主人輯　清光緒二十七年（1901）上海煥文書局石印本　六冊

610000－1042－0001724　綫 652.1416/454
陸宣公集二十四卷　（唐）陸贄撰　（明）鍾惺評　（明）沈九如參評　清初刻本　二冊

610000－1042－0001725　綫 652.1416/454
唐陸宣公集二十四卷　（唐）陸贄撰　（清）耆英重訂　清道光二十七年（1847）刻本　八冊

610000－1042－0001726　綫 652.1416/454
唐陸宣公翰苑集二十二卷　（唐）陸贄撰（清）謝希楨　（清）謝希遷校　清咸豐十一年（1861）崇仁謝氏刻本　六冊

610000－1042－0001727　綫 652.1416/454
唐陸宣公集二十二卷　（唐）陸贄撰　清同治五年（1866）楊氏問竹軒家塾刻本　六冊

610000－1042－0001728　綫 652.1416/454
唐陸宣公集二十二卷首一卷增輯一卷附錄一卷　（唐）陸贄撰　清光緒二年（1876）江蘇書局刻本　六冊

610000－1042－0001729　綫 652.1416/454
唐陸宣公翰苑集二十四卷首一卷　（唐）陸贄撰　（清）張佩芳注釋　清光緒十八年（1892）柏經正堂刻本　八冊

610000－1042－0001730　綫 652.1416/454
唐陸宣公集二十二卷　（唐）陸贄撰　（清）年羹堯重訂　清光緒二十四年（1898）上海著易堂石印本　四冊

610000－1042－0001731　綫 652.1416/454
注陸宣公奏議十五卷制誥十卷別集一卷（唐）陸贄撰　（宋）郎曄注　**唐陸宣公年譜輯略一卷**　（清）江榕輯　清光緒十一年（1885）淮南書局刻本　六冊

610000－1042－0001732　綫 652.1416/454
唐陸宣公奏議讀本四卷首一卷　（唐）陸贄撰

（清）馬傳庚評點　清光緒二十六年（1900）會稽馬氏石印本　二冊

610000－1042－0001733　綫 845.1/542
告君錄一卷　（宋）程頤撰　清抄本　一冊

610000－1042－0001734　綫善 652/338
荊川先生右編四十卷　（明）唐順之輯　（明）劉日寧補　明萬曆三十三年（1605）南京國子監刻本　二十四冊

610000－1042－0001735　綫 652.61/362
西臺奏議一卷　（明）馬逢皋撰　清光緒二十二年（1896）三原李錫齡惜陰軒刻本　一冊

610000－1042－0001736　綫 652.61/362
西臺奏議一卷　（明）馬逢皋撰　清光緒二十二年（1896）三原李錫齡惜陰軒刻本　一冊

610000－1042－0001737　綫 652.61/446
玉坡先生奏議六卷附錄一卷　（明）張原撰　清道光十八年（1838）三原李錫齡惜陰軒刻本　二冊

610000－1042－0001738　綫 652.691/06
左侍禦公奏疏一卷　（明）左光先撰　清乾隆四年（1739）刻本　一冊

610000－1042－0001739　綫 652.168/618
重訂周忠毅公奏議二卷　（明）周宗建撰　清嘉慶十四年（1809）周鶴立刻本　二冊

610000－1042－0001740　綫 652.61/688
明大司馬盧公奏議十卷附錄一卷　（明）盧象昇撰　清道光九年（1829）刻本　八冊

610000－1042－0001741　綫 652.6/570
御選明臣奏議四十卷　（清）高宗弘曆選　清福建刻本　十六冊

610000－1042－0001742　綫 652.78/056
皇清奏議六十八卷首一卷　（清）琴川居士編輯　清光緒二十八年（1902）雲間麗澤學會石印本　八冊

610000－1042－0001743　綫 652.7/209
四家奏議合鈔八卷首一卷　（清）汪琇輯　清光緒九年（1883）隨山館刻本　十二冊

610000－1042－0001744　綫652.1/252
經略洪承疇奏對筆記二卷　（清）洪承疇撰
清光緒十六年(1890)京都善成堂刻本　一冊

610000－1042－0001745　綫652.721/017
于清端公政書八卷首編一卷　（清）于成龍撰
（清）蔡方炳等編　清康熙刻本　九冊

610000－1042－0001746　綫652.721/751
寒松堂全集十二卷　（清）魏象樞撰　清康熙
四十七年(1708)刻本　四冊　存四卷(一至
四)

610000－1042－0001747　綫652.731/078
新輯撫豫宣化録十卷　（清）田文鏡撰　清光
緒二十二年(1896)上海書局石印本　八冊

610000－1042－0001748　綫652.761/209
林文忠公政書三集三十七卷　（清）林則徐撰
清光緒三年(1877)三山林氏刻本　十冊

610000－1042－0001749　綫652.761/209
林文忠公政書三集三十七卷　（清）林則徐撰
清光緒三山林氏刻本　十二冊

610000－1042－0001750　綫652.761/209
林文忠公政書三集三十七卷　（清）林則徐撰
清光緒三山林氏刻本　十二冊

610000－1042－0001751　綫652.761/209
林文忠公政書三集三十七卷　（清）林則徐撰
清光緒三山林氏刻本　十六冊

610000－1042－0001752　綫652.761/209
林文忠公政書甲集九卷乙集十七卷　（清）林
則徐撰　清光緒林氏刻本　六冊

610000－1042－0001753　綫652.771/684
**駱文忠公奏議湘中稿十六卷續刻四川奏議十
一卷附録一卷**　（清）駱秉章撰　清光緒刻本
二十三冊

610000－1042－0001754　綫652.771/174
文節公奏疏二卷　（清）呂賢基撰　清咸豐惇
福堂刻本　一冊

610000－1042－0001755　綫652.07/397
籌海匯録不分卷　（清）倭仁等撰　清抄本

一冊

610000－1042－0001756　綫652.771/510
曾文正公全集三十五卷首一卷　（清）曾國藩
撰　清光緒二年(1876)傳忠書局刻本　三十
二冊

610000－1042－0001757　綫651.771/064
左恪靖伯奏稿初編三十八卷　（清）左宗棠撰
清同治七年(1868)刻本　三十二冊　缺四
卷(四至五、二十八、三十五)

610000－1042－0001758　綫652.771/064
左恪靖伯奏稿初編三十八卷續編七十六卷
（清）左宗棠撰　清光緒刻本　三十四冊　存
五十四卷(初編一至二十五,續編一至十五、
六十三至七十六)

610000－1042－0001759　綫652.177/064
**左文襄公奏疏初編三十八卷續編七十六卷三
編六卷**　（清）左宗棠撰　清光緒十二年
(1886)刻本　八十冊

610000－1042－0001760　綫651.771/064
**左文襄公奏疏初編三十八卷續編七十六卷三
編六卷**　（清）左宗棠撰　清光緒二十六年
(1900)上海圖書集成局鉛印本　二十冊

610000－1042－0001761　綫652.781/512
彭剛直公奏稿八卷　（清）彭玉麟撰　清光緒
十七年(1891)吳下刻本　八冊

610000－1042－0001762　綫652.781/512
彭剛直公奏稿八卷　（清）彭玉麟撰　清光緒
十七年(1891)鉛印本　四冊

610000－1042－0001763　綫652.781/512
彭剛直公奏稿八卷　（清）彭玉麟撰　清光緒
十七年(1891)鉛印本　四冊

610000－1042－0001764　綫652.781/512
彭剛直公奏稿八卷　（清）彭玉麟撰　清光緒
十七年(1891)鉛印本　四冊

610000－1042－0001765　綫652.781/512
彭剛直公奏稿八卷　（清）彭玉麟撰　清光緒
十七年(1891)鉛印本　四冊

610000 - 1042 - 0001766　綫 652.771/128
沈文肅公政書七卷首一卷　（清）沈葆楨選
清光緒六年(1880)吳門節署木活字印本
八冊

610000 - 1042 - 0001767　綫 652.771/128
沈文肅公政書七卷首一卷　（清）沈葆楨選
清光緒六年(1880)吳門節署木活字印本　十
四冊

610000 - 1042 - 0001768　綫 652.771/128
沈文肅公政書七卷首一卷　（清）沈葆楨選
清光緒六年(1880)吳門節署木活字印本
八冊

610000 - 1042 - 0001769　綫 652.771/128
沈文肅公政書七卷首一卷　（清）沈葆楨選
清光緒六年(1880)吳門節署木活字印本
八冊

610000 - 1042 - 0001770　綫 652.771/128
沈文肅公政書七卷首一卷　（清）沈葆楨選
清光緒七年(1881)精一閣鉛印本　七冊

610000 - 1042 - 0001771　綫 652.781/005
丁文誠公奏稿二十六卷首一卷附遺稿一卷
（清）丁寶楨撰　陳夑龍輯　清光緒十九年
(1893)平遠丁體常京師刻本　二十八冊

610000 - 1042 - 0001772　綫 652.1/152
李文忠公全集六種一百六十五卷首一卷
（清）李鴻章撰　（清）吳汝綸編錄　清光緒三
十一年(1905)金陵刻本　一百冊

610000 - 1042 - 0001773　綫 652.1/152
李文忠公全集六種一百六十五卷首一卷
（清）李鴻章撰　（清）吳汝綸編錄　清光緒三
十一年(1905)金陵刻本　一百冊

610000 - 1042 - 0001774　綫 652.1/152
李文忠公全集六種一百六十五卷首一卷
（清）李鴻章撰　（清）吳汝綸編錄　清光緒三
十一年(1905)金陵刻本　一百冊

610000 - 1042 - 0001775　綫 652.78/151
李肅毅伯奏議二十卷　（清）李鴻章撰　（清）

章洪鈞等編輯　清光緒二十五年(1899)上海
鴻文書局石印本　二十冊

610000 - 1042 - 0001776　綫 652.78/151
李肅毅伯奏議二十卷　（清）李鴻章撰　（清）
章洪鈞等編輯　清光緒二十五年(1899)上海
鴻文書局石印本　二十冊

610000 - 1042 - 0001777　綫 652.77/174
同治中興京外奏議約編八卷　（清）陳弢輯
清光緒元年(1875)篋劍囊琴之室刻本　八冊

610000 - 1042 - 0001778　綫 652.781/671
劉壯肅公奏議十卷首一卷　（清）劉銘傳撰
清末鉛印本　六冊

610000 - 1042 - 0001779　綫 652.781/444
奏議初編十二卷　（清）張之洞撰　清光緒二
十七年(1901)上海圖書集成印書局鉛印本
六冊

610000 - 1042 - 0001780　綫 652.1/669
光緒新政奏議一卷　（清）劉坤一　（清）張之
洞撰　清光緒二十七年(1901)成都刻本
一冊

610000 - 1042 - 0001781　綫 652.178/433
南海先生四上書記四卷　康有為撰　清光緒
二十三年(1897)慎記書莊石印本　一冊

610000 - 1042 - 0001782　綫 627.87/669
江楚會奏變法摺三摺　（清）劉坤一　（清）張
之洞撰　清光緒二十七年(1901)鉛印本
一冊

610000 - 1042 - 0001783　綫 627.87/817
變法奏議叢鈔不分卷　（清）劉鶚等撰　清末
石印本　四冊

610000 - 1042 - 0001784　綫 652.5/625
奏疏分類便覽[清光緒三年冬季]不分卷
（清）潘駿德撰　清光緒四年(1878)京都擷華
書局鉛印本　七冊

610000 - 1042 - 0001785　綫 652.71/039
王文敏公奏疏一卷　（清）王懿榮撰　清宣統
三年(1911)江甯印刷廠鉛印本　一冊

610000－1042－0001786　綫652.7/143
焚餘草二卷　宋伯魯撰　清光緒三十一年(1905)海棠仙館刻本　二冊

610000－1042－0001787　綫652.7/143
焚餘草二卷　宋伯魯撰　清光緒三十一年(1905)海棠仙館刻本　二冊

610000－1042－0001788　綫627.86/034
諫止中東和議奏疏四卷　(清)文廷式等撰　清光緒二十一年(1895)香港書局石印本　四冊

610000－1042－0001789　綫652.791/458
庸盦尚書奏議六種十六卷　陳夔龍撰　俞陛雲輯　清宣統三年(1911)鉛印本　八冊

610000－1042－0001790　綫652.78/730
戶部陝西司奏稿[丁亥年]四卷　(清)鍾英等校　清光緒木活字印本　四冊

610000－1042－0001791　綫652.078/731
奏議不分卷　(清)儲青綰等撰　清末石印本　一冊

610000－1042－0001792　綫782.1/151
歷代奸庸殷鑒錄三十二卷首一卷　(清)李淑蘭等輯　清光緒三十年(1904)上海開智社石印本　八冊

610000－1042－0001793　綫782.1/546
歷代名將圖二卷　(清)任薰繪　(清)筆花館主人編　清光緒石印本　二冊

610000－1042－0001794　綫782.1/298
高士傳三卷　(晉)皇甫謐撰　清光緒三年(1877)刻本　四冊

610000－1042－0001795　綫782.1/632
增廣古今人物論三十六卷續編十二卷　(明)鄭元直編　清光緒二十八年(1902)富文書局石印本　十二冊

610000－1042－0001796　綫782.2/196
百將傳續編節評四卷　(明)何喬新輯　(明)張澡節評　清光緒二十七年(1901)刻本　四冊

610000－1042－0001797　綫782.2/459
近花樓纂釋分類合法百將全傳二卷　(明)陳裕纂輯　清刻本　二冊

610000－1042－0001798　綫782.2/009
百將圖傳二卷　(清)丁日昌輯　清同治八年(1869)江蘇書局刻本　二冊

610000－1042－0001799　綫782.1/215
古品節錄六卷　(清)松筠撰　清嘉慶四年(1799)刻本　六冊

610000－1042－0001800　綫782.1/215
古品節錄六卷　(清)松筠撰　清嘉慶四年(1799)刻本　六冊

610000－1042－0001801　綫782.1/734
百美新詠圖傳四卷　(清)顏希源撰　(清)袁簡齋鑒定　清乾隆五十五年(1790)集腋軒刻本　四冊

610000－1042－0001802　綫782.1/734
百美新詠圖傳四卷　(清)顏希源撰　清乾隆五十七年(1792)文德堂刻本　八冊

610000－1042－0001803　綫782.14/739
修史試筆二卷　(清)藍鼎元撰　清雍正六年(1728)羊城緯文堂刻本　二冊

610000－1042－0001804　綫善782.1025/242
無雙譜四十詠一卷　(清)王惠撰　**無雙譜一卷**　(清)金古良繪撰　清稿本　一冊

610000－1042－0001805　綫781/165
疇人傳四十六卷　(清)阮元撰　清嘉慶四年(1799)刻本　十二冊

610000－1042－0001806　綫781/165
疇人傳四十六卷　(清)阮元撰　清光緒八年(1882)刻本　十二冊

610000－1042－0001807　綫781/165
疇人傳四十六卷續傳六卷三傳七卷附記一卷　(清)阮元　(清)羅士琳撰　(清)諸可寶纂　清光緒二十二年(1896)上海璣衡堂石印本　六冊

610000－1042－0001808　綫782.102/696

疑年錄四卷　（清）錢大昕編　清嘉慶長沙龍氏家塾刻本　一冊

610000－1042－0001809　綫782.102/448
疑年賡錄二卷　（清）張鳴珂編　清光緒二十四年(1898)嘉興張氏刻本　一冊

610000－1042－0001810　綫782.102/452
三續疑年錄十卷　（清）陸心源編　清光緒五年(1879)吳興陸氏刻本　三冊

610000－1042－0001811　綫782.104/435
涵芬樓古今文鈔小傳四卷首一卷附錄一卷　商務印書館編譯所編　清宣統三年(1911)上海商務印書館鉛印本　一冊

610000－1042－0001812　綫909.82/664
宋元以來畫人姓氏錄三十六卷首一卷　（清）魯駿輯錄　清道光刻本　十六冊

610000－1042－0001813　綫善857.17/152
歷代不知姓名錄十四卷　（清）李清輯　清初抄本　十二冊

610000－1042－0001814　綫782.87/207
景賢錄後編□□卷　（清）林有仁輯　清刻本　一冊　存一卷(四)

610000－1042－0001815　綫782.18/044
中興論略八卷　（清）元健鏜撰　清宣統三年(1911)西安刻本　二冊

610000－1042－0001816　綫782.171/100
日本維新慷慨史二卷　（日本）西村三郎編輯　（清）趙必振譯述　清光緒十一年(1885)鉛印本　二冊

610000－1042－0001817　綫783.11/224
大日本中興先覺志二卷　（日本）岡本監輔撰　清光緒二十八年(1902)開導社刻本　二冊

610000－1042－0001818　綫784.104/133
泰西人物韻編不分卷　（清）汪成教編　清光緒二十九年(1903)上海書局石印本　五冊

610000－1042－0001819　綫784.01/154
歐洲八大帝王傳不分卷　（英國）李提摩太撰　清光緒二十年(1894)上海廣學會鉛印本　一冊

610000－1042－0001820　綫782.15/802
周列士傳一卷　（清）顧壽楨撰　清同治五年(1866)刻本　一冊

610000－1042－0001821　綫782.1/633
闕里述聞十四卷　（清）鄭曉如撰　清同治七年(1868)廣州西湖街華文堂刻本　八冊

610000－1042－0001822　綫善782.24/144
唐才子傳八卷　（元）辛文房撰　清四庫全書傳抄本　二冊

610000－1042－0001823　綫善782.1/542
宋移民錄□□卷　（明）程敏政撰　（清）□□補　清初抄本　三冊　存十卷(四至十二、二十)

610000－1042－0001824　綫857.357/521
青樓集一卷　（元）夏庭芝撰　吳門畫舫錄一卷　（清）余懷撰　清光緒三十四年(1908)郋園刻本　一冊

610000－1042－0001825　綫善782.166/134
藏書六十八卷　（明）李贄撰　明萬曆二十七年(1599)焦竑刻本　三十六冊

610000－1042－0001826　綫善782.166/134
續藏書二十七卷　（明）李贄撰　明萬曆二十七年(1599)焦竑刻本　十一冊

610000－1042－0001827　綫善782.21/154
續藏書二十七卷　（明）李贄撰　（明）陳仁錫評　明天啓三年(1623)汪修能刻本　六冊

610000－1042－0001828　綫782.16/133
史外三十二卷　（清）汪有典撰　清乾隆十三年(1748)刻本　十冊

610000－1042－0001829　綫782.16/133
史外八卷　（清）汪有典撰　清同治四年(1865)刻九年(1870)補刻本　八冊

610000－1042－0001830　綫782.16/133
全明忠義別傳三十二卷　（清）汪有典纂　清同治六年(1867)葺雲山館刻本　八冊

610000－1042－0001831　綫782.86/194

三忠合編六卷　（清）胡長新重輯　（清）彭應珠校　清光緒八年(1882)黎郡刻本　四冊

610000－1042－0001832　綫782.16/366

明遺民錄四十八卷　孫靜庵撰　清宣統三年(1911)上海新中華圖書館石印本　十二冊

610000－1042－0001833　綫821.87/449

國朝詩人征略五十一卷　（清）張維屏輯　清嘉慶二十四年(1819)刻本　十冊

610000－1042－0001834　綫788.851/449

國朝詩人征略六十卷補四卷　（清）張維屏輯　清道光十年(1830)刻本　十六冊

610000－1042－0001835　綫821.87/449

國朝詩人征略四十五卷　（清）張維屏輯　清道光十八年(1838)刻本　八冊

610000－1042－0001836　綫782.17/154

國朝先正事略六十卷　（清）李元度纂　清同治五年(1866)循陔草堂刻本　二十四冊

610000－1042－0001837　綫782.17/154

國朝先正事略六十卷　（清）李元度纂　清光緒刻本　二十四冊

610000－1042－0001838　綫782.17/154

國朝先正事略六十卷續先正事略八卷　（清）李元度纂　朱孔彰續撰　清光緒十二年至二十五年(1886－1899)上海圖書集成印書局鉛印本　十四冊

610000－1042－0001839　綫782.17/154

國朝先正事略六十卷　（清）李元度纂　清光緒二十七年(1901)上海詞源閣書局石印本　八冊

610000－1042－0001840　綫782.17/154

國朝先正事略正編六十卷續編八卷　（清）李元度纂　朱孔彰續纂　清光緒二十八年(1902)廣益書局石印本　十冊

610000－1042－0001841　綫782.17

國朝先正事略續編四卷　朱孔彰纂　清光緒二十八年(1902)石印本　二冊

610000－1042－0001842　綫782.17/452

政學錄初稿八卷　（清）陸言纂輯　清道光十二年(1832)無錫鄒鳴鶴刻本　八冊

610000－1042－0001843　綫782.17/157

鶴徵錄八卷首一卷後錄十二卷首一卷　（清）李集輯　（清）李富孫　（清）李遇孫續輯　清同治十一年(1872)刻本　六冊

610000－1042－0001844　綫782.17/700

碑傳集一百六十卷末二卷　（清）錢儀吉撰　清光緒十九年(1893)江蘇書局刻本　六十冊

610000－1042－0001845　綫782.17/732

續碑傳集八十六卷首二卷　繆荃孫纂　清宣統二年(1910)江楚編譯書局刻本　二十四冊

610000－1042－0001846　綫782.17/132

續印人傳八卷　（清）汪啟淑撰　清乾隆五十四年(1789)刻本　二冊

610000－1042－0001847　綫782.17/688

漁洋感舊集小傳四卷補遺一卷　（清）盧見曾撰　清光緒四年(1878)上海淞隱閣鉛印本　四冊

610000－1042－0001848　綫782.1/152

敕封河神大王將軍傳不分卷　（清）李鶴年纂　清光緒七年(1881)刻本　一冊

610000－1042－0001849　綫672.5/235

楚寶三十九卷外篇五卷　（明）周聖楷輯纂　清道光九年(1829)刻本　三十冊

610000－1042－0001850　綫782.613/365

中州人物考八卷　（清）孫奇逢輯　清道光二十四年(1844)刻本　八冊

610000－1042－0001851　綫782.1/040

於越先賢像傳贊二卷　（清）王齡撰　清咸豐七年(1857)刻本　二冊

610000－1042－0001852　綫782.1/040

於越先賢傳圖像不分卷　（清）王齡繪　清光緒三年(1877)刻本　二冊

610000－1042－0001853　綫782.623201/672

四明人鑒三卷　（清）劉慈孚輯　清光緒十二

年(1886)石印本　四冊

610000－1042－0001854　綫782.621/037
江陰忠義錄不分卷　（清）王憲成等輯　清光
緒四年(1878)刻本　十四冊

610000－1042－0001855　綫782.621/464
金陵通傳四十五卷附補遺四卷通傳韻編一卷
續通傳一卷補一卷　陳作霖纂　陳詒紱續纂
清光緒三十年(1904)瑞華館刻本　十冊

610000－1042－0001856　綫782.622103/359
桐城耆舊傳十二卷　馬其昶撰　清宣統三年
(1911)刻本　六冊

610000－1042－0001857　綫782.16/666
勝朝殉揚錄三卷　（清）劉寶楠輯　清同治十
年(1871)刻本　二冊

610000－1042－0001858　綫善782.1/115
歷代名臣傳三十五卷首一卷續編五卷　（清）
朱軾　（清）蔡世遠輯　清雍正七年(1729)刻
本　十六冊

610000－1042－0001859　綫782.1/115
歷代名臣傳三十五卷續編五卷歷代名儒傳八
卷歷代循吏傳八卷　（清）朱軾　（清）蔡世遠
輯　清同治三年(1864)刻本　二十八冊

610000－1042－0001860　綫782.1/115
歷代名臣言行錄二十四卷　（清）朱桓輯　清
刻本　二十六冊　缺四卷(一至四)

610000－1042－0001861　綫782.1/115
歷代名臣言行錄二十四卷　（清）朱桓輯　清
光緒十五年(1889)上海廣百宋齋鉛印本　十
一冊　缺二卷(三至四)

610000－1042－0001862　綫782.1/115
歷代名臣言行錄二十四卷　（清）朱桓輯　清
光緒二十九年(1903)上海鴻寶書局鉛印本
十一冊　缺二卷(二十三至二十四)

610000－1042－0001863　綫782.2/452
元祐黨人傳十卷　（清）陸心源纂　清光緒刻
本　四冊

610000－1042－0001864　綫782.17/592

漢名臣傳三十二卷　（清）國史館編　清末國
史館刻本　三十一冊

610000－1042－0001865　綫782.21/115
宋名臣言行錄前集十卷後集十四卷別集二十
六卷　（宋）朱熹纂　（宋）李幼武續纂　清光
緒十三年(1887)刻本　八冊

610000－1042－0001866　綫善782.21/793
元名臣事略十五卷　（元）蘇天爵撰　清四庫
全書傳抄本　十冊

610000－1042－0001867　綫善782.21/793
元朝名臣事略十五卷　（元）蘇天爵撰　清乾
隆武英殿聚珍本　八冊

610000－1042－0001868　綫善782.21/039
嘉靖以來內閣首輔傳八卷　（明）王世貞撰
明末刻本　二冊

610000－1042－0001869　綫782.17/115
中興名臣事略八卷　朱孔彰撰　清光緒二十
五年(1899)上海圖書集成印書局鉛印本
二冊

610000－1042－0001870　綫782.21/661
臣鑒錄二十卷　（清）蔣伊編輯　清光緒七年
(1881)刻本　十冊

610000－1042－0001871　綫782.16/004
貳臣傳八卷逆臣傳二卷　（清）國史館編　清
京都正陽門琉璃廠榮錦書坊刻本　十冊

610000－1042－0001872　綫782.1/004
貳臣傳十二卷逆臣傳四卷　（清）國史館編
清都城琉璃廠半松居士刻本　八冊

610000－1042－0001873　綫782.1/592
滿洲名臣傳四十八卷漢名臣傳三十二卷
（清）國史館編輯　清京都琉璃廠榮錦書坊刻
本　八十冊

610000－1042－0001874　綫782.1/592
滿洲名臣傳四十八卷　（清）國史館編輯　清
京都琉璃廠榮錦書坊刻本　四十八冊

610000－1042－0001875　綫782.1/592
滿洲名臣傳四十八卷　（清）國史館編輯　清

刻本　四十八冊

610000－1042－0001876　綫782.17/068

欽定宗室王公功績表傳十三卷　（清）高宗弘曆撰　清味經書院刻本　六冊

610000－1042－0001877　綫782.17/115

中興將帥別傳三十卷　朱孔彰撰　清光緒二十三年(1897)江甯刻本　十二冊

610000－1042－0001878　綫782.177/115

咸豐以來功臣別傳三十卷　朱孔彰撰　清光緒二十四年(1898)元和胡氏漸學廬石印本六冊

610000－1042－0001879　綫782.1/579

道齊正軌二十卷附錄一卷　（清）鄒鳴鶴纂　清光緒無錫刻本　八冊

610000－1042－0001880　綫782.1/449

廉吏傳三卷　（清）張允掄撰　清光緒二十二年(1896)刻本　六冊

610000－1042－0001881　綫782.269/099

貪官污吏傳一卷　老吏撰　清宣統三年(1911)新中國書局鉛印本　一冊

610000－1042－0001882　綫782.15/115

伊洛淵源錄十四卷續錄二十卷　（宋）朱熹（明）謝鐸等撰　清康熙四十八至五十年(1709－1711)正誼堂刻本　十冊

610000－1042－0001883　綫782.1/508

關學編五卷首一卷　（明）馮從吾撰　（清）王心敬續編　清道光十年(1830)刻本　四冊

610000－1042－0001884　綫782.1/508

關學編四卷首一卷續編三卷　（明）馮從吾撰（清）李元春（清）王心敬續編　清光緒十七年(1891)灃西草堂刻本　四冊

610000－1042－0001885　綫782.1/508

關學編四卷首一卷續編三卷　（明）馮從吾撰（清）王心敬續編　清光緒十八年(1892)刻本　二冊　存四卷(關學編一至二、首一卷，續編一)

610000－1042－0001886　綫782.1/501

洛學編五卷乾坤兩卦解一卷　（清）湯斌撰　清同治九年(1870)刻本　二冊

610000－1042－0001887　綫626/501

洛學編五卷　（清）湯斌撰　清湯氏祠堂刻本二冊

610000－1042－0001888　綫782.1/027

蜀學編二卷　（清）方守道初輯　高賡恩重輯清光緒二十七年(1901)錦江書局刻本二冊

610000－1042－0001889　綫125/366

理學宗傳二十六卷　（清）孫奇逢輯　清康熙六年(1667)刻本　十六冊

610000－1042－0001890　綫125/366

理學宗傳二十六卷　（清）孫奇逢輯　清道光二十年(1840)刻本　十九冊

610000－1042－0001891　綫125/366

理學宗傳二十六卷　（清）孫奇逢輯　清光緒六年(1880)浙江書局刻本　十二冊

610000－1042－0001892　綫120/617

學統五十三卷　（清）熊賜履撰　清光緒十七年(1891)三餘草堂刻本　十二冊

610000－1042－0001893　綫125/521

宋元學案一百卷首一卷考略一卷　（清）黃宗羲撰　（清）黃百家纂輯　（清）全祖望修定清光緒五年(1879)長沙寄廬刻本　四十冊

610000－1042－0001894　綫125/521

宋元學案一百卷首一卷考略一卷　（清）黃宗羲撰　（清）黃百家纂輯　（清）全祖望修定清光緒五年(1879)長沙寄廬刻本　四十八冊

610000－1042－0001895　綫125/521

宋元學案一百卷首一卷考略一卷　（清）黃宗羲撰　清光緒五年(1879)上海文瑞樓石印本三十二冊

610000－1042－0001896　綫126/521

明儒學案六十二卷　（清）黃宗羲撰　清道光二十二年(1842)刻本　三十冊

610000－1042－0001897　綫126/521

明儒學案六十二卷　（清）黃宗羲撰　清光緒
八年（1882）上海文瑞樓石印本　十六冊

610000－1042－0001898　綫782.17/091

國朝漢學師承記九卷　（清）江藩撰　清光緒
九年（1883）山西書局刻本　四冊

610000－1042－0001899　綫782.17/091

國朝漢學師承記八卷國朝經師經義目錄一卷
國朝宋學淵源記二卷附記一卷　（清）江藩撰
　　清光緒十三年（1887）刻本　四冊

610000－1042－0001900　綫782.17/091

國朝漢學師承記八卷　（清）江藩撰　清光緒
二十二年（1896）寶慶勸學書社刻本　二冊

610000－1042－0001901　綫782.17/091

國朝漢學師承記八卷國朝經師經義目錄一卷
　　（清）江藩撰　清光緒二十五年（1899）刻本
　　四冊

610000－1042－0001902　綫782.1/445

儒林錄約刻四卷　（清）張恒輯　（清）黃銘訂
　　清嘉慶十五年（1810）刻本　一冊

610000－1042－0001903　綫782.1/114

太學坊表八卷　（清）朱百穀撰　清咸豐七年
（1857）正安州刻本　四冊

610000－1042－0001904　綫782.1/214

東廡先儒事略一卷　（□）□□撰　清抄本
一冊

610000－1042－0001905　綫782.17/694

文獻徵存錄十卷　（清）錢林輯　（清）王藻編
　　清咸豐八年（1858）有嘉樹軒刻本　十冊

610000－1042－0001906　綫善782.22/131

列女傳十六卷　（漢）劉向撰　（明）汪氏增輯
　　（明）仇英繪圖　明萬曆汪氏刻清乾隆四十
四年（1779）鮑氏知不足齋印本　八冊

610000－1042－0001907　綫782.269/672

古列女傳八卷　（漢）劉向撰　（明）黃魯曾贊
　　清刻本　四冊

610000－1042－0001908　綫782.269/672

列女傳八卷　（漢）劉向撰　（清）梁端校注

清同治十三年（1874）上海樂善社鉛印本
二冊

610000－1042－0001909　綫782.269/672

列女傳八卷　（漢）劉向撰　（清）梁端校注
清宣統二年（1910）上海會文堂書局石印本
四冊

610000－1042－0001910　綫782.269/672

新刊古列女傳八卷　（漢）劉向編撰　（晉）顧
凱之繪圖　清道光五年（1825）揚州刻本
四冊

610000－1042－0001911　綫782.2/680

歷代名媛圖說二卷　（漢）劉向撰　（明）汪氏
增輯　（明）仇英繪圖　清光緒五年（1879）點
石齋石印本　二冊

610000－1042－0001912　綫782.269/646

繪圖典故列女全傳四卷　（漢）劉向撰　清宣
統元年（1909）掃葉山房石印本　四冊

610000－1042－0001913　綫782/415

繡像古今賢女傳九卷　（清）魏息園輯　清光
緒石印本　一冊　存一卷（七）

610000－1042－0001914　綫782.22/054

勝朝彤史拾遺記六卷武宋外記一卷　（清）毛
奇齡撰　清康熙刻本　二冊

610000－1042－0001915　綫782.875/564

溫劉氏貞烈匯輯一卷　（清）楊彬編　清嘉慶
十四年（1809）刻本　一冊

610000－1042－0001916　綫782.269/571

宮閨聯名譜二十二卷　（清）董恂輯　陸纘補
輯　清光緒申報館鉛印本　八冊　缺一卷
（一）

610000－1042－0001917　綫121.2677/367

孟志編略五卷末一卷　（清）孫葆田編　清光
緒十六年（1890）刻本　一冊

610000－1042－0001918　綫782.825/688

關聖帝君聖跡圖志全集五卷首一卷　（清）盧
湛輯　清嘉慶七年（1802）刻本　九冊

610000－1042－0001919　綫782.825/677

忠武志十卷　（清）張鵬翮輯　清嘉慶十九年（1814）麻城周畹蘭刻本　四冊

610000－1042－0001920　綫782.932/200

法顯傳一卷　（晉）釋法顯撰　清刻本　一冊

610000－1042－0001921　綫782.841/750

魏文貞公故事拾遺四卷［徵］年譜一卷　（清）王先恭輯　清光緒九年（1883）長沙王氏刻本　二冊

610000－1042－0001922　綫782.8415/095

安祿山事蹟三卷　（唐）姚汝能纂　清光緒三十年（1904）藕香簃刻本　一冊

610000－1042－0001923　綫782.8415/095

安祿山事蹟三卷　（唐）姚汝能纂　清宣統三年（1911）長沙葉氏刻本　一冊

610000－1042－0001924　綫善782.1411/039

唐李衛公通纂四卷　（明）王承裕纂　明正德十六年（1521）刻清道光十八年（1838）弘道書院補刻本　一冊

610000－1042－0001925　綫782.8521/229

金佗稡編二十八卷續編三十卷　（宋）岳珂輯　清光緒九年（1883）浙江書局刻本　六冊

610000－1042－0001926　綫782.852/726

朱子行狀一卷　（宋）黃幹撰　（清）薛於瑛評注　清光緒十四年（1888）抄本　一冊

610000－1042－0001927　綫782.852/726

朱子行狀一卷　（宋）黃幹撰　（清）薛於瑛評注　清光緒十四年（1888）鉛印本　一冊

610000－1042－0001928　綫善782.865/039

天恩存問錄前集一卷續集二卷附錄一卷　（明）王承裕纂　明正德元年（1506）刻清道光十八年（1838）孟熙李公補刻本　二冊

610000－1042－0001929　綫782.865/041

石渠先生王公履歷一卷　（明）劉震撰　清刻本　一冊

610000－1042－0001930　綫782.86/737

韓五泉附錄二卷　（明）王九思等撰　清刻本　一冊

610000－1042－0001931　綫782.867/377

袁督師傳文合錄不分卷　（清）□□撰　清嘉慶刻本　一冊

610000－1042－0001932　綫571.4/419

康熙政要二十四卷　章梫纂　清宣統二年（1910）鉛印本　十二冊

610000－1042－0001933　綫847.3/739

鹿洲公案二卷鹿洲初集二十卷　（清）藍鼎元撰　清同治四年（1865）緯文堂刻本　二冊

610000－1042－0001934　綫782.87/539

焦循事略一卷詩品一卷　（清）焦廷琥撰　清嘉慶二十四年（1819）刻本　一冊

610000－1042－0001935　綫782.877/109

多忠勇公勤勞錄四卷　（清）李宗賓纂輯　清光緒元年（1875）西安刻本　四冊

610000－1042－0001936　綫782.877/109

多忠勇公勤勞錄四卷　（清）李宗賓纂輯　清光緒三年（1877）敬恕堂刻本　四冊

610000－1042－0001937　綫782.877/510

求闕齋弟子記三十二卷　（清）王定安撰　清光緒二年（1876）刻本　十六冊

610000－1042－0001938　綫782.878/169

劉軍門戰功紀略一卷　（清）吳大澂等纂　清光緒三年（1877）負米山房刻本　一冊

610000－1042－0001939　綫善782.7/592

榮祿先生碑傳二卷　（清）榮祿纂　清光緒榮祿刻本　二冊

610000－1042－0001940　綫782.78/438

皇清例授登仕郎顯考謨臣府行述一卷　（清）曹寅暉撰　清光緒二十年（1894）刻本　一冊

610000－1042－0001941　綫782.878/736

豐漢文將軍武功記一卷　（清）王定安撰　清光緒二十年（1894）金陵刻本　一冊

610000－1042－0001942　綫782.976/165

雷塘庵主弟子記八卷　（清）張鑒等編　清光緒儀征阮氏嫏嬛仙館刻本　二冊

610000－1042－0001943　綫782.872/514

李二曲[顒]歷年紀略一卷　（清）惠霽嗣輯錄
清蓼屋刻本　一冊

610000－1042－0001944　綫782.878/174

岑襄勤公勳德介福圖不分卷　（清）包家吉等
輯　清光緒十六年(1890)石印本　一冊

610000－1042－0001945　綫782.87/533

淑艾錄一卷　（清）張普輯　清光緒三十一年
(1905)刻本　一冊

610000－1042－0001946　綫782.87/533

淑艾錄一卷　（清）張普輯　清光緒三十一年
(1905)刻本　一冊

610000－1042－0001947　綫782.87/446

張太恭人行述不分卷　（□）□□撰　清刻本
一冊

610000－1042－0001948　綫782.878/151

李文忠公[鴻章]事略一卷　（清）吳汝綸撰
清光緒二十八年(1902)北洋官報局石印本
一冊

610000－1042－0001949　綫782.878/151

李鴻章(中國四十年來大事記)十二章　梁啟
超撰　清光緒二十七年(1901)刻本　一冊

610000－1042－0001950　綫782.878/151

李鴻章(中國四十年來大事記)十二章　梁啟
超撰　清光緒鉛印本　一冊

610000－1042－0001951　綫782.878/151

李鴻章(中國四十年來大事記)十二章　梁啟
超撰　清光緒石印本　一冊

610000－1042－0001952　綫782.878/151

李鴻章(中國四十年來大事記)十二章　梁啟
超撰　清光緒石印本　一冊

610000－1042－0001953　綫782.88/450

先姚解太孺人史略一卷　張廷鈐撰　清宣統
三年(1911)石印本　一冊

610000－1042－0001954　綫782.99/167

歷代名人年譜十卷　（清）吳榮光撰　清光緒
元年(1875)南海張蔭桓刻本　十冊

610000－1042－0001955　綫782.99/167

歷代名人年譜十卷　（清）吳榮光撰　清光緒
二年(1876)京都寶經書坊刻本　十冊

610000－1042－0001956　綫782.99/167

歷代名人年譜十卷　（清）吳榮光撰　清光緒
北京晉華書局刻本　十冊

610000－1042－0001957　綫782.99/461

十五家年譜叢書　（清）楊希閔編　清光緒三
年(1877)刻本　十六冊

610000－1042－0001958　綫121.24/349

孔子年譜綱目一卷　（明）夏洪基編輯　清同
治刻本　一冊

610000－1042－0001959　綫782.917/048

先聖生卒年月日考二卷　（清）孔廣牧撰　清
光緒十九年(1893)浙江書局刻本　一冊

610000－1042－0001960　綫782.91/438

孟子年譜二卷　（清）曹之升編　清嘉慶十一
年(1806)刻本　二冊

610000－1042－0001961　綫782.932/481

陶靖節[潛]年譜一卷　（宋）吳仁傑編　清光
緒貴陽陳矩靈峰草堂刻本　一冊

610000－1042－0001962　綫782.941/737

韓柳年譜二種　（清）馬曰璐輯　清光緒元年
(1875)刻本　一冊

610000－1042－0001963　綫782.9514/642

范文正公[仲淹]年譜一卷補遺一卷　（明）毛
一鷺編　清刻本　一冊

610000－1042－0001964　綫782.9/696

洪文惠公[适]年譜一卷　（清）錢大昕編　清
嘉慶十二年(1807)長沙龍氏家塾刻本　一冊

610000－1042－0001965　綫782.9/542

洪文惠公[适]年譜一卷　（清）錢大昕編　清
嘉慶十二年(1807)長沙龍氏家塾刻本　一冊

610000－1042－0001966　綫善782.9/115

朱子年譜一卷　（□）□□撰　清乾隆四十五
年(1780)抄本　一冊

610000－1042－0001967　綫782.952/115

朱子年譜四卷考異四卷附錄二卷　（清）王懋
竑纂訂　清光緒九年（1883）武昌官書局刻本
四冊

610000－1042－0001968　綫782.952/115

朱子年譜一卷　（清）鄭士範編　清光緒六年
（1880）周正誼堂刻本　一冊

610000－1042－0001969　綫782.952/115

朱子年譜考異四卷　（清）王懋竑纂　清白田
草堂刻本　一冊

610000－1042－0001970　綫782.9523/459

王深寧[應麟]先生年譜一卷　（清）陳僅纂輯
（清）張恕編　清道光二十五年（1845）刻本
一冊

610000－1042－0001971　綫782.856/044

元遺山[好問]先生年譜二卷　（清）凌廷堪編
清光緒七年（1881）讀書山房刻本　一冊

610000－1042－0001972　綫782.856/044

元遺山[好問]先生年譜一卷附錄一卷　（清）
翁方綱編　**元遺山[好問]先生年譜一卷**
（清）施國祁編　清光緒七年（1881）讀書山房
刻本　一冊

610000－1042－0001973　綫782.961/598

**建文[朱允炆]年譜四卷辨疑一卷提綱一卷問
答一卷後事一卷**　（明）趙士喆編　（清）趙瀚
（清）趙濤音注　清道光二十九年（1849）宣
城李文瀚味塵軒木活字印本　四冊

610000－1042－0001974　綫782.961/589

**建文[朱允炆]年譜四卷辨疑一卷提綱一卷問
答一卷後事一卷**　（明）趙士喆編　（清）趙瀚
（清）趙濤音注　清咸豐四年（1854）習勤堂
刻本　四冊

610000－1042－0001975　綫782.866/036

陽明[王守仁]先生年譜二卷　（清）劉原道編
清道光六年（1826）刻本　二冊

610000－1042－0001976　綫782.866/566

楊忠愍公自著年譜一卷家訓一卷　（明）楊繼

盛編　清咸豐八年（1858）刻本　一冊

610000－1042－0001977　綫782.966/752

歸震川[有光]先生年譜一卷　（清）孫岱編
清光緒六年（1880）嘉興金氏刻本　一冊

610000－1042－0001978　綫782.97/365

徵君孫[奇逢]先生年譜二卷　（清）趙禦眾等
編　**遊譜一卷答問一卷孝友堂家規一卷**
（清）孫奇逢撰　清康熙十四年（1675）刻本
五冊

610000－1042－0001979　綫782.97/368

徵君孫[奇逢]先生年譜二卷　（清）趙禦眾等
編　（清）方苞訂正　清光緒十三年（1887）高
繼善堂成都刻本　一冊

610000－1042－0001980　綫782.9/505

李恕穀[塨]年譜一卷　（清）馮辰編　清道光
十六年（1836）刻本　一冊

610000－1042－0001981　綫782.97/802

顧亭林[炎武]年譜一卷　（清）張穆編　清道
光二十四年（1844）刻本　一冊

610000－1042－0001982　綫782.97/454

陸清獻公[隴其]年譜一卷　（清）吳光西編
清同治七年（1868）涇陽柏森刻本　一冊

610000－1042－0001983　綫782.97/030

啖蔗軒自訂年譜一卷東歸日記一卷　（清）方
士淦編撰　清同治十一年（1872）兩淮運署刻
本　一冊

610000－1042－0001984　綫782.975/486

弇山畢公[沅]年譜一卷　（清）史善長編　清
同治十一年（1872）刻本　一冊

610000－1042－0001985　綫782.977/510

曾文正公[國藩]年譜十二卷　（清）黎庶昌輯
清光緒二年（1876）傳忠書局刻本　六冊

610000－1042－0001986　綫782.957/428

許魯齋[衡]先生年譜一卷魯齋心法約編一卷
（清）鄭士範編　清光緒六年（1880）鳳翔周
宗鈞正誼堂刻本　一冊

610000－1042－0001987　綫782.957/428

許魯齋[衡]先生年譜一卷魯齋心法約編一卷
禮表一卷 （清）鄭士範編 清光緒六年
(1880)鳳翔周宗釗正誼堂刻本 二冊

610000 – 1042 – 0001988 綫782.9/042

樸園年譜一卷論鍾馗一卷 （清）王秉撰 清
光緒十二年(1886)稿本 一冊

610000 – 1042 – 0001989 綫782.976/123

武進李申耆[兆洛]先生年譜三卷附錄一卷
（清）蔣彤編 清光緒十三年(1887)嘉興金吳
瀾木活字印本 二冊

610000 – 1042 – 0001990 綫782.97/571

還讀我書室老人手訂年譜二卷 （清）董恂編
清光緒十八年(1892)甘泉董氏刻本 二冊

610000 – 1042 – 0001991 綫782.978/064

左文襄公[宗棠]年譜十卷 （清）羅正鈞編
清光緒二十三年(1897)長沙湘陰左氏刻本
十冊

610000 – 1042 – 0001992 綫782.878/174

岑襄勤公[毓英]年譜十卷 （清）趙藩編 清
光緒二十五年(1899)河朔使署刻本 五冊

610000 – 1042 – 0001993 綫782.88/042

王先謙自定年譜二卷 王先謙編 清光緒三
十四年(1908)刻本 三冊

610000 – 1042 – 0001994 綫782.973/130

沈端恪公年譜二卷 （清）沈曰富編 清刻本
一冊

610000 – 1042 – 0001995 綫782.972/235

周漁潢[起渭]先生年譜一卷 （清）陳田編
清光緒聽詩齋刻本 一冊

610000 – 1042 – 0001996 綫782.975/134

病榻夢痕錄二卷 （清）汪輝祖撰 清嘉慶元
年(1796)刻本 一冊 存一卷(上)

610000 – 1042 – 0001997 綫856.9/156

轉漕日記四卷(清道光十六年至十七年)
（清）李鈞撰 清道光十七年(1837)刻本
二冊

610000 – 1042 – 0001998 綫782.87/510

求闕齋日記類鈔二卷 （清）曾國藩撰 （清）
王啟原校編 清光緒二年(1876)傳忠書局刻
本 二冊

610000 – 1042 – 0001999 綫782.878/037

道西齋日記二卷 （清）王詠霓撰 清光緒十
八年(1892)上洋鴻寶齋石印本 一冊

610000 – 1042 – 0002000 綫782.8/448

三洲日記八卷(清光緒十二年至十五年)
（清）張蔭桓撰 清光緒二十二年(1896)粵東
新館刻本 八冊

610000 – 1042 – 0002001 綫641.7/489

出使美日秘國日記十六卷 （清）崔國因撰
清光緒二十年(1894)鉛印本 十二冊

610000 – 1042 – 0002002 綫644/726

出使英法義比四國日記六卷 （清）薛福成撰
清光緒鉛印本 三冊

610000 – 1042 – 0002003 綫644/726

出使英法義比四國日記六卷 （清）薛福成撰
清光緒十八年(1892)石印本 三冊

610000 – 1042 – 0002004 綫644/726

出使英法義比四國日記六卷 （清）薛福成撰
清光緒二十二年(1896)上海圖書集成印書
局鉛印本 三冊

610000 – 1042 – 0002005 綫782.8/726

出使英法義比四國日記八卷 （清）薛福成撰
清光緒二十三年(1897)成都志古堂刻本
四冊

610000 – 1042 – 0002006 綫782.8/726

出使英法義比四國日記六卷 （清）薛福成撰
清光緒二十六年(1900)孫溪校經堂刻本
六冊

610000 – 1042 – 0002007 綫641.7/726

出使日記續刻十卷 （清）薛福成撰 清光緒
二十四年(1898)刻本 四十八冊

610000 – 1042 – 0002008 綫641.7/726

出使日記續刻十卷 （清）薛福成撰 清光緒
二十七年(1901)石印本 十冊

610000－1042－0002009　綫782.878/151
節相壯遊日錄二卷　（清）桃谿漁隱　（清）惺
新盦主輯　清光緒二十二年(1896)天津絳雪
齋刻本　二冊

610000－1042－0002010　綫782.877/510
曾文正公手書日記不分卷（清道光二十一年
至同治十一年）　（清）曾國藩撰　清宣統元
年(1909)上海中國圖書公司石印本　四十冊

610000－1042－0002011　綫善782.173/533
同治丁卯日程一卷　（清）賀瑞麟撰　清稿本
　一冊

610000－1042－0002012　綫善780/030
星烈日記匯要四十卷附表一卷年表一卷
（清）方玉潤撰　清稿本　十九冊

610000－1042－0002013　綫782.87/078
北上日記二卷（清同治六年一月至八月）
（□）□□撰　清抄本　二冊

610000－1042－0002014　綫789.2/218
三遷志十二卷　（清）孟衍泰重校　清康熙六
十一年(1722)刻本　四冊

610000－1042－0002015　綫782.2/067
愼詒堂先世錄一卷李氏五修宗譜摘抄一卷
（清）李正榮纂　清光緒五年(1879)揚州康山
草堂木活字印本　二冊

610000－1042－0002016　綫782.87/601
趙儒人家傳一卷　顧家相撰　清末抄本
一冊

610000－1042－0002017　綫善789.2/266
宣宗成皇帝位下多羅鐘端郡王室家譜不分卷
（清）□□纂修　清末抄本　三冊

610000－1042－0002018　綫789.2/531
八旗滿洲氏族通譜八十卷　（清）鄂爾泰等纂
清乾隆九年(1744)武英殿刻本　二十六冊

610000－1042－0002019　綫789.2/007
[山東日照]丁氏族譜十二卷　（清）丁在麟等
續修　清宣統元年(1909)刻本　十二冊

610000－1042－0002020　綫789.2/429

[甘肅]高陽許氏家譜二卷　（清）許學苑等重
修　清道光二十九年(1849)許乃安刻本
二冊

610000－1042－0002021　綫789.2/112
[河南安陽]朱氏家譜一卷　（清）朱寬修纂
清光緒三十二年(1906)刻本　一冊

610000－1042－0002022　綫789.2/159
[浙江]會稽杜氏家譜十二卷　（清）杜立夫等
修　清光緒二十五年(1899)永言堂鉛印本
十二冊

610000－1042－0002023　綫789.2/171
[安徽休寧]環溪吳氏家譜四卷　（清）吳光昭
續纂　清光緒三十年(1904)寶誥堂木活字印
本　四冊

610000－1042－0002024　綫789.2/151
[河北滄州]李氏家譜一卷　（清）□□纂　清
光緒二十七年(1901)刻本　一冊

610000－1042－0002025　綫特782.7/783
[山西川底]黨氏四分四門宗譜不分卷　（清）
黨景造纂修　清道光二年(1822)雷廷璽謄清
稿本　二冊

610000－1042－0002026　綫782.7/564
[陝西朝邑]西埜楊氏壬申譜一卷　（清）楊樹
椿纂修　清光緒十六年(1890)刻本　一冊

610000－1042－0002027　綫789.2/348
[湖南湖山]洞庭秦氏宗譜五卷首四卷末一卷
　（清）秦錦等纂修　淮海先生[秦觀]年譜一
卷　（清）秦鏞編　清同治十二年(1873)詠烈
堂刻本　十六冊

610000－1042－0002028　綫789.2/700
[浙江武進]錢氏宗譜十六卷　（清）錢學文等
續修　清光緒四年(1878)錢氏貽忠堂木活字
印本　十六冊

610000－1042－0002029　綫789.2/737
[山西]汾陽韓氏支譜四卷　（清）韓幼芸續纂
　清光緒十年(1884)恭壽堂木活字印本
四冊

610000－1042－0002030　綫573.49/143

曠典闡幽錄四卷　（清）宋佑文等輯　清同治
十三年(1874)刻本　四冊

610000－1042－0002031　綫782.877/632

舊雨集三卷　（清）鄭士範撰　清光緒二十一
年(1895)鳳翔周氏正誼堂刻本　一冊

610000－1042－0002032　綫782.16/224

明進士題名碑錄　（清）□□撰　清刻本
七冊

610000－1042－0002033　綫782.269/741

清進士題名碑錄(清咸豐至光緒)　（清）□□
撰　清光緒刻本　二冊

610000－1042－0002034　綫782.1/155

國朝歷科題名碑錄初集不分卷　（清）李周望
輯　清刻本　十三冊

610000－1042－0002035　綫782.1/155

國朝歷科題名碑錄初集不分卷　（清）李周望
輯　清乾隆十一年(1746)刻本　十冊

610000－1042－0002036　綫782.1/157

國朝歷科題名碑錄初集不分卷　（清）李周望
輯　清光緒刻本　七冊

610000－1042－0002037　綫782.269/130

國朝歷科館選錄二卷　（清）沈廷芳輯　（清）
陸費墀　（清）陸世煒重訂　清刻本　二冊

610000－1042－0002038　綫782.7/521

國朝貢舉考略四卷明貢舉考略二卷　（清）黃
崇蘭撰　清光緒八年(1882)金陵文英堂刻本
四冊

610000－1042－0002039　綫782.17/680

歷科朝元不分卷　（清）□□輯　清光緒刻本
二冊

610000－1042－0002040　綫782.17/680

歷科狀元策□□卷　（清）□□輯　清光緒十
二年(1886)刻本　二冊

610000－1042－0002041　綫525.2/222

狀元策不分卷(清嘉慶二十二年至光緒十二
年)　（清）□□輯　清刻本　十冊

610000－1042－0002042　綫856.7/558

殿試丁丑丙子恩科甲戌辛未科應墨一卷
（清）德宗載湉編　清光緒刻本　一冊

610000－1042－0002043　綫856.7/583

直省闈墨不分卷　（清）傅鐘麟評選　清光緒
十五年(1889)石印本　二冊

610000－1042－0002044　綫856.7/237

直省鄉墨大觀不分卷　（清）周德秀評選　清
光緒二十九年(1903)刻本　一冊

610000－1042－0002045　綫856.7/152

辛卯直省鄉墨文程四卷　（清）李文田評選
清光緒十八年(1892)上海珍藝局石印本
四冊

610000－1042－0002046　綫856.7/017

庚午直省鄉墨續集十六卷　（清）江文錦等撰
清刻本　一冊　存五卷(十二至十六)

610000－1042－0002047　綫856.7/232

關中校士錄一卷　（清）周兆基編　清乾隆五
十六年(1791)刻本　一冊

610000－1042－0002048　綫782.178/095

陝甘鄉試硃卷一卷　（清）安秉璋撰　清刻本
一冊

610000－1042－0002049　綫782.17/038

皇清陝西歷科進士錄一卷　（清）王承烈等纂
清光緒刻本　一冊

610000－1042－0002050　綫782.17/039

皇清陝西歷科進士錄一卷　（清）王承烈等纂
清光緒三年(1877)刻本　一冊

610000－1042－0002051　綫782.17/039

皇清陝西歷科進士錄一卷　（清）王承烈等纂
清刻本　一冊

610000－1042－0002052　綫782.176/142

會試硃卷一卷(道光庚戌科)陝西鄉試硃卷一
卷(己酉科)　（清）宋金璽撰　清光緒刻本
一冊

610000－1042－0002053　綫856.7/329

陝甘鄉試硃卷一卷　（清）高步月撰　清嘉慶

二十四年(1819)刻本 一冊

610000－1042－0002054 綫782.17/050
陝西戊午科鄉試同年齒錄一卷 (清)少廬重抄 清道光十七年(1837)抄本 一冊

610000－1042－0002055 綫782.178/384
陝西鄉試硃卷一卷(咸豐壬子科) (清)張殿元撰 湖北會試硃卷一卷(道光庚子科)湖北鄉試硃卷一卷 (道光甲午科) (清)李煒撰 清刻本 二冊

610000－1042－0002056 綫782.17/506
陝西鄉試會卷一卷 (清)馮拱辰等撰 清刻本 一冊

610000－1042－0002057 綫782.17/006
陝西鄉試題名錄一卷 (清)丁惟禔 (清)徐繼孺編 清光緒十九年(1893)刻本 一冊

610000－1042－0002058 綫782.17/669
陝西鄉試同年齒錄一卷 (清)劉世安編 清刻本 一冊

610000－1042－0002059 綫782.17/105
會試同年齒錄一卷(清光緒十六年庚寅恩科) (清)□□編 清光緒十六年(1890)琉璃廠龍文齋刻本 四冊

610000－1042－0002060 綫573.332/143
宋芝田先生朝考卷一卷 宋伯魯撰 清刻本 一冊

610000－1042－0002061 綫782.17/625
熙朝宰輔錄一卷 (清)潘世恩輯 清道光十八年(1838)刻本 一冊

610000－1042－0002062 綫782.17/625
熙朝宰輔錄一卷 (清)潘世恩輯 清光緒三年(1877)刻本 一冊

610000－1042－0002063 綫782.17/625
熙朝宰輔錄續編一卷 (清)鮑康輯 清同治八年(1869)刻本 一冊

610000－1042－0002064 綫573.53/048
內閣漢票簽中書舍人題名一卷 (清)孔憲彝編 清咸豐十一年至同治二年(1861－1863)刻本 一冊

610000－1042－0002065 綫782.17/018
[光緒十年秋季]大清搢紳全書四卷 (清)□□撰 清光緒十年(1884)榮華堂張氏刻本 四冊

610000－1042－0002066 綫782.17/018
[光緒二十八年春季]大清搢紳全書四卷附中樞備覽二卷 (清)□□撰 清光緒二十八年(1902)榮祿堂刻本 六冊

610000－1042－0002067 綫782.17/018
[光緒二十九年秋季]大清搢紳全書四卷 (清)□□撰 清光緒二十九年(1903)京都榮寶齋刻本 四冊

610000－1042－0002068 綫782.17/018
[光緒二十九年冬季]大清搢紳全書四卷 (清)□□撰 清光緒二十九年(1903)京都榮祿堂刻本 四冊

610000－1042－0002069 綫782.17/018
[宣統元年冬季]大清搢紳全書四卷 (清)□□撰 清宣統元年(1909)榮祿堂刻本 四冊

610000－1042－0002070 綫782.17/018
[宣統二年夏季]大清搢紳全書四卷附中樞備覽二卷 (清)□□撰 清宣統二年(1910)榮祿堂刻本 六冊

610000－1042－0002071 綫782.17/018
[宣統二年冬季]大清搢紳全書四卷 (清)□□撰 清宣統二年(1910)榮祿堂刻本 五冊

610000－1042－0002072 綫782.17/018
[宣統三年夏季]大清搢紳全書四卷 (清)□□撰 清宣統三年(1911)榮祿堂刻本 五冊

610000－1042－0002073 綫782.21/487
碧血錄五卷 (清)莊仲方輯 (清)夏鸞翔繪圖 清光緒八年(1882)上海同文書局石印本 五冊

610000－1042－0002074　綫782.17/794

國朝滿洲蒙古御史題名不分卷　（清）蘇芳阿纂　清光緒十三年(1887)京畿道刻本　五冊

610000－1042－0002075　綫573.46/105

光緒建元以來總督年表初稿一卷　（清）陳淑輯　清光緒三十一年(1905)刻本　一冊

610000－1042－0002076　綫573.46/105

光緒建元以來總督年表初稿一卷　（清）陳淑輯　清光緒三十四年(1908)刻本　一冊

610000－1042－0002077　綫782.615/288

關中同官錄不分卷　（清）胡延等纂　清光緒二十七年(1901)刻本　六冊

610000－1042－0002078　綫782.615/384

陝西全省同官錄一卷　（清）□□輯　清末刻本　一冊

610000－1042－0002079　綫573.46/055

陞官圖一卷　（清）□□撰　清光緒南京宜春閣書局鉛印本　一冊

610000－1042－0002080　綫782.104/322

古今萬姓統譜一百四十卷歷代帝王姓系統譜六卷氏族博考十四卷　（明）凌迪知輯　明末汲古閣刻本　三十冊

610000－1042－0002081　綫782.104/669

歷代同姓名錄二十三卷　（清）劉長華纂　清光緒五年(1879)藜照軒刻本　六冊

610000－1042－0002082　綫782.104/587

尚友錄二十二卷　（明）廖用賢編輯　（清）張伯琮補輯　清康熙五年(1666)刻本　二十二冊

610000－1042－0002083　綫782.1/587

校正尚友錄二十二卷續集二十二卷　（明）廖用賢編輯　（清）張伯琮補輯　清光緒二十四年(1898)上海鴻寶齋石印本　十二冊

610000－1042－0002084　綫782.104/715

增廣尚友錄統編二十二卷　（清）應祖錫　韓卿甫編輯　清光緒二十八年(1902)上海鴻寶齋石印本　十四冊

610000－1042－0002085　綫782.104/205

元和姓纂十卷　（唐）林寶撰　清嘉慶七年(1802)刻本　四冊

610000－1042－0002086　綫善782.104/037

姓氏急就篇二卷　（宋）王應麟撰　清乾隆抄本　二冊

610000－1042－0002087　綫善782.104/037

姓氏急就篇二卷　（宋）王應麟撰　清乾隆抄本　二冊

610000－1042－0002088　綫802.81/042

百家姓考略一卷　（宋）王應麟纂　（清）王相注　清文餘堂刻本　一冊

610000－1042－0002089　綫802.81/042

百家姓考略一卷　（清）王相注　徐士業校　清同州文元堂刻本　一冊

610000－1042－0002090　綫802.81/042

百家姓考略一卷　（清）王相注　徐士業校　清刻本　一冊

610000－1042－0002091　綫782.104/461

姓觿十卷附錄一卷　（明）陳士元輯　明末刻本　四冊

610000－1042－0002092　綫782.104/616

新纂氏族箋釋八卷　（清）熊峻運撰　清雍正二年(1724)英德堂刻本　六冊

610000－1042－0002093　綫782.7/616

新纂氏族箋釋八卷　（清）熊峻運撰　清雍正二年(1724)刻本　四冊

610000－1042－0002094　綫782.7/616

新纂氏族箋釋八卷　（清）熊峻運撰　清乾隆四十年(1775)大經堂刻本　八冊

610000－1042－0002095　綫782.7/616

新纂氏族箋釋八卷　（清）熊峻運撰　清刻本　六冊

610000－1042－0002096　綫782.7/616

新纂氏族箋釋八卷　（清）熊峻運撰　清文善堂刻本　四冊

610000－1042－0002097　綫782.104/444

姓氏尋源四十五卷　（清）張澍纂　清道光十八年(1838)刻本　十二冊

610000－1042－0002098　綫782.104/444

姓氏辯誤三十卷　（清）張澍撰　清道光刻本　六冊

610000－1042－0002099　綫782.104/444

姓氏辯誤三十卷　（清）張澍撰　清刻本　八冊

610000－1042－0002100　綫782.104/616

姓氏族譜八卷　（清）熊峻運撰　清光緒七年(1881)刻本　八冊

610000－1042－0002101　綫782.104/134

史姓韻編六十四卷　（清）汪輝祖輯　（清）馮祖憲重校　清同治九年(1870)金陵書局木活字印本　二十四冊

610000－1042－0002102　綫782.104/134

史姓韻編六十四卷　（清）汪輝祖輯　（清）馮祖憲重校　清光緒十年(1884)馮氏耕餘樓鉛印本　十六冊

610000－1042－0002103　綫782.104/134

史姓韻編二十四卷　（清）汪輝祖輯　（清）馮祖憲重校　清光緒二十九年(1903)上海文瀾書局石印本　七冊

610000－1042－0002104　綫782.104/132

二十四史姓氏韻編六十四卷　（清）汪輝祖輯　清光緒上海中西書局石印本　四冊

610000－1042－0002105　綫610.2/325

帝王世紀纂要四卷　（清）高沖霄輯　清嘉慶十七年(1812)刻本　四冊

610000－1042－0002106　綫610.2/191

帝王統系錄六卷　（清）何福坤編　清咸豐二年(1852)日受軒抄本　二冊

610000－1042－0002107　綫610.2/191

帝王統系錄六卷　（清）何福坤編　清抄本　一冊

610000－1042－0002108　綫610.19/115

史略八十七卷　（清）朱堃輯　清光緒十二年(1886)上海積山書局石印本　六冊

610000－1042－0002109　綫610.19/115

史略八十七卷　（清）朱坤輯　清光緒二十八年(1902)上海書局石印本　六冊

610000－1042－0002110　綫610.2/771

史略提綱六卷　（清）羅繡文編輯　清咸豐二年(1852)刻本　三冊

610000－1042－0002111　綫610.72/172

廿四史紀事提要八卷　（清）吳綏纂　清光緒二十五年(1899)石印本　四冊

610000－1042－0002112　綫610.1/127

二十四史分類輯要十二卷　（清）沈桐生輯　清光緒二十八年(1902)會文學社石印本　十二冊

610000－1042－0002113　綫610.1/649

二十四史提綱二十卷　（清）蔡麟編　清光緒二十九年(1903)普學書莊石印本　八冊

610000－1042－0002114　綫610.1/632

廿四史約編八卷首一卷　（清）鄭元慶述　（清）陳瞿石鑒定　清光緒元年(1875)上海書局石印本　八冊

610000－1042－0002115　綫610.1/632

廿四史約編八卷首一卷　（清）鄭元慶述　（清）陳瞿石鑒定　清光緒二十九年(1903)支那書局石印本　八冊

610000－1042－0002116　綫610.72/512

二十二史感應錄二卷　（清）彭希涑輯　清乾隆四十六年(1781)長白許承桂馨香齋刻本　四冊

610000－1042－0002117　綫610.72/512

二十二史感應錄二卷太上感應篇一卷　（清）彭希涑輯　清咸豐七年(1857)寶善堂刻本　一冊

610000－1042－0002118　綫610.1/481

廿二史綜編八卷　（清）陶有容編　清咸豐三年(1853)刻本　七冊

610000－1042－0002119　綫610.72/172
廿二史紀事八卷　（清）吳綏纂　（清）吳培源校　清光緒二十五年(1899)石印本　四冊

610000－1042－0002120　綫610.74/156
廿一史提綱歌二卷　（清）李兆洛撰　清道光五年(1825)刻本　二冊

610000－1042－0002121　綫610.1/632
廿一史約編八卷首一卷　（清）鄭元慶纂　清嘉慶二十一年(1816)刻本　八冊

610000－1042－0002122　綫610.1/632
廿一史約編八卷首一卷　（清）鄭元慶纂　清道光五年(1825)刻本　八冊

610000－1042－0002123　綫610.1/632
廿一史約編八卷首一卷　（清）鄭元慶纂　清道光十三年(1833)刻本　八冊

610000－1042－0002124　綫610.71/632
廿一史約編八卷首一卷　（清）鄭元慶纂　清刻本　八冊

610000－1042－0002125　綫610.71/632
廿一史約編八卷首一卷　（清）鄭元慶纂　清刻本　十冊

610000－1042－0002126　綫610.71/632
廿一史約編八卷首一卷　（清）鄭元慶纂　清刻本　十二冊

610000－1042－0002127　綫善621.7326/746
左傳鴻裁十二卷　（明）穆文熙輯　明萬曆十八年(1590)朱朝聘刻本　六冊

610000－1042－0002128　綫610.11/069
史記鈔四卷　（漢）司馬遷撰　（清）高嵣集評　清乾隆五十三年(1788)刻本　四冊

610000－1042－0002129　綫610.11/069
史記選六卷　（漢）司馬遷撰　（清）儲欣等選評　清光緒九年(1883)靜遠堂刻本　四冊

610000－1042－0002130　綫610.11/309
史記菁華錄六卷　（漢）司馬遷撰　（清）姚祖恩選評　清道光四年(1824)吳興姚氏扶荔山房刻朱墨套印本　六冊

610000－1042－0002131　綫610.11/309
史記菁華錄四卷　（漢）司馬遷撰　（清）姚祖恩選評　清道光二十三年(1843)藩憲吳振棫刻本　八冊

610000－1042－0002132　綫610.11/309
史記菁華錄六卷　（漢）司馬遷撰　（清）姚祖恩選評　清同治十二年(1873)紅杏山房刻朱墨套印本　二冊

610000－1042－0002133　綫610.11/309
史記菁華錄六卷　（漢）司馬遷撰　（清）姚祖恩選評　清光緒十三年(1887)上海蜚英館石印本　六冊

610000－1042－0002134　綫610.11/309
史記菁華錄六卷　（漢）司馬遷撰　（清）姚祖恩選評　清光緒十八年(1892)煥文書局石印本　六冊

610000－1042－0002135　綫622.07/329
前漢書鈔四卷後漢書鈔二卷　（清）高嵣評　清乾隆五十三年(1788)刻本　六冊

610000－1042－0002136　綫622.74/215
漢書蒙拾三卷　（清）杭世駿輯　清咸豐元年(1851)長沙小嫏嬛仙館刻本　一冊

610000－1042－0002137　綫622.207/215
後漢書蒙拾二卷　（清）杭世駿輯　清咸豐元年(1851)長沙小嫏嬛仙館刻本　一冊

610000－1042－0002138　綫善624.1071/174
東萊先生唐書詳節六十卷　（宋）呂祖謙撰　明嘉靖刻本　一冊　存三卷(二十四至二十六)

610000－1042－0002139　綫624.1/124
新舊唐書合鈔二百六十卷宰相世系表十二卷唐書補正六卷　（清）沈炳震編纂　清同治十年(1871)武林吳氏清采堂刻本　八十冊

610000－1042－0002140　綫善624.2/647
歐陽文忠公新唐書抄二卷歐陽文忠公五代史抄二十卷　（宋）歐陽修撰　（明）茅坤批評　明萬曆刻本　四冊

610000－1042－0002141　綫 626.104/521
明太祖論議一卷明太祖事略一卷附錄一卷黃
雪瀑集一卷明太祖集補一卷　（清）黃中輯撰
　清初泳古堂刻本　一冊

610000－1042－0002142　綫 610.74/692
史鑑節要便讀六卷　（清）鮑東里編輯　清光
緒刻本　一冊　存三卷（四至六）

610000－1042－0002143　綫 610.74/692
史鑑節要六卷　（清）鮑東里撰　清末民初石
印本　二冊　存三卷（三至五）

610000－1042－0002144　綫 610.1/566
史筌五首一卷　（清）楊銘柱編輯　清道光二
十六年（1846）刻本　一冊　存四卷（一至三、
首一卷）

610000－1042－0002145　綫 610.1/566
史筌五首一卷　（清）楊銘柱編輯　清道光二
十六年（1846）刻本　四冊

610000－1042－0002146　綫 610.74/566
史筌五首一卷　（清）楊銘柱編輯　清道光二
十六年（1846）刻本　五冊

610000－1042－0002147　綫 610.73/312
讀史探驪錄五卷　（清）姚芝生撰　清光緒上
海申報館鉛印本　五冊

610000－1042－0002148　綫 610/762
支那全史七卷　（日）藤田久道編　清光緒
二十七年（1901）教育世界社鉛印本　四冊

610000－1042－0002149　綫 610/165
支那通史四卷　（日）那珂通世編　清光緒
元年（1875）上海東文學社石印本　五冊

610000－1042－0002150　綫 610/165
支那通史四卷續支那通史二卷　（日）那珂
通世編　清光緒二十五年（1899）上海東文學
社石印本　七冊

610000－1042－0002151　綫 610/165
支那通史四卷　（日）那可通世編　清光緒
二十五年（1899）上海東文學社石印本　五冊

610000－1042－0002152　綫 610/165

610000－1042－0002153　綫 610/165
支那通史四卷　（日）那珂通世編　清光緒
二十五年（1899）味經官書局鉛印本　三冊

610000－1042－0002154　綫 610/165
支那通史四卷　（日）那珂通世編　清末味
經官書局鉛印本　四冊

610000－1042－0002155　綫 610/165
支那通史四卷　（日）那珂通世編　清末味
經官書局鉛印本　四冊

610000－1042－0002156　綫 610.022/497
中國歷史問答一卷　（日）富山房編　（清）
邵義譯　清光緒二十八年（1902）商務印書館
鉛印本　一冊

610000－1042－0002157　綫 610.9/459
中國歷史五卷　陳慶年撰　清光緒二十九年
（1903）鉛印本　五冊

610000－1042－0002158　綫 610.034/309
中國歷史教科書四冊　（清）姚祖義纂　清光
緒三十四年（1908）商務印書館鉛印本　三冊
　缺一冊（一）

610000－1042－0002159　綫 610.0334/544
共和國教科書新歷史第二冊　傅運森編　清
宣統三年（1911）商務印書館鉛印本　一冊

610000－1042－0002160　綫 610.29/412
歷朝世統紀年六卷　（明）徐師曾撰　（清）黃
虞稷注　清康熙至乾隆刻本　一冊

610000－1042－0002161　綫 602/038
帝王甲子記一卷　（清）王在鎬編　清務敏齋
刻本　一冊

610000－1042－0002162　綫 602/570
歷代史表五十九卷　（清）萬斯同撰　清嘉慶
七年（1802）留香閣刻本　八冊

610000－1042－0002163　綫 602/570
歷代史表五十九卷首一卷末一卷　（清）萬斯
同撰　清光緒十五年（1889）廣雅書局刻本

六冊

610000－1042－0002164　綫602/570

歷代史表五十九卷首一卷末一卷　（清）萬斯同撰　清光緒十九年（1893）上海古香閣石印本　八冊

610000－1042－0002165　綫602/570

歷代紀元匯考五卷　（清）萬斯同編　清乾隆十五年（1750）雙清閣刻本　二冊

610000－1042－0002166　綫602/570

歷代紀元匯考八卷續編一卷　（清）萬斯同編　孫鏘續編　清光緒二十三年（1897）瀚洲李哲浚刻本　四冊

610000－1042－0002167　綫602/521

歷代紀元同異考略一卷　（清）黃大華編　清光緒二十六年（1900）夢紅豆邨刻本　一冊

610000－1042－0002168　綫610.2/586

歷代帝王年表十四卷　（清）齊召南編　（清）阮福續編　清道光四年（1824）小琅嬛僊館刻本　四冊

610000－1042－0002169　綫610.2/586

歷代帝王年表十四卷　（清）齊召南編　（清）阮福續編　清同治二年（1863）武林葉敦怡堂刻本　四冊

610000－1042－0002170　綫782.102/586

歷代帝王年表三卷　（清）齊召南編　（清）阮福續編　清光緒十二年（1886）蘇州掃葉山房刻本　三冊

610000－1042－0002171　綫789.2/680

歷代帝王世系圖一卷　（□）□□撰　清宣統二年（1910）陸軍部印刷處石印本　一冊

610000－1042－0002172　綫789.2/124

歷代世系紀年編一卷　（清）沈炳震撰　清刻本　一冊

610000－1042－0002173　綫610.02/156

紀元編三末一卷　（清）李兆洛纂　（清）六承如集錄　清道光十一年（1831）董學齋刻本　一冊

610000－1042－0002174　綫610.02/156

紀元編三末一卷　（清）李兆洛纂　清同治十年（1871）合肥李氏刻本　一冊

610000－1042－0002175　綫610.02/156

紀元編三末一卷　（清）李兆洛纂　（清）六承如集錄　清同治十年（1871）刻本　二冊

610000－1042－0002176　綫602/297

廿四史三表二十卷　（清）段長基撰　（清）段揯書編　清光緒元年（1875）味古山房曾氏刻本　二十七冊　缺三卷（歷代疆域表一至三）

610000－1042－0002177　綫602/297

歷代統紀表十三卷　（清）段長基撰　（清）段揯書編　清嘉慶二十年（1815）小酉山房刻本　十二冊

610000－1042－0002178　綫602/297

歷代統紀表十三卷　（清）段長基撰　（清）段揯書編　清嘉慶二十二年（1817）刻本　十四冊

610000－1042－0002179　綫782.99/450

歷代年號統系表二卷　（清）張香海輯校　清咸豐八年（1858）刻本　一冊

610000－1042－0002180　綫782.99/680

歷代年號記略一卷　（清）□□撰　清同治十年（1871）刻本　一冊

610000－1042－0002181　綫610.2/462

紀元要略五卷　（清）陳景雲纂　清宣統二年（1910）日受軒抄本　一冊　存一卷（一）

610000－1042－0002182　綫610.5/018

五代紀年表一卷　（清）周嘉猷纂　清光緒六年（1880）刻本　一冊

610000－1042－0002183　綫625.75/696

元史氏族表三卷　（清）錢大昕編撰　清光緒十年（1884）長沙龍氏家塾刻本　二冊

610000－1042－0002184　綫625.705/696

元史氏族表三卷　（清）錢大昕補纂　清江蘇書局刻本　三冊

610000－1042－0002185　綫602/692

史鑑年表彙編十四卷　（清）蕭承笏編　清光緒十年(1884)江右養雲書屋刻本　八冊

610000－1042－0002186　綫善 327.1/459
日涉編十二卷　（明）陳堦撰　明後期刻清乾隆印本　十二冊

610000－1042－0002187　綫 857.176/802
清嘉錄十二卷　（清）顧祿撰　清道光十年(1830)刻本　四冊

610000－1042－0002188　綫 327.104/570
日典紀要十二卷　（清）葉騰驤輯　清道光二十年(1840)刻本　四冊

610000－1042－0002189　綫 669.26/173
地圖綜要三卷　（明）朱國達　（明）吳學儼等編輯　清順治二年(1645)朗潤堂刻本　六冊

610000－1042－0002190　綫 669.8/670
新斠注地理志十六卷　（清）錢坫撰　（清）徐松集釋　清同治十三年(1874)會稽章氏刻本　八冊

610000－1042－0002191　綫 660.4/156
歷代地理志韻編今釋二十卷皇朝輿地韻編二卷　（清）李兆洛輯　清同治九年(1870)合肥刻本　十冊

610000－1042－0002192　綫 660.4/156
歷代地理志韻編今釋二十卷皇朝輿地韻編二卷　（清）李兆洛輯　清光緒十四年(1888)上海掃葉山房合刻本　十冊

610000－1042－0002193　綫 669.1/450
歷代定域史綱四卷　（清）張印西撰　清光緒二十九年(1903)蘉碧軒石印本　一冊

610000－1042－0002194　綫 669.1/297
歷代疆域表三卷　（清）段長基編　清嘉慶十八年(1813)味古山房刻本　五冊

610000－1042－0002195　綫 669.1/297
歷代疆域表三卷　（清）段長基編　清嘉慶二十年(1815)小酉山房刻本　六冊

610000－1042－0002196　綫 669.1/297
歷代疆域表三卷　（清）段長基編　清嘉慶二

十二年(1817)刻本　五冊

610000－1042－0002197　綫 669.1/036
歷代疆域沿革圖一卷　（清）王宣筠等校正　清光緒三十一年(1905)陝西官書局石印本　一冊

610000－1042－0002198　綫 660/297
歷代沿革表三卷　（清）段長基編輯　清嘉慶二十年(1815)小酉山房刻本　六冊

610000－1042－0002199　綫 669.1/297
歷代沿革表三卷　（清）段長基編輯　清嘉慶二十二年(1817)刻本　五冊

610000－1042－0002200　綫 667/367
歷代地理沿革圖一卷　（清）六嚴繪　馬征麟訂正　清同治十一年(1872)金陵懷寧刻本　一冊

610000－1042－0002201　綫 667/361
歷代地理沿革圖一卷　（清）六嚴繪　馬征麟訂正　清光緒十八年(1892)長沙草素書局刻本　一冊

610000－1042－0002202　綫 660.23/462
歷代地理沿革表四十七卷　（明）陳芳績撰　清光緒二十一年(1895)廣雅書局刻本　二十冊

610000－1042－0002203　綫 669.1/561
歷代輿地沿革險要圖一卷　楊守敬　饒敦秩合編　清光緒五年(1879)東湖饒氏刻本　二冊

610000－1042－0002204　綫 669.1/040
歷代輿地沿革險要圖說一卷　楊守敬　饒敦秩編　王尚德重繪　清光緒二十四年(1898)上海文賢閣石印本　一冊

610000－1042－0002205　綫 669.1/563
輿地沿革表四十卷　（清）楊丕復編　清光緒十四年(1888)刻本　二十四冊

610000－1042－0002206　綫 667/512
中國地理圖表　（清）彭昌南編　清宣統元年(1909)刻本　一冊

610000－1042－0002207　綫662/134

漢書地理志二卷　（清）汪小米纂　清同治十年(1871)刻本　一冊

610000－1042－0002208　綫662/458

漢書地理志水道圖說七卷　（清）陳澧撰　清道光二十八年(1848)刻本　二冊

610000－1042－0002209　綫662/458

漢書地理志水道圖說七卷　（清）陳澧撰　清同治三年(1864)廣東富文齋刻本　二冊

610000－1042－0002210　綫682.8/252

漢志水道疏證四卷　（清）洪頤煊撰　清光緒十四年(1888)長沙蔣鳳藻刻本　二冊

610000－1042－0002211　綫661.99/667

楚漢諸侯疆域志三卷　（清）劉文淇撰　清光緒二年(1876)金陵刻本　一冊

610000－1042－0002212　綫662.3/250

補三國疆域志二卷　（清）洪亮吉撰　清乾隆四十六年(1781)西安刻本　二冊

610000－1042－0002213　綫662.3023/170

三國郡縣表八卷　（清）吳增僅撰　清光緒二十二年(1896)木活字印本　四冊

610000－1042－0002214　綫662.3/250

三國疆域志補注十九卷　（清）洪亮吉撰　清光緒二十四年(1898)刻本　八冊

610000－1042－0002215　綫663.2/250

東晉疆域志四卷　（清）洪亮吉撰　清嘉慶元年(1796)京師刻本　三冊

610000－1042－0002216　綫663.3/250

十六國疆域志十六卷　（清）洪亮吉撰　清嘉慶三年(1798)京師刻本　六冊

610000－1042－0002217　綫663.3/250

十六國疆域志二十二卷　（清）洪亮吉撰　清光緒四年(1878)授經堂刻本　九冊

610000－1042－0002218　綫663.7/561

隋書地理志考證九卷　楊守敬撰　清光緒二十二年(1896)宜都楊氏鄰蘇園刻本　六冊

610000－1042－0002219　綫660/367

括地志八卷　（清）孫星衍輯　清嘉慶三年(1798)岱南閣刻本　二冊

610000－1042－0002220　綫660/154/664.16/154

元和郡縣圖志四十卷闕卷逸文一卷補志九卷　（唐）李吉甫撰　（清）孫星衍輯　（清）嚴觀補輯　清光緒六年(1880)南京金陵書局刻本(補志配光緒八年刻本)　十冊　缺六卷(十九至二十、二十三至二十四、三十五至三十六)

610000－1042－0002221　綫665.5/152

遼史地理志考五卷　（清）李慎儒撰　清刻本　四冊

610000－1042－0002222　綫665.1/647

太平寰宇記二百卷　（宋）樂史撰　清咸豐五年(1855)南昌萬廷蘭刻本　三十六冊　缺八卷(四、一百十三至一百十九)

610000－1042－0002223　綫665.1/038

元豐九域志十卷　（宋）王存等纂修　清光緒八年(1882)南京金陵書局刻本　四冊

610000－1042－0002224　綫665.1/038

元豐九域志十卷　（宋）王存等撰　清刻本　八冊

610000－1042－0002225　綫660/643

輿地廣記三十八卷　（宋）歐陽忞撰　校勘劄記二卷　（清）黃丕烈撰　清光緒六年(1880)南京金陵書局刻本　四冊

610000－1042－0002226　綫665.2/042

輿地紀勝二百卷　（宋）王象之撰　清道光二十九年(1849)刻本　五十冊

610000－1042－0002227　綫善669.8/006

元秘史地理考證十五卷　（清）丁謙撰　清光緒稿本　一冊

610000－1042－0002228　綫善666/154

大明一統志九十卷　（明）李賢等修　明天順五年(1461)司禮監刻本　三十八冊

610000－1042－0002229　綫善666/452

廣輿記二十四卷 （明）陸應陽撰 清康熙刻
本 十二冊

610000－1042－0002230 綫 666/452
廣輿記二十四卷 （明）陸應陽輯 （清）蔡方
炳增輯 清康熙二十五年(1686)刻本 十五
冊 缺二卷(十三至十四)

610000－1042－0002231 綫 666/452
廣輿記二十四卷 （明）陸應陽輯 （清）蔡方
炳增輯 清康熙二十五年(1686)吳郡寶翰樓
刻本 十二冊

610000－1042－0002232 綫 666/452
廣輿記二十四卷 （明）陸應陽輯 （清）蔡方
炳增輯 清康熙四十六年(1707)吳郡寶翰樓
刻本 十二冊

610000－1042－0002233 綫 667/649
廣輿記二十四卷 （明）陸應陽輯 （清）蔡方
炳增輯 清康熙五十六年(1717)光德堂刻本
十六冊

610000－1042－0002234 綫 666/452
廣輿記二十四卷 （明）陸應陽輯 （清）蔡方
炳增輯 清嘉慶七年(1802)刻本 十六冊

610000－1042－0002235 綫 666/452
廣輿記二十四卷 （明）陸應陽輯 （明）閻光
表增訂 清刻本 五冊

610000－1042－0002236 綫 669.1/802
輿圖要覽四卷 （清）顧祖禹纂 清敷文閣刻
本 四冊

610000－1042－0002237 綫 601.81/409
寰宇分合志八卷增輯一卷 （明）徐樞纂 清
光緒二十八年(1902)湘潭楊氏家塾縮刻本
八冊

610000－1042－0002238 綫 667/788
大清一統輿圖中一卷南十卷北二十卷首一卷
（清）胡林翼 （清）嚴樹森主持 （清）鄒
世詒 （清）晏啟鎮編繪 （清）李庭蕭
（清）汪士鐸核校 清同治二年(1863)武昌刻
本 三十二冊

610000－1042－0002239 綫 667/230
大清一統志五百卷 （清）和珅等纂 清光緒
二十七年(1901)上海實善齋石印本 六十冊

610000－1042－0002240 綫 669.1/802
讀史方輿紀要九卷 （清）顧祖禹撰 清嘉慶
刻本 八冊

610000－1042－0002241 綫 669.1/802
讀史方輿紀要九卷 （清）顧祖禹撰 清嘉慶
十年(1805)友蘭堂刻本 八冊

610000－1042－0002242 綫 669.1/802
讀史方輿紀要一百三十卷 （清）顧祖禹撰
清光緒五年(1879)敷文閣刻本 三十三冊
缺三十九卷(四十二至六十二、一百十三至一
百三十)

610000－1042－0002243 綫 669.1/802
讀史方輿紀要一百三十卷輿圖要覽四卷
（清）顧祖禹撰 （清）彭元瑞校定 清光緒二
十五年(1899)慎記書莊石印本 三十二冊

610000－1042－0002244 綫 669.1/802
讀史方輿紀要一百三十卷方輿全圖總說五卷
（清）顧祖禹撰 清光緒二十七年(1901)上
海圖書集成局石印本 三十二冊

610000－1042－0002245 綫 667/627
方輿紀要簡覽三十四卷 （清）藩鐸輯錄 清
光緒二十八年(1902)經元堂刻本 十六冊

610000－1042－0002246 綫 667/579
皇朝全圖 （清）鄒伯奇編繪 清彩繪本
一冊

610000－1042－0002247 綫 667/034
皇朝輿地略一卷皇朝輿地韻編一卷 （清）六
承如撰 清道光二十一年(1841)刻本 一冊

610000－1042－0002248 綫 669.27/230
皇朝一統輿地圖表十八卷 （清）和珅等撰
清道光二十九年(1849)陽湖薛瑜刻本 十
二冊

610000－1042－0002249 綫 627.024/194
皇朝輿地全圖 （清）何國宗繪 （清）明安圖

厘定　清乾隆二十五年(1760)刻本　一冊

610000－1042－0002250　綫667/156

皇朝輿地韻編二卷校勘記一卷　(清)李兆洛輯　清道光十七年(1837)刻本　一冊

610000－1042－0002251　綫667/359

皇朝輿地圖說六卷　(清)馬晉義纂　清光緒二十八年(1902)上海蒙學報館石印本　六冊

610000－1042－0002252　綫667/298

皇朝直省地輿全圖　(清)漢鎮輿圖局編　清光緒五年(1879)上海點石齋縮印石印本　一冊

610000－1042－0002253　綫669.27/659

皇朝直省府廳州縣歌括一卷　(清)蔣升撰　清光緒二十九年(1903)鉛印本　一冊

610000－1042－0002254　綫660/250

乾隆府廳州縣圖志五十卷　(清)洪亮吉撰　清乾隆五十三年至嘉慶八年(1788－1803)刻本　十四冊

610000－1042－0002255　綫661.8/802

七國地理考七卷國策編年一卷　(清)顧觀光撰　清宣統三年(1911)刻本　四冊

610000－1042－0002256　綫660.37/148

地理學講義不分卷　(日本)志賀重昂撰　(清)薩端譯　清末陝西味經官書局鉛印本　一冊

610000－1042－0002257　綫660.37/579

京師大學堂中國地理講義一卷首一卷　(清)鄒代鈞撰　清末鉛印本　一冊

610000－1042－0002258　綫660.37/523

中國地理教科書三卷　屠寄纂　清光緒三十一年(1905)鉛印本　二冊

610000－1042－0002259　綫660.37/050

中等地理教科書二卷　(□)□□撰　清末陝西味經官書局鉛印本　二冊

610000－1042－0002260　綫660.37/447

初等地理教科書不分卷　張相文輯　清末陝西味經官書局鉛印本　一冊

610000－1042－0002261　綫671.1101/168

宸垣識略十六卷　(清)吳長元輯　清乾隆五十三年(1788)池北草堂刻本　八冊

610000－1042－0002262　綫671.1101/168

宸垣識略十六卷　(清)吳長元輯　清咸豐二年(1852)藻思堂刻本　八冊

610000－1042－0002263　綫671.1101/168

宸垣識略十六卷　(清)吳長元輯　清光緒二年(1876)刻本　八冊

610000－1042－0002264　綫671.1101/017

欽定日下舊聞考一百六十卷譯語總目一卷　(清)朱彝尊原輯　(清)于敏中等修　(清)竇光鼐等纂　清乾隆刻本　四十冊

610000－1042－0002265　綫671.1101/151

[光緒]順天府志一百三十卷附錄一卷　(清)李鴻章等修　(清)張之洞等纂　清光緒十年至十二年(1884－1886)刻本　六十四冊

610000－1042－0002266　綫671.1203/114

[乾隆]天津縣誌二十四卷　(清)朱奎揚等修　清乾隆四年(1739)刻本　十六冊

610000－1042－0002267　綫671.1123/292

[光緒]通州志十卷首一卷末一卷　(清)英良督修　(清)王維珍纂修　清光緒五年(1879)刻本　十二冊

610000－1042－0002268　綫671.1101/151

[同治]畿輔通志三百卷首一卷　(清)李鴻章等修　(清)黃彭年等纂　清光緒十年(1884)刻本　二百五十二冊

610000－1042－0002269　綫671.1238/500

[光緒]永平府志七十二卷首一卷末一卷　(清)遊智開　(清)史夢蘭纂修　清光緒二年(1876)刻本　三十二冊

610000－1042－0002270　綫671.1263/352

[光緒]玉田縣誌三十卷首一卷　(清)夏子鎏修　(清)李昌時纂　(清)丁維續纂　清光緒十年(1884)刻本　六冊

610000－1042－0002271　綫671.1257/544

[乾隆]直隸遵化州志二十卷 （清）傅修等纂修 清乾隆五十九年(1794)刻本 八冊

610000－1042－0002272 綫671.1345/454
[康熙]靈壽縣誌十卷末一卷 （清）陸隴其等纂修 清康熙二十五年(1686)刻本 四冊

610000－1042－0002273 綫671.1332/631
[乾隆]正定府志五十卷首一卷 （清）鄭大進纂修 清乾隆二十七年(1762)刻本 三十二冊

610000－1042－0002274 綫671.4214/638
[光緒]蔚州志二十卷首一卷 （清）慶之金修 （清）楊篤纂 清光緒三年(1877)蔚州公廨刻本 八冊

610000－1042－0002275 綫671.1/521
[乾隆]口北三廳志十六卷首一卷 （清）黃可潤纂修 清乾隆二十三年(1758)刻本 六冊

610000－1042－0002276 綫671.4/510
[光緒]山西通志一百八十四卷首一卷 （清）曾國荃修 （清）王軒等纂 清光緒十八年(1892)刻本 九十六冊

610000－1042－0002277 綫671.4/559
[乾隆]山西志輯要十卷首一卷清涼山志輯要二卷 （清）雅德修 （清）汪本直纂輯 清乾隆四十五年(1780)刻本 十二冊

610000－1042－0002278 綫671.4/510
[光緒]山西疆域沿革圖譜五卷 （清）曾國荃修 （清）王軒纂 清光緒十三年(1887)刻本 四冊

610000－1042－0002279 綫671.4/433
晉乘搜略三十二卷 （清）康基田纂 清嘉慶十六年(1811)刻本 三十五冊

610000－1042－0002280 綫671.4103/300
[道光]太原縣志十八卷 （清）貟佩蘭纂修 （清）楊國泰協修 清道光六年(1826)刻本 六冊

610000－1042－0002281 綫671.4103/300
[光緒]續太原縣誌二卷 （清）薛菊村纂輯 清光緒八年(1882)刻本 二冊

610000－1042－0002282 綫671.4101/719
[康熙]陽曲縣誌十四卷首一卷 （清）戴夢熊修 （清）李方藥等纂 清康熙二十一年(1682)刻本 七冊 缺二卷(一、首一卷)

610000－1042－0002283 綫671.4181/573
[光緒]平定州志補一卷 （清）葛士達等修 清光緒十八年(1892)刻本 一冊

610000－1042－0002284 綫671.4131/037
[乾隆]介休縣誌十四卷 （清）王謀文纂修 清乾隆三十五年(1770)刻本 十四冊

610000－1042－0002285 綫671.4131/410
[嘉慶]介休縣誌十四卷 （清）徐品山 （清）陸元鏸纂修 清嘉慶二十四年(1819)刻本 八冊

610000－1042－0002286 綫671.4102/369
[乾隆]汾州府志三十四卷首一卷 （清）孫和相修 （清）戴震纂 清乾隆三十六年(1771)刻本 十六冊

610000－1042－0002287 綫671.4357/659
[康熙]汾西縣誌八卷首一卷 （清）蔣鳴龍等纂修 清光緒八年(1882)刻本 四冊

610000－1042－0002288 綫671.4313/444
[道光]新修曲沃縣誌十二卷 （清）張兆衡纂修 清道光二十二年(1842)刻本 六冊

610000－1042－0002289 綫671.4307/432
[光緒]浮山縣誌三十四卷 （清）鹿學典等修 （清）武克明等纂 清光緒六年(1880)刻本 七冊

610000－1042－0002290 綫671.4325/039
[乾隆]臨晉縣誌八卷 （清）王正茂等纂修 清光緒六年(1880)刻本 四冊

610000－1042－0002291 綫671.4325/039
[光緒]續修臨晉縣誌二卷 （清）艾紹濂等纂修 清光緒六年(1880)刻本 二冊

610000－1042－0002292 綫善671.4323/236
[乾隆]蒲州府志二十四卷 （清）周景柱等修

清乾隆二十年(1755)刻本 十册

610000－1042－0002293 綫671.4323/151
[光緒]永濟縣誌二十四卷 (清)李榮和
(清)劉鍾麟修 (清)胡仰廷等纂 清光緒十
二年(1886)刻本 十四册

610000－1042－0002294 綫675.31/540
蒙古遊牧記十六卷 (清)張穆撰 清同治六
年(1867)壽陽祁氏刻本 四册

610000－1042－0002295 綫675.31/540
蒙古遊牧記十六卷 (清)張穆撰 清同治六
年(1867)壽陽祁氏刻本 四册

610000－1042－0002296 綫675.31/540
蒙古遊牧記十六卷 (清)張穆撰 清同治六
年(1867)壽陽祁氏刻本 四册

610000－1042－0002297 綫675.31/540
蒙古遊牧記十六卷 (清)張穆撰 清同治六
年(1867)壽陽祁氏刻本 四册

610000－1042－0002298 綫675.31/540
蒙古遊牧記十六卷 (清)張穆撰 清同治六
年(1867)壽陽祁氏刻本 四册

610000－1042－0002299 綫625.704/450
蒙古遊牧記十六卷 (清)張穆撰 (清)何秋
濤校 清光緒二十年(1894)上海復古書局石
印本 六册

610000－1042－0002300 綫675.31/540
蒙古遊牧記十六卷 (清)張穆撰 (清)何秋
濤校 清光緒二十六年(1900)上海掃葉山房
石印本 六册

610000－1042－0002301 綫671.6331/566
[光緒]海城縣誌十卷 (清)楊金庚纂 清光
緒三十四年(1908)官報書局鉛印本(卷七至
十配民國抄本) 二册

610000－1042－0002302 綫674.2/212
[光緒]吉林通志一百二十二卷圖一卷 (清)
長順 (清)訥欽修 (清)李桂林 (清)顧
雲纂 清光緒十七年(1891)刻本 四十九册

610000－1042－0002303 綫674.2/739

[道光]吉林外紀十卷 (清)薩英額纂修 清
光緒二十一年(1895)漸西村舍刻本 二册

610000－1042－0002304 綫674.3/406
[光緒]黑龍江述略六卷 (清)徐宗亮纂修
清光緒十七年(1891)石棣徐氏刻本 二册

610000－1042－0002305 綫674.3/100
[嘉慶]黑龍江外記八卷 (清)西清撰 清光
緒二十年(1894)漸西村舍刻本 二册

610000－1042－0002306 綫672.1201/304
[同治]上海縣誌三十二卷首一卷補遺一卷敘
錄一卷 (清)應寶時等修 (清)俞樾等纂
清同治十一年(1872)上海南園志局刻本 十
六册

610000－1042－0002307 綫672.1219/542
[光緒]嘉定縣誌三十二卷首一卷附一卷
(清)程其珏纂 (清)楊震福修 清光緒六年
(1880)刻本 十六册

610000－1042－0002308 綫672.1205/561
[紹熙]雲間志三卷續入一卷 (宋)楊潛等纂
清光緒二十年(1894)徐氏觀自得齋刻本
二册

610000－1042－0002309 綫672.1211/737
[光緒]重修奉賢縣志二十卷首一卷末一卷
(清)韓佩金修 (清)張文虎纂 清光緒四年
(1878)志書局刻本 六册

610000－1042－0002310 綫672.1/510
江蘇全省輿地全圖 (清)曾國藩 (清)丁日
昌纂 清同治七年(1868)刻本 六册

610000－1042－0002311 綫672.1/677
江蘇全省輿圖 (清)渚遟鞠纂 清光緒二十
一年(1895)刻本 三册

610000－1042－0002312 綫672.14/087
[嘉慶]重刊江寧府志五十六卷首一卷 (清)
呂燕昭修 (清)姚鼐纂 清光緒六年(1880)
刻本 十二册

610000－1042－0002313 綫672.14/087
[光緒]續纂江寧府志十五卷首一卷 (清)蔣

啓勳 （清）趙佑宸修 （清）汪士鐸纂 清光緒六年(1880)刻本 十冊

610000－1042－0002314 綫672.1103/483
[同治]上江兩縣誌二十九卷首一卷 （清）莫祥芝等纂修 清同治十三年(1874)刻本 十二冊

610000－1042－0002315 綫672.1109/170
[宣統]高淳縣鄉土志一卷 （清）吳壽寬等纂輯 清宣統三年(1911)木活字印本 一冊

610000－1042－0002316 綫672.1403/365
[同治]重修山陽縣誌二十一卷 （清）孫雲修 （清）何紹基纂 清同治十二年(1873)刻本 八冊

610000－1042－0002317 綫672.1501/113
[同治]徐州府志二十五卷 （清）朱忻等修 （清）劉庠等纂 清同治十三年(1874)刻本 十六冊

610000－1042－0002318 綫672.1511/664
[咸豐]邳州志二十卷首一卷 （清）董用威等修 （清）魯一同纂 清咸豐元年(1851)刻光緒二十一年(1895)邳州州署重印本 四冊

610000－1042－0002319 綫672.1511/664
[咸豐]邳州志二十卷首一卷 （清）董用威等修 （清）魯一同纂 清咸豐元年(1851)刻光緒二十一年(1895)邳州州署重印本 四冊

610000－1042－0002320 綫672.1407/242
[光緒]安東縣誌十五卷首一卷 （清）金元烺修 （清）吳昆田等纂 清光緒元年(1875)刻本 四冊

610000－1042－0002321 綫672.1417/234
[嘉慶]東台縣誌四十卷 （清）周右等纂 清嘉慶二十一年(1816)刻本 十冊

610000－1042－0002322 綫672.1417/234
[嘉慶]東台縣誌四十卷 （清）周右等纂 清刻本 十冊

610000－1042－0002323 綫672.1313/165
[嘉慶]重刊宜興縣誌四卷首一卷 （清）阮升

基修 清嘉慶二年(1797)刻本 二冊

610000－1042－0002324 綫672.3119/408
[至元]嘉禾志三十二卷 （元）徐碩等修 清道光十九年(1839)刻本 八冊

610000－1042－0002325 綫672.1412/489
[康熙]揚州府志四十卷 （清）崔華等纂 清康熙二十四年(1685)刻本 十四冊 缺五卷（二十九至三十三）

610000－1042－0002326 綫672.1412/216
[嘉慶]重修揚州府志七十二卷首一卷 （清）阿克當阿等纂修 清嘉慶十五年(1810)刻本 四十八冊

610000－1042－0002327 綫672.1412/292
[同治]續纂揚州府志二十四卷 （清）英傑修 （清）晏端書等纂 清同治十三年(1874)刻本 八冊

610000－1042－0002328 綫672.1421/038
[道光]泰州志三十六卷首一卷 （清）王有慶等纂修 清光緒三十四年(1908)刻本 十二冊

610000－1042－0002329 綫672.1/323
[光緒]泰興縣誌二十八卷 （清）顧曾烜等纂修 清光緒十二年(1886)刻本 十冊

610000－1042－0002330 綫672.1315/688
[光緒]江陰縣誌三十卷首一卷 （清）盧思誠等纂修 清光緒四年(1878)刻本 二十冊

610000－1042－0002331 綫672.1413/042
[嘉慶]江都縣續志十二卷首一卷 （清）王逢源修 （清）李保泰纂 清光緒七年(1881)刻本 四冊

610000－1042－0002332 綫672.1413/571
甘棠小志四卷首一卷末一卷 （清）董醇纂修 清咸豐五年(1855)荻芬書屋刻本 四冊

610000－1042－0002333 綫672.1422/807
[光緒]再續高郵州志八卷首一卷 （清）龔定瀛修 （清）夏子鍚纂 清光緒九年(1883)刻本 八冊

610000 - 1042 - 0002334　綫 672.1419/343

[咸豐]重修興化縣誌十卷　（清）梁園棣等纂修　清咸豐二年(1852)刻本　八冊

610000 - 1042 - 0002335　綫 672.1319/041

[乾隆]直隸通州志二十二卷　（清）王繼祖修（清）夏之蓉纂　清乾隆二十年(1755)刻本　十六冊

610000 - 1042 - 0002336　綫 672.1319/340

[光緒]通州直隸州志十六卷首一卷末一卷訂訛一卷　（清）梁悅馨　（清）莫祥芝修（清）季念詒纂　清光緒元年(1875)刻本　二十四冊

610000 - 1042 - 0002337　綫 672.1319/340

[光緒]通州直隸州志十六卷首一卷末一卷訂訛一卷　（清）梁悅馨　（清）莫祥芝修（清）季念詒纂　清光緒元年(1875)刻本　十六冊

610000 - 1042 - 0002338　綫 672.1319/340

[光緒]通州直隸州志十六卷首一卷末一卷訂訛一卷　（清）梁悅馨　（清）莫祥芝修（清）季念詒纂　清光緒元年(1875)刻本　十六冊

610000 - 1042 - 0002339　綫 672.1521/566

[嘉慶]如皋縣誌二十四卷續志十二卷　（清）楊受廷等纂修　清嘉慶十三年(1808)刻本　十二冊

610000 - 1042 - 0002340　綫 672.117/155

[光緒]丹徒縣誌摭餘二十一卷　（清）李恩綬等纂　清光緒三十一年(1905)刻本　十二冊

610000 - 1042 - 0002341　綫 672.1309/039

[光緒]重修武進陽湖縣誌三十卷首一卷（清）王其淦　（清）吳康壽修　（清）湯成烈纂　清光緒五年(1879)刻本　二十冊

610000 - 1042 - 0002342　綫 672.1123/155

[嘉慶]溧陽縣誌十六卷　（清）李景嶧等總修（清）史炳等纂修　清光緒二十二年(1896)木活字印本　十冊

610000 - 1042 - 0002343　綫 672.1123/116

[光緒]溧陽縣續志十六卷末一卷　（清）朱畯（清）馮煦等纂修　清光緒二十五年(1899)木活字印本　八冊

610000 - 1042 - 0002344　綫 672.1311/619

[光緒]無錫金匱縣誌四十七卷　（清）裴大中修　（清）秦緗業纂　清光緒二十九年(1903)刻本　二十冊

610000 - 1042 - 0002345　綫 672.1300/156

[同治]蘇州府志一百五十卷首三卷　（清）李銘皖修　（清）馮桂芬纂　清光緒九年(1883)江蘇書局刻本　八十冊

610000 - 1042 - 0002346　綫 672.1303/634

[光緒]常昭合志稿四十八卷首一卷末一卷（清）鄭鍾祥等修　（清）龐鴻文纂　清光緒三十年(1904)木活字印本　十六冊

610000 - 1042 - 0002347　綫 672.1305/243

[光緒]新兩縣續修合志五十二卷首一卷末一卷　（清）吳金瀾　（清）汪堃纂修　清光緒七年(1881)刻本　二十四冊

610000 - 1042 - 0002348　綫 672.1507/464

[乾隆]震澤縣誌三十八卷首一卷　（清）陳和志修　（清）倪師孟等纂　清光緒十九年(1893)吳郡徐元圃刻本　八冊

610000 - 1042 - 0002349　綫 672.1307/409

[嘉慶]黎裏志十六卷首一卷　（清）徐達源纂修　清嘉慶十年(1805)吳江禊湖書院刻本　四冊

610000 - 1042 - 0002350　綫 672.1307/651

[光緒]黎裏續志十六卷首一卷　（清）蔡丙圻纂修　清光緒二十五年(1899)吳江禊湖書院刻本　六冊

610000 - 1042 - 0002351　綫 672.1217/732

匯刻太倉舊志五種　（清）繆薌甫輯　清宣統元年(1909)刻本　八冊

610000 - 1042 - 0002352　綫 672.15/215

[光緒]川沙廳志十四卷首一卷末一卷　（清）

陳方瀛 （清）俞樾等纂修 清光緒五年(1879)刻本 六冊

610000－1042－0002353 綫672.1/309
[嘉慶]廣陵事略七卷 （清）姚文田輯 清嘉慶十七年(1812)歸安姚氏開封節院刻本 四冊

610000－1042－0002354 綫672.3/156
[雍正]浙江通志二百八十卷首三卷 （清）李衛等修 （清）沈翼機 （清）傅王露纂 清光緒二十五年(1899)浙江書局刻本 一百二十冊

610000－1042－0002355 綫672.311/232
[乾道]臨安志十五卷 （宋）周淙纂 清光緒二十年(1894)仁和孫氏壽松堂刻本(原缺卷十四至十五) 一冊 存三卷(一至三)

610000－1042－0002356 綫善672.311/232
[乾道]臨安志三卷 （宋）周淙纂 清抄本 一冊

610000－1042－0002357 綫672.3111/232
[乾道]臨安志三卷 （宋）周淙纂 清光緒十年(1884)刻本 一冊

610000－1042－0002358 綫672.3111/637
咸淳臨安志一百卷 （宋）潛說友纂修 清道光十年(1830)錢塘振綺堂汪氏刻本 二十四冊

610000－1042－0002359 綫672.5109/477
[嘉慶]餘杭縣誌四十卷 （清）張吉安修 （清）朱文藻纂 清光緒六年(1880)刻本 十二冊

610000－1042－0002360 綫672.3107/132
[光緒]富陽縣誌二十四卷首一卷 （清）汪文炳等纂修 清光緒三十二年(1906)刻本 十六冊

610000－1042－0002361 綫672.3327/632
景定嚴州續志十卷 （宋）鄭瑤 （宋）方仁榮纂修 （清）紀昀等纂 清乾隆五十一年(1786)文瀾閣傳抄本 二冊

610000－1042－0002362 綫672.3327/632
景定嚴州續志十卷 （宋）鄭瑤 （宋）方仁榮纂修 清光緒桐廬袁昶刻本 二冊

610000－1042－0002363 綫672.3337/462
[光緒]分水縣誌十卷首一卷末一卷 （清）陳常鏵等修 （清）臧承宣纂 清光緒三十二年(1906)刻本 八冊

610000－1042－0002364 綫672.3329/152
[光緒]續纂淳安縣誌十六卷首一卷 （清）李詩等修 （清）陳中元等纂 清光緒十年(1884)淳安縣署刻本 八冊

610000－1042－0002365 綫672.3207/304
[光緒]鎮海縣誌四十卷 （清）于萬川修 （清）俞樾纂 清光緒五年(1879)刻本 十六冊

610000－1042－0002366 綫672.3221/368
[光緒]餘姚縣誌二十七卷末一卷 （清）周炳麟修 （清）孫德祖等纂 清光緒二十五年(1899)刻本 十六冊

610000－1042－0002367 綫672.3201/410
[咸豐]宋元四明六志九十六卷 （清）徐時棟輯 清咸豐四年(1854)甬上徐氏煙嶼樓刻本 三十冊

610000－1042－0002368 綫672.34/589
[雍正]寧波府志三十六卷首一卷 （清）曹秉仁修 （清）萬經等纂 清道光二十六年(1846)慈溪沈琛其介祉堂刻本 十六冊

610000－1042－0002369 綫672.3203/506
[光緒]慈溪縣誌五十六卷附編一卷 （清）楊泰亨修 （清）馮可鏞纂 清光緒二十五年(1899)德潤書院刻本 二十四冊 缺三卷(三十二至三十四)

610000－1042－0002370 綫672.3119/426
[光緒]嘉興府志八十八卷首二卷 （清）許瑤光修 （清）吳仰賢纂 清光緒三年至四年(1877－1878)鴛湖書院刻本 四十八冊

610000－1042－0002371 綫672.3121/091

[光緒]嘉善縣誌三十六卷首一卷　江峰青修　顧福仁纂　清光緒三十二年(1906)刻本　十六冊

610000－1042－0002372　綫672.3130/201

[同治]湖州府志九十六卷首一卷　(清)宗源瀚等修　(清)陸心源等纂　清同治十三年(1874)刻光緒九年(1883)重印本　四十冊

610000－1042－0002373　綫672.3131/134

[同治]南潯鎮志四十卷首一卷　(清)汪曰楨纂修　清同治二年(1863)刻本　十冊

610000－1042－0002374　綫672.3133/595

[同治]長興縣誌三十二卷　(清)趙定邦修　(清)周學濬纂　清光緒元年(1875)刻本　十六冊

610000－1042－0002375　綫672.3214/152

[乾隆]重修紹興府志八十卷首一卷　(清)李亨特等纂修　清乾隆五十七年(1792)刻本　四十四冊

610000－1042－0002376　綫672.3219/460

[光緒]諸暨縣誌六十一卷首一卷　陳遹聲　蔣鴻藻纂修　清宣統三年(1911)刻本　十八冊

610000－1042－0002377　綫672.3223/335

[光緒]上虞縣誌四十八卷首一卷　(清)唐煦春修　(清)朱士黻纂　清光緒十七年(1891)刻本　二十冊

610000－1042－0002378　綫672.3223/408

[光緒]上虞縣誌校續五十卷首一卷末一卷　(清)儲家藻修　(清)徐致靖纂　清光緒二十四年至二十五年(1898－1899)刻本　二十冊

610000－1042－0002379　綫善672.3225/131

剡錄十卷　(宋)高似孫撰　清抄本　六冊

610000－1042－0002380　綫672.3313/338

[光緒]蘭溪縣誌八卷首一卷補遺一卷　(清)秦簧等修　(清)唐壬森纂　清光緒十三年(1887)刻本　十冊

610000－1042－0002381　綫672.3319/151

[光緒]永康縣誌十六卷首一卷　(清)李汝為等修　(清)潘樹棠等纂　清光緒十八年(1892)刻本　十二冊

610000－1042－0002382　綫672.35/419

[光緒]宣平縣誌三十卷首一卷　(清)皮樹棠等修　清光緒四年(1878)宣平縣署刻本　八冊

610000－1042－0002383　綫672.5301/567

[康熙]衢州府志四十卷首一卷　(清)楊廷望纂修　清光緒八年(1882)安陸劉國光刻本　十二冊

610000－1042－0002384　綫672.3305/039

[同治]江山縣誌十二卷首一卷末一卷　(清)王彬修　(清)朱寶慈纂　清同治十二年(1873)文溪書院刻本　八冊

610000－1042－0002385　綫672.3235/039

光緒仙居志二十四卷首一卷仙居集二十四卷　(清)王壽頤等纂修　清光緒刻本　十八冊

610000－1042－0002386　綫672.3231/463

[光緒]黃巖縣誌四十卷首一卷　(清)陳鍾英　(清)王詠霓等纂修　清光緒三年(1877)刻本　十六冊

610000－1042－0002387　綫672.3231/463

[光緒]黃巖縣誌四十卷首一卷　(清)陳鍾英　(清)王詠霓等纂修　黃巖集三十二卷　(清)王子莊　(清)王蜺補輯　清光緒三年(1877)刻本　十六冊

610000－1042－0002388　綫672.3228/521

[嘉定]赤城志四十卷　(宋)陳耆卿纂　清嘉慶二十三年(1818)臨海宋氏刻本　六冊

610000－1042－0002389　綫672.34/488

[光緒]處州府志三十卷首一卷末一卷　(清)周榮椿纂　(清)潘紹詒修　清光緒三年(1877)刻本　二十八冊

610000－1042－0002390　綫672.3407/193

[光緒]縉雲縣誌十六卷首一卷末一卷　(清)

何乃容等纂修　清光緒二年至七年(1876－1881)刻本　十冊

610000－1042－0002391　綫672.3413/794
[乾隆]龍泉縣誌十二卷首一卷　(清)蘇遇龍等纂修　清乾隆二十七年(1762)刻本　四冊

610000－1042－0002392　綫672.2/128
[光緒]安徽通志三百五十卷補遺十卷　(清)沈葆楨修　(清)何紹基輯　清光緒三年(1877)刻本　一百十四冊

610000－1042－0002393　綫672.2/095
安徽輿圖表說十卷　(清)□□纂修　清光緒二十二年(1896)石印本　三冊

610000－1042－0002394　綫671.4317/151
[道光]太平縣誌十六卷首一卷　(清)李炳彥等纂修　清道光五年(1825)刻本　八冊

610000－1042－0002395　綫672.2212/768
[淳熙]新安志十卷　(宋)羅願纂修　清光緒十四年(1888)黟縣李宗煜刻本　四冊

610000－1042－0002396　綫672.2201/232
[同治]祁門縣誌三十六卷首一卷　(清)周溶修　(清)汪韻珊纂　清同治十二年(1873)刻本　十二冊

610000－1042－0002397　綫673.1103/037
[萬曆]閩都記三十三卷　(明)王應山纂輯　清道光十一年(1831)福建求放心齋刻本　六冊

610000－1042－0002398　綫673.1201/236
[道光]廈門志十六卷　(清)周凱纂修　清道光十二年(1832)刻本　十二冊

610000－1042－0002399　綫673.1201/236
[道光]廈門志十六卷　(清)周凱纂修　清道光十九年(1839)刻本　十二冊

610000－1042－0002400　綫673.1305/154
[同治]寧化縣誌七卷　(清)李世熊等修　清同治八年(1869)刻本　八冊

610000－1042－0002401　綫673.2209/283
[乾隆]仙遊縣誌五十三卷首一卷　(清)胡啟

植等修　(清)葉和侃等纂　清同治十二年(1873)刻本　四冊

610000－1042－0002402　綫673.1419/413
[光緒]續修浦城縣誌四十二卷首一卷　(清)翁天祐等修　清光緒二十六年(1900)刻本　二十冊

610000－1042－0002403　綫672.4/711
[雍正]江西通志一百六十二卷首三卷　(清)謝旻修　(清)陶成纂　清雍正十年(1732)刻本　六十冊

610000－1042－0002404　綫672.4/671
[光緒]江西通志一百八十卷首五卷　(清)劉繹　(清)趙之謙等纂　清光緒七年(1881)刻本　一百二十冊

610000－1042－0002405　綫672.4235/669
[同治]萍鄉縣誌十卷首一卷　(清)劉坤一　(清)錫榮　(清)王明璠等纂修　清同治十一年(1872)刻本　八冊

610000－1042－0002406　綫672.4133/040
[同治]上饒縣誌二十六卷首一卷　(清)王恩溥　(清)李樹藩纂修　清同治十二年(1873)刻本　二十冊

610000－1042－0002407　綫672.4491/700
[同治]饒州府志三十二卷首一卷　(清)錫德修　(清)石景芬纂　清同治十一年(1872)刻本　十六冊

610000－1042－0002408　綫672.4129/409
[嘉慶]東鄉縣誌三十三卷增一卷　(清)徐陳謨纂修　清嘉慶二十年(1815)刻本　四冊

610000－1042－0002409　綫671.2103/130
[乾隆]歷城縣誌五十卷首一卷　(清)沈廷芳總修　(清)胡德琳修　(清)李文藻等纂　清乾隆三十八年(1773)刻本　十六冊

610000－1042－0002410　綫671.2105/170
[道光]章邱縣誌十六卷首一卷末一卷　(清)吳璋　(清)曹楙堅等纂修　清道光十三年(1833)刻本　八冊

610000－1042－0002411　綫671.2437/205

[同治]即墨縣誌十二卷首一卷　（清）林溥修　（清）周翕鐄等纂　清同治十二年(1873)即墨縣署刻本　八冊

610000－1042－0002412　綫671.2425/298

[道光]重修平度州志二十七卷　（清）保忠等修　（清）李圖等纂　清道光二十八年(1848)刻本　八冊

610000－1042－0002413　綫671.2211/039

[光緒]續修滕縣誌十四卷首一卷　（清）王政修　（清）王庸立　（清）黃來麟纂　清光緒二十六年(1900)刻本　八冊

610000－1042－0002414　綫671.2427/448

[乾隆]濰縣誌六卷首一卷末一卷　（清）張耀璧修　（清）王誦芬纂　清乾隆二十五年(1760)刻本　六冊

610000－1042－0002415　綫善671.2337/148

[順治]臨邑縣誌十六卷　（明）邢侗纂修　（清）陳起鳳增補　清順治九年(1652)刻本　四冊

610000－1042－0002416　綫671.2422/788

[乾隆]萊州府志十六卷首一卷　（清）嚴有禧纂修　（清）張桐續纂修　清乾隆五年(1740)刻本　八冊

610000－1042－0002417　綫671.2423/748

[光緒]掖縣全志四種十八卷　（清）魏起鵬編　清光緒十九年(1893)刻本　十六冊

610000－1042－0002418　綫671.2405/048

[同治]黃縣誌十四卷首一卷末一卷　（清）尹繼美　（清）王棠等纂修　清同治十年(1871)刻本　四冊

610000－1042－0002419　綫671.2201/410

[道光]濟寧直隸州志十卷首一卷末一卷（清）徐宗乾纂修　（清）許瀚纂　[咸豐]濟寧直隸州續志四卷　（清）盧朝安等續修　清咸豐九年(1859)尊經閣刻本　二十四冊

610000－1042－0002420　綫671.2205/625

[乾隆]曲阜縣誌一百卷　（清）潘相等修　清乾隆三十九年(1774)刻本　十二冊

610000－1042－0002421　綫671.2341/064

[光緒]東平州志二十七卷首編四卷圖一卷（清）左宜似等修　（清）盧崟纂　清光緒七年(1881)刻本　二十冊

610000－1042－0002422　綫671.2335/124

[光緒]陵縣誌二十二卷首一卷　（清）沈淮　（清）李圖等纂修　（清）戴傑增補　清光緒元年(1875)刻本　七冊

610000－1042－0002423　綫671.2111/404

[嘉慶]長山縣誌十六卷首一卷　（清）倪企望修　（清）鍾廷瑛等纂　清嘉慶六年(1801)刻本　十冊

610000－1042－0002424　綫671.3309/158

[康熙]孟津縣誌四卷　（清）杜宗度　（清）張峻典纂　清康熙刻本　一冊

610000－1042－0002425　綫671.3205/533

[嘉慶]安陽縣誌二十八卷首一卷　（清）貴泰修　（清）武穆淳纂　清嘉慶二十四年(1819)刻本　十冊

610000－1042－0002426　綫671.3/083

[順治]淇縣誌十卷　（清）王謙吉　（清）王南國修　（清）白龍躍等纂　清順治十七年(1660)刻本　二冊

610000－1042－0002427　綫671.3231/313

[同治]滑縣誌十二卷　（清）姚鋙等纂修　清同治六年(1867)刻本　八冊

610000－1042－0002428　綫671.3423/041

[道光]舞陽縣誌十二卷　（清）王德瑛纂修　清道光十五年(1835)刻本　四冊

610000－1042－0002429　綫671.3401/449

[乾隆]信陽州志十二卷首一卷　（清）張鉞等纂修　清乾隆十四年(1749)刻本　八冊

610000－1042－0002430　綫671.3323/232

[光緒]重修靈寶縣誌八卷　（清）周淦等修　（清）高錦榮等纂　清光緒二年(1876)刻本

八冊

610000－1042－0002431　綫671.4185/448

[光緒]孟縣誌二十二卷　(清)張嵐奇修　清光緒七年(1881)刻本　十冊

610000－1042－0002432　綫672.5302/400

[光緒]荊州府志八十卷首一卷　(清)倪文蔚　(清)蔣銘勛修　(清)顧嘉蘅　(清)李廷鉽纂　清光緒六年(1880)刻本　三十二冊

610000－1042－0002433　綫672.5129/117

[光緒]孝感縣誌二十四卷續補一卷　(清)沈用增纂　(清)朱希白修　清光緒九年(1883)刻本　十二冊

610000－1042－0002434　綫672.5315/489

[同治]宜都縣誌四卷首一卷末一卷　(清)崔培元等修　(清)龔紹仁纂　清同治五年(1866)刻本　四冊

610000－1042－0002435　綫672.6/291

[乾隆]湖南通志一百七十四卷首一卷　(清)陳宏謀修　(清)范咸　(清)歐陽正煥纂　清乾隆二十二年(1757)刻本　六十八冊

610000－1042－0002436　綫672.6101/596

[嘉慶]長沙縣誌二十八卷　(清)趙文在等纂修　(清)陳光詔等續修　清嘉慶二十二年(1817)刻本　十六冊

610000－1042－0002437　綫672.6103/172

[光緒]善化縣誌三十四卷首一卷　(清)吳兆熙等纂修　清光緒三年(1877)刻本　二十冊

610000－1042－0002438　綫672.6107/036

[同治]瀏陽縣誌二十四卷　(清)王汝惺等修　(清)鄒煥傑等纂　清同治十二年(1873)刻本　十三冊

610000－1042－0002439　綫672.6111/461

[光緒]湘潭縣誌十二卷　(清)陳嘉榆等修　王闓運等纂　清光緒十五年(1889)刻本　十冊

610000－1042－0002440　綫672.6/586

[同治]湘鄉縣誌二十三卷首一卷末一卷

(清)齊德五等修　(清)黃楷盛等纂　清同治十三年(1874)刻本　二十四冊

610000－1042－0002441　綫672.6201/395

[同治]衡陽縣誌十二卷　(清)彭玉麟(清)殷家儁等纂　清同治十三年(1874)刻本　七冊

610000－1042－0002442　綫673.3/165

[同治]廣東通志三百三十四卷首一卷　(清)阮元修　(清)陳昌齋纂　清同治三年(1864)刻本　一百二十冊

610000－1042－0002443　綫673.303/639

廣東輿地略六卷　(清)陳慶修　(清)王明德校　清同治三年(1864)刻本　三冊

610000－1042－0002444　綫681.3/639

廣東圖二十三卷　(清)□□編　清同治五年(1866)刻本　三冊

610000－1042－0002445　綫673.3101/071

[光緒]廣州府志一百六十三卷　(清)戴肇辰修　(清)史澄　(清)李光廷纂　清光緒五年(1879)粵秀書院刻本　八十冊

610000－1042－0002446　綫673.3103/152

[同治]番禺縣誌五十四卷首一卷　(清)李福泰修　(清)史澄等纂　清同治十年(1871)光霽堂刻本　十六冊

610000－1042－0002447　綫673.4/790

[光緒]廣西通志輯要十七卷首一卷廣西昭忠錄八卷　(清)蘇宗經纂修　清光緒十五年(1889)刻本　十七冊

610000－1042－0002448　綫672.7/486

[嘉慶]四川通志二百四十卷首二十二卷(清)常明修　(清)楊芳燦等纂　清嘉慶二十一年(1816)刻本　一百六十冊

610000－1042－0002449　綫672.7103/039

[嘉慶]成都縣誌六卷首一卷　(清)王泰雲等修　(清)袁以壎等纂　(清)楊芳燦續修　清嘉慶二十一年(1816)刻本　六冊

610000－1042－0002450　綫672.7103/154

[同治]重修成都縣誌十六卷首一卷 （清）李玉宣等修 （清）衷興鑒等纂 清同治十二年(1873)刻本 十六冊

610000－1042－0002451 綫672.7123/712

[嘉慶]金堂縣誌九卷首一卷末一卷 （清）謝惟傑修 黃烈等纂 清嘉慶十六年(1811)刻本 十冊

610000－1042－0002452 綫672.7115/238

[光緒]雙流縣誌四卷首一卷 （清）彭琬 （清）江懷廷等纂修 清光緒三年(1877)刻本 八冊

610000－1042－0002453 綫672.1309/487

[光緒]武陽志餘十二卷首一卷團練紀實二卷 （清）莊毓鋐 （清）陸鼎翰等纂修 清光緒十四年(1888)木活字印本 十六冊

610000－1042－0002454 綫672.7105/170

[嘉慶]華陽縣誌四十四卷 （清）吳鞏等修 （清）潘時彤等纂 清嘉慶二十一年(1816)刻本 十六冊

610000－1042－0002455 綫672.7127/410

[光緒]灌縣鄉土志二卷 （清）徐昱照等修纂 清光緒三十三年(1907)刻本 二冊

610000－1042－0002456 綫672.7121/186

[光緒]新繁縣鄉土志十卷 （清）余慎等修 清光緒三十三年(1907)鉛印本 二冊

610000－1042－0002457 綫672.7357/167

[嘉慶]邛州直隸州志四十六卷首一卷 （清）吳鞏修 （清）王來遴纂 清嘉慶二十三年(1818)刻本 十二冊

610000－1042－0002458 綫672.7359/140

[同治]大邑縣誌二十卷 （清）趙霦等纂修 清同治六年(1867)刻本 八冊

610000－1042－0002459 綫672.7/619

銅梁縣誌一卷 （清）□□纂修 清抄本（記事止於嘉慶五年） 一冊

610000－1042－0002460 綫672.7407/297

[乾隆]富順縣誌五卷首一卷 （清）段玉裁等纂修 清光緒八年(1882)刻本 五冊

610000－1042－0002461 綫672.7225/769

[同治]合江縣誌五十四卷首一卷 （清）羅增垣等纂修 清同治十年(1871)刻本 十二冊

610000－1042－0002462 綫672.7149/619

[道光]德陽縣新志十二卷首一卷末一卷 （清）裴顯忠修 （清）劉碩輔纂 清道光十七年(1837)刻本 五冊

610000－1042－0002463 綫672.7149/151

[光緒]德陽縣誌續編十卷首一卷末一卷 鈕傳善修 李炳靈 楊藻纂 清光緒三十一年(1905)德邑宏道閣公書局刻本 三冊

610000－1042－0002464 綫672.7157/152

[嘉慶]羅江縣誌十卷 （清）李調元纂修 清嘉慶七年(1802)刻本 二冊

610000－1042－0002465 綫672.7157/154

[嘉慶]羅江縣誌三十六卷 （清）李桂林等纂修 清同治四年(1865)刻本 六冊

610000－1042－0002466 綫672.7157/154

[嘉慶]羅江縣誌三十六卷 （清）李桂林等纂修 清同治四年(1865)刻本 四冊

610000－1042－0002467 綫672.7157/157

[同治]續修羅江縣誌二十四卷 （清）馬傳業修 （清）劉正慧等纂 清同治四年(1865)刻本 二冊

610000－1042－0002468 綫672.7153/125

[道光]綿竹縣誌四十六卷 （清）沈心如等纂修 清道光二十九年(1849)刻本 十冊

610000－1042－0002469 綫672.7534/216

[光緒]新修潼川府志三十卷 （清）阿麟修 （清）王龍動等纂 清光緒二十三年(1897)刻本 十六冊

610000－1042－0002470 綫672.7134/644

[道光]龍安府志十卷 （清）鄧存詠等修 清道光二十二年(1842)重修咸豐八年(1858)補刻本 八冊

610000－1042－0002471 綫672.7529/151

[同治]劍州志十卷 　（清）李溶等修 　（清）
李榕纂 　清同治十二年(1873)刻本 　四冊

610000－1042－0002472 　綫 672.7347/167
[光緒]威遠縣誌三編四卷 　（清）吳曾輝修
（清）吳容等纂 　清光緒三年(1877)刻本
四冊

610000－1042－0002473 　綫 672.7435/039
[同治]仁壽縣誌十五卷首一卷 　（清）羅廷權
等修 　（清）馬凡若纂 　清同治五年(1866)刻
本 　十六冊

610000－1042－0002474 　綫 672.7343/040
[嘉慶]犍為縣誌十卷首一卷 　（清）王夢庚等
纂修 　清嘉慶十九年(1814)刻本 　四冊

610000－1042－0002475 　綫 672.7337/041
[嘉慶]洪雅縣誌二十五卷首一卷 　（清）王好
音等纂修 　清嘉慶十八年(1813)刻本 　七冊

610000－1042－0002476 　綫 672.7337/430
[光緒]洪雅縣誌十二卷首一卷 　（清）郭世棻
等纂修 　清光緒十年(1884)刻本 　五冊

610000－1042－0002477 　綫 672.7353/597
[嘉慶]彭山縣誌六卷 　（清）史欽義等纂修
清嘉慶十九年(1814)刻本 　六冊

610000－1042－0002478 　綫 672.7221/174
[同治]重修涪州志十六卷首一卷 　（清）呂紹
衣等修 　（清）王應元 　（清）傅炳墀纂 　清同
治九年(1870)刻本 　八冊

610000－1042－0002479 　綫 672.7257/410
[光緒]酆都縣誌四卷首一卷 　（清）田秀栗等
修 　（清）徐昌緒等纂 　清光緒十九年(1893)
刻本 　六冊

610000－1042－0002480 　綫 672.7255/169
[道光]忠州直隸州志八卷首一卷 　（清）吳友
篪修 　（清）熊履青纂 　清道光六年(1826)刻
本 　八冊

610000－1042－0002481 　綫 672.7229/632
[乾隆]奉節縣誌四卷 　（清）鄭王選修
（清）王良弼纂 　清光緒十年(1884)刻本
八冊

610000－1042－0002482 　綫 672.7507/413
[同治]營山縣誌三十卷 　（清）翁道均等修
（清）熊毓藩纂 　清同治九年(1870)刻本
八冊

610000－1042－0002483 　綫 672.7531/033
[光緒]蓬安舊志十五卷 　（清）方旭修
（清）張禮傑纂 　清光緒二十三年(1897)石印
本 　三冊

610000－1042－0002484 　綫 672.7302/440
[乾隆]雅州府志十六卷 　（清）曹掄彬等纂修
清光緒十三年(1887)刻本 　十二冊

610000－1042－0002485 　綫 672.7163/233
[同治]直隸理番廳志六卷首一卷 　（清）吳羹
梅修 　（清）周祚嶧纂 　清同治五年(1866)刻
本 　六冊

610000－1042－0002486 　綫 672.7143/563
[道光]茂州志四卷首一卷 　（清）楊迦懌修
（清）劉輔延纂 　清道光十一年(1831)刻本
四冊

610000－1042－0002487 　綫 672.8113/119
[光緒]打箭廳志二卷 　（清）劉廷恕輯 　清光
緒二十九年(1903)抄本 　四冊

610000－1042－0002488 　綫 672.8107/152
四川新設鑪霍屯志略不分卷 　（清）李之珂纂
修 　清光緒三十二年(1906)蓉城鉛印本
一冊

610000－1042－0002489 　綫 673.6/531
[乾隆]貴州通志四十六卷首一卷 　（清）鄂爾
泰等修 　（清）靖道謨等纂 　清乾隆六年
(1741)刻本 　二十四冊

610000－1042－0002490 　綫善 673.6/078
[康熙]黔書二卷 　（清）田雯編 　清康熙三十
年(1691)刻本 　四冊

610000－1042－0002491 　綫 673.6/078
[康熙]黔書二卷 　（清）田雯編 　清乾隆刻本
二冊

610000－1042－0002492　綫 673.6/078

[康熙]黔書二卷　（清）田雯編　清乾隆刻本
二冊

610000－1042－0002493　綫 673.6/078

[康熙]黔書二卷　（清）田雯編　清嘉慶十三
年(1808)刻本　一冊

610000－1042－0002494　綫 673.6/444

[嘉慶]續黔書八卷　（清）張澍撰　清光緒十
五年(1889)刻本　一冊

610000－1042－0002495　綫 673.6/546

[嘉慶]黔史四卷　（清）猶法賢編　清光緒十
四年(1888)刻本　一冊

610000－1042－0002496　綫 673.6/083

[乾隆]黔南識略三十二卷　（清）愛必達纂修
清乾隆十四年(1749)刻本　四冊

610000－1042－0002497　綫 673.6/771

[道光]黔南職方紀略九卷　（清）羅繞典輯
清道光二十七年(1847)刻本　二冊

610000－1042－0002498　綫善 673.6/623

黔省開闢考一卷黔省功德名臣考一卷全黔苗
猓種類風俗考一卷　（清）潘文芮撰　清抄本
一冊

610000－1042－0002499　綫 673.6132/065

[道光]遵義府志四十八卷首一卷　（清）平翰
等修　清道光二十一年(1841)刻本　二十冊

610000－1042－0002500　綫 673.6306/041

[康熙]天柱縣誌二卷　（清）王復宗匯輯　清
康熙二十二年(1683)刻本　四冊

610000－1042－0002501　綫 673.6221/182

[光緒]古州廳志十卷首一卷　（清）余澤春等
纂修　清光緒五年(1879)刻本　六冊

610000－1042－0002502　綫 673.6251/461

[光緒]黎平府志八卷首一卷　（清）俞渭修
（清）陳瑜纂輯　清光緒十八年(1892)刻本
十三冊

610000－1042－0002503　綫 673.5/396

[嘉慶]滇繫四十卷　（清）師範纂　清光緒十

三年(1887)雲南通志局刻本　四十冊

610000－1042－0002504　綫 673.5101/721

[道光]昆明縣誌十卷　（清）戴絅孫纂修　清
光緒二十七年(1901)刻本　六冊

610000－1042－0002505　綫 673.5447/066

[光緒]姚州志十一卷首一卷志餘瑣錄一卷字
音備覽一卷　（清）陸宗鄭等修　（清）甘雨纂
清光緒十一年(1885)刻本　十一冊

610000－1042－0002506　綫 676.6/702

[嘉慶]衛藏通志十六卷首一卷　（清）和琳纂
修　清光緒二十二年(1896)桐廬袁昶漸西村
舍刻本　八冊

610000－1042－0002507　綫 676.6/521

[光緒]西藏圖考八卷首一卷　（清）黃沛翹纂
修　清光緒十二年(1886)刻本　四冊

610000－1042－0002508　綫 676.6/521

[光緒]西藏圖考八卷首一卷　（清）黃沛翹纂
修　清光緒二十三年(1897)刻本　六冊

610000－1042－0002509　綫 676.6/022

西藏通覽二編　（日本）山縣初男撰　四川西
藏研究編譯　清宣統元年(1909)四川西藏研
究會鉛印本　四冊

610000－1042－0002510　綫 676.6/022

西藏通覽二編　（日本）山縣初男撰　四川西
藏研究編譯　清宣統元年(1909)四川西藏研
究會鉛印本　四冊

610000－1042－0002511　綫 671.5/144

三秦記一卷　（漢）辛氏等撰　（清）張澍輯
清道光元年(1821)武威張氏二酉堂刻本
一冊

610000－1042－0002512　綫善 671.5/127

[雍正]陝西通志一百卷　（清）劉於義等修
（清）沈青崖纂　清雍正十三年(1735)刻本
一百冊

610000－1042－0002513　綫善 671.5/154

[康熙]陝西通志三十二卷首三卷　（清）賈漢
復修　（清）李楷等纂　清康熙六年(1667)刻

本 三十冊

610000－1042－0002514　綫671.5/039
[道光]陝西志輯要六卷首一卷　（清）王志沂
輯　清道光七年(1827)賜書堂刻本　六冊

610000－1042－0002515　綫671.5/039
[道光]陝西志輯要六卷首一卷秦疆治略一卷
漢南紀遊一卷關中漢唐存碑跋一卷　（清）王
志沂輯　清道光七年(1827)賜書堂刻本
九冊

610000－1042－0002516　綫671.5/039
[道光]陝西志輯要六卷首一卷秦疆治略一卷
關中漢唐存碑跋一卷　（清）王志沂輯　清道
光七年(1827)賜書堂刻本　八冊

610000－1042－0002517　綫671.5/688
[道光]秦疆治略不分卷　（清）盧坤撰　清道
光刻本　一冊

610000－1042－0002518　綫671.5/688
陝西鄉土地理教科書　（清）臧勵龢編　清光
緒三十四年(1908)陝西學務公所圖書館鉛印
本　二冊

610000－1042－0002519　綫671.51/749
陝西全省輿地圖　（清）魏光燾編　清光緒二
十五年(1899)石印本　二冊

610000－1042－0002520　綫671.5103//143
[熙寧]長安志二十卷圖三卷樂遊聯唱集二卷
　（宋）宋敏求撰　（清）畢沅校正　清乾隆四
十九年(1784)靈巖山館刻本　十冊

610000－1042－0002521　綫671.5103//143
[熙寧]長安志二十卷圖三卷　（宋）宋敏求撰
（元）李好文繪　（清）畢沅校正　清光緒十
七年(1891)思賢講舍刻本　五冊

610000－1042－0002522　綫671.5103/345
[康熙]長安縣誌八卷　（清）梁禹甸等纂修
清康熙七年(1668)刻本　二冊

610000－1042－0002523　綫671.5103/447
[嘉慶]長安縣誌三十六卷　（清）張聰賢修
（清）董曾臣等纂　清嘉慶二十年(1815)刻本

六冊

610000－1042－0002524　綫671.5103/447
[嘉慶]長安縣誌三十六卷　（清）張聰賢修
（清）董曾臣等纂　清嘉慶二十年(1815)刻本
六冊

610000－1042－0002525　綫671.5103/521
[康熙]咸寧縣誌八卷　（清）黃家鼎鑒定
（清）陳大經　（清）楊生芝纂修　清康熙七年
(1668)刻本　四冊

610000－1042－0002526　綫671.5103/328
[嘉慶]咸寧縣誌二十六卷首一卷　（清）高廷
法等修　（清）董佑誠等纂　清嘉慶二十四年
(1819)刻本　八冊

610000－1042－0002527　綫671.5109/562
[光緒]臨潼縣續志二卷　（清）楊彥修續修
（清）王應鵬纂　清光緒十六年(1890)刻本
二冊

610000－1042－0002528　綫671.5115/285
[光緒]藍田縣誌十六卷文徵錄四卷　（清）呂
懋勳修　（清）袁廷俊纂　清光緒元年(1875)
刻本（卷二至五配光緒元年刻小開本）　五冊

610000－1042－0002529　綫671.5115/285
[道光]重修輞川志六卷　（清）胡元煐纂修
清道光十八年(1838)刻本　一冊

610000－1042－0002530　綫671.5121/567
[乾隆]盩厔縣誌十四卷　（清）楊儀修
（清）王開沃纂　清乾隆五十三年(1788)刻本
六冊

610000－1042－0002531　綫671.5113/367
[乾隆]鄠縣新志六卷　（清）汪以誠修
（清）孫景烈纂　清乾隆四十二年(1777)刻本
四冊

610000－1042－0002532　綫671.5111/174
[嘉靖]高陵縣誌七卷　（明）呂柟纂修　呂涇
野先生續傳一卷　（明）楊九式撰　清光緒十
年(1884)刻本　二冊

610000－1042－0002533　綫671.5111/174

[光緒]高陵縣續志八卷　（清）程維雍修
（清）白遇道纂　清光緒十年(1884)刻本
二冊

610000－1042－0002534　綫671.5111/542
[光緒]高陵縣續志八卷　（清）程維雍修
（清）白遇道纂　清光緒十年(1884)刻本
二冊

610000－1042－0002535　綫善671.5131/534
[嘉靖]耀州志十一卷　（明）李廷寶修
（明）喬世寧纂　明嘉靖三十六年(1557)刻本
二冊

610000－1042－0002536　綫671.5131/154
[嘉靖]喬三石耀州志十一卷五臺山志一卷
（明）李廷寶修　（明）喬世寧纂　清乾隆二十
七年(1762)汪灝刻本　二冊

610000－1042－0002537　綫671.5131/534
[嘉靖]喬三石耀州志十一卷五臺山志一卷
（明）李廷寶修　（明）喬世寧纂　清乾隆二十
七年(1762)汪灝刻本　二冊

610000－1042－0002538　綫671.5131/534
[嘉靖]喬三石耀州志十一卷五臺山志一卷
[乾隆]續耀州志十一卷　（明）喬世寧纂修
（清）汪灝續修　清光緒十六年(1890)刻本
四冊

610000－1042－0002539　綫671.5131/154
[乾隆]續耀州志十一卷　（清）汪灝修
（清）鍾研齋纂　清乾隆二十七年(1762)刻本
二冊

610000－1042－0002540　綫671.5343/277
[雍正]宜君縣誌不分卷　（清）查遴等纂修
清雍正十年(1732)刻本　一冊

610000－1042－0002541　綫671.5165/644
[乾隆]寶雞縣誌十六卷　（清）鄧夢琴修
（清）董詔纂　清乾隆五十年(1785)刻本
四冊

610000－1042－0002542　綫671.5160/558
[乾隆]鳳翔府志十二卷首一卷　（清）達靈柯

修　（清）周方炯等纂　清乾隆三十一年
(1766)刻本　十二冊

610000－1042－0002543　綫671.5161/233
[乾隆]鳳翔縣誌八卷首一卷　（清）羅鼇等重
修　（清）周方炯等纂　清乾隆三十二年
(1767)刻本　八冊

610000－1042－0002544　綫善671.5163/039
[順治]岐山縣誌四卷　（清）王轂　（清）王
業隆纂修　清順治十四年(1657)刻本　一冊
存二卷(一至二)

610000－1042－0002545　綫671.5163/065
[乾隆]岐山縣誌八卷　（清）平世增等修
（清）蔣兆甲纂　清乾隆四十四年(1779)刻本
四冊

610000－1042－0002546　綫671.5163/286
[光緒]岐山縣誌八卷　（清）胡升猷修
（清）張殿元纂　清光緒十年(1884)刻本
四冊

610000－1042－0002547　綫671.5167/140
[嘉慶]扶風縣誌十八卷首一卷　（清）宋世犖
修　（清）吳鵬翔等纂　清嘉慶二十四年
(1819)刻本　四冊

610000－1042－0002548　綫671.5167/154
[光緒]扶風縣鄉里總分全圖　（清）李世清繪
清光緒三十三年(1907)稿本　一冊

610000－1042－0002549　綫671.5169/448
[乾隆]郿縣誌十八卷首一卷　（清）李帶雙修
（清）張若纂　清乾隆四十三年(1778)刻本
四冊

610000－1042－0002550　綫671.5175/770
[道光]重修汧陽縣誌十二卷首一卷　（清）羅
日璧纂修　清道光二十一年(1841)刻本
六冊

610000－1042－0002551　綫善671.5175/039
[順治]石門遺事一卷　（清）王國瑋纂修　清
順治十年(1653)刻十七年(1660)修補本
一冊

610000－1042－0002552　綫 671.5171/512

[光緒]麟遊縣新志草十卷首一卷　（清）彭洵
等纂修　清光緒九年(1883)刻本　四冊

610000－1042－0002553　綫 671.5249/115

[光緒]鳳縣誌十卷首一卷　（清）朱子春等纂
修　清光緒十八年(1892)刻本　四冊

610000－1042－0002554　綫 671.5105/611

[乾隆]咸陽縣誌二十二卷首一卷末一卷
（清）臧應桐纂修　清乾隆十六年(1751)刻本
四冊

610000－1042－0002555　綫 671.5107/802

興平縣士女續志三卷　（清）顧聲雷修　（清）
張塏纂　興平縣士女續志三卷　（清）王權纂
清光緒二年(1876)刻本　七冊

610000－1042－0002556　綫 671.5107/447

[宣統]興平志十卷　張元際纂　清宣統元年
(1909)刻本　一冊

610000－1042－0002557　綫 671.5107/039

興平縣士女續志三卷　（清）王權撰　清光緒
刻本　一冊

610000－1042－0002558　綫 671.5107/039

[光緒]興平縣鄉土志六卷　張元際纂修　清
光緒三十三年(1907)木活字印本　六冊

610000－1042－0002559　綫善 671.5119/151

[康熙]三原縣誌七卷　（清）李瀛纂修　清康
熙四十四年(1705)刻本　五冊

610000－1042－0002560　綫善 671.5119/450

[乾隆]三原縣誌二十二卷首一卷　（清）張象
魏纂修　清乾隆三十一年(1766)刻本　十冊

610000－1042－0002561　綫 671.5119/671

[乾隆]三原縣誌十八卷首一卷　（清）劉紹攽
纂修　清乾隆四十八年(1783)刻本　六冊

610000－1042－0002562　綫 671.5119/533

[光緒]三原縣新志八卷　（清）焦雲龍修
（清）賀瑞麟纂　清光緒五年(1879)刻本
四冊

610000－1042－0002563　綫 671.5119/533

[光緒]三原縣新志八卷　（清）焦雲龍修
（清）賀瑞麟纂　清光緒五年(1879)刻本
四冊

610000－1042－0002564　綫 671.5117/573

[乾隆]涇陽縣誌十卷　（清）葛晨纂修　清乾
隆四十三年(1778)刻本　六冊

610000－1042－0002565　綫 671.5117/319

[道光]涇陽縣誌十五卷　（清）胡元煐修　清
道光刻本　四冊

610000－1042－0002566　綫 671.5117/666

[宣統]重修涇陽縣誌十六卷首一卷末一卷
（清）劉懋官等纂修　清宣統三年(1911)天津
華新印刷局鉛印本　四冊

610000－1042－0002567　綫 671.5185/296

[雍正]重修陝西乾州志六卷　（清）拜斯呼朗
纂修　清雍正五年(1727)刻本　五冊

610000－1042－0002568　綫 671.5185/237

[光緒]乾州志稿十四卷首一卷　（清）周銘旂
編　清光緒十年(1884)刻本　七冊

610000－1042－0002569　綫 671.5185/237

[光緒]乾州志稿補正一卷　（清）周銘旂纂修
清光緒十七年(1891)刻本　一冊

610000－1042－0002570　綫 671.5127/367

[乾隆]醴泉縣誌十四卷　（清）蔣騏昌修
（清）孫星衍纂　清乾隆十六年(1751)刻本
四冊

610000－1042－0002571　綫 671.5127/658

[乾隆]醴泉縣誌十四卷　（清）蔣騏昌修
（清）孫星衍纂　清乾隆四十九年(1784)刻本
六冊

610000－1042－0002572　綫 671.5189/634

[光緒]永壽縣誌十卷首一卷　（清）鄭德樞修
（清）趙奇齡纂　清光緒十四年(1888)刻本
六冊

610000－1042－0002573　綫 671.5177/039

[乾隆]直隷邠州志二十五卷　（清）王朝爵等
修　（清）孫星衍纂　清乾隆四十九年(1784)

刻本　四册

610000－1042－0002574　綫671.5183/129

[宣統]長武縣誌十二卷　(清)沈錫榮修　王
錫璋等纂　清宣統二年(1910)學務公所印刷
局鉛印本　四册

610000－1042－0002575　綫671.5181/570

[乾隆]淳化縣誌三十卷　(清)萬廷樹修
(清)洪亮吉纂　清乾隆四十八年(1783)刻本
四册

610000－1042－0002576　綫善671.5187/433

[正德]武功縣誌三卷　(明)康海纂　(清)
孫景烈評注　清乾隆二十六年(1761)刻本
二册

610000－1042－0002577　綫671.5187/433

[正德]武功縣誌三卷　(明)康海撰　清乾隆
二十六年(1761)刻本　二册

610000－1042－0002578　綫671.5187/433

[正德]武功縣誌三卷　(明)康海纂　[嘉
慶]續武功縣誌五卷　(清)張樹勳續修　清
嘉慶二十一年(1816)秀水張樹勳長安刻本
三册

610000－1042－0002579　綫671.5187/433

[正德]武功縣誌三卷首一卷　(明)康海纂
(清)孫景烈評注　清同治十二年(1873)湖北
崇文書局刻本　一册

610000－1042－0002580　綫671.5187/433

[正德]武功縣誌三卷　(明)康海纂　(清)
孫景烈評注　清光緒十三年(1887)張世英刻
本　一册

610000－1042－0002581　綫671.5187/433

[正德]武功縣誌三卷　(明)康海纂　清刻本
一册

610000－1042－0002582　綫671.5187/433

[正德]武功縣前志三卷　(明)康海纂　清刻
本　一册

610000－1042－0002583　綫671.5187/447

[嘉慶]續武功縣誌五卷　(清)張樹勳修

(清)王森文纂　清嘉慶二十一年(1816)刻本
三册

610000－1042－0002584　綫671.5187/447

[光緒]武功縣續志二卷　(清)張世英纂　清
光緒十四年(1888)刻本　二册

610000－1042－0002585　綫671.5123/135

[乾隆]渭南縣誌十四卷　(清)汪以誠等修
清乾隆四十三年(1778)刻本　八册

610000－1042－0002586　綫075.78/384

渭南地方資料一卷　陝西師大圖書館輯　清
末民初刻本　一册

610000－1042－0002587　綫671.5145/544

[乾隆]韓城縣誌十六卷首一卷　(清)傅應奎
修　(清)錢坫等纂　清乾隆四十九年(1784)
刻本　六册

610000－1042－0002588　綫671.5145/544

[乾隆]韓城縣誌十六卷首一卷　(清)傅應奎
修　(清)錢坫等纂　清乾隆四十九年(1784)
刻嘉慶二十三年(1818)印本　六册

610000－1042－0002589　綫671.5145/544

[嘉慶]韓城縣續志五卷　(清)冀蘭泰修
(清)陸耀遹纂　清嘉慶二十三年(1818)刻本
一册

610000－1042－0002590　綫671.5149/562

[康熙]潼關志三卷　(清)楊端本纂修　清康
熙二十四年(1685)刻本　二册

610000－1042－0002591　綫671.5149/562

[嘉慶]續潼關廳志三卷　(清)向淮修
(清)王森文纂　清嘉慶二十二年(1817)刻本
二册

610000－1042－0002592　綫671.5151/154

[隆慶]華州志二十四卷　(明)李可久修
(清)張光孝纂　清光緒八年(1882)刻本
四册

610000－1042－0002593　綫671.5151/507

[康熙]續華州志四卷　(清)馮昌弈修
(清)劉遇奇纂　清光緒八年(1882)刻本

四冊

610000－1042－0002594　綫671.5151/507
[康熙]續華州志四卷[乾隆]再續華州志十二
卷　（清）馮昌奕　（清）史蕚等修　清光緒八
年(1882)刻本　六冊

610000－1042－0002595　綫671.5151/075
[乾隆]再續華州志十二卷　（清）史蕚
（清）汪以誠纂修　清光緒八年(1882)刻本
二冊

610000－1042－0002596　綫671.5151/167
[光緒]三續華州志十二卷　（清）吳炳南修
（清）劉域纂　清光緒八年(1882)刻本　六冊

610000－1042－0002597　綫671.5133/359
[天啓]同州志十八卷　（明）馬樸撰　明天啓
五年(1625)刻本　二冊　存八卷(六至十三)

610000－1042－0002598　綫671.5133/155
[咸豐]同州府志三十四卷首一卷文徵錄三卷
（清）李恩繼　（清）文廉修　（清）蔣湘南
纂　清咸豐二年(1852)刻本　二十四冊

610000－1042－0002599　綫671.5133/804
[光緒]同州府續志十六卷首一卷　（清）饒應
祺修　（清）馬先登纂　清光緒七年(1881)刻
本　六冊

610000－1042－0002600　綫671.5133/533
[乾隆]大荔縣誌二十六卷首一卷　（清）賀雲
鴻纂輯　清乾隆五十一年(1786)刻本　八冊

610000－1042－0002601　綫671.5133/617
[道光]大荔縣誌十六卷首一卷足徵錄四卷
(清)熊兆麟纂修　清道光三十年(1850)刻本
六冊

610000－1042－0002602　綫671.5133/237
[光緒]大荔縣續志十二卷首一卷足徵錄四卷
（清）周銘旂等纂　清光緒十一年(1885)刻
本　六冊

610000－1042－0002603　綫671.5133/237
[光緒]大荔縣續志十二卷　（清）周銘旂等纂
清末刻本　四冊　缺一卷(四)

610000－1042－0002604　綫671.5135/737
[正德]朝邑縣誌二卷　（明）韓邦靖纂　明正
德十四年(1519)刻本　一冊

610000－1042－0002605　綫671.5135/737
[正德]朝邑縣誌二卷　（明）韓邦靖等纂
[康熙]朝邑縣後志八卷　（清）王兆鼇纂
[萬曆]續朝邑縣誌八卷　（明）王學謨纂
[乾隆]朝邑志十一卷首一卷　（清）金嘉琰
（清）朱廷模修　（清）錢坫纂　清刻本　十冊

610000－1042－0002606　綫671.5135/737
[正德]朝邑縣誌二卷　（明）王道修　（明）
韓邦靖纂　清刻本　一冊

610000－1042－0002607　綫671.5135/036
[正德]朝邑縣誌二卷注二卷　（明）韓邦靖纂
（清）張我華注　清嘉慶元年(1796)刻本
四冊

610000－1042－0002608　綫671.5135/737
[正德]朝邑縣誌二卷　（明）王道修　（明）
韓邦靖纂　清同治十三年(1874)刻本　一冊

610000－1042－0002609　綫671.5135/036
[正德]朝邑縣誌二卷　（明）王道修　（明）
韓邦靖纂　清光緒刻本　三冊

610000－1042－0002610　綫671.5135/242
[乾隆]朝邑縣誌十一卷首一卷　（清）金嘉琰
等修　（清）錢坫等纂　清乾隆四十四年
(1779)刻本　四冊

610000－1042－0002611　綫671.5135/154
咸豐初朝邑縣誌三卷朝邑縣誌例一卷志例後
錄一卷　（清）李元春纂　清宣統三年(1911)
刻本　二冊

610000－1042－0002612　綫671.5135/036
[萬曆]續朝邑縣誌八卷　（明）郭實修
(明)王學謨纂　清康熙五十一年(1712)刻本
二冊

610000－1042－0002613　綫671.5135/430
[萬曆]續朝邑縣誌八卷　（明）郭實修
(明)王學謨纂　[康熙]朝邑縣後志八卷

(清)王兆鼇修　(清)王鵬翼纂　清康熙五十一年(1712)王兆鼇刻本　六冊

610000－1042－0002614　綫671.5135/041
[康熙]重修朝邑縣後志八卷　(清)王兆鼇修　清康熙五十一年(1712)刻本　三冊

610000－1042－0002615　綫671.5139/324
[乾隆]郃陽縣全志四卷　(清)席奉乾修　(清)孫景烈纂　清乾隆三十四年(1769)刻本　五冊

610000－1042－0002616　綫671.5139/324
[乾隆]郃陽縣全志四卷　(清)席奉乾修　(清)孫景烈纂　清刻本　一冊

610000－1042－0002617　綫671.5141/242
[嘉靖]澄城縣誌二卷　(明)徐效賢等修　(明)石道立纂　清咸豐元年(1851)刻本　一冊

610000－1042－0002618　綫671.5141/065
[順治]澄城縣誌二卷首一卷　(清)姚欽明修　(清)路世美纂　清順治六年(1649)刻本　一冊　存一卷(一)

610000－1042－0002619　綫671.5141/242
[順治]澄城縣誌二卷北徵文鈔北徵詩鈔　(清)姚欽明修　(清)路世美纂　[嘉靖]澄城縣誌二卷　(明)徐效賢修　(明)石道立纂　[咸豐]澄城縣誌三十卷　(清)金玉麟修　(清)韓亞熊纂　清咸豐元年(1851)刻本　十冊

610000－1042－0002620　綫671.5141/250
[乾隆]澄城縣誌二十卷　(清)戴治修　(清)洪亮吉　(清)孫星衍纂　清乾隆四十九年(1784)刻本　四冊

610000－1042－0002621　綫671.4323/236
[乾隆]蒲州府志二十四卷　(清)周景柱等纂　清乾隆十二年(1747)刻本　十冊

610000－1042－0002622　綫671.5155/173
[乾隆]蒲城縣誌十五卷　(清)張心鏡修　(清)吳竹嶼等纂　清乾隆四十七年(1782)刻本　六冊

610000－1042－0002623　綫671.5155/155
[光緒]蒲城縣新志十二卷首一卷　(清)李體仁修　(清)王學禮纂　清光緒三十一年(1905)刻本　四冊

610000－1042－0002624　綫671.5155/237
蒲城文獻徵錄四卷　(清)周爰諏編輯　清蒲城樂善堂刻本　四冊

610000－1042－0002625　綫671.5125/168
[乾隆]富平縣誌八卷　(清)吳六鼇修　(清)胡文銓纂　清乾隆四十三年(1778)刻本　六冊

610000－1042－0002626　綫671.5125/641
[光緒]富平縣誌稿十卷首一卷　樊增祥等修　(清)譚麟纂　清光緒十七年(1891)刻本　十冊

610000－1042－0002627　綫善671.5345/167
[乾隆]宜川縣誌八卷首一卷末一卷　(清)吳炳纂修　清乾隆十八年(1753)刻本　八冊

610000－1042－0002628　綫671.5300/154
[道光]榆林府志五十卷首一卷　(清)李熙齡纂修　清道光二十一年(1841)刻本　十二冊

610000－1042－0002629　綫671.5300/561
榆林府志辨訛一卷　(清)楊江編　清咸豐七年(1857)關中書院刻本　一冊

610000－1042－0002630　綫671.5303/115
[道光]神木縣誌八卷補編一卷　(清)王致雲修　(清)朱塤纂　(清)張琛補編　清道光二十一年(1841)刻本　一冊　存二卷(一至二)

610000－1042－0002631　綫671.5327/010
[光緒]靖邊志稿四卷　(清)丁錫奎修　(清)白翰章等纂　清光緒二十五年(1899)刻本　四冊

610000－1042－0002632　綫671.5325/521
[嘉慶]定邊縣誌十四卷首一卷　(清)黃沛修　(清)宋謙等纂　清嘉慶二十五年(1820)刻本　四冊

610000 – 1042 – 0002633　綫 671.5331/329

[光緒]米脂縣誌十二卷　（清）潘松　（清）高照熙等修纂　清光緒三十三年(1907)鉛印本　四冊

610000 – 1042 – 0002634　綫 671.5309/328

[嘉慶]葭州志十一篇　（清）高珣等纂修　清嘉慶十四年(1809)刻本　二冊

610000 – 1042 – 0002635　綫 671.5309/154

[光緒]葭州志一卷　（清）李壽昌修　（清）任佺纂　清光緒二十年(1894)刻本　一冊

610000 – 1042 – 0002636　綫 671.5333/730

[道光]清澗縣誌八卷首五卷　（清）鍾章元修　（清）陳第頌等纂　清道光八年(1828)刻本　四冊

610000 – 1042 – 0002637　綫 671.5203/105

[道光]褒城縣誌十一卷　（清）光朝魁纂修　清道光十一年(1831)刻本　四冊

610000 – 1042 – 0002638　綫 671.5201/041

[乾隆]南鄭縣誌十六卷　（清）王行儉纂修　清乾隆五十九年(1794)刻本　六冊

610000 – 1042 – 0002639　綫 671.5205/042

[康熙]城固縣誌十卷　（清）王穆等纂　清光緒四年(1878)江左徐德懷刻本　四冊

610000 – 1042 – 0002640　綫 671.5209/450

[道光]西鄉縣誌六卷　（清）張廷槐纂修　清道光八年(1828)刻本　四冊

610000 – 1042 – 0002641　綫 671.5313/699

[康熙]沔縣誌四卷　（清）錢兆沆纂修　清康熙四十九年(1710)刻本　一冊

610000 – 1042 – 0002642　綫 671.5313/368

[光緒]沔縣新志四卷　（清）孫銘鐘等修　（清）彭齡纂　清光緒九年(1883)刻本　四冊

610000 – 1042 – 0002643　綫 671.5211/362

[光緒]寧羌州志五卷　（清）馬毓華修　（清）鄭書香等纂　清光緒十四年(1888)刻本　五冊

610000 – 1042 – 0002644　綫 671.5215/755

[道光]重修略陽縣誌四卷　（清）譚瑀修　（清）黎成德等纂　清道光二十六年(1846)刻本　四冊

610000 – 1042 – 0002645　綫 671.5215/755

[道光]重修略陽縣誌四卷　（清）譚瑀等纂

[光緒]新續略陽縣志一卷　（清）桂超修　（清）侯龍光纂　清光緒二十三年(1897)刻本　五冊

610000 – 1042 – 0002646　綫 671.5215/373

[光緒]新續略陽縣誌四卷　（清）桂超修　（清）侯龍光纂　清光緒三十年(1904)刻本　四冊

610000 – 1042 – 0002647　綫 671.5219/188

[光緒]定遠廳志二十六卷首一卷末一卷　（清）余修鳳修纂　清光緒五年(1879)刻本　六冊

610000 – 1042 – 0002648　綫 671.5221/533

[道光]留壩廳志十卷足徵錄四卷　（清）賀仲瑊修　（清）蔣湘南纂　清道光二十二年(1842)刻本　六冊

610000 – 1042 – 0002649　綫 671.5217/666

[光緒]佛坪廳志二卷首一卷　（清）劉焜纂輯　清光緒九年(1883)刻本　一冊

610000 – 1042 – 0002650　綫 671.5227/630

[嘉慶]安康縣誌二十卷　（清）鄭謙修　（清）王森文纂　清嘉慶二十年(1815)刻本　四冊

610000 – 1042 – 0002651　綫 671.5227/570

[乾隆]興安府志三十卷續府志八卷　（清）李國麒　（清）葉世倬等纂　清咸豐三年(1853)王履亨刻本　八冊

610000 – 1042 – 0002652　綫 671.5227/570

[乾隆]興安府志三十卷續府志八卷　（清）李國麒　（清）葉世倬等纂　清咸豐三年(1853)王履亨刻本　二十冊

610000 – 1042 – 0002653　綫 671.5201/570

[嘉慶]續興安府志八卷　（清）葉世倬纂修

清嘉慶十七年(1812)大竹王履亨刻本　三冊

610000－1042－0002654　綫671.5223/694
[嘉慶]漢陰廳志十卷首一卷　（清）錢鶴年修
　（清）董詔纂　清嘉慶二十三年(1818)刻本
　六冊

610000－1042－0002655　綫671.5239/537
[道光]石泉縣誌四卷附告示六通　（清）舒鈞
纂修　清道光二十九年(1849)刻本　二冊

610000－1042－0002656　綫671.5239/537
[道光]石泉縣誌四卷附告示六通　（清）舒鈞
纂修　清道光二十九年(1849)刻本　二冊

610000－1042－0002657　綫671.5239/537
[道光]石泉縣誌四卷附告示六通　（清）舒鈞
纂修　清道光二十九年(1849)刻本　二冊

610000－1042－0002658　綫671.5239/537
[道光]石泉縣誌四卷附告示六通　（清）舒鈞
纂修　清道光二十九年(1849)刻本　一冊
存二卷(一至二)

610000－1042－0002659　綫671.5237/172
[道光]紫陽縣誌八卷首二卷　（清）吳純纂修
清道光二十三年(1843)刻本　四冊

610000－1042－0002660　綫671.5229/521
[乾隆]平利縣誌四卷　（清）黃寬纂修　清乾
隆二十一年(1756)刻本　二冊

610000－1042－0002661　綫671.5229/154
[光緒]續修平利縣誌十卷　（清）楊家駒修
（清）李聯芳纂　清光緒二十三年(1897)刻本
四冊

610000－1042－0002662　綫671.5233/644
[乾隆]洵陽縣誌十四卷　（清）鄧夢琴纂修
清乾隆四十八年(1783)刻本　四冊

610000－1042－0002663　綫671.5233/671
[光緒]洵陽縣誌十四卷　（清）劉德全修
（清）郭焱昌等纂　清光緒三十年(1904)刻本
四冊

610000－1042－0002664　綫671.5235/788
[嘉慶]白河縣誌十四卷　（清）嚴一青纂修

清嘉慶六年(1801)刻本　四冊

610000－1042－0002665　綫671.5235/802
[光緒]白河縣誌十三卷　（清）顧騄修
（清）王賢輔　（清）李宗麟纂　清光緒十九年
(1893)刻本　四冊

610000－1042－0002666　綫671.5/152
[乾隆]直隸商州總志十五卷　（清）王如玖纂
修　清乾隆九年(1744)刻本　八冊

610000－1042－0002667　綫671.5157/291
[乾隆]雒南縣誌十二卷附志一卷　（清）范啟
源纂修　（清）薛韞訂正　清乾隆十一年
(1746)刻本(附志配乾隆五十二年刻本)
四冊

610000－1042－0002668　綫671.5247/767
[乾隆]商南縣誌十二卷　（清）羅文思等纂修
清乾隆十七年(1752)刻本　四冊

610000－1042－0002669　綫671.5403/193
[嘉慶]山陽縣誌十二卷　（清）何樹滋等纂修
清嘉慶元年(1796)刻本　六冊

610000－1042－0002670　綫671.6/055
[宣統]甘肅新通志一百卷首五卷　昇允　長
庚修　安維峻纂　清宣統元年(1909)刻本
八十冊

610000－1042－0002671　綫671.6401/510
[乾隆]五涼考治六德集全志五卷　（清）張之
浚等纂修　清乾隆十四年(1749)刻本　四冊
缺一卷(四)

610000－1042－0002672　綫671.6101/461
[道光]蘭州府志十二卷首一卷　（清）陳士楨
修　（清）塗鴻儀纂　清道光十三年(1833)刻
本　八冊

610000－1042－0002673　綫671.6103/171
[乾隆]皋蘭縣誌二十卷　（清）吳鼎新修
（清）黃建中纂　清乾隆刻本　四冊

610000－1042－0002674　綫671.6103/171
[乾隆]皋蘭縣誌二十卷　（清）吳鼎新修
（清）黃建中纂　清乾隆刻本　四冊

610000 – 1042 – 0002675　綫 671.6411/730

[乾隆]甘州府志十六卷首一卷　（清）鍾賡起纂　清乾隆四十四年(1779)刻本　四冊　存五卷(一至二、十一至十二、十四)

610000 – 1042 – 0002676　綫 671.6511/510

[道光]敦煌縣誌七卷首一卷　（清）蘇履吉等修　（清）曾誠纂　清道光十一年(1831)刻本　四冊

610000 – 1042 – 0002677　綫 671.6201/533

[乾隆]直隸秦州新志十四卷　（清）費廷珍修　（清）胡釴纂　清乾隆二十九年(1764)刻本　十六冊

610000 – 1042 – 0002678　綫 671.6201/185

[光緒]重纂秦州直隸州新志二十四卷首一卷　（清）余澤春等修　（清）王權　（清）任其昌纂　清光緒十五年(1889)刻本　二十冊

610000 – 1042 – 0002679　綫 671.6/329

[光緒]重修通渭縣新志十二卷首一卷補遺一卷　（清）高蔚霞修　（清）苟廷誠纂　清光緒十九年(1893)刻本　四冊

610000 – 1042 – 0002680　綫 671.7102/562

[乾隆]西寧府新志四十卷　（清）楊應琚纂修　清乾隆二十七年(1762)刻本　十二冊

610000 – 1042 – 0002681　綫 671.7102/562

[乾隆]西寧府新志四十卷　（清）楊應琚纂修　清乾隆二十七年(1762)刻本　十一冊　存四卷(五至八)

610000 – 1042 – 0002682　綫 676.1/215

[道光]欽定新疆識略十二卷首一卷　（清）松筠纂修　清光緒二十年(1894)上海積山書局石印本　十六冊

610000 – 1042 – 0002683　綫善 676.1/548

新疆驛路圖　（清）□□繪　清末抄本　一冊

610000 – 1042 – 0002684　綫 676.1024/544

[乾隆]欽定皇輿西域圖志四十八卷首四卷　（清）傅恒等修　（清）褚廷璋等纂　（清）英廉等續纂　清光緒十九年(1893)杭州便益書局石印本　十二冊

610000 – 1042 – 0002685　綫 676.1/215

[乾隆]西陲總統事略十二卷　（清）汪廷楷纂修　（清）松筠續纂修　（清）祁韻士編　西陲竹枝詞一卷　（清）祁韻士撰　綏服紀略圖詩一卷　（清）松筠撰　清嘉慶刻本　八冊

610000 – 1042 – 0002686　綫 716/106

中外地輿圖說集成一百三十卷首三卷皇輿全圖一卷　（清）同康廬主人輯　清光緒二十年(1894)上海順成書局石印本　二十四冊

610000 – 1042 – 0002687　綫 681.1/802

歷代帝王宅京記二十卷　（清）顧炎武撰　清光緒十四年(1888)刻本　二冊

610000 – 1042 – 0002688　綫 626.04/054

蠻司合志十五卷　（清）毛奇齡撰　清康熙至乾隆刻本　三冊

610000 – 1042 – 0002689　綫善 681.1/672

帝京景物略八卷　（明）劉侗　（明）于奕正撰　明崇禎八年(1635)刻本　十六冊

610000 – 1042 – 0002690　綫 681.1/118

日下舊聞四十二卷　（清）朱彝尊撰　（清）朱昆田補遺　清康熙二十七年(1688)刻本　二十四冊

610000 – 1042 – 0002691　綫 681.1/118

日下舊聞四十二卷　（清）朱彝尊撰　（清）朱昆田補遺　清刻本　十二冊

610000 – 1042 – 0002692　綫 681.1/564

都門雜記一卷　（清）楊靜亭　（楊士安）編輯　清道光二十五年(1845)刻本　一冊

610000 – 1042 – 0002693　綫 851.378/564

都門雜詠一卷　（清）楊靜亭　（楊士安）編　（清）李南圃評定　（清）張鶴泉等續增　清光緒二年(1876)刻本　一冊

610000 – 1042 – 0002694　綫 681.1/564

都門紀略二卷　（清）楊靜亭　（楊士安）編輯　清道光二十五年(1845)刻本　一冊

610000 – 1042 – 0002695　綫 689.11101/564

增補都門紀略八卷 （清）楊靜亭 （楊士安）編 （清）李靜山增補 清光緒五年(1879)京都刻本 八冊

610000－1042－0002696 綫681.1/517

都門會館一卷 （清）楊靜亭 （楊士安）編 （清）陳鐘輯 **菊部群英一卷** （清）小遊仙客編 清道光二十六年(1846)刻本 一冊

610000－1042－0002697 綫626.04/365

古香齋鑑賞袖珍春明夢餘錄七十卷 （清）孫承澤撰 清古香齋刻本 六冊

610000－1042－0002698 綫536.2/336

古香齋鑑賞袖珍春明夢餘錄七十卷 （清）孫承澤撰 清光緒七年(1881)南海孔氏刻本 二十冊

610000－1042－0002699 綫689.1101/155

朝市叢載八卷 （清）李虹若撰 清光緒十二年(1886)刻本 八冊

610000－1042－0002700 綫689.1101/155

朝市叢載八卷 （清）李虹若撰 清光緒十三年(1887)刻本 八冊

610000－1042－0002701 綫851.47/641

燕都雜詠四卷 （清）樊彬撰 清光緒三十三年(1907)長沙石耕山房刻本 一冊

610000－1042－0002702 綫689.11201/443

津門奉使紀聞一卷 （清）曹和濟撰 清刻本 一冊

610000－1042－0002703 綫689.4/561

柳邊紀略五卷 （清）楊賓撰 清光緒刻本 二冊

610000－1042－0002704 綫689.21413/151

揚州畫舫錄十八卷 （清）李門撰 清同治十一年(1872)刻本 八冊

610000－1042－0002705 綫672.3401/367

永嘉聞見錄二卷 （清）孫同元纂修 清光緒十四年(1888)刻本 二冊

610000－1042－0002706 綫625.104/218

東京夢華錄十卷文葉雜記一卷 （宋）孟元老

撰 （明）沈士龍校 清刻本 一冊

610000－1042－0002707 綫625.204/173

夢梁錄二十卷 （宋）吳自牧撰 （清）張海鵬訂 清虞山張氏照曠閣刻本 四冊

610000－1042－0002708 綫681.1/315

兩京新記一卷 （唐）韋述撰 **李嶠雜詠二卷** （唐）李嶠撰 清光緒七年(1881)刻本 一冊

610000－1042－0002709 綫538/480

習慣調查手冊 （清）□□撰 清抄本 一冊

610000－1042－0002710 綫575.19/313

南鄭自治芻議一卷 （清）姚企擬撰 清宣統元年(1909)刻本 一冊

610000－1042－0002711 綫548.1/666

興安義渡乘八卷 （清）劉洪簡纂 （清）薛文翰編輯 清光緒九年(1883)刻本 一冊

610000－1042－0002712 綫629.1/042

關隴思危錄四卷 （清）王生吉撰 清光緒鉛印本 四冊

610000－1042－0002713 綫671.5301/561

河套圖考一卷 （清）楊江撰 清咸豐七年(1857)刻本 一冊

610000－1042－0002714 綫681.561/202

西陲要略四卷 （清）祁韻士輯 清道光十七年(1837)壽陽祁氏筠淥山房刻本 一冊

610000－1042－0002715 綫681.561/202

西陲要略四卷 （清）祁韻士輯 清光緒四年(1878)同文館鉛印本 二冊

610000－1042－0002716 綫681.566/215

西招圖略一卷圖說一卷 （清）松筠撰 清道光二十七年(1847)刻本 二冊

610000－1042－0002717 綫689.61/557

西域瑣談四卷 （清）七十一撰 清抄本 二冊

610000－1042－0002718 綫676.1/557

西域聞見錄八卷 （清）七十一撰 清嘉慶十

九年(1814)刻本　四冊

610000－1042－0002719　綫善 689/212

西域志四卷　(清)七十一撰　清抄本　四冊

610000－1042－0002720　綫 676.1/576

西域三記三卷　(清)路同申撰　清光緒三十一年(1905)刻本　一冊

610000－1042－0002721　綫 851.4/692

西疆雜述詩四卷　(清)蕭雄撰　清光緒鉛印本　四冊

610000－1042－0002722　綫 671.25/152

萊陽紳民自述亂事征實錄一卷　(清)李方保等編　清宣統石印本　一冊

610000－1042－0002723　綫 689.23/017

浙程備覽五卷　(清)于敏中撰　(清)徐士愷校刊　清光緒十四年(1888)刻本　二冊

610000－1042－0002724　綫 684.023/521

北隅掌錄二卷　(清)黃士珣撰　清光緒七年(1881)錢塘丁氏刻本　一冊

610000－1042－0002725　綫 684.023/008

北隅綴錄二卷續錄二卷　(清)丁丙撰　清光緒二十五年(1899)錢塘丁氏刻本　三冊

610000－1042－0002726　綫 851.474/121

精刊句餘土音三卷　(清)全祖望撰　清宣統三年(1911)國學扶輪社影印本　一冊

610000－1042－0002727　綫 689.31/258

閩雜記十二卷　(清)施鴻保撰　清光緒四年(1878)上海申報館鉛印本　四冊

610000－1042－0002728　綫 629.32/308

東槎紀略五卷　(清)姚瑩撰　清末上海申報館鉛印本　二冊

610000－1042－0002729　綫 689.13/114

豫乘識小錄二卷　(清)朱雲錦撰　清同治十二年(1873)多文齋刻本　二冊

610000－1042－0002730　綫 609.88/288

鸚鵡洲小志四卷首一卷　(清)胡鳳丹纂　清同治十三年(1874)刻本　十二冊

610000－1042－0002731　綫善 689/217

廣東新語二十八卷　(清)屈大均撰　清康熙三十九年(1700)木天閣刻本　十冊

610000－1042－0002732　綫 673.3133/242

赤溪雜誌二卷　(清)金武祥撰　清光緒十七年(1891)江陰金武祥刻本　一冊

610000－1042－0002733　綫 820.81/669

粵屑四卷　(清)劉世馨撰　癡說四種　(清)尊聞閣主輯　鴻雪軒紀艷四種　(清)藝蘭生輯　零金碎玉四卷　(清)鄭錫祺撰　野記四卷　(明)祝允明撰　蟲鳴漫錄二卷　(清)采蘅子撰　蜀碧四卷附記　(清)彭遵泗撰　談古偶錄二卷　(清)陳星瑞撰　清光緒三年(1877)上海申報館鉛印本　十六冊

610000－1042－0002734　綫 689.34/735

赤雅三卷　(明)鄺露撰　清抄本　一冊

610000－1042－0002735　綫 689.34/735

赤雅三卷　(明)鄺露撰　清光緒三十年(1904)南海鄺國元鉛印本　三冊

610000－1042－0002736　綫 672.7/444

蜀典十二卷　(清)張澍輯　清道光刻本　六冊

610000－1042－0002737　綫 629.35/174

滇粹一卷　呂志伊　李根源輯　清宣統元年(1909)鉛印本　一冊

610000－1042－0002738　綫 681.566/447

爐藏道裏最新考一卷　(清)張其勤撰　清光緒三十三年(1907)鉛印本　一冊

610000－1042－0002739　綫 683/129

天下名山圖詠四卷　(清)沈錫齡輯　清光緒二十一年(1895)上海沈錫齡石印本　四冊

610000－1042－0002740　綫 683.14/744

清涼山志十卷　(明)釋鎮澄修　(清)釋阿王老藏重修　清乾隆二十年(1755)刻本　四冊

610000－1042－0002741　綫 683.11/542

盤山志十卷首一卷補遺四卷　(清)釋智樸纂　清同治十一年(1872)刻本　四冊

610000－1042－0002742　綫683.115/054

陝西南山谷口考一卷　（清）毛鳳枝撰　清同治七年(1868)刻本　一冊

610000－1042－0002743　綫善683.15/155

華嶽全集十一卷　（明）李時芳編　明嘉靖四十一年(1562)刻本　六冊

610000－1042－0002744　綫683.15/154

華嶽志八卷首一卷　（清）李榕纂輯　（清）楊翼武評閱　清道光十一年(1831)刻本　四冊

610000－1042－0002745　綫683.15/154

華嶽志八卷首一卷　（清）李榕纂輯　（清）楊翼武評閱　清道光十一年(1831)刻光緒九年(1883)補刻本　四冊

610000－1042－0002746　綫683.15/154

華嶽志八卷首一卷　（清）李榕纂輯　（清）楊翼武評閱　清道光十一年(1831)刻光緒九年(1883)補刻本　四冊

610000－1042－0002747　綫683.15/154

華嶽志八卷首一卷　（清）李榕纂輯　（清）楊翼武評閱　清道光十一年(1831)刻光緒九年(1883)補刻本　四冊

610000－1042－0002748　綫683.15/154

華嶽志八卷首一卷　（清）李榕纂輯　（清）楊翼武評閱　清道光十一年(1831)刻光緒三十年(1904)補刻本　四冊

610000－1042－0002749　綫683.15/655

華嶽圖經二卷　（清）蔣湘南撰　清咸豐元年(1851)刻本　一冊

610000－1042－0002750　綫683.16/450

崆峒山志二卷　（清）張伯魁纂　清嘉慶二十四年(1819)刻本　二冊

610000－1042－0002751　綫683.16/450

崆峒山志二卷　（清）張伯魁纂修　清同治十一年(1872)刻本　二冊

610000－1042－0002752　綫善683.12/277

岱史十八卷　（明）查志隆撰　明萬曆刻本　六冊

610000－1042－0002753　綫683.12/240

泰山志二十卷　（清）金棨撰　清嘉慶刻本　十冊

610000－1042－0002754　綫683.12/736

泰山道裏記一卷　（清）聶鈫撰　清光緒四年(1878)雨山堂刻本　一冊

610000－1042－0002755　綫683.21/227

慧山記四卷續編二卷首一卷　（明）邵寶撰　（明）釋圓顯輯　（清）邵涵初輯　清咸豐八年(1858)刻本　六冊

610000－1042－0002756　綫683.21/169

焦山志二十六卷首一卷　（清）吳雲輯　清同治十三年(1874)刻本　八冊

610000－1042－0002757　綫683.21/464

焦山續志八卷　（清）陳任暘輯　清光緒三十一年(1905)刻本　二冊

610000－1042－0002758　綫683.22/232

詞山志十卷首一卷　（清）周憲編　清光緒十二年(1886)刻本　四冊

610000－1042－0002759　綫683.22/131

黃山領要錄二卷　（清）汪洪度撰　清道光長塘鮑氏刻本　一冊

610000－1042－0002760　綫683.23/510

廣雁蕩山志二十八卷首一卷末一卷　（清）曾唯纂　清乾隆五十五年(1790)刻同治八年(1869)補印本　十冊

610000－1042－0002761　綫682.23/607

湖山便覽十二卷　（清）翟灝等輯　（清）王維翰重訂　清光緒元年(1875)槐陰堂王氏刻本　六冊

610000－1042－0002762　綫683.24/054

廬山志十五卷首一卷　（清）毛德琦纂　清康熙刻本　十六冊

610000－1042－0002763　綫683.24/005

石鐘山志十六卷首一卷　（清）丁義方輯　清光緒九年(1883)聽濤眺雨軒刻本　八冊

610000－1042－0002764　綫683.31/571

武夷山志二十四卷首一卷　（清）董天工編
清道光二十六年(1846)刻本　八冊

610000－1042－0002765　綫683.14/373
恒山志五卷圖一卷　（清）桂敬順纂修　清乾
隆二十八年(1763)刻本　八冊

610000－1042－0002766　綫683.14/373
恒山志五卷圖一卷　（清）桂敬順纂修　清嘉
慶二十四年(1819)刻本　八冊

610000－1042－0002767　綫683.14/373
恒山志五卷　（清）桂敬順纂修　清刻本　四
冊　缺一卷(乾)

610000－1042－0002768　綫683.26/172
九疑山志四卷　（清）吳繩祖重編　（清）樊在
延纂輯　清嘉慶元年(1796)刻本　二冊

610000－1042－0002769　綫683.26/331
南嶽志八卷　（清）高自位重編　清乾隆十八
年(1753)開雲樓刻本　六冊

610000－1042－0002770　綫683.26/331
南嶽志八卷　（清）高自位重編　清乾隆十八
年(1753)開雲樓刻本　六冊

610000－1042－0002771　綫善683.33/138
羅浮山志會編二十二卷首一卷　（清）宋廣業
纂輯　清康熙五十五年(1716)刻本　十冊

610000－1042－0002772　綫683.33/138
羅浮山志會編二十二卷首一卷　（清）宋廣業
纂輯　清康熙刻本　十冊

610000－1042－0002773　綫683.33/103
鼎湖山志八卷首一卷　（清）釋成鷲纂　清康
熙刻本　四冊

610000－1042－0002774　綫683.27/521
峨山圖志二卷　（清）黃綬芙等纂　清光緒十
四年(1888)刻本　四冊

610000－1042－0002775　綫683.27/755
峨山圖說二卷　（清）譚鍾嶽繪圖　（清）廖笙
堂輯說　（清）黃綬芙編　清光緒十七年
(1891)刻本　二冊

610000－1042－0002776　綫683.27/440
峨眉山志十八卷　（清）蔣超編　清康熙刻本
六冊

610000－1042－0002777　綫683.27/440
峨眉山志十二卷　（清）蔣超編　（清）曹熙衡
修　清道光十四年(1834)胡林秀刻本　六冊

610000－1042－0002778　綫683.27/512
續刊青城山記二卷　（清）彭洵編　清光緒十
三年(1887)刻本　一冊

610000－1042－0002779　綫683.5221/529
紫柏山志圖　（清）景邦憲輯　清同治十年
(1871)刻本　一冊

610000－1042－0002780　綫682.8/385
水經二卷總論一卷　（漢）桑欽撰　清刻本
一冊

610000－1042－0002781　綫682.8/808
水經四十卷　（漢）桑欽撰　（北魏）酈道元注
清光緒刻本　九冊　缺四卷(一至四)

610000－1042－0002782　綫善682.8/808
水經注四十卷　（北魏）酈道元撰　（明）譚元
春評點　明崇禎二年(1629)嚴忍公刻本
十冊

610000－1042－0002783　綫682.8/808
水經注四十卷　（漢）桑欽撰　（北魏）酈道元
注　清同治二年(1863)長沙余氏明辨齋刻本
十冊

610000－1042－0002784　綫682.8/808
水經注四十卷首一卷　（北魏）酈道元撰　清
光緒三年(1877)湖北崇文書局刻本　十二冊

610000－1042－0002785　綫682.8/808
水經注四十卷首一卷附錄二卷　（漢）桑欽撰
（北魏）酈道元注　王先謙校　清光緒十八
年(1892)長沙思賢講舍刻本　十六冊

610000－1042－0002786　綫682.8/808
水經注十六卷　（北魏）酈道元撰　清武英殿
聚珍版刻本　八冊

610000－1042－0002787　綫682.8/808

水經注十六卷 （北魏）酈道元撰 清武英殿聚珍版刻本 八冊

610000－1042－0002788 綫682.8/597

水經注釋四十首一卷附錄二卷水經注箋刊誤十二卷 （清）趙一清釋 清光緒六年(1880)蛟川張壽榮華雨廔刻本 二十冊

610000－1042－0002789 綫682.8/597

水經注箋刊誤十二卷 （清）趙一清撰 清光緒六年(1880)會稽章壽康刻本 四冊

610000－1042－0002790 綫682.8/133

水經注圖一卷附錄一卷 （清）汪士鐸撰 清咸豐十一年(1861)刻本 二冊

610000－1042－0002791 綫682.8/133

水經注圖一卷附錄一卷 （清）汪士鐸撰 清同治元年(1862)刻本 一冊

610000－1042－0002792 綫682.8/458

水經注西南諸水考三卷摹印述一卷 （清）陳澧撰 清刻本 一冊

610000－1042－0002793 綫682.8/458

水經注西南諸水考三卷弧三角平視法一卷摹印述一卷 （清）陳澧撰 清光緒廣雅書局刻本 一冊

610000－1042－0002794 綫682.8/521

今水經一卷 （清）黃宗羲撰 水經注圖說殘稿一卷 （清）董祐誠撰 水經釋地八卷 (清)孔繼涵撰 清光緒六年(1880)會稽章氏刻本 四冊

610000－1042－0002795 綫682.8/586

水道提綱二十八卷 （清）齊召南編 清乾隆四十一年(1776)刻本 六冊

610000－1042－0002796 綫682.8/586

水道提綱二十八卷 （清）齊召南撰 清光緒四年(1878)刻本 八冊

610000－1042－0002797 綫682.8/586

水道提綱二十八卷 （清）齊召南撰 清光緒五年(1879)宏達堂刻本 四冊

610000－1042－0002798 綫682.8/282

皇朝輿地水道源流五卷 （清）胡宣慶撰 清光緒四年(1878)刻本 二冊

610000－1042－0002799 綫682/282

皇朝輿地水道源流五卷 （清）胡宣慶撰 清光緒十七年(1891)長沙胡氏刻本 一冊

610000－1042－0002800 綫善682.8/544

行水金鑑一百七十五卷首圖一卷 （清）傅澤洪撰 清雍正三年(1725)傅氏淮揚道署刻本 三十六冊

610000－1042－0002801 綫善443.63/489

靳文襄公治河方略十卷 （清）靳輔撰 （清）崔應階重編 清乾隆三十二年(1767)刻本 四冊

610000－1042－0002802 綫443.63/489

治河方略十卷 （清）靳輔撰 （清）崔應階重編 清刻本 四冊

610000－1042－0002803 綫443.686/009

複淮故道圖說一卷 （清）丁顯撰 清同治八年(1869)集韻書屋刻本 一冊

610000－1042－0002804 綫682.82/680

歷代黃河變遷圖考十卷 （清）劉鶚撰 清宣統二年(1910)山東河工研究所藍印石印本 一冊 存七卷(四至十)

610000－1042－0002805 綫682.82/363

歷代黃河變遷圖考四卷 （清）劉鶚撰 清宣統二年(1910)山東河工研究所石印本 四冊

610000－1042－0002806 綫682.11/039

畿輔安瀾志五十六卷 （清）王履泰編輯 清嘉慶武英殿木活字印本 三十冊

610000－1042－0002807 綫652.751/209

畿輔水利議一卷 （清）林則徐撰 清光緒二年(1876)三山林氏刻本 一冊

610000－1042－0002808 綫671.1/157

永定河志三十二卷附錄一卷 （清）李逢亨纂修 清嘉慶刻本 八冊

610000－1042－0002809 綫682.15/632

漆沮通考一卷 （清）鄭士範撰 清光緒二十

一年(1895)周正誼堂刻本　一冊

610000－1042－0002810　綫443.9/384

陝安治渠規條　（□）□□撰　清末民初刻本
一冊

610000－1042－0002811　綫682.82/451

山東運河備覽十二卷圖說一卷　（清）陸燿纂
清乾隆四十一年(1776)刻本　六冊

610000－1042－0002812　綫443.68921/152

續纂江蘇水利全案圖說一卷　（清）李慶雲纂
清光緒十五年(1889)刻本　一冊

610000－1042－0002813　綫443.68921/152

江蘇水利圖說不分卷　（清）李慶雲纂　（清）
陸鐘琦編　清宣統二年(1910)刻本　二冊

610000－1042－0002814　綫682.88/241

太湖備考十六卷首一卷　（清）金友理纂　清
乾隆十五年(1750)刻本　八冊

610000－1042－0002815　綫682.88/241

太湖備考十六卷湖城紀略續編四卷　（清）金
友理纂　（清）鄭言紹續纂　清光緒二十九年
(1903)刻本　二十冊

610000－1042－0002816　綫682.21/539

北湖小志六卷李翁醫記二卷　（清）焦循撰
清嘉慶十三年(1808)刻本　二冊

610000－1042－0002817　綫682.2/667

揚州水道記四卷　（清）劉文淇撰　清同治十
一年(1872)淮南書局刻本　二冊

610000－1042－0002818　綫684/562

京口山水志十八卷首一卷末一卷　（清）楊棨
纂　清光緒五年(1879)刻本　四冊

610000－1042－0002819　綫682.1/359

莫愁湖志六卷首一卷　（清）馬士圖纂輯　清
光緒八年(1882)刻本　二冊

610000－1042－0002820　綫682.23/165

浙江圖考不分卷　（清）阮元撰　清嘉慶八年
(1803)刻本　四冊

610000－1042－0002821　綫善682/339

西湖志纂十五卷首一卷　（清）梁詩正等纂
清乾隆二十七年(1762)刻本　八冊

610000－1042－0002822　綫682.81/361

長江圖說十二卷首一卷　（清）馬征麟　（清）
王香倬繪述　清同治十年(1871)湖北崇文書
局刻本　五冊

610000－1042－0002823　綫682.27/459

蜀水考四卷附補注分疏　（清）陳登龍撰
（清）朱錫穀補注　（清）陳一津分疏　清道光
五年(1825)刻本　二冊

610000－1042－0002824　綫682.27/460

蜀水考四卷附補注分疏　（清）陳登龍撰
（清）朱錫穀補注　（清）陳一津分疏　清光緒
五年(1879)綿竹楊氏清泉精舍刻本　一冊

610000－1042－0002825　綫682.81/485

峽江圖考一卷　（清）江國璋撰　清光緒二十
年(1894)上海袖海山房書局石印本　二冊

610000－1042－0002826　綫682.66/521

西徽水道一卷　（清）黃楙裁撰　清光緒二十
二年(1896)桐城江召棠刻本　一冊

610000－1042－0002827　綫676/157

漢西域圖考七卷首一卷　（清）李光廷撰　清
同治九年(1870)刻本　四冊

610000－1042－0002828　綫681.516/514

慶防記略二卷　（清）惠登甲撰　清光緒二十
四年(1898)刻本　二冊

610000－1042－0002829　綫681.2/521

談邊要刪十二種　（清）黃壽袞輯　清光緒二
十七年(1901)石印本　一冊

610000－1042－0002830　綫610.81/115

邊事匯鈔十二卷　（清）朱克敬編輯　清光緒
六年(1880)刻本　四冊

610000－1042－0002831　綫681.5/152

邊疆簡覽三卷　（清）李慎儒撰　清光緒二十
八年(1902)石印本　一冊

610000－1042－0002832　綫681.2/296

支那疆域沿革略說一卷　（日本）河田羆撰

（日本）重野安譯　清末輿地學會刻本　一冊

610000－1042－0002833　綫 672.6/788

苗防備覽二十二卷　（清）嚴如熤撰　清嘉慶
刻本　八冊

610000－1042－0002834　綫 629.53/202

皇朝藩部要略十八卷附表四卷　（清）祁韻士
撰　清光緒十年(1884)浙江書局刻本　八冊

610000－1042－0002835　綫 733.89/196

北徼彙編六卷　（清）何秋濤輯　清同治四年
(1865)京都龍威閣刻本　六冊

610000－1042－0002836　綫 748.6/196

朔方備乘六十八卷首十二卷　（清）何秋濤纂
清光緒七年(1881)刻本　二十四冊

610000－1042－0002837　綫 748.6/196

朔方備乘六十八卷首十二卷　（清）何秋濤纂
清光緒七年(1881)刻本　二十四冊

610000－1042－0002838　綫 748.6/196

朔方備乘六十八卷首十二卷　（清）何秋濤纂
清光緒七年(1881)刻本　二十四冊

610000－1042－0002839　綫 748.6/196

朔方備乘六十八卷首十二卷　（清）何秋濤纂
清光緒七年(1881)寶善書局石印本　八冊

610000－1042－0002840　綫 748.6/196

朔方備乘六十八卷首十二卷　（清）何秋濤纂
清光緒七年(1881)石印本　八冊

610000－1042－0002841　綫 748.6/196

朔方備乘六十八卷首十二卷　（清）何秋濤纂
清光緒七年(1881)石印本　八冊

610000－1042－0002842　綫 748.6/196

朔方備乘六十八卷首十二卷　（清）何秋濤纂
清光緒七年(1881)石印本　八冊

610000－1042－0002843　綫 748.6/196

朔方備乘圖說一卷　（清）何秋濤撰　清光緒
三年(1877)畿輔通志局刻本　一冊

610000－1042－0002844　綫 748.6/152

朔方備乘劄記一卷　（清）李文田撰　清光緒

二十三年(1897)會稽施氏鄮鄭學廬鉛印本
一冊

610000－1042－0002845　綫 748.6/152

朔方備乘劄記一卷　（清）李文田撰　清光緒
二十三年(1897)會稽施氏鄮鄭學廬鉛印本
一冊

610000－1042－0002846　綫 681.27/579

中俄界記二編　（清）鄒代鈞撰　曾寅校訂補
圖　清宣統三年(1911)湖北武昌亞新地學社
鉛印本　二冊

610000－1042－0002847　綫 681.51/348

秦邊紀略一卷　（清）□□撰　清抄本　一冊

610000－1042－0002848　綫 681.27/105

光緒勘定西北邊界俄文譯漢圖例言一卷
（清）□□撰　清刻本　一冊

610000－1042－0002849　綫 681.57/633

籌海圖編十三卷　（明）鄭若增撰　（明）胡宗
憲輯　明天啓四年(1624)刻本　八冊

610000－1042－0002850　綫 681.57/282

海防圖論一卷陣紀一卷　（明）胡宗憲撰　清
末民初鉛印本　一冊

610000－1042－0002851　綫 599.4/178

海防新論八卷　（德國）希理哈撰　（英國）傅
蘭雅口譯　（清）華蘅芳筆述　清同治七年
(1868)刻本　六冊

610000－1042－0002852　綫 681.57/115

江蘇沿海圖說一卷海島表一卷　（清）朱正元
撰　清光緒二十五年(1899)上海鉛印本
二冊

610000－1042－0002853　綫 681.523/726

浙東籌防録四卷　（清）薛福成纂　清光緒十
四年(1888)刻本　五冊

610000－1042－0002854　綫 685.531/115

福建沿海圖說一卷海島表一卷　（清）朱正元
撰　清光緒二十八年(1902)上海鉛印本
一冊

610000－1042－0002855　綫 684.015/412

褒谷古跡輯略一卷　（清）萬方田　（清）羅秀書　（清）李涵霖等輯注　清同治十三年（1874）刻本　一冊

610000－1042－0002856　綫 629.12/570

續山東考古錄三十二卷首一卷　（清）葉圭綬撰　清光緒八年（1882）山東書局刻本　六冊

610000－1042－0002857　綫善 684.4/596

平山堂圖志十卷首一卷　（清）趙之璧纂　清乾隆三十年（1765）揚州刻本　四冊

610000－1042－0002858　綫 672.3104/156

西湖志四十八卷　（清）李衛修　（清）傅王露等纂　清光緒四年（1878）浙江書局刻本　二十冊

610000－1042－0002859　綫 682.23/647

西湖佳話古今遺跡十六卷　（清）墨浪子輯　清光緒十九年（1893）上海寶文書局石印本　四冊

610000－1042－0002860　綫善 782.825/450

忠武志八卷　（清）張鵬翮輯　臥龍崗志二卷　（清）羅景輯　清康熙刻本　七冊　缺一卷（忠武志二）

610000－1042－0002861　綫 684.027/443

蜀中名勝記三十卷　（明）曹學佺撰　清道光刻本　八冊

610000－1042－0002862　綫善 684.2/018

三輔黃圖六卷　（漢）□□撰　明嘉靖三十八年（1559）陝西紫微堂刻本　一冊

610000－1042－0002863　綫 684.2/018

三輔黃圖六卷補遺一卷　（漢）□□撰　清光緒十七年（1891）思賢講舍刻本　一冊

610000－1042－0002864　綫 629.15029/667

圖開勝跡六卷戰功紀略一卷紀恩慕義一卷　（清）□□輯　清光緒元年至二年（1875－1876）刻本　八冊

610000－1042－0002865　綫 684.6/040

宮室圖會四卷　（明）王思義續集　明萬曆三十七年（1609）刻本　二冊

610000－1042－0002866　綫 684.68/506

嶽廟志略十卷首一卷　（清）馮培編輯　清光緒五年（1879）浙江書局刻本　四冊

610000－1042－0002867　綫 684.8/566

洛陽伽藍記五卷集證一卷　（北魏）楊衒之撰　（清）吳若準撰　清道光十四年（1834）錢塘吳氏刻本　一冊

610000－1042－0002868　綫 684.69/040

歷代詩人祠堂記一卷四農潘氏論詩十則　（清）王尚辰撰　清宣統元年（1909）京江李恩綬木活字印本　一冊

610000－1042－0002869　綫 797.82/115

歷代陵寢備考五十卷歷代宗廟附考八卷　（清）朱孔陽輯　清光緒上海申報館鉛印本　十四冊

610000－1042－0002870　綫 672.3/165

兩浙防護陵寢祠墓錄一卷首一卷　（清）阮元輯　清光緒十五年（1889）浙江書局刻本　二冊

610000－1042－0002871　綫 684.69/157

忠武侯祠墓志七卷首一卷末一卷　（清）李復心輯　清同治五年（1866）刻本　四冊

610000－1042－0002872　綫 782.876/571

鳳臺祇謁筆記一卷　（清）董恂撰　清同治九年（1870）荻芬書屋刻本　一冊

610000－1042－0002873　綫 525.97/145

宏道高等學堂章程不分卷　（清）□□撰　清末味經官書局鉛印本　一冊

610000－1042－0002874　綫 525.97/145

宏道高等學堂章程不分卷　（清）□□撰　清末味經官書局鉛印本　一冊

610000－1042－0002875　綫 525.97/145

宏道高等學堂章程不分卷　（清）□□撰　清末味經官書局鉛印本　一冊

610000－1042－0002876　綫 525.9915/670

陝甘味經書院志八卷　（清）劉光蕡撰　清光緒二十年（1894）陝西味經售書處刻本　一冊

610000－1042－0002877　綫善 525.99/788

東林書院志二卷續一卷　（清）嚴毅撰　（清）高匯旃輯　清康熙麗澤堂刻本　四冊

610000－1042－0002878　綫 525.99/788

東林書院志二十二卷　（清）高廷珍等增輯　清光緒七年(1881)刻本　八冊

610000－1042－0002879　綫 690/406

徐霞客遊記十卷外編一卷補編一卷　（明）徐宏祖撰　（清）葉廷甲補編　清嘉慶十三年(1808)刻本　十冊

610000－1042－0002880　綫 690/817

凝香室鴻雪因緣圖記三集六卷　（清）麟慶撰　清道光二十七年(1847)揚州刻本　六冊

610000－1042－0002881　綫 690/817

鴻雪因緣圖記三集六卷　（清）麟慶撰　清光緒五年(1879)上海點石齋石印本　六冊

610000－1042－0002882　綫 690/817

鴻雪因緣圖記三集六卷　（清）麟慶撰　清光緒十年(1884)上海點石齋石印本　六冊

610000－1042－0002883　綫 690/817

鴻雪因緣圖記三集六卷　（清）麟慶撰　清光緒十二年(1886)上海同文書局石印本　三冊

610000－1042－0002884　綫 690/430

北上紀程一卷　（清）郭應運撰　清光緒二十九年(1903)江西文翰齋刻本　一冊

610000－1042－0002885　綫 691.5/598

太華太白紀遊略　（清）趙嘉肇撰　清光緒十年(1884)刻本　一冊

610000－1042－0002886　綫 072.78/100

西京遊錄　（清）□□撰　清末抄本　一冊

610000－1042－0002887　綫 691.5301/153

榆塞紀行錄四卷　（清）李雲生撰　清光緒十二年(1886)李氏代耕堂刻本　一冊

610000－1042－0002888　綫 691.6/571

度隴記四卷　（清）董醇撰　清咸豐元年(1851)甘泉董氏刻本　四冊

610000－1042－0002889　綫 690/143

西轅瑣記四卷伊江行記一卷　宋伯魯撰　清末海棠仙館刻本　二冊

610000－1042－0002890　綫 690/481

辛卯侍行記六卷　（清）陶保廉撰　清光緒二十三年(1897)養樹山房刻本　六冊

610000－1042－0002891　綫 719/579

西征紀程四卷　（清）鄒代鈞撰　清光緒十年(1884)鉛印本　二冊

610000－1042－0002892　綫 692.1201/573

瀘遊雜記四卷　（清）葛元煦撰　清光緒二年(1876)刻本　四冊

610000－1042－0002893　綫 690/389

晏彤甫大中丞程記二種　（清）晏端書撰　清光緒十三年(1887)刻本　二冊

610000－1042－0002894　綫 692.3101/078

西湖遊覽志二十四卷西湖遊覽志餘二十六卷　（明）田汝成撰　清光緒二十二年(1896)錢塘丁氏嘉惠堂刻本　十二冊

610000－1042－0002895　綫 690/364

南遊記一卷　（清）孫嘉淦撰　清道光二十四年(1844)刻朱墨套印本　一冊

610000－1042－0002896　綫 691.5/450

雲棧紀程八卷　（清）張邦伸編輯　清乾隆五十九年(1794)敦彝堂刻本　四冊

610000－1042－0002897　綫 652.751/209

滇軺紀程一卷荷戈紀程一卷　（清）林則徐撰　清光緒三年(1877)三山林氏刻本　一冊

610000－1042－0002898　綫 690/209

滇軺紀程一卷荷戈紀程一卷政書搜遺一卷　（清）林則徐撰　清光緒三年(1877)三山林氏刻本(政書配光緒五年刻本)　一冊

610000－1042－0002899　綫 718/697

地理志十卷　（清）錢坫撰　（清）徐松集譯　清同治十三年(1874)刻本　八冊

610000－1042－0002900　綫 718/646

地理全志二卷　（英國）慕維廉撰　清光緒九

年(1883)上海益智書會鉛印本　一冊

610000－1042－0002901　綫710.6/050

世界地理志六卷　(日本)中村五六撰　(日本)頓野廣太郎修補　(日本)樋田保熙譯　清光緒二十八年(1902)上海商務印書館鉛印本　三冊

610000－1042－0002902　綫712.1/528

古世文明二卷　(英國)華立熙譯　清光緒二十九年(1903)上海商務印書館鉛印本　二冊

610000－1042－0002903　綫711/065

世界通史三十卷　(日本)石川利之撰　清光緒二十八年(1902)世界譯書局石印本　十冊

610000－1042－0002904　綫712.4/215

世界近世史不分卷　(日本)松平康國撰　中國國民叢書社譯　清光緒二十八年(1902)上海商務印書館鉛印本　一冊

610000－1042－0002905　綫712.4/215

世界近世史二卷　(日本)松平康國撰　梁啟勳譯　清光緒二十九年(1903)上海廣智書局鉛印本　二冊

610000－1042－0002906　綫711.022/318

世界歷史問答不分卷　(日本)酒井勉撰　清光緒三十一年(1905)上海商務印書館鉛印本　一冊

610000－1042－0002907　綫041.78/698

萬國分類時務大成四十卷　(清)錢豐選輯　清光緒二十五年(1899)上海文盛堂石印書局石印本　二十八冊

610000－1042－0002908　綫710/129

各國時事類編十八卷　(清)沈純輯　清光緒二十一年(1895)上海書局石印本　四冊

610000－1042－0002909　綫570.026/598

最新萬國政鑒五十一卷　趙天擇　王慕陶編譯　清光緒二十九年(1903)上海商務印書館鉛印本　八冊

610000－1042－0002910　綫740.9/373

海外見聞錄二卷　(清)桃溪漁隱　(清)惺新盦主輯　清光緒二十三年(1897)上海石印本　四冊

610000－1042－0002911　綫602/157

四裔編年表四卷　(美國)林樂知　(清)嚴良勳譯　(清)李鳳苞彙編　清同治刻本　四冊

610000－1042－0002912　綫602/157

四裔編年表四卷　(美國)林樂知　(清)嚴良勳譯　(清)李鳳苞彙編　清光緒二十三年(1897)仿江南織造總局刻本石印本　四冊

610000－1042－0002913　綫716/745

海國圖志五十卷　(清)魏源撰　清道光二十四年(1844)古微堂木活字印本　二十冊

610000－1042－0002914　綫716/745

海國圖志六十卷　(清)魏源撰　清道光二十七年(1847)古微堂刻本　二十四冊

610000－1042－0002915　綫716/745

海國圖志一百卷　(清)魏源撰　清咸豐二年(1852)古微堂刻本　二十四冊

610000－1042－0002916　綫716/745

海國圖志一百卷　(清)魏源撰　清光緒二年(1876)平慶涇固道署刻本　二十四冊

610000－1042－0002917　綫718/745

海國圖志一百卷　(清)魏源撰　清光緒六年(1880)邵陽急當務齋刻本　三十六冊

610000－1042－0002918　綫718/745

海國圖志一百卷　(清)魏源撰　清光緒刻本　四十八冊

610000－1042－0002919　綫718/745

海國圖志一百卷續集二十五卷　(清)魏源撰　清光緒二十一年(1895)上海書局石印本　十六冊

610000－1042－0002920　綫716/745

海國圖志一百卷　(清)魏源撰　清光緒二十一年(1895)上海積山書局石印本　十六冊

610000－1042－0002921　綫716/745

海國圖志一百卷　(清)魏源撰　清光緒二十八年(1902)文賢閣石印本　十六冊

610000－1042－0002922　綫716/409

瀛寰志略十卷　（清）徐繼畬撰　清道光二十八年(1848)刻本　六冊

610000－1042－0002923　綫716/411

瀛寰志略十卷　（清）徐繼畬撰　清同治五年(1866)刻本　六冊

610000－1042－0002924　綫716/411

瀛寰志略十卷　（清）徐繼畬撰　清同治十二年(1873)梣雲樓縮刻本　四冊

610000－1042－0002925　綫716/411

瀛寰志略十卷　（清）徐繼畬撰　清光緒二十年(1894)鴻寶齋石印本　四冊

610000－1042－0002926　綫716/411

瀛寰志略正集十卷續集四卷末一卷　（清）徐繼畬撰　清光緒二十四年(1898)掃葉山房石印本　八冊

610000－1042－0002927　綫716/411

瀛寰志略十卷　（清）徐繼畬撰　清光緒二十八年(1902)秦中書局石印本　四冊

610000－1042－0002928　綫716/726

續瀛環志略初編不分卷　（清）薛福成鑒定　清光緒二十八年(1902)無錫傳經樓石印本　四冊

610000－1042－0002929　綫711/224

萬國總說三卷　（日本）岡本監輔撰　清光緒十年(1884)刻本　二冊

610000－1042－0002930　綫711/22

萬國史記二十卷　（日本）岡本監輔撰　重野安譯　清光緒上海申報館鉛印本　十冊

610000－1042－0002931　綫711/224

萬國史記二十卷　（日本）岡本監輔撰　重野安譯　清光緒二十一年(1895)讀有用書齋石印本　十冊

610000－1042－0002932　綫711/224

萬國史記二十卷　（日本）岡本監輔撰　重野安譯　清光緒二十七年(1901)上海兩宜齋石印本　十二冊

610000－1042－0002933　綫711/224

萬國史記二十卷　（日本）岡本監輔撰　重野安譯　清光緒二十八年(1902)上海書局石印本　六冊

610000－1042－0002934　綫716/463

萬國興地圖考八卷皇朝一統地輿全圖一卷圖說一卷　（清）陳兆桐撰　清光緒二十八年(1902)緯文書店石印本　八冊

610000－1042－0002935　綫711/133

萬國歷史彙編一百卷　（清）汪子雲等纂　清光緒二十九年(1903)上海官書局石印本　十六冊

610000－1042－0002936　綫558.099/603

萬國商業地理志一卷　（英國）嘉楂德撰　上海廣智書局譯　清光緒二十八年(1902)石印本　一冊

610000－1042－0002937　綫711/712

萬國通鑑四卷　（美國）謝衛樓撰　清光緒八年(1882)刻本　五冊

610000－1042－0002938　綫711/155

萬國通史三編　（英國）李思輯譯　蔡爾康曹曾涵等纂述　清光緒二十六年至三十一年(1900－1905)上海廣學會鉛印本　三十冊

610000－1042－0002939　綫711/155

萬國通史前編十卷　（英國）李思倫白撰　清光緒二十六年(1900)上海商務印書館鉛印本　十冊

610000－1042－0002940　綫711/043

萬國通史三卷　（日本）天野為之撰　（清）吳啟孫譯　清光緒二十九年(1903)上海文明書局鉛印本　二冊

610000－1042－0002941　綫710/445

萬國新史大事考十八卷　（清）張之洞鑒定　清光緒二十七年(1901)上海漢讀樓鉛印本　十六冊

610000－1042－0002942　綫716.037/050

中學外國地理教科書二編　（□）□□撰　清

末鉛印本　一冊

610000－1042－0002943　綫716/308

經心書院課程輿地學八卷　（清）姚炳奎撰
清光緒二十八年（1902）湖北經心書院刻本
八冊

610000－1042－0002944　綫660.37/447

地球韻言四卷　（清）張士瀛撰　清光緒二十
九年（1903）上海商務印書館石印本　一冊
存二卷（一至二）

610000－1042－0002945　綫610.9/523

京師大學堂史學科講義一卷　屠寄撰　**萬國
史講義一卷**　（日本）服部宇之吉撰　清末鉛
印本　一冊

610000－1042－0002946　綫610/498

普通新歷史十卷　（清）□□撰　清末味經官
書局鉛印本　二冊

610000－1042－0002947　綫731.9/037

談瀛錄四卷　（清）王之春撰　清光緒六年
（1880）刻本　二冊

610000－1042－0002948　綫690/378

談瀛錄六卷　（清）袁祖志撰　清光緒十七年
（1891）同文書局石印本　二冊

610000－1042－0002949　綫574/716

列國政要一百三十三卷　（清）戴鴻慈等輯
清光緒三十三年（1907）商務印書館石印本
三十二冊

610000－1042－0002950　綫718/471

列國歲計政要十二卷首一卷　（英國）麥丁富
得力編纂　（美國）林樂知口譯　（清）鄭昌棪
筆述　清同治十二年（1873）江南製造局刻本
六冊

610000－1042－0002951　綫718/471

列國歲計政要十二卷首一卷　（英國）麥丁富
得力編纂　（美國）林樂知口譯　（清）鄭昌棪
筆述　清光緒元年（1875）江南製造局刻本
六冊

610000－1042－0002952　綫718/471

列國歲計政要十二卷首一卷　（英國）麥丁富
得力編纂　（美國）林樂知口譯　（清）鄭昌棪
筆述　清光緒二十三年（1897）小倉山房石印
本　二冊

610000－1042－0002953　綫718.5/554

新譯列國歲計政要十二卷　傅運森譯　清光
緒二十七年（1901）海上譯社鉛印本　十二冊

610000－1042－0002954　綫718.5/554

新譯列國歲計政要十二卷　傅運森譯　清光
緒二十七年（1901）海上譯社鉛印本　十二冊

610000－1042－0002955　綫718.5/554

新譯列國歲計政要十二卷　傅運森譯　清光
緒二十七年（1901）海上譯社鉛印本　十二冊

610000－1042－0002956　綫718.5/554

新譯列國歲計政要十二卷　傅運森譯　清光
緒二十七年（1901）海上譯社鉛印本　十二冊

610000－1042－0002957　綫718/471

列國歲計政要續編不分卷　（清）海上譯社譯
纂　清光緒二十九年（1903）海上譯社鉛印本
四冊

610000－1042－0002958　綫710/154

列國變通興盛記四卷　（英國）李提摩太撰
清光緒二十年（1894）上海美華書館石印本
一冊

610000－1042－0002959　綫719/499

外國遊歷採訪風俗錄不分卷　（清）斌椿撰
清同治七年（1868）文宣堂刻本　三冊

610000－1042－0002960　綫730/022

新撰亞細亞洲大地志不分卷　（日本）山上萬
次郎編　葉瀚譯　清光緒二十七年（1901）上
海正記書局石印本　四冊

610000－1042－0002961　綫710/444

東西洋考十二卷　（明）張燮撰　清三原李錫
齡刻惜陰軒叢書本　四冊

610000－1042－0002962　綫557.45/244

海道圖說十五卷　（英國）金約翰輯　（英國）
傅蘭雅譯　清光緒江南機器製造總局刻本

十冊

610000－1042－0002963　綫730.8/244

海道圖說十五卷長江圖說三卷　（英國）金約
翰輯　（英國）傅蘭雅口譯　（清）王德均筆述
　清光緒上海製造局刻本　十冊

610000－1042－0002964　綫730.1/385

東洋史要二卷　（日本）桑原騭藏撰　樊炳清
譯　清光緒二十五年（1899）上海中西印書局
石印本　四冊

610000－1042－0002965　綫730.1/385

東洋史要二卷　（日本）桑原騭藏撰　樊炳清
譯　清光緒二十五年（1899）味經官書局鉛印
本　四冊

610000－1042－0002966　綫730.1/022

東洋史要四卷年表一卷　（日本）小川銀次郎
撰　（清）屠長春譯　清光緒二十七年（1901）
上海商務印書館鉛印本　一冊

610000－1042－0002967　綫730.1/022

東洋史要四卷年表一卷　（日本）小川銀次郎
撰　（清）屠長春譯　清光緒二十八年（1902）
普通學書室鉛印本　一冊

610000－1042－0002968　綫731.1/065

東洋新史攬要七卷　（日本）石村貞一編
（清）遊瀛主人譯　清光緒二十七年（1901）時
學廬石印本　七冊

610000－1042－0002969　綫520.931/416

東遊叢錄四卷　（清）章宗祥等口譯　（清）吳
汝綸輯　清光緒二十八年（1902）鉛印本
四冊

610000－1042－0002970　綫731.9/533

鈍齋東遊日記一卷（清光緒三十四年至宣統
元年）　賀綸夔撰　清宣統元年（1909）上海
商務印書館鉛印本　一冊

610000－1042－0002971　綫745.5/548

歷史彙編不分卷　新民叢報選編　清光緒二
十八年（1902）石印本　一冊

610000－1042－0002972　綫730.9/061

大唐西域記十二卷　（唐）釋玄奘譯　（唐）釋
辯機撰　**大唐大慈恩寺三藏法師傳十卷**
（唐）釋彥悰述　清宣統元年（1909）常州天寧
寺刻本　七冊

610000－1042－0002973　綫719/500

遊歷芻言一卷　（清）黃楙林撰　清光緒得一
齋刻本　一冊

610000－1042－0002974　綫733.90/444

東南海島圖經六卷　張美翊述　世增譯　清
光緒二十六年（1900）上海石印本　六冊

610000－1042－0002975　綫732.31/643

蒙古史二卷　（日本）河野元三撰　歐陽瑞驊
譯　清宣統三年（1911）江南圖書館鉛印本
二冊

610000－1042－0002976　綫732.18/052

朝鮮見聞錄一卷　（日本）日本觀光團編　清
末石印本　一冊

610000－1042－0002977　綫732.16/726

東藩紀要十二卷補錄一卷　（清）薛培榕輯
清光緒八年（1882）鉛印本　四冊

610000－1042－0002978　綫731.6/521

日本國志四十卷首一卷　（清）黃遵憲撰　清
光緒二十四年（1898）浙江書局刻本　十冊

610000－1042－0002979　綫731.6/521

日本國志四十卷首一卷　（清）黃遵憲撰　清
光緒二十四年（1898）上海圖書集成印書局鉛
印本　十冊

610000－1042－0002980　綫731.6/521

日本國志四十卷首一卷　（清）黃遵憲撰　清
光緒二十七年（1901）上海書局石印本　八冊

610000－1042－0002981　綫731.6/521

日本國志四十卷首一卷　（清）黃遵憲撰　清
光緒二十七年（1901）上海書局石印本　十冊

610000－1042－0002982　綫731.1/573

日本歷史二卷　（日本）荻野由之撰　（清）劉
大猷譯　清光緒二十七年（1901）教育世界社
石印本　五冊

610000－1042－0002983　綫731.1/435

日本全史二十二卷　（日本）商容款夫撰　清末民初教育世界社石印本　十六冊

610000－1042－0002984　綫574.31171/667

日本維新政治彙編十二卷　（清）劉慶汾集譯　清光緒二十八年(1902)成都刻本　六冊

610000－1042－0002985　綫731.1/065

日本新史攬要七卷　（日本）石村貞一撰　清光緒二十五年(1899)石印本　七冊

610000－1042－0002986　綫731.1/065

日本新史攬要七卷　（日本）石村貞一編輯（清）遊瀛主人譯　清光緒二十七年(1901)時學廬石印本　七冊

610000－1042－0002987　綫574.31/802

日本新政考二卷　（清）顧厚焜撰　清光緒十四年(1888)石印本　二冊

610000－1042－0002988　綫731.1/681

日本外史二十二卷　（清）賴囊編　清光緒二十八年(1902)文賢閣石印本　八冊

610000－1042－0002989　綫731/081

日本政治地理七編　（日本）矢津昌永撰（清）陶熔譯　清光緒二十八年(1902)上海商務印書館鉛印本　一冊

610000－1042－0002990　綫731.271/296

大日本維新史二卷　（日本）重野安譯撰　清末民初上海商務印書館鉛印本　二冊

610000－1042－0002991　綫731.5/516

文學興國策二卷　（日本）森有理編　廣學會譯　清光緒二十二年(1896)圖書集成局鉛印本　二冊

610000－1042－0002992　綫731.5/561

文學興國策二卷　（日本）森有理編　廣學會譯　清光緒二十七年(1901)圖書集成局鉛印本　一冊

610000－1042－0002993　綫643.26/155

使琉球記六卷　（清）李鼎元撰　清嘉慶刻本　二冊

610000－1042－0002994　綫732.66/233

琉球國志略十六卷首一卷　（清）周煌撰　清刻本　六冊

610000－1042－0002995　綫732.66/465

琉球地理小志一卷補遺一卷說略一卷　（清）姚子梁譯　清光緒九年(1883)刻本　一冊

610000－1042－0002996　綫737.19/236

竺國紀遊四卷　（清）周藹聯撰　清嘉慶九年(1804)鉛印本　二冊

610000－1042－0002997　綫737.11/777

印度史攬要三卷　（英國）寶星亨德偉良撰（清）任廷旭譯　清光緒二十七年(1901)上海美華書館鉛印本　三冊

610000－1042－0002998　綫733.71/691

印度新志不分卷　學部編譯圖書局纂　清光緒三十三年(1907)學部編譯圖書局鉛印本　一冊

610000－1042－0002999　綫740.47/357

英俄印度交涉書一卷續編一卷　（英國）馬文撰　（英國）羅亨利　（清）瞿昂來譯　清光緒刻本　一冊

610000－1042－0003000　綫574.411/138

泰西各國采風記五卷附紀程感事詩一卷時務論一卷　（清）宋育仁撰　清光緒二十二年(1896)袖海山房石印本　四冊

610000－1042－0003001　綫740.27/358

泰西新史攬要二十四卷　（英國）馬懇西撰（英國）李提摩太譯　蔡爾康述稿　清光緒二十一年(1895)美華書館鉛印本　八冊

610000－1042－0003002　綫740.27/358

泰西新史攬要二十四卷　（英國）馬懇西撰（英國）李提摩太譯　蔡爾康述稿　上海廣學會譯　清光緒二十四年(1898)上海美華書館鉛印本　八冊

610000－1042－0003003　綫740.27/358

泰西新史攬要二十三卷附記一卷　（英國）馬懇西撰　（英國）李提摩太譯　蔡爾康述稿

上海廣學會譯　清光緒二十八年(1902)美華書館鉛印本　八冊

610000－1042－0003004　綫740.27/650
節本泰西新史攬要八卷　(英國)馬懇西撰(英國)李提摩太譯　周慶雲節錄　清光緒二十七年(1901)夢坡室刻本　四冊

610000－1042－0003005　綫740.27/358
節本泰西新史攬要八卷　(英國)馬懇西撰(英國)李提摩太譯　周慶雲節錄　清光緒二十七年(1901)石印本　二冊

610000－1042－0003006　綫301.7/604
泰西事務叢考八卷　(比利時)赫師慎等撰上海徐匯報館教士譯　清光緒二十九年(1903)上海鴻寶齋石印本　八冊

610000－1042－0003007　綫740.029/242
西國近事彙編三十六卷　(美國)金楷理等譯(清)姚棻等筆述　清光緒刻本　三十六冊

610000－1042－0003008　綫740.09/633
西國近事彙編三十六卷　(清)鄭昌棪編輯清光緒刻本　一冊　存一卷(三)

610000－1042－0003009　綫740.27/730
西國近事彙編三十六卷　(美國)金楷理等譯(清)姚棻等筆述　清光緒二十三年(1897)慎記書莊石印本　二十八冊

610000－1042－0003010　綫740.27/730
續西國近事彙編三十八卷　(清)鍾天緯編清光緒八年(1882)石印本　二十八冊

610000－1042－0003011　綫740.1/237
西史綱目初函二十卷　(清)周維翰撰　清光緒二十七年(1901)石印本　十冊

610000－1042－0003012　綫730.9/152
元耶律楚材西遊錄一卷　(清)盛如梓刪略李文田注　清光緒二十三年(1897)會稽施氏鄦鄭學廬刻本　一冊

610000－1042－0003013　綫719/430
西遊筆略三卷　(清)郭連城撰　清同治二年(1863)刻本　六冊

610000－1042－0003014　綫740.27/318
十九世紀歐洲政治史綸四章　(日本)酒井雄三郎撰　(清)華文切祺譯　清末陝西味經官書局鉛印本　一冊

610000－1042－0003015　綫740.1/641
西洋通史前編十一卷　(法國)駝愷屢撰(日本)村上義茂譯　清光緒二十八年(1902)上洋會文譯書社石印本　七冊

610000－1042－0003016　綫740.1037/686
西洋歷史教科書二卷　(英國)默爾化撰(清)出洋學生編輯社譯　清光緒二十八年(1902)上海商務印書館鉛印本　二冊

610000－1042－0003017　綫740.1037/686
西洋歷史教科書二卷　(英國)默爾化撰(清)出洋學生編輯所譯　清光緒三十三年(1907)上海商務印書館鉛印本　二冊

610000－1042－0003018　綫748.1/119
俄羅斯史不分卷附錄一卷　(俄國)伊羅瓦伊基撰　(日本)八代六郎譯　商務印書館重譯　清光緒二十九年(1903)上海商務印書館鉛印本　一冊

610000－1042－0003019　綫748.1/199
俄羅斯二卷　(法國)波留撰　(日本)林毅陸譯　(日本)中島端重譯　清光緒三十年(1904)上海商務印書館鉛印本　二冊

610000－1042－0003020　綫748.1/786
俄史輯譯四卷　(英國)闞斐迪譯　(清)徐景羅重譯　清光緒十四年(1888)益智書會刻本四冊

610000－1042－0003021　綫748.1/290
俄國新志八卷　(英國)陜勒低撰　(英國)傅蘭雅　(清)潘松譯　清光緒二十四年(1898)上海製造總局刻本　三冊

610000－1042－0003022　綫748.1/290
俄國新志八卷　(英國)陜勒低撰　(英國)傅蘭雅　(清)潘松同譯　清光緒二十七年(1901)上海書局石印本　四冊

610000－1042－0003023　綫 748.14/639

俄國政俗通考三卷　（印度）廣學會纂　（美國）林樂知　（清）任廷旭譯　清光緒二十六年（1900）上海廣學會鉛印本　二冊

610000－1042－0003024　綫 748.89/732

俄遊彙編十二卷　（清）繆祐孫纂　清光緒十五年（1889）海上秀文書局石印本　四冊

610000－1042－0003025　綫 748.89/732

俄遊彙編十二卷　（清）繆祐孫纂　清光緒二十一年（1895）上海江左書林石印本　六冊

610000－1042－0003026　綫 748.9/803

中亞洲俄屬遊記二卷　（英國）蘭士德撰（清）莫鎮藩譯　清光緒二十年（1894）刻本　二冊

610000－1042－0003027　綫 748.7/265

西比利亞志一卷附西比利亞新志一卷　學部編譯圖書局編　清光緒三十四年（1908）學部編譯圖書局鉛印本　一冊

610000－1042－0003028　綫 748.1/464

籌鄂龜鑑七卷俄事新書二卷　（清）陳俠君輯　清光緒二十二年（1896）上海書局石印本　八冊

610000－1042－0003029　綫 741.1/646

大英國志八卷續刻一卷　（英國）幕維廉譯　清咸豐六年（1856）松江墨海書院刻本　四冊

610000－1042－0003030　綫 741.1/646

大英國志八卷續刻一卷　（英國）幕維廉譯　清光緒七年（1881）松江墨海書院刻本　八冊

610000－1042－0003031　綫 737.1/144

大英治理印度新政考不分卷　（英國）亨德偉良撰　（清）任保羅譯　清光緒三十年（1904）上海廣學會鉛印本　六冊

610000－1042－0003032　綫 578.241/292

英國條約不分卷　（清）總理各國事物衙門編　清咸豐十年（1860）刻本　一冊

610000－1042－0003033　綫 747.2/290

威廉振興荷蘭紀略四卷　（荷蘭）威廉撰　清光緒二十七年（1901）上海美華書館鉛印本　二冊

610000－1042－0003034　綫 742.1/040

重訂法國志略二十四卷　（清）王韜撰　清光緒十六年（1890）常州王氏淞隱廬鉛印本　十冊

610000－1042－0003035　綫 742.6/549

法國新志四卷　（英國）該勒低輯　（英國）傅紹蘭等譯　（清）潘松等筆述　清光緒二十四年（1898）製造局刻本　二冊

610000－1042－0003036　綫 742.1/435

法蘭西史五卷　商務印書館編譯　清光緒二十九年（1903）上海商務印書館鉛印本　一冊

610000－1042－0003037　綫 738.59/390

探路記十五卷　（法國）晃西士加尼撰　清光緒二十五年（1899）昧經刊書處刻本　十冊

610000－1042－0003038　綫 743.1/144

日爾曼史不分卷　（英國）沙安撰　商務印書館譯　清光緒二十九年（1903）上海商務印書館鉛印本　四冊

610000－1042－0003039　綫 712.47/040

普法戰紀四卷　（清）張宗良譯　（清）王韜輯撰　清光緒二十四年（1898）中華印務總局鉛印本　八冊

610000－1042－0003040　綫 712.47/040

普法戰紀輯要四卷　（清）王韜撰　（清）李光廷纂　清光緒二十七年（1901）東亞自強譯書會鉛印本　八冊

610000－1042－0003041　綫 743.6/103

普奧戰史六卷附錄一卷　（日本）羽化生撰（清）趙天驥譯　清光緒二十八年（1902）商務印書館鉛印本　一冊

610000－1042－0003042　綫 740.222/769

羅馬志略十三卷首一卷　（英國）艾約瑟譯　清光緒二十二年（1896）上海著易堂書局鉛印本　一冊

610000－1042－0003043　綫 740.222/769

羅馬志略十三卷首一卷　（英國）艾約瑟譯　清光緒二十四年(1898)上海圖書集成印書局鉛印本　一冊

610000－1042－0003044　綫749.5/178

希臘志略七卷　（英國）艾約瑟譯　清光緒二十二年(1896)上海著易堂書局鉛印本　一冊

610000－1042－0003045　綫749.51/385

希臘史二卷　（日本）桑原啟一撰　中國國民叢書社譯　清光緒二十九年(1903)上海商務印書館鉛印本　一冊

610000－1042－0003046　綫740/125

英法德俄四國志略四卷　（清）沈敦和撰　清光緒二十一年(1895)上海書局石印本　二冊

610000－1042－0003047　綫740/167

英法意比志譯略四卷　（清）吳宗濂譯　（清）薛福成鑒定　清光緒二十五年(1899)上海石印本　二冊

610000－1042－0003048　綫752.1/331

大美國史略八卷　（美國）蔚利高著譯　清光緒二十五年(1899)福州美華書局鉛印本　二冊

610000－1042－0003049　綫755.2/544

遊歷美利加合眾國圖經三十二卷　（清）傅雲龍撰　清光緒十五年(1889)鉛印本　十二冊

610000－1042－0003050　綫755.61/544

遊歷古巴圖經二卷　（清）傅雲龍撰　清光緒十五年(1889)鉛印本　一冊

610000－1042－0003051　綫757.4/802

巴西國地理兵要一卷　（清）顧厚焜編　（清）鄭之驤譯　清光緒十五年(1889)鉛印本　一冊

610000－1042－0003052　綫740.1/610

歐羅巴通史四卷　（日本）箕作元八等纂　(清)徐有成等譯　清光緒二十六年(1900)東亞譯書會石印本　四冊

610000－1042－0003053　綫761.124/391

埃及近世史一卷　（日本）柴四郎撰　（清）章

起謂譯　清光緒二十九年(1903)上海商務印書館鉛印本　一冊

610000－1042－0003054　綫573.41/061

歷代職官表七十二卷首一卷　（清）永瑢等監修　（清）紀昀等纂　清光緒二十二年(1896)廣雅書局刻本　三十二冊

610000－1042－0003055　綫573.41/061

歷代職官表七十二卷首一卷　（清）永瑢等監修　（清）紀昀等纂　清光緒二十二年(1896)廣雅書局刻本　二十六冊

610000－1042－0003056　綫573.41/124

歷代刑官考二卷　沈家本撰　清宣統元年(1909)修訂法律館鉛印本　一冊

610000－1042－0003057　綫573.15/542

麟臺故事五卷首一卷末一卷　（宋）程俱撰　清乾隆三十九年(1774)武英殿聚珍版刻本　一冊

610000－1042－0003058　綫573.151/542

麟臺故事五卷首一卷末一卷　（宋）程俱撰　清刻本　一冊

610000－1042－0003059　綫573.42/451

州縣提綱四卷　（宋）陳襄撰　清綿州李調元刻本　二冊

610000－1042－0003060　綫573.42/444

風憲忠告一卷廟堂忠告一卷　（元）張養浩撰　清道光十一年(1831)莆田郭氏刻本　一冊

610000－1042－0003061　綫573.42/174

實政錄七卷　（明）呂坤撰　清同治七年(1868)湖北崇文書局刻本　四冊

610000－1042－0003062　綫573.42/174

實政錄七卷　（明）呂坤撰　清同治十一年(1872)浙江書局刻本　六冊

610000－1042－0003063　綫573.535/497

欽定國子監志八十二卷首二卷　（清）文慶等修　（清）富明阿等纂　清道光十六年(1836)刻本　三十二冊

610000－1042－0003064　綫573.46/098

欽定吏部文選司章程三十二卷　（清)吏部纂
修　清同治十二年(1873)刻本　九冊

610000－1042－0003065　綫573.4/115
皇朝詞林典故六十四卷　（清)朱珪等纂　清
光緒十三年(1887)刻本　三十四冊

610000－1042－0003066　綫192/458
在官法戒錄摘抄四卷　（清)陳宏謀輯　清道
光三年(1823)刻本　二冊

610000－1042－0003067　綫192/458
在官法戒錄摘抄四卷從政遺規摘抄二卷養正
遺規摘抄一卷教女遺規一卷訓俗遺規四卷
(清)陳宏謀纂　清同治七年(1868)湖北崇文
書局刻本　八冊

610000－1042－0003068　綫573.42/409
牧令書二十三卷保甲書三卷　（清)徐棟輯
清道光二十八年(1848)兩儀堂刻本　二十冊

610000－1042－0003069　綫573.42/409
牧令書二十三卷保甲書三卷　（清)徐棟輯
清道光二十八年(1848)刻本　十四冊　存十
六卷(一至十二、二十至二十三)

610000－1042－0003070　綫573.42/409
牧令書輯要十卷　（清)徐棟輯　清同治八年
(1869)湖北崇文書局刻本　十冊

610000－1042－0003071　綫573.42/409
牧令書輯要十卷　（清)徐棟輯　清同治十年
(1871)黔陽官署刻本　十冊

610000－1042－0003072　綫573.42/390
牧令須知六卷　（清)剛毅撰　清光緒十八年
(1892)粵東書局刻本　一冊

610000－1042－0003073　綫589..91/447
入幕須知五種　（清)張廷驤輯　清光緒十三
年(1887)刻本　六冊

610000－1042－0003074　綫573.42/521
福惠全書三十二卷　（清)黃六鴻撰　清康熙
三十三年(1694)刻本　十冊

610000－1042－0003075　綫573.42/521
福惠全書三十二卷　（清)黃六鴻撰　清刻本

十冊

610000－1042－0003076　綫573.42/454
莅政摘要二卷　（清)陸隴其輯　清光緒六年
(1880)吳門刻本　二冊

610000－1042－0003077　綫573.42/331
宦遊紀略二卷　（清)高廷瑤撰　清光緒九年
(1883)資中官廨刻本　一冊

610000－1042－0003078　綫582.8/671
吏治三書六卷　（清)劉衡纂輯　清光緒二十
二年(1896)上海圖書集成印書局鉛印本
一冊

610000－1042－0003079　綫573.42/386
茹紫庭先生治歧條教一卷　（清)茹紫庭撰
清光緒三十年(1904)刻本　一冊

610000－1042－0003080　綫610.104/521
二十四史九通政典類要合編三百二十卷　黃
書霖輯　清光緒二十八年(1902)上海約雅堂
石印本　六十冊

610000－1042－0003081　綫845/632
三通序一卷　（唐)杜佑等撰　（清)趙玉璽抄
清宣統三年(1911)抄本　一冊

610000－1042－0003082　綫573.1/688
三通序一卷　盧靖錄　清光緒沔陽盧氏慎始
基齋刻本　二冊

610000－1042－0003083　綫610.13/068
三通志序一卷　（清)高宗弘曆纂　清景幡山
房鉛印本　一冊

610000－1042－0003084　綫573.1/288
三通警策二編　（清)胡重編　清乾隆三十三
年(1768)刻本　四冊

610000－1042－0003085　綫573.1/501
三通考輯要三種　湯壽潛編輯　清光緒二十
五年(1899)圖書集成局鉛印本　六十冊

610000－1042－0003086　綫573.1/501
三通考輯要三種　湯壽潛編輯　清光緒二十
五年(1899)圖書集成局鉛印本　三十冊

610000－1042－0003087　綫573.1/173

欽定續通典一百五十卷　（清）吳裕德編修
清光緒二十八年(1902)上海鴻寶書局石印本
八冊

610000－1042－0003088　綫610.13/632

通志二百卷　（宋）鄭樵撰　清咸豐九年
(1859)崇仁謝氏刻本　一百二十冊

610000－1042－0003089　綫610.13/632

通志二百卷　（宋）鄭樵撰　清咸豐九年
(1859)崇仁謝氏刻本　一百五十九冊　缺二
卷(四十至四十一)

610000－1042－0003090　綫610.13/632

通志二百卷欽定通志考證三卷　（宋）鄭樵撰
清光緒二十八年(1902)上海鴻寶書局石印
本　四十冊

610000－1042－0003091　綫610.13/632

通志略五十二卷　（宋）鄭樵撰　清刻本　十
二冊　存二十三卷(食貨略二卷、選舉略二
卷、刑法略一卷、藝文略八卷、圖譜略一卷、金
石略一卷、災祥略一卷、昆蟲草木略二卷、校
讎略一卷、職官略四至七)

610000－1042－0003092　綫610.13/316

欽定續通志六百四十卷　（清）紀昀等纂　清
末石印本　四十冊

610000－1042－0003093　綫善573.1/357

文獻通考三百四十八卷　（元）馬端臨撰　明
末刻本　一百二十冊

610000－1042－0003094　綫善573.152/039

續文獻通考二百五十四卷　（明）王圻撰　明
萬曆三十年(1602)松江府刻本　一百二十冊

610000－1042－0003095　綫善573.152/039

續文獻通考二百四十五卷首一卷　（明）王圻
纂輯　明刻本　一百二十冊

610000－1042－0003096　綫573.125/039

續文獻通考二十二卷　（明）王圻撰　清刻本
八冊

610000－1042－0003097　綫573.1/535

610000－1042－0003098　綫573.1/535

欽定續文獻通考二百五十卷　（清）嵇璜等纂
清光緒二十六年(1900)北洋石印官書局石
印本　三十二冊

610000－1042－0003098　綫573.1/535

欽定續文獻通考二百五十卷　（清）嵇璜等纂
清光緒石印本　二十四冊

610000－1042－0003099　綫573.121/409

西漢會要七十卷　（宋）徐天麟撰　清道光八
年(1828)珠湖草堂刻本　十六冊

610000－1042－0003100　綫573.141/036

唐會要一百卷　（宋）王溥撰　清光緒十年
(1884)江蘇書局刻本　二十四冊

610000－1042－0003101　綫075.51/152

建炎以來朝野雜記甲集二十卷乙集二十卷
（宋）李心傳撰　清光緒七年(1881)刻本
八冊

610000－1042－0003102　綫625.2104/152

**建炎以來朝野雜記甲集二十卷乙集二十卷首
一卷**　（宋）李心傳撰　**甲集校勘記二卷乙集
校勘記三卷**　（清）孫星華撰　清光緒二十一
年(1895)福建刻本　十二冊

610000－1042－0003103　綫625.2104/152

建炎以來朝野雜記甲集二十卷　（宋）李心傳
撰　清刻本　一冊　存三卷(一至三)

610000－1042－0003104　綫善626.13/601

大明會典二百二十八卷　（明）申時行等重修
明萬曆十五年(1587)司禮監刻本　四十冊

610000－1042－0003105　綫善573.171/489

大清會典二百五十卷　（清）尹泰等纂修　清
雍正十年(1732)武英殿刻本　一百冊

610000－1042－0003106　綫573.171/468

大清會典四卷　（清）仁宗顒琰續修　清同治
十一年(1872)湖北崇文書局刻本　四冊

610000－1042－0003107　綫573.171/100

欽定大清會典八十卷　（清）托津等纂修　清
嘉慶二十三年(1818)刻本　四十冊

610000－1042－0003108　綫573.171/468

欽定大清會典一百卷　（清）允祹等纂修　清刻本　十六冊

610000－1042－0003109　綫573.171/468
欽定大清會典一百卷首一卷　（清）允祹等纂修　清光緒十九年(1893)上海圖書集成印書局鉛印本　八冊

610000－1042－0003110　綫573.171/468
欽定大清會典一百卷首一卷　（清）允祹等纂修　清光緒十九年(1893)上海圖書集成印書局鉛印本　八冊

610000－1042－0003111　綫573.171/468
欽定大清會典一百卷首一卷　（清）允祹等纂修　清光緒十九年(1893)上海圖書集成印書局鉛印本　八冊

610000－1042－0003112　綫573.171/489
欽定大清會典一百卷首一卷　（清）崑岡等續修　清光緒二十五年(1899)京師官書局石印本　二十四冊

610000－1042－0003113　綫573.171/489
欽定大清會典一百卷事例一千二百二十卷目錄八卷　（清）崑岡等纂修　清光緒三十四年(1908)上海商務印書館石印本　一百六十冊

610000－1042－0003114　綫573.171/489
欽定大清會典一百卷事例一千二百二十卷目錄八卷　（清）崑岡等纂修　清光緒三十四年(1908)上海商務印書館石印本　一百六十冊

610000－1042－0003115　綫573.171/489
欽定大清會典一百卷首一卷　（清）崑岡等纂修　清宣統元年(1909)上海商務印書館石印本　十冊

610000－1042－0003116　綫573.171/100
欽定大清會典事例九百二十卷　（清）托津等重修　清嘉慶二十三年(1818)刻本　三百六十冊

610000－1042－0003117　綫573.171/673－2
欽定大清會典事例一千二百二十卷目錄八卷　（清）崑岡等纂　清光緒二十五年(1899)清會典館石印本　三百八十四冊

610000－1042－0003118　綫573.171/100
欽定大清會典圖一百三十二卷　（清）托津等重修　清嘉慶二十三年(1818)刻本　四十冊

610000－1042－0003119　綫573.171/223
欽定大清會典圖二百七十卷　（清）崑岡等重修　清光緒二十五年(1899)石印本　七十四冊

610000－1042－0003120　綫573.171/535
皇朝通典一百卷　（清）嵇璜等纂修　清光緒八年(1882)浙江書局刻本　四十冊

610000－1042－0003121　綫573.171/535
皇朝通典一百卷　（清）嵇璜等纂修　清光緒二十八年(1902)上海鴻寶書局石印本　八冊

610000－1042－0003122　綫573.171/535
皇朝通典一百卷　（清）嵇璜等纂修　清光緒二十八年(1902)貫吾齋石印本　六冊

610000－1042－0003123　綫573.17/037
熙朝紀政六卷　（清）王慶雲撰　清光緒二十四年(1898)石印本　六冊

610000－1042－0003124　綫573.17/037
熙朝紀政六卷　（清）王慶雲撰　清光緒二十七年(1901)上海天章書局石印本　六冊

610000－1042－0003125　綫573.17/037
熙朝紀政八卷　（清）王慶雲撰　清光緒二十八年(1902)上海石印本　四冊

610000－1042－0003126　綫573.17/037
熙朝紀政八卷　（清）王慶雲撰　清光緒二十八年(1902)上海書局鉛印本　四冊

610000－1042－0003127　綫674/409
東三省政略十二卷　徐世昌撰　清宣統三年(1911)鉛印本　四十冊

610000－1042－0003128　綫674/409
東三省政略十二卷　徐世昌撰　清宣統三年(1911)鉛印本　四十冊

610000－1042－0003129　綫善627.204/048

幸魯盛典四十卷 （清）孔毓圻等撰 清康熙五十年(1711)孔毓圻刻本 十二冊

610000－1042－0003130 綫 627.204/048

幸魯盛典四十卷 （清）孔毓圻等撰 清康熙刻本 十二冊

610000－1042－0003131 綫 573.535/105

欽定光祿寺則例九十卷 （清）裕誠等纂修 清道光十九年(1839)刻本 四十六冊

610000－1042－0003132 綫 627.04/535

欽定宮中現行則例四卷 （清）□□撰 清刻本 四冊

610000－1042－0003133 綫善 573.914/318

晉政輯要八卷 （清）海寧總輯 （清）鄭源璹纂輯 清乾隆五十四年(1789)刻本 八冊

610000－1042－0003134 綫 573.131/095

晉政輯要四十卷首一卷 （清）剛毅等修 （清）安頤等纂 清光緒十五年(1889)刻本 三十二冊

610000－1042－0003135 綫 560/694

財經四綱四卷 錢恂撰 清光緒二十七年(1901)鉛印本 二冊

610000－1042－0003136 綫 560.81/223

財政叢書二十一種 （清）昌言報館編輯 清光緒二十九年(1903)上海會文學社石印本 十二冊

610000－1042－0003137 綫 558/581

節本原富五卷 （英國）亞丹斯密撰 嚴復譯 張鵬一節 清光緒三十三年(1907)鉛印本 一冊 存二卷(丁、戊)

610000－1042－0003138 綫 548.31/565

籌濟編三十二卷首一卷 （清）楊景仁輯 清道光六年(1826)詒研齋刻本 四冊 缺六卷(二十三至二十八)

610000－1042－0003139 綫 548.31/565

籌濟編三十二卷首一卷 （清）楊景仁輯 清道光九年(1829)刻本 八冊

610000－1042－0003140 綫 082.78/110

自強學齋治平十議十種 自強學齋主人編 清光緒二十三年(1897)文瑞樓石印本 十二冊

610000－1042－0003141 綫 554.28/359

解州丈清地糧裏甲圖說不分卷 （清）馬丕瑤編 清光緒七年(1881)刻本 一冊

610000－1042－0003142 綫 565.215/384

陝西清理財政說明書二編 （清）陝西清理財政局編輯 清宣統元年(1909)鉛印本 六冊

610000－1042－0003143 綫 567/384

陝西省屯衛總賦役全書不分卷 （清）□□撰 清道光二十四年(1844)刻本 三十五冊

610000－1042－0003144 綫 567.615/384

陝西省抽收行商厘金章程一卷 （清）陝西厘稅總局制定 清光緒二十四年(1898)刻本 一冊

610000－1042－0003145 綫善 567.4/118

鹽政志十卷 （明）朱廷立撰 清抄本 十冊

610000－1042－0003146 綫善 567.4/118

鹽政志十卷 （明）朱廷立撰 清抄本 六冊

610000－1042－0003147 綫 567.4/447

增修河東鹽法備覽八卷首一卷 （清）張元鼎纂 清光緒八年(1882)刻本 十冊

610000－1042－0003148 綫 567.4/137

山東鹽法志二十二卷附編十卷 （清）崇福修 （清）宋湘纂修 清嘉慶十四年(1809)刻本 二十四冊

610000－1042－0003149 綫 567.4/805

兩淮鹽法志五十六卷首四卷 （清）單渠 （清）沈襄琴等纂 （清）方濬頤續纂 清同治九年(1870)揚州書局刻本 二十冊

610000－1042－0003150 綫 567.9227/005

四川鹽法志四十卷首一卷 （清）丁寶楨等纂 清光緒刻本 二十冊

610000－1042－0003151 綫 567.9227/005

四川鹽法志四十卷首一卷 （清）丁寶楨等纂 清刻本 四冊 存八卷(二、六至八、十六

至十七、三十至三十一）

610000－1042－0003152　綫548.1/451

欽定康濟錄四卷　（清）陸曾禹撰　清乾隆五十八年(1793)濟陽魏禮灼刻本　六冊

610000－1042－0003153　綫548.1/451

欽定康濟錄四卷　（清）陸曾禹撰　清同治三年(1864)浙江撫署刻本　三冊

610000－1042－0003154　綫548.31/718

救荒舉要遺編三卷　（清）戴百壽撰　清光緒二十年(1894)傅陵官廨刻本　三冊

610000－1042－0003155　綫539.12/039

豐歉年略一卷　（清）王歡樂撰　清光緒二十四年(1898)刻本　一冊

610000－1042－0003156　綫善573.17/531

八旗通志初集二百五十卷　（清）鄂爾泰等纂修　清乾隆四年(1739)武英殿刻本　八十冊

610000－1042－0003157　綫573.53/189

欽定中樞政考八旗三十二卷　（清）明亮等修　（清）納蘇泰等纂　欽定兵部續纂處分則例八旗二卷綠營二卷　（清）長齡　（清）慶源等纂修　清道光五年(1825)刻本　三十六冊

610000－1042－0003158　綫573.53/189

欽定中樞政考綠營四十卷　（清）明亮修　（清）納蘇泰等纂　欽定中樞政考續纂八旗一卷綠營三卷　（清）長齡　（清）景善等纂修　清道光五年至十二年(1825－1832)刻本　四十四冊

610000－1042－0003159　綫681.525/389

荊州駐防八旗志十六卷首一卷　（清）希元等修　（清）恩澤等纂　清光緒五年(1879)荊州軍署刻本　十冊

610000－1042－0003160　綫650/455

陸軍辦防行軍策略不分卷　（清）□□撰　清末抄本　一冊

610000－1042－0003161　綫627.8/270

西寧軍務節略一卷　（清）奎順纂　清末石印本　一冊

610000－1042－0003162　綫595.94/313

長江礮臺芻議一卷　（清）姚錫光撰　清光緒北洋陸軍編譯局石印本　一冊

610000－1042－0003163　綫595.1/752

營城揭要二卷　（英國）儲意比撰　（英國）傅蘭雅譯　清末江南製造總局刻本　二冊

610000－1042－0003164　綫589.91/450

兩漢律學考一卷　張鵬一輯　清光緒三十四年(1908)鉛印本　一冊

610000－1042－0003165　綫589.91/212

故唐律疏議三十卷附釋文　（唐）長孫無忌等撰　宋提刑洗冤集錄五卷　（宋）宋慈編　清嘉慶十三年(1808)蘭陵孫氏刻本　十二冊

610000－1042－0003166　綫589.91/212

故唐律疏議三十卷附釋文　（唐）長孫無忌等撰　宋提刑洗冤集錄五卷　（宋）宋慈編　清嘉慶十三年(1808)蘭陵孫氏刻本　八冊

610000－1042－0003167　綫589.91/369

故唐律疏議三十卷附釋文　（唐）長孫無忌等撰　宋提刑洗冤集錄五卷　（宋）宋慈編　清嘉慶十三年(1808)蘭陵孫氏刻本　十二冊

610000－1042－0003168　綫589.91/212

唐律疏議三十卷　（唐）長孫無忌等撰　清光緒十六年(1890)京師刻本　十六冊

610000－1042－0003169　綫589.91/369

唐律疏義三十卷　（唐）長孫無忌等撰　清光緒十七年(1891)刻本　七冊　存二十八卷（一至二十八）

610000－1042－0003170　綫589.91/510

敦煌石室真跡錄己二卷　（唐）王敬從等撰　王仁俊輯　清宣統三年(1911)吳縣王氏石印本　一冊

610000－1042－0003171　綫586.66/137

宋提刑洗冤集錄五卷聖朝頒降新例一卷　（宋）宋慈編　清嘉慶十二年(1807)蘭陵孫星衍刻本　一冊

610000－1042－0003172　綫586.65/140

律例館校正洗冤録四卷　（宋）宋慈撰　（清）律例館校正　清乾隆刻本　二冊

610000－1042－0003173　綫586.65/140

重刊補注洗冤録集證六卷　（清）王又槐增輯（清）李觀瀾補輯　（清）阮其新補注　清光緒八年（1882）刻朱墨藍緑黄五色印本　六冊

610000－1042－0003174　綫589.91/632

折獄高抬貴手八卷補六卷　（宋）鄭克輯　清光緒四年（1878）蘭石齋刻本　八冊

610000－1042－0003175　綫589.91/632

折獄高抬貴手八卷補六卷　（宋）鄭克輯　清光緒四年（1878）蘭石齋刻本　八冊

610000－1042－0003176　綫589.91/667

大明律集解附例三十卷六臟圖一卷大明律集解名例一卷真犯雜犯死罪一卷真犯死罪充軍為民例一卷　（明）高舉等纂　清光緒三十四年（1908）刻本　十冊

610000－1042－0003177　綫589.91/667

大明律集解附例三十卷六臟圖一卷大明律集解名例一卷真犯雜犯死罪一卷真犯死罪充軍為民例一卷　（明）高舉等纂　清光緒三十四年（1908）刻本　十冊

610000－1042－0003179　綫589.91/283

大清律例通纂四十卷督捕則例附纂二卷（清）胡肇楷　（清）周孟隣纂　大清律續例八卷　（清）臺福等纂　清嘉慶十年至十一年（1805－1806）刻本　四十冊

610000－1042－0003180　綫589.91/018

大清律例匯輯便覽四十卷　（清）刑部制訂清同治十一年（1872）湖北讞局刻本　二十五冊

610000－1042－0003181　綫589.91/018

大清律例匯輯便覽四十卷督捕則例二卷五軍道裏表不分卷三流道裏表不分卷　（清）刑部

制訂　清光緒三年（1877）京都刻本　三十一冊

610000－1042－0003182　綫589.91/018

大清律例匯輯便覽四十卷督捕則例二卷五軍道裏表不分卷三流道裏表不分卷　（清）刑部制訂　清光緒十八年（1892）京都榮禄堂刻本三十三冊

610000－1042－0003183　綫589.91/018

大清律例匯纂大成四十卷督捕則例二卷三流道裏表不分卷五軍道裏表不分卷秋審實緩比較一卷部頒新增一卷　（清）刑部制訂　清光緒二十四年（1898）石印本　二十四冊

610000－1042－0003184　綫589.91/018

大清律例匯纂大成四十卷督捕則例二卷三流道裏表不分卷五軍道裏表不分卷秋審實緩比較一卷部頒新增一卷　（清）刑部制訂　清光緒二十九年（1903）石印本　二十四冊

610000－1042－0003185　綫589.91/125

大清律例增修統纂集成四十卷都捕則例二卷（清）任彭年重輯　清同治十年（1871）刻本二十三冊

610000－1042－0003186　綫589.91/018

大清律例三十九卷　（清）刑部制訂　清刻本四十冊

610000－1042－0003187　綫589.91/408

大清律例總類□□卷　（清）徐本修　（清）唐紹祖等撰　清乾隆五年（1740）刻本　一冊存一卷（四十）

610000－1042－0003188　綫589.92/315

大清律例總類不分卷　（清）刑部纂修　清光緒十年（1884）剛毅刻本　八冊

610000－1042－0003189　綫589.91/119

大清律集解附例三十卷圖一卷　（清）沈之奇注　（清）洪弘緒重訂　清乾隆十一年（1746）刻本　十二冊

610000－1042－0003190　綫587.52/018

欽定大清商律一卷　（清）載振等撰　清刻本

一冊

610000－1042－0003191　綫589.92/098

刑部奏定新章四卷四川通飭章程二卷　（清）
刑部編　清光緒二十七年（1901）四川讞局刻
本　六冊

610000－1042－0003192　綫573.47/715

欽定兵部處分則例八旗三十七卷　（清）伯麟
（清）慶源等纂修　清道光三年（1823）刻本
十七冊

610000－1042－0003193　綫573.47/189

欽定兵部處分則例綠營三十九卷　（清）伯麟
（清）慶源等纂修　清刻本　十五冊　缺一
卷（一）

610000－1042－0003194　綫573.53/034

欽定戶部則例一百三十四卷　（清）蔡履元等
纂　清乾隆刻本　四十八冊

610000－1042－0003195　綫573.53/433

欽定六部處分則例五十二卷　（清）文孚等纂
清光緒二年（1876）三善堂刻本　三十二冊

610000－1042－0003196　綫589.91/337

三流道裏表不分卷　（清）唐紹祖等纂修　清
乾隆武英殿刻本　四冊

610000－1042－0003197　綫589.91/337

三流道裏表不分卷　（清）唐紹祖等纂修　清
嘉慶十六年（1811）刻本　四冊

610000－1042－0003198　綫589.91/337

三流道裏表二卷　（清）刑部修訂　清同治十
一年（1872）湖北讞局刻本　二冊

610000－1042－0003199　綫585.67/486

欽定五軍道裏表十九卷　（清）常泰等纂修
清嘉慶十四年（1809）刻本　十九冊

610000－1042－0003200　綫589.92/018

核訂現行刑律不分卷　沈家本等編　清宣統
鉛印本　一冊

610000－1042－0003201　綫589.92/265

修正現行刑律　奕劻等編　清宣統二年
（1910）鉛印本　一冊

610000－1042－0003202　綫589.92/125

大清現行刑律案語不分卷　沈家本等編　清
宣統元年（1909）法律館鉛印本　十五冊

610000－1042－0003203　綫589.92/125

大清現行刑律案語不分卷　沈家本等編　清
宣統三年（1911）普政社鉛印本　二十冊

610000－1042－0003204　綫589.92/125

大清現行刑律案語不分卷　沈家本等編　清
宣統三年（1911）普政社鉛印本　一冊

610000－1042－0003205　綫585.8/322

**刑案匯覽六十卷首一卷末一卷拾遺備考一卷
續增十六卷新增十六卷**　（清）祝慶祺編輯
清光緒十二年（1886）刻本　九十冊

610000－1042－0003206　綫585.8/322

**刑案匯覽六十卷首一卷末一卷拾遺備考一卷
續增十六卷新增十六卷**　（清）祝慶祺編輯
清光緒上海圖書集成局鉛印本　四十冊

610000－1042－0003207　綫589.91/292

秋審實緩比較成案二十四卷　（清）林恩綬編
清光緒二年（1876）刻本　二十四冊

610000－1042－0003208　綫589.91/386

秋讞輯要六卷首一卷　（清）剛毅輯　清光緒
十五年（1889）剛毅刻本　八冊

610000－1042－0003209　綫589.91/115

**駁案彙編新編三十二卷續編七卷秋審比較匯
案二卷**　（清）朱梅臣訂　（清）全士潮等纂
清光緒圖書集成局鉛印本　十二冊

610000－1042－0003210　綫589.91/115

**駁案彙編新編三十二卷續編七卷秋審比較匯
案二卷**　（清）朱梅臣訂　（清）全士潮等纂
清光緒圖書集成局鉛印本　十二冊

610000－1042－0003211　綫652.7/500

奇冤紀聞二卷　（清）遊春澤編　清光緒二十
四年（1898）上海飛鴻閣石印本　三冊

610000－1042－0003212　綫589.8/600

提牢備考四卷　（清）趙舒翹撰　清光緒十一
年（1885）律例館刻本　二冊

610000 – 1042 – 0003213　綫 589.92/125

名法指掌增訂上卷　（清）沈辛田纂輯　清乾隆八年(1743)刻本　一冊

610000 – 1042 – 0003214　綫 585.5/406

增訂刑錢指掌二種　（清）沈辛田　（清）董公振編輯　清乾隆九年(1744)京都琉璃廠榮錦堂刻本　四冊

610000 – 1042 – 0003215　綫 589.91/143

祥刑古鑒二卷附編一卷　（清）宋邦傳編輯　清同治刻本　二冊

610000 – 1042 – 0003216　綫 585.8/390

審看擬式四卷首一卷末一卷　（清）剛毅輯　清光緒十八年(1892)粵東書局刻本　一冊

610000 – 1042 – 0003217　綫 586.55/461

樊山批判十四卷樊山公牘三卷　樊增祥撰　清光緒二十年至二十三年(1894 – 1897)刻本　八冊

610000 – 1042 – 0003218　綫 847/641

樊山批判二十卷　樊增祥撰　清光緒二十三年(1897)刻本　五冊　存十卷(一至六、十一至十四)

610000 – 1042 – 0003219　綫 586.55/461

樊山政書二十卷　樊增祥撰　清宣統二年(1910)刻本　七冊

610000 – 1042 – 0003220　綫 586.55/461

樊山政書二十卷　樊增祥撰　清宣統二年(1910)上海政學社石印本　十冊

610000 – 1042 – 0003221　綫 589.91/671

讀律心得二卷蜀僚問答二卷　（清）劉衡纂輯　漁陽山人手鏡　（清）王士禎撰　代直隸總督勸諭牧文　（清）黃輔辰撰　清同治七年(1868)楚北崇文書局刻本　一冊

610000 – 1042 – 0003222　綫 589.91/726

讀例存疑五十四卷　（清）薛允升撰　清光緒三十一年(1905)北京琉璃廠翰茂齋刻本　四十冊

610000 – 1042 – 0003223　綫 589.92/265

核訂禁煙條例摺附清單不分卷　奕劻等編　清宣統元年(1909)鉛印本　一冊

610000 – 1042 – 0003224　綫 589.9/804

陝西憲政調查局法制科第一股第一次報告書六卷　（清）饒智元輯　清末抄本　八冊

610000 – 1042 – 0003225　綫 583.411/508

西國律例便覽五卷　（清）馮鈞葆編　清光緒二十八年(1902)上海書局石印本　四冊

610000 – 1042 – 0003226　綫 582/108

法令全書　印鑄局編校科編　清宣統三年(1911)印鑄局鉛印本　四冊

610000 – 1042 – 0003227　綫 582/083

法令全書　印鑄局編纂處編纂　清宣統三年至民國八年(1911 – 1919)印鑄局鉛印本　四十九冊

610000 – 1042 – 0003228　綫 578.285/433

清代條約彙編十三編　（清）總理各國事務衙門編　清末刻本　二冊

610000 – 1042 – 0003229　綫 644.8/242

金軺籌筆四卷　（清）□□撰　清光緒九年(1883)刻本　四冊

610000 – 1042 – 0003230　綫 641.5/090

咸同以來中俄交涉記三卷　（清）江標譯　清光緒二十一年(1895)陝西味經刊書處刻本　一冊

610000 – 1042 – 0003231　綫 578.28/559

瑞典國挪威國條約　（□）□□撰　清咸豐十年(1860)刻本　一冊

610000 – 1042 – 0003232　綫 641.6/777

同治朝籌辦夷務始末一百卷　（清）寶鋆等纂輯　清光緒石印本　五十冊

610000 – 1042 – 0003233　綫 075/149

管刻洋務抉要易言二卷　（清）杞憂生撰　清光緒十三年(1887)管可壽齋刻本　四冊

610000 – 1042 – 0003234　綫 641.8/463

交涉要覽類編四卷　（清）鄭貞來譯　陳鈺選編　清光緒二十八年(1902)湖北洋務譯書局

鉛印本　三冊　存三卷(一、三至四)

610000－1042－0003235　綫578.285/144

辛丑各國和約檔壬寅中英商約稅則匯錄不分卷　(□)□□撰　清光緒二十八年(1902)海上寓公鉛印本　一冊

610000－1042－0003236　綫578.01/642

星軺指掌三卷續一卷　(清)聯芳　(清)慶常譯　清光緒二年(1876)同文館鉛印本　四冊

610000－1042－0003237　綫善644.338/174

庚子海外紀事不分卷　(清)呂海寰撰　清光緒稿本　八冊

610000－1042－0003238　綫578.285/457

新纂約章大全七十三卷續二卷　(清)陸鳳石輯　清宣統元年(1909)上海崇義堂石印本五十冊

610000－1042－0003239　綫善560/174

使德發電稿　(清)呂海寰撰　清稿本　一冊

610000－1042－0003240　綫526.192/592

清學部教育宗旨奏摺一卷　(清)榮慶等撰清末鉛印本　一冊

610000－1042－0003241　綫522.2/065

育英源一卷　(清)石成金撰　清道光五年(1825)刻本　一冊

610000－1042－0003242　綫523.9/409

課士編□□卷　(清)徐棟撰　清道光二十八年(1848)刻本　一冊

610000－1042－0003243　綫527.31/201

宗聖學規錄要七卷附簡章　(清)宗聖精舍編清光緒十年(1884)宗聖精舍鉛印本　一冊

610000－1042－0003244　綫523.9/572

敬義堂學要一卷　(清)□□撰　清光緒七年(1881)抄本　一冊

610000－1042－0003245　綫523.3/336

父師善誘法一卷附鑿井區田成法一卷　(清)唐彪撰　清光緒二十一年(1895)柏經正堂刻本　一冊

610000－1042－0003246　綫520.29/654

涇陽興學文牘存略□□卷　(清)蔡師愚編清光緒三十二年(1906)鉛印本　一冊

610000－1042－0003247　綫527.1/732

總署奏定京師大學堂暨直省學堂一律遵行章程　(清)□□撰　清光緒刻本　一冊

610000－1042－0003248　綫527.1/447

奏定學堂章程　(清)張百熙等纂　清湖北學務處刻本　四冊

610000－1042－0003249　綫527.1/447

奏定學堂章程　(清)張百熙等纂　清光緒三十年(1904)陝西藩署刻本　六冊

610000－1042－0003250　綫527.7/018

學校衛生學　汪有齡譯　清光緒二十七年(1901)教育世界出版所刻本　一冊

610000－1042－0003251　綫527/078

學校管理法十章　(日本)田中敬一編　清光緒二十七年(1901)教育世界出版社刻本一冊

610000－1042－0003252　綫527.1/227

學校管理法問答十一章　(清)邵義譯　清光緒三十三年(1907)上海商務印書館鉛印本一冊

610000－1042－0003253　綫527.91/147

初等小學堂淺說十則　(清)□□撰　清末刻本　一冊

610000－1042－0003254　綫520.9215/384

陝西全省學堂一覽表　(清)□□撰　清光緒抄本　三冊　存三冊(清光緒三十三年下學期第二十冊、光緒三十四年上學期第九至十冊)

610000－1042－0003255　綫529.943/220

德國學校論略一卷　(德國)花之安撰　清同治十二年(1873)刻本　一冊

610000－1042－0003256　綫520.92/580

教育界之風潮十二卷　題愛國青年撰　清光緒二十九年(1903)石印本　六冊

610000－1042－0003257　綫520.931/769
教育世界十八卷　羅振玉等撰　清光緒刻本　四冊

610000－1042－0003258　綫520.9/411
教育史四篇　商務印書館編譯所編纂　清光緒三十二年(1906)上海商務印書館鉛印本　一冊

610000－1042－0003259　綫526.231/174
日本教育法規二十七編　(清)步其誥等譯　清光緒三十二年(1906)鉛印本　十冊

610000－1042－0003260　綫573.332/374
欽定學政全書八十六卷首一卷　(清)恭阿拉等撰　清嘉慶刻本　八冊　存四十五卷(一至四十四、首一卷)

610000－1042－0003261　綫573.332/374
欽定學政全書八十六卷首一卷　(清)恭阿拉等撰　清刻本　十六冊

610000－1042－0003262　綫627.04/200
清秘述聞十六卷　(清)法式善編　清乾隆四十五年(1780)刻本　六冊

610000－1042－0003263　綫627.04/200
清秘述聞十六卷　(清)法式善編　清嘉慶刻本　四冊　存十一卷(一至三、九至十六)

610000－1042－0003264　綫573.171/735
會奏變通科舉章程一卷　(清)禮部奏　清光緒二十七年(1901)鉛印本　一冊

610000－1042－0003265　綫653/151
資治新書十四卷首一卷二集二十卷　(清)李漁輯　清同治五年(1866)翰寶樓刻本　十八冊

610000－1042－0003266　綫856.2/641
樊山公牘三卷　樊增祥撰　清光緒二十年(1894)刻本　一冊

610000－1042－0003267　綫653.8/641
樊山公牘四卷　樊增祥撰　清末民初石印本　四冊

610000－1042－0003268　綫653.1/167
李文忠公外部函稿二十八卷　(清)李鴻章撰　(清)吳汝綸編輯　清光緒二十八年(1902)蓮池書社鉛印本　十四冊

610000－1042－0003269　綫653.1/151
李文忠公朋僚函稿二十四卷　(清)李鴻章撰　(清)吳汝綸編輯　清光緒二十八年(1902)蓮池書社鉛印本　十二冊

610000－1042－0003270　綫653.1/151
李文忠公朋僚函稿二十四卷　(清)李鴻章撰　(清)吳汝綸編輯　清光緒二十八年(1902)蓮池書社鉛印本　十二冊

610000－1042－0003271　綫653.78/066
北洋公牘類纂二十五卷　(清)甘厚慈輯　清光緒三十三年(1907)京城益森印刷有限公司鉛印本　二十冊

610000－1042－0003272　綫573.05/560
禁種罌粟四字諭一卷　(清)□□撰　清刻本　一冊

610000－1042－0003273　綫655.5/692
清代檔案三種　(清)鮑康輯　清同治七年(1868)刻本　四冊

610000－1042－0003274　綫050/570
萬國公報　(清)萬國公報館編　清光緒二十三年至二十八年(1897－1902)上海廣學會鉛印本　二十冊

610000－1042－0003275　綫558.55/021
通商各關華洋貿易總冊(清光緒十一年至十三年、十五年至十六年)　上海通商海關造冊處譯　清光緒十二年至十七年(1886－1891)鉛印本　五冊

610000－1042－0003276　綫558.55/021
通商各關華洋貿易總冊(清光緒十七年至二十年)　上海通商海關造冊處譯　清光緒十八年至二十一年(1892－1895)鉛印本　四冊

610000－1042－0003277　綫558.55/021
通商各關華洋貿易總冊(清光緒二十六年至二十八年)　上海通商海關造冊處譯　清光

緒二十七年至二十九年(1901－1903)鉛印本　三冊

610000－1042－0003278　綫625.204/601
朝野類要五卷　(宋)趙升撰　清乾隆四十七年(1782)武英殿聚珍版刻本　一冊

610000－1042－0003279　綫072.56/672
西使記一卷　(元)劉鬱撰　**燕翼貽謀録五卷**　(宋)王栐撰　(清)張海鵬輯　清照曠閣刻本　一冊

610000－1042－0003280　綫573.07/633
盛世危言十四卷　(清)鄭觀應撰　清光緒二十一年(1895)鉛印本　八冊

610000－1042－0003281　綫573.07/633
盛世危言六卷續編四卷　(清)鄭觀應　(清)杞憂生輯撰　清光緒二十二年(1896)上海書局石印本　十冊

610000－1042－0003282　綫573.07/633
盛世危言六卷續編四卷　(清)鄭觀應　(清)杞憂生輯撰　清光緒二十四年(1898)上海書局石印本　十冊

610000－1042－0003283　綫573.07/633
盛世危言六卷二編四卷三編六卷　(清)鄭觀應　(清)杞憂生輯撰　清光緒二十四年(1898)圖書集成局鉛印本　六冊

610000－1042－0003284　綫573.07/633
盛世危言五卷續編三卷補編六卷外編二卷　(清)鄭觀應　(清)杞憂生　(清)馮桂芬等輯　清光緒上海石印本　十六冊

610000－1042－0003285　綫573.07/633
增訂盛世危言新編十四卷　(清)鄭觀應輯撰　清光緒二十三年(1897)成都刻本　十冊

610000－1042－0003286　綫573.07/633
增訂盛世危言正續十四卷　(清)鄭觀應輯撰　清光緒二十四年(1898)上海同文正記書局石印本　六冊

610000－1042－0003287　綫573.07/506
盛世危言六卷二編四卷三編六卷　(清)鄭觀應　(清)杞憂生輯撰　清光緒二十四年(1898)圖書集成局鉛印本　六冊

610000－1042－0003288　綫573.07/506
盛世危言五卷續編三卷補編六卷外編二卷　(清)鄭觀應　(清)杞憂生　(清)馮桂芬等輯　清光緒上海石印本　十六冊

610000－1042－0003289　綫573.07/506
增訂盛世危言新編十四卷　(清)鄭觀應輯撰　清光緒二十三年(1897)成都刻本　十冊

610000－1042－0003290　綫573.07/506
增訂盛世危言正續十四卷　(清)鄭觀應輯撰　清光緒二十四年(1898)上海同文正記書局石印本　六冊

610000－1042－0003291　綫573.07/506
校邠廬抗議二卷　(清)馮桂芬撰　清咸豐十一年(1861)刻本　二冊

610000－1042－0003292　綫573.07/506
校邠廬抗議二卷　(清)馮桂芬撰　清光緒二十三年(1897)聚豐坊刻本　二冊

610000－1042－0003293　綫407.8/458
校邠廬抗議二卷　(清)馮桂芬撰　清光緒二十四年(1898)刻本　二冊

610000－1042－0003294　綫573.07/458
校邠廬抗議二卷　(清)馮桂芬撰　清光緒廣仁堂刻本　二冊

610000－1042－0003295　綫573.07/46
校邠廬抗議二卷　(清)馮桂芬撰　清光緒刻本　一冊

610000－1042－0003296　綫540/396
校邠廬抗議二卷　(清)馮桂芬撰　清光緒二十四年(1898)京都官書局石印本　二冊

610000－1042－0003297　綫407.8/458
續富國策四卷　(清)陳熾撰　清光緒二十四年(1898)中江鴗鶺室刻本　一冊

610000－1042－0003298　綫573.07/458
庸書内篇二卷外篇二卷　(清)陳熾撰　清光緒刻本　二冊

610000 - 1042 - 0003299　綫 573.07/46

安康陳紹瑺丁未秋冬之政見一卷　（清）陳紹
搏撰　清光緒三十四年（1908）北京北新書局
鉛印本　一冊

610000 - 1042 - 0003300　綫 540/396

社會改良論十二章　（日本）烏村滿都夫撰
趙必振譯　清光緒二十八年（1902）上海廣智
書局鉛印本　一冊

610000 - 1042 - 0003301　綫 018.17/316

四庫全書總目二百卷　（清）紀昀等纂　清同
治七年（1868）廣東書局刻本　二百二十九冊

610000 - 1042 - 0003302　綫 013.27/316

欽定四庫全書簡明目錄二十卷　（清）紀昀等
纂　清乾隆四十九年（1784）杭州趙懷玉刻本
十冊

610000 - 1042 - 0003303　綫 018.17/316

欽定四庫全書簡明目錄二十卷　（清）紀昀等
纂　清同治七年（1868）刻本　十二冊

610000 - 1042 - 0003304　綫 018.17/316

欽定四庫全書簡明目錄二十卷首一卷　（清）
紀昀等纂　清光緒五年（1879）墨潤堂鉛印本
十二冊

610000 - 1042 - 0003305　綫 018.17/286

欽定四庫全書附存目錄十卷　（清）胡虔編
清光緒十年（1884）學海堂刻本　六冊

610000 - 1042 - 0003306　綫 018.17/061

欽定四庫全書總目二百卷　（清）永瑢等編
清光緒二十二年（1896）上海點石齋石印本
二十冊

610000 - 1042 - 0003307　綫 018.17/316

欽定四庫全書總目二百卷首一卷　（清）紀昀
等編纂　清宣統二年（1910）存古齋石印本
三十二冊

610000 - 1042 - 0003308　綫 013.27/316

欽定四庫全書簡明目錄二十卷　（清）紀昀等
編纂　清刻本　八冊

610000 - 1042 - 0003309　綫 018.17/061

欽定四庫全書總目二百卷首一卷　（清）紀昀
等編纂　清末刻本　九十六冊

610000 - 1042 - 0003310　綫 018.174/533

四庫書目略二十卷附錄一卷　（清）費莫編
清同治九年（1870）刻本　十二冊

610000 - 1042 - 0003311　綫 018.17/017

四庫全書簡明目錄二十卷　（清）于敏中等纂
清刻本　六冊　存十二卷（一至十二）

610000 - 1042 - 0003312　綫 014.7/227

四庫簡明目錄標注二十卷附錄一卷　（清）邵
懿辰撰　清宣統三年（1911）邵氏刻本　十冊

610000 - 1042 - 0003313　綫 018.17/017

欽定天祿琳琅書目十卷後編二十卷　（清）于
敏中等編　清光緒十年（1884）王先謙刻本
十六冊

610000 - 1042 - 0003314　綫 014.4/560

禁書總目一卷　（清）高宗弘曆編　清乾隆浙
江布政使刻本　一冊

610000 - 1042 - 0003315　綫 014.4/311

清代禁毀書目四種不分卷　（清）姚覲元輯
清光緒十年（1884）歸安姚氏刻本　三冊

610000 - 1042 - 0003316　綫 014.4/468

禁毀書目四種四卷　（清）高宗弘曆編　清光
緒三十三年（1907）上海國學保存會鉛印本
一冊

610000 - 1042 - 0003317　綫善 014.4/087

違礙書籍目錄一卷　（清）□□撰　清乾隆四
十三年（1778）江寧布政使刻本　一冊

610000 - 1042 - 0003318　綫 012.5/445

書目答問五卷附別錄一卷國朝著述諸家姓名
略一卷　（清）張之洞撰　清光緒元年（1875）
刻本　三冊

610000 - 1042 - 0003319　綫 012.5/445

書目答問五卷附別錄一卷國朝著述諸家姓名
略一卷四川省城尊經書院記一卷　（清）張之
洞撰　清光緒二年（1876）貴陽刻本　二冊

610000 - 1042 - 0003320　綫 012.5/445

書目答問五卷附別錄一卷國朝著述諸家姓名略一卷四川省城尊經書院記一卷 （清）張之洞撰 清光緒二年(1876)貴陽刻本 二冊

610000－1042－0003321 綫012.5/445

書目答問五卷附別錄一卷國朝著述諸家姓名略一卷 （清）張之洞撰 清光緒三年(1877)刻本 三冊

610000－1042－0003322 綫012.5/445

書目答問五卷附別錄一卷國朝著述諸家姓名略一卷 （清）張之洞撰 清光緒四年(1878)上海淞隱閣刻本 四冊

610000－1042－0003323 綫012.5/445

書目答問五卷附別錄一卷國朝著述諸家姓名略一卷 （清）張之洞撰 清光緒五年(1879)池陽蘊經閣刻本 四冊

610000－1042－0003324 綫012.5/445

書目答問五卷附別錄一卷國朝著述諸家姓名略一卷 （清）張之洞撰 清光緒刻本 一冊

610000－1042－0003325 綫012.5/445

書目答問五卷附別錄一卷國朝著述諸家姓名略一卷 （清）張之洞撰 清光緒四年(1878)上海淞隱閣鉛印本 四冊

610000－1042－0003326 綫012.5/445

書目答問五卷附別錄一卷國朝著述諸家姓名略一卷 （清）張之洞撰 清光緒十四年(1888)上海蜚英館石印本 一冊

610000－1042－0003327 綫012.5/445

書目答問五卷附別錄一卷國朝著述諸家姓名略一卷 （清）張之洞撰 清宣統元年(1909)上海掃葉山房石印本 一冊

610000－1042－0003328 綫018.808/090

江刻書目三種 （清）江標輯 清光緒二十三年(1897)江氏刻本 三冊

610000－1042－0003329 綫013.2/370

八史經籍志十種 （日本）□□輯 清光緒九年(1883)鎮海張壽榮刻本 十六冊

610000－1042－0003330 綫018.251/039

崇文總目五卷補遺一卷附錄一卷 （宋）王堯臣等編 （清）錢東垣輯釋補遺 （清）錢侗輯附錄 清嘉慶四年(1799)刻本 五冊

610000－1042－0003331 綫018.251/039

崇文總目五卷補遺一卷附錄一卷 （宋）王堯臣等編 （清）錢侗補遺 清光緒八年(1882)常熟鮑氏後知不足齋刻本 四冊

610000－1042－0003332 綫018.615/067

清麓正誼書院藏書目錄一卷 （清）正誼書院編 清末正誼書院抄本 一冊

610000－1042－0003333 綫018.615/363

味經書院藏書目一卷 （清）孫澄海等編 清光緒二十一年(1895)刻本 一冊

610000－1042－0003334 綫011.8/688

群書拾補三十七卷 （清）盧文弨編 清光緒十三年(1887)上海蜚英館石印本 八冊

610000－1042－0003335 綫011/364

藏書紀要一卷 （清）孫從添撰 清光緒九年(1883)佞宋齋刻本 一冊

610000－1042－0003336 綫011.1/570

藏書紀事詩六卷 葉昌熾撰 清光緒二十三年(1897)元和江標長沙學使署刻本 十二冊

610000－1042－0003337 綫011.1/570

藏書紀事詩七卷 葉昌熾撰 清宣統二年(1910)刻本 六冊

610000－1042－0003338 綫013.237/416

隋經籍志考證十三卷 （清）章宗源撰 清光緒元年(1875)湖北崇文書局刻本 四冊

610000－1042－0003339 綫625.81/696

元史藝文志四卷 （清）錢大昕撰 清光緒十年(1884)長沙龍氏家塾刻本 一冊

610000－1042－0003340 綫018.412/022

山東圖書館辛亥年藏書目錄一卷 保釐東編 清宣統三年(1911)石印本 一冊

610000－1042－0003341 綫014.1/008

善本書室藏書志四十卷附錄一卷 （清）丁丙輯 清光緒二十七年(1901)丁氏刻本 十

六冊

610000－1042－0003342　綫善 018.87/407
傳是樓書目不分卷　(清)徐乾學藏並編　清抄本　四冊

610000－1042－0003343　綫善 017/173
石蓮闇藏書目不分卷　(清)吳重熹藏並編　清稿本　十二冊

610000－1042－0003344　綫 018.88/732
藝風藏書記八卷續集八卷　繆荃孫編　清光緒二十七年(1901)刻本　五冊

610000－1042－0003345　綫 011.6/170
拜經樓藏書題跋記五卷附錄一卷　(清)吳壽暘纂　**經籍跋文一卷**　(清)陳鱣撰　清道光十七年(1837)刻本　一冊　存一卷(五)

610000－1042－0003346　綫 018.87/740
鐵琴銅劍樓藏書目錄二十四卷　(清)瞿鏞藏並編　清光緒五年(1879)瞿氏刻本　六冊

610000－1042－0003347　綫 018.87/740
鐵琴銅劍樓藏書目錄二十四卷　(清)瞿鏞藏並編　清光緒二十四年(1898)瞿啟甲刻本　十冊

610000－1042－0003348　綫 018.87/740
鐵琴銅劍樓藏書目錄二十四卷　(清)瞿鏞藏並編　清光緒二十四年(1898)瞿啟甲刻本　四冊

610000－1042－0003349　綫 018.877/566
楹書隅錄五卷續編四卷　(清)楊紹和撰　清光緒二十年(1894)海源閣刻本　八冊

610000－1042－0003350　綫 018.87/452
皕宋樓藏書志一百二十卷　(清)陸心源藏並編　清光緒八年(1882)十萬卷樓刻本　七十二冊

610000－1042－0003351　綫 018.878/570
觀古堂書目叢刻十五卷　葉德輝編　清光緒二十九年(1903)葉氏觀古堂刻本　十六冊

610000－1042－0003352　綫 018.878/047
式古堂目錄十七卷　(清)尤瑩編　清光緒十九年(1893)石印本　二冊

610000－1042－0003353　綫 018.87/118
結一廬書目四卷滂喜齋宋元本書目一卷　(清)朱學勤　(清)潘祖蔭編　清宣統元年(1909)番禺沈氏刻本　一冊

610000－1042－0003354　綫 014.12/623
滂喜齋宋元本書目一卷　(清)潘祖蔭編　清宣統元年(1909)晨風閣刻本　一冊

610000－1042－0003355　綫 018.87/565
聊城楊氏海源閣藏書目一卷　(清)楊紹和編　清光緒十四年(1888)元和江氏師鄦室刻本　一冊

610000－1042－0003356　綫 018.87/154
五萬卷閣書目記四卷　(清)李嘉績編　清光緒三十年(1904)李氏華清官舍刻本　二冊

610000－1042－0003357　綫 014.12/483
宋元舊本書經眼錄三卷附錄二卷　(清)莫友芝撰　(清)莫繩孫編　清同治十二年(1873)獨山莫氏刻本　二冊

610000－1042－0003358　綫 014.64/113
行素堂目睹書錄十二編　(清)朱記榮編　清光緒十年(1884)古吳白堤孫溪槐廬刻本　十冊

610000－1042－0003359　綫 012.5/679
經籍舉要一卷　(清)龍啟瑞撰　(清)袁昶增訂　**家塾課程一卷**　(清)龍啟瑞撰　**尊經閣募捐藏書章程一卷中江講院建立經誼治事兩齋章程一卷**　(清)袁昶撰　清光緒十九年(1893)桐廬袁氏中江講院刻本　一冊

610000－1042－0003360　綫 012.5/679
經籍舉要一卷　(清)龍啟瑞撰　(清)袁昶增訂　**家塾課程一卷**　(清)龍啟瑞撰　**尊經閣募捐藏書章程一卷中江講院建立經誼治事兩齋章程一卷**　(清)袁昶撰　清光緒十九年(1893)桐廬袁氏中江講院刻本　一冊

610000－1042－0003361　綫 012.6/483
郘亭知見傳本書目十六卷　(清)莫友芝編

清宣統元年(1909)日本田中慶太郎北京鉛印本　八冊

610000－1042－0003362　綫善乙 014.12/692
讀書敏求記四卷　(清)錢曾撰　清乾隆六十年(1795)沈炎耆英堂刻本　四冊

610000－1042－0003363　綫 014.12/694
讀書敏求記四卷　(清)錢曾撰　清光緒五年(1879)掃葉山房小琅環館刻本　四冊

610000－1042－0003364　綫 011.5/106
古今圖書集成啟二十四史啟　(□)□□撰　清光緒九年(1883)上海同文書局石印本　一冊

610000－1042－0003365　綫 011.5/561
留真譜初編不分卷　楊守敬輯　清光緒二十七年(1901)宜都楊氏刻本　六冊

610000－1042－0003366　綫 791/037
金石萃編目錄一卷　(清)王昶撰　清抄本　一冊

610000－1042－0003367　綫 791.7/450
清儀閣題跋不分卷　(清)張廷濟撰　清光緒十九年(1893)錢塘丁立誠刻本　六冊

610000－1042－0003368　綫 791.7/450
清儀閣題跋不分卷　(清)張廷濟撰　清光緒十九年(1893)錢塘丁立誠刻本　四冊

610000－1042－0003369　綫 791/037
金石萃編一百六十卷　(清)王昶編　清嘉慶十年(1805)刻本　六十四冊

610000－1042－0003370　綫 791/037
金石萃編一百六十卷續編二十一卷　(清)王昶編　清光緒十九年(1893)上海寶善石印本　二十四冊

610000－1042－0003371　綫 791/037
金石萃編一百六十卷續編二十一卷　(清)王昶編　清光緒十九年(1893)上海醉六堂石印本　二十四冊

610000－1042－0003372　綫 791.2/037
金石萃編補略二卷　(清)王言撰　清光緒八

年(1882)刻本　二冊

610000－1042－0003373　綫 794/626
金石例十卷　(元)潘昂霄撰　附金石要例一卷　(清)黃宗羲撰　清刻本　二冊

610000－1042－0003374　綫 794/688
金石三例十五卷　(清)盧見曾輯　金石例十卷　(元)潘昂霄撰　墓銘舉例四卷　(明)王行撰　金石要例一卷　(清)黃宗羲撰　清乾隆二十年(1755)刻本　六冊

610000－1042－0003375　綫 794/688
金石三例十五卷　(清)盧見曾輯　碑版文廣例十卷　(清)王芑孫輯　清光緒四年(1878)讀有用書齋刻朱墨套印本　八冊

610000－1042－0003376　綫 794/688
金石三例十五卷　(清)盧見曾編　(清)王芑孫輯　清光緒四年(1878)讀有用書齋刻朱墨套印本　四冊

610000－1042－0003377　綫 794/113
金石三例續編三種金石三例再續編四種　(清)朱記榮輯　清光緒十一年至十四年(1885－1888)吳縣朱氏槐廬刻本　八冊

610000－1042－0003378　綫 794/113
金石三例續編三種金石三例再續編四種　(清)朱記榮輯　清光緒吳縣朱氏槐廬刻本　八冊

610000－1042－0003379　綫 791.2/413
兩漢金石記二十二卷　(清)翁方綱撰　清乾隆五十四年(1789)南昌使院刻本　八冊

610000－1042－0003380　綫善 791.7/430
金石史二卷　(清)郭宗昌撰　清康熙二年(1663)抄本　一冊

610000－1042－0003381　綫善 791.2/600
金石文抄八卷續抄二卷　(清)趙紹祖輯　清嘉慶七年(1802)趙紹祖古墨齋刻本　十冊

610000－1042－0003382　綫 791.3/448
金石契不分卷　(清)張燕昌撰　清乾隆三十六年(1771)刻本　二冊

610000－1042－0003383　綫791.3/448

金石契不分卷　(清)張燕昌撰　清光緒二十二年(1896)刻本　四冊

610000－1042－0003384　綫善791.2/170

金石存十五卷　(清)吳玉搢撰　清嘉慶二十四年(1819)李宗昉聞妙香室刻本　四冊

610000－1042－0003385　綫791.3/505

金石索十二卷首一卷　(清)馮雲鵬　(清)馮雲鵷輯　清道光二年(1822)刻本　十二冊

610000－1042－0003386　綫791.3/505

金石索十二卷首一卷　(清)馮雲鵬　(清)馮雲鵷輯　清光緒十九年(1893)上海積山書局石印本　二十四冊

610000－1042－0003387　綫791.3/505

金石索十二卷首一卷　(清)馮雲鵬　(清)馮雲鵷輯　清光緒三十二年(1906)上海文新書店石印本　二十四冊

610000－1042－0003388　綫791.3/550

金石圖四卷　(清)牛運震集說　(清)褚峻摹圖　清乾隆八年(1743)刻本　二冊　存二卷(一至二)

610000－1042－0003389　綫791.3/550

金石圖四卷　(清)牛運震集說　(清)褚峻摹圖　清乾隆八年(1743)刻本暨拓本　四冊

610000－1042－0003390　綫791.2/054

金石圖四卷　(清)牛運震集說　(清)褚峻摹圖　清乾隆十年(1745)刻本　四冊

610000－1042－0003391　綫791.3/054

金石圖說四卷　(清)牛運震集說　(清)褚峻摹圖　清光緒十九年(1893)貴池劉世珩聚學軒刻本　四冊

610000－1042－0003392　綫791.3/054

金石圖說四卷　(清)牛運震集說　(清)褚峻摹圖　清光緒二十二年(1896)貴池劉世珩聚學軒刻本　四冊

610000－1042－0003393　綫791.7/643

集古錄跋尾十卷集古錄目五卷　(宋)歐陽修撰　清道光十五年(1835)刻本　四冊

610000－1042－0003394　綫791.1/696

潛研堂金石文跋尾二十卷潛研堂金石文字目錄八卷　(清)錢大昕撰　清光緒長沙龍氏家塾刻本　十一冊

610000－1042－0003395　綫791.7/696

金石文跋尾二十卷　(清)錢大昕撰　清刻本　十冊

610000－1042－0003396　綫791.3/692

金石屑四卷　(清)鮑昌熙摹　清光緒二年至三年(1876－1877)金陵嘉興鮑昌熙刻本　四冊

610000－1042－0003397　綫791.7/452

金石學錄補四卷　(清)陸心源編　清光緒十二年(1886)刻本　一冊

610000－1042－0003398　綫791/458

金石摘十卷　(清)陳善墀輯　清同治十二年(1873)刻本　十冊

610000－1042－0003399　綫793.6/708

金玉瑣碎二卷　(清)謝堃撰　清光緒刻本　一冊

610000－1042－0003400　綫794.7/737

寶鐵齋金石文跋尾二卷　(清)韓崇撰　清道光二十一年(1841)刻本　二冊

610000－1042－0003401　綫791.2/450

清儀閣金石文字不分卷　(清)張廷濟輯　清嘉慶八年(1803)石印本　一冊

610000－1042－0003402　綫791.3/463

求古精舍金石圖四卷　(清)陳經編輯　清嘉慶十八年(1813)刻本　四冊

610000－1042－0003403　綫791.7/600

古墨齋金石跋六卷　(清)趙紹祖輯　清嘉慶十五年(1810)劉世珩刻本　二冊

610000－1042－0003404　綫791.7/340

退菴金石書畫跋二十卷　(清)梁章鉅撰　清道光二十五年(1845)刻本　八冊

610000－1042－0003405　綫791.2/449

二銘草堂金石聚十六卷　（清）張德容輯　清同治十一年(1872)衢州二銘草堂鈎刻本　十六冊

610000－1042－0003406　綫790.81/571

學古齋金石叢書十二種　（清）董金南輯　清光緒八年至三十年(1882－1904)會稽董氏取斯堂刻本　十六冊

610000－1042－0003407　綫790.81/113

行素草堂金石叢書十六種　（清）朱記榮輯　清光緒吳縣朱氏槐廬刻十四年(1888)彙印本　四十冊

610000－1042－0003408　綫791.7/788

鐵橋金石跋四卷　（清）嚴可均撰　清光緒三十一年(1905)秀水王氏刻本　一冊

610000－1042－0003409　綫791.7/788

鐵橋金石跋四卷　（清）嚴可均撰　清光緒歸安石宗建古觀閣刻本　二冊

610000－1042－0003410　綫791.7/170

九鐘精舍金石跋尾甲編　吳士鑑撰　清宣統二年(1910)錢塘吳士鑑刻本　二冊

610000－1042－0003411　綫793.2/464

百一廬金石叢書十二卷　陳乃乾編　清宣統三年(1911)影印本　十冊

610000－1042－0003412　綫797.11/367

京畿金石考二卷　（清）孫星衍撰　清乾隆五十七年(1792)惜陰軒刻本　二冊

610000－1042－0003413　綫797.11/367

京畿金石考二卷　（清）孫星衍撰　清光緒十二年(1886)朱氏家塾刻本　一冊

610000－1042－0003414　綫797.11101/367

京畿金石考二卷　（清）孫星衍撰　清滂喜齋刻本　一冊

610000－1042－0003415　綫791/349

山右金石錄一卷跋尾一卷校語一卷　（清）夏寶晉撰　清光緒八年(1882)歸安石氏古歡閣刻本　一冊

610000－1042－0003416　綫794.2/285

山右石刻叢編四十卷目錄一卷　胡聘之撰　清光緒二十七年(1901)刻本　二十四冊

610000－1042－0003417　綫797.15/486

關中金石記八卷附記一卷　（清）畢沅撰　清道光二十七年(1847)儒子珍刻本　五冊

610000－1042－0003418　綫797.15/486

關中金石記八卷　（清）畢沅撰　清光緒三十四年(1908)渭南嚴氏成都刻本　四冊

610000－1042－0003419　綫797.15/486

關中金石記八卷　（清）畢沅撰　清刻本　四冊

610000－1042－0003420　綫善797.15/468

陝西金石考不分卷　梧廬撰　清稿本　二冊

610000－1042－0003421　綫795.15/115

雍州金石記十卷附記餘一卷　（清）朱楓撰　清乾隆二十四年(1759)刻本　二冊

610000－1042－0003422　綫797.13205/214

安陽縣金石錄十二卷　（清）武億纂　清嘉慶二十四年(1819)鐵嶺貴泰刻本　四冊

610000－1042－0003423　綫791.1/788

江甯金石記八卷　（清）嚴觀撰　清宣統二年(1910)江楚編譯書局刻本　二冊

610000－1042－0003424　綫797.23/165

兩浙金石志十八卷　（清）阮元編　清光緒十六年(1890)浙江書局刻本　十二冊

610000－1042－0003425　綫797.2/486

山左金石志二十四卷　（清）畢沅等撰　清嘉慶二年(1797)儀征阮氏小琅嬛僊館刻本　十二冊

610000－1042－0003426　綫629.12/802

山東考古錄一卷　（清）顧炎武撰　清光緒七年(1881)成都淪雅齋刻本　一冊

610000－1042－0003427　綫629.12/802

山東考古錄一卷　（清）顧炎武輯撰　清光緒八年(1882)山東書局刻本　一冊

610000 – 1042 – 0003428　綫 793.3/340

欽定西清古鑑四十卷錢錄十六卷　（清）梁詩正等編纂　清光緒三十四年(1908)集成圖書公司石印本　二十四冊

610000 – 1042 – 0003429　綫 793.3/325

西清續鑑甲編二十卷乙編二十卷　（清）王傑等編　清宣統二年(1910)涵芬樓影印本　四十二冊

610000 – 1042 – 0003430　綫 797.15/670

長安獲古編二卷補一卷　（清）劉喜海編　清光緒三十一年(1905)丹徒劉鶚刻本　二冊

610000 – 1042 – 0003431　綫 793.5/169

兩罍軒彝器圖釋十二卷　（清）吳雲撰　清同治十一年(1872)刻本　六冊

610000 – 1042 – 0003432　綫善 793.5/040

至大重修宣和博古圖三十卷　（宋）王黼等修　明嘉靖七年(1528)蔣暘刻本　三十冊

610000 – 1042 – 0003433　綫善 793.3/040

泊如齋重修宣和博古圖錄三十卷　（宋）王黼等撰　明萬曆十六年(1588)泊如齋刻本　十六冊

610000 – 1042 – 0003434　綫 793.3/040

重修宣和博古圖錄三十卷　（宋）王黼等撰　清南昌萬師蓄刻本　十六冊

610000 – 1042 – 0003435　綫 793.3/040

亦政堂重修宣和博古圖錄二十卷亦政堂重修宣和考古玉圖二卷　（宋）王黼　（元）朱德潤撰　清乾隆十七年(1752)刻本　十二冊

610000 – 1042 – 0003436　綫 793.3/174

亦政堂重修考古圖十卷考古玉圖二卷　（宋）呂大臨　（元）朱德潤撰　清亦政堂刻本　六冊

610000 – 1042 – 0003437　綫 793.3/174

亦政堂重修考古圖十卷　（宋）呂大臨等撰　清乾隆十七年(1752)刻本　四冊

610000 – 1042 – 0003438　綫 793.3/174

亦政堂重修考古圖十卷　（宋）呂大臨等撰

清乾隆十七年(1752)刻本　七冊

610000 – 1042 – 0003439　綫 793.2/042

嘯堂集古錄二卷考異二卷　（宋）王俅輯（清）張蓉鏡考異　清嘉慶十七年(1812)醉經堂刻本　三冊

610000 – 1042 – 0003440　綫 793.7/038

鐘鼎款識一卷　（宋）王厚之輯　清嘉慶七年(1802)揚州阮氏積古齋刻本　一冊

610000 – 1042 – 0003441　綫 793.2/726

歷代鐘鼎彝器款識法帖二十卷　（宋）薛尚功撰　（清）阮元校刊　清末石印本　四冊

610000 – 1042 – 0003442　綫 793.2/112

敬吾心室識篆圖不分卷　（清）朱善旂輯　清光緒三十四年(1908)石印本　二冊

610000 – 1042 – 0003443　綫 794.5/653

夏承碑一卷　（漢）蔡邕書　清光緒十九年(1893)蜚英館石印本　一冊

610000 – 1042 – 0003444　綫 794.5/666

漢石例六卷　（清）劉寶楠錄　清道光二十九年(1849)靈石楊氏刻本　二冊

610000 – 1042 – 0003445　綫 794.5/666

漢石例六卷　（清）劉寶楠錄　清同治八年(1869)刻本　八冊

610000 – 1042 – 0003446　綫 794.5/688

善才寺碑一卷　（唐）盧渙撰　（唐）褚遂良書　清光緒十八年(1892)影印本　一冊

610000 – 1042 – 0003447　綫 794.2/255

隸釋二十七卷隸續二十一卷　（宋）洪适撰　清同治十年(1871)皖南洪氏晦木齋刻本　八冊

610000 – 1042 – 0003448　綫善 794.7/510

石刻補敘二卷　（宋）曾宏父纂　清乾隆四十五年(1780)刻本　一冊

610000 – 1042 – 0003449　綫善 794.7/599

石墨鐫華八卷　（明）趙崡撰　明萬曆四十六年(1618)刻清中期補印本　三冊

610000－1042－0003450　綫善 794.7/599

石墨鐫華八卷　（明）趙崡撰　明萬曆四十六年(1618)趙崡刻清中期修補印本　二冊

610000－1042－0003451　綫善 794.7/599

石墨鐫華八卷　（明）趙崡撰　明萬曆四十六年(1618)趙崡刻清光緒十八年(1892)補版重印本　一冊

610000－1042－0003452　綫善 794.7/599

石墨鐫華八卷　（明）趙崡撰　清乾隆三十九年(1774)鮑氏刻本　四冊

610000－1042－0003453　綫善 794.7/599

石墨鐫華八卷　（明）趙崡撰　清鮑氏刻本　三冊

610000－1042－0003454　綫善 794.2/042

敦煌石室真蹟錄五卷附一卷　王仁俊輯　清宣統元年(1909)吳趙王氏石印本　三冊

610000－1042－0003455　綫善 794.5/040

碑版廣例十卷　（清）王芑孫輯　清道光二十一年(1841)刻本　六冊

610000－1042－0003456　綫善 943.32/036

竹雲題跋四卷虛舟題跋十卷原卷三卷　（明）王澍撰　（明）溫純訂　清乾隆五十四年(1789)刻本　六冊

610000－1042－0003457　綫善 793.2/667

奇觚室樂石文述二十卷　（清）劉心源撰　清光緒二十八年(1902)石印本　一冊　存一卷（一）

610000－1042－0003458　綫善 794.5/413

瘞鶴銘考補一卷　（清）翁方綱撰　山樵書外紀一卷　（清）張開福撰　清光緒三十四年(1908)端方刻本　一冊

610000－1042－0003459　綫善 794.1/367

寰宇訪碑錄十二卷　（清）孫星衍　（清）邢澍撰　清光緒十一年(1885)吳縣朱記榮槐廬刻本　八冊

610000－1042－0003460　綫善 796.4/452

千甓亭磚錄六卷　（清）陸心源纂　清光緒七年(1881)刻本　二冊

610000－1042－0003461　綫善 796.4/452

千甓亭古塼圖釋二十卷　（清）陸心源輯　清光緒十七年(1891)吳興陸氏石印本　十冊

610000－1042－0003462　綫善 794.2/593

陶齋藏石記四十四卷首一卷陶齋藏磚記二卷　（清）端方撰　清宣統元年(1909)上海商務印書館石印本　十二冊

610000－1042－0003463　綫善 794.7/570

語石十卷　葉昌熾撰　清宣統元年(1909)蘇城徐元圃子稺圃刻本　四冊

610000－1042－0003464　綫善 796.9/217

百硯銘一卷　（清）屈復撰　清乾隆九年(1744)溫映驪刻本　一冊

610000－1042－0003465　綫善 794/461

簠齋傳古別錄一卷　（清）陳介祺撰　清光緒五年(1879)王懿榮刻本　一冊

610000－1042－0003466　綫善 802.257/430

汗簡七卷　（宋）郭忠恕撰　清康熙四十二年(1703)汪立名一隅草堂刻本　三冊

610000－1042－0003467　綫善 464/739

景德鎮陶錄十卷　（清）蘭浦撰　清嘉慶二十年(1815)上海朝記書社刻本　四冊

610000－1042－0003468　綫善 464/739

景德鎮陶錄十卷　（清）蘭浦撰　清光緒十七年(1891)京都書業堂刻本　四冊

610000－1042－0003469　綫善 796.2/542

秦漢瓦當文字二卷續一卷　（清）程敦著錄　清乾隆五十二年(1787)橫渠書院刻本　三冊

610000－1042－0003470　綫善 796.2/542

續秦漢瓦當文字一卷　（清）程敦著錄　清乾隆五十九年(1794)刻本　一冊

610000－1042－0003471　綫善 793.4/249

泉志十五卷續志一卷　（宋）洪遵撰　清同治十三年(1874)刻本　二冊

610000－1042－0003472　綫善 793.4/692

163

續泉匯十四卷附補遺二卷 （清)鮑康 （清）李佐賢編 清光緒元年(1875)刻本 五冊

610000－1042－0003473 綫793.4/218

泉布統志九首一卷附一卷 （清)孟麟撰 清道光五年(1825)刻本 十六冊

610000－1042－0003474 綫793.4/316

欽定錢錄十六卷 （清)紀昀等撰 清乾隆五十二年(1787)刻本 六冊

610000－1042－0003475 綫793.45/695

錢譜不分卷 吳實秋藏輯 清光緒二十八年(1902)拓印本 一冊

610000－1042－0003476 綫793.4/448

錢志新編二十卷 （清)張崇懿校輯 清道光六年(1826)酌春堂刻本 二冊

610000－1042－0003477 綫793.4/448

錢志新編二十卷 （清)張崇懿校輯 嘉蔭簃論泉絕句二卷 （清)劉喜海著 清咸豐五年(1855)絑衣堂刻本 五冊

610000－1042－0003478 綫794.2/769

碑別字五卷 （清)羅振鋆輯 清光緒徐氏初學堂抄本 一冊

610000－1042－0003479 綫794.2/769

碑別字補五卷 羅振玉輯 清光緒二十七年(1901)刻本 一冊

610000－1042－0003480 綫793.2/165

積古齋鐘鼎彝器款識四卷 （清)阮元撰 清嘉慶九年(1804)刻本 一冊

610000－1042－0003481 綫793.2/165

積古齋鐘器款識十卷 （清)阮元編 清嘉慶九年(1804)刻本 四冊

610000－1042－0003482 綫793.2/165

積古齋鐘鼎彝器款識十卷 （清)阮元編錄 清光緒刻本 六冊

610000－1042－0003483 綫793.2/165

積古齋鐘鼎彝器款識十卷 （清)阮元藏 （清)朱為弼編 清光緒八年(1882)常熟抱芳閣刻本 四冊

610000－1042－0003484 綫793.2/165

積古齋鐘鼎彝器款識十卷 （清)阮元編 清光緒九年(1883)刻本 四冊

610000－1042－0003485 綫791.11/241

金石文字記一卷 （□)□□撰 清抄本 一冊

610000－1042－0003486 綫791.11/802

金石文字記六卷 （清)顧炎武撰 清刻本 二冊 存三卷(一至三)

610000－1042－0003487 綫791.2/406

隨軒金石文字九種 （清)徐渭仁摹 清道光十七年至二十三年(1837－1843)上海徐渭仁春暉堂刻同治七年(1868)徐大有補刻本 四冊

610000－1042－0003488 綫791.2/521

小蓬萊閣金石文字不分卷 （清)黃易輯 清道光十四年(1834)石墨軒刻本 五冊

610000－1042－0003489 綫791.2/521

小蓬萊閣金石文字不分卷 （清)黃易輯 清道光二十二年(1842)陵苕館重摹本 五冊

610000－1042－0003490 綫792.2/364

契文舉例二卷 （清)孫詒讓撰 清光緒三十年(1904)石印本 二冊

610000－1042－0003491 綫792.2/766

殷商貞蔔文字考一卷 羅振玉撰 清宣統二年(1910)石印本 一冊

610000－1042－0003492 綫601.1/316

史通削繁四卷 （清)紀昀撰 清道光十三年(1833)刻朱墨印本 四冊

610000－1042－0003493 綫601.1/316

史通削繁四卷 （清)紀昀撰 清光緒元年(1875)湖北崇文書局刻本 四冊

610000－1042－0003494 綫601.3/319

史通通釋二十卷 （清)浦起龍撰 清翰墨園刻本 八冊

610000－1042－0003495 綫601.3/319

史通通釋二十卷 （清)浦起龍釋 清光緒十

九年(1893)上海文瑞樓石印本　八冊

610000－1042－0003496　綫610.74/521

史學概要不分卷　(宋)黃繼善撰　(清)慎修堂主人補撰　清慎修堂刻本　一冊　存一冊

610000－1042－0003497　綫610.74/521

史學提要箋釋五卷　(宋)黃繼善撰　(清)楊錫祐釋　清康熙五十五年(1716)刻本　四冊

610000－1042－0003498　綫624.1081/366

唐史論斷三卷　(宋)孫甫撰　清光緒二十五年(1899)廣雅書局刻本　一冊

610000－1042－0003499　綫善610.81/444

歷代史論一編四卷二編十卷　(明)張溥撰　明末刻本　十冊

610000－1042－0003500　綫610.81/444

歷代史論十二卷宋史論三卷元史論一卷　(明)張溥論證　**左傳史論二卷**　(清)高士奇撰　**明史論四卷**　(清)谷應泰撰　清光緒五年(1879)西江刻本　十二冊

610000－1042－0003501　綫610.81/444

歷代史論十二卷宋史論三卷元史論一卷　(明)張溥撰　**左傳史論二卷**　(清)高士奇撰　**明史論四卷**　(清)谷應泰撰　清光緒九年(1883)蒼松山房刻本　十二冊

610000－1042－0003502　綫610.81/444

歷代史論十二卷宋史論三卷元史論一卷左傳史論二卷　(明)張溥撰　(明)孫執升評點　清光緒九年(1883)都城蒼松山房刻朱墨套印本　十冊

610000－1042－0003503　綫610.81/444

歷代史論十二卷宋史論三卷元史論一卷　(明)張溥撰　**左傳史論二卷**　(清)高士奇撰　**明史論四卷**　(清)谷應泰撰　清光緒二十四年(1898)圖書集成局鉛印本　六冊

610000－1042－0003504　綫610.1/293

廿一史戰略考三十三卷　(明)茅元儀輯　清光緒二十五年(1899)成都志古堂刻本　十冊

610000－1042－0003505　綫610.81/017

于文定公讀史漫錄二十卷　(明)于慎行撰　(清)黃恩彤參訂　清道光二十六年(1846)刻本　八冊

610000－1042－0003506　綫善610.7/305

史概十卷　(明)吳思學評選　明萬曆十六年(1588)刻本　十冊

610000－1042－0003507　綫善610.11/069

史記評林一百三十卷　(明)凌稚隆輯　明萬曆五年(1577)刻本　三十冊

610000－1042－0003508　綫善610.11/069

史記評林一百三十卷　(明)凌稚隆輯　清光緒十年(1884)佩蘭堂刻本　三十一冊　缺二卷(四至五)

610000－1042－0003509　綫610.1108/054

史記評注十二卷　(清)牛運震撰　清乾隆五十八年(1793)空山堂石印本　八冊

610000－1042－0003510　綫610.72/036

廿二史策案十二卷首一卷　(清)王鎏輯　清道光十一年(1831)刻本　三冊

610000－1042－0003511　綫610.72/036

二十四史策案十二卷　(清)王鎏輯　清光緒十三年(1887)上海積山書局石印本　二冊

610000－1042－0003512　綫610.81/547

歷代史事精論二卷　(清)慎獨齋主人輯　清光緒二十四年(1898)石印本　二冊

610000－1042－0003513　綫610.81/248

歷代史事論海三十二卷　(清)知新子輯　清光緒二十八年(1902)石印本　三十二冊

610000－1042－0003514　綫610.4/570

史鐸六種　(清)葉映榴撰　清抄本　四十冊

610000－1042－0003515　綫610.81/152

史論五種邁堂文略一卷　(清)李祖陶撰　清同治十年(1871)刻本　五冊

610000－1042－0003516　綫610.81/152

史論五種　(清)李祖陶撰　清光緒二十七年(1901)上海古香閣石印本　四冊

610000 – 1042 – 0003517　綫 610.8/194

史論觀止正集十卷　（清）何秉誠輯　清光緒二十九年（1903）上海美華石印本　十冊

610000 – 1042 – 0003518　綫 610.81/043

雨田史論二卷　（清）五禮圖撰　清光緒二十四年（1898）華文書局影印本　二冊

610000 – 1042 – 0003519　綫 610.81/234

評注史論啟蒙不分卷　（清）周雪樵評選（清）稽銓注釋　清陝西味經官書局鉛印本一冊

610000 – 1042 – 0003520　綫 610.71/692

讀史紀略四卷　（清）蕭澍纂輯　清道光二十年（1840）靈石楊尚文澹靜齋刻本　二冊

610000 – 1042 – 0003521　綫 610.71/159

讀史論略一卷　（清）杜詔撰　清同治十一年（1872）刻本　一冊

610000 – 1042 – 0003522　綫 610.71/159

讀史論略二卷　（清）杜詔撰　清光緒刻本一冊

610000 – 1042 – 0003523　綫 610.81/350

讀史提要十二卷　（清）夏之蓉撰　清道光二年（1822）刻本　六冊

610000 – 1042 – 0003524　綫 610.81/039

讀通鑑論三十卷末一卷　（清）王夫之撰　清光緒二十八年（1902）志古堂刻本　十六冊

610000 – 1042 – 0003525　綫 610.81/039

讀通鑑論十七卷　（清）王夫之撰　清光緒二十四年（1898）石印本　十冊

610000 – 1042 – 0003526　綫 610.81/039

讀通鑑論十卷末一卷　（清）王夫之撰　清光緒二十四年（1898）上海公興書局石印本八冊

610000 – 1042 – 0003527　綫 610.24/154

讀通鑑綱目條記二十卷首一卷　（清）李述來撰　清光緒八年（1882）刻本　六冊

610000 – 1042 – 0003528　綫 625.1081/039

宋論五卷　（清）王夫之撰　清公興書局石印

本　二冊

610000 – 1042 – 0003529　綫 610.71/680

歷朝捷錄四卷　（清）張之洞音注　清光緒二十七年（1901）解州吉慶堂刻本　四冊

610000 – 1042 – 0003530　綫 851.478/075

全史宮詞二十卷　（清）史夢蘭撰　清咸豐六年（1856）刻本　八冊

610000 – 1042 – 0003531　綫 851.478/075

全史宮詞二十卷　（清）史夢蘭撰　清咸豐六年（1856）刻本　四冊

610000 – 1042 – 0003532　綫 851.478/075

全史宮詞二十卷　（清）史夢蘭撰　清咸豐六年（1856）刻本　八冊

610000 – 1042 – 0003533　綫 851.478/075

全史宮詞二十卷　（清）史夢蘭撰　清咸豐六年（1856）刻本　八冊

610000 – 1042 – 0003534　綫 851.478/075

全史宮詞二十卷　（清）史夢蘭撰　清咸豐六年（1856）刻本　八冊

610000 – 1042 – 0003535　綫 610.81/353

紀事約言二卷　（清）夏勤埔撰　清道光九年（1829）刻本　一冊

610000 – 1042 – 0003536　綫 610.83/696

考史拾遺不分卷　（清）錢大昕撰　清嘉慶十二年（1807）嘉興稻香吟館刻本　四冊

610000 – 1042 – 0003537　綫 610.83/696

諸史拾遺五卷　（清）錢大昕撰　清嘉慶十二年（1807）嘉興郡齋刻本　二冊

610000 – 1042 – 0003538　綫 610.83/696

三史拾遺五卷　（清）錢大昕撰　清嘉慶十二年（1807）嘉興郡齋刻本　二冊

610000 – 1042 – 0003539　綫 621.81/696

三史拾遺五卷　（清）錢大昕撰　清光緒十年（1884）湖南長沙龍氏家塾刻本　四冊

610000 – 1042 – 0003540　綫 610.83/252

諸史考異十八卷　（清）洪頤煊撰　清光緒十

五年(1889)廣雅書局刻本 三冊

610000－1042－0003541 綫610.83/444

諸史舉正八卷 （清）張燼撰 清光緒十七年(1891)廣雅書局刻本 二冊

610000－1042－0003542 綫610.72/461

二十四史論贊七十八卷 （清）陳闓輯 清光緒二十八年(1902)文淵山房石印本 十二冊

610000－1042－0003543 綫610.72/461

二十四史論贊七十八卷 （清）陳闓輯 清光緒二十八年(1902)石印本 十冊 缺六卷(六十七至七十二)

610000－1042－0003544 綫610.72/542

二十四史人物類考四十六卷 （清）程三楨編 清光緒二十九年(1903)上海緯文閣石印本 八冊

610000－1042－0003545 綫610.83/598

廿二史劄記三十六卷補遺一卷 （清）趙翼撰 清嘉慶五年(1800)刻本 十冊

610000－1042－0003546 綫610.83/598

廿二史劄記三十六卷補遺一卷年譜一卷 （清）趙翼撰 清嘉慶五年(1800)刻本 十二冊

610000－1042－0003547 綫610.83/598

廿二史劄記三十六卷補遺一卷 （清）趙翼撰 清嘉慶五年(1800)刻本 十二冊

610000－1042－0003548 綫610.83/598

廿二史劄記三十六卷補遺一卷 （清）趙翼撰 清光緒三年(1877)滇南唐氏刻本 十六冊

610000－1042－0003549 綫610.83/598

廿二史劄記三十六卷首一卷補遺一卷 （清）趙翼撰 清光緒二十年(1894)廣雅書局刻本 十二冊

610000－1042－0003550 綫610.83/598

廿二史劄記三十六卷補遺一卷 （清）趙翼撰 清光緒二十五年(1899)湖南書局刻本 十二冊

610000－1042－0003551 綫610.83/598

廿二史劄記三十六卷補遺一卷 （清）趙翼撰 清光緒二十五年(1899)益元書局刻本 十二冊

610000－1042－0003552 綫610.83/598

廿二史劄記三十六卷補遺一卷識語二卷 （清）趙翼撰 清光緒二十六年(1900)新化西畬山館刻本 十二冊

610000－1042－0003553 綫610.83/598

廿二史劄記三十六卷補遺一卷 （清）趙翼撰 清刻本 十二冊

610000－1042－0003554 綫610.83/598

廿二史劄記三十六卷補遺一卷 （清）趙翼撰 清光緒二十六年(1900)上海書局石印本 八冊

610000－1042－0003555 綫610.83/696

廿二史考異一百卷 （清）錢大昕撰 清乾隆四十五年(1780)長沙龍氏家塾重印本 十二冊 存四十卷(一至四十)

610000－1042－0003556 綫610.83/040

十七史商榷一百卷 （清）王鳴盛撰 清乾隆五十二年(1787)洞涇草堂刻本 二十四冊

610000－1042－0003557 綫610.83/040

十七史商榷一百卷 （清）王鳴盛撰 清光緒十九年(1893)廣雅書局刻本 十四冊

610000－1042－0003558 綫624.1083/600

新舊唐書互證二十卷 （清）趙紹祖撰 清嘉慶十八年(1813)刻本 四冊

610000－1042－0003559 綫624.1083/600

新舊唐書互證二十卷 （清）趙紹祖撰 清光緒十七年(1891)廣雅書局刻本 四冊

610000－1042－0003560 綫610.81/294

國朝史論萃編甲集 （清）徐兆瑋輯 清光緒二十八年(1902)鉛印本 四冊

610000－1042－0003561 綫610.81/413

蘇齋筆記八卷 （清）翁方綱撰 清宣統二年(1910)北洋官報印書局影印本 二冊

610000－1042－0003562 綫601.3/418

論經史實錄不應無故懷疑一卷　（清）章太炎撰　清抄本　一冊

610000－1042－0003563　綫610.81/234

史論啓蒙不分卷　（清）周雪樵評選　（清）嵇銓注釋　清末陝西味經官書局鉛印本　一冊

610000－1042－0003564　綫120.1/752

諸子彙函二十六卷　（明）歸有光輯　（明）文震孟參訂　明末刻本　九冊　存九卷（一至九）

610000－1042－0003565　綫120.1/750

諸子彙函二十六卷　（明）歸有光輯　（明）文震孟參訂　明末刻本　十三冊　存十四卷（三至四、七至九、十一、十三、二十至二十六）

610000－1042－0003566　綫120.78/304

諸子平議三十五卷　（清）俞樾撰　清俞樾刻本　十二冊

610000－1042－0003567　綫120.4/430

新鐫分類評注文武合編百子金丹十卷　（明）郭偉選注　郭中吉編次　王星聚校訂　清經國堂刻本　十二冊

610000－1042－0003568　綫善121.5/048

公孫龍子一卷尹文子一卷鶡冠子一卷計倪子一卷　（明）姜午生輯評　明天啓姜午生刻本　二冊

610000－1042－0003569　綫121.67/737

韓非子二十卷　（戰國）韓非撰　新纂門目五臣音注揚子法言十卷　（晉）李軌　（唐）柳宗元注　（宋）宋咸　（宋）吳秘　（宋）司馬光評注　中說十卷　（宋）阮逸注　鶡冠子三卷　（宋）陸佃解　（明）王宇評　清嘉慶九年（1804）寶慶經綸堂刻本　六冊

610000－1042－0003570　綫120/450

續學統內編三卷　（清）張廷琛撰　夏成吉增補　清光緒三十年（1904）養正堂刻本　十冊

610000－1042－0003571　綫121.2/554

傳宗敢言一卷　（清）煙波氏錄　清光緒三十一年（1905）上海宏大善書局石印本　一冊

610000－1042－0003572　綫782.817/389

晏子春秋七卷　（春秋）晏嬰撰　清光緒元年（1875）浙江書局刻本　四冊

610000－1042－0003573　綫782.817/389

晏子春秋七卷　（春秋）晏嬰撰　清光緒十八年（1892）湖南平江蘇氏思賢講舍刻本　三冊

610000－1042－0003574　綫善121.271/567

荀子二十卷　（戰國）荀況撰　（唐）楊倞注　明嘉靖九年（1530）顧春世德堂刻六子本　十冊

610000－1042－0003575　綫善121.271/567

荀子二十卷校勘補遺一卷　（戰國）荀況撰　（唐）楊倞注　清乾隆五十一年（1786）盧文弨刻本　四冊

610000－1042－0003576　綫121.271/567

荀子二十卷校勘補遺一卷　（戰國）荀況撰　（唐）楊倞注　清乾隆五十一年（1786）嘉善謝氏安雅堂刻本　八冊

610000－1042－0003577　綫121.271/567

荀子二十卷校勘補遺一卷　（戰國）荀況撰　（唐）楊倞注　（清）盧文弨　（清）謝墉校　清光緒二年（1876）浙江書局刻本　六冊

610000－1042－0003578　綫121.271/567

荀子箋釋二十卷　（戰國）荀況撰　（唐）楊倞注　清嘉慶九年（1804）寶慶經綸堂刻本　六冊

610000－1042－0003579　綫121.271/042

荀子集解二十卷首一卷　王先謙集解　清光緒十七年（1891）長沙王先謙思賢講舍刻本　六冊

610000－1042－0003580　綫121.271/042

荀子集解二十卷首一卷附考證　王先謙集解　清光緒十七年（1891）上海校經山房石印本　八冊

610000－1042－0003581　綫121.29/048

孔叢子七卷　（漢）孔鮒撰　（宋）宋咸注　清光緒元年（1875）海昌陳錫麒刻本　四冊

610000 - 1042 - 0003582　綫 122.1/454

新語二卷　（漢）陸賈撰　**毛詩草木鳥獸蟲魚**
疏二卷　（三國吳）陸璣撰　**陰符經一卷**
（漢）張良注　清刻本　一冊

610000 - 1042 - 0003583　綫 122.1/548

新書十卷　（漢）賈誼撰　清光緒元年（1875）
湖北崇文書局刻本　二冊

610000 - 1042 - 0003584　綫 122.1/548

新書十卷　（漢）賈誼撰　清光緒元年（1875）
浙江書局刻本　二冊

610000 - 1042 - 0003585　綫 122.1/548

新書十卷　（漢）賈誼撰　清光緒三年（1877）
長沙刻本　一冊

610000 - 1042 - 0003586　綫善 122.5/516

新纂門目五臣音注揚子法言十卷　（漢）揚雄
撰　（晉）李軌等注　明嘉靖九年（1530）顧春
世德堂刻六子本　八冊

610000 - 1042 - 0003587　綫 122.5/516

新纂門目五臣音注揚子法言十卷　（漢）揚雄
撰　（晉）李軌等注　清嘉慶九年（1804）姑蘇
聚文堂刻本　二冊

610000 - 1042 - 0003588　綫 122.5/516

新纂門目五臣音注揚子法言十卷　（漢）揚雄
撰　（晉）李軌等注　清嘉慶九年（1804）姑蘇
聚文堂刻本　二冊

610000 - 1042 - 0003589　綫 122.8/041

潛夫論十卷　（漢）王符撰　明萬曆刻本
二冊

610000 - 1042 - 0003590　綫 122.8/041

潛夫論十卷　（漢）王符撰　（清）汪繼培箋
清光緒十七年（1891）思賢講舍刻本　四冊

610000 - 1042 - 0003591　綫 122.9/409

中論二卷　（漢）徐乾撰　清刻本　一冊

610000 - 1042 - 0003592　綫 122.4/672

新序十卷　（漢）劉向撰　（明）程榮校　清刻
本　二冊

610000 - 1042 - 0003593　綫 122.4/672

說苑節錄一卷　（漢）劉向撰　清光緒十六年
（1890）渥池抄本　一冊

610000 - 1042 - 0003594　綫善 122.8/387

申鑒五卷　（漢）荀悅撰　（明）黃省曾注　明
正德十四年（1519）刻本　一冊

610000 - 1042 - 0003595　綫 121.23/039

孔子家語十卷　（三國魏）王肅注　清光緒十
四年（1888）江左書林刻本　二冊

610000 - 1042 - 0003596　綫 121.23/039

孔子家語十卷　（三國魏）王肅注　清末上海
同文書局石印本　五冊

610000 - 1042 - 0003597　綫 123.91/038

中說十卷　（隋）王通撰　（宋）阮逸注　清道
光十六年（1836）敬忍居刻本　二冊

610000 - 1042 - 0003598　綫 123.91/038

中說二卷　（隋）王通撰　（清）邊祚游校　清
乾隆刻本　一冊

610000 - 1042 - 0003599　綫 125.14/447

張子全書十五卷　（宋）張載撰　清道光二十
二年（1842）刻本　八冊

610000 - 1042 - 0003600　綫 125.14/447

張子全書十五卷　（宋）張載撰　清同治九年
（1870）刻本　八冊

610000 - 1042 - 0003601　綫 125.14/447

張子全書十五卷　（宋）張載撰　清道光二十
二年（1842）刻同治九年（1870）重印本　八冊

610000 - 1042 - 0003602　綫 125.14/447

張子全書十五卷　（宋）張載撰　清同治九年
（1870）刻本　八冊

610000 - 1042 - 0003603　綫 125.14/447

張子全書十五卷　（宋）張載撰　清光緒十七
年（1891）三原劉氏傳經堂刻本　八冊

610000 - 1042 - 0003604　綫 125.14/447

性理精解八卷　（宋）周敦頤撰　（宋）朱熹注
性理體註訓解標題講義不分卷　（清）許賢
聲增訂　清致和堂刻本　二冊

610000－1042－0003605　綫125.2/542

二程粹言二卷　（宋）程顥　（宋）程頤撰
（宋）張栻編　清光緒十八年(1892)劉氏傳經
堂刻本　二冊

610000－1042－0003606　綫125.2/565

二程粹言二卷　（宋）程顥　（宋）程頤撰
（清）楊時編輯　清同治五年(1866)福州正誼
書局刻本　二冊

610000－1042－0003607　綫125.2081/542

二程全書六十六卷　（宋）程顥等撰　（明）徐
必達校　明萬曆三十四年(1606)刻本　十
四冊

610000－1042－0003608　綫125.2081/542

二程全書七種　（宋）程顥　（宋）程頤撰　清
光緒十八年(1892)劉氏傳經堂刻本　十八冊

610000－1042－0003609　綫125.2081/542

二程夫子全書五十一卷　（宋）程頤　（宋）程
顥撰　清刻本　十冊

610000－1042－0003610　綫125.2/004

河南程氏外書十二卷　（宋）程顥　（宋）程頤
撰　（宋）朱熹纂　清光緒十八年(1892)劉氏
傳經堂刻本　二冊

610000－1042－0003611　綫125.2/542

二程遺書二十六卷　（宋）程顥　（宋）程頤語
錄　（宋）朱熹序次　清光緒十八年(1892)劉
氏傳經堂刻本　六冊

610000－1042－0003612　綫125.5/115

朱子遺書初刻八種二刻七種　（宋）朱熹撰
清康熙禦兒呂氏寶誥堂刻本　十冊

610000－1042－0003613　綫125.5/115

朱子古文讀本六卷　（宋）朱熹撰　（清）周大
璋編　清道光三年(1823)刻本　六冊

610000－1042－0003614　綫845.23/115

朱子古文節選二卷　（宋）朱熹撰　（清）杜宗
嶽評選　清咸豐元年(1851)寶孺堂刻本
二冊

610000－1042－0003615　綫125.5/665

朱子語類一百四十卷　（宋）黎靖德編　清光
緒二年(1876)刻本　四十八冊

610000－1042－0003616　綫125.5/665

朱子語類一百四十卷　（宋）黎靖德編　清光
緒六年(1880)刻本　四十八冊

610000－1042－0003617　綫125.5/665

朱子語類一百四十卷　（宋）黎靖德編　清刻
本　三十二冊

610000－1042－0003618　綫125.5/447

朱子四書語錄三十八卷　（清）張履祥　（清）
呂留良摘抄　清康熙四十年(1701)南陽講習
堂刻本　十二冊

610000－1042－0003619　綫125.5/115

近思錄十四卷考訂朱子世家一卷　（清）江永
集注　清同治四年(1865)望三益齋刻本
四冊

610000－1042－0003620　綫125.5/115

近思錄十四卷小學書六卷　（宋）朱熹等撰
清光緒三年(1877)傳經堂刻本　四冊

610000－1042－0003621　綫125.5/115

近思錄十四卷考異一卷　（宋）朱熹　（宋）呂
祖謙撰　清光緒十年(1884)劉傳經堂刻本
一冊

610000－1042－0003622　綫192.1/115

近思錄十四卷小學六卷　（宋）朱熹撰　清光
緒十六年(1890)朝邑同義文會刻本　四冊

610000－1042－0003623　綫125.5/115

近思錄十四卷　（宋）朱熹　（宋）呂祖謙撰
清刻本　四冊

610000－1042－0003624　綫125.5/115

近思錄集解十四卷　（宋）朱熹撰　（宋）葉采
集解　清乾隆元年(1736)刻本　四冊

610000－1042－0003625　綫125.5/651

近思續錄十四卷　（宋）蔡模輯　清光緒三十
一年(1905)三原張普刻本　二冊

610000－1042－0003626　綫125/136

增補五子近思錄詳解十四卷　（清）汪佑等編

清同治十三年(1874)刻本　四冊

610000－1042－0003627　綫125/088

近思錄集注十四卷　(清)江永注　清光緒元
年(1875)何璟刻本　五冊

610000－1042－0003628　綫125/088

近思錄集注十四卷校勘記一卷考訂朱子世家
一卷　(清)江永集注　清光緒十五年(1889)
掃葉山房刻本　六冊

610000－1042－0003629　綫125/088

近思錄集注十四卷　(清)江永注　清光緒十
五年(1889)刻本　四冊

610000－1042－0003630　綫125/088

朱子原訂近思錄十四卷　(清)江永注　清光
緒十五年(1889)刻本　四冊

610000－1042－0003631　綫125.5/054

讀近思錄類編十四卷　牛兆濂撰　清光緒三
十一年(1905)鉛印本　二冊

610000－1042－0003632　綫192/115

小學集注六卷　(宋)朱熹撰　清雍正五年
(1727)八旗官學刻本　二冊

610000－1042－0003633　綫192/115

小學集注六卷　(宋)朱熹撰　清光緒十三年
(1887)關中文明堂刻本　四冊

610000－1042－0003634　綫192/115

小學集注六卷　(宋)朱熹集注　清光緒二十
二年(1896)尚德堂刻本　四冊

610000－1042－0003635　綫192/115

小學集注六卷　(宋)朱熹撰　清刻本　二冊

610000－1042－0003636　綫192/461

小學集注四卷　(清)陳選集注　清嘉慶十五
年(1810)刻本　四冊

610000－1042－0003637　綫192.1/172

小學集解六卷　(明)吳訥集解　清同治八年
(1869)江蘇書局刻本　二冊

610000－1042－0003638　綫192.1/450

小學集解六卷輯說一卷　(清)張伯行輯注

清同治十一年(1872)江西撫署刻本　二冊

610000－1042－0003639　綫192.1/450

小學集解六卷輯說一卷　(清)張伯行輯注
清光緒十三年(1887)陝西布政司刻本　四冊

610000－1042－0003640　綫192.1/450

小學集解六卷　(清)張伯行纂輯　清刻本
二冊

610000－1042－0003641　綫192.1/330

小學纂注六卷朱子年譜一卷　(清)高愈纂注
清同治十一年(1872)浙江書局刻本　二冊

610000－1042－0003642　綫121.21526/458

北溪字義二卷補遺一卷嚴陵講義四篇　(宋)
陳淳撰　清道光十三年(1833)刻本　二冊

610000－1042－0003643　綫121.21526/458

北溪字義二卷補遺一卷嚴陵講義四篇　(宋)
陳淳撰　清道光二十年(1840)三原李錫齡刻
本　二冊

610000－1042－0003644　綫善075.52/521

慈溪黃氏日抄分類九十五卷慈溪黃氏日抄分
類古今紀要十九卷　(宋)黃震撰　清乾隆三
十二年(1767)汪佩鍔珠樹堂刻本　二十二冊

610000－1042－0003645　綫善075.52/521

黃氏日抄分類八十八卷　(宋)黃震撰　清初
木活字印本　六十四冊

610000－1042－0003646　綫075.52/521

慈溪黃氏日抄分類九十七卷慈溪黃氏日抄分
類古今紀要十九卷　(宋)黃震撰　清刻本
二十四冊

610000－1042－0003647　綫192.1/407

恥言一卷　(明)徐禎稷撰　清光緒十六年
(1890)柏經正堂刻本　一冊

610000－1042－0003648　綫075.6/287

願學編二卷　(明)胡續宗撰　明嘉靖鳥鼠山
房刻清補版印本　二冊

610000－1042－0003649　綫126.9/040

雲浦孟先生語錄一卷　(明)王以悟輯　西川
尤先生要語一卷　(明)孟化鯉輯　明萬曆刻

本　一册

610000－1042－0003650　綫 072.65/726
思菴野錄三卷　（明）薛敬之撰　清咸豐元年
(1851)渭南武鴻模刻本　四册

610000－1042－0003651　綫 126.9/174
涇野子內篇二十七卷　（明）呂柟撰　清光緒
七年(1881)刻本　六册

610000－1042－0003652　綫 126.9/174
呂子節錄四卷補遺二卷　（明）呂坤撰　（清）
陳宏謀評輯　清道光八年(1828)刻本　四册

610000－1042－0003653　綫 126.9/174
呻吟語六卷補遺一卷　（明）呂坤撰　清道光
二十七年(1847)關中味經官書局刻本　六册

610000－1042－0003654　綫 126.9/174
呻吟語六卷　（明）呂坤撰　清同治十三年
(1874)木犀山房刻本　六册

610000－1042－0003655　綫 126.9/174
呂子呻吟語書鈔六卷　（明）呂坤撰　（清）陳
榕門節抄　清刻本　二册

610000－1042－0003656　綫 126.9/174
呂語集粹四卷　（明）呂坤撰　（清）陳宏謀評
　清光緒五年(1879)江左書林石印本　二册

610000－1042－0003657　綫善 126/730
性理大全會通七十卷　（明）鍾人傑輯　清康
熙光裕堂刻本　二十五册

610000－1042－0003658　綫善 121.2/578
性理標題綜要二十二卷　（明）詹淮纂輯
（明）陳仁錫訂正　明崇禎五年(1632)陳仁錫
刻本　二十四册

610000－1042－0003659　綫善 126.1/726
薛文清公讀書錄十卷　（明）薛瑄撰　明嘉靖
三十四年(1555)薛應麟刻本　五册

610000－1042－0003660　綫善 126.1/726
薛文清公讀書全錄類編二十卷　（明）薛瑄撰
　（明）侯鶴齡編　明萬曆二十七年(1599)侯
鶴齡刻本　八册

610000－1042－0003661　綫 126.1/726
讀書錄十一卷續錄十二卷　（明）薛瑄撰　清
乾隆十一年(1746)刻本　八册

610000－1042－0003662　綫 126.1/726
讀書錄十一卷續錄十二卷　（明）薛瑄撰　清
光緒二十年(1894)柏經正堂刻本　八册

610000－1042－0003663　綫 126.1/726
讀書續錄十二卷　（明）薛瑄撰　清乾隆十一
年(1746)薛氏刻本　三册

610000－1042－0003664　綫 126.1/726
讀書錄粹語四卷　（明）薛瑄撰　（清）王鼎編
　清道光十六年(1836)刻本　四册

610000－1042－0003665　綫 192.1/040
節本王陽明集傳習錄一卷　（明）王陽明
（守仁）撰　清光緒三十四年(1908)上海教育
圖書館鉛印本　一册

610000－1042－0003666　綫 074.6/036
陽明先生雜著書二卷　（明）王守仁撰　清刻
本　二册

610000－1042－0003667　綫 846.6/036
陽明先生集要三種　（明）王守仁撰　清光緒
三十四年(1908)明文學社鉛印本　四册

610000－1042－0003668　綫 126.4/036
陽明先生集要三種　（清）施四明評輯　清宣
統三年(1911)中新書局鉛印本　四册

610000－1042－0003669　綫 126.9/508
馮少墟關中四先生要語錄四卷　（明）馮從吾
輯　（清）李元春校錄　清道光朝邑蒙天麻刻
本　一册

610000－1042－0003670　綫 126.9/154
桐閣關中三先生語要四卷　（清）李元春輯
清道光朝邑蒙天麻刻本　二册

610000－1042－0003671　綫 573.07/521
明夷待訪錄一卷　（清）黃宗羲撰　清光緒二
十四年(1898)墨寶齋刻本　一册

610000－1042－0003672　綫 573.07/521
明夷待訪錄一卷　（清）黃宗羲撰　清光緒二

十七年(1901)刻本　一冊

610000－1042－0003673　綫573.07/521
明夷待訪錄一卷　(清)黃宗羲撰　清光緒二十九年(1903)刻本　一冊

610000－1042－0003674　綫573.07/521
明夷待訪錄一卷　(清)黃宗羲撰　清光緒二十四年(1898)上海著易堂精校石印本　一冊

610000－1042－0003675　綫127.1/039
黃書一卷　(清)王夫之撰　清宣統二年(1910)刻本　一冊

610000－1042－0003676　綫193.2/155
堊室錄感一卷　(清)李顒撰　清光緒元年(1875)三原劉質慧刻本　一冊

610000－1042－0003677　綫193.2/155
堊室錄感一卷　(清)李顒撰　清光緒二年(1876)刻本　一冊

610000－1042－0003678　綫127.1/155
二曲學髓二卷　(清)李顒口述　(清)白煥彩錄　清末刻本　一冊　存一卷(二)

610000－1042－0003679　綫127.1/155
二曲先生摘要堊室錄感一卷　(清)李顒撰　清光緒十八年(1892)馬忠信堂刻本　一冊

610000－1042－0003680　綫072.7/155
榕村語錄三十卷　(清)李光地撰　清道光刻本　十六冊

610000－1042－0003681　綫072.7/155
榕村語錄三十卷　(清)李光地撰　(清)徐用錫編輯　清道光刻本　十冊

610000－1042－0003682　綫072.7/155
榕村語錄續編二十卷　(清)李光地撰　清光緒二十年(1894)傅氏藏園刻本　六冊

610000－1042－0003683　綫125.5/155
朱子全書六十六卷　(清)李光地等編校　清康熙五十二年(1713)刻本　三十一冊

610000－1042－0003684　綫125.5/155
朱子全書六十六卷　(清)李光地等纂　清康

熙五十七年(1718)尊經閣刻本　三十二冊

610000－1042－0003685　綫125.5/155
朱子全書六十六卷　(清)李光地等纂　清刻本　四十四冊

610000－1042－0003686　綫125/155
御纂性理精義十二卷　(清)李光地纂　清康熙五十六年(1717)刻本　十二冊

610000－1042－0003687　綫125/155
御纂性理精義十二卷　(清)李光地纂　清康熙五十六年(1717)刻本　六冊

610000－1042－0003688　綫125/155
御纂性理精義十二卷　(清)李光地等纂　清康熙五十六年(1717)刻本　五冊

610000－1042－0003689　綫125/155
御纂性理精義十二卷　(清)李光地等編　清康熙五十六年(1717)尊經閣刻本　六冊

610000－1042－0003690　綫125/155
御纂性理精義十二卷　(清)李光地等編　清康熙五十六年(1717)尊經閣刻本　六冊

610000－1042－0003691　綫126/113
性理大全書輯要八卷　(清)朱啟昆輯　清康熙二十八年(1689)吳郡八詠樓刻本　八冊

610000－1042－0003692　綫125/232
性理精解八卷　(宋)周敦頤撰　(宋)朱熹注　**性理體註訓解標題講義不分卷**　(清)許賢聲增訂　清乾隆元年(1736)致和堂刻本　四冊

610000－1042－0003693　綫125/444
性理體註訓解標題不分卷　(清)張道升(清)仇廷桂纂　(清)呂從律增訂　**新刊性理大全八卷**　(宋)周敦頤撰　(宋)朱熹註　清乾隆元年(1736)集錦堂刻本　三冊

610000－1042－0003694　綫125/366
理學正宗十五卷　(清)竇克勤編　清道光二十六年(1846)刻本　六冊

610000－1042－0003695　綫835.7/154
經世文選要八卷　(清)李元春輯評　清道光

十八年(1838)刻本　八冊

610000－1042－0003696　綫835.7/154

經世文選要六卷　(清)李元春輯評　清道光三十年(1850)安康來鹿堂刻本　六冊

610000－1042－0003697　綫120/154

正學文要八卷　(清)李元春選　清道光二十九年(1849)守樸堂刻本　四冊

610000－1042－0003698　綫121.23/367

孔子集語十七卷　(清)孫星衍輯　清光緒三年(1877)刻本　四冊

610000－1042－0003699　綫121.24/510

曾子點注二卷　(清)雷柱點注　清光緒三十一年(1905)三原張氏刻本　一冊

610000－1042－0003700　綫121.2/570

儒林宗派十六卷　(清)萬斯同撰　清宣統三年(1911)上海國學扶輪社鉛印本　二冊

610000－1042－0003701　綫121.238/291

家語證偽十一卷　(清)范家相撰　清光緒十五年(1889)徐氏鑄學齋刻本　四冊

610000－1042－0003702　綫072.7/454

思辨錄輯要前集二十二卷後集十三卷　(清)陸世儀撰　清光緒三年(1877)江蘇書局刻本　八冊

610000－1042－0003703　綫122/458

漢儒通義七卷　(清)陳澧輯　清咸豐八年(1858)番禺陳氏刻本　二冊

610000－1042－0003704　綫127.1/670

砭身集三卷　(清)劉鳴珂撰　清光緒二十八年(1902)涇陽柏森經正堂刻本　一冊

610000－1042－0003705　綫127.09/337

學案小識十四卷首一卷末一卷　(清)唐鑑撰　清光緒十年(1884)刻本　十二冊

610000－1042－0003706　綫127.09/337

學案小識十四卷首一卷末一卷　(清)唐鑑撰　清刻本　十二冊

610000－1042－0003707　綫125.5/632

朱子約編八卷漆沮通考一卷　(清)鄭士範輯撰　清光緒十九年(1893)鳳翔周鼎正誼堂刻本　四冊

610000－1042－0003708　綫121.2227/669

增定二論典故引端一卷　(清)劉志輯　清乾隆四十一年(1776)萬順堂刻本　一冊

610000－1042－0003709　綫127.6/766

西銘講義一卷　(清)羅澤南撰　清光緒十七年(1891)涇陽柏經正堂刻本　一冊

610000－1042－0003710　綫121.23/433

孔子改制考二十一考　康有為撰　清光緒二十四年(1898)上海大同譯書局石印本　十冊

610000－1042－0003711　綫192.15/133

女論語一卷　(唐)宋若華撰　清光緒二十九年(1903)柏經正堂刻本　一冊

610000－1042－0003712　綫845.15/233

周子全書四卷　(宋)周敦頤撰　清光緒十三年(1887)刻本　一冊

610000－1042－0003713　綫125.5/115

延平李先生答問一卷後錄一卷補錄一卷　(宋)朱熹輯　楊羅李朱四先生年譜四卷　(清)毛念恃編　清乾隆刻本　二冊

610000－1042－0003714　綫125.5/115

延平李先生答問一卷後錄一卷補錄一卷　(宋)朱熹編　楊羅李朱四先生年譜四卷　(清)毛念恃編　清光緒二年(1876)刻本　二冊

610000－1042－0003715　綫523.9/542

程氏家塾讀書分年日程三卷綱領一卷　(元)程端禮編　清同治六年(1867)福州正誼書院刻本　二冊

610000－1042－0003716　綫523.9/542

程氏家塾讀書分年日程三卷綱領一卷　(元)程端禮編　清光緒二十三年(1897)柏經正堂刻本　一冊

610000－1042－0003717　綫071.7/542

程氏家塾讀書分年日程三卷綱領一卷　(元)

程端禮撰　清柏經正堂刻本　一冊

610000－1042－0003718　綫192.9/381
了凡四訓一卷附錄一卷　（明）袁黃撰　清刻本　一冊

610000－1042－0003719　綫126.1/285
胡敬齋居業錄八卷　（明）胡居仁撰　清康熙四十七年(1708)正誼堂刻本　四冊

610000－1042－0003720　綫126.1/285
胡敬齋先生居業錄四卷　（明）胡居仁撰　清同治八年(1869)劉氏傳經堂刻本　四冊

610000－1042－0003721　綫126.1/285
居業錄粹語二卷　（明）胡居仁撰　（清）王鼎校正　清道光十六年(1836)刻本　二冊

610000－1042－0003722　綫192/666
人譜一卷人譜類記二卷　（明）劉宗周撰　清道光八年(1828)敎忠堂刻本　二冊

610000－1042－0003723　綫192/666
人譜一卷人譜類記四卷　（明）劉宗周撰　清光緒三十年(1904)柏經正堂刻本　一冊

610000－1042－0003724　綫192/666
人譜六首卷一卷　（明）劉宗周撰　清咸豐十年(1860)紅杏山房刻本　六冊

610000－1042－0003725　綫192/666
人譜類記增訂六卷　（明）劉宗周撰　清光緒三年(1877)湖北崇文書局刻本　二冊

610000－1042－0003726　綫192/666
蕺山先生人譜一卷人譜類記二卷　（明）劉宗周撰　清光緒二十八年(1902)三原張普澤刻本　一冊

610000－1042－0003727　綫192/666
蕺山先生人譜一卷人譜類記二卷　（明）劉宗周撰　（清）洪正治校編　清粵東聚英堂刻本　二冊

610000－1042－0003728　綫193/566
楊椒山公家訓一卷十九條　（明）楊繼盛撰　清同治十一年(1872)刻本　一冊

610000－1042－0003729　綫193/566
楊忠愍公家訓一卷靈驗記一卷　（明）楊繼盛撰　清光緒十六年(1890)刻本　一冊

610000－1042－0003730　綫192.15/039
女四書四卷　（清）王相箋注　清光緒六年(1880)刻本　一冊

610000－1042－0003731　綫193/370
女四書集注四卷　（清）王相箋注　清光緒二十四年(1898)刻本　二冊

610000－1042－0003732　綫善856.27/174
呂晚邨先生家訓真蹟四卷　（清）呂留良撰　清康熙四十二年(1703)刻本　四冊

610000－1042－0003733　綫193/118
朱子家訓衍義一卷　（清）朱鳳鳴注　清鎬京趙疏募刻本　一冊

610000－1042－0003734　綫072.7/468
日知薈說四卷　（清）高宗弘曆撰　清乾隆元年(1736)刻本　四冊

610000－1042－0003735　綫651.72/061
聖諭廣訓一卷　（清）聖祖玄燁撰　清刻本　一冊

610000－1042－0003736　綫192.91/061
聖諭廣訓一卷　（清）聖祖玄燁撰　清日增堂刻本　一冊

610000－1042－0003737　綫190/038
聖諭廣訓衍義十六條　（清）王又樸撰　清光緒十七年(1891)柏經正堂刻本　四冊

610000－1042－0003738　綫190/547
聖諭廣訓黜異端以崇正學四言韻文一卷　（清）愼毓林書　清刻本　一冊

610000－1042－0003739　綫125.257/345
聖諭像解二十卷　（清）梁延年編輯　清光緒十三年(1887)湖南寶善堂刻本　十冊

610000－1042－0003740　綫121.257/345
聖諭像解二十卷　（清）梁延年編輯　清光緒二十九年(1903)江蘇撫署石印本　十冊

610000 - 1042 - 0003741　綫 121.257/345

聖諭像解二十卷　(清)梁延年編輯　清光緒
二十九年(1903)江蘇撫署石印本　十冊

610000 - 1042 - 0003742　綫 121.257/345

聖諭像解二十卷　(清)梁延年編輯　清光緒
二十九年(1903)江蘇撫署石印本　十冊

610000 - 1042 - 0003743　綫 121.257/345

聖諭像解二十卷　(清)梁延年編輯　清光緒
二十九年(1903)江蘇撫署石印本　十冊

610000 - 1042 - 0003744　綫 072.7/450

澄懷園語四卷　(清)張廷玉撰　清乾隆十一
年(1746)刻本　一冊

610000 - 1042 - 0003745　綫 525.9933/517

棉陽學准五卷女學六卷　(清)藍鼎元撰　清
同治四年(1865)羊城緯文堂刻本　二冊

610000 - 1042 - 0003746　綫 192.3/459

訓俗遺規四卷　(清)陳宏謀編　清乾隆七年
(1742)刻本　一冊　存二卷(一至二)

610000 - 1042 - 0003747　綫 192.91/459

訓俗遺規四卷　(清)陳宏謀編　清光緒十六
年(1890)陝西求友齋刻本　一冊　存二卷
(一至二)

610000 - 1042 - 0003748　綫 192/458

養正遺規摘鈔不分卷　(清)陳宏謀編　清光
緒十六年(1890)陝西求友齋刻本　一冊

610000 - 1042 - 0003749　綫 190/458

學仕遺規四卷　(清)陳宏謀纂　清刻本　十
一冊

610000 - 1042 - 0003750　綫 192.15/461

教女遺規三卷　(清)陳宏謀編輯　清培遠堂
刻本　二冊

610000 - 1042 - 0003751　綫 192/458

五種遺規十七卷　(清)陳宏謀輯　清光緒二
十一年(1895)石印本　五冊

610000 - 1042 - 0003752　綫 190/133

先正遺規四卷　(清)汪正集錄　清同治十年
(1871)木犀軒刻本　二冊

610000 - 1042 - 0003753　綫 190/133

先正遺規四卷　(清)汪正集錄　清光緒十九
年(1893)浙江書局刻本　二冊

610000 - 1042 - 0003754　綫 525.99/533

學規七種　(清)賀瑞麟纂輯　清光緒十六年
(1890)強勉學堂刻本　一冊

610000 - 1042 - 0003755　綫 127.6/533

清麓答問四卷　(清)賀瑞麟撰　謝化南輯
清光緒三十一年(1905)正誼書院刻本　四冊

610000 - 1042 - 0003756　綫 192.1/285

弟子箴言二卷　(清)胡達源撰　清道光十五
年(1835)解梁書院刻本　二冊

610000 - 1042 - 0003757　綫 192.1/285

弟子箴言十六卷　(清)胡達源撰　清同治九
年(1870)刻本　四冊

610000 - 1042 - 0003758　綫 192/435

箴銘輯要類編前錄一卷後錄三卷　(清)寇守
信輯　清光緒七年(1881)刻本　四冊

610000 - 1042 - 0003759　綫 192/435

箴銘輯要類編前錄一卷後錄三卷　(清)寇守
信輯　清光緒七年(1881)刻本　三冊　存三
卷(後錄三卷)

610000 - 1042 - 0003760　綫 192.8/340

古格言十二卷　(清)梁章鉅輯　清道光四年
(1824)刻本　二冊

610000 - 1042 - 0003761　綫 528.17/040

叢書輯要七卷　(清)王晫　(清)張潮輯　教
孝編一卷　(清)姚廷傑撰　幼訓一卷　(清)
崔學古撰　訓蒙條例一卷　(清)陳芳生撰
少學一卷　(清)崔學古撰　秋星閣詩話一卷
(清)李沂撰　書法約言一卷　(清)宋曹射
撰　塾講規約一卷　(清)施璜撰　清道光四
年(1824)芝瑞堂刻本　一冊

610000 - 1042 - 0003762　綫 120.71/154

正學語錄一卷道學語錄二卷道學文三卷
(清)李元春評選　清刻本　二冊

610000 - 1042 - 0003763　綫 127.6/666

子問二卷又問一卷 (清)劉沅撰 清同治二年(1863)刻本 三冊

610000－1042－0003764 綫192.1/679

讀書做人譜十卷總論一卷罣室錄感一卷 (清)龍炳垣輯 清同治十一年(1872)蘇垣毋自欺齋刻本 四冊

610000－1042－0003765 綫802.81/008

二論啟幼漸通□□卷 (□)□□撰 清刻本 一冊 存一卷(三)

610000－1042－0003766 綫528.2/030

大意尊聞一卷 (清)方東樹撰 清光緒元年(1875)刻本 一冊

610000－1042－0003767 綫071.7/030

漢學商兌三卷 (清)方東樹撰 清光緒十五年(1889)朱氏刻本 四冊

610000－1042－0003768 綫071.7/030

漢學商兌四卷 (清)方東樹撰 清光緒二十年(1894)傳經堂刻本 四冊

610000－1042－0003769 綫071.7/030

漢學商兌四卷 (清)方東樹撰 清光緒二十六年(1900)浙江書局刻本 四冊

610000－1042－0003770 綫192.9/097

宣講拾遺一卷首一卷 (清)莊跋仙輯 清光緒八年(1882)西安馬氏存心堂刻本 一冊

610000－1042－0003771 綫019/445

輶軒語一卷 (清)張之洞撰 清光緒九年(1883)信述堂刻本 一冊

610000－1042－0003772 綫019/445

輶軒語一卷 (清)張之洞撰 清光緒二十一年(1895)陝西學署刻本 一冊

610000－1042－0003773 綫019/445

輶軒語一卷 (清)張之洞撰 清光緒二十三年(1897)豐潤縣署刻本 一冊

610000－1042－0003774 綫573.07/445

勸學篇二卷 (清)張之洞撰 清光緒二十四年(1898)菁華報館刻本 一冊

610000－1042－0003775 綫573.07/445

勸學篇二卷 (清)張之洞撰 清光緒二十四年(1898)菁華報館刻本 一冊

610000－1042－0003776 綫573.07/445

勸學篇二卷 (清)張之洞撰 清光緒二十四年(1898)菁華報館刻本 一冊

610000－1042－0003777 綫127.1/039

復齋錄六卷 (清)王建常撰 (清)賀瑞麟校 清光緒元年(1875)劉氏述荊堂刻本 四冊

610000－1042－0003778 綫072.78/039

復齋錄一卷 (清)王建常撰 清末張藻傳抄本 一冊

610000－1042－0003779 綫192.9/054

二語合編二卷 (清)牛樹梅編 (清)寇守信重輯 清光緒九年(1883)涇陽柏經正堂刻本 一冊

610000－1042－0003780 綫193/134

雙節堂庸訓六卷 (清)汪輝祖纂 清刻本 一冊

610000－1042－0003781 綫121.217/275

省習錄□□卷 (清)厚卿抄 清抄本 三冊 存四卷(四至七)

610000－1042－0003782 綫521.9/726

勸學錄一卷 (清)薛敬軒 (清)李忠孚撰 清光緒十八年(1892)貴陽熊湛英刻本 一冊

610000－1042－0003783 綫199/674

公德講話一卷 (清)樂鷹真人撰 (清)馬仰宇譯 清光緒二十九年(1903)上海廣智書局鉛印本 一冊

610000－1042－0003784 綫192.8/328

嘉言懿行抄一卷 (清)高植桐抄 清抄本 一冊

610000－1042－0003785 綫192.14/220

芹宮新譜二卷 (清)鄭一鵬撰 清刻本 二冊 存一卷(下)

610000－1042－0003786 綫520.15/220

教化議五卷 (德國)花之安撰 清光緒元年

(1875)羊城小書會真寶堂刻本 一冊

610000－1042－0003787 綫192.1/658

人範六卷 (清)蔣元輯 清光緒四年(1878)
守拙軒刻本 一冊 存三卷(一至三)

610000－1042－0003788 綫127.4/658

人範六卷 (清)蔣元輯 清光緒十六年
(1890)陶模守拙軒刻本 二冊

610000－1042－0003789 綫192.1/726

豫養編六卷 (清)薛于瑛編 清光緒七年
(1881)王遜卿刻本 一冊

610000－1042－0003790 綫127.6/365

孫靈泉先生著述摘要一卷 (清)孫靈泉撰
清末石印本 一冊

610000－1042－0003791 綫072.7/450

治平大略四卷 (清)張秉直撰 清光緒二年
(1876)劉氏傳經堂刻本 二冊

610000－1042－0003792 綫190/445

京師大學堂倫理學講義一卷 (清)張鶴齡講
述 **經學科講義** (清)王舟瑤撰 清末鉛印
本 一冊

610000－1042－0003793 綫192/766

人極衍義一卷 (清)羅澤南撰 清光緒三十
年(1904)傳經堂刻本 一冊

610000－1042－0003794 綫802.82/151

李氏蒙求補注六卷 (唐)李瀚撰 (金)金源
醴補注 清光緒二年(1876)刻本 二冊

610000－1042－0003795 綫802.82/151

李氏蒙求補注六卷 (唐)李瀚撰 (清)金三
俊輯 清刻本 一冊

610000－1042－0003796 綫802.82/458

李氏蒙求詳注四卷 (唐)李瀚撰 (清)陳宸
書纂注 清嘉慶二十年(1815)刻本 四冊

610000－1042－0003797 綫192.1/115

小學六卷 (宋)朱熹撰 清初刻本 二冊

610000－1042－0003798 綫192.1/115

小學六卷 (宋)朱熹撰 清咸豐四年(1854)

學古書院刻本 二冊

610000－1042－0003799 綫192.1/115

小學六卷 (宋)朱熹撰 清咸豐四年(1854)
學古書院刻同治六年(1867)重印本 三冊
存五卷(一至五)

610000－1042－0003800 綫099/115

小學六卷考異一卷 (宋)朱熹撰 清光緒十
年(1884)刻本 二冊

610000－1042－0003801 綫192.1/115

小學六卷近思錄十四卷 (宋)朱熹撰 清光
緒十六年(1890)朝邑同義文會刻本 二冊

610000－1042－0003802 綫802.78/461

小學句讀記六卷 (明)陳選點 (清)王建常
記 清同治十二年(1873)刻本 五冊

610000－1042－0003803 綫802.78/461

小學句讀記六卷 (明)陳選點 (清)王建常
記 清同治十二年(1873)刻本 五冊 缺一
卷(一)

610000－1042－0003804 綫802.81/726

小學淺解六卷 (清)薛仁齋注 清光緒十三
年(1887)傳經堂刻本 二冊 存二卷(二至
三)

610000－1042－0003805 綫802.81/726

小學淺解六卷 (清)薛仁齋注 清宣統二年
(1910)西安鐘樓南順成倉存心堂刻本 四冊

610000－1042－0003806 綫802.81/042

三字經訓詁一卷 (宋)王應麟纂 (清)王相
注 清同州文元堂刻本 一冊

610000－1042－0003807 綫802.81/042

三字經訓詁一卷 (宋)王應麟纂 (清)王相
注 清寶寧堂刻本 一冊

610000－1042－0003808 綫802.81/042

三字經注三種 (宋)王應麟撰 (清)王相注
清道光三年(1823)刻本 二冊

610000－1042－0003809 綫802.81/042

三字經注解備要二卷 (宋)王應麟撰 (清)
賀興思注解 清同治四年(1865)古鼎堂刻本

一册　存一卷(上)

610000－1042－0003810　綫802.81/042
三字經注解備要二卷　（宋）王應麟撰　（清）
賀興思注解　清光緒十四年(1888)京都泰山
堂刻本　二册

610000－1042－0003811　綫802.81/042
三字經注解備要二卷　（宋）王應麟撰　（清）
賀興思注解　清刻本　二册

610000－1042－0003812　綫802.81/042
三字經註解備要二卷　（宋）王應麟撰　（清）
賀興思註解　清末翠筠山房刻本　二册

610000－1042－0003813　綫802.81/018
增補三字經講義注釋一卷　（清）□□撰　清
道光十二年(1832)興盛堂刻本　一册

610000－1042－0003814　綫802.81/692
龍文鞭影二卷　（明）蕭良有撰　（清）楊臣諍
增訂　清嘉慶二十一年(1816)學海堂刻本
二册

610000－1042－0003815　綫802.81/692
龍文鞭影四卷　（明）蕭良有撰　（清）楊臣諍
增訂　清道光十一年(1831)福全堂刻本
四册

610000－1042－0003816　綫802.81/692
龍文鞭影二卷　（明）蕭良有撰　（清）楊臣諍
增訂　清道光十一年(1831)福全堂刻本
二册

610000－1042－0003817　綫802.81/692
龍文鞭影二卷　（明）蕭良有撰　（清）楊臣諍
增訂　清光緒金谿經國局刻本　二册

610000－1042－0003818　綫802.81/692
龍文鞭影二卷　（明）蕭良有撰　（清）楊臣諍
增訂　清英達堂刻本　二册

610000－1042－0003819　綫520.71/174
呂叔簡先生訓士文一卷　（明）呂坤撰　清同
治二年(1863)刻本　一册

610000－1042－0003820　綫802.81/542
新增幼學故事瓊林二卷　（清）程允升撰

（清）鄒聖脈增補　清乾隆二十五年(1760)刻
本　四册

610000－1042－0003821　綫802.81/542
新增繪圖幼學故事瓊林四卷首一卷　（清）程
允升撰　（清）鄒聖脈增補　清光緒三十年
(1904)上海鴻寶齋石印本　五册

610000－1042－0003822　綫802.81/542
寄傲山房塾課新增幼學故事瓊林四卷首一卷
　（清）程允升撰　（清）鄒聖脈增補　清光緒
二十四年(1898)刻本　四册

610000－1042－0003823　綫802.81/542
浙紹奎照樓新增繪圖幼學故事瓊林四卷
（清）程允升編　（清）鄒聖脈增補　（清）石
韞玉評點　清光緒二十三年(1897)石印本
五册

610000－1042－0003824　綫802.81/542
寶寧堂重訂幼學須知句解四卷　（清）程允升
撰　（清）黃汪若注　清乾隆二十二年(1757)
京江錢恕齋刻本　四册

610000－1042－0003825　綫802.81/542
文玉堂重訂幼學須知句解四卷　（清）程允升
編　（清）黃汪若注　清乾隆二十二年(1757)
京江錢元龍刻本　四册

610000－1042－0003826　綫802.81/697
重訂幼學須知句解四首一卷　（清）錢元龍校
梓　清京江錢恕齋刻本　四册

610000－1042－0003827　綫528.2/446
課子隨筆鈔六卷　（清）張師載輯　（清）夏錫
疇摘抄　清道光三十年(1850)皖江鄭鑑刻本
　六册

610000－1042－0003828　綫802.81/039
初學清真雅正一卷　（清）王傑編訂　清道光
六年(1826)經畬堂刻本　一册

610000－1042－0003829　綫192.91/447
楊園訓子語一卷誨兒編二卷　（清）張履祥撰
　清光緒十六年(1890)富平強氏勉學堂刻本
　二册

610000－1042－0003830　緩 193.3/533

誨兒編二卷　（清）賀瑞麟輯　清光緒十六年(1890)富平強勉學堂刻本　一冊

610000－1042－0003831　緩 192.8/174

小兒語二種　（清）呂新吾撰　（清）吳文桂編　清光緒六年(1880)傳經堂刻本　一冊

610000－1042－0003832　緩 802.77/431

啟幼類語糟粕集六部　（清）淡樸堂輯　清道光二十五年(1845)抄本　六冊

610000－1042－0003833　緩 802.81/512

十三經集抄摹本不分卷　（清）彭玉雯纂　清道光二十九年(1849)雲墀氏刻本　四冊

610000－1042－0003834　緩 802.81/373

桐齋課幼一卷　（□）□□撰　清刻本　一冊

610000－1042－0003835　緩 802.81/625

養蒙針度五卷　（清）潘子聲編　清道光十八年(1838)刻本　一冊　存一卷(一)

610000－1042－0003836　緩 802.81/156

養蒙正教不分卷　（清）李銘誠撰　清咸豐六年(1856)抄本　一冊

610000－1042－0003837　緩 802.81/638

養蒙書九種續編一種　（清）賀瑞麟輯　清同治三年(1864)刻本　一冊

610000－1042－0003838　緩 802.81/384

養蒙書九種　（清）陝西正誼書院編　清末道昌抄本　一冊

610000－1042－0003839　緩 528.2/446

課子隨筆節鈔六卷　（清）張又渠輯　（清）徐桐節鈔　清同治十年(1871)刻本　四冊

610000－1042－0003840　緩 802.81/502

訓蒙五字通鑑二卷　（清）湖上釣叟撰　清同治十二年(1873)蓉城刻本　二冊

610000－1042－0003841　緩 802.81/324

訓蒙集孝歌不分卷　（□）□□撰　清光緒三年(1877)抄本　十一冊

610000－1042－0003842　緩 802.81/444

課蒙易曉不分卷　（清）張官德撰　清光緒五年(1879)彭懋謙刻本　一冊

610000－1042－0003843　緩 802.81/692

釀齋訓蒙雜編四種　（清）鮑東里撰　清光緒十一年(1885)刻本　一冊

610000－1042－0003844　緩 802.81/041

牅蒙叢編二十四卷首一卷　王錫祺編　清光緒二十七年(1901)南清河王氏小方壺齋鉛印本　二十四冊

610000－1042－0003845　緩 802.81/041

牅蒙叢編二十四卷首一卷　王錫祺編　清光緒二十七年(1901)南清河王氏小方壺齋鉛印本　二十四冊

610000－1042－0003846　緩 802.81/154

訓女三字文注一卷　（清）李子潛注　清光緒十四年(1888)傳經堂刻本　一冊

610000－1042－0003847　緩 802.81/521

訓蒙捷徑續編二卷　（清）黃慶澄撰　清光緒二十四年(1898)鉛印本　一冊

610000－1042－0003848　緩 802.81/431

啟蒙課本十一種　（□）□□編　清光緒二十四年(1898)石印本　十一冊

610000－1042－0003849　緩 802.81/018

啟蒙課本不分卷　（清）大學堂編　清光緒三十一年(1905)南洋官書總局石印本　一冊

610000－1042－0003850　緩 802.81/447

普通學歌訣七卷　（清）張一鵬撰　清光緒二十六年(1900)味經官書局鉛印本　一冊

610000－1042－0003851　緩 521.8/672

居業堂課童草不分卷　（清）劉九官撰　清光緒刻本　二冊

610000－1042－0003852　緩 192.11/606

蒙學修身書六卷　（□）□□撰　清關中味經官書局刻本　一冊

610000－1042－0003853　緩 802.831/006

蒙學衛生教科書　丁福保編　清光緒二十八年(1902)上海文明書局鉛印本　一冊

610000 – 1042 – 0003854　綫 397.037/006

蒙學生理教科書　丁福保撰　清光緒二十九年(1903)上海文明書局鉛印本　一冊

610000 – 1042 – 0003855　綫 802.831/697

蒙學格致教科書　（清）錢承駒撰　清光緒二十九年(1903)上海文明書局鉛印本　一冊

610000 – 1042 – 0003856　綫 802.830/034

蒙學經訓修身教科書　（清）文明書局編纂　清光緒三十年（1904）味經官書局石印本　一冊

610000 – 1042 – 0003857　綫 802.831/034

蒙學文法教科書　（清）文明書局編纂　清光緒三十年(1904)味經官書局石印本　二冊

610000 – 1042 – 0003858　綫 802.831/528

蒙學動物教科書　（清）華循撰　清光緒三十一年(1905)上海文明書局鉛印本　一冊

610000 – 1042 – 0003859　綫 802.831/528

蒙學植物教科書　（清）華循撰　清光緒三十一年(1905)上海文明書局鉛印本　一冊

610000 – 1042 – 0003860　綫 350.37/697

蒙學地質教科書　（清）錢承駒撰　清光緒三十一年(1905)上海文明書局鉛印本　一冊

610000 – 1042 – 0003861　綫 802.831/006

蒙學筆算教科書　丁福保撰　清光緒三十一年(1905)上海文明書局鉛印本　一冊

610000 – 1042 – 0003862　綫 312.7/498

蒙學筆算教科書　（清）道生書局編纂　清末咸陽道生書局刻本　一冊

610000 – 1042 – 0003863　綫 312.8/571

蒙學珠算教科書　董瑞椿撰　清光緒三十二年(1906)上海文明書局鉛印本　一冊

610000 – 1042 – 0003864　綫 312.1012/006

蒙學心算教科書　丁福保撰　清光緒三十二年(1906)上海文明書局鉛印本　一冊

610000 – 1042 – 0003865　綫 351.037/697

蒙學地文教科書　（清）錢承駒撰　清光緒三十二年(1906)上海文明書局鉛印本　一冊

610000 – 1042 – 0003866　綫 320.037/697

蒙學天文教科書　（清）錢承駒撰　清光緒三十二年(1906)上海文明書局鉛印本　一冊

610000 – 1042 – 0003867　綫 521.831/019

蒙學體操教科書　（清）文明書局譯編　清光緒三十二年(1906)上海文明書局鉛印本　一冊

610000 – 1042 – 0003868　綫 528.93/061

蒙學體操教科書　（日本）玄坪井道　（日本）田中盛業撰　丁錦譯　清光緒三十二年(1906)上海文明書局鉛印本　一冊

610000 – 1042 – 0003869　綫 802.81/606

蒙學課本三編上　（□）□□編　清末刻本　一冊

610000 – 1042 – 0003870　綫 802.81/042

訓蒙書三種　（宋）王應麟纂　（清）王相注　清金閶書業堂刻本　三冊

610000 – 1042 – 0003871　綫 802.81/625

養蒙針度五卷　（清）潘子聲輯　清刻本　三冊　缺一卷(一)

610000 – 1042 – 0003872　綫 802.81/134

千字文釋義一卷　（清）汪嘯尹纂輯　孫謙益注　清同州文元堂刻本　一冊

610000 – 1042 – 0003873　綫 802.81/134

千字文釋義一卷　（清）汪嘯尹纂輯　孫謙益注　清刻本　一冊

610000 – 1042 – 0003874　綫 802.81/511

增注三千字文一卷　（清）補拙居士輯　姜岳注釋　清光緒十年(1884)梓衡堂刻本　一冊

610000 – 1042 – 0003875　綫 802.81/037

繪圖蒙學捷徑初編二卷　（清）王亨統編　清光緒二十七年(1901)上海美華書館鉛印本　二冊

610000 – 1042 – 0003876　綫 802.81/037

繪圖蒙學課本首集二集　（清）王亨統編　清光緒二十七年(1901)鉛印本　二冊

610000 – 1042 – 0003877　綫 802.82/548

今文小題童試適中一卷　（清）賈鐘麟撰　清
乾隆三十二年（1767）刻本　一冊

610000－1042－0003878　綫802.81/020

小題初集啟蒙續編一卷　王步青評　（清）王
士鼇編　清乾隆十五年（1750）刻本　一冊

610000－1042－0003879　綫802.81/442

明文課幼小題解一卷　（清）張錚評選　清刻
本　一冊

610000－1042－0003880　綫802.81/085

幼學平仄易記略一卷　（□）□□撰　清道光
五年（1825）刻本　一冊

610000－1042－0003881　綫802.81/271

新訂蒙學課本二編　（清）南洋公學編　清光
緒二十七年（1901）上海南洋公學鉛印本
二冊

610000－1042－0003882　綫802.3/669

澄衷蒙學堂字課圖說四卷　劉樹屏編　清光
緒二十九年（1903）澄衷蒙學堂石印本　七冊

610000－1042－0003883　綫802.3/669

澄衷蒙學堂字課圖說四卷　劉樹屏編　清光
緒三十一年（1905）澄衷蒙學堂石印本　八冊

610000－1042－0003884　綫802.83/755

識字貫通法二卷　（□）□□撰　清刻本
一冊

610000－1042－0003885　綫802.81/691

簡易識字課本第一編上冊　學部編譯圖書局
編纂　清宣統元年（1909）陝西學務公所圖書
館石印本　一冊

610000－1042－0003886　綫802.81/262

繪圖識字實在易二十期　（清）施崇恩編　清
光緒三十年（1904）杭州彪蒙書室石印本
四冊

610000－1042－0003887　綫802.81/262

繪圖識字實在易二十期　（清）施崇恩編　京
師大學堂鑑定　清光緒杭州彪蒙書室石印本
三冊　存十一期（二至八、十一、十七至十
九）

610000－1042－0003888　綫802.81/078

四字鑑略一卷　（清）王仕雲撰　清樹德書局
刻本　一冊

610000－1042－0003889　綫802.81/078

四字鑑略一卷　（清）王仕雲撰　清刻本
一冊

610000－1042－0003890　綫802.81/018

繪圖三言雜字一卷　（□）□□撰　清末民初
石印本　一冊

610000－1042－0003891　綫802.81/078

新增四言雜字一卷　（□）□□撰　清刻本
一冊

610000－1042－0003892　綫802.81/013

七言雜字備覽蒙童捷徑須知不分卷　（□）
□□撰　清光緒二十四年（1898）三原刻本
一冊

610000－1042－0003893　綫802.81/136

弟子規一卷　（清）李毓秀撰　清咸豐五年
（1855）刻本　一冊

610000－1042－0003894　綫192.11/083

弟子規讀本一卷　（清）白竹輯　清同治九年
（1870）陝西西安府竹林堂刻字鋪刻本　一冊

610000－1042－0003895　綫802.81/766

小學韻語一卷　（清）羅澤南撰　清興順堂刻
本　一冊

610000－1042－0003896　綫192.11/078

小學修身唱歌書不分卷　田北湖撰　清光緒
三十二年（1906）上海文明書局鉛印本　一冊

610000－1042－0003897　綫802.83/691

修身教科書第三冊　學部編譯圖書館編　清
宣統二年（1910）陝西學務公所石印本　一冊

610000－1042－0003898　綫193.1/521

性天真境不分卷　（清）黃正元注釋　清乾隆
二年（1737）刻本　二冊

610000－1042－0003899　綫299.2/572

敬信錄一卷　（□）□□撰　清道光十年
（1830）養頤堂刻本　一冊

610000－1042－0003900　綫192.9/427

增訂敬信錄一卷　（清）許嘯亭輯　清乾隆四十七年（1782）刻本　一冊

610000－1042－0003901　綫222.16/572

增訂敬信錄一卷　（□）□□撰　清乾隆五十四年（1789）刻本　一冊

610000－1042－0003902　綫192.8/316

祥雲集淺注四卷　（清）紀謙集注　清光緒元年（1875）刻本　四冊

610000－1042－0003903　綫192/340

日省錄三卷補遺一卷　（清）梁文科輯　清光緒九年（1883）運道堂刻本　二冊

610000－1042－0003904　綫192.9/021

勸世要言一卷　（清）上黨氏輯　清光緒十二年（1886）刻本　一冊

610000－1042－0003905　綫192.8/236

增訂身世金箴一卷　高賡恩輯　清光緒十三年（1887）尊經書院刻本　一冊

610000－1042－0003906　綫221/266

神訓便讀一卷　（□）□□撰　清光緒二十一年（1895）三原田三友堂刻本　一冊

610000－1042－0003907　綫192.6/466

救世戒煙歌不分卷　（□）□□撰　清末抄本　一冊

610000－1042－0003908　綫192.9/602

聚善壇聚緣銘韱八卷　（□）□□撰　清光緒三十二年（1906）化民壇刻本　七冊　缺一卷（一）

610000－1042－0003909　綫592/366

六韜六卷逸文一卷　（周）呂望撰　（清）孫星衍校　（清）孫同元輯　清光緒十年（1884）刻本　一冊

610000－1042－0003910　綫592/336

孫子三卷　（春秋）孫武撰　**司馬法一卷**（戰國）司馬穰苴撰　**吳子二卷**（戰國）吳起撰　清光緒元年（1875）湖北崇文書局刻本　一冊

610000－1042－0003911　綫592/174

孫子三卷　（春秋）孫武撰　（三國魏）曹操注　**吳子二卷**（戰國）吳起撰　**屍子二卷**（戰國）屍佼撰　**司馬法三卷**（春秋）司馬穰苴撰　**牟子一卷**（漢）牟融撰　**燕丹子三卷**（清）孫星衍校　清光緒十年（1884）孫谿槐廬家塾刻本　一冊

610000－1042－0003912　綫592/336

孫吳司馬瀋三種　（清）孫星衍輯　清光緒十五年（1889）浙江書局刻本　二冊

610000－1042－0003913　綫592/336

孫子吳子司馬法合刻三種　（清）孫星衍輯　清羊城刻本　一冊

610000－1042－0003914　綫592/366

趙註孫子十三篇四卷　（春秋）孫武撰　（明）趙本學註　清光緒三十一年（1905）北洋陸軍學堂印書局鉛印本　四冊

610000－1042－0003915　綫592/481

尉繚子二卷　（戰國）尉繚撰　清光緒元年（1875）湖北崇文書局刻本　一冊

610000－1042－0003916　綫592/521

黃石公素書一卷續刻素書二卷留侯世家一卷　（漢）黃石公撰　清道光二十六年（1846）刻本　一冊

610000－1042－0003917　綫592/057

風后握奇經一卷　（漢）公孫宏解　**素書一卷**（漢）黃石公著　**心書一卷**（漢）諸葛亮著　**詰墨一卷**（漢）孔鮒著　**參同契一卷**（漢）魏伯陽著　清刻本　一冊

610000－1042－0003918　綫592.92/461

守城錄四卷　（宋）陳規　（宋）湯璹撰　清嘉慶十四年（1809）張海鵬刻墨海金壺本　一冊

610000－1042－0003919　綫595.81/677

火龍經全集五種　（漢）諸葛亮編輯　清初河南南陽石室刻本　四冊

610000－1042－0003920　綫590/293

武備志二百四十卷　（明）茅元儀輯　明天啓

刻本　六十四冊

610000－1042－0003921　綫592.1/191
陣紀四卷　（明）何良臣撰　清三原李錫齡刻本　二冊

610000－1042－0003922　綫593.2/493
紀效新書十八卷首一卷　（明）戚繼光撰　清道光二十一年(1841)朱昌壽校刻本　六冊

610000－1042－0003923　綫593.2/493
紀效新書十八卷首一卷　（明）戚繼光撰　清京都琉璃廠刻本　六冊

610000－1042－0003924　綫593.2/493
紀效新書十八卷首一卷　（明）戚繼光撰　清安康張鵬昒刻本　二冊　存五卷(十四至十八)

610000－1042－0003925　綫善592/040
登壇必究四十卷　（明）王鳴鶴撰　清道光木活字印本　三十二冊

610000－1042－0003926　綫593/493
練兵實紀九卷雜集六卷　（明）戚繼光撰　清光緒二十一年(1895)上海醉經廎石印本　四冊

610000－1042－0003927　綫593/493
練兵實紀九卷雜集六卷　（明）戚繼光撰　清京都琉璃廠木活字印本　六冊

610000－1042－0003928　綫592/352
武經備旨彙解說約大全四卷　（清）夏振翼等輯　（清）沈士衡增訂　清咸豐五年(1855)刻本　二冊

610000－1042－0003929　綫595/450
西洋兵書五種　（清）張之洞編　清末江南製造局石印本　十二冊

610000－1042－0003930　綫592.5/514
洴澼百金方十四卷　（清）袁宮桂編　清道光十二年(1832)刻本　十冊

610000－1042－0003931　綫597.6/424
外國師船圖表十二卷　（清）許景澄撰　清光緒十四年(1888)上海蜚英館石印本　四冊

610000－1042－0003932　綫596.8/174
步兵教科書不分卷　（□）□□撰　清光緒三十一年(1905)鉛印本　一冊

610000－1042－0003933　綫121.61/610
管子二十四卷　（春秋）管仲撰　清光緒元年(1875)湖北崇文書局刻本　四冊

610000－1042－0003934　綫121.611/198
管子二十四卷　（春秋）管仲撰　（唐）房玄齡注　（明）劉績補　清光緒二年(1876)浙江書局刻本　六冊

610000－1042－0003935　綫121.61/198
管子二十四卷　（春秋）管仲撰　（唐）房玄齡注　清光緒五年(1879)刻本　六冊

610000－1042－0003936　綫善121.61/198
詮敍管子成書十五卷　（唐）房玄齡注　（明）梅士亨詮敍　明天啓五年(1625)賈毓詳刻本　八冊

610000－1042－0003937　綫121.611/198
管子評注二十四卷　（春秋）管仲撰　（唐）房玄齡注釋　（明）沈鼎新　（明）朱養純評　清嘉慶九年(1804)寶慶經綸堂刻本　十冊

610000－1042－0003938　綫善121.67/737
韓子二十卷附錄一卷　（□）□□撰　明天啓杭州王道焜花齋刻本　六冊

610000－1042－0003939　綫善121.67/737
韓子二十卷　（戰國）韓非撰　明末刻朱墨套印本　七冊

610000－1042－0003940　綫121.67/737
韓非子二十卷　（戰國）韓非撰　（晉）郭象等注　清嘉慶九年(1804)寶慶經綸堂刻本　六冊

610000－1042－0003941　綫121.67/737
韓非子二十卷　（戰國）韓非撰　清光緒元年(1875)湖北崇文書局刻本　四冊

610000－1042－0003942　綫121.67/737
韓非子二十卷　（戰國）韓非撰　清光緒元年(1875)浙江書局刻本　六冊

610000－1042－0003943　綫121.67/802

韓非子識誤三卷　（清）顧廣圻撰　清光緒元年(1875)刻本　一冊

610000－1042－0003944　綫善121.62/348

商子五卷　（戰國）商鞅撰　明萬曆吳勉學刻本　一冊

610000－1042－0003945　綫善585.8/373

棠陰比事一卷　（宋）桂萬容撰　清道光二十九年(1849)朱緒曾刻本　一冊

610000－1042－0003946　綫573.07/171

起黃二卷　吳光耀撰　清宣統元年(1909)刻本　五冊

610000－1042－0003947　綫430/548

齊民要術十卷　（北魏）賈思勰撰　清光緒元年(1875)湖北崇文書局刻本　四冊

610000－1042－0003948　綫430/548

齊民要術十卷　（北魏）賈思勰撰　清光緒二十三年(1897)桐廬袁氏漸西村舍刻本　四冊

610000－1042－0003949　綫430/316

農桑輯要七卷　（元）司農司纂　清乾隆武英殿木活字印本　三冊

610000－1042－0003950　綫430/316

農桑輯要七卷　（元）司農司撰　蠶事要略一卷　（清）張行孚撰　清光緒二十一年(1895)中江權署刻本　二冊

610000－1042－0003951　綫430/039

農書三十六卷　（元）王楨撰　清光緒二十一年(1895)刻本　八冊

610000－1042－0003952　綫善430/410

農政全書六十卷　（明）徐光啟撰　明崇禎十二年(1639)平露堂刻本　十二冊

610000－1042－0003953　綫430/410

農政全書六十卷　（明）徐光啟撰　清道光二十三年(1843)刻本　十六冊

610000－1042－0003954　綫437.4/044

新刊纂圖元亨療馬集六卷附牛駝經一卷　（明）喻本元　（明）喻本亨撰　清乾隆元年

(1736)刻本　四冊

610000－1042－0003955　綫437.4/529

新刊纂圖元亨療馬集六卷附新刻繡象療馬牛經一卷駝經一卷　（明）喻本元　（明）喻本亨撰　清同文堂刻本　四冊

610000－1042－0003956　綫385.8/155

見物五卷　（明）李蘇撰　清咸豐八年(1858)刻本　二冊

610000－1042－0003957　綫430/565

豳風廣義三卷　（清）楊屾輯　清乾隆六年(1741)茂林楊屾刻本　二冊

610000－1042－0003958　綫432/447

欽定授時通考七十八卷　（清）張廷玉等纂　清道光六年(1826)四川藩署刻本　二十四冊

610000－1042－0003959　綫432/444

三農紀二十四卷　（清）張宗法撰　清道光十年(1830)刻本　十二冊

610000－1042－0003960　綫432/444

三農紀二十四卷　（清）張宗法撰　清刻本　六冊

610000－1042－0003961　綫432/444

三農紀十卷　（清）張宗法撰　清刻本　八冊

610000－1042－0003962　綫433.31/694

捕蝗要訣一卷除螟八要一卷　（清）錢炘和撰　清同治八年(1869)楚北崇文書局刻本　一冊

610000－1042－0003963　綫432/372

寶訓八卷　（清）郝懿行輯　清光緒五年(1879)東路廳署刻本　二冊

610000－1042－0003964　綫432/567

半半山莊農言著實一卷　（清）楊秀沅撰　清光緒二十三年(1897)涇陽柏經正堂刻本　一冊

610000－1042－0003965　綫370/517

植物學啟蒙一卷　（□）□□撰　清光緒二十二年(1896)上海著易堂書局石印本　一冊

610000－1042－0003966　綫479.4/444

士那補釋一卷　（清）張義澍撰　清光緒二十
三年(1897)陝西學務公所鉛印本　一冊

610000－1042－0003967　綫430/458

富國農書一卷　（清）陳熾撰　清光緒二十五
年(1899)江西萍鄉縣署刻本　一冊

610000－1042－0003968　綫016.43/544

農務要書簡明目錄一卷　（英國）傅蘭雅口譯
　（清）王棟善筆述　清光緒二十七年(1901)
上海製造局鉛印本　一冊

610000－1042－0003969　綫438.1/702

蠶桑萃編十五卷　（清）衛傑纂　清光緒二十
四年(1898)刻本　八冊

610000－1042－0003970　綫善438/702

蠶桑圖說不分卷　（清）衛傑撰　清抄本
三冊

610000－1042－0003971　綫438/358

蠶桑簡易法一卷　（清）馬丕瑤撰　清光緒六
年(1880)解梁書院刻三十三年(1907)何東道
署印本　一冊

610000－1042－0003972　綫430/521

撫郡農產攷略二卷　黃維翰等撰　清光緒三
十三年(1907)蘇省印刷局鉛印本　二冊

610000－1042－0003973　綫552.231/430

海錯百一錄五卷　（清）郭柏蒼輯　清光緒十
二年(1886)刻三十四年(1908)印本　二冊

610000－1042－0003974　綫413/028

丹溪心法二十四卷首一卷　（明）方廣輯　清
金陵唐鯉耀刻本　十六冊

610000－1042－0003975　綫413/068

御纂醫宗金鑑九十卷首一卷　（清）弘晝等纂
　清乾隆四年(1739)刻本　四冊　存十二卷
（七至十八）

610000－1042－0003976　綫413.4/068

御纂醫宗金鑑九十卷首一卷　（清）吳謙等纂
　清乾隆七年(1742)刻本　十冊　存二十卷
（一至二十）

610000－1042－0003977　綫414.9/068

御纂醫宗金鑑九十卷　（清）吳謙等纂　清刻
本　一冊　存二卷（五至六）

610000－1042－0003978　綫414.9/068

御纂醫宗金鑑九十卷首一卷　（清）吳謙等纂
　清光緒二十八年(1902)上海醉六堂石印本
二冊　存八卷（四至七、五十五至五十八）

610000－1042－0003979　綫415/632

醫理真傳二卷　（清）鄭壽全撰　清同治八年
(1869)宏道堂刻本　一冊

610000－1042－0003980　綫415/632

新定醫宗透微十卷　（清）程天視撰　清同治
八年(1869)宏道堂刻本　十冊　存八卷（二
至六、八至十）

610000－1042－0003981　綫413.3/461

辯證錄十四卷　（清）陳士鐸撰　清光緒十年
(1884)善成堂刻本　一冊　存二卷（一至二）

610000－1042－0003982　綫413.088/463

陳修園醫書二十一種　（清）陳念祖撰　清光
緒二十二年(1896)珍藝書局鉛印本　十六冊
　存十八種

610000－1042－0003983　綫413.081/463

陳修園醫書二十一種　（清）陳念祖撰　清光
緒二十二年(1896)珍藝書局鉛印本　十六冊
　存十八種

610000－1042－0003984　綫413.088/408

徐靈胎醫學全書十六種　（清）徐大椿撰　清
光緒三十三年(1907)上海章福記書局石印本
　十五冊

610000－1042－0003985　綫413.14/348

圖注八十一難經四卷　（戰國）秦越人述
（明）張世賢注　清光緒二十五年(1899)上海
普通書局石印本　一冊

610000－1042－0003986　綫413.14/348

圖注八十一難經辨真四卷　（戰國）秦越人撰
　清嘉慶文星堂刻本　二冊

610000－1042－0003987　綫413.15/268

扁鵲心書三卷附神方一卷 （戰國）扁鵲撰
（宋）竇材重集 清乾隆三餘堂刻本 二冊

610000－1042－0003988 綫413.12/171
黃帝內經素問二十四卷 （明）吳崑注 清隆
文堂刻本 七冊 存十九卷（一至七、十三至
二十四）

610000－1042－0003989 綫413.11/359
黃帝內經素問九卷 （清）張志聰集注 （清）
莫承藝參訂 清康熙九年（1670）刻本 十冊
缺一卷（二）

610000－1042－0003990 綫善413.7/256
活幼心法九卷 （明）□□撰 明崇禎六年
（1633）閔齊伋刻本 一冊

610000－1042－0003991 綫413.72/736
重刻活幼心法大全二卷 （明）聶尚恒撰 清
刻本 一冊

610000－1042－0003992 綫413.72/736
痘疹活幼心法一卷 （明）聶尚恒撰 清刻本
一冊

610000－1042－0003993 綫413/155
醫宗必讀十卷 （明）李中梓撰 清道光元年
（1821）三德堂刻本 二冊 存三卷（一至二、
五）

610000－1042－0003994 綫413.16/632
醫法圓通四卷 （清）鄭壽全撰 清刻本 三
冊 存三卷（二至四）

610000－1042－0003995 綫413.72/416
痘科辯證二卷 （清）陳堯道編集 清康熙二
十二年（1683）刻本 四冊

610000－1042－0003996 綫413.4/458
外科正宗十二卷 （明）陳實功撰 清嘉慶十
五年（1810）刻本 四冊

610000－1042－0003997 綫413.4/459
外科正宗善本十二卷 （明）陳實功纂 清刻
本 一冊 存二卷（三至四）

610000－1042－0003998 綫413.4/445
重訂外科正宗十二卷 （明）陳實功撰 （清）

張鷺翼重訂 清學海堂刻本 六冊

610000－1042－0003999 綫413.4/147
外科大成四卷 （清）祁坤輯 清古雪堂刻本
一冊 存一卷（三）

610000－1042－0004000 綫413.4/036
王洪緒先生外科證治全生二卷 （清）王維德
撰 清乾隆五年（1740）稽古堂刻本 一冊

610000－1042－0004001 綫413.4/041
王洪緒先生外科證治全生不分卷 （清）王維
德撰 清光緒二十年（1894）刻本 一冊

610000－1042－0004002 綫413.4/068
御纂醫宗金鑑外科十六卷 （清）吳謙等纂
清乾隆七年（1742）刻本 七冊 存十四卷
（一至十、十三至十六）

610000－1042－0004003 綫413.4/168
醫宗金鑑外科十六卷 （清）吳謙等纂 清末
上海啟新書局石印本 十二冊

610000－1042－0004004 綫413.347/447
張仲景金匱要略二十四卷 （漢）張機撰
（清）沈明宗編注 清康熙三十一年（1692）刻
本 六冊

610000－1042－0004005 綫413.29/371
金鏡錄一卷 （元）敖氏撰 清嘉慶二十二年
（1817）刻本 一冊

610000－1042－0004006 綫413.326/481
傷寒六書六卷 （明）陶華撰 清刻本 三冊
存五卷（二至六）

610000－1042－0004007 綫413.326/481
新刻陶節菴家藏秘授傷寒六書六卷 （明）陶
華撰 清保寧堂刻本 四冊

610000－1042－0004008 綫413.327/537
重訂傷寒論集注十卷附錄五卷 （清）舒詔撰
清乾隆三十五年（1770）宏道堂刻本 四冊

610000－1042－0004009 綫413.327/463
張仲景傷寒論原文淺注六卷 （清）陳念祖撰
清光緒十八年（1892）上海圖書集成印書局
鉛印本 一冊

610000－1042－0004010　綫413.327/463

張仲景傷寒論原文淺注六卷　（清）陳念祖集注　清光緒三十四年(1908)上海章福記石印本　一冊

610000－1042－0004011　綫413.3/463

傷寒醫訣串解六卷長沙方歌括六卷　（清）陳念祖撰　清光緒三十四年(1908)上海章福記石印本　一冊

610000－1042－0004012　綫413.327/461

傷寒辯證四卷　（清）陳堯道撰　清康熙十八年(1679)刻本　四冊

610000－1042－0004013　綫413.327/278

傷寒來蘇集六卷　（清）柯琴編　清乾隆刻本　六冊

610000－1042－0004014　綫413.327/278

傷寒來蘇全集八卷　（漢）張機撰　（清）柯琴編註　清乾隆刻本　八冊

610000－1042－0004015　綫413.32/040

傷寒撮要四卷　（清）王夢祖編輯　清光緒二十五年(1899)刻本　四冊

610000－1042－0004016　綫413.327/286

傷寒雜病論十六卷　（清）胡嗣超撰　清道光二十七年(1847)海隱書屋刻本　四冊

610000－1042－0004017　綫善413.5/544

眼科大全六卷首一卷　（明）傅仁宇纂輯　明崇禎十七年(1644)刻本　五冊

610000－1042－0004018　綫善413.5/544

傅氏眼科審視瑤函六卷首一卷　（明）傅仁宇纂輯　明崇禎十七年(1644)桂林堂刻本　六冊

610000－1042－0004019　綫413.52/544

傅氏眼科審視瑤函六卷首一卷　（明）傅仁宇纂輯　（清）林長生校補　（清）傅維藩編　明崇禎十七年(1644)醉畊堂刻本　五冊　存六卷(一、三至六,首一卷)

610000－1042－0004020　綫413.52/544

傅氏眼科審視瑤函六卷首一卷　（明）傅仁宇纂輯　（清）林長生校補　清初刻本　四冊　存五卷(一至二、五至六,首一卷)

610000－1042－0004021　綫413.52/544

傅氏眼科審視瑤函六卷首一卷　（明）傅仁宇纂輯　（清）林長生校補　清初刻本　三冊　存四卷(一至二、六,首一卷)

610000－1042－0004022　綫413.52/544

傅氏眼科審視瑤函六卷首一卷　（明）傅仁宇纂輯　（清）林長生校補　清醉畊堂刻本　五冊　缺一卷(二)

610000－1042－0004023　綫413.52/545

傅氏眼科審視瑤函六卷首一卷　（明）傅仁宇纂輯　（清）林長生校補　清善成堂刻本　三冊　存四卷(一至二、六,首一卷)

610000－1042－0004024　綫善413.6/214

濟陰綱目十四卷　（明）武之望撰　明萬曆刻本　十冊　存五卷(一至五)

610000－1042－0004025　綫413.17/570

素女經一卷洞玄子一卷玉房秘訣一卷素女方一卷　葉德輝輯　清光緒二十九年(1903)長沙葉氏刻本　一冊

610000－1042－0004026　綫413.6/544

女科二卷　（清）傅山撰　清刻本　一冊　存一卷(上)

610000－1042－0004027　綫413/544

傅科全書三卷　（清）傅山撰　清光緒四年(1878)大荔李致遠堂刻本　三冊

610000－1042－0004028　綫413/544

傅青主先生男女科全編六卷　（清）傅山撰　清光緒十年(1884)粵東雙門底芸經閣刻本　五冊

610000－1042－0004029　綫413/544

傅青主先生男女科書六卷　（清）傅山撰　清光緒二十五年(1899)上海圖書集成局鉛印本　二冊

610000－1042－0004030　綫413.3/320

病機沙篆二卷　（□）□□撰　清刻本　一冊

脈理求真三卷　（清）黃渲繡纂　清末刻本
一冊

610000－1042－0004032　綫414.16/155

本草綱目五十二卷　（明）李時珍輯　清刻本
二十一冊　存三十卷(一至四、十四、十八
至四十二)

610000－1042－0004033　綫414.16/155

本草綱目五十二卷　（明）李時珍輯　清光緒
十九年(1893)刻本　四冊　存九卷(三下、十
四、十九至二十五)

610000－1042－0004034　綫414.1/155

增廣本草綱目五十二卷　（明）李時珍輯　清
光緒上海錦章圖書局石印本　十二冊

610000－1042－0004035　綫414.1/321

家藏心典十六卷　（清）陳修元撰　清刻本
一冊　存一卷(十五)

610000－1042－0004036　綫414.17/430

本草匯十八卷補遺一卷　（清）郭佩蘭輯　清
康熙五年(1666)梅花嶼刻本　七冊　存十卷
(一至八、十五至十六)

610000－1042－0004037　綫414.67/650

本草萬方鍼綫八卷　（清）蔡烈先輯　清刻本
二冊　存四卷(五至八)

610000－1042－0004038　綫414.17/173

本草從新十八卷　（清）吳儀洛輯　清乾隆二
十二年(1757)刻本　三冊　存五卷(二至六)

610000－1042－0004039　綫414.1/430

本草三家合注六卷　（清）郭汝聰集注　神農
本草經百種一卷　（清）徐靈胎撰　清刻本
六冊

610000－1042－0004040　綫414.17/154

本草原始十卷　（清）李正宇輯　清嘉慶二十
三年(1818)經餘堂刻本　四冊

610000－1042－0004041　綫414.5/154

珍珠囊二卷　（清）李東垣撰　清刻本　二冊

610000－1042－0004042　綫413.3/155

脾胃論三卷　（金）李杲撰　（明）吳中珩
（明）吳勉學校　明萬曆至天啓刻本　二冊

610000－1042－0004043　綫413.72/117

痘疹定論四卷　（清）朱純嘏編輯　清咸豐四
年(1854)趙克宜刻本　四冊

610000－1042－0004044　綫414.6/579

本經序疏要八卷　（清）鄒澍撰　清同治十二
年(1873)反經堂刻本　四冊

610000－1042－0004045　綫413.4/807

外科補遺秘授經驗奇方六卷　（清）龔居中撰
（清）劉孔敦增輯　清文誠堂刻本　一冊

610000－1042－0004046　綫414.67/144

良朋彙集五卷　（清）孫偉輯　清刻本　一冊
存一卷(四)

610000－1042－0004047　綫414.6/692

校正增廣驗方新編二十四卷　（清）鮑相璈編
輯　清光緒二十年(1894)上海寶文書局石印
本　六冊

610000－1042－0004048　綫414.6/692

增廣驗方新編正集十六卷　（清）鮑相璈編輯
（清）張紹棠增輯　清光緒石印本　三冊

610000－1042－0004049　綫414.6/038

簡明中西醫會參醫學圖說二卷　（清）王有忠
撰　清光緒二十二年(1896)廣益書局石印本
四冊

610000－1042－0004050　綫414.6/463

景岳新方砭四卷　（清）陳念祖撰　清嘉慶元
年(1796)刻本　一冊

610000－1042－0004051　綫414.67/463

景岳新方砭四卷附女科要旨四卷　（清）陳念
祖撰　清光緒三十四年(1908)上海幸福記石
印本　一冊

610000－1042－0004052　綫413.63/512

達生編二卷　（清）亟齋居士撰　清乾隆四十
一年(1776)刻本　一冊

610000－1042－0004053　綫413.63/512

達生編二卷　（清）亟齋居士撰　清嘉慶十五

年(1810)刻本 一冊

610000－1042－0004054 綫413.63/218

達生編二卷調經至言一卷慈幼編一卷遂生編一卷福幼編一卷痧疾奇方一卷七厘散方一卷保命延生一卷 （清）亟齋居士撰 汪家駒增訂 清咸豐刻本 一冊

610000－1042－0004055 綫413.63/338

達生編二卷 （清）唐千頃纂 清同治十一年(1872)渭陽姜恒泰刻本 一冊

610000－1042－0004056 綫413.63/512

達生編二卷 （清）亟齋居士撰 清光緒二年(1876)馮朝楨刻本 一冊

610000－1042－0004057 綫413.63/218

達生編一卷 （清）亟齋居士撰 汪家駒增訂 清末民國初上海文華書局石印本 一冊

610000－1042－0004058 綫413.6/338

大生要旨五卷 （清）唐千頃撰 清道光二十七年(1847)刻本 一冊

610000－1042－0004059 綫413.63/338

大生要旨四卷 （清）唐千頃纂 （清）胡松崖訂正重刊 清咸豐九年(1859)陳明德大房刻刷善書局刻本 一冊

610000－1042－0004060 綫413.63/338

增補大生要旨五卷 （清）唐千頃纂 （清）馬振蕃續增 清慎德堂刻本 一冊

610000－1042－0004061 綫413.63/487

遂生編一卷 （清）莊一夔撰 清嘉慶二年(1797)刻本 一冊

610000－1042－0004062 綫414.6/134

醫方集解三卷 （清）汪昂撰 清康熙二十一年(1682)致盛堂刻本 六冊

610000－1042－0004063 綫414/134

醫方集解三卷本草備要八卷 （清）汪昂輯 清光緒十三年(1887)上海鴻文書局石印本 六冊

610000－1042－0004064 綫413.4/215

枕藏外科諸症不分卷 （□）□□撰 清嘉慶

十六年(1811)鱣飛堂刻本 一冊

610000－1042－0004065 綫413.1/529

尚論篇二卷 （清）喻昌撰 清順治五年(1648)刻本 一冊 存一卷(上)

610000－1042－0004066 綫413.1/529

尚論張仲景論重編三百九十七法後四卷 （清）喻昌撰 清乾隆四年(1739)刻本 二冊

610000－1042－0004067 綫413.327/529

尚論篇八首一卷附寓意草一卷 （清）喻昌撰 清光緒三十二年(1906)石印本 一冊

610000－1042－0004068 綫413.327/529

尚論張仲景傷寒論重編三百九十七法二卷首一卷後編四卷 （清）喻昌撰 清刻本 四冊

610000－1042－0004069 綫413.7/037

幼科切要一卷 （清）王文選編輯 清道光二十七年(1847)刻本 一冊

610000－1042－0004070 綫413.55/449

時疫白喉嚨症論一卷 （清）張紹修撰 清同治八年(1869)刻本 一冊

610000－1042－0004071 綫414.67/807

壽世保元十卷 （清）龔廷賢編 清道光二十四年(1844)崇順堂刻本 八冊 存八卷(一至六、九至十)

610000－1042－0004072 綫414.6/364

急救應驗良方一卷 （清）孫廉訪輯 清光緒十四年(1888)三原縣署鉛印本 一冊

610000－1042－0004073 綫414.6/318

驗方新編不分卷 （清）海山仙館編 清刻本 五冊

610000－1042－0004074 綫413.32/438

治溫提要一卷 （清）曹文遠撰 清光緒四年(1878)漢中榮發堂刻本 一冊

610000－1042－0004075 綫414.6/533

怪疾奇方一卷 （清）費伯雄編 清光緒十年(1884)刻本 一冊

610000－1042－0004076 綫414.8/634

保赤良方一卷 （清）鄭籛撰 清光緒二十四年(1898)精華齋刻本 一冊

610000－1042－0004077 綫413.362/707

免瘵神方一卷 （清）謝洪貫纂 清宣統三年(1911)西安公益書局鉛印本 一冊

610000－1042－0004078 綫414.6/030

方書一卷 （□）□□撰 清抄本 一冊

610000－1042－0004079 綫413.91/394

針灸大成十卷 （明）楊繼洲撰 明刻本 九冊 存九卷(二至十)

610000－1042－0004080 綫413.91/394

針灸大成十卷 （明）楊繼洲撰 清刻本 五冊 存五卷(六至十)

610000－1042－0004081 綫413.91/449

刺療捷法一卷 （清）張鏡蓉撰 清光緒十一年(1885)易月敬心齋刻本 一冊

610000－1042－0004082 綫善074.6/325

遵生八箋十九卷 （明）高濂撰 明嘉靖刻本 一冊 存一卷(飲饌服食下)

610000－1042－0004083 綫善414.6/054

濟世養生集一卷 （清）毛世洪輯 清錢塘武氏抄本 一冊

610000－1042－0004084 綫413.088/155

合鐫增補士材三書六卷壽世青編二卷 （明）李中梓撰 （清）尤乘增補 清乾隆三十二年(1767)承德堂刻本 四冊

610000－1042－0004085 綫414.17/065

傳家寶食鑑本草四集 （清）石成金撰 清刻本 一冊 存一卷(八)

610000－1042－0004086 綫414.67/037

傳家必讀一卷 （清）王文選輯 清刻本 一冊

610000－1042－0004087 綫414.6/328

醫家心法一卷 （清）高鼓峰撰 清光緒三十四年(1908)石印本 一冊

610000－1042－0004088 綫413.011/039

醫學窮源集六卷 （明）王損庵撰 （明）殷宅心輯釋 清嘉慶十三年(1808)刻本 三冊

610000－1042－0004089 綫413.72/506

馮氏錦囊秘錄雜症痘疹藥性合參十二卷首一卷 （清）馮楚瞻纂輯 清刻本 二冊 存四卷(一至三、首一卷)

610000－1042－0004090 綫413.39/508

馮氏錦囊秘錄雜症二十卷 （清）馮兆張纂 清刻本 一冊 存二卷(九、十一)

610000－1042－0004091 綫414.4/674

同仁堂藥目一卷 （清）樂鳳鳴編 清光緒十五年(1889)京都同仁堂刻本 一冊

610000－1042－0004092 綫413.2/529

醫門法律六卷 （清）喻昌撰 清光緒三十三年(1907)上海簡青齋書局石印本 一冊

610000－1042－0004093 綫413.7/463

醫學三字經四卷 （清）陳念祖撰 清刻本 二冊

610000－1042－0004094 綫413.363/665

鼠疫彙編摘要一卷 （清）黎詠陔輯 鼠疫良方釋疑一篇 （清）黎詠陔撰 清光緒二十七年(1901)學務公所印刷局鉛印本 一冊

610000－1042－0004095 綫414.9/529

寓意草一卷 （清）喻昌撰 清刻本 一冊

610000－1042－0004096 綫311.57/115

四元玉鑑細草三卷首一卷增一卷附一卷 （元）朱世傑撰 清道光十六年(1836)刻本 十冊

610000－1042－0004097 綫善323/462

象林一卷 （明）陳薑謨編 明崇禎七年(1634)刻本 一冊

610000－1042－0004098 綫324/470

揆日候星紀要一卷歲周地度合考一卷 （清）梅文鼎撰 清魏氏兼濟堂刻本 一冊

610000－1042－0004099 綫323/470

交食蒙求三卷訂補一卷 （清）梅文鼎撰 （清）楊作枚訂補 清魏氏兼濟堂刻本 一冊

610000－1042－0004100　綫 320/409

高厚蒙求四集　(清)徐朝俊纂　清嘉慶十二年至二十年(1807－1815)雲間徐氏刻本　四冊

610000－1042－0004101　綫 720/412

海域大觀一卷　(清)徐朝俊輯　清嘉慶二十年(1815)雲間徐氏刻本　一冊

610000－1042－0004102　綫 323/059

御製曆象考成上編十六卷下編十卷　(清)允祿　(清)何國宗　(清)梅瑴成等彙編　清雍正刻本　十五冊

610000－1042－0004103　綫 323/059

御製曆象考成上編十六卷下編十卷　(清)允祿　(清)何國宗　(清)梅瑴成等彙編　清光緒二十一年(1895)湖北官書處刻本　十五冊

610000－1042－0004104　綫 323/059

御製曆象考成上編十六卷下編十卷　(清)允祿　(清)何國宗　(清)梅瑴成等彙編　清光緒二十一年(1895)湖北官書處刻本　十二冊

610000－1042－0004105　綫 323/059

御製曆象考成上編十六卷下編十卷　(清)允祿　(清)何國宗　(清)梅瑴成等彙編　清刻本　十冊

610000－1042－0004106　綫 323/059

御製曆象考成後編十卷　(清)顧琮等編　清乾隆七年(1742)刻本　十三冊

610000－1042－0004107　綫 323/059

御製曆象考成後編十卷　(清)顧琮等編　清刻本　十二冊

610000－1042－0004108　綫 320/155

圓天圖說三卷　(清)李明徹撰　清嘉慶二十四年(1819)刻本　五冊

610000－1042－0004109　綫 320/155

圓天圖說續編二卷首一卷　(清)李明徹撰　清道光元年(1821)刻本　五冊

610000－1042－0004110　綫 323.6/570

古今彗星考一卷　(清)葉青編輯　清宣統二

年(1910)上海時中書局鉛印本　二冊

610000－1042－0004111　綫 320/521

管窺輯要八十卷　(清)黃鼎纂　清順治九年(1652)刻本　四十冊

610000－1042－0004112　綫 320/521

管窺輯要八十卷首一卷　(清)黃鼎纂　清順治九年(1652)刻本　二十九冊　存四十七卷(一至七、九至十二、十四至二十、二十三至二十六、五十四至五十八、六十至六十二、六十五至八十,首一卷)

610000－1042－0004113　綫 320/521

管窺輯要八十卷　(清)黃鼎纂　清順治十年(1653)六安黃氏刻本　五冊　存九卷(二十一、二十七至二十八、三十一至三十五、六十六)

610000－1042－0004114　綫 320/521

管窺輯要八十卷　(清)黃鼎纂　清刻本　五冊　存九卷(四十四、四十六至五十三)

610000－1042－0004115　綫 625.83/696

宋遼金元四史朔閏考二卷通鑑注辯證二卷　(清)錢大昕撰　清光緒十年(1884)長沙龍氏家塾刻本　一冊

610000－1042－0004116　綫 323.8023/548

上元甲子恒星表一卷步天歌一卷經星彙考一卷　(清)賈步緯撰　清同治十一年(1872)刻本　一冊

610000－1042－0004117　綫 322.8/548

交食引蒙一卷　(清)賈步緯撰　清刻本　一冊

610000－1042－0004118　綫 320/461

天文算學纂要二十卷首一卷國朝萬年書二卷推測易知四卷　(清)陳松編　清光緒十四年(1888)永新陳松樹德堂刻本　二十四冊

610000－1042－0004119　綫 320/407

天文考異一卷　(清)徐文靖撰　清道光十年(1830)長州顧氏刻本　一冊

610000－1042－0004120　綫 320.99/043

天文步天歌一卷　（清）□□撰　清同治九年（1870）刻本　一冊

610000－1042－0004121　綫320.99/043

天文圖說不分卷　（清）□□撰　清抄本　一冊

610000－1042－0004122　綫320/637

天文圖說四卷　（英國）柯雅各撰　（美國）摩嘉立　（美國）薛承恩譯　清光緒九年（1883）益智書會刻本　一冊

610000－1042－0004123　綫328.88/242

測候叢談四卷　（美國）金楷理口譯　（清）華蘅芳筆述　清光緒二年（1876）江南製造總局刻本　一冊

610000－1042－0004124　綫328.15/544

氣學叢談二卷　（英國）傅蘭雅口譯　（清）華蘅芳筆述　清光緒上海時務報館石印本　二冊

610000－1042－0004125　綫328.15/544

氣學叢談二卷　（英國）傅蘭雅口譯　（清）華蘅芳筆述　清光緒上海時務報館石印本　二冊

610000－1042－0004126　綫善327.392/018

大清順治十五年歲次戊戌時憲曆一卷　（□）□□撰　清順治刻本　一冊

610000－1042－0004127　綫327.32/179

欽定協紀辨方書三十六卷　（清）李廷耀等纂　清乾隆六年（1741）刻本　十五冊

610000－1042－0004128　綫324.392/298

御定萬年曆二卷　（清）世宗胤禎撰　清雍正五年（1727）刻本　四冊

610000－1042－0004129　綫292.2/013

欽定七政四餘萬年書（清乾隆元年至嘉慶二十五年）　（清）□□撰　清刻本　四冊

610000－1042－0004130　綫327.392/433

［清順治十一年至康熙二十二年曆書］不分卷　（清）□□撰　清刻本　一冊

610000－1042－0004131　綫327.32/458

三統術詳說四卷　（清）陳澧撰　清刻本　一冊

610000－1042－0004132　綫327.32/696

三統術衍三卷三統術鈐一卷　（清）錢大昕撰　清嘉慶六年（1801）刻本　三冊

610000－1042－0004133　綫327.32/696

三統術衍三卷三統術鈐一卷　（清）錢大昕撰　清光緒十年（1884）長沙龍氏家塾刻本　二冊

610000－1042－0004134　綫327.1/470

冬至考一卷諸訪日軌一卷　（清）梅文鼎撰　清魏氏兼濟堂刻本　一冊

610000－1042－0004135　綫327.392/548

矑離引蒙二卷　（清）賈步緯撰　清光緒十八年（1892）江南製造局鉛印本　二冊

610000－1042－0004136　綫327.3/408

天元曆理全書十二卷首一卷　（清）徐發輯注　（清）成愚崑鑒定　清康熙嘉興徐氏刻本　八冊

610000－1042－0004137　綫327.32/059

御製欽若曆書表八卷　（清）允祿等纂修　清刻本　八冊

610000－1042－0004138　綫327.32/736

干支便覽一卷　（清）聶銑敏編　清道光二十三年（1843）刻本　一冊

610000－1042－0004139　綫327.3/066

絳雪齋甲辰官商快覽四百二十種　甘眠羊編　清光緒三十年（1904）澄衷蒙學堂石印本　一冊

610000－1042－0004140　綫311/598

算經十書　（漢）趙君卿等注釋　清乾隆四十年（1775）曲阜孔繼涵微波榭刻本　二十二冊

610000－1042－0004141　綫311/598

算經十書　（漢）趙君卿等注釋　清乾隆四十年（1775）曲阜孔繼涵微波榭刻本　八冊

610000－1042－0004142　綫311.24/671

海島算經一卷　（晉）劉徽撰　（唐）李淳風注

釋　清刻本　一冊

610000－1042－0004143　綫312/115

新編算學啟蒙三卷算學啟蒙識誤一卷　（元）朱世傑編　（清）羅士琳識誤　清道光十九年(1839)刻本　二冊

610000－1042－0004144　綫311.6/542

增刪算法統宗十一卷　（明）程大位編集　（清）梅穀成增刪　清刻本　四冊

610000－1042－0004145　綫311.6/542

增刪算法統宗十一卷末一卷　（明）程大位編集　（清）梅穀成增刪　清光緒二十四年(1898)江左書林石印本　四冊

610000－1042－0004146　綫311.6/542

新編直指演算法統宗十二卷　（明）程大位編　清光緒十年(1884)刻本　六冊

610000－1042－0004147　綫310.88/470

梅氏叢書二十九種六十卷　（清）梅文鼎撰　（清）魏荔彤輯　（清）楊作枚訂補　清咸豐九年(1859)聞妙香室刻本　二十六冊

610000－1042－0004148　綫311.7/470

兼濟堂纂刻梅勿菴先生曆算全書二十九種　（清）梅文鼎撰　（清）魏荔彤輯　（清）楊作枚校正　清光緒十一年(1885)敦懷書屋刻本　二十一冊

610000－1042－0004149　綫310.88/470

梅氏叢書輯要二十三種附錄二種　（清）梅文鼎撰　（清）孫穀成校輯　清光緒二年(1876)石印本　六冊

610000－1042－0004150　綫310.081/559

御製數理精蘊上編五卷下編四十卷表八卷　（清）聖祖玄燁撰　清刻本　四十五冊

610000－1042－0004151　綫310.081/559

御製數理精蘊上編五卷下編四十卷表八卷　（清）聖祖玄燁撰　清光緒八年(1882)江寧藩署刻本　四十冊

610000－1042－0004152　綫311.7/444

日鋤齋算學等四卷　（清）張琛撰　清嘉慶二

十三年(1818)刻本　二冊

610000－1042－0004153　綫311.7/539

里堂算學記十六卷　（清）焦循撰　清嘉慶、道光刻本　七冊

610000－1042－0004154　綫317/769

三角和較算例一卷演元九式一卷　（清）羅士琳撰　清道光二十年(1840)刻本　一冊

610000－1042－0004155　綫317.1/470

平三角舉要五卷　（清）梅文鼎撰　清光緒十四年(1888)陝西求友齋刻本　二冊

610000－1042－0004156　綫311.7/217

九數通考十一卷首一卷末一卷　（清）屈曾發輯　清同治十一年(1872)虞山屈氏刻本　六冊

610000－1042－0004157　綫312.088/579

鄒徵君遺書八種附刻二種　（清）鄒伯奇撰　清同治十二年(1873)鄒達全拾芥園刻本　四冊　存六種

610000－1042－0004158　綫311.7/031

數度衍二十三卷首一卷　（清）方中通撰　清光緒十六年(1890)太原王氏成都刻本　八冊

610000－1042－0004159　綫311.7/217

數學精詳十一卷首一卷末一卷　（清）屈曾發輯　清同治十年(1871)學海堂刻本　六冊

610000－1042－0004160　綫311.7/437

數學上編十三卷　曹汝英撰　清光緒二十三年(1897)羊城刻本　四冊

610000－1042－0004161　綫311.7/437

數學上編附編二卷　曹汝英撰　清光緒三十年(1904)武昌刻本　二冊

610000－1042－0004162　綫311.7/136

衍元筆算今式二卷　（清）汪香祖撰　清光緒二十三年(1897)刻本　二冊

610000－1042－0004163　綫316.3/148

借根演元一卷　（清）邢廷英撰　清光緒二十二年(1896)抄本　一冊

610000 – 1042 – 0004164　綫 310.81/148

中西算學叢書初編四十五種　（清）求敏齋主人輯　清光緒二十二年(1896)上海鴻寶齋石印本　四十冊

610000 – 1042 – 0004165　綫 311.7/460

中西算學題鏡八卷　（清）陳平瑛撰　清光緒二十七年(1901)廣東省西湖街藏真閣刻本　四冊

610000 – 1042 – 0004166　綫 314.1/353

萬象一原演式九卷首一卷　（清）夏鸞翔撰　盧靖演式　清光緒二十八年(1902)石印本　一冊

610000 – 1042 – 0004167　綫 311.7/054

萍課演算一卷　（清）毛宗藩撰　清光緒三十四年(1908)會稽顧氏刻本　一冊

610000 – 1042 – 0004168　綫 312.2/450

量倉通法五卷　（清）張作楠撰　清光緒刻本　一冊　存二卷(四至五)

610000 – 1042 – 0004169　綫 312/731

筆算數學全部演草二十四章　（清）儲丙鶼編輯　清光緒三十二年(1906)上海震動學社石印本　六冊

610000 – 1042 – 0004170　綫 316.37/688

割圓術輯要一卷附三角法公式一覽表　盧靖輯　清石印本　一冊

610000 – 1042 – 0004171　綫 310/324

算學課藝四卷　（清）席淦　（清）貴榮編　清光緒六年(1880)刻本　四冊

610000 – 1042 – 0004172　綫 312.1/528

演算法須知一卷　（清）華蘅芳撰　清光緒八年(1882)抄本　一冊

610000 – 1042 – 0004173　綫 312.17/528

演算法須知一卷　（清）華蘅芳撰　清光緒十三年(1887)刻本　一冊

610000 – 1042 – 0004174　綫 310.88/528

行素軒算稿五種　（清）華蘅芳撰　清光緒八年(1882)梁谿華氏刻本　八冊

610000 – 1042 – 0004175　綫 310/528

學算筆談十二卷　（清）華蘅芳撰　清光緒十一年(1885)金匱華氏刻本　四冊

610000 – 1042 – 0004176　綫 312/528

學算筆談十二卷　（清）華蘅芳撰　清光緒二十三年(1897)味經刊書處刻本　六冊

610000 – 1042 – 0004177　綫 310/528

學算筆談十二卷　（清）華蘅芳撰　清光緒八年(1882)鴻寶齋書局石印本　四冊

610000 – 1042 – 0004178　綫 311.7/496

古籌算學六卷　勞乃宣撰　清光緒十二年(1886)刻本　六冊

610000 – 1042 – 0004179　綫 311.7/156

李氏算學遺書十一種　（清）李銳撰　清光緒十六年(1890)上海醉六堂刻本　八冊

610000 – 1042 – 0004180　綫 311.7/802

九數存古九卷　（清）顧觀光撰　清光緒十八年(1892)杭州江蘇書局刻本　四冊

610000 – 1042 – 0004181　綫 312.5/155

算方數理一卷　（清）李異撰　清光緒二十四年(1898)稿本　一冊

610000 – 1042 – 0004182　綫 312/426

算牖四卷　（清）許桂林撰　清光緒二十四年(1898)上海寶善書局石印本　一冊　存二卷(一至二)

610000 – 1042 – 0004183　綫 311.7/008

白芙堂算學叢書二十三種　（清）丁取忠輯　清同治十一年至光緒二年(1872 – 1876)長沙古荷花池精舍刻本　三十二冊

610000 – 1042 – 0004184　綫 311.7/008

白芙堂算學叢書二十三種　（清）丁取忠輯　清同治十一年至光緒二年(1872 – 1876)長沙古荷花池精舍刻本　三十二冊

610000 – 1042 – 0004185　綫 311.7/008

白芙堂算學叢書二十三種　（清）丁取忠輯　清光緒十七年(1891)上海鴻文書局石印本　八冊

610000－1042－0004186　綫 312/177

筆算數學三卷　(美國)狄考文輯　清光緒二十四年(1898)上海美華書館鉛印本　三冊

610000－1042－0004187　綫 312.7/039

最新筆算數學　(清)王瓚撰　清光緒三十年(1904)上海支那新書局石印本　一冊

610000－1042－0004188　綫 312.8/691

初等小學珠算教授書第一冊　學部編譯圖書局編　清宣統二年(1910)陝西學務公所圖書館鉛印本　一冊

610000－1042－0004189　綫 311.7/671

六九軒算學五種　(清)劉衡撰　清咸豐五年(1855)陝西長安縣刻本　四冊

610000－1042－0004190　綫 310/544

算式集要四卷　(英國)哈司韋輯　(英國)傅蘭雅口譯　(清)江衡筆述　清末江南製造局刻本　二冊

610000－1042－0004191　綫 311.7/350

夏紫笙算書遺稿七種　(清)夏鸞翔撰　清同治粵東拾芥園刻本　二冊

610000－1042－0004192　綫 312.1/610

見龍樓新較算法全書四卷　(清)□□撰　清乾隆四年(1739)刻本　一冊

610000－1042－0004193　綫 312.1/610

見龍樓新較算法全書四卷　(清)□□撰　清乾隆三十四年(1769)刻本　三冊

610000－1042－0004194　綫 311.7/542

新編直指演算法統宗十二卷首一卷　(清)程汝思編　清同治刻本　四冊

610000－1042－0004195　綫 290/460

三才發秘九卷　(清)陳雯撰　清康熙三十四年(1695)刻本　八冊

610000－1042－0004196　綫 295/279

濟生神數一卷　(清)柳真人撰　清咸豐三年(1853)觀霞山房刻本　一冊

610000－1042－0004197　綫 295/221

虎經雷霆訣鎮書一卷　(□)□□撰　清刻本

一冊

610000－1042－0004198　綫 292/740

開元占經一百二十卷　(唐)瞿曇悉達撰　清乾隆五十一年(1786)刻本　二十四冊

610000－1042－0004199　綫 292.2/351

秘傳運籌略釋天文密旨一卷　(明)夏雲鳳輯錄　清抄本　一冊

610000－1042－0004200　綫 292.25/776

雲氣占候二卷　(清)韜盧子撰　清光緒袁氏漸西村舍刻本　一冊

610000－1042－0004201　綫 292/610

管蠡匯占一卷　(清)周人甲撰　清末抄本一冊

610000－1042－0004202　綫 292.1/297

斷易天機大全詳解三卷　(清)□□撰　清經元堂刻本　三冊

610000－1042－0004203　綫善 121.13/539

焦氏易林十六卷　(漢)焦贛撰　清嘉慶十三年(1808)黃丕烈士禮居刻本　六冊

610000－1042－0004204　綫 121.122/539

焦氏易林四卷　(漢)焦贛撰　清光緒元年(1875)湖北崇文書局刻本　四冊

610000－1042－0004205　綫 121.13/539

焦氏易林十六卷　(漢)焦贛撰　**易林元籥十測**　(明)盛如林撰　清知白齋刻本　六冊

610000－1042－0004206　綫 298.4/380

推背圖　(唐)袁天罡撰　清抄本　一冊

610000－1042－0004207　綫 292.4/274

神課口訣七卷　(明)真陽子訂　明萬曆二十年(1592)致勝堂刻本　四冊

610000－1042－0004208　綫 121.13/521

易林備旨一見能解五卷　(清)黃淳耀撰　(清)嚴而寬增補　清道光元年(1821)崇文堂刻本　五冊

610000－1042－0004209　綫 294/286

羅經解定七卷附錄一卷　(清)胡國楨撰　清

康熙二十四年(1685)刻本　四冊

610000－1042－0004210　綫121.9/286
蜀法詳考四卷　(清)胡煦輯　清葆璞堂刻本
　四冊

610000－1042－0004211　綫292/204
三元門首爐傳通書真本四卷　(清)青雲子一
叟撰　(清)觀象子選輯　清雍正六年(1728)
聚錦堂刻本　二冊

610000－1042－0004212　綫292/204
地理穿山透地真傳二卷　(清)張九儀撰　清
雍正六年(1728)聚錦堂刻本　二冊

610000－1042－0004213　綫292.1/108
先天易數卦詩八卷　(清)□□撰　清乾隆四
十七年(1782)刻本　二冊

610000－1042－0004214　綫292.1/613
經國堂新訂補增合節鰲頭通書大全十卷
(清)熊宗立纂輯　清同治三年(1864)宏道堂
刻本　五冊

610000－1042－0004215　綫292.23/425
選擇通書廣玉匣記二卷　(清)許真君輯　清
天平街維經堂刻本　一冊

610000－1042－0004216　綫292.1/487
增刪卜易六卷　(清)野鶴老人撰　清刻本
一冊

610000－1042－0004217　綫292.1/487
增刪卜易三卷　(清)野鶴老人撰　清光緒三
十三年(1907)石印本　四冊

610000－1042－0004218　綫292.4/043
天罡小壬馬前時課一卷　(□)□□撰　清抄
本　一冊

610000－1042－0004219　綫292.5/388
奇門遁甲大全三十卷　(唐)邢川編輯　(明)
劉基校訂　清抄本　十二冊

610000－1042－0004220　綫292.5/093
奇門五總龜四卷　(明)池紀解編　清刻本
二冊

610000－1042－0004221　綫292.4/046
太乙陰陽式局一卷　(□)□□撰　清末抄本
一冊

610000－1042－0004222　綫290/157
太乙術大全四十卷　(清)李自明撰　清乾隆
六十年(1795)刻本　八冊　存十九卷(一至
七、十至十六、二十至二十二、三十二至三十
三)

610000－1042－0004223　綫292.4/046
太乙數統宗大全四十卷　(清)李自明撰　清
刻本　四冊　存十卷(十七至十九、三十四至
四十)

610000－1042－0004224　綫292.4/430
大六壬大全十三卷　(清)郭載騋輯　清刻本
十二冊　存六卷(五至十)

610000－1042－0004225　綫292.4/430
大六壬大全十三卷　(清)郭載騋輯　清末石
印本　六冊　存十二卷(一至十二)

610000－1042－0004226　綫292.4/034
六壬神課金口訣三卷　(□)□□撰　清末上
海廣益書局石印本　二冊

610000－1042－0004227　綫292.4/043
天罡小壬馬前時課一卷　(□)□□撰　清抄
本　一冊

610000－1042－0004228　綫292.23/305
欽定諏吉便覽不分卷　(清)余榮寬撰　清乾
隆五十二年(1787)天德堂刻朱墨印本　二冊

610000－1042－0004229　綫292.23/305
諏吉便覽不分卷　(清)余榮寬撰　清嘉慶二
年(1797)槐蔭堂刻朱墨印本　二冊

610000－1042－0004230　綫292.23/305
諏吉便覽不分卷　(清)余榮寬撰　清嘉慶十
七年(1812)吳郡山淵堂刻朱墨印本　三冊

610000－1042－0004231　綫298.11/620
參星秘要諏吉便覽二卷　(清)余榮寬撰　清
同治四年(1865)粵東維經堂刻朱墨印本
二冊

610000－1042－0004232　綫292.23/301

增補諏吉寶鏡圖　（清）余榮寬撰　清光緒三年(1877)厚德堂刻朱墨印本　四冊

610000－1042－0004233　綫121.157/039

太極圖集解一卷　（清）王建常撰　清同治七年(1868)劉氏傳經堂刻本　一冊

610000－1042－0004234　綫292.23/454

選擇備要不分卷　（清）陸理問輯　清嘉慶刻朱墨印本　二冊

610000－1042－0004235　綫293.2/533

選擇捷要不分卷　（清）賀汝田輯　清光緒二十三年(1897)咸林中和堂刻本　一冊

610000－1042－0004236　綫293.1/412

合併音義評注淵海子平五卷　（宋）徐升編　清嘉慶五年(1800)文會堂刻本　一冊　存四卷(一至四)

610000－1042－0004237　綫293.1/412

淵海子平五卷　（宋）徐升編　清善成堂刻本　一冊　存三卷(三至五)

610000－1042－0004238　綫293.1/412

音義評注淵海子平五卷　（宋）徐升編　清末民初石印本　一冊　存一卷(三)

610000－1042－0004239　綫293.1/463

紫微鬥數全書四卷　（宋）陳希夷撰　（清）潘希尹補輯　清敦化堂刻本　四冊

610000－1042－0004240　綫293.1/463

紫微鬥數全書四卷　（宋）陳希夷撰　清光緒刻本　一冊　存二卷(三至四)

610000－1042－0004241　綫293.1/463

紫微鬥數全書四卷　（宋）陳希夷撰　清光緒上海校經山房石印本　四冊

610000－1042－0004242　綫293.2/461

神相全編十二卷　（宋）陳博撰　清刻本　一冊　存三卷(四至六)

610000－1042－0004243　綫293.2/461

神相全編十二卷　（宋）陳博撰　清刻本　一冊　存三卷(七至九)

610000－1042－0004244　綫293.1/481

命度磐說二卷附數表一卷　（清）陶淑宇撰　清道光三年(1823)刻本　三冊

610000－1042－0004245　綫291.4/230

命學須知二卷　（□）□□□撰　清咸豐元年(1851)刻本　一冊

610000－1042－0004246　綫293/051

增補星平會海命學全書十卷　（清）水中龍編集　清刻本　一冊　存四卷(七至十)

610000－1042－0004247　綫293.2/487

相理衡真十卷　（清）虛虛子撰　清光緒十三年(1887)宏道堂刻本　六冊

610000－1042－0004248　綫293.1/137

星平大成七卷　（清）沈義方纂輯　清刻本　二冊

610000－1042－0004249　綫293.2/457

麻衣先生人相編五卷　（清）陸位崇編　清刻本　四冊

610000－1042－0004250　綫294/683

入地眼全書十卷　（宋）釋靜道撰　（清）萬樹華編　清道光五年(1825)乾元堂刻本　六冊

610000－1042－0004251　綫290/672

新刻石函平砂玉尺經十卷　（元）劉秉忠撰　（明）劉基解　**葬經一卷**　（晉）郭樸撰　**魯班經三卷**　（明）午榮彙編　明萬曆三十四年(1606)刻本　六冊

610000－1042－0004252　綫294/669

佐元直捐圖解九卷首一卷　（明）劉基撰　清乾隆五十五年(1790)樂真堂刻本　四冊

610000－1042－0004253　綫294/673

增補地理直指原真大全八卷首一卷　（清）釋徹瑩撰　清康熙五十二年(1713)三畏堂刻本　八冊

610000－1042－0004254　綫294/673

增補地理直指原真大全三卷首一卷　（清）釋徹瑩撰　清康熙五十二年(1713)大興堂刻本　五冊　缺首卷下、上卷下

610000 – 1042 – 0004255　綫 294/601

地理五訣八卷　（清）趙廷棟撰　清光緒十六
年(1890)三義堂刻本　二冊

610000 – 1042 – 0004256　綫 294/601

地理五訣八卷　（清）趙廷棟撰　清光緒上海
文益書局石印本　二冊　存六卷(一至四、七
至八)

610000 – 1042 – 0004257　綫 294.2/450

地理穿山透地真傳一卷　（清）張九儀撰　清
刻本　一冊

610000 – 1042 – 0004258　綫 294.2/515

搜地靈二卷　（□）□□撰　清道光二十九年
(1849)三益堂刻本　二冊

610000 – 1042 – 0004259　綫 294.6/601

陽宅三要四卷　（清）趙廷棟撰　清嘉慶十年
(1805)刻本　一冊

610000 – 1042 – 0004260　綫 294.6/601

陽宅三要四卷　（清）趙廷棟撰　清刻本　二
冊　存二卷(三至四)

610000 – 1042 – 0004261　綫 294.1/450

陽宅愛眾篇四卷　（清）張覺正撰　清道光二
十七年(1847)刻本　四冊

610000 – 1042 – 0004262　綫 294.1/430

陽宅匯易圖十卷　（清）郭紹武撰　清咸豐二
年(1852)寶興堂刻本　四冊

610000 – 1042 – 0004263　綫 075.7/407

前塵夢影錄二卷　（清）徐康撰　清光緒二十
三年(1897)元和江氏刻本　二冊

610000 – 1042 – 0004264　綫 943.6/238

千字文帖　（南朝梁）周興嗣編　清道光四年
(1824)刻本　一冊

610000 – 1042 – 0004265　綫 943.6/039

華陽觀王先生碑　（唐）玄宗李隆基書　清宣
統元年(1909)影印本　一冊

610000 – 1042 – 0004266　綫 942.1/115

墨池編二十卷　（宋）朱長文纂　印典八卷
（清）朱象賢編　清雍正十一年(1733)寶硯山

房刻本　十八冊

610000 – 1042 – 0004267　綫 943.35/666

戲魚堂帖十卷　（宋）劉次莊摹　清末民初影
印本　七冊　存七卷(二至三、五、七至十)

610000 – 1042 – 0004268　綫 943.6/598

李秉彝家傳一卷　（元）趙孟頫書　清末民初
石印本　一冊

610000 – 1042 – 0004269　綫 942.1/493

法書考八卷　（元）盛熙明撰　清刻本　二冊

610000 – 1042 – 0004270　綫 940.9/350

圖繪寶鑑八卷附補遺一卷　（元）夏文彥纂
清借綠草堂刻本　四冊

610000 – 1042 – 0004271　綫 940.9/350

圖繪寶鑑八卷附補遺一卷　（元）夏文彥纂
清借綠草堂刻本　四冊

610000 – 1042 – 0004272　綫 945.31/447

寶繪錄二十卷　（明）張泰階編　清歙縣鮑氏
知不足齋刻本　六冊

610000 – 1042 – 0004273　綫善 944.9/039

王氏畫苑十卷　（明）王世貞輯　明萬曆十八
年(1590)王氏淮南書院刻本　三冊

610000 – 1042 – 0004274　綫善 909.82/265

無聲詩史七卷　（明）姜紹書撰　清康熙五十
九年(1720)李光映刻本　三冊

610000 – 1042 – 0004275　綫 940/571

畫禪室隨筆四卷　（明）董其昌撰　清康熙五
十九年(1720)刻本　四冊

610000 – 1042 – 0004276　綫 940/571

畫禪室隨筆四卷　（明）董其昌撰　清大魁堂
刻本　一冊

610000 – 1042 – 0004277　綫 941.3/447

清河書畫舫十二卷鑒古百一詩一卷　（明）張
丑撰　清乾隆二十八年(1763)池北草堂刻本
十二冊

610000 – 1042 – 0004278　綫 942.1/623

書法離鉤十卷　（明）潘之淙撰　（清）李錫齡

199

輯　清刻本　二冊

610000－1042－0004279　綫941.3/368

書畫跋跋三卷續三卷　(明)孫鑛撰　清乾隆
四年(1739)刻本　四冊

610000－1042－0004280　綫943.4/599

有明名賢遺翰二卷　(明)趙忠毅等撰　清末
石印本　二冊

610000－1042－0004281　綫945.8/395

御製耕織圖四十六幅　(清)聖祖玄燁撰　清
康熙三十五年(1696)刻本　一冊

610000－1042－0004282　綫945.8/395

御製耕織圖四十六幅　(清)聖祖玄燁撰　清
光緒二十九年(1903)北洋官報局石印本
二冊

610000－1042－0004283　綫909.82/233

讀畫錄四卷　(清)周亮工撰　清宣統風雨樓
鉛印本　一冊

610000－1042－0004284　綫941.32/719

習苦齋畫絮十卷　(清)戴熙撰　(清)惠年編
輯　清光緒十九年(1893)刻本　四冊

610000－1042－0004285　綫善941.31/328

江邨銷夏錄三卷　(清)高士奇撰　清康熙三
十二年(1693)高氏刻本　六冊

610000－1042－0004286　綫942.1/046

漢溪書法通解八卷　(清)戈守智撰　(清)陸
聲鍾編　清平湖縣東張松年刻本　二冊

610000－1042－0004287　綫941.32/366

庚子銷夏記八卷閑者軒帖考一卷　(清)孫承
澤撰　清乾隆二十六年(1761)刻本　四冊

610000－1042－0004288　綫941.32/366

庚子銷夏記八卷　(清)孫承澤撰　清光緒四
年(1878)崇川融氏刻本　二冊

610000－1042－0004289　綫941.32/366

庚子銷夏記八卷　(清)孫承澤撰　清光緒十
年(1884)江右撫州饒玉成雙峰書屋刻本
二冊

610000－1042－0004290　綫941.32/366

庚子銷夏記八卷　(清)孫承澤撰　清宣統三
年(1911)順德鄧氏風雨樓鉛印本　一冊

610000－1042－0004291　綫943.2/409

歷代帝王法帖釋文十卷　(清)徐朝弼集釋
清嘉慶十七年(1812)刻本　一冊

610000－1042－0004292　綫943/041

淳化秘閣法帖考正十卷釋文二卷附二卷
(清)王澍撰　(清)沈宗騫臨帖　清乾隆三十
三年(1768)刻本　六冊

610000－1042－0004293　綫943.2/410

淳化閣帖釋文十卷　(清)徐朝弼集釋　清嘉
慶十七年(1812)西安謝氏會古堂刻本　一冊

610000－1042－0004294　綫802.225/409

淳化閣帖釋文十卷　(清)徐朝弼集釋　清嘉
慶十七年(1812)刻本　二冊

610000－1042－0004295　綫善943.2/112

淳化閣帖釋文十卷　(清)朱家標校定　清抄
本　一冊

610000－1042－0004296　綫942.1/570

分隸偶存二卷　(清)萬經編輯　(清)孫綿前
校　清光緒八年(1882)刻本　四冊

610000－1042－0004297　綫943.4/644

[鄧石如書司馬溫公家儀]一卷　(清)鄧石如
隸書　清末石印本　一冊

610000－1042－0004298　859.7/498

點石齋畫報大全四十四集　(清)尊聞閣主人
編　清宣統二年(1910)上海集成圖書公司石
印本　九十冊

610000－1042－0004299　綫945.8/444

泛槎圖六集　(清)張寶繪　清光緒六年
(1880)上海點石齋影印本　四冊

610000－1042－0004300　綫941.2/227

澄蘭室古緣萃錄十八卷　邵松年輯　清光緒
三十年(1904)上海鴻文書局石印本　六冊

610000－1042－0004301　綫941.2/095

墨緣彙觀四卷　(清)安歧編　清光緒二十六

年(1900)有正書局鉛印本　　六冊

610000－1042－0004302　　綫941.2/154

甌缽羅室書畫過目考四卷首一卷附一卷
（清）李玉棻編　清光緒二十三年(1897)刻本
　四冊

610000－1042－0004303　　綫941.2/154

甌缽羅室書畫過目考四卷首一卷附一卷
（清）李玉棻撰　清光緒二十年(1894)上海朝
記書莊鉛印本　　四冊

610000－1042－0004304　　綫941.3/154

甌缽羅室書畫過目考四卷　（清）李玉棻編
清光緒上海江南圖書局石印本　　四冊

610000－1042－0004305　　綫941.32/708

書畫所見錄三卷　（清）謝堃編　清光緒刻本
　四冊

610000－1042－0004306　　綫945.8/366

孫玉泉畫稿一卷　（清）孫玉泉繪　清同治十
年(1871)刻本　　一冊

610000－1042－0004307　　綫941.3/030

天傭庵筆記二卷　（清）方士庶撰　清光緒十
年(1884)刻本　　一冊

610000－1042－0004308　　綫945.8/510

天樂圖一卷　（清）石成金繪撰　清刻本
一冊

610000－1042－0004309　　綫945.8/807

田居圖長卷　（清）王翬繪　清末影印本
一冊

610000－1042－0004310　　綫944.9/348

**桐陰論畫二卷首一卷論畫小傳一卷桐陰畫訣
一卷**　（清）秦祖永撰　清同治三年(1864)刻
朱墨印本　　二冊

610000－1042－0004311　　綫944.9/348

**桐陰論畫二卷首一卷論畫小傳一卷桐陰畫訣
一卷**　（清）秦祖永撰　清同治三年(1864)刻
朱墨印本　　二冊

610000－1042－0004312　　綫944.9/348

桐陰論畫二編二卷三編二卷　（清）秦祖永撰

清光緒八年(1882)刻朱墨印本　　二冊

610000－1042－0004313　　綫944.9/348

**桐陰論畫二卷首一卷二編二卷三編二卷桐陰
畫訣一卷續一卷**　（清）秦祖永撰　清宣統二
年(1910)上海中國書畫會石印本　　六冊

610000－1042－0004314　　綫943.6/644

完白山人篆書不分卷　（清）鄧石如篆　（清）
許乃釗摹　清光緒十一年(1885)寧波蔣瑞堂
刻本　　一冊

610000－1042－0004315　　綫945.8/169

衡嶽紀遊圖十卷　（清）吳大澂繪　清光緒二
十年(1894)天繪閣影印本　　一冊

610000－1042－0004316　　綫945.8/169

吳友如畫寶十二集　（清）吳嘉猷繪　清宣統
元年(1909)石印本　　二十四冊

610000－1042－0004317　　綫909.82/445

國朝畫徵錄三卷續錄二卷　（清）張庚撰　清
乾隆四年(1739)刻本　　四冊

610000－1042－0004318　　綫909.82/445

國朝畫徵錄三卷續錄二卷　（清）張庚撰　清
同治八年(1869)刻本　　二冊

610000－1042－0004319　　綫909.82/508

國朝畫識十七卷　（清）馮金伯纂　清道光十
一年(1831)刻本　　七冊

610000－1042－0004320　　綫909.82/508

國朝畫識十七卷墨香居畫識十卷　（清）馮金
伯纂　清道光十一年(1831)雲間文萃堂刻本
　十二冊

610000－1042－0004321　　綫943.4/644

明賢名翰合冊不分卷　鄧實集　清光緒三十
四年(1908)國學保存會影印本　　一冊

610000－1042－0004322　　綫943.4/430

名賢手札八種　（清）郭慶藩輯　清光緒十年
(1884)湘陰郭氏岵瞻堂刻本　　四冊

610000－1042－0004323　　綫941.32/655

墨林今話十八卷續編一卷　（清）蔣寶齡撰
清咸豐二年(1852)刻本　　六冊

610000－1042－0004324　綫941.32/655

墨林今話十八卷續編一卷　（清）蔣寶齡撰
清咸豐昭文蔣氏刻本　四冊

610000－1042－0004325　綫941.32/655

墨林今話十八卷續編一卷　（清）蔣寶齡撰
清宣統三年(1911)掃葉山房石印本　六冊

610000－1042－0004326　綫944.9/463

南宋院畫錄八卷首一卷　（清）厲鶚撰　清光
緒十年(1884)錢塘丁氏竹書堂刻本　四冊

610000－1042－0004327　綫945.32/449

海上名人畫稿不分卷　（清）張熊等繪　清光
緒三十四年(1908)上海同文書局石印本
二冊

610000－1042－0004328　綫941.32/167

辛丑銷夏記五卷　（清）吳榮光撰　清光緒三
十一年(1905)郋園刻本　四冊

610000－1042－0004329　綫943.9/042

[養拙山房臨本]不分卷　（清）王逢吉臨　清
道光長安王逢吉臨本　七冊

610000－1042－0004330　綫941.31/406

寓意錄四卷　（清）徐渭仁校　清道光二十年
(1840)上海徐氏寒木春華館刻本　二冊

610000－1042－0004331　綫945.8/500

張船山先生詩畫冊　（清）遊藝圖書社編輯部
編　清宣統二年(1910)上海遊藝圖書社影印
本　一冊

610000－1042－0004332　綫943.13/152

諸家藏書簿十卷博物館要覽二卷　（清）李調
元纂　清刻本　一冊

610000－1042－0004333　綫943.9/461

新鍥考數問奇諸家字法五侯鯖四卷　（清）陳
三策注　清致和堂刻本　一冊　存一卷(一)

610000－1042－0004334　綫943.9/445

漢碑範八卷　（清）張祖翼選臨　清宣統三年
(1911)上海文明書局石印本　二冊

610000－1042－0004335　綫943.6/783

賀孝婦雷氏表一卷　（清）黨景造撰　清道光

元年(1821)刻本　一冊

610000－1042－0004336　綫948.16/316

紅樓夢人物一卷　（清）□□繪撰　清乾隆五
十六年(1791)刻本　一冊

610000－1042－0004337　綫948.16/146

紅樓夢圖詠四卷　（清）改琦繪　清光緒五年
(1879)刻本　四冊

610000－1042－0004338　綫940.5/050

畫圖新報不分卷　（清）中國聖教書會編　清
光緒十八年至十九年(1892－1893)上海美華
書館鉛印本　一冊　存十卷(二至十一)

610000－1042－0004339　綫943.4/152

蘭亭序聖教序臨本不分卷　（清）李文忠臨
清光緒三十四年(1908)石印本　一冊

610000－1042－0004340　綫944.1/031

山靜居畫論二卷　（清）方薰撰　清知不足齋
刻本　一冊

610000－1042－0004341　綫942.9/463

漢隸源流統略歌不分卷　（清）陳紀書　（清）
鄭漢音釋　清刻本　一冊

610000－1042－0004342　綫942.9/463

篆法偏旁點畫辯一卷　（清）陳紀書　（清）鄭
漢音釋　清刻本　一冊

610000－1042－0004343　綫943.2/413

蘇米齋蘭亭考八卷　（清）翁方綱撰　清光緒
十五年(1889)常熟知不足齋刻本　四冊

610000－1042－0004344　綫794.9/104

百爵齋藏歷代名人法書三卷　羅振玉編　清
上虞羅氏百爵齋影印本　三冊

610000－1042－0004345　綫121.221/169

論語二卷　（清）吳大澂篆書　清光緒十二年
(1886)上海同文書局石印本　四冊

610000－1042－0004346　綫944.1/333

六如畫譜三卷　（明）唐寅輯　清道光二十六
年(1846)宏道書院刻本　一冊

610000－1042－0004347　綫944.1/333

新增格古要論十三卷 (明)曹昭撰 (明)舒敏編 清道光二十六年(1846)宏道書院刻本 六冊

610000－1042－0004348 綫善 782.1025/242
無雙譜一卷 (清)金古良繪撰 清康熙二十九年(1690)刻本 一冊

610000－1042－0004349 綫善 782.1025/242
無雙譜四十詠一卷 (清)王惠撰 清稿本 一冊

610000－1042－0004350 綫 782.1025/242
無雙譜一卷 (清)金古良繪撰 清康熙刻本 二冊

610000－1042－0004351 綫善 782.1025/242
無雙譜一卷 (清)金古良繪撰 清末民初石印本 一冊

610000－1042－0004352 綫 941.31/369
佩文齋書畫譜一百卷 (清)孫岳頒等纂 清康熙四十七年(1708)刻本 四十八冊

610000－1042－0004353 綫 941.31/369
佩文齋書畫譜一百卷 (清)孫岳頒等纂 清光緒九年(1883)上海同文圖書館石印本 十六冊 存三十九卷(二十六至六十四)

610000－1042－0004354 綫 941.6/021
晚笑堂畫傳一卷明太祖功臣圖一卷 (清)上官周撰繪 清乾隆八年(1743)刻本 二冊

610000－1042－0004355 綫 945.9/039
芥子園畫傳初集六卷 (清)王概等摹 清光緒十三年(1887)上海錦章書局石印本 四冊

610000－1042－0004356 綫 945.9/039
芥子園畫傳二集九卷 (清)王概摹 清光緒十四年(1888)上海發文新書局石印本 四冊

610000－1042－0004357 綫 945.9/039
芥子園畫傳二集八卷 (清)王概等摹 清光緒十四年(1888)上海天寶書局石印本 三冊

610000－1042－0004358 綫 945.9/008
芥子園畫傳四集四卷 (清)丁皋撰並繪 清嘉慶二十三年(1818)刻本 四冊

610000－1042－0004359 綫 945.9/039
芥子園畫傳四集四卷 (清)王概編繪 清光緒九年(1883)上海天寶書局石印本 四冊

610000－1042－0004360 綫 940/039
仙佛圖一卷 (清)王概繪 清嘉慶二十三年(1818)刻本 一冊

610000－1042－0004361 綫 940/039
美人圖一卷 (清)王概繪 清嘉慶二十三年(1818)刻本 一冊

610000－1042－0004362 綫 940/011
寫真秘訣一卷 (清)丁皋撰 清嘉慶二十三年(1818)刻本 一冊

610000－1042－0004363 綫 945.9/039
青在堂菊譜□□卷 (清)王蓍繪 清末石印本 一冊 存二卷(八至九)

610000－1042－0004364 綫 945.8/040
毓秀堂畫傳四卷 (清)王墀繪 清光緒九年(1883)上海點石齋石印 四冊

610000－1042－0004365 綫 945.1/759
虛齋名畫錄正錄十六卷續錄四卷 龐元濟輯 清宣統元年(1909)烏程龐氏刻本 二十冊

610000－1042－0004366 綫善 793.67/066
集古印譜五卷 (明)甘暘輯 明萬曆二十四年(1596)刻朱墨印本 六冊

610000－1042－0004367 綫善 793.63/186
石鼓齋印鼎九卷 (明)余藻撰 明崇禎元年(1628)刻朱墨印本 八冊

610000－1042－0004368 綫善 931.7/444
學山堂印譜五卷 (明)張灝藏並編 明崇禎五年(1632)張灝刻鈐印本 六冊

610000－1042－0004369 綫善 931.7/285
印彙書品一卷 (清)胡鏊篆 **求定齋印章一卷** (明)吳迥篆 清康熙十年(1671)壽恩堂鈐印本 一冊

610000－1042－0004370 綫 931/118
印典八卷 (清)朱象賢編 清康熙六十一年(1722)吳縣朱氏就閒堂刻本 六冊

610000 – 1042 – 0004371　　綫 931.7/132

飛鴻堂印譜五集四十卷　（清）汪啟淑鑑藏
清末民初影印本　四冊　存八卷（初集三至
四、二集七至八、四集一至二、五集七至八）

610000 – 1042 – 0004372　　綫 931.7/548

松園印譜不分卷　（清）賈永篆　清乾隆四十
八年(1783)鈐印本　二冊

610000 – 1042 – 0004373　　綫 793.67/373

繆篆分韻五卷補五卷　（清）桂馥撰　清嘉慶
元年(1796)刻本　四冊

610000 – 1042 – 0004374　　綫 793.67/381

選集漢印分韻二卷　（清）袁日省原本　謝雲
生摹錄　**續集漢印分韻二卷**　（清）謝景卿篆
摹　清嘉慶二年(1797)漱藝堂刻本　四冊

610000 – 1042 – 0004375　　綫 931.7/802

小石山房印譜不分卷　（清）顧湘　（清）顧浩
編輯　清道光八年(1828)海虞顧氏小石山房
鈐印本　一冊

610000 – 1042 – 0004376　　綫 931.7/566

對山印稿八卷　（清）楊燮鐫　（清）楊森編
清道光九年(1829)鈐印本　八冊

610000 – 1042 – 0004377　　綫 793.67/170

雙虞壺齋印存不分卷　（清）吳式芬輯　清鈐
印本　四冊

610000 – 1042 – 0004378　　綫 793.67/460

西泠四家印譜附存四家　（清）□□輯　清光
緒鈐印本　十二冊

610000 – 1042 – 0004379　　綫 794.5/190

思古齋雙鉤漢碑篆額三卷　（清）何澂輯　清
光緒九年(1883)山陰何澂刻本　三冊

610000 – 1042 – 0004380　　綫 793.67/169

兩罍軒印考漫存九卷　（清）吳雲輯並考釋
清光緒七年(1881)刻本　四冊

610000 – 1042 – 0004381　　綫 931.7/036

石泉印譜一卷暗齋主人合印色秘方一卷
（清）王燮輔篆　清光緒三十三年(1907)鈐印
本　一冊

610000 – 1042 – 0004382　　綫 931.7/039

雪廬百印續冊一卷　（清）王琛篆刻　清光緒
二十八年(1902)溫州府署鈐印本　一冊

610000 – 1042 – 0004383　　綫 931.7/236

周蘭雜印一卷　（清）周蘭篆　清末鈐印本
一冊

610000 – 1042 – 0004384　　綫 931.7/157

富平李氏印存二卷　（清）李自棠集　清富平
李自棠鈐印本　二冊

610000 – 1042 – 0004385　　綫 931.7/285

胡若川印譜□□卷　（清）胡若川集　清末刻
朱墨印本　一冊　存一卷（四）

610000 – 1042 – 0004386　　綫 931.7/556

鐵耕齋印譜不分卷　（清）雷悅鐫刻　葉德輝
輯　清光緒三十年(1904)長沙葉氏觀古堂鈐
印本　一冊

610000 – 1042 – 0004387　　綫 931.7/567

友石軒印存不分卷　（清）楊秉信刻　清光緒
三十年(1904)鈐印本　一冊

610000 – 1042 – 0004388　　綫善 931.7/084

[印譜]不分卷　（□）□□篆　清鈐印本
三冊

610000 – 1042 – 0004389　　綫 931.7/084

[印譜]不分卷　（□）□□篆　清鈐印本
一冊

610000 – 1042 – 0004390　　綫 793.67/170

遯盦秦漢印選四集　吳隱藏並輯　清光緒三
十四年(1908)西泠印社鈐印本　二十四冊

610000 – 1042 – 0004391　　綫 793.67/169

十六金符齋印存不分卷　（清）吳大澂藏　羅
允慶輯　清光緒十二年(1886)日慎日齋藏鈐
印本　八冊

610000 – 1042 – 0004392　　綫 931.7/008

餽石齋印譜不分卷　（清）丁可均鐫　清光緒
三十年(1904)長沙葉氏觀古堂鈐印本　一冊

610000 – 1042 – 0004393　　綫 793.67/562

楊龍石印存不分卷　（清）楊澥刻　清乾隆四

十六年至宣統三年（1781－1911）鈐印本
二冊

610000－1042－0004394　綫931.7/567
友石軒印存不分卷　（清）楊秉信刻　清光緒
三十二年（1906）鈐印本　一冊

610000－1042－0004395　綫791.3/065
石峰草堂印文摹本不分卷　（清）翁樹培摹
清末刻本　一冊

610000－1042－0004396　綫930.7/533
蝸角齋印譜不分卷　（清）賀澍生撰　清宣統
二年（1910）鈐印本　一冊

610000－1042－0004397　綫931.7/505
百壽印冊不分卷　（清）馮士壎篆刻　清光緒
十三年（1887）鈐印本　一冊

610000－1042－0004398　綫793.67/170
封泥考略十卷　（清）吳式芬　（清）陳介祺輯
清光緒三十年（1904）上海石印本　十冊

610000－1042－0004399　綫910/737
重刻恭簡公志樂二十卷　（明）韓邦奇撰　清
嘉慶十一年（1806）關中裕德堂刻本　十二冊

610000－1042－0004400　綫916.11/338
天聞閣琴譜十六卷首三卷　（清）唐彝銘纂集
清光緒二年（1876）成都葉氏刻本　十四冊

610000－1042－0004401　綫913.12/618
重訂擬瑟譜一卷　（清）邵嗣堯訂　（清）段仔
文　（清）張懋賞編　清光緒七年（1881）合肥
李瀚章刻本　一冊

610000－1042－0004402　綫911.1/227
律音彙考八卷首一卷末一卷　（清）邱之稑撰
清光緒十七年（1891）龐篤信抄本　四冊

610000－1042－0004403　綫911.1/054
竟山樂錄四卷　（清）毛奇齡撰　清凝瑞堂刻
本　一冊

610000－1042－0004404　綫911/048
聖門樂志一卷　（清）孔東塘纂　清刻本
一冊

610000－1042－0004405　綫915.02/545
新刻時尚吹彈合唱絲竹合譜一卷　（□）□□□
撰　清真州雲章閣刻本　一冊

610000－1042－0004406　綫997.1/576
四子譜二卷　（明）過文年輯　清道光二年
（1822）敦化堂刻本　二冊

610000－1042－0004407　綫997.11/576
過百齡圍棋一卷　（明）過百齡撰　清抄本
一冊

610000－1042－0004408　綫997.11/500
奕彙不分卷　（清）溫若珹編　清道光五年
（1825）刻本　二冊

610000－1042－0004409　綫413.1/100
易筋經二卷附圖勢　（北魏）達摩撰　（唐）釋
般刺密諦譯義　清光緒元年（1875）豫省聚文
齋刻字鋪刻本　一冊

610000－1042－0004410　綫997/069
投壺新格一卷　（宋）司馬光撰　清敷文閣刻
本　一冊

610000－1042－0004411　綫942.9/462
珊網一隅四卷　（清）陳日霽纂　清道光二十
一年（1841）刻本　一冊

610000－1042－0004412　綫997.2/499
益智圖二卷　（清）童葉庚撰　清光緒四年
（1878）文寶堂書店刻本　二冊

610000－1042－0004413　綫996.8/557
新增集對七巧圖合璧三卷　（清）裘良白撰
清末刻本　四冊

610000－1042－0004414　綫082/409
觀自得齋別集不分卷　（清）徐士愷輯　清光
緒十一年（1885）觀自得齋刻本　三冊

610000－1042－0004415　綫479.92/120
墨法集要一卷　（明）沈繼孫撰　清乾隆四十
年（1775）武英殿木活字印本　一冊

610000－1042－0004416　綫400.5/034
長物志十二卷　（明）文震亨編　清硯雲書屋
刻本　一冊

610000 – 1042 – 0004417　綫善 465.91/235

香乘二十八卷　(明)周嘉冑撰　明崇禎十四年(1641)周嘉冑刻清康熙元年(1662)醉耕堂重印本　七冊　缺一卷(二十七)

610000 – 1042 – 0004418　綫 479.4/596

勇盧閒詰一卷　(清)趙之謙撰　清光緒六年(1880)陝西學務公所印刷局鉛印本　一冊

610000 – 1042 – 0004419　綫 796.9/173

端溪研志三卷首一卷　(清)吳繩年輯　清乾隆楚州王永熙刻本　一冊

610000 – 1042 – 0004420　綫 427/447

篤素堂文集不分卷　(清)張英撰　清張英稿本　一冊

610000 – 1042 – 0004421　綫善 479.92025/030

方氏墨譜六卷　(明)方于魯撰　明萬曆十七年(1589)方于魯刻本　八冊

610000 – 1042 – 0004422　綫 300.024/644

遠西奇器圖說錄最三卷　(瑞士)鄧玉函口授　(明)王徵譯繪　清嘉慶二十一年(1816)王企刻本　四冊

610000 – 1042 – 0004423　綫 446.024/041

遠西奇器圖說錄最三卷新製諸器圖說一卷　(明)王徵譯繪　清道光十年(1830)安康張鵬翂來鹿堂刻本　二冊

610000 – 1042 – 0004424　綫 300.024/644

遠西奇器圖說錄最三卷　(瑞士)鄧玉函口授　(明)王徵譯繪　清抄本　二冊

610000 – 1042 – 0004425　綫善 435.11/042

二如亭群芳譜二十八卷首一卷　(明)王象晉纂輯　明末書業古講堂刻本　二十八冊

610000 – 1042 – 0004426　綫 367/042

二如亭群芳譜二十八卷首一卷　(明)王象晉纂輯　明末書業古講堂刻本　二十四冊

610000 – 1042 – 0004427　綫 435.11/042

二如亭群芳譜二十八卷首一卷　(明)王象晉纂輯　明沙村草堂刻本　八冊　存十卷(歲譜一至四、果譜二至三、天譜一至三,首一卷)

610000 – 1042 – 0004428　綫 435.11/042

二如亭群芳譜三十卷首十三卷　(明)王象晉纂輯　明沙村草堂刻本　六冊　存九卷(果譜三、首一卷;茶譜一卷;竹譜一卷;花譜一、三,首一卷;卉譜一、首一卷)

610000 – 1042 – 0004429　綫 435.11/042

二如亭群芳譜二十八卷首一卷　(明)王象晉纂輯　明沙村草堂刻本　二十一冊　缺三卷(歲譜四、蔬譜一、卉譜一)

610000 – 1042 – 0004430　綫 435.11/042

二如亭群芳譜二十八卷首一卷　(明)王象晉纂輯　明崇禎二年(1629)刻本　四冊　存四卷(天譜一、歲譜二、蔬譜一至二)

610000 – 1042 – 0004431　綫 367/042

二如亭群芳譜二十八卷首一卷　(明)王象晉纂輯　清文富堂刻本　十六冊

610000 – 1042 – 0004432　綫 370/131

廣群芳譜一百卷　(清)汪灝等輯　清同治七年(1868)江左書林刻本　三十六冊

610000 – 1042 – 0004433　綫 435.42/188

曹州牡丹譜一卷　(清)余鵬年撰　(清)楊學可編　清乾隆五十八年(1793)重華書院刻本　一冊

610000 – 1042 – 0004434　綫 435.4/461

秘傳花鏡六卷　(清)陳淏子輯　清康熙二十七年(1688)刻本　六冊

610000 – 1042 – 0004435　綫 435.4/458

秘傳花鏡六卷　(清)陳淏子輯　清乾隆四十八年(1783)刻本　四冊

610000 – 1042 – 0004436　綫善 121.89/542

子華子十卷　(春秋)程本撰　(明)金之俊評閱　明崇禎二年(1629)雷鳴時刻清雍正印本　二冊

610000 – 1042 – 0004437　綫善 121.89/542

子華子十卷　(春秋)程本撰　清康熙十三年(1674)刻本　二冊

610000－1042－0004438　綫 121.41/647

墨子十六卷篇目考一卷　（戰國）墨翟撰
（清）畢沅注　**尹文子一卷**　（周）尹文撰　**校
勘記一卷**　（清）錢熙祚撰　**逸文一卷**　（清）
錢熙祚輯　**子略四卷目錄一卷**　（宋）高似孫
撰　清光緒元年(1875)湖北崇文書局刻本
四冊

610000－1042－0004439　綫 121.41/486

墨子十六卷篇目考一卷　（戰國）墨翟撰
（清）畢沅注　清光緒二年(1876)浙江書局刻
本　四冊

610000－1042－0004440　綫 121.411/364

墨子閒詁十五卷目錄一卷附錄一卷後語二卷
　（清）孫詒讓撰　清宣統二年(1910)瑞安孫
氏刻本　八冊

610000－1042－0004441　綫 121.411/447

墨子經說解二卷　（清）張惠言撰　清宣統元
年(1909)上海國學保存會影印本　一冊

610000－1042－0004442　綫 121.391/457

鶡冠子評注三卷　（宋）陸佃解　（明）王宇評
清嘉慶九年(1804)寶慶經綸堂刻本　二冊

610000－1042－0004443　綫 121.87/174

呂氏春秋二十六卷　（秦）呂不韋撰　（漢）高
誘注　（清）畢沅輯校　清乾隆五十三年
(1788)靈巖山館刻本　四冊

610000－1042－0004444　綫 121.87/174

呂氏春秋二十六卷附考一卷　（秦）呂不韋撰
　（漢）高誘注　清光緒元年(1875)浙江書局
刻本　六冊

610000－1042－0004445　綫 121.871/462

呂氏春秋正誤一卷　（清）陳昌齊撰　清刻本
　一冊

610000－1042－0004446　綫善 122.21/326

淮南子二十一卷　（漢）劉安撰　明萬曆吳勉
學刻二十子本　八冊

610000－1042－0004447　綫 122.21/326

淮南子二十一卷　（漢）劉安撰　（漢）高誘注

清乾隆五十三年(1788)咸寧官署刻本
六冊

610000－1042－0004448　綫 122.21/667

淮南子二十一卷　（漢）劉安撰　（漢）高誘注
清嘉慶九年(1804)刻本　六冊

610000－1042－0004449　綫 122.21/326

淮南子二十一卷　（漢）劉安撰　（漢）高誘注
清光緒二年(1876)浙江書局刻本　六冊

610000－1042－0004450　綫善 122.21/326

淮南鴻烈解二十一卷　（漢）劉安撰　明末刻
朱墨印本　八冊

610000－1042－0004451　綫 072.22/715

風俗通義十卷　（漢）應劭撰　清刻本　一冊

610000－1042－0004452　綫 072.22/715

風俗通義四卷　（漢）應劭撰　清刻本　一冊

610000－1042－0004453　綫 072.22/715

風俗通義十卷　（漢）應劭撰　清光緒元年
(1875)湖北崇文書局刻本　二冊

610000－1042－0004454　綫 072.22/715

風俗通義十卷　（漢）應劭撰　（明）鍾惺評
清刻本　二冊

610000－1042－0004455　綫 122.7/037

論衡三十卷　（漢）王充撰　清光緒元年
(1875)湖北崇文書局刻本　六冊

610000－1042－0004456　綫善 090/370

白虎通德論四卷　（漢）班固撰　明天啓六年
(1626)郎壁金堂策檻刻本　四冊

610000－1042－0004457　綫 090/370

白虎通德論二卷　（漢）班固纂　（清）汪士漢
校　清光緒二十九年(1903)新昌書局刻本
二冊

610000－1042－0004458　綫 071.22/370

白虎通德論二卷　（漢）班固纂　（清）汪士漢
校　清光緒二十九年(1903)新昌書局刻本
二冊

610000－1042－0004459　綫 122.6/373

白虎通德論二卷　（漢）班固纂　（清）汪士漢校　清光緒二十九年(1903)新昌書局刻本　二冊

610000－1042－0004460　綫123.11/666
白虎通德論二卷　（漢）班固纂　（清）汪士漢校　清光緒二十九年(1903)新昌書局刻本　二冊

610000－1042－0004461　綫善857.1515/793
東坡先生志林五卷　（宋）蘇軾撰　（明）焦竑評　明末刻朱墨印本　五冊

610000－1042－0004462　綫善072/712
密齋筆記二卷　（宋）謝采伯撰　清抄本　一冊

610000－1042－0004463　綫072.52/570
避暑錄話二卷　（宋）葉夢得撰　清道光二十五年(1845)鍾安山氏刻本　二冊

610000－1042－0004464　綫071.5/304
避暑錄話二卷　（宋）葉夢得撰　清道光二十五年(1845)鍾安山氏刻本　二冊

610000－1042－0004465　綫善072.52/768
鶴林玉露十六卷補遺一卷　（宋）羅大經撰　明正德、嘉靖南京都察院刻萬曆三十六年(1608)孫鑛修補印本　三冊

610000－1042－0004466　綫善072.52/768
鶴林玉露十六卷　（宋）羅大經撰　明萬曆刻稗海本　二冊

610000－1042－0004467　綫善072.52/768
鶴林玉露十六卷補遺一卷　（宋）羅大經撰　清刻本　四冊

610000－1042－0004468　綫125.29/708
上蔡語錄三卷　（宋）謝良佐撰　清同治五年(1866)福州正誼書局刻本　一冊

610000－1042－0004469　綫善071.52/253
容齋隨筆十六卷續筆十六卷二筆十六卷三筆十六卷四筆十六卷五筆十卷　（宋）洪邁撰　明崇禎三年(1630)馬元調刻本　三十冊

610000－1042－0004470　綫善071.52/253

容齋隨筆十六卷續筆十六卷二筆十六卷三筆十六卷四筆十六卷五筆十卷　（宋）洪邁撰　明崇禎三年(1630)馬元調刻清康熙三十九年(1700)洪璟修補印本　十二冊

610000－1042－0004471　綫071.52/253
容齋隨筆十六卷續筆十六卷二筆十六卷三筆十六卷四筆十六卷五筆十卷　（宋）洪邁撰　清康熙三十九年(1700)刻本　十六冊

610000－1042－0004472　綫071.52/253
容齋隨筆十六卷續筆十六卷二筆十六卷三筆十六卷四筆十六卷五筆十卷　（宋）洪邁撰　清同治十一年(1872)刻光緒九年(1883)重印本　十四冊

610000－1042－0004473　綫071.52/253
容齋隨筆十六卷續筆十六卷二筆十六卷三筆十六卷四筆十六卷五筆十卷　（宋）洪邁撰　清光緒二十年(1894)皖南洪氏刻本　二十冊

610000－1042－0004474　綫075.52/570
巖下放言三卷玉澗雜書一卷　（宋）葉夢得撰　清宣統元年(1909)葉氏觀古堂刻本　一冊

610000－1042－0004475　綫善075.6/377
珊瑚林二卷　（明）袁宏道撰　清抄本　一冊

610000－1042－0004476　綫072.61/481
輟耕錄三十卷　（明）陶宗儀撰　清光緒十一年(1885)上海福瀛書局刻本　六冊　存二十二卷(一至七、十二至二十六)

610000－1042－0004477　綫072.61/481
輟耕錄三十卷　（明）陶宗儀撰　明末清初刻本　十冊

610000－1042－0004478　綫610.81/463
讀書鏡五卷　（明）陳繼儒撰　明崇禎九年(1636)刻本　一冊

610000－1042－0004479　綫072.6/523
鴻苞節錄十卷　（明）屠隆撰　（清）屠繼烈編　清咸豐七年(1857)章邱縣署刻本　十冊

610000－1042－0004480　綫071.6/268
七修類稿五十一卷續稿七卷　（明）郎瑛撰

清乾隆四十年(1775)耕煙草堂刻本 十六冊

610000－1042－0004481 綫071.6/268

七修類稿五十一卷續稿七卷 （明）郎瑛撰
清乾隆四十年(1775)耕煙草堂刻本 十六冊

610000－1042－0004482 綫071.6/268

七修續稿七卷 （明）郎瑛撰 清光緒元年
(1875)刻本 二冊

610000－1042－0004483 綫071.6/268

七修類稿五十一卷續稿七卷 （明）郎瑛撰
清光緒六年(1880)廣州翰墨園刻本 十六冊

610000－1042－0004484 綫802.616/318

三元秘授六卷 （明）張溥撰 清刻本 六冊

610000－1042－0004485 綫075.6/479

鐵網珊瑚二十卷 （明）都穆撰 清乾隆二十
三年(1758)紫陽書院刻本 八冊

610000－1042－0004486 綫857.37/464

炳燭里談三卷 陳作霖撰 清宣統三年
(1911)刻本 一冊

610000－1042－0004487 綫071.7/152

炳燭篇四卷 （清）李賡芸撰 清末民初古今
圖書館影印本 四冊

610000－1042－0004488 綫071.7/458

東塾讀書記十五卷 （清）陳澧撰 清光緒七
年(1881)粵東龍藏街絳雪齋刻本 四冊

610000－1042－0004489 綫071.7/458

東塾讀書記二十一卷朱子語類日鈔五卷
（清）陳澧撰編 清光緒八年(1882)刻本(原
缺十三至十四、十七至十九) 五冊

610000－1042－0004490 綫071.7/458

東塾讀書記二十五卷 （清）陳澧撰 清光緒
刻本 五冊 存十六卷(一至十三、十五至十
六、二十一)

610000－1042－0004491 綫071.7/137

過庭錄十六卷 （清）宋翔鳳撰 清光緒七年
(1881)會稽章氏刻本 四冊

610000－1042－0004492 綫072.78/461

後樂堂文鈔九卷 （清）陳玉樹撰 清光緒二
十五年(1899)石印本 二冊 存四卷(一至
四)

610000－1042－0004493 綫121.2/048

任子遺書一卷 （清）孔昭集 清光緒二十二
年(1896)刻本 一冊

610000－1042－0004494 綫072.7/430

樗園銷夏錄三卷 （清）郭麟撰 清刻本
一冊

610000－1042－0004495 綫071.7/570

吹網錄六卷 （清）葉廷琯撰 清同治八年
(1869)嘉興刻本 五冊

610000－1042－0004496 綫071.7/570

吹網錄六卷 （清）葉廷琯撰 清同治八年
(1869)嘉興刻本 二冊

610000－1042－0004497 綫075.7/534

蘿藦亭札記八卷 （清）喬松年撰 清同治十
二年(1873)刻本 四冊

610000－1042－0004498 綫071.7/366

讀書脞錄一卷 （清）孫志祖撰 清刻本
四冊

610000－1042－0004499 綫071.77/285

寶存四卷 （清）胡式鈺纂 清道光二十一年
(1841)刻本 四冊

610000－1042－0004500 綫072.75/696

風俗通義逸文一卷 （清）錢大昕纂 清光緒
十年(1884)長沙龍氏家塾刻本 一冊

610000－1042－0004501 綫075.7/171

古學記問錄十五卷 （清）吳蔚文編 清同治
四年(1865)式儀堂刻本 二十二冊

610000－1042－0004502 綫050.500/594

關中學報□□期 （清）關中學報編輯部編輯
清光緒三十二年(1906)鉛印本 二冊 存
二期(三、五)

610000－1042－0004503 綫050/639

廣通報 （清）廣通報館編輯 清光緒二十三
年(1897)廣通報館刻本 二冊 存二冊(四、

六)

610000－1042－0004504　　綫071.7/669

廣陽雜記五卷　（清）劉獻廷撰　清咸豐十年(1860)刻本　五冊

610000－1042－0004505　　綫072.7/449

蒿菴閒話二卷　（清）張爾岐撰　清乾隆四十年(1775)桂林李文藻刻本　一冊

610000－1042－0004506　　綫072.7/167

尖陽叢筆十卷　（清）吳騫撰　清宣統三年(1911)上海國學扶輪社鉛印本　一冊　存五卷(一至五)

610000－1042－0004507　　綫075.76/124

交翠軒筆記四卷　（清）沈濤纂　清道光十六年(1836)刻本　一冊　存二卷(一至二)

610000－1042－0004508　　綫072.7/027

蕉軒隨錄十二卷　（清）方濬師撰　清同治十一年(1872)退一步齋刻本　十二冊

610000－1042－0004509　　綫071.7/661

麗瀍薈錄十四卷爽鳩要錄二卷　（清）蔣超伯撰　清同治刻本　四冊

610000－1042－0004510　　綫072.78/688

勸學邇言一卷　（清）劉爾燈撰　清光緒三十一年(1905)上浣太和縣刻本　一冊

610000－1042－0004511　　綫071.7/380

隨園隨筆二十八卷　（清）袁枚撰　清嘉慶十三年(1808)小倉山房刻本　八冊

610000－1042－0004512　　綫071.7/380

隨園隨筆二十八卷　（清）袁枚撰　清嘉慶十九年(1814)金闔閣留耕堂刻本　六冊　存十卷(一至十)

610000－1042－0004513　　綫071.7/380

隨園隨筆十二卷　（清）袁枚撰　清同治五年(1866)刻本　八冊

610000－1042－0004514　　綫071.7/380

隨園隨筆二十八卷　（清）袁枚撰　清刻本　八冊

610000－1042－0004515　　綫071.7/447

問心齋學治雜錄二卷續錄四卷　（清）張聯桂撰　清光緒十一年(1885)刻本　六冊

610000－1042－0004516　　綫193/039

閑家編八卷　（清）王士俊輯　清雍正十二年(1734)養拙堂刻本　六冊

610000－1042－0004517　　綫075.76/165

小滄浪筆談四卷　（清）阮元纂　清嘉慶七年(1802)浙江書院刻本　二冊

610000－1042－0004518　　綫075.7/699

屑玉叢談初集六卷　（清）錢徵　蔡爾康輯　清光緒四年(1878)上海中華圖書館石印本　六冊

610000－1042－0004519　　綫071.7/510

求闕齋讀書錄十卷　（清）曾國藩撰　清光緒二年(1876)傳忠書局刻本　四冊

610000－1042－0004520　　綫075.78/544

實學文導二卷　（清）傅雲龍輯　清光緒二十一年(1895)石印本　二冊

610000－1042－0004521　　綫072.78/670

食舊德齋雜著二卷　（清）劉嶽雲撰　清光緒二十二年(1896)刻本　二冊

610000－1042－0004522　　綫072.7/056

宋元明諸先生語錄一卷　（清）仁軒抄　清抄本　一冊

610000－1042－0004523　　綫072.7/501

危言四卷　（清）湯震撰　清光緒十六年(1890)上海刻本　二冊

610000－1042－0004524　　綫072.7/501

危言四卷　（清）湯震撰　清光緒二十一年(1895)石印本　二冊

610000－1042－0004525　　綫072.7/501

危言四卷　（清）湯震撰　清光緒二十四年(1898)三餘書屋石印本　二冊

610000－1042－0004526　　綫善070/445

幽夢影二卷　（清）張潮撰　清初刻本　二冊

610000 - 1042 - 0004527　綫善 071.7/105

有不爲齋隨筆十卷　（清）光聰諧撰　清光緒十四年(1888)校樣刻本　二冊　存五卷（一至五）

610000 - 1042 - 0004528　綫 072.7/236

愛日軒稿不分卷　（清）周葆元撰　（清）俞仰西抄　清道光二十九年(1849)抄本　二冊

610000 - 1042 - 0004529　綫 072.7/521

蓮池書院肄業日記三十九卷（清光緒四年至七年）　（清）黃彭年輯　清末刻本　十五冊　缺三卷（光緒五年三至五）

610000 - 1042 - 0004530　綫 192.8/570

六事箴言一卷　（清）葉玉屏輯　清宣統元年(1909)味五不爭齋刻本　一冊

610000 - 1042 - 0004531　綫 072.72/039

居易錄三十四卷　（清）王士禎撰　清康熙四十年(1701)刻本　八冊

610000 - 1042 - 0004532　綫 857.17/039

居易錄三十四卷　（清）王士禎撰　清刻本　八冊

610000 - 1042 - 0004533　綫 072.7/218

雪心賦正解四卷辯論一卷　（清）孟浩撰　清玉田齋刻本　四冊

610000 - 1042 - 0004534　綫 072/222

一夕話六卷　（清）咄咄夫輯　清刻本　一冊　存二卷（三至四）

610000 - 1042 - 0004535　綫 074.7/340

浪跡三談六卷　（清）梁章鉅撰　清咸豐七年(1857)福州梁氏刻本　二冊

610000 - 1042 - 0004536　綫 072.72/036

山志初集六卷二集四卷　（清）王宏撰著　清乾隆五十三年(1788)刻本　五冊

610000 - 1042 - 0004537　綫 072.72/036

山志初集六卷二集六卷　（清）王宏撰著　清道光元年(1821)朝邑謝蘭佩刻本　六冊

610000 - 1042 - 0004538　綫 072.72/036

山志初集六卷二集六卷　（清）王宏撰著　清

光緒二十六年(1900)王凌霄刻本　六冊

610000 - 1042 - 0004539　綫 072.76/694

履園叢話二十四卷　（清）錢泳輯　清道光三年(1823)虞山錢氏刻同治九年(1870)錢日壽重修本　十二冊

610000 - 1042 - 0004540　綫 072.7/802

菰中隨筆一卷　（清）顧炎武撰　清道光十二年(1832)長白鄂山刻本　一冊

610000 - 1042 - 0004541　綫 072.72/285

繹志十九卷　（清）胡承諾撰　清同治十一年(1872)浙江書局刻本　八冊

610000 - 1042 - 0004542　綫 072.7/510

曾文正公雜著四卷　（清）曾國藩撰　（清）李瀚章編　清同治十三年(1874)傳忠書局刻本　六冊

610000 - 1042 - 0004543　綫 507.8/359

適可齋記言四卷記行六卷　（清）馬建忠撰　清光緒二十三年(1897)上海文瑞樓石印本　四冊

610000 - 1042 - 0004544　綫 072.7/366

鑄史駢言十二卷　（清）孫玉田撰　清光緒二年(1876)鎮海鄭月如刻本　四冊

610000 - 1042 - 0004545　綫 050/639

廣倉學會雜誌六期　廣倉學會撰　清宣統三年至民國九年(1911 - 1920)上海廣倉學會鉛印本　四冊　缺二期（三至四）

610000 - 1042 - 0004546　綫 071.7/252

讀書叢錄二十四卷　（清）洪頤煊撰　清道光元年(1821)刻本　六冊

610000 - 1042 - 0004547　綫善 071/036

讀書雜誌二十一卷　（清）王念孫撰　清嘉慶二十二年至二十四年(1817 - 1819)刻本　四冊

610000 - 1042 - 0004548　綫 071.7/041

讀書雜誌八十二卷餘編二卷　（清）王念孫撰　清道光刻本　二十四冊

610000 - 1042 - 0004549　綫 071.7/041

讀書雜誌八十二卷餘編二卷　（清）王念孫撰
清同治九年(1870)金陵書局刻本　七十
二冊

610000－1042－0004550　綫071.7/041
讀書雜誌八十二卷餘編二卷　（清）王念孫撰
清光緒二十年(1894)上海醉六堂鉛印本
八冊

610000－1042－0004551　綫071.7/041
讀書雜誌八十二卷餘編二卷　（清）王念孫撰
清光緒二十一年(1895)上海鴻文書局鉛印
本　八冊

610000－1042－0004552　綫071.7/041
讀書雜誌八十二卷餘編二卷　（清）王念孫撰
清刻本　三十二冊

610000－1042－0004553　綫075.7/165
定香亭筆談四卷　（清）阮元撰　清光緒二十
五年(1899)浙江書局刻本　四冊

610000－1042－0004554　綫089.7/658
麗瀤薈錄十四卷爽鳩要錄二卷　（清）蔣超伯
撰　清同治五年(1866)刻本　六冊

610000－1042－0004555　綫善573.07/367
芻論二卷　（清）孫鼎臣撰　清咸豐十年
(1860)武昌節署刻本　一冊

610000－1042－0004556　綫573.07/796
翼教叢編六卷　（清）蘇輿輯　清光緒二十四
年(1898)武昌刻本　三冊

610000－1042－0004557　綫030.5/485
國學叢刊四十三卷　國學研究會編　清宣統
三年(1911)國學研究會石印本　三冊

610000－1042－0004558　綫071.52/309
西溪叢語二卷　（宋）姚寬撰　清照曠閣刻本
一冊

610000－1042－0004559　綫071.52/570
考古質疑六卷　（宋）葉大慶撰　清乾隆四十
年(1775)武英殿聚珍版刻本　二冊

610000－1042－0004560　綫071.52/037
困學紀聞二十卷　（宋）王應麟撰　（清）閻若

璩箋　清乾隆三年(1738)馬氏叢書樓刻本
十二冊

610000－1042－0004561　綫071.52/037
困學紀聞二十卷　（宋）王應麟撰　清嘉慶十
三年(1808)刻本　十五冊

610000－1042－0004562　綫071.52/037
困學紀聞二十卷　（宋）王應麟撰　清同治九
年(1870)揚州書局刻本　四冊

610000－1042－0004563　綫071.52/037
困學紀聞二十卷首一卷　（宋）王應麟撰
（清）翁元圻注　清光緒十年(1884)同文書局
石印本　一冊　存二卷(一、首一卷)

610000－1042－0004564　綫071.52/037
困學紀聞集證二十卷首一卷末一卷　（宋）王
應麟撰　（清）萬希槐輯　清嘉慶八年(1803)
刻本　四冊　存四卷(一至四)

610000－1042－0004565　綫071.52/037
困學紀聞集證二十卷首一卷末一卷　（宋）王
應麟撰　（清）萬希槐輯　清嘉慶八年(1803)
聚秀堂刻本　八冊

610000－1042－0004566　綫071.52/037
校訂困學紀聞集證二十卷　（宋）王應麟撰
（清）閻若璩等輯注　清嘉慶二十二年(1817)
刻本　十二冊

610000－1042－0004567　綫071.52/037
校訂困學紀聞集證二十卷　（宋）王應麟撰
（清）何焯等箋釋　清咸豐二年(1852)刻本
八冊

610000－1042－0004568　綫071.52/037
困學紀聞三箋二十卷　（宋）王應麟撰　（清）
閻潛邱　（清）何義門　（清）全謝山箋
（清）屠繼序校補　清嘉慶十二年(1807)刻本
八冊

610000－1042－0004569　綫802.298/040
學林十卷　（宋）王觀國撰　清刻本　五冊

610000－1042－0004570　綫071.52/542
程氏考古編十卷　（宋）程大昌撰　（清）李調

元校定　清刻本　一冊

610000－1042－0004571　綫081.3/463

重訂增補陶朱公致富奇書八卷　（明）陳繼儒
纂輯　（清）石巖逸叟增定　清康熙十七年
(1678)刻本　四冊

610000－1042－0004572　綫081.3/463

重訂增補陶朱公致富奇書八卷　（明）陳繼儒
纂輯　（清）石巖逸叟增定　清康熙十七年
(1678)明哲堂刻本　四冊

610000－1042－0004573　綫071.6/283

少室山房筆叢四十八卷　（明）胡應麟撰　清
光緒二十二年(1896)廣雅書局刻本　八冊

610000－1042－0004574　綫善071.6/170

綠滋堂考信編五卷　（明）吳士奇撰　明萬曆
四十八年(1620)刻本　一冊　存二卷（一至
二）

610000－1042－0004575　綫071.64/666

十科策略箋釋十卷呆齋公年譜一卷　（明）劉
定之撰　（清）劉作梁注釋　清雍正四年
(1726)積秀堂刻本　五冊　缺三卷（二至四）

610000－1042－0004576　綫071.64/666

十科策略箋釋十卷呆齋公年譜一卷　（明）劉
定之撰　清乾隆二十一年(1756)古吳三樂齋
刻本　六冊

610000－1042－0004577　綫802.7/304

古書疑義舉例七卷　（清）俞樾撰　清宏達堂
刻本　四冊

610000－1042－0004578　綫071.7/304

癸巳類稿十五卷　（清）俞正燮撰　清道光十
三年(1833)刻本　六冊

610000－1042－0004579　綫071.7/304

癸巳類稿十五卷　（清）俞正燮撰　清光緒五
年(1879)會稽章氏刻本　八冊

610000－1042－0004580　綫082.6/304

癸巳存稿十五卷　（清）俞正燮撰　清道光二
十八年(1848)靈石楊氏刻本　五冊

610000－1042－0004581　綫847.6/304

癸巳存稿十五卷　（清）俞正燮撰　清光緒十
三年(1887)刻本　六冊

610000－1042－0004582　綫071/521

義府二卷字詁一卷　（清）黃生撰　清道光二
十二年(1842)刻本　三冊

610000－1042－0004583　綫011.8/364

札迻十二卷　（清）孫詒讓撰　清光緒二十四
年(1898)刻本　四冊

610000－1042－0004584　綫071.7/688

鍾山札記四卷　（清）盧文弨撰　清乾隆五十
五年(1790)抱經堂刻本　二冊

610000－1042－0004585　綫072.7/113

羣書札記十六卷　（清）朱亦棟撰　清光緒四
年(1878)武林竹簡齋刻本　六冊

610000－1042－0004586　綫071.7/802

經濟類考二卷　（清）顧九錫撰　清刻本
二冊

610000－1042－0004587　綫071.7/802

經濟類考二卷　（清）顧九錫撰　清光緒慶槐
堂鉛印本　四冊

610000－1042－0004588　綫071.7/597

陔餘叢考四十三卷　（清）趙翼撰　清乾隆五
十五年(1790)壽考堂刻本　十六冊

610000－1042－0004589　綫071.7/597

陔餘叢考四十三卷　（清）趙翼撰　清乾隆五
十六年(1791)湛貽堂刻本　十二冊

610000－1042－0004590　綫071.7/130

**韓門綴學五卷續編一卷詩學纂聞一卷談書錄
一卷**　（清）汪師韓撰　清乾隆刻本　四冊

610000－1042－0004591　綫071.75/227

南江札記四卷末一卷　（清）邵晉涵撰　清光
緒十五年(1889)會稽徐氏刻本　二冊

610000－1042－0004592　綫善071.7/689

潛邱劄記六卷　（清）閻若璩撰　清乾隆十年
(1745)閻氏眷西堂刻本　六冊

610000－1042－0004593　綫071.7/490

日知錄一卷 （清）敝成撰 清康熙六十一年(1722)晉絳仙舫喬佐洲刻本 一冊

610000－1042－0004594 綫071.7/802
日知錄三十二卷之餘四卷 （清）顧炎武撰 清道光十二年(1832)錦江書院刻本 十三冊

610000－1042－0004595 綫071.7/802
日知錄集釋三十二卷刊誤二卷續刊誤二卷 （清）顧炎武撰 （清）黃汝成集釋 清光緒三年(1877)刻本 五十一冊

610000－1042－0004596 綫071.7/802
日知錄集釋三十二卷 （清）顧炎武撰 （清）黃汝成集釋 清光緒三十二年(1906)石印本 四冊

610000－1042－0004597 綫071.7/250
曉讀書齋雜錄四錄八卷 （清）洪亮吉撰 清光緒三年(1877)授經堂刻本 二冊

610000－1042－0004598 綫071.7/113
無邪堂答問五卷 （清）朱一新撰 清光緒二十一年(1895)廣雅書局刻本 五冊

610000－1042－0004599 綫071.7/113
無邪堂答問五卷 （清）朱一新撰 清光緒二十二年(1896)上海書局影印本 五冊

610000－1042－0004600 綫071.7/517
西齋偶得三卷附錄一卷 （清）傅明撰 清光緒二十六年(1900)杭州刻本 一冊

610000－1042－0004601 綫071.7/496
讀書雜識十二卷 （清）勞格撰 清光緒四年(1878)吳興丁氏刻本 六冊

610000－1042－0004602 綫071.72/295
考古類編十二卷 （清）柴紹炳編 清雍正刻本 六冊

610000－1042－0004603 綫050/154
克復學報不分卷 （清）李瑞椿編輯 清宣統三年(1911)上海克復學報社鉛印本 二冊

610000－1042－0004604 綫072.75/769
古今創物志一卷 （清）羅荊壁纂輯 清嘉慶十八年(1813)桂園草堂刻本 一冊

610000－1042－0004605 綫090.22/121
全謝山先生經史問答十卷全氏世譜一卷 （清）全祖望撰 清刻本 四冊

610000－1042－0004606 綫090.22/121
全謝山先生經史問答十卷 （清）全祖望撰 清光緒八年(1882)上海王氏刻本 四冊

610000－1042－0004607 綫071.7/090
經濟實學考八卷 （清）江標輯 清光緒二十三年(1897)上海博濟書局石印本 十二冊

610000－1042－0004608 綫071.75/696
十駕齋養新錄二十卷餘錄三卷 （清）錢大昕撰 清嘉慶九年(1804)刻本 十六冊

610000－1042－0004609 綫071.75/696
十駕齋養新錄二十卷餘錄三卷錢辛楣先生年譜一卷竹汀居士年譜續編一卷 （清）錢大昕撰 清道光十一年(1831)刻本 八冊

610000－1042－0004610 綫071.7/696
十駕齋養新錄二十卷餘錄三卷 （清）錢大昕撰 清光緒二年(1876)浙江書局刻本 八冊

610000－1042－0004611 綫071.7/696
十駕齋養新錄二十卷餘錄三卷 （清）錢大昕撰 清光緒十年(1884)長沙龍氏家塾刻本 八冊

610000－1042－0004612 綫071.74/667
十科策略十卷 （清）劉文安撰 清乾隆二十三年(1758)步月樓刻本 三冊 存三卷(一、五、七)

610000－1042－0004613 綫071.7/745
書古微十二卷 （清）魏源撰 清光緒四年(1878)淮南書局刻本 四冊

610000－1042－0004614 綫071.7/745
書古微十二卷 （清）魏源撰 清光緒四年(1878)淮南書局刻本 四冊

610000－1042－0004615 綫071.7/745
書古微十二卷 （清）魏源撰 清光緒四年(1878)淮南書局刻本 四冊

610000－1042－0004616 綫089.7/445

舒藝室隨筆六卷　(清)張文虎撰　清同治十
三年(1874)金陵冶城賓館刻本　十二冊

610000 – 1042 – 0004617　綫善 071/040

燕在閣知新錄三十二卷　(清)王棠撰　清康
熙五十六年(1717)燕在閣刻本　十二冊

610000 – 1042 – 0004618　綫 071.7/196

一鐙精舍甲部藁五卷　(清)何秋濤撰　清光
緒五年(1879)淮南書局刻本　一冊

610000 – 1042 – 0004619　綫 071.7/190

義門讀書記五十八卷　(清)何焯撰　清乾隆
三十四年(1769)刻本　十二冊

610000 – 1042 – 0004620　綫 071.7/190

義門讀書記五十八卷　(清)何焯撰　清光緒
三十年(1904)苕溪吳氏刻本　十六冊

610000 – 1042 – 0004621　綫 071.7/252

讀書叢賸錄合刻三十一卷　(清)洪頤煊等撰
清道光元年(1821)刻本　十二冊

610000 – 1042 – 0004622　綫 075.8/418

國故論衡三卷　(清)章太炎撰　清光緒上海
文瑞樓鉛印本　三冊

610000 – 1042 – 0004623　綫 071.7/313

援鶉堂筆記五十卷　(清)姚範撰　清道光十
五年(1835)刻本　十六冊

610000 – 1042 – 0004624　綫 071.72/295

省軒考古類編十二卷　(清)柴紹炳纂　(清)
姚培謙評　清乾隆二十三年(1758)刻本　二
十冊

610000 – 1042 – 0004625　綫 071.7/151

孔子集語補遺商正一卷倉頡輯補斠證小箋二
卷說文解字引漢律令考補正一卷　(清)李滋
然撰　清光緒三十四年(1908)鉛印本　一冊

610000 – 1042 – 0004626　綫 071.22/653

獨斷二卷　(漢)蔡邕撰　清光緒元年(1875)
湖北崇文書局刻本　一冊

610000 – 1042 – 0004627　綫 071.522/378

甕牖閒評八卷　(宋)袁文撰　清蘇杭刻本
二冊

610000 – 1042 – 0004628　綫 857.17/597

簷曝雜記六卷　(清)趙翼撰　清乾隆五十七
年(1792)湛貽堂刻本　三冊

610000 – 1042 – 0004629　綫 072.72/039

池北偶談二十六卷　(清)王士禎撰　清乾隆
三十九年(1774)刻本　八冊

610000 – 1042 – 0004630　綫 072.72/039

池北偶談二十六卷　(清)王士禎撰　清宣統
二年(1910)上海震東學社石印本　六冊

610000 – 1042 – 0004631　綫 071.7/124

銅熨斗齋隨筆八卷　(清)沈濤撰　清刻本
二冊

610000 – 1042 – 0004632　綫 072.7/311

竹葉亭雜記八卷　(清)姚元之撰　清光緒十
九年(1893)桐城姚氏刻本　二冊

610000 – 1042 – 0004633　綫 072.7/311

竹葉亭雜記八卷　(清)姚元之撰　清光緒十
九年(1893)桐城姚氏刻本　四冊

610000 – 1042 – 0004634　綫 072.7/311

竹葉亭雜記八卷　(清)姚元之撰　清宣統二
年(1910)上海掃葉山房石印本　二冊　存四
卷(一至四)

610000 – 1042 – 0004635　綫 046.7/710

雲林別墅纂輯酬世錦囊續編五集十九卷
(清)謝梅林　(清)鄒可庭輯　清道光二十五
年(1845)刻本　八冊

610000 – 1042 – 0004636　綫 071.7/265

湛園札記四卷　(清)姜宸英撰　(清)葉元墀
重校　清光緒七年(1881)見山樓刻本　二冊

610000 – 1042 – 0004637　綫 075.7/416

章實齋乙卯劄記丙辰劄記合刻不分卷　(清)
章學誠撰　清宣統順德鄧氏鉛印本　二冊

610000 – 1042 – 0004638　綫 075.7/422

丙辰劄記一卷　(清)章學誠撰　清宣統上海
國光精良印刷所鉛印本　一冊

610000 – 1042 – 0004639　綫 072.7/118

沼山精舍經律劄記一卷　(清)朱廷勷等撰

清光緒十六年(1890)刻本　一冊

610000－1042－0004640　綫856.7/348

度針篇一卷　(清)秦道然等撰　清光緒十二年至十三年(1886－1887)刻本　一冊

610000－1042－0004641　綫072.78/039

文稿絜記一卷　(清)王子君輯　清末抄本
一冊

610000－1042－0004642　綫072.7/597

簷曝雜記六卷　(清)趙翼撰　清刻本　一冊

610000－1042－0004643　綫075.7/165

瀛舟筆談十二卷首一卷　(清)阮亨撰　清嘉慶二十五年(1820)刻本　六冊

610000－1042－0004644　綫070/117

幽夢續影一卷　(清)朱錫綬撰　清光緒四年(1878)滂喜齋刻本　一冊

610000－1042－0004645　綫072.78/044

有不為齋隨筆十卷　(清)光聰諧撰　清光緒十四年(1888)蘇州藩署刻本　一冊　存五卷(一至五)

610000－1042－0004646　綫072.78/362

與日本使人筆談瑣記一卷　(清)馬先登編
清光緒七年(1881)刻本　一冊

610000－1042－0004647　綫072.7/340

退菴隨筆八卷　(清)梁章鉅編　清同治十一年(1872)上海文瑞樓石印本　八冊

610000－1042－0004648　綫072.7/119

任兆麟述記三卷　(清)任兆麟撰　清光緒石印本　二冊　存二卷(中下)

610000－1042－0004649　綫074/274

柏蘊皋制藝選一卷　(清)柏謙等撰　清末抄本　一冊

610000－1042－0004650　綫善782.1/195

高奇往事十卷　(明)何鐉輯　明刻本　一冊
存四卷(四至五、九至十)

610000－1042－0004651　綫790/441

新增格古要論十三卷　(明)曹昭撰　(明)舒

敏輯　(明)王佐增　清道光二十六年(1846)
宏道書院刻本　六冊

610000－1042－0004652　綫790/441

新增格古要論十三卷　(明)曹昭撰　(明)舒敏輯　(明)王佐增　清三原李錫齡刻本
五冊

610000－1042－0004653　綫075.7/022

巾箱小品十三種　(清)□□輯　清華韻軒刻本　四冊

610000－1042－0004654　綫074.7/780

笠翁對韻一卷　(清)黨廣耀輯抄　清光緒元年(1875)抄本　一冊

610000－1042－0004655　綫善074.7/151

閒情偶寄十六卷　(清)李漁撰　清康熙十年(1671)翼聖堂刻本　十六冊

610000－1042－0004656　綫075.77/831

[雜抄]不分卷　(清)衢雲輯　清同治七年(1868)關中書院抄本　一冊

610000－1042－0004657　綫075.78/734

[雜抄]不分卷　(清)衢雲輯　清末抄本
一冊

610000－1042－0004658　綫121.2537/734

[雜抄]一卷　(□)□□撰　清末抄本　一冊

610000－1042－0004659　綫074.8/556

新燕語二卷　雷震撰　變異錄一卷　天嘏撰
清宣統三年(1911)新中國圖書局鉛印本
一冊

610000－1042－0004660　綫善856.8/521

天祿閣寓言外史四卷　(漢)黃憲撰　明萬曆三十九年(1611)刻本　二冊

610000－1042－0004661　綫善075.52/595

自警編八卷　(宋)趙善璙撰　明初刻本　十二冊

610000－1042－0004662　綫075.69/740

愧林漫錄二卷　(明)瞿式耜撰　清光緒十六年(1890)江蘇書局刻本　二冊

610000－1042－0004663　綫善 857.16/507

智囊二十八卷　（明）馮夢龍撰　明末三經齋刻本　十六冊

610000－1042－0004664　綫善 857.16/507

智囊補二十八卷　（明）馮夢龍輯　清乾隆五十九年(1794)刻本　三冊　存十一卷(十三至十六、二十二至二十八)

610000－1042－0004665　綫善 857.16/507

智囊補二十八卷　（明）馮夢龍輯　清刻本　十二冊

610000－1042－0004666　綫善 857.16/507

智囊補二十八卷　（明）馮夢龍撰　清刻本　十二冊

610000－1042－0004667　綫 075.6/193

餘冬錄六十一卷　（明）何孟春輯　清同治三年(1864)恭壽堂刻本　十二冊

610000－1042－0004668　綫善 071/407

玉芝堂談薈三十六卷　（明）徐應秋撰　明末刻本　三十六冊

610000－1042－0004669　綫 075.6/407

玉芝堂談薈三十六卷　（明）徐應秋撰　清光緒元年(1875)菁園刻本　四十冊

610000－1042－0004670　綫 075.6/407

玉芝堂談薈三十六卷　（明）徐應秋撰　清光緒元年(1875)菁園刻本　三十二冊

610000－1042－0004671　綫 046.7/720

策學纂要十六卷　（清）戴明纂　（清）黃卷輯　清乾隆三十二年(1767)刻本　四冊

610000－1042－0004672　綫 075.7/165

茶餘客話二十二卷　（清）阮葵生撰　清光緒十四年(1888)鉛印本　四冊

610000－1042－0004673　綫 075.7/065

傳家寶初集八卷二集八卷三集八卷四集八卷首一卷　（清）石成金撰　清刻本　三十二冊

610000－1042－0004674　綫 075.7/065

傳家寶三集八卷　（清）石成金訂補　清刻本　八冊

610000－1042－0004675　綫 075.7/065

傳家寶四集八卷　（清）石成金撰　清嘉慶十年(1805)刻本　七冊　存七卷(二至八)

610000－1042－0004676　綫 075.7/064

傳家寶四集八卷　（清）石成金撰　清刻本　八冊

610000－1042－0004677　綫 075.7/561

大瓢偶筆八卷鐵函齋書跋四卷　（清）楊賓撰　清道光二十七年(1847)刻本　六冊

610000－1042－0004678　綫 075.7/284

明文明六卷　（清）胡友信等撰　清道光二十年(1840)文筠堂刻本　六冊

610000－1042－0004679　綫善 075.73/039

權衡一書四十一卷　（清）王植輯錄　清乾隆元年(1736)崇德堂刻本　二十冊

610000－1042－0004680　綫善 075.73/039

權衡一書四十一卷　（清）王植輯錄　清乾隆元年(1736)崇德堂刻本　十二冊

610000－1042－0004681　綫 121.217/084

八銘加批二集　（清）仙洲老夫子評定　清光緒六年(1880)刻本　八冊

610000－1042－0004682　綫 193/487

宣講拾遺六卷　（清）莊跛仙輯　清同治十一年(1872)梁樂善公局刻本　六冊

610000－1042－0004683　綫 075.7/634

燕窗閒話二卷　（清）鄭經撰　清光緒十七年(1891)鄭經刻本　二冊

610000－1042－0004684　綫 075.7/037

重論文齋筆錄十二卷　（清）王端履輯　清道光二十六年(1846)刻本　六冊

610000－1042－0004685　綫 075.7/009

諸子粹言二卷讀史粹言二卷頤志齋四譜四卷　（清）丁晏輯　清道光二十三年(1843)刻本　一冊

610000－1042－0004686　綫 075.78/458

綴學堂初稿四卷　（清）陳漢章撰　清光緒象山陳氏刻本　二冊

610000 – 1042 – 0004687　綫 830/556

經餘必讀八卷　（清）雷琳等輯　清嘉慶八年(1803)大中堂刻本　八冊

610000 – 1042 – 0004688　綫 830/556

經餘必讀八卷續編八卷三編四卷　（清）雷琳等輯　清嘉慶二十一年(1816)敬業堂刻本　十二冊

610000 – 1042 – 0004689　綫 830/556

經餘必讀續編八卷　（清）錢樹棠等輯　清嘉慶十年(1805)大中堂刻本　四冊

610000 – 1042 – 0004690　綫 830/556

經餘必讀續編八卷　（清）錢樹棠等輯　清嘉慶十一年(1806)經餘堂刻本　四冊

610000 – 1042 – 0004691　綫 075.7/340

梁氏筆記三種　（清）梁章鉅撰　清宣統三年(1911)上海掃葉山房石印本　八冊

610000 – 1042 – 0004692　綫 075.7/570

鷗陂漁話六卷　（清）葉廷琯撰　清同治八年(1869)蘇州文翰齋刻本　二冊

610000 – 1042 – 0004693　綫 075.7/570

鷗陂漁話十二卷　（清）葉廷琯撰　清同治三年(1864)上海掃葉山房石印本　六冊

610000 – 1042 – 0004694　綫 075.7/671

三冬識餘二卷　（清）劉希向撰　清咸豐八年(1858)刻本　四冊

610000 – 1042 – 0004695　綫 046.7/029

物理小識十二卷首一卷　（清）方以智撰　清光緒十年(1884)寧靜堂刻本　六冊

610000 – 1042 – 0004696　綫 192.92/670

劉升之建坊稿一卷　（□）□□撰　清光緒十二年(1886)抄本　一冊

610000 – 1042 – 0004697　綫 075.7/521

臚唱先聲七卷　（清）黃思永等輯　清光緒十五年(1889)刻本　六冊

610000 – 1042 – 0004698　綫 075.7/167

南學日課不分卷　（清）吳源瀋等撰　清末稿本　十九冊

610000 – 1042 – 0004699　綫 072.78/495

偶見錄一卷　（□）□□撰　清末抄本　一冊

610000 – 1042 – 0004700　綫 072.78/520

偶見錄一卷　雲山道人輯　清末抄本　一冊

610000 – 1042 – 0004701　綫 192.91/549

文昌帝君救劫寶誥注釋一卷　（清）癡人輯　清同治八年(1869)刻本　一冊

610000 – 1042 – 0004702　綫 075/131

新爾雅十四卷　（清）汪榮寶　（清）葉瀾編纂　清光緒重慶廣益書局鉛印本　二冊

610000 – 1042 – 0004703　綫 071.7/133

衡齋遺書九卷　（清）汪萊撰　清咸豐四年(1854)鄱易縣署刻本　二冊

610000 – 1042 – 0004704　綫 059.11/079

京報全錄不分卷　申報館編　清光緒十七年至十九年(1891 – 1893)鉛印本　三冊

610000 – 1042 – 0004705　綫 041.78/445

時務滙覽三十卷　（清）張之洞輯　清光緒二十六年(1900)星沙鴻文堂刻本　十二冊

610000 – 1042 – 0004706　綫 050/340

時務報附書八種　梁啟超等編　清光緒二十三年(1897)石印本　十冊

610000 – 1042 – 0004707　綫 075.78/373

時務策論總纂初集六十卷　（清）桃谿魚隱悝新盦主輯　清光緒二十三年(1897)天津逸雲齋石印本　十四冊　存三十六卷(一至三十六)

610000 – 1042 – 0004708　綫 075/382

增廣時務新策十二卷　（□）□□撰　清光緒二十三年(1897)石印本　六冊

610000 – 1042 – 0004709　綫 835.8/548

新民叢報選編不分卷　新民叢報編輯部編　清光緒二十八年(1902)石印本　十冊

610000 – 1042 – 0004710　綫 050/502

湖北官報不分卷　湖北官報館編輯　清光緒三十一年(1905)鉛印本　七冊

610000 - 1042 - 0004711　綫 083.6/324

庚戌年官商快覽一卷　席裕福輯　清光緒三
十四年(1908)上海書業公所石印本　一冊

610000 - 1042 - 0004712　綫 857.22/214

神異經一卷海內十洲記一卷　（漢）東方朔撰
清宣統三年(1911)湖北鄂官書處刻本
一冊

610000 - 1042 - 0004713　綫善 857.2484/162

錄異記八卷　（五代）杜光庭撰　明萬曆十七
年(1589)刻本　一冊

610000 - 1042 - 0004714　綫 857.21/430

穆天子傳六卷　（晉）郭璞注　清刻本　一冊

610000 - 1042 - 0004715　綫 857.231/447

博物志十卷　（晉）張華撰　清嘉慶八年
(1803)士禮居刻本　一冊

610000 - 1042 - 0004716　綫 075.31/447

博物志十卷　（晉）張華撰　清光緒元年
(1875)湖北崇文書局刻本　一冊

610000 - 1042 - 0004717　綫 857.231/447

博物志十卷　（晉）張華撰　清宣統三年
(1911)湖北鄂官書處刻本　一冊

610000 - 1042 - 0004718　綫 8570232/017

搜神記二十卷後記十卷　（晉）干寶撰　清光
緒元年(1875)湖北崇文書局刻本　三冊

610000 - 1042 - 0004719　綫 857.232/017

搜神記二十卷　（晉）干寶撰　清宣統三年
(1911)湖北鄂官書處刻本　二冊

610000 - 1042 - 0004720　綫 857.232/481

搜神後記十卷　（晉）陶潛撰　清光緒元年
(1875)湖北崇文書局刻本　一冊

610000 - 1042 - 0004721　綫 857.232/481

搜神後記十卷　（晉）陶潛撰　清宣統三年
(1911)湖北鄂官書處刻本　一冊

610000 - 1042 - 0004722　綫 661/430

山海經四卷　（晉）郭璞撰　（清）吳任臣注
清咸豐五年(1855)海清樓刻本　四冊

610000 - 1042 - 0004723　綫 661/430

山海經十八卷圖贊一卷補注一卷　（晉）郭璞
撰　清光緒二年(1876)湖北崇文書局刻本
三冊

610000 - 1042 - 0004724　綫 661/430

山海經十八卷圖贊一卷補注一卷　（晉）郭璞
注　清光緒三年(1877)刻本　三冊

610000 - 1042 - 0004725　綫 661/430

山海經十八卷山海經圖五卷　（晉）郭璞撰
清光緒十六年(1890)學庫山房刻本　四冊

610000 - 1042 - 0004726　綫 661/430

山海經二十一卷圖贊一卷訂譌一卷敘錄一卷
（晉）郭璞撰　（清）郝懿行箋疏　清光緒十
八年(1892)五彩公司石印本　六冊

610000 - 1042 - 0004727　綫 661/430

山海經存十八卷　（晉）郭璞撰　（清）汪紱釋
清光緒二十一年(1895)石印本　四冊　存
九卷(一至九)

610000 - 1042 - 0004728　綫 857.213/170

**山海經廣注十八卷讀山海經語一卷雜述一卷
圖五卷**　（晉）郭璞注　（清）吳任臣釋　清乾
隆五十一年(1786)金閶書業堂刻本　六冊

610000 - 1042 - 0004729　綫 661/430

山海經廣注十八卷　（晉）郭璞原注　（清）吳
任臣注　清刻本　二冊

610000 - 1042 - 0004730　綫 661/430

**山海經箋疏十八卷圖贊一卷訂譌一卷敘錄一
卷**　（晉）郭璞注　（清）郝懿行箋疏　清嘉慶
十四年(1809)阮氏琅嬛僊館刻本　四冊

610000 - 1042 - 0004731　綫 661/430

**山海經箋疏十八卷圖贊一卷訂譌一卷敘錄一
卷**　（晉）郭璞注　（清）郝懿行箋疏　清嘉慶
十四年(1809)刻本　四冊

610000 - 1042 - 0004732　綫 661/430

**山海經箋疏十八卷圖贊一卷訂譌一卷敘錄一
卷**　（晉）郭璞注　（清）郝懿行箋疏　清光緒
七年(1881)刻本　四冊

610000－1042－0004733　綫善 857.131/039

拾遺記十卷　（晉）王嘉撰　（南朝梁）蕭綺錄
清新安汪士漢刻本　一冊

610000－1042－0004734　綫 857.131/039

拾遺記十卷　（晉）王嘉撰　（南朝梁）蕭綺錄
（明）程榮校　清刻本　二冊

610000－1042－0004735　綫善 857.1351.666

世說新語二十卷　（南朝宋）劉義慶撰　（南
朝梁）劉孝標注　明嘉靖四十四年(1565)刻
本　八冊

610000－1042－0004736　綫善 857.1351.660

世說新語八卷　（南朝宋）劉義慶撰　（南朝
梁）劉孝標注　明萬曆凌瀛初刻四色套印本
八冊

610000－1042－0004737　綫 857.1351/666

世說新語二十卷　（南朝宋）劉義慶撰　清乾
隆二十七年(1762)濂甯陳氏刻本　八冊

610000－1042－0004738　綫 857.1351/666

世說新語六卷　（南朝宋）劉義慶撰　清光緒
三年(1877)湖北崇文書局刻本　四冊

610000－1042－0004739　綫 857.1351/666

世說新語三卷　（南朝宋）劉義慶撰　清三原
李錫齡校刻本　六冊

610000－1042－0004740　綫 857.1353/119

述異記二卷　（南朝梁）任昉撰　清光緒元年
(1875)湖北崇文書局刻本　一冊

610000－1042－0004741　綫 857.1353/119

述異記二卷　（南朝梁）任昉撰　清宣統三年
(1911)湖北鄂官書處刻本　一冊

610000－1042－0004742　綫 857.241/156

唐人小說六種　（唐）李德裕等輯　清宣統三
年(1911)葉氏觀古堂刻本　二冊

610000－1042－0004743　綫善 857.357/489

教坊記一卷　（唐）崔令欽撰　清抄本　一冊

610000－1042－0004744　綫 857.241/297

酉陽雜俎二十卷續集十卷　（唐）段成式撰
清道光二十九年(1849)刻本　四冊

610000－1042－0004745　綫 071.41/297

酉陽雜俎二十卷續集十卷　（唐）段成式撰
清光緒三年(1877)湖北崇文書局刻本　六冊

610000－1042－0004746　綫 857.141/036

唐摭言十五卷　（唐）王定保撰　清乾隆二十
一年(1756)雅雨堂刻本　三冊

610000－1042－0004747　綫 782.269/669

大唐新語十三卷　（唐）劉肅撰　清刻本　一
冊　存四卷(五至八)

610000－1042－0004748　綫 857.1516/037

唐語林八卷　（宋）王讜撰　清乾隆四十年
(1775)武英殿聚珍本　四冊

610000－1042－0004749　綫 857.1516/037

唐語林八卷　（宋）王讜撰　清咸豐八年
(1858)刻本　四冊

610000－1042－0004750　綫 857.1516/037

唐語林八卷校勘記一卷　（宋）王讜撰　清光
緒十九年(1893)湖北官書處刻本　四冊

610000－1042－0004751　綫 857.451/233

**癸辛雜識前集一卷後集一卷續集二卷別集二
卷**　（宋）周密撰　（明）毛晉訂　明末毛氏汲
古閣刻本　四冊

610000－1042－0004752　綫 857.251/253

夷堅志十集二十卷　（宋）洪邁撰　清乾隆四
十三年(1778)刻涇縣洪氏修補本　十冊

610000－1042－0004753　綫 857.251/253

夷堅志十集二十卷　（宋）洪邁撰　清乾隆四
十三年(1778)刻本　十冊

610000－1042－0004754　綫 857.251/253

夷堅志甲志二十卷乙志二十卷　（宋）洪邁撰
清光緒五年(1879)陸氏十萬卷樓刻本
八冊

610000－1042－0004755　綫 857.251/253

夷堅志五十卷　（宋）洪邁撰　清宣統三年
(1911)上海藜光社石印本　十六冊

610000－1042－0004756　綫 857.1516/357

懶真子五卷　（宋）馬永卿撰　（明）陳汝元校

清刻本　二冊

610000－1042－0004757　綫075.31/447

博物志十卷續博物志十卷桂海虞衡志一卷
（晉）張華　（宋）李石　（宋）范成大撰　清
康熙七年(1668)新安汪士漢刻本　一冊

610000－1042－0004758　綫075.31/447

博物志十卷　（晉）張華撰　清光緒元年
(1875)湖北崇文書局刻本　一冊

610000－1042－0004759　綫075.5/153

續博物志十卷　（宋）李石撰　清光緒元年
(1875)湖北崇文書局刻本　一冊

610000－1042－0004760　綫075.5/153

續博物志十卷　（宋）李石撰　清刻本　一冊
　存二卷(七至八)

610000－1042－0004761　綫善857.15/173

寶顏堂訂正荊溪林下偶談四卷　（宋）吳氏撰
　（明）鬱嘉慶　（明）陳皋謨校　明萬曆秀水
沈氏刻本　二冊

610000－1042－0004762　綫善857.2511/670

異苑十卷　（宋）劉敬叔撰　明萬曆二十七年
(1599)刻本　一冊

610000－1042－0004763　綫857.451/364

北夢瑣言二十卷　（宋）孫光憲撰　清刻本
四冊

610000－1042－0004764　綫857.2/155

太平廣記五百卷　（宋）李昉等撰　清道光二
十六年(1846)三讓木記刻本　六十冊

610000－1042－0004765　綫857.157/666

錢塘遺事十卷　（元）劉一青撰　（清）席世臣
訂　清嘉慶四年(1799)上海掃葉山房刻本
二冊

610000－1042－0004766　綫857.157/119

瑯嬛記三卷　（元）伊世珍　席夫輯　清刻本
　一冊

610000－1042－0004767　綫善857/054

蘇米志林蘇子瞻二卷朱元璋一卷　（明）毛鳳
苞輯　明崇禎毛氏綠君亭刻本　三冊

610000－1042－0004768　綫善857/227

新刻出像增補搜神記六卷　（明）□□撰　明
萬曆金陵書林唐氏富春堂刻本　一冊　存三
卷(四至六)

610000－1042－0004769　綫857.16/441

柳崖外編八卷　（明）徐昆撰　清乾隆五十八
年(1793)刻本　四冊

610000－1042－0004770　綫善857.166/154

初譚集十二卷　（明）李贄撰　明末王克安刻
本　四冊

610000－1042－0004771　綫善857.36/054

五色綫二卷　（明）毛晉訂　明末毛氏汲古閣
刻本　一冊

610000－1042－0004772　綫857.41/507

今古奇觀四十卷　（明）馮夢龍編　清刻本
七冊　存三十五卷(六至四十)

610000－1042－0004773　綫857.41/507

今古奇觀十卷四十回　（明）馮夢龍編　清刻
本　十冊

610000－1042－0004774　綫善857.16/039

玉茗堂摘評王弇州先生豔異編十二卷　（明）
王世貞撰　（明）湯顯祖評　明末刻朱墨印本
　六冊

610000－1042－0004775　綫善857.16/092

亙史外紀二種　（明）江盈科等撰　明刻本
四冊

610000－1042－0004776　綫857.1/463

尚白齋秘笈(眉公秘笈)五種　（明）陳繼儒撰
　清初刻本　五冊

610000－1042－0004777　綫857.167/708

文海披沙八卷　（明）謝肇淛撰　清光緒三年
(1877)申報館鉛印本　四冊

610000－1042－0004778　綫856.8/155

山中一夕話十二卷　（明）李贄編次　（清）笑
笑先生增訂　清光緒四年(1878)上海申報館
鉛印本　四冊

610000－1042－0004779　綫857.17/040

豔史叢鈔十二種　（清）王韜輯　清光緒四年（1878）弢園鉛印本　一冊

610000－1042－0004780　綫857.17/238
揚州夢四卷　（清）周生撰　清末石印本　四冊

610000－1042－0004781　綫857.17/532
夜譚隨錄十二卷　（清）閑齋氏撰　清光緒十三年（1887）鴻寶齋石印本　二冊

610000－1042－0004782　綫857.27/501
翼駉稗編八卷　（清）湯用中撰　（清）徐廷華評　清道光二十九年（1849）刻本　八冊

610000－1042－0004783　綫857.27/501
翼駉稗編八卷　（清）湯用中撰　（清）徐廷華評　清道光二十九年（1849）刻本　八冊

610000－1042－0004784　綫857.27/523
蟫史二十卷　（清）屠紳撰　清光緒上海申報館鉛印本　六冊

610000－1042－0004785　綫857.16/322
野記四卷　（清）祝允明撰　清光緒四年（1878）申報館鉛印本　二冊

610000－1042－0004786　綫857.27/171
我佛山人札記小說四卷　（清）吳沃堯撰　清宣統二年（1910）輿論時事報館鉛印本　一冊　存二卷（一至二）

610000－1042－0004787　綫857.178/726
庸盦筆記八卷　（清）薛福成撰　清光緒二十七年（1901）上海掃葉山房石印本　一冊

610000－1042－0004788　綫857.17/039
遁窟讕言十二卷　（清）王韜撰　清光緒元年（1875）申報館鉛印本　四冊

610000－1042－0004789　綫善857.27/535
觚賸八卷續編四卷　（清）鈕琇輯　清康熙三十九年（1700）鈕琇臨野堂刻本　六冊

610000－1042－0004790　綫857.17/535
觚賸八卷續編四卷　（清）鈕琇輯　清康熙三十九年（1700）鈕琇臨野堂刻本　六冊

610000－1042－0004791　綫857.17/535
觚賸八卷續編四卷　（清）鈕琇輯　清康熙三十九年（1700）鈕琇臨野堂刻本　四冊

610000－1042－0004792　綫857.17/535
觚賸八卷續編四卷　（清）鈕琇輯　清光緒四年（1878）上海申報館鉛印本　十二冊

610000－1042－0004793　綫857.17/535
觚賸八卷續編四卷　（清）鈕琇輯　清宣統三年（1911）上海時中書局石印本　六冊

610000－1042－0004794　綫857.17/535
觚賸八卷續編四卷　（清）鈕琇輯　清宣統三年（1911）上海國學扶輪社鉛印本　六冊

610000－1042－0004795　綫857.1353/340
歸田瑣記八卷　（清）梁章鉅撰　清道光二十五年（1845）刻本　四冊

610000－1042－0004796　綫857.25/124
鬼董五卷　（清）沈口撰　清刻本　一冊

610000－1042－0004797　綫857.1/200
槐廳載筆二十卷　（清）法式善編　清嘉慶四年（1799）石鼓齋刻本　四冊

610000－1042－0004798　綫857.174/316
槐西雜誌四卷　（清）紀昀撰　清乾隆五十九年（1794）刻本　四冊

610000－1042－0004799　綫857.27/078
幻夢寄冤四卷　（清）田鑄撰　清宣統元年（1909）恒記書局石印本　一冊

610000－1042－0004800　綫857.1/177
繪圖彤管清芬錄海外奇談不分卷　（清）輿論時事報社編　清宣統二年（1910）輿論時事報社石印本　一冊

610000－1042－0004801　綫857.17/304
薈蕞編二十卷　（清）俞樾撰　清光緒七年（1881）上海申報館鉛印本　八冊

610000－1042－0004802　綫857.27/598
寄園寄所寄十二卷　（清）趙吉士輯　清康熙三十五年（1696）趙氏寄園刻本　十五冊　存十一卷（一至四、六至十二）

610000 – 1042 – 0004803　綫 857.27/598

寄園寄所寄十二卷　（清）趙吉士輯　清刻本
六冊　存五卷（五至六、九、十一至十二）

610000 – 1042 – 0004804　綫 857.178/174

科場異聞錄五種　（清）呂相褒輯　清光緒二
十四年(1898)順成書局石印本　四冊

610000 – 1042 – 0004805　綫 857.17/340

浪跡叢談十一卷附續談　（清）梁章鉅撰　清
道光二十七年(1847)刻本　六冊

610000 – 1042 – 0004806　綫 627.04/459

郎潛紀聞十四卷燕下鄉脞錄十六卷　（清）陳
康祺撰　清光緒十年(1884)校經山房刻本
十二冊

610000 – 1042 – 0004807　綫 851.477/483

邵亭遺詩八卷　（清）莫友芝撰　清光緒元年
(1875)獨山莫氏刻本　二冊

610000 – 1042 – 0004808　綫 857.17/561

史餘萃覽四卷勝國文徵四卷　（清）楊家麟輯
清光緒四年(1878)上海申報館鉛印本
二冊

610000 – 1042 – 0004809　綫 075.77/054

對山書屋墨餘錄十六卷　（清）毛祥麟撰　清
同治九年(1870)刻本　六冊

610000 – 1042 – 0004810　綫 857.241/674

劍俠傳四卷　（□）□□撰　清刻本　一冊

610000 – 1042 – 0004811　綫 857.2/067

新鐫繪圖十二美女玉蟾緣四卷五十三回
（□）□□撰　清石印本　一冊

610000 – 1042 – 0004812　綫 857.17/171

新刻京臺公餘勝覽國色天香十卷　（明）吳敬
所編　清益善堂刻本　三冊

610000 – 1042 – 0004813　綫 857.27/426

里乘十卷　（清）許奉恩撰　清光緒五年
(1879)常熟抱芳閣刻本　十冊

610000 – 1042 – 0004814　綫 857.27/609

聊齋志異十六卷　（清）蒲松齡撰　清咸豐十
一年(1861)刻朱墨印本　十六冊

610000 – 1042 – 0004815　綫 857.27/609

聊齋志異十六卷　（清）蒲松齡撰　清光緒十
二年(1886)上海同文書局石印本　八冊

610000 – 1042 – 0004816　綫 857.2/609

聊齋志異詳注十六卷　（清）蒲松齡撰　清京
都三多齋刻朱墨印本　十六冊

610000 – 1042 – 0004817　綫 857.27/609

聊齋志異新評十六卷　（清）蒲松齡撰　（清）
但明倫新評　清道光二十二年(1842)廣順但
氏刻朱墨印本　十六冊

610000 – 1042 – 0004818　綫 857.27/609

聊齋志異新評十六卷　（清）蒲松齡撰　（清）
王士禎評　（清）但明倫新評　清同治八年
(1869)羊城青雲樓刻本　十六冊

610000 – 1042 – 0004819　綫 857.27/609

聊齋志異新評十六卷　（清）蒲松齡撰　（清）
但明倫新評　清光緒二十八年(1902)廣順但
氏刻本　一冊　存十三卷（一至五、七至九、
十一、十三至十六）

610000 – 1042 – 0004820　綫 857.27/609

聊齋志異圖詠十六卷　（清）蒲松齡撰　（清）
但明倫新評　清道光二十二年(1842)廣順但
氏刻本　十六冊

610000 – 1042 – 0004821　綫 857.27/609

聊齋志異圖詠十六卷　（清）蒲松齡撰　（清）
但明倫新評　清光緒上海掃葉山房石印本
八冊

610000 – 1042 – 0004822　綫 857.27/609

聊齋志異圖詠十六卷　（清）蒲松齡撰　（清）
但明倫新評　清宣統元年(1909)上海萃文齋
石印本　八冊

610000 – 1042 – 0004823　綫 857.27/319

續聊齋志異圖詠五卷　（清）浩歌子增訂　清
光緒二十一年(1895)漱芬潤齋石印本　五冊

610000 – 1042 – 0004824　綫 857.27/609

詳注聊齋志異圖詠十六卷　（清）蒲松齡撰
清光緒十二年(1886)上海同文書局石印本

八册

610000 – 1042 – 0004825　綫 857.27/410

真正後聊齋志異八卷　（清）徐昆撰　清光緒
二十二年(1896)上海文宜書局石印本　四冊

610000 – 1042 – 0004826　綫 857.27/040

正續後聊齋志異六卷　（清）王紫詮撰　清光
緒二十二年(1896)上海書局石印本　六冊

610000 – 1042 – 0004827　綫 857.27/040

繪圖後聊齋志異十二卷　（清）王韜撰　清光
緒二十九年(1903)上海點石齋石印本　六冊

610000 – 1042 – 0004828　綫 857.272/444

虞初新志二十卷　（清）張潮輯　清初清遠閣
刻本　十冊

610000 – 1042 – 0004829　綫 857.272/444

虞初新志二十卷虞初續志十二卷　（清）張潮
（清）鄭澍若輯　清咸豐元年(1851)小嫏嬛
山館刻本　十冊　存十一卷(新志十至二十)

610000 – 1042 – 0004830　綫 857.278/040

淞隱漫録十二卷　（清）王韜撰　清光緒十三
年(1887)上海點石齋石印本　二冊

610000 – 1042 – 0004831　綫 857.1/309

譚史志奇八卷　（清）姚彥臣等編　清光緒十
四年(1888)五知堂刻本　四冊

610000 – 1042 – 0004832　綫 857.176/344

兩般秋雨庵隨筆八卷　（清）梁紹壬纂　清道
光十七年(1837)刻本　八冊

610000 – 1042 – 0004833　綫 857.176/344

兩般秋雨庵隨筆八卷　（清）梁紹壬纂　清光
緒十年(1884)錢塘許氏吉華寶刻本　八冊

610000 – 1042 – 0004834　綫 857.176/344

兩般秋雨庵隨筆八卷　（清）梁紹壬纂　清宣
統元年(1909)上海掃葉山房石印本　四冊

610000 – 1042 – 0004835　綫 857.178/242

**粟香隨筆八卷二筆八卷三筆八卷四筆八卷五
筆八卷**　（清）金武祥撰　清光緒十三年
(1887)上海掃葉山房石印本　十六冊

610000 – 1042 – 0004836　綫 857.17/039

隴蜀餘聞一卷　（清）王士禎撰　清刻本
一冊

610000 – 1042 – 0004837　綫 857.18/409

宋豔十二卷　（清）徐士鑾輯　清光緒十七年
(1891)蝶園刻本　六冊

610000 – 1042 – 0004838　綫 857.27/763

堅瓠秘集四卷　（清）褚人穫纂輯　清康熙三
十九年(1700)刻本　二冊

610000 – 1042 – 0004839　綫 857.27/380

新齊諧二十四卷　（清）袁枚撰　清道光十四
年(1834)刻本　十二冊

610000 – 1042 – 0004840　綫 857.27/380

新齊諧二十四卷　（清）袁枚撰　清刻本
八冊

610000 – 1042 – 0004841　綫 857.27/880

續新齊諧十卷　（清）袁枚撰　清刻本　八冊

610000 – 1042 – 0004842　綫 857.17/039

池北偶談二十六卷　（清）王士禎撰　清光緒
二十二年(1896)上海慎記書莊石印本　八冊

610000 – 1042 – 0004843　綫 857.17/448

遣愁集八卷　（清）張貴勝撰　清初刻本　一
冊　缺六卷(三至八)

610000 – 1042 – 0004844　綫 857.172/154

錢神志七卷　（清）李世熊撰　清同治十年
(1871)寧化縣署木活字印本　七冊

610000 – 1042 – 0004845　綫 857.17/342

**池上草堂筆記近録六卷續録六卷三録六卷四
録六卷**　（清）梁恭辰撰　清同治十年(1871)
刻本　八冊

610000 – 1042 – 0004846　綫 857.17/277

人海記二卷　（清）查慎行輯　清咸豐元年
(1851)海昌張士寬刻本　二冊

610000 – 1042 – 0004847　綫 857.17/277

人海記二卷　（清）查慎行輯　清宣統二年
(1910)上海掃葉山房石印本　二冊

610000－1042－0004848　綫857.17/187
熙朝新語十六卷　（清）余金輯　清光緒元年
(1875)如不及齋刻本　六冊

610000－1042－0004849　綫857.17/187
熙朝新語十六卷　（清）余金輯　清光緒十三
年(1887)上海大文書局鉛印本　二冊

610000－1042－0004850　綫857.17/039
香祖筆記十二卷　（清）王士禎撰　清康熙刻
本　四冊

610000－1042－0004851　綫857.17/039
香祖筆記十二卷　（清）王士禎撰　清刻本
四冊

610000－1042－0004852　綫627.04/294
嘯亭雜錄八卷續錄二卷　（清）昭槤撰　清光
緒六年(1880)刻本　十二冊

610000－1042－0004853　綫627.04/294
嘯亭雜錄十卷續錄三卷　（清）昭槤撰　清光
緒六年(1880)上海申報館鉛印本　十冊

610000－1042－0004854　綫627.04/294
嘯亭雜錄十卷續錄三卷　（清）昭槤撰　清光
緒六年(1880)上海進步書局石印本　四冊

610000－1042－0004855　綫627.04/294
嘯亭雜錄八卷續錄二卷　（清）昭槤撰　清光
緒二十七年(1901)上海掃葉山房石印本
六冊

610000－1042－0004856　綫627.04/294
嘯亭雜錄十卷續錄三卷　（清）昭槤撰　清宣
統元年(1909)中國圖書公司鉛印本　四冊

610000－1042－0004857　綫857.37/039
漁洋說部精華十二卷　（清）王士禎撰　（清）
劉堅編輯　清刻本　四冊

610000－1042－0004858　綫847.7/423
玉井山館筆記一卷　（清）許宗衡撰　清同治
十三年(1874)滂嘉齋刻本　一冊

610000－1042－0004859　綫857.27/486
消閒述異三卷　（清）常謙尊輯　清道光二十
年(1840)帶經堂刻本　三冊

610000－1042－0004860　綫857.17/459
笑史四卷　（清）陳庚撰　清光緒上海申報館
鉛印本　二冊

610000－1042－0004861　綫857.17/064
新異叢錄八卷　（清）左滋編輯　清光緒三十
三年(1907)上海奎文書局石印本　四冊

610000－1042－0004862　綫857.17/719
籐陰雜記十二卷　（清）戴璐撰　清光緒三年
(1877)刻本　二冊

610000－1042－0004863　綫857.27/171
挑燈新錄六卷　（清）吳荊園撰　清嘉慶十五
年(1810)刻本　六冊

610000－1042－0004864　綫857.27/171
挑燈新錄六卷　（清）吳荊園撰　清同治二年
(1863)刻本　四冊

610000－1042－0004865　綫857.17/152
尾蔗叢談四卷　（清）李調元撰　清道光五年
(1825)李朝夔刻本　一冊

610000－1042－0004866　綫857.17/039
甕牖餘談八卷　（清）王韜撰　清光緒元年
(1875)上海申報館鉛印本　四冊

610000－1042－0004867　綫857.27/316
閱微草堂筆記二十四卷　（清）紀昀撰　清道
光十四年(1834)羊城刻本　十冊

610000－1042－0004868　綫857.27/316
閱微草堂筆記二十四卷　（清）紀昀撰　清道
光二十七年(1847)小蓬萊山館刻本　十冊

610000－1042－0004869　綫857.27/266
夜雨秋燈錄八卷　（清）宣鼎撰　清光緒三年
(1877)上海申報館鉛印本　八冊

610000－1042－0004870　綫857.27/266
夜雨秋燈續錄八卷　（清）宣鼎撰　清光緒六
年(1880)上海申報館鉛印本　八冊

610000－1042－0004871　綫857.1/067
說部擷華六卷　（清）玉梅詞隱（況周頤）撰
輯　清宣統三年(1911)嬛福書莊石印本
六冊

610000－1042－0004872　綫 857.1/318

神州雜俎不分卷　（清）神州日報社編輯　清宣統二年(1910)神州日報社石印本　一冊

610000－1042－0004873　綫 857.18/548

所聞錄不分卷　（清）新中國圖書局編　清宣統三年(1911)新中國圖書局石印本　一冊

610000－1042－0004874　綫 857.457/260

第五才子書水滸全傳七十回　（元）施耐庵撰　清光緒十四年(1888)上海大同書局石印本　八冊

610000－1042－0004875　綫 857.46/770

繡像第一才子書三國志演義六十卷　（明）羅貫中撰　清順治元年(1644)刻本　二冊　存三卷(一至三)

610000－1042－0004876　綫 857.46/770

三國演義一百二十回　（明）羅貫中撰　清刻本　一冊　存八回(八十九至九十六)

610000－1042－0004877　綫 857.46/770

三國演義一百二十回　（明）羅貫中撰　清刻本　十六冊

610000－1042－0004878　綫 857.46/770

四大奇書第一種三國志演義一百二十回　（明）羅貫中撰　清刻本　十八冊　存一百十一回(七至一百十七)

610000－1042－0004879　綫 857.46/770

增像全圖三國演義六十卷一百二十回　（明）羅貫中撰　清光緒十四年(1888)上海鴻文書局石印本　十二冊

610000－1042－0004880　綫 857.46/770

增像全圖三國演義六十卷一百二十回　（明）羅貫中撰　清光緒十五年(1889)上海鴻文書局石印本　十二冊

610000－1042－0004881　綫 857.46/170

繪圖增像西遊記一百回　（明）吳承恩撰　清光緒十九年(1893)上海煥文書局石印本　八冊

610000－1042－0004882　綫 857.46/170

西遊真詮一百回　（明）吳承恩撰　（清）陳士斌詮解　清刻本　二十四冊

610000－1042－0004883　綫 857.46/170

西遊真詮一百回　（明）吳承恩撰　（清）陳士斌詮解　清刻本　二十冊

610000－1042－0004884　綫 857.46.170

西遊真詮一百回　（明）吳承恩撰　（清）陳士斌詮解　清康熙翠筠山房刻本　二十四冊

610000－1042－0004885　綫 857.46/170

西遊真詮一百回　（明）吳承恩撰　（清）陳士斌詮解　清康熙同志堂刻本　二十冊

610000－1042－0004886　綫 857.46/170

西遊真詮一百回　（明）吳承恩撰　（明）憺漪子評　清聚元堂刻本　八冊

610000－1042－0004887　綫 857.46/429

封神演義八卷一百回　（明）許仲琳編　清乾隆四十七年(1782)維經堂刻本　二十冊

610000－1042－0004888　綫 857.46/429

繪圖封神演義八卷一百回　（明）許仲琳編　清宣統二年(1910)上海有益齋石印本　八冊

610000－1042－0004889　綫 857.46/769

圖像三寶太監下西洋通俗演義十六卷一百回　（明）羅懋登編　清光緒二十二年(1896)上海書局石印本　八冊

610000－1042－0004890　綫 857.46/769

圖像三寶太監下西洋通俗演義十六卷一百回　（明）羅懋登編　清宣統元年(1909)上海江左書林石印本　八冊

610000－1042－0004891　綫 857.46/406

繡像英烈全傳十卷八十回　（明）徐渭編　清光緒二十二年(1896)宏道堂刻本　四冊

610000－1042－0004892　綫 857.46/406

繡像京本雲合奇蹤玉茗英烈全傳十卷八十回　（明）徐渭編　清刻本　十冊

610000－1042－0004893　綫 857.46/406

繡像京本雲合奇蹤玉茗英烈全傳十卷八十回　（明）徐渭編　清刻本　十冊

610000－1042－0004894　綫 857.46/770

鐫玉茗堂批點殘唐五代史演義傳二卷六十回
（明）羅本編輯　（明）湯顯祖批評　清善成堂刻本　四冊

610000－1042－0004895　綫 857.46/770

殘唐五代史演義傳六十回　（明）羅本編輯
（明）湯顯祖批評　清刻本　六冊

610000－1042－0004896　綫 857.46/770

殘唐五代史演義傳六十回　（明）羅本輯
（明）湯顯祖批評　清光緒十七年(1891)上海書局石印本　二冊

610000－1042－0004897　綫 857.46/121

說唐全書十卷六十八回　（明）如蓮居士編次　清刻本　十冊

610000－1042－0004898　綫 857.46/507

情史類略二十四卷　（明）馮夢龍撰　清芥子園刻本　十六冊

610000－1042－0004899　綫 857.46/507

繪圖情史二十四卷　（明）馮夢龍撰　清末石印本　六冊

610000－1042－0004900　綫 857.46/799

夏商合傳　（明）鍾惺編輯　清嘉慶十九年(1814)稽古堂刻本　六冊

610000－1042－0004901　綫 857.46/507

東周列國志一百八回　（明）馮夢龍編　（清）蔡元放評　清乾隆十七年(1752)聚秀堂刻本　二十四冊

610000－1042－0004902　綫 857.46/507

東周列國志一百八回　（明）馮夢龍編　清光緒十二年(1886)文英堂刻本　十二冊

610000－1042－0004903　綫 857.46/507

東周列國全志一百八回　（明）馮夢龍撰　清三讓堂刻本　八冊

610000－1042－0004904　綫 857.46/507

東周列國志一百八回　（明）馮夢龍撰　清光緒十七年(1891)石印本　八冊

610000－1042－0004905　綫 857.46/507

繡像全圖東周列國志一百八回　（明）馮夢龍撰　清光緒三十年(1904)上海商務印書館鉛印本　八冊

610000－1042－0004906　綫 857.46/507

東周列國志一百八回　（明）馮夢龍撰　清宣統二年(1910)天寶書局石印本　八冊

610000－1042－0004907　綫善 857.46/614

大宋中興通俗演義八卷　（明）熊大木撰　清抄本　二冊　存二卷(一至二)

610000－1042－0004908　綫 857.46/111

好逑傳十八回　（明）名教中人編次　清嘉慶八年(1803)獨處軒刻本　四冊

610000－1042－0004909　綫 857.46/154

海公大紅袍全傳六十回　（明）李春芳撰　清道光二年(1822)書業堂刻本　四冊

610000－1042－0004910　綫善 857.46/239

金瓶梅一百回　（明）蘭陵笑笑生撰　清康熙三十四年(1695)刻本　二十八冊

610000－1042－0004911　綫善 857.46/239

金瓶梅一百回　（明）蘭陵笑笑生撰　清康熙三十四年(1695)皋鶴堂刻本　二十四冊

610000－1042－0004912　綫特 857.46/239

金瓶梅一百回　（明）蘭陵笑笑生撰　（清）張竹坡批點　清刻本　二十冊

610000－1042－0004913　綫特 857.47/531

續金瓶梅十二卷六十四回　（清）紫陽道人撰　清刻本　九冊　缺三卷(三至五)

610000－1042－0004914　綫 857.46/770

映旭齋增訂北宋三遂平妖全傳十八卷四十四回　（明）羅貫中撰　（明）馮夢龍增訂　清刻本　八冊

610000－1042－0004915　綫善 857.46/232

新刻按鑑編纂開闢衍繹通俗志傳六卷八十回　（明）周游撰　（明）王黌釋　明崇禎八年(1635)麟瑞堂刻本　八冊

610000－1042－0004916　綫善 857.46/507

新列國志一百八回　（明）馮夢龍撰　明末刻

本　二十册

610000－1042－0004917　綫857.47/409

繡像南北宋志傳一百回　（明）研石山樵訂正
清同治十一年（1872）經綸堂刻本　十册

610000－1042－0004918　綫857.47/560

隔簾花影四十八回　（□）□□撰　清刻本
八册

610000－1042－0004919　綫857.47/022

年大將軍平西三十二回　（清）小山居士撰
清光緒三十二年（1906）上海書局石印本
四册

610000－1042－0004920　綫857.44/043

五虎平南後傳六卷四十二回　（□）□□撰
清英文堂刻本　五册

610000－1042－0004921　綫857.47/699

精忠說岳全傳八卷八十回　（清）錢彩撰　清
光緒三十二年（1906）上海書局石印本　八册

610000－1042－0004922　綫857.47/699

增訂繪圖精忠說岳全傳八十回　（清）錢彩撰
清末石印本　八册

610000－1042－0004923　綫857.47/439

紅樓夢一百二十回　（清）曹雪芹撰　清經元
堂刻本　二十四册

610000－1042－0004924　綫857.47/469

續紅樓夢三十卷　（清）雪塢撰　清嘉慶四年
（1799）刻本　十二册

610000－1042－0004925　綫857.47/469

續紅樓夢三十卷　（清）雪塢撰　清光緒七年
（1881）刻本　六册

610000－1042－0004926　綫857.47/752

紅樓夢補四十八回　（清）歸鋤子撰　清嘉慶
二十四年（1819）刻本　十册

610000－1042－0004927　綫857.47/752

繡像紅樓夢補四十八回　（清）歸鋤子撰　清
光緒二十五年（1899）上海圖書集成局鉛印本
四册

610000－1042－0004928　綫857.47/548

新紅樓夢四十八回　（清）□□撰　清宣統二
年（1910）石印本　二册

610000－1042－0004929　綫857.47/439

增評補圖石頭記一百二十回首一卷　（清）曹
雪芹撰　清悼紅軒刻本　十六册

610000－1042－0004930　綫857.47/439

增評補像全圖金玉緣一百二十回　（清）曹雪
芹撰　清光緒十八年（1892）石印本　四册
存一百三回（一至一百三）

610000－1042－0004931　綫857.47/439

增評補像全圖金玉緣一百二十回　（清）曹雪
芹撰　清光緒二十四年（1898）石印本　十
六册

610000－1042－0004932　綫857.47/439

增評補像全圖金玉緣一百二十回　（清）曹雪
芹撰　清光緒三十四年（1908）求不負齋石印
本　十六册

610000－1042－0004933　綫857.47/439

增評加批金玉緣說一百二十回　（清）曹雪芹
撰　清光緒三十二年（1906）上海桐蔭軒石印
本　十六册

610000－1042－0004934　綫857.47/307

蕩寇志七十卷末一卷　（清）俞仲華撰　清嘉
慶十一年（1806）刻本　二十四册

610000－1042－0004935　綫857.47/688

林蘭香六十四回　（清）隨緣下士編輯　清光
緒三年（1877）申報館鉛印本　八册

610000－1042－0004936　綫857.47/432

第二奇書林蘭香六十四回　（清）寄旅散人批
點　清光緒二十一年（1895）上海書局石印本
八册

610000－1042－0004937　綫857.47/682

第九才子書平鬼傳四卷　（清）樵雲山人編
清康熙五十九年（1720）刻本　四册

610000－1042－0004938　綫857.47/682

第九才子書捉鬼傳四卷　（清）樵雲山人編

清文昌書局石印本　四冊

610000－1042－0004939　綫857.44/173
雙美緣六卷二十四回　（□）□□□撰　清嘉慶
十六年(1811)刻本　二冊

610000－1042－0004940　綫857.41/492
第十才子駐春園四卷　（清）吳航野客編次
（清）水箬散人評閱　清光緒三十年(1904)石
印本　四冊

610000－1042－0004941　綫857.42/214
新刻劍嘯閣批評東漢演義傳十卷　（明）鍾惺
評　清刻本　四冊

610000－1042－0004942　綫857.47/457
斷腸草一卷　（清）陳癡雲撰　清光緒三十四
年(1908)上海集成書公司鉛印本　一冊

610000－1042－0004943　綫857.47/034
兒女英雄傳四十回首一回　（清）文康撰　清
光緒四年(1878)上海申報館鉛印本　十六冊

610000－1042－0004944　綫857.47/170
飛龍全傳六十回　（清）吳璿撰　清乾隆三十
三年(1768)刻本　十六冊

610000－1042－0004945　綫857.47/220
海上花列傳六十四回　（清）花也憐儂撰　清
光緒二十年(1894)石印本　八冊

610000－1042－0004946　綫857.44/139
繪宋太祖三下南唐傳八卷五十三回　（□）
□□撰　清刻本　四冊

610000－1042－0004947　綫857.48/318
繪中華開國全傳四卷四十回　神州書局編纂
　清宣統三年(1911)上海神州書局石印本
四冊

610000－1042－0004948　綫857.44/736
青樓夢六十四回　（清）俞達撰　（清）鄒弢評
　清光緒四年(1878)上海申報館鉛印本
十冊

610000－1042－0004949　綫857.47/151
圖像鏡花緣二十卷一百回　（清）李汝珍撰
清光緒十七年(1891)上海廣百宋齋鉛印本

六冊

610000－1042－0004950　綫857.47/121
說唐薛家府傳六卷四十二回　（清）如蓮居士
編次　清刻本　六冊

610000－1042－0004951　綫857.47/408
新編批評繡像後七國樂田演義四卷十八回
（清）徐震撰　清刻本　四冊

610000－1042－0004952　綫857.44/043
新鐫後續繡像五虎平南狄青演傳六卷四十二
回　（清）□□撰　清福祿大街英文堂刻本
六冊

610000－1042－0004953　綫857.44/043
新鐫異說五虎平西珍珠旗演義狄青前傳十四
卷一百十二回　（清）□□撰　清經綸堂刻本
十四冊

610000－1042－0004954　綫857.44/043
新鐫後續繡像五虎平南狄青演傳六卷四十二
回　（清）□□撰　清經綸堂刻本　六冊

610000－1042－0004955　綫857.44/488
新刻天花藏批評平山冷燕四卷二十回　（清）
荻岸散人編次　清四友堂刻本　四冊

610000－1042－0004956　綫857.44/488
新刻天花藏批評平山冷燕四卷二十回　（清）
荻岸散人編　清近文堂刻本　四冊

610000－1042－0004957　綫857.47/737
檮杌閑評五十卷首一卷　（清）□□撰　清遂
初堂刻本　二十四冊

610000－1042－0004958　綫857.41/805
繪圖續今古奇觀六卷三十回　（清）□□撰
清光緒二十年(1894)上海懺蒙盦石印本
六冊

610000－1042－0004959　綫857.44/805
繪像鐵花仙史二十六回　（□）□□撰　清光
緒十八年(1892)上海石印本　六冊

610000－1042－0004960　綫857.47/043
新鐫濟顛大師醉菩提全傳二十回　（清）天花
藏主人編　清刻本　四冊

610000－1042－0004961　綫857.47/100

濟顛大師醉菩提全傳二十回　（清）西湖墨浪子撰　清大經堂刻本　四冊

610000－1042－0004962　綫857.44/520

繡像草木春秋演義三十二回　（清）江洪撰　清嘉慶二十三年(1818)刻本　六冊

610000－1042－0004963　綫857.44/520

繡像草木春秋演義三十二回　（清）江洪撰　清刻本　四冊

610000－1042－0004964　綫857.47/347

錦香亭四卷十六回　（清）素庵主人編　清經綸堂刻本　四冊

610000－1042－0004965　綫857.47/550

四雪草堂重訂通俗隋唐演義二十卷一百回　（清）褚人穫彙編　清康熙刻本　二十冊

610000－1042－0004966　綫857.47/670

西游原旨二十四卷一百回　（清）劉一明撰　清刻本　二十四冊

610000－1042－0004967　綫857.47/170

繪萬花樓傳六十八回　（清）吳西端撰　清光緒十九年(1893)上海進步書局石印本　四冊

610000－1042－0004968　綫857.47/174

精訂綱鑑廿四史通俗演義二十六卷四十四回　（清）呂撫輯　清光緒十三年(1887)廣百宋齋鉛印本　六冊

610000－1042－0004969　綫857.47/174

精訂綱鑑廿四史通俗演義二十六卷四十四回　（清）呂撫輯　清光緒十三年(1887)鴻寶齋石印本　六冊

610000－1042－0004970　綫857.47/174

精訂綱鑑廿四史通俗演義二十六卷四十四回　（清）呂撫輯　清光緒十六年(1890)上海廣百宋齋鉛印本　六冊

610000－1042－0004971　綫857.47/214

繡像飛龍全傳八卷　（清）東隅逸士編輯　清文寶齋刻本　四冊

610000－1042－0004972　綫857.47/292

繡像夢影緣四十八回　（清）曩下生撰　清光緒二十一年(1895)竹簡齋石印本　十六冊

610000－1042－0004973　綫857.47/121

說唐三傳十卷八十八回　（清）如蓮居士編　清刻本　十冊

610000－1042－0004974　綫857.47/121

繡像說唐前傳十卷六十八回　（清）如蓮居士編　清乾隆元年(1736)芸生堂刻本　十冊

610000－1042－0004975　綫857.47/121

繡像說唐後傳六卷四十二回　（清）如蓮居士編　清芸生堂刻本　八冊

610000－1042－0004976　綫857.47/265

繡像永慶升平前傳二十四卷九十七回　（清）姜振名　（清）哈輔源撰　清光緒三十二年(1906)上海公興書局石印本　六冊

610000－1042－0004977　綫857.47/100

後續大宋楊家將文武曲星包公狄青初傳六十八回　（清）西湖居士編　清羊城長慶刻本　六冊

610000－1042－0004978　綫857.46/465

新鐫玉茗堂批點按鑑參補楊家將傳十卷五十回　（明）秦淮墨客編　（清）研石山樵訂正　清小西山房刻本　六冊

610000－1042－0004979　綫857.47/305

結水滸全傳七十卷末一卷　（清）俞萬春撰　清咸豐七年(1857)大文堂刻本　二十四冊

610000－1042－0004980　綫857.47/459

雪月梅傳十卷五十回　（清）陳朗編　清乾隆四十年(1775)德華堂刻本　五冊

610000－1042－0004981　綫857.47/067

新編雷峰塔奇傳五卷　（清）玉花堂主人校訂　清嘉慶十一年(1806)刻本　四冊

610000－1042－0004982　綫857.47/542

新編鳳雙飛全傳四十二回　（清）程蕙英撰　清光緒二十四年(1898)怡怡軒石印本　二十冊

610000－1042－0004983　綫857.47/353

野叟曝言二十卷一百五十四回　（清）夏敬渠傳　清光緒八年(1882)石印本　十冊

610000 – 1042 – 0004984　綫 857.47/111
義俠好逑傳四卷十八回　（清）名教中人編　清經圖堂刻本　四冊

610000 – 1042 – 0004985　綫 857.47/751
增像繪花月痕十六卷五十二回　（清）魏秀仁編　清光緒二十九年(1903)上海書局石印本　八冊

610000 – 1042 – 0004986　綫 857.47/151
增注繪官場現形記四編四十八卷　（清）李寶嘉撰　清光緒三十年(1904)粵東書局石印本　十一冊

610000 – 1042 – 0004987　綫 857.47/224
忠孝勇烈奇女傳四卷三十二回　（清）□□撰　清光緒四年(1878)常州刻本　四冊

610000 – 1042 – 0004988　綫 857.46/043
石點頭六卷十四回　（明）天然癡叟撰　（明）馮夢龍評　清道光四年(1824)竹春堂刻本　六冊

610000 – 1042 – 0004989　綫 857.47/798
覺世名言十二樓十二卷　（清）覺世稗官編　（清）睡鄉祭酒批評　清順治十五年(1658)刻本　六冊

610000 – 1042 – 0004990　綫 857.47/045
施公案九集　（□）□□撰　清光緒三十年(1904)上海書局石印本　二十冊

610000 – 1042 – 0004991　綫 857.17/078
黑海鍾初編十八回　（清）田鑄撰　清光緒三十二年(1906)上海樂群書編譯局石印本　一冊

610000 – 1042 – 0004992　綫 857.47/461
品花寶鑑六十回　（清）陳森撰　清道光二十九年(1849)刻本　二十冊

610000 – 1042 – 0004993　綫 857.47/461
品花寶鑑六十回　（清）陳森撰　清刻本　二十五冊

610000 – 1042 – 0004994　綫 857.47/406
新刻黃掌綸先生評訂神仙鑑三集二十二卷神仙鑑像一卷　（清）徐道撰　清康熙五十一年(1712)刻本　三十二冊

610000 – 1042 – 0004995　綫 857.47/411
歷代神仙通鑑三集二十二卷神仙鑑像一卷　（清）徐道撰　清康熙五十一年(1712)刻本　二十四冊

610000 – 1042 – 0004996　綫 857.77/174
落金扇八回　（清）吹竽先生撰　清同治二年(1863)刻本　八冊

610000 – 1042 – 0004997　綫 857.47/621
評注綠牡丹全傳六十四卷　（清）□□撰　清咸豐集經堂刻本　十二冊

610000 – 1042 – 0004998　綫 857.47/255
中東大戰演義四卷三十三回　（清）洪興全撰　清光緒二十六年(1900)香港中華印書總局鉛印本　四冊

610000 – 1042 – 0004999　綫 857.47/521
洪秀全演義四集八卷五十四回　黃小配撰　清光緒三十二年(1906)上海中原書局石印本　八冊

610000 – 1042 – 0005000　綫 857.47/521
繪洪秀全演義四集八卷五十四回　黃小配撰　清宣統三年(1911)石印本　八冊

610000 – 1042 – 0005001　綫 857.16/591
歡喜冤家(貪歡報)六卷二十四回　（清）西湖漁隱主人輯　清二美堂刻本　六冊

610000 – 1042 – 0005002　綫 857.48/110
中國之女銅像二十回　（□）靜觀自得齋主人編　清宣統元年(1909)改良小說社鉛印本　一冊　存七回(八至十四)

610000 – 1042 – 0005003　綫 857.41/163
娛目醒心編十六卷　（清）杜綱撰　（清）許寶善評　清同治十二年(1873)富春堂刻本　四冊

610000 – 1042 – 0005004　綫 857.41/065

海上繁華夢初集六卷三十回　（清）警夢癡仙編　清光緒二十九年(1903)笑林報館鉛印本　六冊

610000－1042－0005005　綫876.57/022

巴黎茶花女遺事　（法國）小仲馬撰　清光緒二十七年(1901)玉情瑤怨館石印本　一冊

610000－1042－0005006　綫857.47/639

雪中梅二卷　（日本）廣末鐵腸撰　清光緒二十九年(1903)江西尊業書館鉛印本　一冊　存一卷(下)

610000－1042－0005007　綫872.57/659

言情小說黑寶星二十四章　（□）蔣景緘譯　清上海時事報社石印本　一冊

610000－1042－0005008　綫善041/411

藝文類聚一百卷　（唐）歐陽詢輯　明嘉靖七年(1528)胡纘宗陸采刻本　十六冊

610000－1042－0005009　綫善041/574

北堂書鈔一百六十卷　（唐）虞世南輯　清光緒十九年(1893)夢梅仙館抄本　十六冊

610000－1042－0005010　綫041/574

北堂書鈔一百六十卷首一卷　（唐）虞世南撰　（清）孔廣陶校注　清光緒十四年(1888)南海孔氏三十有三萬卷堂刻本　二十冊

610000－1042－0005011　綫善041/048

唐宋白孔六帖一百卷　（唐）白居易　（宋）孔傳輯　明嘉靖刻萬曆補刻本　二十六冊

610000－1042－0005012　綫041.51/048

唐宋白孔六帖一百卷　（唐）白居易　（宋）孔傳撰　清刻本　三十六冊

610000－1042－0005013　綫041.41/409

初學記三十卷補遺一卷　（唐）徐堅等纂　清光緒十四年(1888)安康黃氏蘊石齋刻本　十六冊

610000－1042－0005014　綫041.5/328

事物紀原十卷　（宋）高承撰　（明）李果訂　清咸豐八年(1858)刻本　十冊

610000－1042－0005015　綫041.5/119

書敍指南二十卷　（宋）任廣編　清咸豐八年(1858)宏道書院刻本　四冊

610000－1042－0005016　綫041.5/119

書敍指南二十卷表異錄二十卷　（宋）任廣編　（明）王志堅輯　清光緒二十二年(1896)長沙刻本　六冊

610000－1042－0005017　綫041.512/155

太平御覽一千卷　（宋）李昉等纂　清嘉慶十七年(1812)歙縣鮑氏刻本　一百四十四冊

610000－1042－0005018　綫041.512/155

太平御覽一千卷　（宋）李昉等纂　清嘉慶十七年(1812)歙縣鮑氏刻本　九十六冊

610000－1042－0005019　綫041.512/155

太平御覽一千卷　（宋）李昉等纂　（清）鮑崇城重校　清光緒十八年(1892)南海李氏刻本　一百二十冊

610000－1042－0005020　綫041.512/155

太平御覽一千卷　（宋）李昉等纂　（清）鮑崇城重校　清光緒十八年(1892)南海李氏刻本　一百冊

610000－1042－0005021　綫善041.52/628

記纂淵海一百卷　（宋）潘自牧撰　（明）王嘉賓等校補　明萬曆刻本　十一冊　存三十一卷(三至十二、四十六至四十八、五十五至六十二、七十二至七十五、七十九至八十、八十六至八十九)

610000－1042－0005022　綫善041.51/167

事類賦三十卷　（宋）吳淑撰注　（明）華麟祥校評　明嘉靖十一年(1532)崇正書院刻清會成堂重印本　四冊

610000－1042－0005023　綫善041.51/167

事類賦三十卷　（宋）吳淑撰注　明萬曆徐守銘甯壽堂刻本　十冊

610000－1042－0005024　綫041.51/167

事類賦三十卷　（宋）吳淑撰注　（明）華麟祥校刊　清刻本　四冊

610000－1042－0005025　綫041.51/167

事類賦三十卷　（宋）吳淑撰注　（明）華麟祥校刊　清刻本　四冊

610000－1042－0005026　綫041.72/528

廣事類賦四十卷　（清）華希閔撰　清乾隆二十九年(1764)錫山華氏劍光閣刻本　十冊

610000－1042－0005027　綫041.72/528

廣事類賦四十卷　（清）華希閔撰　清乾隆二十九年(1764)錫山華氏劍光閣刻本　八冊

610000－1042－0005028　綫041.72/170

廣廣事類賦三十二卷　（清）吳世旃撰　清嘉慶十三年(1808)刻本　六冊

610000－1042－0005029　綫041.72/528

重訂廣事類賦四十卷　（清）華希閔撰　清乾隆二十九年(1764)大文堂刻本　十冊

610000－1042－0005030　綫041/167

重訂事類賦三十卷　（宋）吳淑撰注　重訂廣事類賦四十卷　（清）華希閔著　廣廣事類賦三十二卷　（清）吳世旃撰注　續廣事類賦三十三卷　（清）王鳳喈撰注　事類賦補遺十四卷　（清）張均坦編撰　清刻本　三十六冊

610000－1042－0005031　綫041.75/447

事類賦補遺十四卷　（清）張均坦編撰　清嘉慶九年(1804)令德堂刻本　六冊

610000－1042－0005032　綫041.75/447

事類賦補遺十四卷　（清）張均坦編撰　清嘉慶九年(1804)文光堂刻本　六冊

610000－1042－0005033　綫041.75/447

事類賦補遺十四卷　（清）張均坦編撰　清嘉慶十六年(1811)大文堂刻本　四冊

610000－1042－0005034　綫041.7/042

續廣事類賦三十卷　（清）王鳳喈撰注　清寶翰樓刻本　十冊

610000－1042－0005035　綫041.7/206

事類統編九十三卷　（清）林意誠編　清光緒十年(1884)腹笥山房影印本　十二冊

610000－1042－0005036　綫041.26/037

玉海二百卷辭學指南四卷　（宋）王應麟撰　清光緒九年(1883)浙江書局刻本　一百二十冊

610000－1042－0005037　綫041.26/037

玉海摘要二十二卷　（宋）王應麟撰　清道光十五年(1835)刻本　八冊

610000－1042－0005038　綫善040/396

新增說文韻府群玉二十卷　（宋）陰時夫輯　（宋）陰中夫注　（明）王元貞增補　明萬曆南京書坊刻本　五冊　存十卷(十一至二十)

610000－1042－0005039　綫善041.51/041

冊府元龜一千卷　（宋）王欽若等輯　明崇禎十五年(1642)黃國琦刻本　一百九十二冊

610000　－　1042　－　0005040　綫　857.151/481/449

清異錄二卷　（宋）陶穀撰　（明）王志堅輯　清道光二十六年(1846)宏道書院刻本　二冊

610000－1042－0005041　綫075.6/039

清異錄二卷　（宋）陶穀撰　（明）王志堅輯　清光緒元年(1875)陳氏庸閒齋刻本　一冊

610000－1042－0005042　綫075.6/039

表異錄二十卷　（宋）陶穀撰　（明）王志堅輯　清道光二十六年(1846)宏道書院刻本　二冊

610000－1042－0005043　綫075.6/039

表異錄二十卷清異錄二卷　（宋）陶穀撰　（明）王志堅輯　清光緒二年(1876)陳氏庸閒齋刻本　一冊

610000－1042－0005044　綫610.74/041

十七史蒙求十六卷　（宋）王令撰　清道光二十八年(1848)刻本　六冊

610000－1042－0005045　綫610.74/041

王先生十七史蒙求十六卷　（宋）王令撰　清光緒二年(1876)刻本　二冊

610000－1042－0005046　綫041.5/037

小學紺珠十卷　（宋）王應麟撰　清光緒九年(1883)浙江書局刻本　二冊　存五卷(一至三、七至八)

韻府群玉二十卷　（元）陰時夫撰　清聚錦堂刻本　二十冊

610000－1042－0005047　綫 802.43/464

韻府群玉二十卷　（元）陰時夫撰　清富春堂刻本　二十冊

610000－1042－0005048　綫 802.43/464

韻府群玉二十卷　（元）陰時夫撰　清刻本　二十冊

610000－1042－0005049　綫 043/464

增刪韻府群玉定本二十卷　（元）陰時夫（元）陰中夫編注　清康熙十九年(1680)刻本　二十冊

610000－1042－0005050　綫善 043/464

事物考八卷　（明）王三聘輯　明嘉靖四十二年(1563)刻清乾隆十四年(1749)、光緒二十四年(1898)遞修本　四冊

610000－1042－0005051　綫善 041.6/039

山堂肆考二百二十八卷　（明）彭大翼輯　明萬曆二十三年(1595)金陵書林周顯刻本　四十冊

610000－1042－0005052　綫善 074.6/620

諸子綱目類編八卷昭代子快一卷　（明）李元珍輯　明聚奎樓刻朱墨印本　八冊

610000－1042－0005053　綫 040/152

新刻注釋故事白眉十卷　（明）許以忠輯　明刻本　五冊　存八卷(一至五、八至十)

610000－1042－0005054　綫 041.6/427

增補注釋故事白眉十卷　（明）許以忠輯　清刻本　四冊

610000－1042－0005055　綫 041.6/427

黃眉故事十卷　（明）鄧百拙編　清乾隆七年(1742)天德堂刻本　八冊

610000－1042－0005056　綫 041/644

黃眉故事十卷　（明）鄧百拙編　清刻本　六冊

610000－1042－0005057　綫 041/644

610000－1042－0005058　綫善 041.52/694

錦繡萬花谷前集四十卷後集四十卷續集四十卷　（宋）□□撰　明嘉靖刻本　十冊

610000－1042－0005059　綫善 043.6/565

均藻四卷　（明）楊慎輯　明萬曆琅琊焦竑刻本　四冊

610000－1042－0005060　綫 045.6/562

均藻五卷　（明）楊慎輯　清咸豐元年(1851)刻本　一冊

610000－1042－0005061　綫 043.6/565

均藻四卷　（明）楊慎輯　清光緒刻本　二冊

610000－1042－0005062　綫 041.6/571

廣博物志五十卷　（明）董斯張撰　清光緒二十五年(1899)聚賢齋刻本　三十二冊

610000－1042－0005063　綫善 041.6/464

潛確居類書一百二十卷　（明）陳仁錫輯　明崇禎五年(1632)陳仁錫刻本　六十五冊

610000－1042－0005064　綫善 041.6/301

唐類函二百卷　（明）俞安期輯　明萬曆四十六年(1618)俞安期刻本　四十冊

610000－1042－0005065　綫善 042.6/409

喻林一百二十卷　（明）徐元太輯　明萬曆四十三年(1615)刻本　三十二冊

610000－1042－0005066　綫善 041.6/462

天中記六十卷　（明）陳耀文輯　明萬曆十七年(1589)陳耀文刻本　四十冊

610000－1042－0005067　綫善 041.6/462

天中記六十卷　（明）陳耀文輯　明萬曆二十三年(1595)屠隆刻本　三十冊

610000－1042－0005068　綫善 041.67/419

書編一百二十七卷　（明）章漢撰　明萬曆四十一年(1613)萬尚烈刻本　一百六十冊

610000－1042－0005069　綫善 042/420

新刻分類摘聯四六積玉二十卷　（明）章斐然輯　明萬曆四十四年(1616)章斐然刻本　四冊

610000－1042－0005070　綫善 041/214

新刊翰苑廣記補訂四民捷用學海群玉三十八卷 （明）武緯子補訂　明萬曆三十五年（1607）建陽熊沖宇刻本　一冊　存三卷（一至三）

610000－1042－0005071　綫善 041.6/319
修辭指南二十卷 （明）浦南金撰　明嘉靖三十六年（1557）浦南金刻本　八冊

610000－1042－0005072　綫 538.17/340
稱謂錄三十二卷 （清）梁章鉅撰　清刻本　八冊

610000－1042－0005073　綫 041.78/335
廣學類編十二卷 （英國）唐蘭孟編輯　（清）任廷旭譯　清光緒二十七年（1901）上海廣學會鉛印本　六冊

610000－1042－0005074　綫 041.7/649
廣治平略三十六卷續集八卷 （清）蔡方炳撰　清小琅嬛館刻本　八冊

610000－1042－0005075　綫 041.7/649
廣治平略三十六卷續集八卷 （清）蔡方炳撰　清光緒十四年（1888）上海點石齋石印本　四冊　存二十八卷（一至二十八）

610000－1042－0005076　綫 041.7/649
廣治平略三十六卷續集八卷 （清）蔡方炳撰　清光緒十六年（1890）上海廣百宋齋石印本　六冊

610000－1042－0005077　綫 041.7/448
記事珠十卷 （清）張以謙撰　（清）王燮廷等校訂　清嘉慶二十一年（1816）知不足齋刻本　十冊

610000－1042－0005078　綫 041.7/448
記事珠十卷 （清）張以謙編　（清）王剛等校訂　清光緒八年（1882）刻本　十冊

610000－1042－0005079　綫善 075.67/506
經濟類編一百卷 （明）馮琦輯　明萬曆三十二年（1604）鄭之惠等刻本　四十冊

610000－1042－0005080　綫 041.7/270
經講類典合編十種 （清）鄒聖脈輯　（清）奎璧齋主人重編　清光緒十四年（1888）鴻寶齋石印本　十二冊

610000－1042－0005081　綫 041.7/036
試策便覽十六卷 （清）王誥　（清）王統纂　清乾隆三十三年（1768）刻本　十冊

610000－1042－0005082　綫 041.7/036
試策便覽十六卷 （清）王誥　（清）王統纂　清咸豐九年（1859）刻本　四冊

610000－1042－0005083　綫 041.7/667
詩韻含英十八卷 （清）劉文蔚輯　清乾隆二十三年（1758）協和堂刻本　二冊

610000－1042－0005084　綫 041.7/667
詩韻含英十八卷 （清）劉文蔚輯　清乾隆二十三年（1758）文英堂刻本　三冊　存八卷（一至八）

610000－1042－0005085　綫 041.7/106
增廣群策匯源五十卷 （清）同文書局增輯　清光緒十一年（1885）上海同文書局石印本　四冊

610000－1042－0005086　綫 041.73/450
子史精華一百六十卷 （清）張廷玉等纂　清雍正五年（1727）刻本　三十二冊

610000－1042－0005087　綫 041.73/450
子史精華一百六十卷 （清）張廷玉等纂　清雍正五年（1727）刻本　四十八冊

610000－1042－0005088　綫 041.73/450
子史精華三十卷 （清）張廷玉等纂　清光緒九年（1883）上海點石齋石印本　二冊

610000－1042－0005089　綫 041.73/450
子史精華一百六十卷 （清）張廷玉等纂　清光緒十三年（1887）上海積山書局石印本　十冊

610000－1042－0005090　綫 041.73/450
子史精華一百六十卷 （清）張廷玉等纂　清光緒十五年（1889）上海蜚英館石印本　八冊

610000－1042－0005091　綫 041.73/450
子史精華一百六十卷 （清）張廷玉等纂　清

光緒二十三年(1897)上海順成書局石印本
八冊

610000－1042－0005092　綫041.7/449
增廣四書典腋十七卷　（清）張維屏輯　清道
光二年(1822)刻本　二冊　存六卷(八至十
三)

610000－1042－0005093　綫041/536
精選策學百萬卷類編四百卷　（□）□□撰
清光緒石印本　二十九冊　存三百四卷(九
十七至四百)

610000－1042－0005094　綫041.78/670
策府統宗六十五卷　（清）劉昌齡輯　清光緒
十四年(1888)同文書局石印本　十五冊　存
四十七卷(三至十、十三至二十、二十五至五
十五)

610000－1042－0005095　綫041.78/670
策府統宗六十五卷　（清）劉昌齡輯　清光緒
十四年(1888)同文書局石印本　十三冊　存
十六卷(一至十六)

610000－1042－0005096　綫041.78/670
策府統宗六十五卷　（清）劉昌齡輯　清光緒
十九年(1893)耕餘書屋石印本　九冊　存四
十二卷(十七至三十七、四十一至五十五、六
十至六十五)

610000－1042－0005097　綫046.7/722
策學纂要十六卷　（清）戴明　（清）黃卷輯
清乾隆四十七年(1782)刻本　六冊

610000－1042－0005098　綫041.7/320
讀書紀數略五十四卷　（清）宮夢仁編　清康
熙四十六年(1707)刻本　十六冊

610000－1042－0005099　綫041.7/462
古今圖書集成一萬卷　（清）陳夢雷　（清）蔣
廷錫等編　清光緒十年(1884)上海書集成鉛
版印書局鉛印本　一千六百二十八冊

610000－1042－0005100　綫041.7/462
古今圖書集成一萬卷　（清）陳夢雷　（清）蔣
廷錫等編　清光緒十年(1884)上海書集成鉛

版印書局鉛印本　一千六百二十八冊

610000－1042－0005101　綫041.7/031
古事比五十二卷　（清）方中德撰　清光緒十
三年(1887)上海點石齋石印本　六冊

610000－1042－0005102　綫041.7/031
古事比五十二卷　（清）方中德撰　清光緒十
八年(1892)上海點石齋石印本　六冊

610000－1042－0005103　綫041.7/311
類腋五十五卷補遺一卷　（清）姚培謙輯
（清）張翰純補遺　清乾隆三十年(1765)務本
堂刻本　十六冊

610000－1042－0005104　綫041.7/311
角山樓增補類腋六十七卷　（清）姚培謙輯
（清）趙克宜增輯　清光緒十二年(1886)上海
鴻章書局石印本　六冊

610000－1042－0005105　綫041.7/311
角山樓增補類腋六十七卷　（清）姚培謙輯
（清）趙克宜增輯　清末東都樂善堂銅版印本
八冊

610000－1042－0005106　綫041.7/521
錦字箋四卷　（清）黃澐纂　清康熙二十八年
(1689)三益堂刻本　五冊

610000－1042－0005107　綫041.7/521
錦字箋四卷　（清）黃澐纂　清刻本　六冊

610000－1042－0005108　綫041.7/238
類書纂要四十卷　（清）周魯編　清光緒十七
年(1891)刻本　三十一冊

610000－1042－0005109　綫043.7/654
佩文韻府一百六卷　（清）張玉書等編　清康
熙五十年(1711)武英殿刻本　九十五冊

610000－1042－0005110　綫043.7/131
佩文拾遺一百六卷　（清）汪灝等撰　清康熙
五十九年(1720)武英殿刻本　二十冊

610000－1042－0005111　綫043.7/654
佩文韻府一百六卷　（清）張玉書等編　清刻
本　一百二十冊　存四十六卷(一至四十六)

610000 – 1042 – 0005112　綫 043.7/654

佩文韻府一百六卷　（清）張玉書等編　清光緒八年(1882)上海點石齋石印本　十冊

610000 – 1042 – 0005113　綫 043.7/654

佩文韻府一百六卷拾遺一百六卷　（清）張玉書等編　清光緒十二年(1886)上海同文書局石印本　六十冊

610000 – 1042 – 0005114　綫 043.7/654

佩文韻府一百六卷　（清）張玉書等編　清光緒十二年(1886)上海點石齋石印本　六十冊

610000 – 1042 – 0005115　綫 043.7/654

佩文韻府一百六卷　（清）張玉書等編　清光緒十五年(1889)上海點石齋石印本　二十四冊

610000 – 1042 – 0005116　綫 043.7/654

佩文韻府一百六卷　（清）張玉書等編　清光緒二十四年(1898)上海點石齋石印本　十八冊

610000 – 1042 – 0005117　綫 043.7/654

欽定佩文韻府一百六卷　（清）張玉書等編　清光緒三十二年(1906)上海同文書局石印本　六十冊

610000 – 1042 – 0005118　綫 041.7/470

奇耦典彙三十六卷首一卷　（清）梅自馨編輯　清嘉慶四年(1799)敦厚堂刻本　十六冊

610000 – 1042 – 0005119　綫 042/655

千金裘初集二十七卷二集二十六卷　（清）蔣義彬　（清）徐元麟纂　清道光十二年(1832)刻本　四冊

610000 – 1042 – 0005120　綫 042/655

千金裘初集二十七卷二集二十六卷　（清）蔣義彬纂　清同治六年(1867)經綸堂刻本　八冊

610000 – 1042 – 0005121　綫 041.78/598

五洲事類彙表四十八卷　（清）趙士元　（清）孔昭緩輯　清光緒二十八年(1902)上海仁記書局石印本　一冊　存一卷(一)

610000 – 1042 – 0005122　綫 043/055

分韻詩賦題解統編一百六卷　（清）王景曾編　清光緒二十年(1894)上海寶善書局石印本　六冊

610000 – 1042 – 0005123　綫善 046/131

縠玉類編五十卷　（清）汪兆舒輯　清乾隆二十三年(1758)汪質資履堂刻本　十冊

610000 – 1042 – 0005124　綫善 802.911/592

滿漢事類集要三卷　（清）□□撰　清抄本　三冊

610000 – 1042 – 0005125　綫善 040/048

君鑑錄四卷臣鑑錄四卷士鑑錄四卷女鑑錄四卷　（清）尹會一輯　清乾隆十三年(1748)尹氏刻本　四冊

610000 – 1042 – 0005126　綫 041.7/448

淵鑑類函四百五十卷　（清）張英等纂　清康熙四十九年(1710)刻本　一百四十冊

610000 – 1042 – 0005127　綫 041.7/448

淵鑑類函四百五十卷　（清）張英等纂　清光緒四年(1878)南海孔氏古香齋刻本　一百六十冊

610000 – 1042 – 0005128　綫 041.7/448

欽定淵鑑類函四百五十卷　（清）張英等纂　清光緒九年(1883)上海點石齋石印本　十冊

610000 – 1042 – 0005129　綫 041.7/448

淵鑑類函四百五十卷　（清）張英等纂　清光緒十三年(1887)上海同文書局石印本　四十八冊

610000 – 1042 – 0005130　綫 041.7071/461

憑山閣彙輯四六留青采珍集二十四卷　（清）陳枚選　清康熙四十一年(1702)金閶寶翰樓刻本　三十二冊

610000 – 1042 – 0005131　綫 041.7071/461

憑山閣增輯留青新集三十卷　（清）陳枚選　（清）陳德裕增輯　清康熙四十七年(1708)陳氏積秀堂刻本　三十冊

610000 – 1042 – 0005132　綫 041.7071/461

憑山閣增輯留青新集三十卷　（清）陳枚選
（清）陳德裕增輯　清康熙四十七年（1708）陳
氏積秀堂刻本　七冊　存六卷（一至六）

610000－1042－0005133　綫 041.7071/461

憑山閣增輯留青新集三十卷　（清）陳枚撰
（清）陳德裕增輯　清道光十五年（1835）刻本
二十四冊

610000－1042－0005134　綫 041.7071/461

憑山閣增輯留青新集三十卷　（清）陳枚選
（清）陳德裕增輯　清刻本　二十四冊

610000－1042－0005135　綫 041.7/450

御定駢字類編二百四十卷　（清）張廷玉等纂
清光緒十三年（1887）上海同文書局石印本
四十八冊

610000－1042－0005136　綫 075.72/623

宋稗類鈔三十六卷　（清）潘永因編　清宣統
三年（1911）上海黎光社石印本　十二冊

610000－1042－0005137　綫 327.104/571

古今類傳四卷　（清）董穀士　（清）董炳文輯
清康熙三十一年（1692）刻本　四冊

610000－1042－0005138　綫 821.3/456

詩句題解韻編六卷　（清）陳維屏輯　清道光
十四年（1834）棠芬書屋刻本　八冊

610000－1042－0005139　綫 041.7/309

類林新詠三十六卷　（清）姚之駰撰注　清康
熙四十六年（1707）刻本　十四冊

610000－1042－0005140　綫 041.7/309

類林新詠三十六卷　（清）姚之駰撰　清康熙
刻本　十二冊

610000－1042－0005141　綫 041.7/106

文章潤色九卷　（清）同文書局編　清光緒十
年（1884）上海同文書局石印本　一冊

610000－1042－0005142　綫 041/649

策學備纂三十二卷首一卷　（清）蔡啟盛
（清）吳穎炎輯　清光緒十四年（1888）上海點
石齋石印本　四十六冊　缺二十四卷（經二
十三至三十二、子一至十四）

610000－1042－0005143　綫 041/649

策學備纂三十二卷首一卷　（清）蔡啟盛
（清）吳穎炎輯　清光緒二十三年（1897）上海
點石齋石印本　四十八冊

610000－1042－0005144　綫 041/536

策學淵萃四十六卷　（清）□□輯　清光緒四
年（1878）刻本　六冊　存二十五卷（二十二
至四十六）

610000－1042－0005145　綫 041.7/461

格致鏡原一百卷　（清）陳元龍撰　清光緒十
四年（1888）上海大同書局石印本　十六冊

610000－1042－0005146　綫 071.7/749

壹是紀始八卷　（清）魏菘撰　清道光十四年
（1834）三英堂刻本　十四冊

610000－1042－0005147　綫 835/712

中道全書六十二卷　（清）謝維嶽輯　清刻本
二冊　存五卷（三十三至三十四、五十三至
五十五）

610000－1042－0005148　綫 046.76/154

初學數紀典故便錄十卷數紀典故補上集三卷
中集四卷下集三卷後集七卷　（清）李元春輯
清道光七年（1827）刻本　十四冊

610000－1042－0005149　綫 046.7/637

泰西事物起原四卷中東西紀年表一卷　（日
本）澀江保纂　傅運森補譯　清光緒二十八
年（1902）上海文明書局鉛印本　二冊

610000－1042－0005150　綫 226.6/018

五燈會元二十卷　（宋）釋大川濟纂　清光緒
三十二年（1906）長沙刻經處刻本　二十冊

610000－1042－0005151　綫善 220.7/171

湖州吳山端禪師語錄三卷　（宋）釋師皎編
明萬曆二十年（1592）刻本　二冊

610000－1042－0005152　綫善 220.78/377

金屑編一卷六祖壇經節錄一卷　（明）袁宏道
撰　清抄本　一冊

610000－1042－0005153　綫 226.6/542

禪林寶訓筆說三卷　（清）釋智祥註　清乾隆

十五年(1750)京都比丘刻本　三冊

610000－1042－0005154　綫200/315

古教彙參三卷　（英國）韋廉臣撰　（清）董樹堂筆　清光緒二十五年(1899)上海廣學會刻本　三冊

610000－1042－0005155　綫016.221/679

重編龍藏目錄　（□）□□撰　清抄本　二冊

610000－1042－0005156　綫善221.4/243

金剛般若波羅蜜經一卷　（後秦）釋鳩摩羅什譯　明永樂刻本　一冊

610000－1042－0005157　綫221.4/585

金剛般若波羅蜜經一卷　（後秦）釋鳩摩羅什譯　清康熙五十一年(1712)刻本　一冊

610000－1042－0005158　綫221.1/798

維摩詰所說經三卷　（後秦）釋鳩摩羅什譯　清刻本　一冊

610000－1042－0005159　綫善223.2/585

佛說四分戒本一卷梵網經菩薩戒一卷　（後秦）釋佛陀耶舍共竺佛念譯　明刻本　二冊

610000－1042－0005160　綫221.1/798

佛說四分戒本一卷　（後秦）釋佛陀耶舍共竺佛念譯　（唐）釋道宣刪定　清刻本　一冊

610000－1042－0005161　綫222.17/777

佛本行經七卷　（南朝宋）釋寶雲譯　清宣統三年(1911)江北磚橋刻經處刻本　二冊

610000－1042－0005162　綫222.17/689

佛本行集經六十卷　（隋）釋闍那崛多譯　清光緒三十年(1904)南昌刻經處刻本　十二冊

610000－1042－0005163　綫222.3/360

大乘起信論一卷　（印度）馬鳴菩薩造　（唐）釋實叉難陀譯　清光緒二十四年(1898)金陵刻經處刻本　一冊

610000－1042－0005164　綫善221.2/589

大方廣華嚴經八十卷　（唐）釋實叉難陀譯　明鳳翔釋道顯刻本　一冊　存一卷(五十六)

610000－1042－0005165　綫221.2/589

大方廣佛華嚴經八十卷　（唐）釋實叉難陀譯　清杭州昭慶寺慧空經房刻本　二十八冊

610000－1042－0005166　綫221.2/044

大方廣佛華嚴經要解一卷　（宋）釋戒環集　清同治十一年(1872)金陵刻經處刻本　一冊

610000－1042－0005167　綫221/673

觀楞伽阿跋多羅寶經記十八首一卷　（宋）釋求那跋陀羅譯　（明）釋德清記　清光緒三十一年(1905)金陵刻經處刻本　六冊

610000－1042－0005168　綫221.403/037

金剛感應錄金剛般若波羅蜜經解註一卷　（清）白通輯　清道光二十七年(1847)襄平盧峋刻本　三冊

610000－1042－0005169　綫231/034

文昌帝君救劫開心聰明大洞真經三卷　（□）文昌帝君撰　（清）朱珪校　（清）羅惇衍重校　（清）林鴻年續校　清潘氏敏德堂刻本　一冊

610000－1042－0005170　綫善220/542

開元釋教錄略出四卷　（唐）釋智昇撰　明正統五年(1440)刻北藏本　四冊　存三卷(一至三)

610000－1042－0005171　綫802.17/798

一切經音義二十五卷　（唐）釋玄應撰　（清）莊炘校　清刻本　四冊

610000－1042－0005172　綫222.96/678

因明入正理論疏八卷　（唐）釋窺基撰　清光緒二十二年(1896)金陵刻經處刻本　二冊

610000－1042－0005173　綫222.96/144

因明入正理論疏八卷　（唐）釋窺基撰　清光緒二十七年(1901)刻本　二冊

610000－1042－0005174　綫222.96/144

因明入正理論疏節錄二卷　（唐）釋窺基撰　梅光羲節錄　清末民初石印本　二冊

610000－1042－0005175　綫222.96/224

因明入正理論直疏一卷　（明）釋明昱疏　清刻本　一冊

610000－1042－0005176　綫222.96/542

因明入正理論直解一卷　（清）釋智旭撰　清
刻相宗八要直解本　一冊

610000－1042－0005177　綫222.91/553

法苑珠林一百卷　（唐）釋道世輯　清道光刻
本　二十四冊

610000－1042－0005178　綫221.4/174

呂祖注講金剛心經一卷　（唐）呂嵒注　（清）
盛世綺輯　清咸豐十一年(1861)山東刻本
一冊

610000－1042－0005179　綫善221/677

諸佛世前如來菩薩尊者神僧名經一卷　（明）
朱棣撰　明永樂十五年(1417)內府刻本
一冊

610000－1042－0005180　綫223/798

沙彌律儀要略一卷　（明）釋袾宏輯　清刻本
一冊

610000－1042－0005181　綫221/374

大佛頂首楞嚴經正脈疏四十卷　（明）釋真鑑
撰　清光緒二十二年(1896)刻本　十四冊

610000－1042－0005182　綫221/773

關聖報恩經不分卷大成感應篇　（□）關聖帝
君撰　（□）孚佑帝君注　清咸豐十年(1860)
西安黃家刻本　一冊

610000－1042－0005183　綫222.16/466

救劫回生二卷　（□）□□撰　清刻本　一冊
存一卷(二)

610000－1042－0005184　綫222.16/526

菩薩賣藥灶君格言　（□）□□撰　清刻本
一冊

610000－1042－0005185　綫221.403/037

金剛般若波羅蜜經解註一卷　（清）王定柱解
註　清道光二十七年(1847)襄平盧峒刻本
三冊

610000－1042－0005186　綫221/044

閱藏隨筆二卷　（清）釋元度撰語　（清）釋太
穆節解　（清）楊維漢校　清宣統元年(1909)

刻本　二冊

610000－1042－0005187　綫221/367

高王觀音經一卷　（清）孫敬德輯　清道光六
年(1826)西安刻本　一冊

610000－1042－0005188　綫229.3/144

高僧傳初集　（南朝梁）釋慧皎撰　清光緒刻
本　二十四冊

610000－1042－0005189　綫229.3/553

續高僧傳二集四十卷　（唐）釋道宣撰　清刻
本　十冊

610000－1042－0005190　綫229.3/121

高僧傳四集六卷　（明）釋如惺撰　清刻本
二冊

610000－1042－0005191　綫善229/553

景德傳燈錄三十卷　（宋）釋道原纂　明萬曆
三十四年(1606)刻本　十三冊

610000－1042－0005192　綫善121.31/199

老子道德真經二卷音義一卷　（春秋）李耳撰
明閔齊伋刻朱墨印本　一冊

610000－1042－0005193　綫善121.3/154

老子道德真經二卷音義一卷　（春秋）李耳等
撰　莊子南華真經二卷音義一卷　（戰國）莊
周撰　列子沖虛真經一卷音義一卷　（戰國）
列禦寇撰　明閔齊伋刻朱墨印本　七冊

610000－1042－0005194　綫121.31/154

老子道德經二卷道德真經注四卷　（春秋）李
耳撰　（晉）王弼注　（元）吳澄述　清光緒元
年(1875)湖北崇文書局刻本　二冊

610000－1042－0005195　綫善231/553

[道經]不分卷　（□）□□撰　明刻本　一冊

610000－1042－0005196　綫121.312/199

道德經解二卷　（漢）河上公章句　（□）純陽
帝君釋義　（□）雲門魯史纂述　清光緒九年
(1883)西安八僊庵刻本　一冊

610000－1042－0005197　綫121.311/512

道德經集注五卷末一卷　（宋）彭耜纂集　清
光緒三年(1877)刻本　六冊

610000－1042－0005198　綫121.312/199

道德經評注二卷　（春秋）李耳撰　（漢）河上公章句　（明）歸有光批閱　（明）文震孟訂正　清嘉慶九年(1804)姑蘇王氏聚文堂刻本　一冊

610000－1042－0005199　綫231/435

太上道德真經四子古道集解一卷　（金）寇才質輯　清光緒三十二年(1906)成都二儒庵刻本　一冊

610000－1042－0005200　綫善121.311/539

老子翼三卷　（明）焦竑輯　明萬曆十六年(1588)焦竑刻本　一冊

610000－1042－0005201　綫善121.331/430

纂圖互注南華真經十卷　（晉）郭象注　（唐）陸德明音義　元建陽書坊刻本　五冊　存五卷(一至五)

610000－1042－0005202　綫善121.35/430

南華真經十卷　（晉）郭象注　明嘉靖九年(1530)顧春世德堂刻本　六冊

610000－1042－0005203　綫善121.33/430

莊子南華真經四卷音義一卷　（戰國）莊周撰　明閔齊伋刻朱墨印本　八冊

610000－1042－0005204　綫121.331/430

莊子南華真經三卷　（戰國）莊周撰　清光緒元年(1875)湖北崇文書局刻本　二冊

610000－1042－0005205　綫121.331/430

南華真經五卷　（晉）郭象注　清刻本　四冊

610000－1042－0005206　綫121.331/430

南華真經十卷　（晉）郭象注　清刻本　十冊

610000－1042－0005207　綫善121.36/454

南華真經副墨八卷　（明）陸西星撰　明萬曆六年(1578)刻本　一冊　存二卷(一至二)

610000－1042－0005208　綫善121.331/487

南華真經旁注五卷　（明）方虛名輯注　明萬曆二十二年(1594)刻本　五冊

610000－1042－0005209　綫121.3327/266

南華真經正義內篇七卷外篇十五卷雜篇十一

卷　（戰國）莊周撰　（清）宣穎注解　清康熙六十年(1721)郁文堂刻本　六冊

610000－1042－0005210　綫121.331/487

南華真經正義內篇七卷外篇十五卷雜篇十一卷　（戰國）莊周撰　（清）宣穎注解　清康熙六十年(1721)海清樓刻本　六冊

610000－1042－0005211　綫121.331/430

南華真經正義內篇七卷外篇十五卷雜篇十一卷　（戰國）莊周撰　（清）宣穎注解　清同治五年(1866)皖城藩署刻本　六冊

610000－1042－0005212　綫121.336/461

南華真經正義內篇七卷外篇十五卷雜篇十一卷　（戰國）莊周撰　（清）陳壽昌輯　清光緒十九年(1893)貽顏齋刻本　六冊

610000－1042－0005213　綫121.331/430

莊子郭注十卷　（戰國）莊周撰　（晉）郭象注　（唐）陸德明音義　清光緒十一年(1885)傳忠書局刻本　六冊

610000－1042－0005214　綫121.33/430

莊子十卷　（戰國）莊周撰　（晉）郭象注　（唐）陸德明音義　清宣統三年(1911)育文書局石印本　一冊

610000－1042－0005215　綫121.338/683

莊子內篇注四卷　（戰國）莊周撰　（明）釋德清注　清光緒十四年(1888)金陵刻經處刻本　二冊

610000－1042－0005216　綫善121.33/539

莊子翼八卷　（明）焦竑撰　明萬曆十六年(1588)焦竑刻本　八冊

610000－1042－0005217　綫善121.3/464

新刻眉公陳先生評註老子雋一卷雋眉公陳先生評選老莊合雋五卷　（明）陳繼儒評點　明師儉堂蕭少渠刻本　六冊

610000－1042－0005218　綫善121.3/039

老子二卷古今考證一卷莊子三卷　（明）孫鑛評點　明萬曆刻本　二冊

610000－1042－0005219　綫121.33/201

南華發覆八卷 （戰國）莊周撰 （明）釋性通注 清乾隆十四年（1749）雲林懷德堂刻本 六冊

610000－1042－0005220 綫 121.331/042
莊子集解八卷 （戰國）莊周撰 王先謙集解 清宣統元年（1909）思賢書局刻本 三冊

610000－1042－0005221 綫 121.331/042
莊子集解八卷 （戰國）莊周撰 王先謙集解 清宣統元年（1909）上海掃葉山房石印本 四冊

610000－1042－0005222 綫 121.331/430
莊子集釋十卷 （戰國）莊周撰 （清）郭慶藩輯 清光緒二十年（1894）石印本 十冊

610000－1042－0005223 綫 121.331/666
莊子約解四卷 （戰國）莊周撰 （清）劉洪典輯注 清同治五年（1866）刻本 四冊

610000－1042－0005224 綫 121.331/454
莊子雪三卷 （戰國）莊周撰 （清）陸樹芝輯注 清嘉慶元年（1796）刻本 三冊

610000－1042－0005225 綫 121.33/454
莊子雪三卷 （戰國）莊周撰 （清）陸樹芝輯注 清嘉慶四年（1799）刻本 六冊

610000－1042－0005226 綫 121.33/207
莊子因六卷 （戰國）莊周撰 （清）林雲銘注 清康熙二十七年（1688）刻本 八冊

610000－1042－0005227 綫 121.33/207
莊子因六卷 （戰國）莊周撰 （清）林雲銘注 清光緒六年（1880）白雲精舍刻本 四冊

610000－1042－0005228 綫善 121.3/688
列子八卷 （唐）盧重元撰 清嘉慶八年（1803）秦恩復石研齋刻本 二冊

610000－1042－0005229 綫 121.32/099
沖虛至德真經八卷 （周）列御寇撰 （晉）張湛注 清嘉慶九年（1804）寶慶經綸堂刻本 二冊

610000－1042－0005230 綫 121.39/158
文子纘義十二卷 （宋）杜道堅撰 清光緒三

年（1877）浙江書局刻本 二冊

610000－1042－0005231 綫 239/672
列仙傳二卷 （漢）劉向撰 古今注三卷 （晉）崔豹撰 清末刻本 一冊

610000－1042－0005232 綫善 230/601
新刻參同契全書三卷讚一卷卦一卷補遺一卷 （漢）魏伯陽撰 徐景林注 （明）胡文煥校正 明萬曆胡氏文會堂刻本 一冊

610000－1042－0005233 綫善 235.5/462
金丹正理大全周易參同契解三卷 （宋）陳顯微撰 明萬曆十九年（1591）金陵閣氏刻本 一冊

610000－1042－0005234 綫善 230/751
參同契經文分節解三卷 （漢）魏伯陽撰 （元）陳致虛解 明嘉靖姚汝循刻本 一冊

610000－1042－0005235 綫 231.221/445
陰符經一卷 （漢）張良注 清光緒元年（1875）湖北崇文書局刻本 一冊

610000－1042－0005236 綫 231/773
關聖帝君應驗明聖真經二卷古佛應驗明聖序解一卷經解一卷注解一卷 （□）□□編 清光緒八年（1882）都門誼雲壇刻本 一冊 存一卷（上）

610000－1042－0005237 綫 625.704/450
長春真人西遊記二卷 （元）李志常撰 清光緒二十六年（1900）上海掃葉山房石印本 二冊

610000－1042－0005238 綫善 121.33/461
玉堂校傳如崗陳先生二經精解全編九卷 （明）陳懿典撰 明萬曆南京刻清康熙三十四年（1695）書林燕詒堂重印本 四冊

610000－1042－0005239 綫善 230/444
道藏 （明）張宇初 （明）張國祥等編 明正統十年（1445）刻嘉靖三年（1524）、萬曆三十五年（1607）遞修本 三十一冊 存二十六種

610000－1042－0005240 綫 231/533
重刊道藏輯要不分卷 （清）彭定求輯 （清）

閻永和增　清光緒三十二年（1906）成都二僊
庵刻本　二百四十四册

610000－1042－0005241　綫192.9024/424
太上寶筏說不分卷　（清）許鶴沙撰　（清）施
少欽重訂　清光緒十五年（1889）石印本
八册

610000－1042－0005242　綫192.9024/424
太上寶筏說不分卷　（清）許鶴沙撰　（清）施
少欽重訂　清光緒十八年（1892）石印本
八册

610000－1042－0005243　綫192.9024/039
感應篇說四卷　（□）□□輯　清乾隆二十年
（1755）金啟賢刻本　四册

610000－1042－0005244　綫231/521
太上感應篇直講一卷　（清）黃體端注　清道
光二十一年（1841）西安刻本　一册

610000－1042－0005245　綫231/046
太上感應篇直講一卷　（□）□□注　清刻本
一册

610000－1042－0005246　綫231/514
感應篇引經牋注一卷　（清）惠棟箋注　清同
治刻本　一册

610000－1042－0005247　綫248.4/521
陰騭文說四卷　（清）黃正元纂輯　清嘉慶六
年（1801）餘慶堂刻本　四册

610000－1042－0005248　綫293.1/521
陰騭文說不分卷　（清）黃正元纂輯　清刻本
一册

610000－1042－0005249　綫298.4/208
敕封天后志二卷　（清）林清標輯　清同治四
年（1865）淮安林崇仁堂刻本　二册

610000－1042－0005250　綫234.2/670
文昌大洞治瘟寶籙不分卷　（清）劉體恕輯
清刻本　一册

610000－1042－0005251　綫231/099
至遊子二卷　（□）□□撰　清宣統三年
（1911）鄂官書處刻本　一册

610000－1042－0005252　綫298.4/447
關帝明聖真經靈籤詳註並覺世經不分卷
（□）□□撰　清光緒二十三年（1897）申江袖
海山房石印本　一册

610000－1042－0005253　綫250.2/242
清真釋疑補輯二卷　（清）金天柱撰　清光緒
十一年（1885）刻本　一册

610000－1042－0005254　綫578.291/745
教務紀略四卷首一卷末一卷　李剛己編　魏
家驊校　清光緒三十一年（1905）河南排印處
鉛印本　五册

610000－1042－0005255　綫200/154
五洲教務問答不分卷　（英國）李提摩太撰
清光緒二十五年（1899）上海美華書館鉛印本
一册

610000－1042－0005256　綫200/154
五洲教案紀略五卷　（英國）李提摩太撰　清
光緒二十七年（1901）上海廣學會刻本　二册

610000－1042－0005257　綫200/228
四教考略四卷　（英國）季理斐譯　清光緒二
十六年（1900）上海商務印書館鉛印本　一册

610000－1042－0005258　綫548.1/394
特別廣告不分卷　（清）□□撰　清刻本
一册

610000－1042－0005259　綫242/400
道原精萃不分卷　（清）倪懷綸編　清光緒十
三年（1887）上海慈母堂鉛印本　八册

610000－1042－0005260　綫242.4/258
善勝乎惡不分卷　（清）林輔華撰　清宣統元
年（1909）漢口聖教書局鉛印本　一册

610000－1042－0005261　綫241.1/265
創世記五十章　（美國）聖經會編　清光緒十
一年（1885）上海美華書館鉛印本　一册

610000－1042－0005262　綫046.7/042
中西政學問對三十九卷　王仁俊撰　清光緒
二十七年（1901）實學報館刻本　四册

610000－1042－0005263　綫570/544

佐治芻言不分卷 （英國）傅蘭雅口譯 （清）
應祖錫筆述 清江南製造總局鉛印本 三冊

610000－1042－0005264 綫462/177

製火藥法三卷 （英國）利稼孫 （英國）華得
斯輯 （英國）傅蘭雅口譯 （清）丁樹榮筆述
清光緒江南製造局刻本 一冊

610000－1042－0005265 綫432.4/120

農務化學問答二卷 （英國）仲斯敦撰 （英
國）秀耀春口譯 范熙庸筆述 清光緒二十
五年(1899)江南製造總局刻本 二冊

610000－1042－0005266 綫432.2/233

農務土質論三卷說一卷 （美國）格令希蘭撰
（美國）衛理譯 范熙庸筆述 清光緒二十
六年(1900)江南製造總局刻本 三冊

610000－1042－0005267 綫430/079

農學初級一卷 （英國）旦爾恒理撰 （英國）
秀耀春等譯 清光緒二十四年(1898)上海製
造局刻本 一冊

610000－1042－0005268 綫357.1/084

金石識別十二卷 （美國）代那撰 （美國）瑪
高溫口譯 （清）華蘅芳筆述 清同治十一年
(1872)刻本 六冊

610000－1042－0005269 綫357.1/084

金石識別十二卷中西金石名表 （美國）代那
撰 （美國）瑪高溫口譯 （清）華蘅芳筆述
清光緒九年(1883)刻本 十三冊

610000－1042－0005270 綫357/544

礦石說一卷 （英國）傅蘭雅撰 清光緒十年
(1884)刻本 一冊

610000－1042－0005271 綫357.037/318

礦物界教科書八卷 （日本）神保小虎編 虞
和欽 虞和寅譯 清光緒二十八年(1902)上
海華洋書局鉛印本 一冊

610000－1042－0005272 綫467/759

礦學大成二十二卷 （英國）傅蘭雅譯 清光
緒石印本 二冊

610000－1042－0005273 綫467/533

寶藏興焉十二卷 （英國）費而奔撰 （英國）
傅蘭雅口譯 （清）徐壽筆述 清光緒江南製
造總局刻本 十六冊

610000－1042－0005274 綫357.1/095

求礦指南十卷附錄一卷 （英國）安德孫撰
（英國）傅蘭雅 （清）潘松譯 清光緒二十五
年(1899)江南製造總局刻本 二冊

610000－1042－0005275 綫557.2652/278

美國鐵路彙考十三卷 （美國）柯理集 （英
國）傅蘭雅口譯 （清）潘松筆述 清光緒二
十五年(1899)江南製造總局刻本 二冊

610000－1042－0005276 綫440.09/602

工程致富論略十三卷 （英國）瑪體生撰
（英國）傅蘭雅 （清）鍾天緯譯 清光緒四年
(1878)鉛印本 八冊

610000－1042－0005277 綫440.09/602

工程致富論略十三卷 （英國）瑪體生撰
（英國）傅蘭雅 （清）鍾天緯譯 清光緒四年
(1878)鉛印本 八冊

610000－1042－0005278 綫440/602

考工記要十七卷 （英國）瑪體生撰 （清）鍾
天緯 （英國）傅蘭雅譯 清光緒七年(1881)
刻本 八冊

610000－1042－0005279 綫446.11/544

汽機新制八卷 （英國）白爾格撰 （英國）傅
蘭雅口譯 （清）徐建寅筆述 清刻本 二冊

610000－1042－0005280 綫560/721

理財節略不分卷 （英國）戴樂爾撰 清光緒
三十年(1904)上海廣學會鉛印本 一冊

610000－1042－0005281 綫550.18/619

最新經濟學三卷 裴廷藩編譯 清宣統二年
(1910)陝西工業學堂印刷局鉛印本 一冊

610000－1042－0005282 綫660.37/579

**京師大學堂經濟學講義五篇中國地理講義一
卷首一卷** （日本）杉榮三郎編 清鉛印本
一冊

610000－1042－0005283 綫550.18/515

原富五卷　（英國）斯密亞丹撰　嚴復譯　清光緒二十七年(1901)南洋公學譯書院鉛印本　四冊

610000－1042－0005284　綫300/315

格物探原六卷　（英國）韋廉臣撰　清光緒六年(1880)木活字印本　四冊

610000－1042－0005285　綫407.1/544

格致彙編不分卷　（英國）傅蘭雅譯　清光緒二年至十八年(1876－1892)上海格致書室鉛印本　二十八冊

610000－1042－0005286　綫307.1/211

格致啟蒙四卷　（英國）羅斯古等纂　（美國）林樂知　（清）鄭昌棪譯　清光緒二十二年(1896)石印本　四冊

610000－1042－0005287　綫330/373

格致質學啟蒙十一章　（英國）艾約瑟譯　清光緒二十二年(1896)上海著易堂石印本　一冊

610000－1042－0005288　綫300/373

格致總學啟蒙三卷　（英國）艾約瑟譯　清光緒二十二年(1896)上海著易堂石印本　一冊

610000－1042－0005289　綫307.1/373

格致總學啟蒙三卷　（英國）艾約瑟譯　清光緒二十四年(1898)石印本　一冊

610000－1042－0005290　綫330/604

格致小引一卷　（英國）赫施齋撰　（英國）羅亨利　（清）瞿昂來譯　清光緒刻本　一冊

610000－1042－0005291　綫336.3/579

格術補一卷　（清）鄒伯奇撰　清光緒三年(1877)古荷池精舍刻本　一冊

610000－1042－0005292　綫312/495

數學啟蒙二卷　（英國）偉烈亞力撰　清光緒十二年(1886)石印本　二冊

610000－1042－0005293　綫316.01/177

形學備旨十卷　（美國）狄考文選譯　（清）鄒立文筆述　清光緒二十九年(1903)上海美華書館鉛印本　二冊

610000－1042－0005294　綫316.01/177

幾何原本十五卷　（意大利）利馬竇口譯　（明）徐光啟筆述　清光緒十四年(1888)上海大同書局石印本　八冊

610000－1042－0005295　綫313.1/397

代數難題解法十六卷　（英國）倫德輯　（英國）傅蘭雅口譯　（清）華蘅芳筆述　清光緒二十二年(1896)上海璂衡堂石印本　二冊存九卷(一至九)

610000－1042－0005296　綫313/177

代數備旨不分卷　（美國）狄考文譯　清光緒三十三年(1907)上海美華書館鉛印本　一冊

610000－1042－0005297　綫310/766

代微積拾級十八卷　（美國）羅密士撰　（英國）偉烈亞力口譯　（清）李善蘭筆述　清咸豐九年(1859)墨海刻本　三冊

610000－1042－0005298　綫313/528

代數術二十五卷首一卷　（英國）華里司輯　（英國）傅蘭雅口譯　（清）華蘅芳筆述　清同治十二年(1873)刻本　六冊

610000－1042－0005299　綫313.1/528

代數須知一卷　（英國）傅蘭雅撰　清光緒八年(1882)抄本　一冊

610000－1042－0005300　綫313.1/544

代數須知一卷　（英國）傅蘭雅撰　清光緒十三年(1887)刻本　一冊

610000－1042－0005301　綫310.208/604

對數表不分卷　（美國）路密司撰　（美國）赫士口譯　（清）朱葆琛筆述　清光緒三十三年(1907)上海美華書館鉛印本　一冊

610000－1042－0005302　綫317/318

三角數理六卷　（英國）海麻士輯　（英國）傅蘭雅口譯　（清）華蘅芳筆述　清光緒二十二年(1896)上海璂衡堂石印本　二冊

610000－1042－0005303　綫317/318

三角數理十二卷　（英國）海麻士輯　（英國）傅蘭雅口譯　（清）華蘅芳筆述　清刻本

六冊

610000 – 1042 – 0005304　綫 317.1/528

三角須知不分卷　（英國）傅蘭雅撰　清光緒
八年(1882)抄本　一冊

610000 – 1042 – 0005305　綫 317.1/544

三角須知不分卷　（英國）傅蘭雅撰　清光緒
十四年(1888)刻本　一冊

610000 – 1042 – 0005306　綫 316.36/528

曲綫須知不分卷　（英國）傅蘭雅撰　清光緒
八年(1882)抄本　一冊

610000 – 1042 – 0005307　綫 316.36/544

曲綫須知不分卷　（英國）傅蘭雅撰　清光緒
十四年(1888)刻本　一冊

610000 – 1042 – 0005308　綫 316.38/148

圓錐曲綫一卷　（美國）求德生選譯　（清）劉
維師筆述　清光緒十九年(1893)上海美華書
局鉛印本　一冊

610000 – 1042 – 0005309　綫 314.1037/461

微積闡詳五卷　（清）陳志堅撰　清光緒三十
二年(1906)刻本　二冊

610000 – 1042 – 0005310　綫 314.1/528

微積溯源八卷　（英國）華里司輯　（英國）傅
蘭雅口譯　（清）華蘅芳筆述　清同治十三年
(1874)刻本　六冊

610000 – 1042 – 0005311　綫 314.1/528

微積溯源八卷　（英國）華里司輯　（英國）傅
蘭雅口譯　（清）華蘅芳筆述　清光緒二十二
年(1896)上海著易堂石印本　四冊

610000 – 1042 – 0005312　綫 314.1/528

微積溯源八卷　（英國）華里司輯　（英國）傅
蘭雅口譯　（清）華蘅芳筆述　清光緒二十二
年(1896)上海著易堂石印本　四冊

610000 – 1042 – 0005313　綫 314.1/528

微積溯源八卷　（英國）華里司輯　（英國）傅
蘭雅譯　（清）華蘅芳筆述　清光緒二十二年
(1896)上海璣衡堂石印本　四冊

610000 – 1042 – 0005314　綫 314.1/544

微積須知一卷　（英國）傅蘭雅撰　清光緒十
四年(1888)刻本　一冊

610000 – 1042 – 0005315　綫 314.1/528

微積須知一卷　（英國）傅蘭雅撰　清光緒八
年(1882)抄本　一冊

610000 – 1042 – 0005316　綫 330/105

重學二十卷曲綫說三卷　（英國）艾約瑟口述
　（清）李善蘭譯　清同治五年(1866)刻本
五冊

610000 – 1042 – 0005317　綫 330.1/528

重學須知不分卷　（英國）傅蘭雅撰　清光緒
十五年(1889)刻本　一冊

610000 – 1042 – 0005318　綫 330.1/528

重學須知不分卷　（英國）傅蘭雅撰　清抄本
　一冊

610000 – 1042 – 0005319　綫 337/544

電學十卷首一卷　（英國）瑙挨德撰　（英國）
傅蘭雅口譯　（清）徐建寅筆述　清刻本
六冊

610000 – 1042 – 0005320　綫 337/078

電學綱目一卷　（英國）田大里輯　（英國）傅
蘭雅譯　清光緒刻本　一冊

610000 – 1042 – 0005321　綫 337/544

電學圖說五卷　（英國）傅蘭雅譯　清光緒十
三年(1887)益智書會刻本　一冊

610000 – 1042 – 0005322　綫 337/078

電學大成四種十五卷　（英國）田大里等輯
清光緒二十二年(1896)上海璣衡堂石印本
六冊

610000 – 1042 – 0005323　綫 337/483

通物電光四卷　（美國）莫耳登撰　（英國）傅
蘭雅譯　清光緒二十五年(1899)江南製造總
局刻本　一冊

610000 – 1042 – 0005324　綫 448.851/148

無綫電報一卷　（英國）克爾撰　范熙庸筆述
　清光緒二十六年(1900)江南製造總局刻本
一冊

610000－1042－0005325　綫 557.715/461

萬家密電不分卷　（清）陳培蘭　（清）董元亮
參校　清光緒二十五年(1899)刻本　四冊

610000－1042－0005326　綫 340/090

化學材料中西名目表不分卷　（清）江南製造
總局譯　清光緒十年(1884)鉛印本　一冊

610000－1042－0005327　綫 340/603

化學初階四卷　（美國）嘉約翰口譯　（清）何
瞭然筆述　清同治九年(1870)羊城博濟醫局
刻本　四冊

610000－1042－0005328　綫 340.035/603

化學初階四卷　（美國）嘉約翰口譯　（清）何
瞭然筆述　清末民初鉛印本　二冊　存二卷
（三至四）

610000－1042－0005329　綫 340/609

化學大成十五卷　（英國）蒲陸山撰　（英國）
傅蘭雅口譯　（清）徐建寅筆述　清光緒十三
年(1887)石印本　二十冊

610000－1042－0005330　綫 340/609

化學分原八卷　（英國）蒲陸山撰　（英國）傅
蘭雅口譯　（清）徐壽筆述　清光緒江南製造
總局刻本　二冊

610000－1042－0005331　綫 340/315

化學鑑原六卷　（英國）韋而司撰　（英國）傅
蘭雅口譯　（清）徐壽筆述　清光緒江南製造
總局刻本　四冊

610000－1042－0005332　綫 340/544

化學鑑原續編二十四卷　（英國）蒲陸山撰
（英國）傅蘭雅口譯　（清）徐壽筆述　清光緒
江南製造總局刻本　六冊

610000－1042－0005333　綫 340/544

化學鑑原續編二十四卷　（英國）蒲陸山撰
（英國）傅蘭雅口譯　（清）徐壽筆述　清光緒
江南製造總局刻本　六冊

610000－1042－0005334　綫 340/544

化學鑑原補編六卷首一卷　（英國）傅蘭雅口
譯　（清）徐壽筆述　清光緒江南製造總局刻

本　六冊

610000－1042－0005335　綫 340/544

化學鑑原補編六卷首一卷　（英國）傅蘭雅口
譯　（清）徐壽筆述　清光緒江南製造總局刻
本　六冊

610000－1042－0005336　綫 340/544

化學鑑原補編六卷首一卷　（英國）傅蘭雅口
譯　（清）徐壽筆述　清光緒江南製造總局刻
本　六冊

610000－1042－0005337　綫 340/497

化學考質八卷　（德國）富里西尼烏司撰
（英國）傅蘭雅口譯　（清）徐壽筆述　清光緒
江南機器製造總局刻本　六冊

610000－1042－0005338　綫 340/056

化學啟蒙一卷　（英國）艾約瑟譯　清光緒二
十二年(1896)上海著易堂書局石印本　一冊

610000－1042－0005339　綫 340/497

化學求數十五卷化學表　（德國）富里西尼烏
司撰　（英國）傅蘭雅口譯　（清）徐壽筆述
清刻本　十四冊

610000－1042－0005340　綫 344/486

化學指南十卷　（法國）畢利幹撰　清同治十
二年(1873)鉛印本　十六冊

610000－1042－0005341　綫 341.1/022

實用分析術三編　（日本）山下月辨人編　虞
和欽　虞和宣譯　清光緒二十八年(1902)上
海鑄古齋鉛印本　三冊

610000－1042－0005342　綫 334/078

聲學八卷　（英國）田大里撰　（英國）傅蘭雅
譯　（清）徐建寅筆述　清光緒二十二年
(1896)上海璣衡堂刻本　一冊

610000－1042－0005343　綫 334/604

聲學揭要六章雜問　（美國）赫士譯　（清）朱
葆琛筆述　清光緒二十年(1894)上海美華書
館鉛印本　一冊

610000－1042－0005344　綫 336/078

光學二卷視學諸器說一卷　（英國）田大里輯

（美國）金楷理口譯　（清）趙元益筆述　清光緒江南機器製造總局刻本　二冊

610000－1042－0005345　綫336/078
光學大成二卷附一卷　（英國）田大里輯（美國）金楷理口譯　（清）趙元益筆述　清光緒二十二年(1896)上海璣衡堂石印本　一冊

610000－1042－0005346　綫336/523
光學揭要二卷　（美國）赫士口譯　（清）朱葆琛筆述　清光緒二十四年(1898)上海美華書館鉛印本　一冊

610000－1042－0005347　綫328.15/544
氣學叢談二卷　（英國）傅蘭雅口譯　（請）華蘅芳筆述　清光緒上海時務報館石印本　二冊

610000－1042－0005348　綫328.15/544
氣學叢談二卷　（英國）傅蘭雅口譯　（請）華蘅芳筆述　清光緒上海時務報館石印本　二冊

610000－1042－0005349　綫332.6/544
水學說二卷　（英國）傅蘭雅譯　清光緒十六年(1890)益智書會刻本　一冊

610000－1042－0005350　綫335/604
熱學揭要六章習問　（美國）赫士譯　（清）劉永貴筆述　清光緒二十三年(1897)上海美華書館鉛印本　一冊

610000－1042－0005351　綫335/604
熱學揭要六章習問　（美國）赫士譯　（清）劉永貴筆述　清光緒二十八年(1902)上海美華書館鉛印本　一冊

610000－1042－0005352　綫330/582
物理學上編四卷　（日本）飯盛挺造編纂（日本）藤田豐八譯　王季烈重編　清光緒二十六年(1900)製造局刻本　四冊

610000－1042－0005353　綫330/230
中學校初年級理化教科書　（日本）和田猪三郎編纂　（清）虞輝祖譯述　清光緒二十八年(1902)上海科學儀器館鉛印本　一冊

610000－1042－0005354　綫330.4/021
理化示教不分卷　上海普通學書室編譯　清光緒二十九年(1903)石印本　一冊

610000－1042－0005355　綫330.379/154
形性學要十卷　（清）李杕譯撰　清光緒二十五年(1899)上海徐匯匯報館鉛印本　四冊

610000－1042－0005356　綫330/544
體性說一卷重學說一卷　（英國）傅蘭雅譯　清光緒十一年(1885)刻本　一冊

610000－1042－0005357　綫320.7/315
談天十八卷首一卷表一卷　（英國）侯失勒撰　（英國）偉烈亞力口譯　（清）李善蘭刪述（清）徐建寅續筆　清同治十三年(1874)鉛印本　三冊

610000－1042－0005358　綫609.01/034
地學指略三卷　（英國）文教治撰　清光緒七年(1881)益智書會刻本　一冊

610000－1042－0005359　綫609.01/100
地學啟蒙八卷　（英國）艾約瑟譯　清光緒十二年(1886)刻本　一冊

610000－1042－0005360　綫609.01/100
地學啟蒙八卷　（英國）艾約瑟譯　清光緒二十二年(1896)上海著易書堂鉛印本　一冊

610000－1042－0005361　綫350/544
地學須知六章　（英國）傅蘭雅撰　清光緒九年(1883)刻本　一冊

610000－1042－0005362　綫609.9/544
地理須知一卷　（英國）傅蘭雅撰　清光緒九年(1883)刻本　一冊

610000－1042－0005363　綫609.01/242
地學大成二種　（美國）金楷理　（英國）傅蘭雅譯　（清）王德鈞等筆述　清光緒二十二年至三十三年(1896－1907)石印本　二冊

610000－1042－0005364　綫350/556
地學淺釋三十八卷　（英國）雷俠兒撰　（美國）瑪高溫口譯　（清）華蘅芳筆述　清刻本　八冊

610000－1042－0005365　綫 350/556

地學淺釋三十八卷　（英國）雷俠兒撰　（美國）瑪高溫口譯　（清）華蘅芳筆述　清光緒二十四年(1898)上海富強齋石印本　三冊

610000－1042－0005366　綫 351/227

地文學問答十一章　（清）邵義譯述　清光緒三十一年(1905)上海商務印書館鉛印本　一冊

610000－1042－0005367　綫 398/121

全體新論十卷　（英國）合信　（清）陳修堂撰　清咸豐元年(1851)刻本　一冊

610000－1042－0005368　綫 521/331

教育心理學五篇　（日本）高島平三郎撰　田吳炤譯　清光緒三十一年(1905)上海商務印書館鉛印本　一冊

610000－1042－0005369　綫 170.1/318

心靈學一卷　（美國）海文撰　（清）顏永京譯　清光緒十五年(1889)刻本　一冊

610000－1042－0005370　綫 144.63/515

斯賓塞爾勸學篇第一篇　（英國）斯賓塞爾撰　嚴復譯　清光緒二十七年(1901)南昌讀有用書之齋刻本　一冊

610000－1042－0005371　綫 146.42/576

路索民約論四編　（法國）盧梭撰　楊廷棟譯　清光緒二十九年(1903)上海文明書局鉛印本　一冊

610000－1042－0005372　綫 150/079

辨學啟蒙不分卷　（英國）艾約瑟譯　清光緒二十二年(1896)上海著易堂書局石印本　一冊

610000－1042－0005373　綫 150/690

穆勒名學不分卷　（英國）穆勒撰　嚴復譯　清光緒二十八年(1902)鉛印本　二冊

610000－1042－0005374　綫 144.63/515

群學肆言十六卷　（英國）斯賓塞爾撰　嚴復譯　清光緒二十九年(1903)上海文明編譯書局鉛印本　四冊

610000－1042－0005375　綫 144.6/604

天演論二卷　（英國）赫胥黎撰　嚴復譯　清光緒二十四年(1898)鉛印本　一冊

610000－1042－0005376　綫 144.6/604

吳京卿節本天演論一卷　（英國）赫胥黎撰　嚴復譯　（清）吳汝綸節選　清光緒二十四年(1898)鉛印本　一冊

610000－1042－0005377　綫 144.6/604

天演論二卷　（英國）赫胥黎撰　嚴復譯　清光緒二十九年(1903)上海斌記書莊石印本　一冊

610000－1042－0005378　綫 380/491

動物學啟蒙八卷　（英國）艾約瑟譯　清光緒二十二年(1896)上海著易堂石印本　一冊

610000－1042－0005379　綫 397/189

身理啟蒙十章　（英國）艾約瑟譯　清光緒二十二年(1896)上海著易堂石印本　一冊

610000－1042－0005380　綫 316.9/528

畫器須知一卷　（英國）傅蘭雅撰　清光緒八年(1882)抄本　一冊

610000－1042－0005381　綫 316.9/544

畫器須知一卷　（英國）傅蘭雅撰　清光緒十四年(1888)刻本　一冊

610000－1042－0005382　綫 440.6/544

畫形說一卷　（英國）傅蘭雅撰　清光緒十一年(1885)刻本　一冊

610000－1042－0005383　綫 316.5/083

器象顯真四卷附一卷　（英國）白力蓋輯（英國）傅蘭雅口譯　（清）徐建寅刪述　清光緒江南機器製造總局刻本　四冊

610000－1042－0005384　綫 316.5/083

器象顯真四卷　（英國）白力蓋輯　（英國）傅蘭雅口譯　（清）徐建寅刪述　清光緒江南機器製造總局刻本　二冊

610000－1042－0005385　綫 440.6/085

器象顯真四卷附一卷　（英國）白力蓋輯（英國）傅蘭雅口譯　（清）徐建寅刪述　清刻

本　三冊

610000 - 1042 - 0005386　綫 440.6/085

器象顯真四卷附一卷　（英國）白力蓋輯
（英國）傅蘭雅口譯　（清）徐建寅刪述　清刻
本　三冊

610000 - 1042 - 0005387　綫 326/501

測繪淺說一卷陝西輿章程一卷　（清）陝西布
政使司編　清光緒十六年(1890)刻本　一冊

610000 - 1042 - 0005388　綫 326.1/544

測地繪十一卷　（英國）富路瑪撰　（英國）傅
蘭雅口譯　（清）徐壽筆述　清光緒刻本
四冊

610000 - 1042 - 0005389　綫 528.93/037

普通體操學教科書　王肇鉉譯　清光緒三十
年(1904)上海文明書局石印本　一冊

610000 - 1042 - 0005390　綫 550.18/200

富國策三卷　（英國）法思德撰　（清）汪鳳藻
譯　清光緒八年(1882)上海美華書館鉛印本
三冊

610000 - 1042 - 0005391　綫 551.2/380

富國養民策十六卷　（英國）哲分斯撰　清光
緒十二年(1886)總稅務司署刻本　一冊

610000 - 1042 - 0005392　綫 507.8/603

富國真理二卷　（英國）嘉托瑪撰　（英國）山
雅谷譯文　清光緒二十五年(1899)上海廣學
會刻本　二冊

610000 - 1042 - 0005393　綫 300/582

博物學大意不分卷　（日本）飯啟撰　（清）杜
就田編譯　清光緒二十九年(1903)上海順成
試音書局石印本　二冊

610000 - 1042 - 0005394　綫 071.7/224

西學探源四卷　（日本）岡本監輔編　清光緒
二十七年(1901)上海商務印書館鉛印本
二冊

610000 - 1042 - 0005395　綫 573.07/191

新政真詮六編　何啟　胡禮垣撰　清光緒二
十六年(1900)格致新報館鉛印本　六冊

610000 - 1042 - 0005396　綫 190/220

自西徂東五卷　（德國）花之安撰　（清）馮勉
齋刪訂　清光緒十年(1884)廣東小書會真寶
堂刻本　五冊

610000 - 1042 - 0005397　綫 573.07/220

自西徂東五卷　（德國）花之安撰　（清）馮勉
齋刪訂　清光緒十九年(1893)鉛印本　五冊

610000 - 1042 - 0005398　綫 072.7/129

洋務備考十六卷　（清）沈維堉撰　清光緒十
二年(1886)上海書局石印本　六冊

610000 - 1042 - 0005399　綫 075.78/544

洋務實學新編二卷　（清）傅雲龍輯　清光緒
二十二年(1896)上海書局石印本　二冊

610000 - 1042 - 0005400　綫 075.7/573

洋務時事彙編八卷　（清）葛子源輯　清光緒
二十四年(1898)上海書局石印本　十二冊

610000 - 1042 - 0005401　綫 740.37/068

十九世紀歐洲文明進化論一卷　（日本）民友
社撰　陳國鏞譯述　二十年來生計界劇變論
一卷　（日本）田尻稻次郎撰　陳國鏞譯　清
光緒二十八年(1902)上海廣智書局鉛印本
一冊

610000 - 1042 - 0005402　綫 082/728

時務通考三十一卷　（清）杞廬主人等撰　清
光緒二十三年(1897)上海點石齋書局石印本
二十冊

610000 - 1042 - 0005403　綫 082/728

時務通考三十一卷　（清）杞廬主人等撰　清
光緒二十三年(1897)上海點石齋書局石印本
二十四冊　缺一卷(三十一)

610000 - 1042 - 0005404　綫 082/728

時務通考續編三十一卷　（清）點石齋書局編
輯　清光緒二十七年(1901)上海點石齋書局
石印本　十六冊

610000 - 1042 - 0005405　綫 041.8/462

分類時務通纂三百卷　（清）陳昌紳編輯　清
光緒二十八年(1902)上海文淵書局石印本

九冊　存五十三卷(二百十五至二百六十七)

610000－1042－0005406　綫085/544

西學輯存六種　(英國)偉烈亞力譯　(清)王韜輯　清光緒十五年至十六年(1889－1890)鉛印本　二冊

610000－1042－0005407　綫072.7/544

須知匯輯十九種　(英國)傅蘭雅撰　清光緒刻本　十九冊

610000－1042－0005408　綫041.7/081

科學叢書第一集八種　(日本)矢津昌永等撰　樊炳清譯　清光緒二十七年(1901)教育世界出版所石印本　十冊

610000－1042－0005409　綫083.6/548

新學大叢書一百二十卷　(清)□□編　清光緒二十九年(1903)上海積山喬記書局石印本　三十二冊

610000－1042－0005410　綫082.78/214

新輯各國政治藝學分類全書　(清)東山主人輯　清光緒二十八年(1902)上海東山書局石印本　三十二冊

610000－1042－0005411　綫711/777

五大洲政藝全書一百二十卷　(清)寶善齋主人輯　清光緒二十九年(1903)寶善齋石印本　五十二冊

610000－1042－0005412　綫082.78/340

西政叢書三十二種　梁啟超輯　清光緒二十三年(1897)慎記書莊石印本　三十二冊

610000－1042－0005413　綫善832.126/217

楚辭十九卷雜論一卷讀楚辭語一卷　(戰國)屈原撰　(明)陸時雍疏　明緝柳齋刻本　四冊

610000－1042－0005414　綫832.127/217

楚辭八卷末一卷　(清)屈復注　清乾隆三年(1738)刻本　四冊

610000－1042－0005415　綫832.1/042

楚辭十七卷　(戰國)屈原撰　(漢)王逸注　(宋)洪興祖補注　清同治十一年(1872)金陵

書局刻本　四冊

610000－1042－0005416　綫832.1/255

楚辭十七卷　(戰國)屈原撰　(漢)劉向集　(漢)王逸章句　(宋)洪興祖補注　清光緒九年(1883)長沙書堂山館刻本　四冊

610000－1042－0005417　綫832.12/042

楚辭十七卷　(戰國)屈原撰　(漢)王逸注　清光緒二十一年(1895)昭陵經畬主人刻本　六冊

610000－1042－0005418　綫832.12/042

楚辭十七卷　(戰國)屈原撰　(漢)王逸注　(宋)洪興祖補注　清刻本　六冊

610000－1042－0005419　綫832.12/042

楚辭箋注十七卷　(漢)劉向集　(漢)王逸注　(宋)洪興祖補注　清吳郡寶翰樓刻本　二冊

610000－1042－0005420　綫832.1252/115

楚辭辯證二卷　(宋)朱熹撰　清光緒三年(1877)湖北崇文書局刻本　一冊

610000－1042－0005421　綫善832.1252/115

楚辭集注八卷覽二卷辯證二卷後語八卷　(宋)朱熹撰　(明)蔣之翹評校　明天啓六年(1626)蔣之翹刻本　八冊

610000－1042－0005422　綫832.1/115

楚辭集注八卷　(宋)朱熹集注　清乾隆五十三年(1788)聽雨齋刻朱墨印本　四冊

610000－1042－0005423　綫832.1/115

楚辭集注八卷首一卷　(宋)朱熹集注　清光緒三年(1877)湖北崇文書局刻本　二冊

610000－1042－0005424　綫832.1252/115

楚辭集注八卷辯證二卷後語六卷　(宋)朱熹集注　清光緒八年(1882)江蘇書局刻本　四冊

610000－1042－0005425　綫832.12/042

楚辭補注十七卷　(漢)王逸注　(宋)洪興祖補注　(清)李錫齡校刊　清道光刻本　六冊

610000－1042－0005426　綫832.1/115

楚辭評林八卷 （宋）朱熹集注 （明）古與堂訂輯 明崇禎十年(1637)刻本 四冊

610000－1042－0005427 綫善 832.126/455

楚辭榷八卷 （明）陸時雍疏 明刻本 二冊

610000－1042－0005428 綫 832.1/039

楚辭釋十一卷 （漢）王逸章句 王闓運注 清光緒十二年(1886)成都尊經書院刻本 二冊

610000－1042－0005429 綫 832.1/039

楚辭釋十一卷 王闓運撰 清光緒二十七年(1901)衡陽刻本 二冊

610000－1042－0005430 綫 832.127/207

楚辭燈四卷 （清）林雲銘撰 清康熙二十四年(1685)林氏挹奎樓刻本 四冊

610000－1042－0005431 綫 832.127/207

楚辭燈四卷 （清）林雲銘撰 清康熙二十四年(1685)林氏挹奎樓刻朱墨印本 四冊

610000－1042－0005432 綫 832.127/207

楚辭燈四卷 （清）林雲銘撰 清康熙三十六年(1697)晉安林氏挹奎樓刻本 二冊

610000－1042－0005433 綫 832.127/311

楚辭節注六卷 （清）姚培謙撰 清乾隆六年(1741)刻本 一冊

610000－1042－0005434 綫善 832.127/217

屈辭精義六卷 （清）陳本禮撰 清嘉慶十二年(1807)裛露軒刻本 二冊

610000－1042－0005435 綫善 832.127/217

楚辭新集注八卷末一卷 （清）屈復注 清乾隆三年(1738)屈復弱水草堂刻本 四冊

610000－1042－0005436 綫 832.127/217

楚辭新集注八卷末一卷 （清）屈復撰 清乾隆三年(1738)刻本 四冊

610000－1042－0005437 綫 832.127/217

楚辭新集注八卷 （清）屈復注 清道光十七年(1837)刻本 四冊

610000－1042－0005438 綫 832.183/009

楚辭天問箋一卷 （清）丁晏撰 清光緒廣雅書局刻本 一冊

610000－1042－0005439 綫 832.181/698

離騷集傳一卷 （宋）錢杲之撰 清光緒三年(1877)湖北崇文書局刻本 一冊

610000－1042－0005440 綫 832.11/807

離騷箋二卷 （清）龔景瀚撰 清光緒三年(1877)湖北崇文書局刻本 一冊

610000－1042－0005441 綫 832.181/807

離騷箋二卷 （清）龔景瀚撰 清宣統三年(1911)鄂官書處刻本 一冊

610000－1042－0005442 綫 832.181/173

離騷草木疏四卷 （宋）吳仁傑撰 清光緒三年(1877)湖北崇文書局刻本 一冊

610000－1042－0005443 綫 832.181/173

離騷草木疏四卷 （宋）吳仁傑撰 清宣統三年(1911)鄂官書處刻本 一冊

610000－1042－0005444 綫善 832.181/217

離騷辯一卷 （清）朱冀撰 清康熙四十五年(1706)朱冀綠筠堂刻本 一冊

610000－1042－0005445 綫 842.1/069

司馬文圓集一卷 （漢）司馬相如撰 （明）張溥閱 清光緒刻本 一冊

610000－1042－0005446 綫 842.1/214

東方大中集一卷 （漢）東方朔撰 （明）張溥閱 清光緒刻本 一冊

610000－1042－0005447 綫 842.1/550

褚先生集一卷 （漢）褚少孫撰 （明）張溥閱 清光緒刻本 一冊

610000－1042－0005448 綫 842.1/672

劉子政集一卷 （漢）劉向撰 （明）張溥閱 清光緒刻本 一冊

610000－1042－0005449 綫 842.1/667

劉子駿集一卷 （漢）劉歆撰 （明）張溥閱 清光緒刻本 一冊

610000－1042－0005450 綫 842.1/571

董膠西集一卷 （漢）董仲舒撰 （明）張溥閱
清光緒刻本 一冊

610000－1042－0005451 綫842.2/489
東漢崔亭伯集一卷 （漢）崔駰撰 （明）張溥
閱 清光緒刻本 一冊

610000－1042－0005452 綫842.1/037
王諫議集一卷 （漢）王褒撰 （明）張溥閱
清光緒刻本 一冊

610000－1042－0005453 綫842.2/508
馮曲陽集一卷 （漢）馮衍撰 （明）張溥閱
清光緒刻本 一冊

610000－1042－0005454 綫842.1/517
揚侍郎集一卷 （漢）揚雄撰 （明）張溥閱
清光緒刻本 一冊

610000－1042－0005455 綫842.2/370
班蘭台集一卷 （漢）班固撰 （明）張溥閱
清光緒刻本 一冊

610000－1042－0005456 綫善842.2/653
蔡中郎集八卷 （漢）蔡邕撰 明萬曆汪士賢
刻本 四冊

610000－1042－0005457 綫842.5/677
諸葛丞相集四卷 （三國蜀）諸葛亮撰 （清）
朱璘纂輯 清康熙三十七年(1698)萬卷堂刻
本 四冊

610000－1042－0005458 綫089.25/677
忠武侯諸葛孔明先生全集二十一卷 （三國
蜀）諸葛亮撰 清同治元年(1862)聚珍齋刻
本 十二冊

610000－1042－0005459 綫842.5/677
諸葛武侯文集六卷 （三國蜀）諸葛亮撰 清
同治十二年(1873)刻本 三冊

610000－1042－0005460 綫089.75/677
諸葛忠武侯全集二十卷首一卷 （三國蜀）諸
葛亮撰 清光緒十四年(1888)岐山刻本 十
二冊

610000－1042－0005461 綫842.5/677
諸葛武侯集四卷 （三國蜀）諸葛亮撰 清光

緒二十三年(1897)湖南書局刻本 二冊

610000－1042－0005462 綫842.5/677
諸葛武侯文集六卷故事五卷 （三國蜀）諸葛
亮撰 清刻本 二冊

610000－1042－0005463 綫832.24/440
洛神賦一卷 （三國魏）曹植撰 清陸潤庠抄
本 一冊

610000－1042－0005464 綫善842.4/440
陳思王集二卷 （三國魏）曹植撰 明張溥刻
本 二冊

610000－1042－0005465 綫善851.4311/628
潘黃門集六卷 （晉）潘岳撰 明萬曆汪士賢
刻漢魏六朝二十一家集本 一冊

610000－1042－0005466 綫843.2/481
箋注陶淵明集十卷 （晉）陶潛撰 （明）張自
烈評閱 明崇禎六年(1633)敦化堂刻本
二冊

610000－1042－0005467 綫善843/481
陶靖節集八卷 （晉）陶潛撰 明崇禎十三年
(1640)葉益孫春晝堂刻本 二冊

610000－1042－0005468 綫善851.434/481
陶詩集注四卷東坡和陶詩一卷 （晉）陶潛
（宋）蘇軾撰 （清）詹夔錫集注 清康熙三十
三年(1694)寶墨堂刻本 三冊

610000－1042－0005469 綫851.431/481
陶靖節詩集四卷東坡和陶詩一卷總論一卷
（晉）陶潛撰 清康熙三十九年(1700)刻本
四冊

610000－1042－0005470 綫善851.431/481
陶靖節詩集四卷 （晉）陶潛撰 （清）蔣熏評
注 清乾隆二年(1737)最樂堂刻本 一冊

610000－1042－0005471 綫843.2/481
靖節先生集十卷年譜考異二卷首一卷諸本評
陶彙集 （晉）陶潛撰 （清）陶澍注 清光緒
九年(1883)江蘇書局刻本 四冊

610000－1042－0005472 綫851.432/481
陶靖節先生詩四卷補注一卷 （晉）陶潛撰

（宋）湯漢注　清光緒十一年（1885）刻本
一冊

610000－1042－0005473　綫851.431/481

陶淵明集十卷　（晉）陶潛撰　（南朝梁）蕭統
輯　清咸豐十一年（1861）旌德刻本　六冊

610000－1042－0005474　綫843.2/481

陶淵明集六卷首一卷　（晉）陶潛撰　清同治
十三年（1874）四川樂山莫氏半畝園刻藍印本
四冊

610000－1042－0005475　綫843.1/481

陶淵明集八卷首一卷末一卷　（晉）陶潛撰
清光緒五年（1879）廣州翰墨園刻朱墨印本
四冊

610000－1042－0005476　綫843/481

陶淵明集十卷　（晉）陶潛撰　（南朝梁）蕭統
注　清宣統二年（1910）上海著易堂石印本
四冊

610000－1042－0005477　綫851.431/481

陶淵明詩一卷　（晉）陶潛撰　清光緒元年
（1875）上海有正書局影印本　一冊

610000－1042－0005478　綫843.2/481

陶淵明文集十卷　（晉）陶潛撰　清光緒五年
（1879）番禺俞秀山刻本　二冊

610000－1042－0005479　綫851.433/793

織錦回文詩一卷　（晉）蘇蕙撰　清刻本
一冊

610000－1042－0005480　綫843.51/734

顏光祿集一卷　（南朝宋）顏延之撰　清光緒
十八年（1892）善化藍田章氏經濟堂刻本
二冊

610000－1042－0005481　綫善843.51/692

鮑明遠集十卷　（南朝宋）鮑照撰　明萬曆汪
士賢刻本　一冊

610000－1042－0005482　綫843.51/692

鮑參軍集二卷　（南朝宋）鮑照撰　清光緒十
八年（1892）善化章經濟堂刻本　二冊

610000－1042－0005483　綫853.52/447

齊張長史集一卷　（南朝齊）張融撰　清光緒
十八年（1892）善化章經濟堂刻本　一冊

610000－1042－0005484　綫853.52/042

王文憲集一卷　（南朝齊）王儉撰　清光緒十
八年（1892）善化藍田章氏經濟堂刻本　一冊

610000－1042－0005485　綫853.52/692

南齊竟陵王集二卷　（南朝齊）蕭子良撰　清
光緒十八年（1892）善化章經濟堂刻本　一冊

610000－1042－0005486　綫853.52/048

南齊孔詹事集一卷　（南朝齊）孔雅珪撰　清
光緒十八年（1892）善化章經濟堂刻本　一冊

610000－1042－0005487　綫善843.52/713

謝宣城集五卷　（南朝齊）謝朓撰　明萬曆汪
士賢刻漢魏諸名家集本　一冊

610000－1042－0005488　綫853.52/036

王寧朔集一卷　（南朝齊）王融撰　清光緒十
八年（1892）善化藍田章氏經濟堂刻本　一冊

610000－1042－0005489　綫843.64/749

魏特進集一卷　（北齊）魏收撰　（明）張溥閱
清光緒十八年（1892）善化章氏經濟堂刻本
一冊

610000－1042－0005490　綫843.54/409

徐孝穆全集六卷　（南朝陳）徐陵撰　（清）吳
兆宜箋注　清善化經濟書堂刻本　六冊

610000－1042－0005491　綫843.65/432

庚子山集十六卷年譜一卷總釋一卷　（北周）
庚信撰　（清）倪璠註釋　清道光十九年
（1839）聚魁堂刻本　十二冊

610000－1042－0005492　綫843.65/432

庚子山集十六卷年譜一卷總釋一卷　（北周）
庚信撰　（清）倪璠註釋　清道光十九年
（1839）大文堂刻本　十二冊

610000－1042－0005493　綫843.65/432

庚子山集十六卷年譜一卷總釋一卷　（北周）
庚信撰　（清）倪璠註釋　清道光十九年
（1839）善成堂刻本　十二冊

610000－1042－0005494　綫843.65/432

庾開府集二卷　（北周）庾信撰　（明）張溥閲
清光緒十八年(1892)善化章經濟堂刻本
四冊

610000－1042－0005495　綫善 843.65/432
庾子山集十六卷年譜一卷總釋一卷　（北周）
庾信撰　（清）倪璠註釋　清光緒二十年
(1894)儒雅堂刻本　十二冊

610000－1042－0005496　綫善 843.65/432
庾子山集十六卷年譜一卷總釋一卷　（北周）
庾信撰　（清）倪璠註釋　清刻本　十一冊

610000－1042－0005497　綫善 843.65/432
庾子山全集十卷錄諸家詩評表　（北周）庾信
撰　（清）吳兆宜箋註　清刻本　八冊

610000－1042－0005498　綫善 843.65/432
庾子山全集十卷錄諸家詩評表　（北周）庾信
撰　（清）吳兆宜箋註　清貴文堂刻本　十冊

610000－1042－0005499　綫 844.7/037
王司空集一卷　（北周）王褒撰　清光緒十八
年(1892)善化章經濟堂刻本　一冊

610000－1042－0005500　綫 843.7/156
李懷州集一卷　（隋）李德林撰　（明）張溥閲
清光緒十八年(1892)善化章經濟堂刻本
一冊

610000－1042－0005501　綫 843.7/688
盧武陽集一卷　（隋）盧思道撰　（明）張溥閲
清光緒十八年(1892)善化章經濟堂刻本
一冊

610000－1042－0005502　綫 843.7/726
薛司隸集一卷　（隋）薛道衡撰　（明）張溥閲
清光緒十八年(1892)善化章經濟堂刻本
一冊

610000－1042－0005503　綫 843.7/054
牛奇章集一卷　（隋）牛弘撰　（明）張溥閲
清光緒十八年(1892)善化章經濟堂刻本
一冊

610000－1042－0005504　綫 843.7/562
隋煬帝集一卷　（隋）楊廣撰　（明）張溥閲

清光緒十八年(1892)善化章經濟堂刻本
二冊

610000－1042－0005505　綫善 844.13/684
駱賓王集二卷　（唐）駱賓王撰　明嘉靖三十
一年(1552)江都黃埠東壁書府刻本　一冊

610000－1042－0005506　綫善 844.13/684
唐駱先生集八卷　（唐）駱賓王撰　（明）王衡
批釋　明萬曆四十三年(1615)凌毓枏刻朱墨
印本　四冊

610000－1042－0005507　綫 844.12/039
王子安集注二十卷首一卷末一卷　（唐）王勃
撰　（清）蔣清翊注　清光緒九年(1883)吳縣
蔣氏雙唐碑館刻本　六冊

610000－1042－0005508　綫 851.413/041
王摩詰集六卷　（唐）王維撰　清康熙項氏玉
淵堂刻本　二冊

610000－1042－0005509　綫 844.15/041
王右丞集二十八卷首一卷末一卷　（唐）王維
撰　（清）趙殿成箋注　清乾隆二年(1737)刻
本　十冊

610000－1042－0005510　綫 844.15/041
王右丞集二十八卷首一卷末一卷　（唐）王維
撰　（清）趙殿成箋注　清乾隆刻本　二十
四冊

610000－1042－0005511　綫 844.15/041
王摩詰集六卷　（唐）王維撰　清光緒十年
(1884)上海文瑞樓石印本　四冊

610000－1042－0005512　綫 851.4415/041
王摩詰集六卷　（唐）王維撰　清光緒十年
(1884)上海同文書局石印本　四冊

610000－1042－0005513　綫 844.15/157
李太白全集十六卷　（唐）李白撰　（清）李調
元編輯　清道光十三年(1833)刻本　六冊

610000－1042－0005514　綫善 844.15/157
李太白文集三十卷　（唐）李白撰　清康熙五
十六年(1717)繆曰芑刻本　四冊

610000－1042－0005515　綫善 844.15/157

李太白文集三十卷 （唐）李白撰 清康熙五十六年(1717)繆曰芑刻本 六冊

610000－1042－0005516 綫844.15/157
李太白文集三十六卷 （唐）李白撰 （清）王琦輯注 清乾隆二十三年(1758)寶笏樓刻本 十四冊

610000－1042－0005517 綫844.15/157
李太白文集三十六卷 （唐）李白撰 （清）王琦輯注 清乾隆二十四年(1759)刻本 十六冊

610000－1042－0005518 綫844.15/157
李太白文集三十卷 （唐）李白撰 清光緒十三年(1887)上海積山書局石印本 四冊

610000－1042－0005519 綫善851.4415/157
分類補注李太白詩二十五卷 （唐）李白撰 （宋）楊齊賢集注 （元）蕭士贇補注 明萬曆許自昌刻本 八冊

610000－1042－0005520 綫善851.4415/157
分類補注李太白詩二十五卷 （唐）李白撰 （宋）楊齊賢集注 （元）蕭士贇補注 明萬曆許自昌刻本 六冊

610000－1042－0005521 綫善851.4415/157
分類補注李太白詩二十五卷 （唐）李白撰 （宋）楊齊賢集注 （元）蕭士贇補注 明萬曆許自昌刻本 八冊 缺一卷(二十五)

610000－1042－0005522 綫844.15/157
李翰林集十卷 （唐）李白撰 清光緒二十五年(1899)吳昌綬校刻本 一冊

610000－1042－0005523 綫844.15/157
李翰林集三十卷劄記一卷 （唐）李白撰 清宣統元年(1909)貴池劉氏玉海堂刻本 六冊

610000－1042－0005524 綫844.15/734
顏魯公文集十五卷補遺一卷 （唐）顏真卿撰 清嘉慶七年(1802)刻本 四冊

610000－1042－0005525 綫善851.4415/161
集千家注杜工部詩集二十卷文集二卷附錄一卷 （唐）杜甫撰 （宋）黃鶴補注 明嘉靖十五年(1536)玉幾山人刻本 十二冊

610000－1042－0005526 綫善851.4415/161
集千家注杜工部詩集二十卷文集二卷附錄一卷 （唐）杜甫撰 （宋）黃鶴補注 明嘉靖十五年(1536)玉幾山人刻本 四冊 存十五卷(詩集十一至十六、十九至二十,文集二卷,附錄一卷)

610000－1042－0005527 綫善851.4415/161
杜詩會稡二十四卷 （唐）杜甫撰 （清）張遠注 清康熙二十七年(1688)張氏蕉圃刻本 八冊

610000－1042－0005528 綫善851.4415/161
杜工部草堂詩箋四十卷 （唐）杜甫撰 （宋）魯訔編次 （宋）蔡夢弼箋 清光緒二年(1876)碧琳琅館刻本 四冊

610000－1042－0005529 綫善851.4415/161
杜工部集二十卷年譜一卷 （唐）杜甫撰 （清）錢謙益箋注 清康熙六年(1667)靜思堂刻本 十二冊

610000－1042－0005530 綫844.15/161
杜工部集二十卷首一卷唱酬題詠附錄一卷諸家詩話一卷 （唐）杜甫撰 清乾隆十五年(1750)玉勾草堂刻本 十冊

610000－1042－0005531 綫善851.4415/161
杜工部集二十卷首一卷 （唐）杜甫撰 （明）王世貞等校 清道光十四年(1834)盧坤芸葉盦刻五色套印本 八冊

610000－1042－0005532 綫851.4415/161
杜工部集二十卷首一卷 （唐）杜甫撰 清光緒二年(1876)粵東翰墨園刻五色套印本 十冊

610000－1042－0005533 綫851.4415/161
杜工部集二十卷首一卷 （唐）杜甫撰 清光緒二年(1876)粵東翰墨園刻五色套印本 十冊

610000－1042－0005534 綫善851.4415/161
杜工部集二十卷首一卷 （唐）杜甫撰 清光

緒二年(1876)粵東翰墨園刻五色套印本
十冊

610000－1042－0005535　綫851.4415/161
杜工部集二十卷首一卷　（唐）杜甫撰　清光
緒二年(1876)粵東翰墨園刻五色套印本
十冊

610000－1042－0005536　綫851.4415/161
杜工部集二十卷首一卷　（唐）杜甫撰　清光
緒二年(1876)粵東翰墨園刻五色套印本
十冊

610000－1042－0005537　綫851.4415/161
杜工部集二十卷年譜一卷　（唐）杜甫撰
（清）錢謙益箋注　清光緒三年(1877)吳縣朱
氏刻本　十二冊

610000－1042－0005538　綫851.4415/161
杜工部集二十卷　（唐）杜甫撰　（清）錢謙益
箋注　清宣統三年(1911)上海時中書局石印
本　八冊

610000－1042－0005539　綫851.4415/161
杜工部詩集注解二十卷目錄一卷　（唐）杜甫
撰　（清）張溍評注　清道光二十一年(1841)
刻本　十一冊

610000－1042－0005540　綫851.441/161
杜律通解四卷　（唐）杜甫撰　（清）李文煒箋
釋　清刻本　四冊

610000－1042－0005541　綫851.4415/161
杜律詳解八卷　（唐）杜甫撰　（清）石閭居士
評點　清道光八年(1828)刻本　四冊

610000－1042－0005542　綫851.441/161
杜律詳解八卷　（唐）杜甫撰　（清）石閭居士
評點　清刻本　四冊　存二卷(五至六)

610000－1042－0005543　綫851.4415/161
杜詩詳注二十五卷首一卷附錄二卷　（唐）杜
甫撰　（清）仇兆鰲輯注　清康熙三十二年
(1693)大文堂刻本　二十冊

610000－1042－0005544　綫851.4415/161
杜詩詳注二十五卷首一卷附錄二卷　（唐）杜

甫撰　（清）仇兆鰲注　清大文堂刻本　十
四冊

610000－1042－0005545　綫851.4415/161
杜詩詳注二十五卷首一卷附錄二卷　（唐）杜
甫撰　（清）仇兆鰲注　清刻本　二十四冊

610000－1042－0005546　綫851.4415/161
杜詩集說二十卷末一卷　（唐）杜甫撰　（清）
江浩然輯　清刻本　十二冊

610000－1042－0005547　綫851.4415/161
**杜詩鏡銓二十卷諸家論杜一卷杜工部年譜一
卷**　（唐）杜甫撰　（清）楊倫編輯　清乾隆五
十七年(1792)九柏山房刻本　十冊

610000－1042－0005548　綫851.4415/161
**杜詩鏡銓二十卷諸家論杜一卷杜工部年譜一
卷**　（清）楊倫編　清乾隆五十七年(1792)九
柏山房刻本　六冊

610000－1042－0005549　綫851.4415/161
**杜詩鏡銓二十卷諸家論杜一卷杜工部年譜一
卷**　（清）楊倫編　清乾隆五十七年(1792)九
柏山房刻本　四冊

610000－1042－0005550　綫851.4415/161
**杜詩鏡銓二十卷附錄一卷讀書堂杜工部文集
注解二卷杜工部年譜一卷**　（唐）杜甫撰
（清）楊倫輯注　清同治十一年(1872)望三益
齋刻本　十冊

610000－1042－0005551　綫851.4415/161
**杜詩鏡銓二十卷附錄一卷讀書堂杜工部文集
注解二卷杜工部年譜一卷**　（唐）杜甫撰
（清）楊倫編輯　清光緒十八年(1892)上海著
易堂鉛印本　六冊

610000－1042－0005552　綫善851.4415/161
杜詩論文五十六卷　（唐）杜甫撰　（清）吳見
思注　（清）潘眉評　清康熙十一年(1672)武
進岱淵堂刻本　八冊

610000－1042－0005553　綫851.4415/161
杜詩論文五十六卷　（唐）杜甫撰　（清）吳見
思注　（清）潘眉評　清康熙刻本　十六冊

610000－1042－0005554　綫851.4415/161

杜詩論文五十六卷　（唐）杜甫撰　（清）吳見思注　（清）潘眉評　清刻本　四冊　存二十一卷（四至六、七至十二、二十八至三十三、三十九至四十四）

610000－1042－0005555　綫851.4415/161

杜詩偶評四卷　（唐）杜甫撰　（清）沈德潛評選　清乾隆十二年（1747）賦閑草堂刻本　二冊

610000－1042－0005556　綫851.4415/161

杜詩注釋二十四卷　（唐）杜甫撰　（清）許寶善編　清光緒三年（1877）吳縣朱氏刻本　十二冊

610000－1042－0005557　綫851.4415/161

讀杜心解六卷首二卷　（唐）杜甫撰　（清）浦起龍撰　清雍正二年（1724）浦氏寧我齋刻本　十二冊

610000－1042－0005558　綫851.4415/161

讀杜心解六卷首二卷　（唐）杜甫撰　（清）浦起龍撰　清雍正三年（1725）浦氏寧我齋刻本　六冊

610000－1042－0005559　綫851.4415/161

讀書堂杜工部詩集注解二十卷文集注解二卷　（唐）杜甫撰　（清）張潛評注　清康熙三十六年（1697）讀書堂刻本　十二冊

610000－1042－0005560　綫851.4416/161

讀書堂杜工部詩集注解二十卷　（唐）杜甫撰　（清）張潛評注　清道光二十一年（1841）刻本　九冊　存十六卷（一至四、七至十四、十七至二十）

610000－1042－0005561　綫844.41/161

讀書堂杜工部文集注解二卷　（唐）杜甫撰　（清）張潛評注　清道光二十一年（1841）刻本　一冊

610000－1042－0005562　綫844.41/161

讀書堂杜工部文集注解二卷　（唐）杜甫撰　（清）張潛評注　清刻本　一冊

610000－1042－0005563　綫善851.4415/161

辟疆園杜詩注解五言律十二卷七言律五卷　（唐）杜甫撰　（清）顧宸注　清康熙二年（1663）吳門書林刻本　十七冊

610000－1042－0005564　綫善851.4415/161

辟疆園杜詩注解五言律十二卷七言律五卷　（唐）杜甫撰　（清）顧宸注　清康熙二年（1663）吳門書林刻本　十七冊

610000－1042－0005565　綫善844.15/044

元次山集十卷拾遺一卷補一卷　（唐）元結撰　清乾隆黃又兩間書屋刻本　二冊

610000－1042－0005566　綫善851.4417/315

韋蘇州集十卷　（唐）韋應物撰　明萬曆閔齊伋刻朱墨印本　四冊

610000－1042－0005567　綫善851.4417/315

韋蘇州集十卷　（唐）韋應物撰　明凌濛初刻朱墨印本　四冊

610000－1042－0005568　綫善851.4417/315

韋蘇州集十卷　（唐）韋應物撰　清康熙項絪玉淵堂刻本　一冊

610000－1042－0005569　綫善851.4417/315

韋蘇州詩集二卷　（唐）韋應物撰　清康熙汪立名刻本　四冊

610000－1042－0005570　綫善851.4417/315

韋蘇州詩集二卷　（唐）韋應物撰　清刻本　四冊

610000－1042－0005571　綫善851.4417/315

韋蘇州詩集十卷　（唐）韋應物撰　清刻本　四冊

610000－1042－0005572　綫善851.4417/315

韋蘇州全集十卷　（唐）韋應物撰　清宣統三年（1911）冰雪山房石印本　六冊

610000－1042－0005573　綫善851.441/218

孟東野詩集十卷　（唐）孟郊撰　（宋）宋國材　（宋）劉辰翁評　明凌濛初刻朱墨印本　一冊　存三卷（一至三）

610000－1042－0005574　綫善851.4416/218

孟襄陽詩集二卷　（唐）孟郊撰　清康熙三十
四年(1695)汪立名刻本　一冊

610000－1042－0005575　綫 844.17/737
重刊五百家注音辯昌黎先生文集四十卷
（唐）韓愈撰　清乾隆四十九年(1784)刻本
八冊

610000－1042－0005576　綫 844.17/737
重刊五百家注音辯昌黎先生文集四十卷
（唐）韓愈撰　清上海鴻章書局石印本　十
二冊

610000－1042－0005577　綫 851.4417/737
韓昌黎詩集編年箋注十二卷　（唐）韓愈撰
（清）方世舉考訂　清乾隆二十三年(1758)雅
雨堂刻本　四冊

610000－1042－0005578　綫 851.4417/737
昌黎先生詩集注十一卷　（唐）韓愈撰　（清）
顧嗣立刪補　清康熙三十六年(1697)長洲顧
氏秀野草堂刻本　四冊

610000－1042－0005579　綫善 851.4417/737
昌黎先生詩集注十一卷　（唐）韓愈撰　（清）
顧嗣刪補　清康熙三十八年(1699)長洲顧嗣
立秀野草堂刻本　四冊

610000－1042－0005580　綫 851.441/737
昌黎先生詩集注十一卷年譜一卷　（唐）韓愈
撰　（清）顧嗣立刪補　（清）朱彝尊　（清）
何焯評　清光緒九年(1883)廣州翰墨園刻三
色套印本　四冊

610000－1042－0005581　綫 844.17/737
昌黎先生集四十卷外集十卷點勘四卷　（唐）
韓愈撰　清同治八年(1869)江蘇書局刻本
十一冊

610000－1042－0005582　綫 844.17/737
韓昌黎先生集四十卷外集十卷遺文一卷
（唐）韓愈撰　（宋）朱熹考異　（宋）王伯大
音釋　清刻本　六冊　存二十一卷(二十至
四十)

610000－1042－0005583　綫 844.17/737

韓昌黎全集四十卷外集十卷　（唐）韓愈撰
清宣統二年(1910)上海掃葉山房石印本　十
二冊

610000－1042－0005584　綫善 844.17/737
韓文考異四十卷外集十卷　（唐）韓愈撰
（宋）朱熹校　明天德堂刻本　八冊

610000－1042－0005585　綫 844.17/737
韓文考異四十卷外集十卷　（唐）韓愈撰　明
刻本　十六冊

610000－1042－0005586　綫 844.17/737
昌黎先生集四十卷首一卷末一卷外集十卷遺
文一卷　（唐）韓愈撰　清光緒十八年(1892)
三原劉傳經堂刻本　十二冊

610000－1042－0005587　綫 844.41/737
韓文起十二卷　（唐）韓愈撰　清康熙刻本
六冊

610000－1042－0005588　綫 844.17/129
韓集補注一卷　（清）沈欽韓撰　（清）胡承珙
校　清光緒十七年(1891)廣雅書局刻本
一冊

610000－1042－0005589　綫 851.4/726
洪度集一卷　（唐）薛濤撰　清光緒三十二年
(1906)靈峰草堂刻本　一冊

610000－1042－0005590　綫 844.17/157
習之先生文集二卷　（唐）李翱撰　清宣統三
年(1911)上海會文堂書局石印本　二冊

610000－1042－0005591　綫 851.4418/083
白香山詩集二十卷後集十七卷別集一卷補遺
二卷　（唐）白居易撰　（清）汪立名編訂　清
康熙古歙汪立名一隅草堂刻本　十二冊

610000－1042－0005592　綫 851.4418/083
白香山詩集二十卷後集十七卷別集一卷補遺
二卷　（唐）白居易撰　（清）汪立名編訂　清
康熙古歙汪立名一隅草堂刻本　十冊

610000－1042－0005593　綫 851.441/083
新雕校證大字白氏諷諫一卷　（唐）白居易撰
清光緒十九年(1893)刻本　一冊

610000－1042－0005594　綫851.4418/083

香山詩鈔二十卷　（唐）白居易撰　（清）楊大鶴選　清康熙刻本　一冊　存三卷（七至九）

610000－1042－0005595　綫善844.16/279

柳文七卷　（唐）柳宗元撰　（明）茅坤評選　明萬曆閔齊伋刻朱墨印本　七冊

610000－1042－0005596　綫835/279

柳子厚文約選一卷　（唐）柳宗元撰　清康熙果親王府刻本　一冊

610000－1042－0005597　綫844.16/279

柳河東集四十五卷外集五卷遺文一卷附錄一卷　（唐）柳宗元撰　（明）蔣之翹輯注（清）楊廷理重刊　清乾隆五十三年（1788）楊廷理刻嘉慶十三年（1808）補刻光緒二十五年（1899）印本　二十冊

610000－1042－0005598　綫844.16/279

柳文惠公全集四十三卷別集二卷外集二卷附錄一卷　（唐）柳宗元撰　（唐）劉禹錫編　清同治七年（1868）刻本　八冊

610000－1042－0005599　綫844.16/174

呂衡州文集十卷　（唐）呂溫撰　清抄本四冊

610000－1042－0005600　綫851.441/445

張祜詩集二卷　（唐）張祜撰　清刻本　二冊

610000－1042－0005601　綫善851.4416/153

昌穀集四卷　（唐）李賀撰　（明）曾益釋　明刻本　一冊

610000－1042－0005602　綫851.4416/153

李長吉歌詩四卷外集一卷首一卷　（唐）李賀撰　（清）王琦編輯　清乾隆二十五年（1760）寶笏樓刻本　四冊

610000－1042－0005603　綫851.4416/153

李長吉歌詩四卷外集一卷首一卷　（唐）李賀撰　清光緒四年（1878）宏達堂刻本　四冊

610000－1042－0005604　綫851.4416/153

李長吉歌詩四卷外集一卷首一卷　（唐）李賀撰　清宣統元年（1909）上海文瑞樓石印本

260

四冊

610000－1042－0005605　綫851.4416/153

協律鉤元四卷外集一卷　（唐）李賀撰　（清）陳本禮箋注　清嘉慶十三年（1808）陳氏裛露軒刻本　二冊

610000－1042－0005606　綫851.441/164

樊川詩集四卷　（唐）杜牧撰　（清）馮集梧注清光緒十六年（1890）刻本　四冊

610000－1042－0005607　綫851.4418/500

溫飛卿詩集九卷　（唐）溫庭筠撰　（明）曾益注　（清）顧予咸補注　清康熙三十六年（1697）長洲顧嗣立秀野草堂刻本　四冊

610000－1042－0005608　綫851.4418/500

溫飛卿詩集九卷　（唐）溫庭筠撰　（明）曾益原注　（清）顧予咸補注　清宣統二年（1910）上海廣益書局石印本　四冊

610000－1042－0005609　綫善844.1/151

李義山詩集三卷　（唐）李商隱撰　（清）朱鶴齡箋注　清順治十六年（1659）刻本　四冊

610000－1042－0005610　綫851.4418/152

李義山詩集三卷　（唐）李商隱撰　（清）朱鶴齡箋注　清乾隆十五年（1750）懷德堂刻本六冊

610000－1042－0005611　綫851.4418/152

李義山詩集三卷　（唐）李商隱撰　（清）朱鶴齡箋注　（清）沈厚塽輯評　清同治九年（1870）廣州倅署刻三色套印本　四冊

610000－1042－0005612　綫844.18/151

李義山文集十卷　（唐）李商隱撰　清康熙花谿草堂刻本　四冊

610000－1042－0005613　綫844.18/151

李義山全集十一卷　（唐）李商隱撰　清康熙刻本　八冊

610000－1042－0005614　綫844.16/152

李義山詩文集詳注十一卷玉谿生詩詳注三卷樊南文集詳注八卷　（唐）李商隱撰　（清）馮浩編訂　清乾隆刻本　八冊

610000－1042－0005615　綫 844.16/152

李義山詩文集詳注詩三卷文八卷　（唐）李商隱撰　（清）馮浩編訂　清同治七年(1868)刻本　八冊

610000－1042－0005616　綫 851.448/152

李商隱詩集三卷　（唐）李商隱撰　清宣統元年(1909)羅叔言影印本　二冊

610000－1042－0005617　綫 851.4418/152

玉谿生詩說二卷　（唐）李商隱撰　（清）紀昀選評　清刻本　二冊

610000－1042－0005618　綫 851.4418/152

玉谿生詩詳注三卷首一卷樊南文集詳注八卷　（唐）李商隱撰　（清）馮浩編訂　（清）胡重參校　清乾隆四十五年(1780)醉六堂刻本　八冊

610000－1042－0005619　綫 851.4418/152

玉谿生詩詳注三卷年譜一卷詩話一卷　（唐）李商隱撰　（清）馮浩編訂　（清）胡重參校　清乾隆四十五年(1780)聚德堂刻本　四冊

610000－1042－0005620　綫 851.4418/152

玉谿生詩意八卷首一卷　（唐）李商隱撰　（清）屈復箋注　清道光十年(1830)弱水草堂刻本　四冊

610000－1042－0005621　綫 844.18/152

樊南文集詳注八卷　（唐）李商隱撰　（清）馮浩編訂　清同治七年(1868)刻本　四冊

610000－1042－0005622　綫 844.19/521

黃御史集八卷　（唐）黃滔撰　清康熙刻本　四冊

610000－1042－0005623　綫 851.4418/491

唐女郎魚玄機詩一卷　（唐）魚玄機撰　清光緒三十一年(1905)南陵徐乃昌刻本　一冊

610000－1042－0005624　綫 072.4/489

桂苑筆耕集二十卷　（唐）崔致遠撰　清道光二十七年(1847)刻本　四冊

610000－1042－0005625　綫 844.18/366

孫可之集十卷　（唐）孫樵撰　（明）毛晉訂

明海虞毛晉汲古閣刻本　一冊

610000－1042－0005626　綫 845.12/411

徐騎省集三十卷補遺一卷　校徐集劄記一卷　（宋）徐鉉撰　朱孔彰撰　清光緒十七年(1891)金陵書局刻本　六冊

610000－1042－0005627　綫 851.4515/208

林和靖詩集四卷拾遺一卷附錄一卷　（宋）林逋撰　清同治十二年(1873)長洲朱氏抱經堂刻本　一冊

610000－1042－0005628　綫 851.4514/208

林和靖詩集四卷拾遺一卷詩話一卷　（宋）林逋撰　清宣統二年(1910)上海文瑞樓石印本　二冊

610000－1042－0005629　綫善 845.14/291

范文正公集四十八卷　（宋）范仲淹撰　清康熙歲寒堂刻本　十冊

610000－1042－0005630　綫善 845.14/282

文恭集四十卷　（宋）胡宿撰　清乾隆武英殿聚珍本　六冊

610000－1042－0005631　綫善 845.14/470

宛陵先生集六十卷　（宋）梅堯臣撰　明萬曆四年(1576)宣城姜奇方刻本　十冊

610000－1042－0005632　綫 851.451/470

宛陵先生文集六十卷　（宋）梅堯臣撰　清宣統二年(1910)滬上石印本　十冊

610000－1042－0005633　綫 845.15/643

歐陽文忠公全集一百五十三卷附錄五卷　（宋）歐陽修撰　清光緒十九年(1893)澹雅書局刻本　二十六冊

610000－1042－0005634　綫 845.15/643

歐陽文忠公全集一百五十三卷附錄五卷　（宋）歐陽修撰　清刻本　三十冊　存一百十一卷（四十八至一百五十三、附錄五卷）

610000－1042－0005635　綫善 845.14/737

安陽集五十卷別錄三卷遺事一卷家傳十卷　（宋）韓琦撰　清康熙五十六年(1717)徐樹敏刻本　十冊

610000－1042－0005636　綫845.14/737

安陽集五十卷別錄三卷遺事一卷忠獻韓魏王家傳十卷　（宋）韓琦撰　清康熙五十六年(1717)徐樹敏刻乾隆五年(1740)補刻本　十二冊

610000－1042－0005637　綫845.15/737

安陽集五十卷別錄三卷遺事一卷忠獻韓魏王家傳十卷　（宋）韓琦撰　清乾隆三十七年(1772)同安黃邦寧刻本　二十冊

610000－1042－0005638　綫善845.14/795

蘇學士文集十六卷　（宋）蘇舜欽撰　清抄本　四冊

610000－1042－0005639　綫善845.14/795

蘇學士文集十六卷　（宋）蘇舜欽撰　清康熙三十八年(1699)徐氏白華書屋刻本　六冊

610000－1042－0005640　綫845.14/795

蘇子美集十卷　（宋）蘇舜欽撰　清同治六年(1867)刻本　四冊

610000－1042－0005641　綫845.15/790

嘉祐集二十卷　（宋）蘇洵撰　清道光十二年(1832)眉州三蘇祠刻本　六冊

610000－1042－0005642　綫845.15/790

嘉祐集二十卷　（宋）蘇洵撰　清道光十二年(1832)刻本　三冊

610000－1042－0005643　綫851.4515/227

伊川擊壤集二十卷集外詩一卷　（宋）邵雍撰　清光緒三年(1877)三原劉述荊堂刻本　六冊

610000－1042－0005644　綫善845.15/510

南豐先生元豐類藁五十一卷　（宋）曾鞏撰　明萬曆二十五年(1597)刻本　八冊

610000－1042－0005645　綫善845.15/510

南豐先生元豐類藁五十一卷　（宋）曾鞏撰　明崇禎三年(1630)楊參刻本　十四冊

610000－1042－0005646　綫善845.15/310

南豐先生元豐類藁五十三卷　（宋）曾鞏撰　清康熙五十六年(1717)顧崧齡刻本　八冊

610000－1042－0005647　綫845.15/510

元豐類藁五十卷首一卷　（宋）曾鞏撰　清光緒十六年(1890)慈利漁浦書院刻本　十冊

610000－1042－0005648　綫845.15/510

元豐類藁五十三卷　（宋）曾鞏撰　清宣統三年(1911)影印本　十二冊

610000－1042－0005649　綫845.15/510

曾文定公全集二十卷首一卷末一卷　（宋）曾鞏撰　（清）彭期編　清康熙三十二年(1693)彭期刻三十六年(1697)補刻本　十二冊

610000－1042－0005650　綫845.15/510

宋大家曾文定公文抄十卷　（宋）曾鞏撰　（明）茅坤批評　明末清初刻本　四冊

610000－1042－0005651　綫845.15/069

司馬文正公傳家集八十卷　（宋）司馬光撰　清光緒十二年(1886)解梁書院刻本　十六冊

610000－1042－0005652　綫845.15/069

司馬溫公文集八十二卷　（宋）司馬光撰　清康熙四十七年(1708)刻本　二十四冊

610000－1042－0005653　綫善845.15/036

新刻臨川王介甫先生文集一百卷　（宋）王安石撰　明萬曆四十年(1612)李光祚光啟堂刻本　十六冊

610000－1042－0005654　綫851.4515/036

半山詩鈔六卷　（宋）王安石撰　（清）姚培謙訂　清雍正刻本　二冊

610000－1042－0005655　綫善851.4515/036

王荊文公詩五十卷　（宋）王安石撰　（宋）李壁箋注　清乾隆六年(1741)張宗松清綺齋刻本　十冊

610000－1042－0005656　綫善851.4515/036

王荊文公詩五十卷　（宋）王安石撰　（宋）李壁箋注　清乾隆六年(1741)張宗松清綺齋刻本　八冊

610000－1042－0005657　綫845.15/036

王臨川全集一百卷　（宋）王安石撰　清光緒九年(1883)聽香館刻本　十六冊

610000－1042－0005658　綫845.15/036

王臨川全集一百卷　（宋）王安石撰　清光緒九年(1883)溧陽繆氏小峴山館刻本　十六冊

610000－1042－0005659　綫845.15/036

王臨川文集四卷　（宋）王安石撰　清光緒二年(1876)上海會文堂書局石印本　一冊

610000－1042－0005660　綫845.15/036

王臨川文集四卷　（宋）王安石撰　清宣統二年(1910)上海會文堂書局石印本　四冊

610000－1042－0005661　綫845.16/542

伊川先生文集八卷二程文集附錄二卷　（宋）程顥　（宋）程頤撰　清光緒十八年(1892)劉氏傳經堂刻本　三冊

610000－1042－0005662　綫845.15/542

明道文集五卷　（宋）程顥撰　清光緒十八年(1892)劉氏傳經堂刻本　一冊

610000－1042－0005663　綫善845.16/793

東坡文四卷　（宋）蘇軾撰　明刻本　三冊　存三卷(一至二、四)

610000－1042－0005664　綫851.4516/598/793

角山樓蘇詩評注彙鈔二十卷附錄三卷　（宋）蘇軾撰　（清）趙克宜輯訂　清咸豐二年(1852)丹徒趙氏刻本　八冊

610000－1042－0005665　綫851.4516/598/793

角山樓蘇詩評注彙鈔二十卷附錄三卷　（宋）蘇軾撰　（清）趙克宜輯訂　清咸豐二年(1852)丹徒趙氏刻本　八冊

610000－1042－0005666　綫善845.16/793

坡仙集十六卷　（宋）蘇軾撰　（明）李贄評選　明刻本　八冊

610000－1042－0005667　綫善845.16/793

坡仙集十六卷　（宋）蘇軾撰　（明）李贄評選　明萬曆二十八年(1600)焦竑刻本　十六冊

610000－1042－0005668　綫善845.16/793

蘇長公小品四卷　（宋）蘇軾撰　（明）王聖俞

評選　明凌啟康刻朱墨印本　二冊

610000－1042－0005669　綫851.4516/793

蘇東坡詩集注三十二卷　（宋）蘇軾撰　（清）錢大昕等輯注　清乾隆四十七年(1782)文蔚堂刻本　十二冊

610000－1042－0005670　綫善845.16/793

蘇文六卷　（宋）蘇軾撰　（明）茅坤評選（明）閔爾容再評　明閔爾容刻朱墨藍三色套印本　六冊

610000－1042－0005671　綫善845.16/793

蘇文奇賞五十卷　（宋）蘇軾撰　（明）陳仁錫評選　明崇禎四年(1631)陳仁錫刻本　十二冊

610000－1042－0005672　綫善845.15/793

蘇文忠公全集一百十卷　（宋）蘇軾撰　明嘉靖十三年(1534)江西布政司刻本　四十冊

610000－1042－0005673　綫851.4515/793

蘇文忠公詩合注五十卷首一卷　（宋）蘇軾撰　（清）馮應榴輯訂　清乾隆踵息齋刻本　二十四冊

610000－1042－0005674　綫851.4515/793

蘇文忠公詩合注五十卷首一卷　（宋）蘇軾撰　（清）馮應榴輯訂　清乾隆踵息齋刻本　十六冊

610000－1042－0005675　綫851.4516/793

蘇文忠詩合注五十卷首一卷　（宋）蘇軾撰　清乾隆五十八年(1793)刻本　二十冊

610000－1042－0005676　綫851.4516/793

蘇文忠詩合注五十卷首一卷　（宋）蘇軾撰　清同治九年(1870)踵息齋刻本　二十四冊

610000－1042－0005677　綫851.3516/793

蘇文忠公詩集五十卷目錄二卷　（宋）蘇軾撰　（清）紀昀評點　清道光十四年(1834)兩廣節署刻朱墨印本　十二冊

610000－1042－0005678　綫851.4515/793

蘇文忠公詩集五十卷　（宋）蘇軾撰　（清）紀昀評點　清同治八年(1869)韞玉山房刻朱墨

印本　十二冊

610000－1042－0005679　綫 845.16/793

蘇文忠公海外集四卷　（宋）蘇軾撰　（清）王
時宇校　**蘇文忠公年譜一卷**　（宋）王宗稷編
清乾隆四十三年(1778)五雲樓刻本　四冊

610000－1042－0005680　綫善 845.16/793

重編東坡先生外集八十六卷　（宋）蘇軾撰
明萬曆三十六年(1608)揚州府署刻本　八冊

610000－1042－0005681　綫善 845.16/793

東坡全集八十四卷目錄一卷　（宋）蘇軾撰
清道光十二年(1832)眉州三蘇祠刻本　四十
三冊

610000－1042－0005682　綫 851.4516/137

古香齋鑑賞袖珍蘇詩續補遺二卷　（宋）蘇軾
撰　（清）宋犖　（清）張榕端輯　（清）馮景
補注　清古香齋刻本　二冊

610000－1042－0005683　綫 851.4516/793

施注蘇詩四十二卷續補遺二卷　（宋）蘇軾撰
（宋）施元之注　（清）邵長蘅等刪補　清康
熙十四年(1675)金閶步月樓刻本　八冊

610000－1042－0005684　綫 851.4516/793

施注蘇詩四十二卷　（宋）蘇軾撰　（宋）施元
之注　（清）邵長蘅刪補　**續補遺補注二卷**
(清)馮景撰　清康熙三十八年(1699)刻本
八冊

610000－1042－0005685　綫善 851.4516/793

施注蘇詩四十二卷續補遺二卷　（宋）蘇軾撰
（宋）施元之注　（清）邵長蘅刪補　清康熙
三十九年(1700)宋犖刻本　二十四冊

610000－1042－0005686　綫 851.4516/793

施注蘇詩四十二卷　（宋）蘇軾撰　（宋）施元
之注　（清）邵長蘅等刪補　清康熙三十九年
(1700)刻本　十二冊

610000－1042－0005687　綫 851.4516/793

施注蘇詩四十二卷續補遺二卷　（宋）蘇軾撰
（宋）施元之注　（清）邵長蘅刪補　清刻本
十二冊

610000－1042－0005688　綫 851.4516/793

施注蘇詩四十二卷　（宋）蘇軾撰　（宋）施元
之注　清刻本　七冊　存二十一卷(十六至
十八、二十二至三十、三十四至四十二)

610000－1042－0005689　綫善 845.16/793

新刻陶顧二會元類編蘇長公全集八卷　（宋）
蘇軾撰　（明）陶望齡類編　（明）顧起元補印
明刻本　六冊

610000－1042－0005690　綫 851.4516/793

東坡和陶詩一卷　（宋）蘇軾撰　清刻本
一冊

610000－1042－0005691　綫 851.474/413

蘇詩補注八卷　（清）翁方綱撰　**志道集一卷**
（宋）顧禧撰　清乾隆四十七年(1782)春蘇
齋刻本　一冊

610000－1042－0005692　綫 845.16/793

**欒城集四十八卷後集二十四卷三集十卷應詔
集十二卷斜川集六卷嘉祐集二十卷**　（宋）蘇
轍　（宋）蘇過　（宋）蘇洵撰　清道光十二年
(1832)眉州三蘇祠刻本　三十六冊

610000－1042－0005693　綫 845.16/793

蘇文定公文鈔二十卷　（宋）蘇轍撰　（明）茅
坤輯　清刻本　五冊

610000－1042－0005694　綫 845.16/521

**黃文節公文集八十卷首四卷黃青社先生伐檀
集二卷**　（宋）黃庭堅撰　清乾隆三十年
(1765)江右寧州緝香堂刻本　三十二冊

610000－1042－0005695　綫 851.451/521

**山谷詩集注二十卷外集詩注十七卷別集詩注
二卷**　（宋）黃庭堅撰　（宋）任淵等注
(清)翁方綱校注　清光緒二十一年(1895)刻
本　二十冊

610000－1042－0005696　綫 851.451/521

**山谷內集注二十卷外集注十七卷別集注二卷
外集補四卷別集補一卷山谷年譜十四卷**
(宋)黃庭堅撰　（宋）任淵等注　（清）翁方
綱校注　清光緒二十年(1894)刻本　二十
四冊

610000－1042－0005697　綫851.451/521

山谷内集詩注二十卷外集詩十七卷別集詩注
二卷外集補四卷別集補一卷　（宋）黃庭堅撰
（宋）任淵注　清光緒二十年(1894)刻本
十四冊

610000－1042－0005698　綫851.4516/521

山谷詩集注二十卷外集詩注十七卷別集詩注
二卷　（宋）黃庭堅撰　（宋）史容等注　清光
緒二十一年至二十五年(1895－1899)刻本
二十冊

610000－1042－0005699　綫851.451/521

山谷詩集注二十卷外集詩注十七卷別集詩注
二卷　（宋）黃庭堅撰　（宋）任淵注　清光緒
雙井祠刻本　二十冊

610000－1042－0005700　綫845.16/457

柯山集五十卷　（宋）張末撰　清乾隆三十九
年(1774)武英殿聚珍版本　八冊

610000－1042－0005701　綫845.21/201

宋宗忠簡公文集四卷首一卷補遺一卷遺事二
卷　（宋）宗澤撰　清同治十二年(1873)刻本
四冊

610000－1042－0005702　綫845.15/579

道鄉公文集四十卷補遺一卷附錄一卷　（宋）
鄒浩撰　清光緒六年(1880)蘇州嘉魚坊西寶
華山房刻本　十二冊

610000－1042－0005703　綫845.2/048

尹和靖先生文集十卷　（宋）尹焞撰　清光緒
九年(1883)刻本　二冊

610000－1042－0005704　綫善845.2/796

斜川集六卷附錄二卷　（宋）蘇過撰　清乾隆
五十三年(1788)趙懷玉刻本　四冊

610000－1042－0005705　綫845.16/794

斜川集六卷　（宋）蘇過撰　清道光六年
(1826)刻本　三冊

610000－1042－0005706　綫845.16/794

斜川集六卷附錄二卷　（宋）蘇過撰　清道光
七年(1827)眉州三蘇祠刻本　四冊

610000－1042－0005707　綫845021/633

北山文集三十卷首一卷末一卷　（宋）鄭剛中
撰　清同治十二年(1873)退補齋刻本　八冊

610000－1042－0005708　綫845.21/229

岳忠武王文集八卷首一卷末一卷　（宋）岳飛
撰　（清）黃邦寧纂　清乾隆三十五年(1770)
刻本　四冊

610000－1042－0005709　綫845.21/229

岳忠武王文集八卷首一卷末一卷　（宋）岳飛
撰　（清）黃邦寧纂輯　清嘉慶二十二年
(1817)刻本　四冊

610000－1042－0005710　綫845.21/229

岳忠武王文集八卷首一卷末一卷　（宋）岳飛
撰　清道光二十七年(1847)揚州刻本　二冊

610000－1042－0005711　綫845.21/229

岳忠武王文集八卷末一卷　（宋）岳飛撰　清
同治十二年(1873)刻本　四冊

610000－1042－0005712　綫845.21/229

岳忠武王文集八卷末一卷　（宋）岳飛撰　清
韓城師長怡刻本　三冊

610000－1042－0005713　綫845.22/039

宋王忠文公全集五十卷　（宋）王十朋撰
（清）唐傳鉎重編　清光緒二年(1876)刻本
十六冊

610000－1042－0005714　綫845.2/737

南澗甲乙稿二十二卷　（宋）韓元吉撰　清道
光八年(1828)南海吳興榮光刻本　九冊

610000－1042－0005715　綫善851.4523/451

放翁詩選四卷首一卷　（宋）陸游撰　（清）王
復禮選　清康熙三十九年(1700)杭城尊行齋
刻本　二冊

610000－1042－0005716　綫851.4523/451

葆筠堂劍南七律讀本一卷　（宋）陸游撰　清
道光二十九年(1849)刻本　四冊

610000－1042－0005717　綫845.23/451

渭南文集五十卷　（宋）陸游撰　明毛氏汲古
閣刻本　十二冊

610000－1042－0005718　綫 845.23/451
渭南文集五十卷　（宋）陸游撰　明汲古閣刻本　十一冊

610000－1042－0005719　綫 851.4523/451
劍南詩鈔六卷　（宋）陸游撰　（清）楊大鶴選　清康熙二十四年(1685)楊大鶴刻本　八冊

610000－1042－0005720　綫善 851.4523/451
劍南詩鈔六卷　（宋）陸游撰　（清）楊大鶴選注　清刻本　八冊

610000－1042－0005721　綫 851.4523/451
劍南詩鈔不分卷　（宋）陸游撰　（清）楊大鶴選　清敬業齋刻本　八冊

610000－1042－0005722　綫 851.4523/451
劍南詩藁八十五卷　（宋）陸游撰　明毛氏汲古閣刻本　三十四冊

610000－1042－0005723　綫 845.23/233
周益國文忠公集四十卷　（宋）周必大撰　清道光二十八年(1848)瀛塘別墅刻本　四十冊

610000－1042－0005724　綫善 851.4521/291
石湖居士詩集三十四卷　（宋）范成大撰　清康熙二十七年(1688)刻本　四冊

610000－1042－0005725　綫善 845.2/291
范石湖詩集二十卷　（宋）范成大撰　清康熙二十七年(1688)黃昌衢刻本　十冊

610000－1042－0005726　綫 851.4521/291
石湖詩集三十四卷　（宋）范成大撰　清康熙二十七年(1688)刻本　六冊

610000－1042－0005727　綫 851.452/562
誠齋詩集十六卷　（宋）楊萬里撰　清嘉慶四年(1799)刻本　八冊

610000－1042－0005728　綫 845.23/115
晦庵先生朱文公文集一百卷續集十一卷別集十卷　（宋）朱熹撰　清同治十二年(1873)六安塗氏求我齋刻本　六十四冊

610000－1042－0005729　綫 845.23/115
朱子文集大全類編一百十一卷首一卷　（宋）朱熹撰　（清）朱玉訂補　清雍正八年(1730)

紫陽書堂刻本(卷三至五配抄本)　四十一冊　缺十五卷(十五至二十九)

610000－1042－0005730　綫 845.23/115
朱子大全文集一百卷續集五卷別集七卷正訛一卷記疑一卷　（宋）朱熹撰　清光緒二年(1876)王映墀刻本　四十冊　存八十五卷(文集一至三十九、五十五至一百)

610000－1042－0005731　綫 845.2/726
艮齋先生薛常州浪語集三十五卷　（宋）薛季宣撰　清同治十年(1871)金陵書局刻本　六冊

610000－1042－0005732　綫 845.2/726
艮齋先生薛常州浪語集三十五卷　（宋）薛季宣撰　清同治十一年(1872)瑞安孫衣言詒善祠塾刻本　八冊

610000－1042－0005733　綫善 845.22/041
雪山集十六卷首一卷　（宋）王質撰　清乾隆四十四年(1779)武英殿木活字印本　六冊

610000－1042－0005734　綫 851.3521/737
陵陽先生詩四卷倚松老人文集二卷　（宋）韓駒撰　（宋）饒節撰　清宣統二年(1910)姚埭沈氏刻本　二冊

610000－1042－0005735　綫 845.22/768
羅鄂州小集六卷羅郋遺文一卷　（宋）羅願撰　清光緒十九年(1893)刻本　二冊

610000－1042－0005736　綫善 845.2/036
雙溪集十二卷　（宋）王炎撰　清康熙五十七年(1718)王德淇刻本　六冊

610000－1042－0005737　綫 845.22/457
象山先生全集三十六卷　（宋）陸九淵撰　（清）李紱點次　清道光三年(1823)槐堂書齋刻本　十二冊

610000－1042－0005738　綫 845.22/457
象山先生全集三十六卷　（宋）陸九淵撰　（清）李紱點次　清宣統二年(1910)江左書林鉛印本　八冊

610000－1042－0005739　綫善 845.2/512

止堂集十八卷　（宋）彭龜年撰　清乾隆四十二年(1777)武英殿木活字印本　四冊

610000－1042－0005740　綫善845.22/459
龍川文集三十卷　（宋）陳亮撰　清廣東木活字印本　十二冊

610000－1042－0005741　綫845.22/459
龍川文集三十卷補遺一卷　（宋）陳亮撰　清光緒元年(1875)湖北崇文書局刻本　十冊

610000－1042－0005742　綫845.22/459
龍川文集三十卷辨訛考異二卷　（宋）陳亮撰　清宣統三年(1911)湖北官書處刻本　十冊

610000－1042－0005743　綫845.22/459
陳同甫集三十卷首一卷　（宋）陳亮撰　清嶺南壽經堂刻本　六冊

610000－1042－0005744　綫845.21/291
香溪集二十二卷　（宋）范浚撰　清同治、光緒永康胡氏退補齋刻本　四冊

610000－1042－0005745　綫善851.4524/265
白石詩集一卷詞集一卷　（宋）姜夔撰　清康熙陳撰刻本　一冊

610000－1042－0005746　綫845.2/265
姜白石全集十六卷　（宋）姜夔撰　清宣統二年(1910)上海掃葉山房石印本　三冊

610000－1042－0005747　綫善845.2/265
姜白石詩詞合集九卷附錄一卷　（宋）姜夔撰　清乾隆八年(1743)陸鍾輝水雲漁屋刻本　二冊

610000－1042－0005748　綫845.51/265
白石道人四種八卷　（宋）姜夔撰　清同治十年(1871)桂林倪鴻刻本　二冊

610000－1042－0005749　綫851.4524/265
白石道人詩集二卷集外詩一卷詩說一卷附諸賢酬贈詩一卷補遺一卷　（宋）姜夔撰　清光緒十年(1884)仁和許氏娛園刻本　一冊

610000－1042－0005750　綫851.452/721
石屏集十卷　（宋）戴復古撰　清嘉慶二十二年(1817)臨海宋氏刻本　四冊

610000－1042－0005751　綫845.24/748
鶴山文鈔三十二卷周禮折衷四卷師友雅言一卷　（宋）魏了翁撰　清同治十三年(1874)望三益齋刻本　十六冊

610000－1042－0005752　綫善854.2/573
海瓊玉蟾先生文集六卷續集二卷　（宋）葛長庚撰　（明）朱權重編　明萬曆刻本　四冊

610000－1042－0005753　綫善845.24/083
新刻瓊琯白先生集十二卷　（宋）葛長庚撰　明萬曆二十二年(1594)刻本　十冊

610000－1042－0005754　綫845.24/710
謝疊山先生集二卷　（宋）謝枋得撰　清同治五年(1866)福州正誼書局刻本　一冊

610000－1042－0005755　綫845.26/034
重刊文信國公全集十七卷　（宋）文天祥撰　清道光二十五年(1845)刻本　十二冊

610000－1042－0005756　綫845.26/034
文信國公集二十卷首一卷　（宋）文天祥撰　清光緒二十三年(1897)湘南書局刻本　十冊

610000－1042－0005757　綫善845.26/633
心史二卷　（宋）鄭思肖撰　明崇禎十三年(1640)蘇州刻本　二冊

610000－1042－0005758　綫845.26/633
心史二卷　（宋）鄭思肖撰　清刻本　一冊

610000－1042－0005759　綫善856.7/156
箋釋梅亭先生四六標準四十卷　（宋）李劉撰　（明）孫雲翼箋　明萬曆四十四年(1616)唐鯉飛刻本　十冊

610000－1042－0005760　綫845.23/463
止齋先生文集五十二卷附錄一卷　（宋）陳傅良撰　清光緒五年(1879)瑞安孫詒讓刻本　八冊

610000－1042－0005761　綫845.14/048
尹河南先生文集二十七卷附錄一卷　（宋）尹洙撰　清宣統二年(1910)守政書局刻本　四冊

610000－1042－0005762　綫845.2/458

陳北溪先生文集十四卷　（宋）陳淳撰　清光緒九年(1883)三原劉氏傳經堂刻本　四冊

610000－1042－0005763　綫845.26/713

晞髮集十卷遺集三卷天地間集一卷　（宋）謝翶撰　清康熙刻本　六冊

610000－1042－0005764　綫845.7/713

晞髮集十卷遺集三卷天地間集一卷　（宋）謝翶撰　登西台慟哭記註一卷冬青樹引註一卷　（明）張丁撰　清光緒石印本　三冊

610000－1042－0005765　綫845.7/713

登西台慟哭記一卷　（宋）謝翶撰　詠梅軒類編四卷　（清）謝蘭生輯撰　清咸豐元年(1851)刻本　一冊

610000－1042－0005766　綫845.6/601

閑閑老人滏水文集二十卷補遺一卷　（金）趙秉文撰　清光緒五年(1879)定州王氏謙德堂刻本　四冊

610000－1042－0005767　綫851.456/037

拙軒集六卷　（金）王寂撰　清乾隆四十一年(1776)武英殿木活字印本　一冊　存三卷（一至三）

610000－1042－0005768　綫845.6/036

拙軒集六卷　（金）王寂撰　清刻本　二冊

610000－1042－0005769　綫851.456/044

遺山詩集二十卷　（金）元好問撰　明毛晉汲古閣刻本　六冊

610000－1042－0005770　綫851.456/044

元遺山詩集箋注十四首一卷附錄一卷　（金）元好問撰　清道光二年(1822)南潯蔣氏瑞松堂刻本　六冊

610000－1042－0005771　綫845.6/044

遺山集四十卷附錄一卷　（金）元好問撰　清道光二十七年(1847)刻本　八冊

610000－1042－0005772　綫845.6/044

元遺山先生全集五十四卷　（金）元好問撰　清光緒七年(1881)讀書山房刻本　十七冊

610000－1042－0005773　綫善845.73/428

魯齋遺書十四卷　（元）許衡撰　明萬曆二十四年(1596)江學詩刻清雍正修補印本　四冊

610000－1042－0005774　綫845.74/542

楚國文憲公雪樓程先生文集三十卷附錄一卷　（元）程文海撰　清宣統二年至民國十四年(1910－1925)陽湖陶氏涉園影刻本　十冊

610000－1042－0005775　綫善851.4574/143

翠寒集一卷　（元）宋無撰　明崇禎十一年(1638)毛晉汲古閣刻本　一冊

610000－1042－0005776　綫善851.4577/739

薩天錫詩集三卷　（元）薩都剌撰　明崇禎十一年(1638)毛晉汲古閣刻本　六冊

610000－1042－0005777　綫851.457/739

雁門集十四末一卷　（元）薩都剌撰　清嘉慶十二年(1807)刻本　六冊

610000－1042－0005778　綫851.457/739

雁門集六卷補遺一卷別錄一卷　（元）薩都剌撰　清宣統二年(1910)薩嘉曦刻本　四冊

610000－1042－0005779　綫善846.1/566

楊鐵崖文集五卷史義拾遺二卷　（元）楊維楨撰　明漱雲樓刻本　二冊　存三卷（文集三至五）

610000－1042－0005780　綫善851.4577/566

鐵崖先生古樂府詩鈔八卷鐵崖詩集鈔一卷　(元)楊維楨撰　（清）□□選抄　清抄本　三冊

610000－1042－0005781　綫851.357/566

鐵崖詩集三種　（元）楊維楨撰　（元）樓蒉灜注　清光緒十四年(1888)諸暨樓氏崇德堂刻本　六冊

610000－1042－0005782　綫善851.4577/402

倪雲林先生詩集六卷附錄一卷集外詩一卷　(元)倪瓚撰　明崇禎十一年(1638)毛晉汲古閣刻本　六冊

610000－1042－0005783　綫善845.7/347

金台集二卷　（元）迺賢撰　明崇禎十一年(1638)毛晉汲古閣刻本　一冊

610000－1042－0005784　綫 851.457/802

玉山草堂集二卷　（元）顧阿瑛撰　明毛氏汲
古閣刻本　二冊

610000－1042－0005785　綫善 851.4577/447

句曲外史集二卷　（元）張雨撰　明崇禎十一
年(1638)毛晉汲古閣刻本　一冊

610000－1042－0005786　綫善 851.4573/358

霞外詩集十卷　（元）馬臻撰　明崇禎十一年
(1638)毛晉汲古閣刻本　四冊

610000－1042－0005787　綫善 846.1/137

新刊宋學士全集三十三卷　（明）宋濂撰　明
嘉靖十七年(1538)韓叔陽刻本　三十四冊

610000－1042－0005788　綫 846.1/137

宋學士全集三十二卷附錄一卷　（明）宋濂撰
清康熙四十八年(1709)刻本　二十四冊

610000－1042－0005789　綫 846.1/137

宋學士集三十二卷補遺八卷附錄二卷　（明）
宋濂撰　清同治十三年(1874)退補齋刻本
三十四冊

610000－1042－0005790　綫 846.1/137

潛溪錄六卷首一卷　（明）宋濂撰　（清）丁立
中編輯　（清）孫鏘增補　清宣統二年(1910)
成都刻本　六冊

610000－1042－0005791　綫 846.1/669

太師誠意伯劉文成公集二十卷　（明）劉基撰
清光緒元年(1875)刻本　十二冊

610000－1042－0005792　綫 846.1/669

太師誠意伯劉文成公集二十卷　（明）劉基撰
清乾隆十一年(1746)括芝南田果育堂刻本
十冊

610000－1042－0005793　綫 846.1/669

太師誠意伯劉文成公集二十卷　（明）劉基撰
清光緒二十六年(1900)浙江書局刻本
十冊

610000－1042－0005794　綫善 851.46/326

缶鳴集十二卷　（明）高啟撰　明拂雲居士介
石堂刻本　六冊

610000－1042－0005795　綫 851.461/326

青邱高季迪先生詩集十八卷首一卷遺詩一卷
扣舷集一卷鳧藻集五卷　（明）高啟撰　（清）
金檀輯注　（清）汪夢齡等重訂　清雍正六年
(1728)桐鄉金檀刻本　八冊

610000－1042－0005796　綫 851.461/326

青邱高季迪先生詩集十八卷首一卷遺詩一卷
扣舷集一卷鳧藻集五卷　（明）高啟撰　（清）
金檀輯注　（清）汪夢齡等重訂　清刻本　十
六冊

610000－1042－0005797　綫 851.461/326

高季迪先生大全集十八卷　（明）高啟撰　清
竹素園刻本　六冊

610000－1042－0005798　綫 851.461/326

高季迪先生大全集十八卷　（明）高啟撰　清
竹素園刻本　八冊

610000－1042－0005799　綫 851.461/326

高季迪先生大全集十八卷　（明）高啟撰　清
竹素園刻本　四冊

610000－1042－0005800　綫 851.461/326

高季迪先生大全集十八卷　（明）高啟撰　清
竹素園刻本　二冊

610000－1042－0005801　綫善 846/240

貝清江先生詩集十卷文集三十卷　（明）貝瓊
撰　清康熙五十八年(1719)金檀燕翼堂刻本
六冊

610000－1042－0005802　綫 846.1/030

方正學文粹六卷　（明）方孝孺撰　（日本）村
瀨誨輔編　清道光九年(1829)刻本　四冊

610000－1042－0005803　綫 846.1/030

方正學先生文集七卷　（明）方孝孺撰　清同
治五年(1866)福州正誼書院刻本　二冊

610000－1042－0005804　綫 846.1/030

遜志齋全集二十四卷年譜一卷附錄一卷拾補
一卷外紀一卷　（明）方孝孺撰　清道光二十
六年(1846)義烏陳初田刻本　十六冊

610000－1042－0005805　綫善 846.3/726

文清公薛先生文集二十四卷　（明）薛瑄撰
（明）張鼎編輯　明弘治二年(1489)刻本　十
二冊

610000－1042－0005806　綫846.3/726
文清公薛先生文集二十四卷　（明）薛瑄撰
（明）張鼎編輯　明萬曆四十二年(1614)刻本
四冊

610000－1042－0005807　綫846.3/726
文清公薛先生文集二十四卷　（明）薛瑄撰
（明）張鼎編輯　清刻本　八冊

610000－1042－0005808　綫846.3/726
文清公薛先生文集二十四卷　（明）薛瑄撰
（明）張鼎編輯　清刻本　十一冊

610000－1042－0005809　綫846.5/462
白沙子全集六卷首一卷附錄一卷　（明）陳獻
章撰　清康熙至乾隆刻本　六冊

610000－1042－0005810　綫846.6/332
六如居士全集七卷補遺一卷外集六卷制義一
卷畫譜三卷　（明）唐寅撰　（清）唐仲冕輯
清嘉慶六年(1801)長沙刻本　六冊

610000－1042－0005811　綫846.6/332
六如居士全集七卷　（明）唐寅撰　清光緒十
一年(1885)鎮江文成堂刻本　四冊

610000－1042－0005812　綫846.6/034
甫田集三十卷　（明）文徵明撰　清宣統三年
(1911)上海千頃堂鉛印本　十二冊

610000－1042－0005813　綫846.4/037
王文成公集要七卷　（明）王守仁撰　清刻本
五冊　存六卷(二至七)

610000－1042－0005814　綫846.6/036
王文成公全集十六卷　（明）王守仁撰　清道
光六年(1826)湖南湘潭王文德刻本　十六冊

610000－1042－0005815　綫846.6/036
王文成公全書三十八卷　（明）王守仁撰
（明）徐愛等編　清光緒刻本　二十四冊

610000－1042－0005816　綫846.6/03
王陽明全集三十八卷　（明）王守仁撰　清刻

本　九冊　存十卷(二至十一)

610000－1042－0005817　綫851.46/037
陽明先生詩賦一卷　（明）王守仁撰　清刻本
一冊

610000－1042－0005818　綫善846/154
空同詩選一卷　（明）李夢陽撰　（明）楊慎評
選　明閔齊伋刻朱墨印本　一冊

610000－1042－0005819　綫善846/154
空同子集六十六卷附錄二卷目錄二卷　（明）
李夢陽撰　明萬曆三十年(1602)鄧雲霄刻本
十冊

610000－1042－0005820　綫851.466/154
空同詩集三十四卷　（明）李夢陽撰　清光緒
二十六年(1900)渭南嚴氏刻本　六冊

610000－1042－0005821　綫851.46/154
李空同詩集三十二卷　（明）李夢陽撰　清宣
統二年(1910)掃葉山房石印本　十冊

610000－1042－0005822　綫善846/036
渼陂集十六卷續集三卷碧山樂府四卷碧山詩
餘一卷南曲次韻一卷杜子美沽酒遊春記一卷
中山狼院本一卷　（明）王九思撰　明刻本
十八冊

610000－1042－0005823　綫善846.6/433
康對山先生集四十五卷　（明）康海撰　清康
熙五十一年(1712)馬逸姿刻本　十六冊

610000－1042－0005824　綫846.6/433
康對山先生文集十卷附錄一卷　（明）康海撰
（清）孫景烈選　清乾隆二十六年(1761)瑪
星阿刻本　六冊

610000－1042－0005825　綫846.6/433
康對山先生文集十卷附錄一卷　（明）康海撰
（清）孫景烈選　清乾隆二十六年(1761)刻
本　六冊

610000－1042－0005826　綫846.5/113
凌溪先生文集十八卷　（明）朱應登撰　清道
光十五年(1835)宜祿堂刻本　四冊

610000－1042－0005827　綫善846.6/174

涇野先生文集二十卷　（明）呂柟撰　明嘉靖
三十四年（1555）于德昌刻本　二十四冊

610000－1042－0005828　綫846.6/174

涇野先生文集三十八卷續八卷　（明）呂柟撰
（清）楊浚重編　清道光十二年（1832）關中
書院刻本　二十四冊

610000－1042－0005829　綫846.6/174

涇野先生別集十三卷　（明）呂柟撰　清道光
二十三年（1843）三原李錫齡刻本　六冊

610000－1042－0005830　綫846.6/737

苑洛集二十二卷　（明）韓邦奇撰　清嘉慶七
年（1802）刻本　十冊

610000－1042－0005831　綫846.6/737

苑洛集二十二卷　（明）韓邦奇撰　清嘉慶七
年（1802）刻本　十冊

610000－1042－0005832　綫846.6/737

苑洛集二十二卷　（明）韓邦奇撰　清道光八
年（1828）朝邑謝氏刻本　十冊

610000－1042－0005833　綫851.466/737

韓五泉詩四卷屈安人遺詩一卷　（明）韓邦靖
撰　清刻本　一冊

610000－1042－0005834　綫善846.5/187

何大復先生集選二十八卷　（明）何景明撰
（明）楊慎選　明閔吉士刻朱墨印本　四冊

610000－1042－0005835　綫善851.465/187

何大復先生詩集十二卷　（明）何景明撰
（清）金鎮選　清康熙七年（1668）金鎮修永堂
刻本　六冊

610000－1042－0005836　綫846.5/187

何大復先生集三十八卷附錄一卷　（明）何景
明撰　清乾隆十五年（1750）何輝少刻本
八冊

610000－1042－0005837　綫846.6/562

太史升菴全集八十一卷目錄二卷年譜一卷
（明）楊慎撰　（明）楊有仁輯　清乾隆六十年
（1795）周氏養拙山房刻本　二十冊

610000－1042－0005838　綫851.446/562

升菴詩話十二卷補遺二卷　（明）楊慎撰
（清）李調元校　清乾隆刻本　三冊

610000－1042－0005839　綫089.66/562

升菴外集一百卷　（明）楊慎撰　（明）焦竑編
清道光二十四年（1844）刻本　二十八冊

610000－1042－0005840　綫846.6/562

太史升菴遺集二十六卷　（明）楊慎撰　（明）
楊金吾輯　清道光二十四年（1844）景清堂刻
本　六冊

610000－1042－0005841　綫846.6/562

太史升菴遺集二十六卷　（明）楊慎撰　（明）
楊金吾輯　清道光二十八年（1848）香芸書屋
刻本　八冊

610000－1042－0005842　綫善846.6/566

楊忠介公集十三卷首一卷附錄五卷末一卷
（明）楊爵撰　清順治八年（1651）刻本　六冊

610000－1042－0005843　綫846.6/566

楊忠介公集十三卷附錄六卷　（明）楊爵撰
清刻本　八冊

610000－1042－0005844　綫846.6/566

忠介公集十三卷首一卷附錄五卷末一卷
（明）楊爵撰　清光緒十九年（1893）張履誠堂
刻本　六冊

610000－1042－0005845　綫善846/521

五嶽山人集三十八卷　（明）黃省曾撰　明嘉
靖黃姬水刻本　八冊

610000－1042－0005846　綫846.6/752

震川先生集三十卷別集十卷　（明）歸有光撰
清康熙十四年（1675）刻本　十八冊　存三
十二卷（震川先生集一至七、十至十三、十五
至十九、二十一至二十九，別集一至三、七至
十）

610000－1042－0005847　綫846.6/752

震川先生集三十卷別集十卷補編一卷　（明）
歸有光撰　清光緒六年（1880）常熟歸氏刻本
十六冊

610000－1042－0005848　綫846/338

唐荊川文集十二卷補遺五卷外集三卷附錄一卷　（明）唐順之撰　清光緒三十年（1904）江南書局刻本　十冊

610000－1042－0005849　綫846.6/037

遵巖先生文集四十二卷　（明）王慎中撰（清）李光墺編次　清康熙五十年（1711）福建刻本　二十四冊

610000－1042－0005850　綫846.6/566

楊忠愍公全集四卷　（明）楊繼盛撰　清順治十三年（1656）敬一齋刻本　四冊

610000－1042－0005851　綫846.6/566

楊忠愍公集四卷　（明）楊繼盛撰　清康熙三十七年（1698）章鈺刻本　三冊

610000－1042－0005852　綫846.6/566

楊忠愍公集四卷　（明）楊繼盛撰　清光緒九年（1883）刻本　四冊

610000－1042－0005853　綫846.6/566

楊忠愍公全集四卷　（明）楊繼盛撰　清光緒二十一年（1895）柏經正堂刻本　四冊

610000－1042－0005854　綫善846.6/566

楊椒山先生集四卷　（明）楊繼盛撰　（清）章鈺輯　清康熙三十七年（1698）刻本　二冊

610000－1042－0005855　綫846.6/566

楊椒山先生文集二卷　（明）楊繼盛撰　清同治五年（1866）福州正誼書局刻本　一冊

610000－1042－0005856　綫善846/407

徐文長逸稿二十四卷　（明）徐渭撰　（明）張汝霖評選　（明）王思任評選　明天啓三年（1623）刻本　十冊

610000－1042－0005857　綫善846.6/406

徐文長文集三十卷四聲猿一卷　（明）徐渭撰　（明）袁宏道評點　明杭州黃汝亨刻本　八冊

610000－1042－0005858　綫846.6/406

徐文長文集二十九卷四聲猿不分卷　（明）徐渭撰　（明）袁宏道評點　清乾隆刻本　六冊

610000－1042－0005859　綫846.6/406

徐文長集三十卷　（明）徐渭撰　（明）袁宏道評點　清宣統三年（1911）石印本　八冊

610000－1042－0005860　綫851.47/448

憲伯張先生詩集　（明）張思靜撰　（明）張景莘抄　清雍正七年（1729）抄本　一冊

610000－1042－0005861　綫善846.7/039

弇州山人四部稿一百七十四卷　（明）王世貞撰　明萬曆五年（1577）世經堂刻本　三十二冊

610000－1042－0005862　綫善846/037

弇州山人續稿二百七卷　（明）王世貞撰　明萬曆刻本　六十四冊

610000－1042－0005863　綫846/039

讀書後八卷　（明）王世貞撰　清乾隆二十一年（1756）刻本　二冊

610000－1042－0005864　綫846.7/174

呂新吾先生去偽齋文集十卷　（明）呂坤撰　清康熙十三年（1674）刻本　十冊

610000－1042－0005865　綫846.7/174

呂新吾先生去偽齋文集十卷　（明）呂坤撰　清繩其居刻本　十冊

610000－1042－0005866　綫846/508

馮恭定公全書（馮少墟集）二十二卷首一卷續集五卷　（明）馮從吾撰　清康熙十二年（1673）洪琮刻光緒二十二年（1896）修補本　十八冊

610000－1042－0005867　綫846.8/598

味檗齋文集十五卷　（明）趙南星撰　清光緒五年（1879）謙德堂刻本　八冊

610000－1042－0005868　綫善846/463

晚香堂集十卷　（明）陳繼儒撰　明刻本　二冊

610000－1042－0005869　綫846.8/463

陳眉公雜著四十八卷　（明）陳繼儒撰　清資益館鉛印本　十六冊

610000－1042－0005870　綫846/463

眉公先生晚香堂小品二十三卷　（明）陳繼儒

撰　清宣統三年(1911)資益館鉛印本　十冊

610000－1042－0005871　綫846.7/377

瓶花齋集十卷　(明)袁宏道撰　清宣統三年(1911)抱殘守缺齋石印本　四冊

610000－1042－0005872　綫846.8/561

楊忠烈公文集五卷　(明)楊漣撰　清刻本　六冊

610000－1042－0005873　綫846.8/561

楊忠烈公文集五卷　(明)楊漣撰　清宣統三年(1911)文盛書局石印本　四冊

610000－1042－0005874　綫846.9/730

隱秀軒文辰集二卷宿集一卷　(明)鍾惺撰　(明)沈春澤閱　明刻本　一冊

610000－1042－0005875　綫846.2/585

解文毅公集十六卷首一卷附錄一卷　(明)解縉撰　清刻本　八冊

610000－1042－0005876　綫善846/154

懷麓堂文稿三十卷講讀錄一卷東祀記一卷集句錄一卷哭子錄一卷求退錄一卷　(明)李東陽撰　明正德刻本　十冊

610000－1042－0005877　綫846.2/154

懷麓堂文稿三十卷　(明)李東陽撰　清刻本　六冊

610000－1042－0005878　綫善846.6/227

容春堂後集十四卷　(明)邵寶撰　明正德刻清康熙無錫華氏後印本　四冊

610000－1042－0005879　綫846.6/039

少保王康僖公文集二卷外集二卷附錄一卷　(明)王承裕撰　(清)李錫齡　(清)王稷輯　清刻本　二冊

610000－1042－0005880　綫846.6/500

湛甘泉先生文集三十二卷　(明)湛若水撰　清同治五年(1866)資政堂刻本　十冊

610000－1042－0005881　綫善846.6/489

洹詞十二卷　(明)崔銑撰　明嘉靖刻清乾隆三十六年(1771)黃邦寧補版印本　六冊

610000－1042－0005882　綫846.6/359

溪田文集十一卷補遺一卷續補遺一卷搜遺一卷　(明)馬理撰　清道光二十年(1840)三原刻本　六冊

610000－1042－0005883　綫846.6/359

溪田文集十一卷補遺一卷續補遺一卷搜遺一卷玉坡奏議五卷　(明)馬理撰　(清)李錫齡校刊　清惜陰軒刻本　八冊

610000－1042－0005884　綫846.6/359

溪田文集搜遺一卷補遺一卷續補遺一卷　(明)馬理撰　清嘉慶八年(1803)惜陰軒刻本　二冊

610000－1042－0005885　綫善846.6/287

鳥鼠山人遺集四十四卷　(明)胡纘宗撰　明嘉靖刻清順治十四年(1657)補版重印本　十八冊　存十四卷(願學編二卷,雍音一、四,擬古樂府二卷,擬漢樂府二卷,唐雅三至八)

610000－1042－0005886　綫善846.7/041

龍谿王先生全集二十二卷　(明)王畿撰　明萬曆四十三年(1615)張汝霖刻本　六冊

610000－1042－0005887　綫846.6/041

王龍溪先生全集二十卷王龍溪先生傳一卷　(明)王畿撰　清道光二十二年(1842)會稽莫晉刻本　十二冊

610000－1042－0005888　綫善846.6/688

蟻蠛集五卷　(明)盧柟撰　明萬曆二年(1574)刻三十年(1602)刻本　六冊

610000－1042－0005889　綫善851.466/595

趙浚谷詩集六卷　(明)趙時春撰　明嘉靖二十六年(1547)刻本　二冊

610000－1042－0005890　綫846.6/115

滄溟先生集三十卷附錄一卷　(明)李攀龍撰　清道光二十七年(1847)刻本　八冊

610000－1042－0005891　綫846.6/155

滄溟詩集十四卷附錄一卷　(明)李攀龍撰　清光緒二年(1876)長沙張氏湘雨樓刻本　四冊

610000 – 1042 – 0005892　綫 846.6/155

滄溟詩集十四卷附錄一卷　（明）李攀龍撰
清光緒二十一年(1895)長沙張氏湘雨樓刻本
四冊

610000 – 1042 – 0005893　綫 846/171

瓵甀洞藁詩集三十三卷文集二十三卷　（明）
吳國倫撰　清刻本　二十四冊

610000 – 1042 – 0005894　綫善 846.7/447

新刻張太岳先生詩文集四十七卷　（明）張居
正撰　明萬曆四十年(1612)繡谷唐國達刻本
二十冊

610000 – 1042 – 0005895　綫 846.7/447

新刻張太岳先生文集四十七卷詩集五卷
（明）張居正撰　明萬曆繡谷唐國達刻本　二
十一冊

610000 – 1042 – 0005896　綫 846.7/447

明張文忠公全集四十六卷附錄二卷　（明）張
居正撰　清光緒二十七年(1901)紅藤碧樹山
館刻本　十六冊

610000 – 1042 – 0005897　綫 846.7/447

明張文忠公全集四十六卷附錄二卷　（明）張
居正撰　清刻本　十五冊

610000 – 1042 – 0005898　綫 846.7/447

張文忠公詩文集詩集六卷文集十一卷　（明）
張居正撰　清宣統三年(1911)醉古堂石印本
四冊

610000 – 1042 – 0005899　綫善 846.6/154

李氏焚書六卷　（明）李贄撰　明萬曆刻本
十冊

610000 – 1042 – 0005900　綫 846.7/601

松石齋文集二十五卷　（明）趙用賢撰　清光
緒二十八年(1902)趙氏承啟堂刻本　八冊

610000 – 1042 – 0005901　綫善 846.7/523

由拳集二十三卷　（明）屠隆撰　明萬曆刻本
八冊

610000 – 1042 – 0005902　綫 126.9/218

孟雲浦先生集八卷　（明）孟化鯉撰　清康熙

二年(1663)刻本　三冊　存六卷(一至二、五
至八)

610000 – 1042 – 0005903　綫 846/802

顧端文公遺書三十七卷年譜四卷　（明）顧憲
成撰　清光緒三年(1877)刻本　十冊

610000 – 1042 – 0005904　綫 846.8/802

**涇皋藏稿二十二卷顧端文公年譜四卷與小辨
齋偶存八卷附涇皋家塾三書一卷**　（明）顧憲
成撰　清光緒十二年(1886)涇里宗祠刻本匯
印本　八冊　存八卷(五至十二)

610000 – 1042 – 0005905　綫善 846.7/501

**玉茗堂全集詩集十八卷文集十六卷賦集五卷
尺牘六卷**　（明）湯顯祖撰　明刻本　十六冊

610000 – 1042 – 0005906　綫善 846.6/116

山帶閣集三十三卷　（明）朱曰藩撰　明嘉靖
三十四年(1555)刻萬曆元年(1573)印本
八冊

610000 – 1042 – 0005907　綫 846.6/116

山帶閣集三十三卷　（明）朱曰藩撰　清道光
十五年(1835)宜祿堂刻本　六冊

610000 – 1042 – 0005908　綫善 846.7/148

來禽館集二十九卷　（明）邢侗撰　明萬曆四
十六年(1618)史高先刻清道光九年(1829)張
夢麒修補印本　二十冊

610000 – 1042 – 0005909　綫善 846.7/752

陶菴遺稿二卷劄記二卷續稿一卷　（明）歸子
慕撰　（明）顧紹芾選　明萬曆四十一年
(1613)刻本　二冊

610000 – 1042 – 0005910　綫善 846.7/618

熊襄愍公集十首一末一卷　（明）熊廷弼撰
清同治三年(1864)刻本　十冊

610000 – 1042 – 0005911　綫 652.61/618

熊襄愍公集十首一末一卷　（明）熊廷弼輯
清退補齋刻本　十冊

610000 – 1042 – 0005912　綫 846.8/579

達觀樓集二十四卷　（明）鄒維璉撰　清乾隆
三十二年(1767)刻本　四冊　缺六卷(三至

八)

610000－1042－0005913　綫846.9/521
黃漳浦集五十首一卷　(明)黃道周撰　清道光五年(1825)刻本　二十三冊

610000－1042－0005914　綫善846.9/521
石齋先生詩鈔不分卷　(明)黃道周撰　清抄本　三冊

610000－1042－0005915　綫846.8/174
呂明德先生文集二十六卷　(明)呂維祺撰清乾隆四十八年(1783)刻本　六冊　存十五卷(十二至二十六)

610000－1042－0005916　綫846/037
疑雨集二卷　(明)王彥泓撰　清康熙二十九年(1690)侯氏亦園刻本　二冊

610000－1042－0005917　綫846.8/168
樓山堂集二十七集熹朝忠節死臣傳一卷(明)吳應箕撰　清同治六年(1867)永甯宮廨刻本　六冊

610000－1042－0005918　綫846/450
琅嬛文集六卷　(明)張岱撰　清光緒三年(1877)刻本　六冊

610000－1042－0005919　綫846.9/074
史忠正公集四卷首一卷末一卷　(明)史可法撰　清咸豐六年(1856)兆霖刻本　二冊

610000－1042－0005920　綫846.9/074
史忠正公文集四卷首一卷　(明)史可法撰清同治十二年(1873)三原劉質慧刻本　二冊

610000－1042－0005921　綫846.9/074
史忠正公集四卷首一卷末一卷　(明)史可法撰　清隴西平泉小墅刻本　四冊

610000－1042－0005922　綫846.7/362
馬文莊公文集選十五卷附錄一卷　(明)馬自強撰　清同治九年(1870)刻本　四冊

610000－1042－0005923　綫善846.8/521
陶菴文集七卷吾師錄一卷陶菴詩集八卷(明)黃淳耀撰　清康熙十五年(1676)陸元輔刻本　四冊

610000－1042－0005924　綫846.8/521
陶菴集二十二卷首一卷末一卷　(明)黃淳耀撰　(清)陳樹直輯　清光緒五年至七年(1879－1881)刻本　十六冊

610000－1042－0005925　綫846.8/521
陶菴集二十二卷首一卷末一卷　(明)黃淳耀撰　清光緒五年至七年(1879－1881)刻十六年(1890)重印本　八冊

610000－1042－0005926　綫846.8/157
李文莊公全集十卷　(明)李騰芳撰　清光緒二年(1876)湘潭高塘李氏祠刻本　十冊

610000－1042－0005927　綫846.7/214
白愉堂文集六卷詩集四卷　(明)來儼然撰清道光二十一年(1841)三原李錫齡刻本六冊

610000－1042－0005928　綫善851.472/078
田間詩集二十八卷　(明)錢澄之撰　清康熙二十九年(1690)斟稚堂刻本　十二冊

610000－1042－0005929　綫846/227
邱邦士文集十八卷首一卷　(明)邱維屛撰清光緒元年(1875)周郁文刻本　六冊

610000－1042－0005930　綫846.8/041
五公山人集十六卷　(明)王餘佑撰　(清)李興祖編　清康熙三十四年(1695)枕鈞齋刻本一冊　存四卷(一至四)

610000－1042－0005931　綫846.7/214
來陽伯文集二十卷　(明)來復撰　清道光二十三年(1843)三原李錫齡惜陰軒刻本　十冊

610000－1042－0005932　綫851.467/214
來陽伯先生詩集二十卷　(明)來復撰　清道光十九年(1839)三原李錫齡惜陰軒刻本　一冊　存三卷(五至七)

610000－1042－0005933　綫851.467/214
來陽伯詩集二十卷　(明)來復撰　清道光二十三年(1843)三原李錫齡惜陰軒刻本　九冊

610000－1042－0005934　綫善846/506
宗伯集八十一卷　(明)馮琦撰　明萬曆二十

七年(1599)刻本　四冊　存十二卷(一至三、十三至十八、七十二至七十四)

610000－1042－0005935　綫846/154
李忠肅公文集十六卷　(明)李邦華撰　清道光二十二年(1842)日新軒刻本　八冊

610000－1042－0005936　綫846.8/610
賜誠堂文集十六卷　(明)管紹寧撰　清光緒三年(1877)管氏刻本　二冊

610000－1042－0005937　綫846/214
叢笙齋集詩集十四卷文集六卷　(明)來臨撰　(清)李錫齡校刊　清道光二十二年(1842)惜陰軒刻本　十冊

610000－1042－0005938　綫851.46/214
叢笙齋集詩集十四卷　(明)來臨撰　(清)李錫齡校刊　清三原李錫齡惜陰軒刻本　四冊

610000－1042－0005939　綫846.8/688
盧忠肅公集十二卷　(明)盧象昇撰　清光緒三十四年(1908)刻本　十冊

610000－1042－0005940　綫846.7/345
元扈山房集二十二卷　(明)梁爾升撰　(清)李錫齡校刊　清道光二十一年(1841)惜陰軒刻本　四冊

610000－1042－0005941　綫846.7/345
元扈山房集二十二卷　(明)梁爾升撰　(清)李錫齡校刊　清惜陰軒刻本　四冊

610000－1042－0005942　綫善846/034
慎修堂集二十卷　(明)亢思謙撰　明萬曆刻清康熙十五年(1676)亢宗瑗重修本　十冊

610000－1042－0005943　綫846/735
鄺海雪集箋十二卷　(明)鄺露撰　(清)鄺廷瑤箋　清道光三十年(1850)刻本　四冊

610000－1042－0005944　綫846.5/737
韓忠定公集四卷　(明)韓文撰　(清)喬因羽編　清乾隆三年(1738)長沙韓宗蕃刻本　四冊

610000－1042－0005945　綫846.6/446
黃花集七卷　(明)張原撰　(清)李錫齡校刊

清道光十九年(1839)惜陰軒刻本　四冊

610000－1042－0005946　綫846.8/539
逆旅集二十卷奏議四卷　(明)焦源溥撰　(清)李錫齡校刊　清道光十九年(1839)惜陰軒刻本　三冊

610000－1042－0005947　綫846.8/539
逆旅集二十卷奏議四卷　(明)焦源溥撰　(清)李錫齡校刊　清惜陰軒刻本　三冊

610000－1042－0005948　綫846.7/362
四吟稿六卷南遊稿二卷畿南疏草二卷西台奏議一卷　(明)馬逢皋撰　(清)李錫齡校刊　清道光十九年(1839)惜陰軒刻本　六冊

610000－1042－0005949　綫846/444
張龍湖先生文集十五卷　(明)張治撰　清雍正四年(1726)彭思眷刻本　四冊

610000－1042－0005950　綫善846.8/556
柏林集□□卷　(明)雷宇霖撰　明稿本　一冊

610000－1042－0005951　綫851.476/500
峴浮閣詩賦十四卷　(明)溫日知撰　清咸豐七年(1857)弘道書院刻本　二冊

610000－1042－0005952　綫847.2/154
天問閣集三卷　(明)李長祥撰　鮓話一卷(清)佟世思撰　清刻本　二冊

610000－1042－0005953　綫847.7/154
河濱文選十卷　(清)李楷撰　(清)李元春選輯　清同治十年(1871)刻本　七冊　缺一卷(二)

610000－1042－0005954　綫847.7/154
河濱遺書鈔六種　(清)李楷撰　清同治十年(1871)刻本　一冊　存一種

610000－1042－0005955　綫善851.47/695
投筆集二卷　(清)錢謙益撰　清抄本　二冊

610000－1042－0005956　綫847.2/700
錢牧齋全集初學集一百十卷有學集五十卷補遺二卷投筆集一卷　(清)錢謙益撰　(清)錢曾箋注　清宣統二年(1910)上海文明書局石

印本　四十冊

610000－1042－0005957　綫851.47/695

初學集二十卷　（清）錢謙益撰　（清）錢曾箋
注　**牧齋先生年譜一卷**　（清）葛萬里撰　清
宣統三年(1911)上海國學扶輪社石印本　十
二冊

610000－1042－0005958　綫善847.3/694

牧齋有學集補遺不分卷　（清）錢謙益撰　清
抄本　四冊

610000－1042－0005959　綫847.2/365

夏峰先生集十四首一卷補遺二卷　（清）孫奇
逢撰　清道光二十五年(1845)大梁書院刻本
十六冊

610000－1042－0005960　綫847.2/802

炳燭齋文集初刻一卷續刻一卷　（清）顧大韶
撰　清宣統元年(1909)上海國學扶輪社鉛印
本　二冊

610000－1042－0005961　綫善851.472/506

**馮氏小集三卷鈍吟集三卷鈍吟別集一卷鈍吟
餘集一卷遊仙詩二卷鈍吟老人集外詩一卷**
（清）馮班撰　清康熙七年(1668)毛氏汲古閣
刻本　一冊

610000－1042－0005962　綫847.2/544

霜紅龕集四十卷　（清）傅山撰　清咸豐三年
(1853)刻本(目錄,卷一、二十配清光緒鉛印
本)　六冊

610000－1042－0005963　綫847.2/544

霜紅龕集四十卷附錄三卷　（清）傅山撰　**年
譜一卷**　（清）丁寶銓編　清宣統三年(1911)
山陽丁氏刻本　十二冊

610000－1042－0005964　綫847.2/173

吳梅村先生詩文集四十卷　（清）吳偉業撰
清順治十七年(1660)刻本　十六冊

610000－1042－0005965　綫851.472/173

吳詩集覽二十卷談藪二卷　（清）吳偉業撰
（清）靳榮藩輯注　清乾隆四十年(1775)凌雲
亭刻本　十八冊

610000－1042－0005966　綫851.472/173

梅村詩集箋注十八卷　（清）吳偉業撰　（清）
吳翌鳳箋注　清嘉慶十九年(1814)滄浪吟榭
刻本　八冊

610000－1042－0005967　綫851.472/173

梅村詩集箋注十八卷　（清）吳偉業撰　（清）
吳翌鳳注　清嚴氏滄浪吟榭刻本　十冊

610000－1042－0005968　綫847.2/173

梅村集四十卷　（清）吳偉業撰　清刻本　十
四冊

610000－1042－0005969　綫847.2/173

梅村集二十卷　（清）吳偉業撰　清宣統二年
(1910)上海國學昌明社石印本　六冊

610000－1042－0005970　綫847.2/173

梅村家藏稿五十八卷補遺一卷　（清）吳偉業
撰　清宣統三年(1911)武進董氏誦芬室刻本
八冊

610000－1042－0005971　綫善847.2/521

**南雷文案十卷外卷一卷吾悔集四卷撰杖集一
卷南雷詩歷三卷子劉子行狀二卷**　（清）黃宗
羲撰　清康熙刻本　十二冊

610000－1042－0005972　綫851.472/521

南雷詩歷四卷　（清）黃宗羲撰　清石印本
一冊

610000－1042－0005973　綫847.2/151

笠翁偶集六卷　（清）李漁撰　清康熙十年
(1671)芥子園刻本　六冊

610000－1042－0005974　綫善847.2/151

笠翁一家言十四卷　（清）李漁撰　清初抄本
二十四冊

610000－1042－0005975　綫847.2/151

**笠翁一家言十二卷二集十二卷別集四卷耐歌
詞四卷**　（清）李漁撰　清康熙十七年(1678)
刻本　十九冊

610000－1042－0005976　綫847.2/151

笠翁一家言全集五種十六卷　（清）李漁撰
清雍正八年(1730)芥子園刻本　十六冊

610000－1042－0005977　綫847.2/454

陸桴亭先生文集五卷　(清)陸世儀撰　(清)張伯行輯　清光緒九年(1883)津河廣仁堂刻本　一冊

610000－1042－0005978　綫847.2/447

楊園先生全集五十四卷年譜一卷　(清)張履祥撰　清同治十年(1871)江蘇書局刻本　十六冊

610000－1042－0005979　綫847.2/447

楊園先生全集五十四卷年譜一卷　(清)張履祥撰　清光緒三十年(1904)武昌呂氏刻本　六冊

610000－1042－0005980　綫851.472/411

徐詩二卷　(清)徐夜撰　(清)王士禎批點　清康熙三十七年(1698)刻本　一冊

610000－1042－0005981　綫851.472/158

茶村詩鈔八卷　(清)杜濬撰　清道光二十三年(1843)刻本　三冊

610000－1042－0005982　綫851.47/802

顧亭林詩集五卷　(清)顧炎武撰　清光緒二年(1876)湖南書局刻本　二冊

610000－1042－0005983　綫851.47/802

顧亭林先生詩箋注十七卷校補一卷　(清)顧炎武撰　(清)徐嘉輯　清光緒二十三年至二十七年(1897－1901)山陽徐氏味靜齋刻本　六冊

610000－1042－0005984　綫851.472/802

亭林詩集五卷　(清)顧炎武撰　清刻本　一冊

610000－1042－0005985　綫851.72/807

定山堂詩集四十三卷詩餘四卷　(清)龔鼎孳撰　(清)龔鼎鉉訂　清光緒九年(1883)刻本　十六冊

610000－1042－0005986　綫847.2/807

定山堂古文小品正文三卷續集一卷補遺二卷　(清)龔鼎孳撰　(清)龔士稚　(清)孫志說輯　清光緒十年(1884)合肥龔永孚刻本

六冊

610000－1042－0005987　綫847.2/746

兼濟堂文集選十六卷詩集選三卷　(清)魏裔介撰　(清)魏荔彤輯　清康熙五十年(1711)龍江書院刻本　十六冊

610000－1042－0005988　綫847.2/751

寒松堂全集十二卷年譜一卷　(清)魏象樞撰　清嘉慶十六年(1811)刻本　二十四冊

610000－1042－0005989　綫846.6/315

壯悔堂文集十卷四憶堂詩集六卷年譜一卷　(清)侯方域撰　(清)賈開宗等評點　清刻本　八冊

610000－1042－0005990　綫846.6/315

壯悔堂文集十卷遺稿一卷四憶堂詩集六卷　(清)侯方域撰　(清)賈開宗等評點　清刻本　七冊

610000－1042－0005991　綫846.6/315

壯悔堂文集十卷　(清)侯方域撰　(清)賈開宗等評點　清嘉慶刻本　四冊

610000－1042－0005992　綫851.47/170

陋軒詩十二卷詩續二卷　(清)吳嘉紀撰　清道光二十年(1840)泰州夏氏刻本　五冊

610000－1042－0005993　綫718.5/047

外國竹枝詞一卷　(清)尤侗撰　清刻本　二冊

610000－1042－0005994　綫847.2/047

西堂雜俎一集八卷二集八卷三集八卷附西堂雜詩一卷　(清)尤侗撰　清康熙十一年(1672)刻本　十冊

610000－1042－0005995　綫847.2/047

西堂文集二十四卷詩集三十七卷　(清)尤侗撰　清順治十二年(1655)善成堂刻本　二十冊

610000－1042－0005996　綫847.2/047

西堂文集二十四卷詩集三十七卷　(清)尤侗撰　清順治十二年(1655)善成堂刻本　二十四冊

610000 – 1042 – 0005997　綫 847.2/047

西堂文集二十四卷詩集三十七卷　（清）尤侗撰　清順治十二年(1655)善成堂刻本　二十四冊

610000 – 1042 – 0005998　綫 847.2/047

西堂文集二十四卷詩集三十七卷　（清）尤侗撰　清康熙文富堂刻本　二十冊

610000 – 1042 – 0005999　綫 847.2/047

西堂文集二十四卷詩集三十七卷　（清）尤侗撰　清康熙華文堂刻本　十六冊

610000 – 1042 – 0006000　綫 847.2/047

西堂文集二十四卷詩集三十七卷　（清）尤侗撰　清刻本　十六冊

610000 – 1042 – 0006001　綫 847.2/047

艮齋倦稿文集十五卷　（清）尤侗撰　清刻本　六冊

610000 – 1042 – 0006002　綫 852.47/125

紅樓夢賦二卷　（清）沈謙撰　清道光十二年(1832)刻本　二冊

610000 – 1042 – 0006003　綫 847.2/748

魏伯子文集十卷　（清）魏際瑞撰　清刻本　八冊

610000 – 1042 – 0006004　綫 847.5/367

溉堂前集九卷後集六卷續集六卷詩餘二卷文集五卷　（清）孫枝蔚撰　清刻本　十二冊

610000 – 1042 – 0006005　綫 847.2/039

砥齋集十二卷　（清）王弘撰著　清康熙刻本　八冊

610000 – 1042 – 0006006　綫 847.2/039

砥齋集十二卷　（清）王弘撰著　清康熙刻本　六冊

610000 – 1042 – 0006007　綫 847.2/039

砥齋集八卷　（清）王弘撰著　清康熙刻本　五冊

610000 – 1042 – 0006008　綫 847.2/039

砥齋集十二卷　（清）王弘撰著　清光緒二十年(1894)刻本　六冊

610000 – 1042 – 0006009　綫善 852.472/054

毛翰林集不分卷　（清）毛奇齡撰　清康熙三十年(1691)毛氏刻本　八冊

610000 – 1042 – 0006010　綫 852.472/054

毛翰林集六卷　（清）毛奇齡撰　清刻本　一冊

610000 – 1042 – 0006011　綫善 851.47/054

西河詩選不分卷徐昭華詩不分卷　（清）毛奇齡撰　王惠選錄　清嘉慶五年(1800)稿本　四冊

610000 – 1042 – 0006012　綫 847/7

魏叔子文集外篇二十二卷　（清）魏禧撰　清刻本　三冊　存四卷(五至八)

610000 – 1042 – 0006013　綫 847.2/152

槲葉集五卷南遊草一卷補遺一卷　（清）李柏撰　清康熙刻光緒印本　六冊

610000 – 1042 – 0006014　綫 847.2/154

槲葉集五卷南遊草一卷附刊六篇　（清）李柏撰　清宣統三年(1911)刻本　六冊

610000 – 1042 – 0006015　綫 847.2/463

陳檢討集二十卷　（清）陳維崧撰　清康熙三十三年(1694)有養堂刻本　四冊

610000 – 1042 – 0006016　綫 847.2/463

陳檢討集二十卷　（清）陳維崧撰　清同治六年(1867)古桂山房刻本　六冊

610000 – 1042 – 0006017　綫 847.2/463

陳檢討集二十卷　（清）陳維崧撰　（清）程師恭注　清同治十三年(1874)大文堂刻本　六冊

610000 – 1042 – 0006018　綫 847.2/463

陳檢討四六二十卷　（清）陳維崧撰　清上海文瑞樓石印本　七冊　存十八卷(三至二十)

610000 – 1042 – 0006019　綫 851.37/463

篋衍集十二卷　（清）陳維崧撰　清刻本　一冊　存二卷(十一至十二)

610000 – 1042 – 0006020　綫 847/154

李文伯集□□卷　（清）李士璸撰　清光緒李

丹亭抄本　一冊

610000－1042－0006021　綫847/521
西征詩錄一卷又存一卷歸程紀略一卷　（清）
黃家鼎撰　清光緒刻本　二冊

610000－1042－0006022　綫851.47/446
續尤西堂擬明史樂府一卷仿元遺山論詩絕句
一卷　（清）張晉撰　（清）劉汲評　（清）楊
履道注　清嘉慶十七年(1812)湘潭周系英寧
武試院刻本　一冊

610000－1042－0006023　綫847.1/501
湯子遺書十卷附錄一卷年譜一卷　（清）湯斌
撰　（清）王廷燦輯　清康熙四十二年(1703)
王廷燦刻本　八冊

610000－1042－0006024　綫847.2/501
湯子遺書十卷附錄一卷年譜一卷　（清）湯斌
撰　清同治九年(1870)湯氏祠堂刻本　十
六冊

610000－1042－0006025　綫626/501
湯子遺書續編一卷　（清）湯斌撰　清湯氏祠
堂刻本　一冊

610000－1042－0006026　綫089.7/155
二曲集二十六卷　（清）李顒撰　清康熙四十
四年(1705)刻本　七冊　存二十卷(一至三、
十至二十六)

610000－1042－0006027　綫847.2/155
二曲集四十六卷　（清）李顒撰　清光緒三年
(1877)信述堂刻本　十六冊

610000－1042－0006028　綫847.2/151
李二曲先生集錄要四卷倪會香先生慎獨說二
卷　（清）李顒撰　（清）倪元坦輯　清道光二
十四年(1844)刻本　二冊

610000－1042－0006029　綫847.2/746
魏季子文集十六卷　（清）魏禮撰　清刻本
十一冊

610000－1042－0006030　綫847.2/118
曝書亭集二十三卷　（清）朱彝尊撰　（清）孫
銀槎注　清嘉慶五年(1800)三有堂刻本

十冊

610000－1042－0006031　綫847.2/118
曝書亭集八十卷葉兒樂府一卷　（清）朱彝尊
撰　笛漁小稿十卷　（清）朱昆田撰　清刻本
十二冊

610000－1042－0006032　綫851.472/118
曝書亭集詩注二十二卷年譜一卷　（清）朱彝
尊撰　（清）楊謙纂　清楊氏木山閣刻本
八冊

610000－1042－0006033　綫851.472/118
曝書亭集詩注二十二卷年譜一卷　（清）朱彝
尊撰　（清）楊謙纂　清楊氏木山閣刻本　十
一冊

610000－1042－0006034　綫847.2/454
三魚堂文集十二卷外集六卷附錄一卷　（清）
陸隴其撰　清康熙三十三年(1694)掃葉山房
刻本　八冊

610000－1042－0006035　綫847.2/454
三魚堂文集十二卷外集六卷　（清）陸隴其撰
清光緒十五年(1889)涇陽柏經正堂刻本
十五冊

610000－1042－0006036　綫851.468/217
翁山詩外存十九卷　（清）屈大均撰　清宣統
二年(1910)鉛印本　二冊

610000－1042－0006037　綫847.2/217
精刊翁山文外十六卷　（清）屈大均撰　清宣
統二年(1910)上海國學扶輪社鉛印本　五冊

610000－1042－0006038　綫851.47/217
道援堂詩集十三卷　（清）屈大均撰　清刻本
八冊

610000－1042－0006039　綫善847.1/172
秋笳集八卷　（清）吳兆騫撰　清康熙至雍正
徐乾學吳振臣刻本　四冊

610000－1042－0006040　綫851.47/172
秋笳集八卷　（清）吳兆騫撰　清宣統順德鄧
氏風雨樓鉛印本　三冊

610000－1042－0006041　綫847.2/409

憺園集三十六卷 （清）徐乾學撰 清光緒九年(1883)嘉興金吳瀾刻本 十六冊

610000－1042－0006042 綫善847.2/752
在陸草堂集六卷 （清）儲欣撰 清康熙元年(1662)刻本 三冊

610000－1042－0006043 綫851.472/150
懷園集李杜詩十六卷 （清）車萬育撰 清康熙三十三年(1694)刻本 四冊

610000－1042－0006044 綫847.2/155
受祺堂文集八卷 （清）李因篤撰 清道光七年(1827)刻本 八冊

610000－1042－0006045 綫851.472/155
受祺堂詩三十五卷 （清）李因篤撰 清康熙三十八年(1699)刻本 八冊

610000－1042－0006046 綫851.472/155
受祺堂詩三十五卷 （清）李因篤撰 清康熙刻本 二冊 存七卷(二十二至二十八)

610000－1042－0006047 綫847.2/039
漁洋文略十四卷 （清）王士禎撰 清康熙三十四年(1695)刻本 五冊

610000－1042－0006048 綫善847.7/039
帶經堂集九十二卷 （清）王士禎撰 （清）程哲校編 清康熙五十年(1711)程哲七略書堂刻本 二十四冊

610000－1042－0006049 綫847.7/039
帶經堂集九十二卷 （清）王士禎撰 （清）程哲校編 清乾隆七略書堂刻本 十二冊 存四十二卷(詩一至二十二、續詩一至八、文一至十二)

610000－1042－0006050 綫847.7/039
帶經堂全集九十二卷 （清）王士禎撰 （清）程哲校編 清刻本 二十四冊

610000－1042－0006051 綫851.47/039
南海集二卷 （清）王士禎撰 清康熙刻本 二冊

610000－1042－0006052 綫847.2/039
蠶尾集十卷 （清）王士禎撰 清康熙刻本

六冊

610000－1042－0006053 綫851.472/039
漁洋山人詩集二十二卷 （清）王士禎撰 清康熙八年(1669)吳郡沂詠堂刻本 四冊

610000－1042－0006054 綫851.3/039
王阮亭古詩選五言十七卷七言十五卷 （清）王士禎撰 清乾隆元年(1736)刻本 十冊

610000－1042－0006055 綫851.3/037
漁洋山人古詩選五言十七卷七言十五卷 （清）王士禎選 清同治五年(1866)金陵書局刻本 八冊

610000－1042－0006056 綫851.3/037
漁洋山人古詩選五言十七卷七言十五卷今體詩抄十八卷 （清）王士禎選 清同治五年(1866)金陵書局刻本 十冊

610000－1042－0006057 綫851.472/039
漁洋山人精華錄十卷 （清）王士禎撰 （清）林佶編 清康熙三十九年(1700)刻本 四冊

610000－1042－0006058 綫851.472/039
漁洋山人精華錄十卷 （清）王士禎撰 （清）林佶編 清抄本 四冊

610000－1042－0006059 綫851.472/039
漁洋山人精華錄訓纂十卷年譜二卷苔北平黃少宰書一通 （清）王士禎撰 （清）惠棟訓纂 清乾隆惠氏紅豆齋刻本 二十四冊

610000－1042－0006060 綫851.472/039
漁洋山人精華錄訓纂十卷年譜二卷金氏精華錄箋注辨訛一卷 （清）王士禎撰 （清）惠棟訓纂 清乾隆惠氏紅豆齋刻本 十二冊

610000－1042－0006061 綫851.472/039
漁洋山人精華錄箋注十二卷年譜一卷補一卷 （清）王士禎撰 （清）金榮箋注 （清）徐准纂輯 清金氏鳳翩堂刻本 十冊

610000－1042－0006062 綫851.472/039
漁洋山人精華錄箋注十二卷年譜一卷補一卷 （清）王士禎撰 （清）金榮箋注 （清）徐准纂輯 清金氏鳳翩堂刻本 六冊

610000 – 1042 – 0006063　　綫 851.472/039

漁洋山人精華錄箋注十二卷年譜一卷補一卷
　（清）王士禎撰　（清）金蓉箋注　（清）徐
淮纂輯　清刻本　八冊

610000 – 1042 – 0006064　　綫 851.472/039

漁洋山人精華錄箋注十二卷年譜一卷補一卷
　（清）王士禎撰　（清）金榮箋注　（清）徐
淮纂輯　清寶華樓刻本　十二冊

610000 – 1042 – 0006065　　綫 851.472/039

漁洋山人精華錄箋注十二卷補一卷　（清）王
士禎撰　（清）金榮箋注　（清）徐淮纂輯　清
石印本　十二冊

610000 – 1042 – 0006066　　綫 851.472/039

漁洋山人精華錄箋注十二卷補一卷　（清）王
士禎撰　（清）金榮箋注　（清）徐淮纂輯　清
石印本　四冊

610000 – 1042 – 0006067　　綫 851.472/039

漁洋山人精華錄會心偶筆六卷　（清）王士禎
撰　（清）伊應鼎注解　清乾隆二十四年
（1759）刻本　四冊

610000 – 1042 – 0006068　　綫 847.2/137

西陂類稿五十卷　（清）宋犖撰　（清）周龍藻
編　清康熙五十年（1711）刻本　十冊　存三
十四卷（一至二十三、四十至五十）

610000 – 1042 – 0006069　　綫善 847.2/542

若庵集五卷　（清）程庭撰　清康熙刻本
五冊

610000 – 1042 – 0006070　　綫 847.2/737

有懷堂詩稿六卷文稿二十二卷　（清）韓菼撰
清康熙四十二年（1703）刻本　八冊

610000 – 1042 – 0006071　　綫 072.72/448

篤素堂集鈔三卷　（清）張英撰　清光緒十七
年（1891）上海掃葉山房石印本　一冊

610000 – 1042 – 0006072　　綫 851.472/448

篤素堂詩集七卷　（清）張英撰　清光緒刻本
一冊

610000 – 1042 – 0006073　　綫 851.47/038

黃湄詩集十卷　（清）王又旦撰　（清）王士禎
選　清鉛印本　二冊

610000 – 1042 – 0006074　　綫善 851.472/156

香草居集七卷　（清）李符撰　清乾隆李菊房
刻本　一冊

610000 – 1042 – 0006075　　綫 847.2/464

午亭文編五十卷　（清）陳廷敬撰　（清）林佶
輯　清乾隆四十三年（1778）刻本　十六冊

610000 – 1042 – 0006076　　綫 847.2/464

午亭文編五十卷　（清）陳廷敬撰　（清）林佶
輯　清康熙四十七年（1708）刻本　十七冊

610000 – 1042 – 0006077　　綫 847.2/609

聊齋先生文集二卷　（清）蒲松齡撰　清宣統
元年（1909）上海國學扶輪社鉛印本　二冊

610000 – 1042 – 0006078　　綫 847.2/457

善卷堂四六十卷　（清）陸繁弨撰　清道光二
年（1822）金閶步月樓刻本　四冊

610000 – 1042 – 0006079　　綫 847.2/457

善卷堂四六十卷　（清）陸繁弨撰　清道光二
年（1822）金閶步月樓刻本　四冊

610000 – 1042 – 0006080　　綫 847.2/457

善卷堂四六十卷　（清）陸繁弨撰　清光緒元
年（1875）漁古山房刻本　六冊

610000 – 1042 – 0006081　　綫 847.2/447

文貞公集十二卷　（清）張玉書撰　清乾隆五
十七年（1792）刻本　六冊

610000 – 1042 – 0006082　　綫 851.472/433

莘野詩集一卷　（清）康乃心撰　清康熙十六
年（1677）刻本　一冊

610000 – 1042 – 0006083　　綫善 847.2/169

蓮洋集十二卷補遺一卷附一卷　（清）吳雯撰
　（清）王士禎評定　清乾隆十七年（1752）劉
組曾刻本　六冊

610000 – 1042 – 0006084　　綫 847.2/748

魏興士文集六卷　（清）魏世傑撰　清刻本
一冊

610000－1042－0006085　綫851.472/253

稗畦集一卷　（清）洪昇撰　清抄本　二冊

610000－1042－0006086　綫善847/037

樓村詩集二十五卷　（清）王式丹撰　清雍正四年(1726)王懋訥刻道光十六年(1836)印本　四冊

610000－1042－0006087　綫847.2/512

南昀先生遺書文錄二卷詩錄二卷密證錄一卷陽明釋毀錄一卷不諼錄一卷　（清）彭定求撰（清）彭紹升訂　清刻本　三冊

610000－1042－0006088　綫851.473/277

敬業堂詩集五十卷續集六卷　（清）查慎行撰　清乾隆刻本　二十冊

610000－1042－0006089　綫善847.2/450

正誼堂文集十二卷續集八卷　（清）張伯行撰（清）李汝霖選　（清）張朱霖編　清乾隆三年(1738)刻本　十冊

610000－1042－0006090　綫847.2/556

艾陵文鈔十六卷　（清）雷士俊撰　清康熙十六年(1677)莘樂草堂刻本　四冊

610000－1042－0006091　綫851.472/556

艾陵詩鈔二卷　（清）雷士俊撰　清莘樂草堂刻本　一冊

610000－1042－0006092　綫851.472/116

笛漁小稿十卷　（清）朱昆田撰　清康熙五十三年(1714)刻本　一冊

610000－1042－0006093　綫847.2/722

潛虛先生文集十四卷　（清）戴名世撰　（清）尤雲鶚編　清乾隆刻本　八冊

610000－1042－0006094　綫847.2/722

南山集十六卷　（清）戴名世撰　清光緒十六年(1890)刻本　八冊

610000－1042－0006095　綫847.2/722

南山集十四卷補遺三卷　（清）戴名世撰　清光緒二十八年(1902)木活字印本　八冊

610000－1042－0006096　綫847.2/722

南山全集十六卷　（清）戴名世撰　清宣統二

年(1910)秀野軒刻本　八冊

610000－1042－0006097　綫847.2/722

戴南山文鈔六卷　（清）戴名世撰　清宣統二年(1910)上海國學扶輪社鉛印本　三冊

610000－1042－0006098　綫善851.473/277

查浦詩鈔十二卷　（清）查嗣瑮撰　清康熙六十一年(1722)查慎行刻本　二冊

610000－1042－0006099　綫善847.7/451

北墅緒言五卷　（清）陸次雲撰　清康熙宛羽齋刻本　五冊

610000－1042－0006100　綫847.2/190

義門先生集十二卷附錄一卷姓氏錄一卷（清）何焯撰　（清）吳雲等輯　清道光三十年(1850)刻本　四冊

610000－1042－0006101　綫847.2/133

堯峰文鈔五十卷　（清）汪琬撰　清康熙三十二年(1693)刻本　八冊

610000－1042－0006102　綫851.47/217

弱水集二十二卷　（清）屈復撰　（清）屈來泰錄　清乾隆二十九年(1764)刻本　七冊

610000－1042－0006103　綫851.47/217

弱水集二十二卷　（清）屈復撰　（清）屈來泰錄　清乾隆二十九年(1764)刻本　四冊

610000－1042－0006104　綫851.47/217

弱水集二十二卷　（清）屈復撰　清光緒資益館鉛印本　八冊　存十四卷(五至十八)

610000－1042－0006105　綫851.47/217

弱水詩稿二十二卷　（清）屈復撰　清光緒二十三年(1897)抄本　八冊

610000－1042－0006106　綫851.47/217

弱水草堂詩集二十二卷　（清）屈復撰　清光緒抄本　八冊

610000－1042－0006107　綫847.4/217

弱水集對聯一卷王漁洋秋柳詩四首解一卷詩啟一卷　（清）屈復撰　清刻本　一冊

610000－1042－0006108　綫851.472/521

香屑集十八卷 （清）黄之雋纂 清同治十年(1871)刻本 四冊

610000－1042－0006109 綫847.4/521

唐堂集五十卷續集八卷補遺二卷冬錄一卷 (清)黄之雋撰 清乾隆元年(1736)刻本 十二冊

610000－1042－0006110 綫847.4/031

望溪集不分卷 （清）方苞撰 （清）王兆符輯 清乾隆十一年(1746)刻本 十冊

610000－1042－0006111 綫847.4/031

望溪先生全集三十卷 （清）方苞撰 （清）戴均衡重編 清咸豐元年(1851)味經山館刻本 十四冊

610000－1042－0006112 綫847.4/031

望溪先生文集十八卷集外文十卷集外文補二卷年譜一卷 （清）方苞撰 （清）戴均衡重編 清宣統二年(1910)上海集成書公司鉛印本 七冊 存九卷(十至十八)

610000－1042－0006113 綫851.47/144

定峰樂府十卷首一卷軼詩一卷 （清）沙張白撰 （清）曹禾評 清光緒二十四年(1898)刻本 二冊

610000－1042－0006114 綫851.478/135

秋影樓詩集九卷 （清）汪繹撰 清光緒二十三年(1897)瞿氏鐵琴銅劍樓刻本 二冊

610000－1042－0006115 綫善851.474/129

歸愚詩鈔二十卷 （清）沈德潛撰 （清）梁國治 （清）王鳴盛選 清乾隆十六年(1751)沈德潛刻本 五冊

610000－1042－0006116 綫善851.474/129

矢音集三卷 （清）沈德潛撰 清乾隆十八年(1753)沈德潛刻本 一冊

610000－1042－0006117 綫851.474/129

竹嘯軒詩鈔十八卷 （清）沈德潛撰 清乾隆十六年(1751)刻本 一冊 存8卷(1－8)

610000－1042－0006118 綫善851.474/129

竹嘯軒詩鈔十八卷 （清）沈德潛撰 清乾隆

沈德潛刻本 四冊

610000－1042－0006119 綫851.474/129

竹嘯軒詩鈔十八卷 （清）沈德潛撰 清乾隆刻本 二冊

610000－1042－0006120 綫善851.476/328

味和堂詩集六卷 （清）高其倬撰 清乾隆十四年(1749)種筠書屋刻本 二冊

610000－1042－0006121 綫847.3/739

鹿洲初集二十卷 （清）藍鼎元撰 清刻本 八冊

610000－1042－0006122 綫847.3/739

鹿洲初集二十卷 （清）藍鼎元撰 清同治四年(1865)緯文堂刻本 九冊

610000－1042－0006123 綫847.4/038

詩禮堂古文五卷 （清）王又樸撰 清乾隆十九年(1754)詩禮堂刻本 四冊

610000－1042－0006124 綫847.5/521

秋江集注六卷 （清）黄任撰 （清）王元麟注 清光緒二十三年(1897)東山家塾刻本 六冊

610000－1042－0006125 綫851.47/331

南阜山人詩集類稿七卷 （清）高鳳翰撰 （清）宋弼選 清同治元年(1862)刻本 二冊

610000－1042－0006126 綫847.2/697

香樹齋文集二十八卷續鈔五卷 （清）錢陳群撰 清乾隆二十九年(1764)刻本 十冊

610000－1042－0006127 綫847.2/697

香樹齋詩續集三十六卷 （清）錢陳群撰 清同治十三年(1874)刻本 十冊

610000－1042－0006128 綫851.473/205

冬心先生集四卷 （清）金農撰 清宣統二年(1910)石印本 四冊

610000－1042－0006129 綫847.4/643

樊樹山房集十卷續集十卷 （清）厲鶚撰 清嘉慶四年至十六年(1799－1811)刻本 四冊

610000－1042－0006130 綫847.4/643

樊榭山房集十卷續集十卷 （清）厲鶚撰 清
光緒十年(1884)錢塘汪氏振綺堂刻本 八冊

610000－1042－0006131 綫847.4/630
板橋集六卷 （清）鄭燮撰 清乾隆司徒文膏
刻本 九冊

610000－1042－0006132 綫847.4/629
鄭板橋全集 （清）鄭燮撰 清宣統元年
(1909)上海掃葉山房石印本 四冊

610000－1042－0006133 綫847.4/629
鄭板橋全集 （清）鄭燮撰 清上海掃葉山房
石印本 四冊

610000－1042－0006134 綫847.4/630
板橋詩鈔詞鈔一卷家書一卷題畫一卷 （清）
鄭燮撰 清刻本 四冊

610000－1042－0006135 綫847.4/285
石笥山房集文集六卷詩遺一卷詩集十二卷補
遺二卷續補遺二卷 （清）胡天游撰 清咸豐
二年(1852)山陰胡氏刻本 十冊

610000－1042－0006136 綫851.474/285
石笥山房詩集十一卷詩餘一卷補遺一卷
（清）胡天游撰 清咸豐二年(1852)高均儒刻
本 六冊

610000－1042－0006137 綫847/556
經笥堂文鈔二卷 （清）雷鋐撰 清嘉慶十六
年(1811)刻本 四冊

610000－1042－0006138 綫851.474/215
道古堂詩集二十六卷 （清）杭世駿撰 清乾
隆刻本 四冊

610000－1042－0006139 綫851.47/215
嶺南集八卷 （清）杭世駿撰 清光緒七年
(1881)學海堂刻本 四冊

610000－1042－0006140 綫847.4/668
海峰文集八卷詩集十一卷 （清）劉大櫆撰
清同治十三年(1874)劉繼邢邱刻本 八冊

610000－1042－0006141 綫847.4/668
海峰文集八卷詩集十一卷 （清）劉大櫆撰
清同治十三年(1874)劉繼邢邱刻本 八冊

610000－1042－0006142 綫847.4/668
劉海峰制藝一卷惜抱軒時文一卷精選八家文
鈔一卷劉海峰詩集十一卷文集八卷 （清）劉
大櫆撰 清同治十三年至光緒二年(1874－
1876)桐城劉氏邢邱刻本 十四冊

610000－1042－0006143 綫851.474/668
海峰先生詩集十卷 （清）劉大櫆撰 （清）姚
鼐校訂 清光緒二十五年(1899)刻本 二冊

610000－1042－0006144 綫善851.475/380
隨園詩草八卷禪家公案頌一卷 （清）邊連寶
撰 清乾隆四十年(1775)刻本 四冊

610000－1042－0006145 綫847.4/512
芝庭先生集十八卷附錄一卷 （清）彭啟豐撰
清光緒二年(1876)惠州官署刻本 六冊

610000－1042－0006146 綫089.74/807
畏齋文集四卷 （清）龔元玠撰 清乾隆二十
八年(1763)刻本 四冊

610000－1042－0006147 綫847.4/121
鮚埼亭集三十八卷經史問答十卷外編五十卷
（清）全祖望撰 清同治十一年(1872)姚江
借樹山房刻本 二十四冊

610000－1042－0006148 綫847.4/121
全謝山文鈔十六卷 （清）全祖望撰 清宣統
二年(1910)上海國學扶輪社鉛印本 八冊

610000－1042－0006149 綫847.4/444
噉蔗全集八卷喪禮詳考一卷周官隨筆一卷
（清）張義年撰 （清）錢大昕輯評 清光緒十
九年(1893)上海著易堂鉛印本 六冊

610000－1042－0006150 綫847.4/671
九畹古文十卷 （清）劉紹攽撰 清乾隆八年
(1743)三原劉氏傳經堂刻本 十冊

610000－1042－0006151 綫847.4/671
九畹續集二卷 （清）劉紹攽撰 清乾隆四十
三年(1778)三原劉氏傳經堂刻本 二冊

610000－1042－0006152 綫847.4/672
經餘集六卷 （清）劉紹攽撰 清乾隆三十九
年(1774)刻本 二冊

610000－1042－0006153　綫851.37/671

于邁草二卷　(清)劉紹攽撰　清乾隆刻本
一冊

610000－1042－0006154　綫847.7/420

思綺堂文集十卷　(清)章藻功撰　清康熙元
年(1662)刻本　十冊

610000－1042－0006155　綫847.7/420

思綺堂文集十卷　(清)章藻功撰　清康熙六
十一年(1722)凌雲書屋刻本　十冊

610000－1042－0006156　綫847.4/068

樂善堂全集四十卷　(清)高宗弘曆撰　清乾
隆二年(1737)刻本　一冊　存二卷(三十七
至三十八)

610000－1042－0006157　綫847.4/068

樂善堂全集定本三十卷　(清)高宗弘曆撰
(清)蔣溥等重編　清乾隆二十四年(1759)刻
本　十八冊

610000－1042－0006158　綫847.4/325

御製文初集三十卷　(清)高宗弘曆撰　(清)
于敏中輯　清乾隆二十九年(1764)刻本　十
六冊

610000－1042－0006159　綫847.4/325

御製文初集三十卷　(清)高宗弘曆撰　(清)
于敏中輯　清乾隆二十九年(1764)刻本
二冊

610000－1042－0006160　綫847.4/325

御製文二集四十四卷　(清)高宗弘曆撰
(清)梁國治等編　清乾隆十一年(1746)刻本
二十四冊

610000－1042－0006161　綫善847.4/325

御製全史詩四卷　(清)高宗弘曆撰　清乾隆
武英殿刻本　四冊

610000－1042－0006162　綫851.474/068

御製全韻詩五卷　(清)高宗弘曆撰　清刻本
五冊

610000－1042－0006163　綫851.476/222

御製詩初集二十四卷目錄四卷　(清)宣宗旻

寧撰　(清)曹振鏞等編　清道光九年(1829)
內府刻本　十五冊

610000－1042－0006164　綫851.474/325

御製詩初集四十四卷目錄四卷　(清)高宗弘
曆撰　清刻本　二十八冊

610000－1042－0006165　綫851.474/325

御製詩二集九十卷目錄十卷　(清)高宗弘曆
撰　清乾隆刻本　三十冊

610000－1042－0006166　綫851.474/039

御製詩五集總目十二卷　(清)王傑等編　清
乾隆刻本　九冊

610000－1042－0006167　綫851.474/325

御製詩五集一百卷　(清)高宗弘曆撰　清乾
隆六十年(1795)刻本　五十冊

610000－1042－0006168　綫847.4/557

裘文達公文集六卷補遺一卷詩集十八卷奏議
一卷　(清)裘曰修撰　清嘉慶八年(1803)裘
行簡刻本　十冊

610000－1042－0006169　綫847.4/737

滑疑集八卷　(清)韓錫胙撰　清咸豐六年
(1856)石門山房刻本　四冊

610000－1042－0006170　綫851.47/380

紅豆村人詩稿十四卷　(清)袁樹撰　清乾隆
二十七年(1762)刻本　四冊

610000－1042－0006171　綫847.5/380

小倉山房文集三十五卷　(清)袁枚撰　清末
隨園刻本　十六冊

610000－1042－0006172　綫847.5/380

小倉山房文集三十五卷詩集三十七卷補遺二
卷　(清)袁枚撰　清上海校經山房成記書局
石印本　十二冊

610000－1042－0006173　綫847.5/380

小倉四六外集八卷　(清)袁枚撰　清文錦堂
刻本　一冊　存三卷(六至八)

610000－1042－0006174　綫851.37/380

百美新詠一卷集詠一卷　(清)袁枚撰　清嘉
慶十年(1805)刻本　二冊

610000 - 1042 - 0006175　綫 847.5/380

袁太史時文一卷　(清)袁枚撰　(清)秦大士編校　清道光六年(1826)經綸堂刻本　一冊

610000 - 1042 - 0006176　綫 847.4/380

袁文箋正十六卷補注一卷　(清)袁枚撰(清)石韞玉箋　清嘉慶十七年(1812)吳縣石韞玉鶴壽山堂刻本　六冊

610000 - 1042 - 0006177　綫 847.4/380

袁文箋正十六卷補注一卷　(清)袁枚撰(清)石韞玉箋　清同治四年(1865)松濤山房刻本　六冊

610000 - 1042 - 0006178　綫 847.4/380

袁文箋正十六卷補注一卷　(清)袁枚撰(清)石韞玉箋　清同治四年(1865)寶彝堂刻本　六冊

610000 - 1042 - 0006179　綫 847.5/380

袁文箋正十六卷　(清)袁枚撰　(清)石韞玉箋　清光緒八年(1882)汗青簃刻本　八冊

610000 - 1042 - 0006180　綫 847.4/380

袁文箋正十六卷　(清)袁枚撰　(清)石韞玉箋　清光緒十四年(1888)上海蜚英館石印本　八冊

610000 - 1042 - 0006181　綫 847.5/380

補校袁文箋正七卷首一卷　(清)袁枚撰(清)汗漫山人補校　(清)石韞玉箋　清嶺南叢雅居刻本　十冊

610000 - 1042 - 0006182　綫 847/227

玉芝堂文集六卷詩集三卷　(清)邵齊燾撰清乾隆刻本　四冊

610000 - 1042 - 0006183　綫 847.4/669

思補齋文集四卷　(清)劉星煒撰　清道光刻本　二冊

610000 - 1042 - 0006184　綫 847.4/669

思補齋文集四卷　(清)劉星煒撰　清刻本四冊

610000 - 1042 - 0006185　綫 851.47/542

勉行堂詩集二十四卷　(清)程晉芳撰　清嘉

慶二十三年(1818)刻本　六冊

610000 - 1042 - 0006186　綫 847.4/172

松花庵全集十二卷松厓文稿一卷次編一卷松厓制義一卷次編一卷松花庵遊草一卷聲調譜一卷八病說一卷　(清)吳鎮撰　(清)楊芳燦選　清乾隆五十五年至道光二年(1790 - 1822)蘭山書院刻本　六冊

610000 - 1042 - 0006187　綫 847.4/172

松花庵全集十二卷　(清)吳鎮撰　清宣統二年(1910)狄道刻本　十一冊　缺一卷(二)

610000 - 1042 - 0006188　綫 851.474/172

松花庵詩集十五卷　(清)吳鎮撰　清嘉慶十八年(1813)刻本　十二冊

610000 - 1042 - 0006189　綫 851.474/172

松厓詩錄二卷　(清)吳鎮撰　清乾隆五十七年(1792)刻本　二冊

610000 - 1042 - 0006190　綫善 847.2/041

讀明史詩一卷　(清)王延年撰　清康熙刻本一冊

610000 - 1042 - 0006191　綫 851.474/802

顧雙溪集九卷　(清)顧奎光撰　清光緒二十一年(1895)錫山顧氏木活字印本　二冊

610000 - 1042 - 0006192　綫 847.5/343

頻羅庵遺集十六卷　(清)梁同書撰　清嘉慶二十二年(1817)蛟川修緶山莊刻本　六冊

610000 - 1042 - 0006193　綫 847.3/298

世宗憲皇帝御製文集三十卷　(清)世宗胤禛撰　清乾隆京師內府刻本　十六冊

610000 - 1042 - 0006194　綫 847.5/316

紀文達公遺集文十六卷詩十六卷　(清)紀昀撰　(清)紀樹馨編校　清嘉慶十七年(1812)紀樹馥刻本　十八冊

610000 - 1042 - 0006195　綫 847.5/316

紀文達公遺集文十六卷詩十六卷　(清)紀昀撰　(清)紀樹馨編校　清嘉慶十七年(1812)紀樹馥刻本　十八冊

610000 - 1042 - 0006196　綫 847.5/316

紀文達公遺集文十六卷詩十六卷 （清）紀昀
撰 （清）紀樹馨編校 清嘉慶十七年(1812)
紀樹馥刻本 十八冊

610000－1042－0006197 綫847.5/316
紀文達公遺集文十六卷詩十六卷 （清）紀昀
撰 （清）紀樹馨編校 清嘉慶十七年(1812)
紀樹馥刻本 十六冊

610000－1042－0006198 綫847.5/316
紀文達公遺集文十六卷詩十六卷 （清）紀昀
撰 （清）紀樹馨編校 清嘉慶十七年(1812)
紀樹馥刻本 十二冊

610000－1042－0006199 綫847.5/316
紀文達公遺集詩十六卷文十六卷 （清）紀昀
撰 （清）紀樹馨編校 清道光三十年(1850)
小嫏嬛山館刻本 十二冊

610000－1042－0006200 綫847.5/316
紀文達公遺集詩十六卷 （清）紀昀撰 （清）
紀樹馨編校 清末紀樹馥刻本 八冊

610000－1042－0006201 綫851.475/316
紀曉嵐詩注釋四卷 （清）紀昀撰 （清）郭斌
評注 清嘉慶二年(1797)聚文堂刻本 四冊

610000－1042－0006202 綫847.4/718
戴東原集十二卷覆校札記一卷 （清）戴震撰
清乾隆五十七年(1792)經韻樓刻本 二冊

610000－1042－0006203 綫847.4/718
戴東原集十二卷覆校札記一卷 （清）戴震撰
清乾隆五十七年(1792)刻本 四冊

610000－1042－0006204 綫851.474/658
忠雅堂詩集二十七卷補遺二卷銅絃詞二卷
（清）蔣士銓撰 清乾隆二十七年(1762)刻本
十二冊

610000－1042－0006205 綫851.474/650
忠雅堂詩集二十七卷補遺二卷銅絃詞二卷
（清）蔣士銓撰 清乾隆二十七年(1762)紅杏
山房刻本 八冊

610000－1042－0006206 綫847.4/658
忠雅堂文集十二卷詩集二十七卷詞集二卷

（清）蔣士銓撰 清嘉慶二十一年(1816)刻本
十四冊

610000－1042－0006207 綫847.4/658
忠雅堂文集十二卷 （清）蔣士銓撰 清刻本
六冊

610000－1042－0006208 綫847.4/658
忠雅堂詩集二十七卷文集十二卷補遺二卷銅
絃詞二卷 （清）蔣士銓撰 清刻本 十四冊

610000－1042－0006209 綫847.4/658
忠雅堂詩集二十七卷文集十二卷補遺二卷銅
絃詞二卷 （清）蔣士銓撰 清刻本 十四冊

610000－1042－0006210 綫847.4/658
忠雅堂詩集二十七卷文集十二卷補遺二卷銅
絃詞二卷 （清）蔣士銓撰 清刻本 十四冊

610000－1042－0006211 綫851.474/658
忠雅堂文集十二卷 （清）蔣士銓撰 清敬書
堂刻本 八冊

610000－1042－0006212 綫847.5/039
葆淳閣集二十四卷易說二卷首一卷 （清）王
傑撰 清末刻本 十二冊

610000－1042－0006213 綫847/725
采真彙藁四卷 （清）檀萃撰 （清）曾力行箋
注 （清）周勞佩評 清乾隆刻本 三冊 存
三卷(二至四)

610000－1042－0006214 綫851.47/447
澹園詩草二卷 （清）張士範撰 清乾隆五十
七年(1792)刻本 一冊

610000－1042－0006215 綫851.474/597
甌北詩鈔十七卷 （清）趙翼撰 清乾隆刻本
四冊

610000－1042－0006216 綫851.47/597
甌北詩鈔十七卷首一卷 （清）趙翼撰 清同
治十三年(1874)刻本 六冊

610000－1042－0006217 綫851.47/165
七錄齋詩選八卷 （清）阮葵生撰 （清）呂星
垣編 清嘉慶十九年(1814)刻本 四冊

610000－1042－0006218　綫847.5/696

潛研堂詩集二十卷　（清）錢大昕撰　清嘉慶
十一年(1806)長沙龍氏家塾刻本　四冊

610000－1042－0006219　綫847.5/696

潛研堂文集五十卷詩集十卷詩續集十卷
（清）錢大昕撰　清嘉慶十一年(1806)刻本
十六冊

610000－1042－0006220　綫847.5/544

理堂文集十卷詩集四卷日記八卷　（清）韓夢
周撰　清道光四年(1824)靜恒書屋刻本
八冊

610000－1042－0006221　綫851.475/037

夢樓詩集二十四卷　（清）王文治撰　清乾隆
六十年(1795)刻本　六冊

610000－1042－0006222　綫851.47/788

官閣消寒一卷江淮旅稿一卷　（清）嚴長明撰
清光緒二十九年(1903)刻本　一冊

610000－1042－0006223　綫847.5/512

恩餘堂輯稿四卷　（清）彭元瑞撰　（清）彭邦
疇編　清道光七年(1827)南昌彭氏刻本
二冊

610000－1042－0006224　綫847.5/115

知足齋詩集二卷進呈文稿二卷　（清）朱珪撰
清嘉慶刻本　二冊

610000－1042－0006225　綫851.475/314

惜抱軒詩集十卷　（清）姚鼐撰　清嘉慶三年
(1798)刻本　二冊

610000－1042－0006226　綫851.475/314

惜抱軒今體詩鈔十八卷　（清）姚鼐輯　清同
治五年(1866)金陵書局刻本　二冊

610000－1042－0006227　綫847.5/314

**惜抱軒文集十六卷文後集十卷詩集十卷詩後
集一卷**　（清）姚鼐撰　清同治五年(1866)省
心閣刻本　十六冊

610000－1042－0006228　綫851.475/769

香葉草堂詩存一卷　（清）羅聘撰　清道光十
四年(1834)刻本　一冊

610000－1042－0006229　綫851.475/413

復初齋詩集二十二卷　（清）翁方綱撰　清乾
隆五十八年(1793)刻本　八冊

610000－1042－0006230　綫847.5/413

復初齋文集三十四卷　（清）翁方綱撰　清道
光十六年(1836)刻本　十冊

610000－1042－0006231　綫善851.47/285

輟耕書屋吟八卷　（清）胡承祝撰　清乾隆二
十年(1755)刻本　一冊

610000－1042－0006232　綫847.5/297

經韻樓集十二卷　（清）段玉裁撰　清光緒十
年(1884)邱樹根齋刻本　六冊

610000－1042－0006233　綫善847/037

小樓詩集八卷　（清）王嵩高撰　清道光十六
年(1836)寶應王嘉生刻本　二冊

610000－1042－0006234　綫071.75/373

晚學集八卷　（清）桂馥撰　清光緒刻本
四冊

610000－1042－0006235　綫856.7/610

輞山堂時文初集一卷二集二卷三集一卷
（清）管世銘撰　清光緒六年(1880)湖南書局
刻本　四冊

610000－1042－0006236　綫847.5/170

吳學士詩集五卷文集四卷　（清）吳鼎撰　清
光緒八年(1882)江寧藩署刻本　六冊

610000－1042－0006237　綫782.17/512

測海集六卷　（清）彭紹升撰　清光緒二年
(1876)成都刻本　二冊

610000－1042－0006238　綫851.473/328

積翠軒詩集二卷　（清）高述明撰　清乾隆刻
本　二冊

610000－1042－0006239　綫847.5/521

仰山堂遺集三卷首一卷　（清）黃紹統撰　清
嘉慶十九年(1814)刻本　一冊

610000－1042－0006240　綫851.4/171

雲樵詩箋二卷　（清）吳芳培撰　（清）戴昶等
注　清嘉慶七年(1802)刻本　一冊

610000－1042－0006241　綫847.6/140
确山先生駢體文四卷時藝不分卷　（清）宋世犖撰　清道光二十三年（1843）惜陰軒刻本　四册

610000－1042－0006242　綫851.475/042
鶴汀詩草一卷　（清）王佩鍾撰　清道光五年（1825）刻本　一册

610000－1042－0006243　綫851.476/672
醉吟草六卷　（清）劉大容撰　（清）孫鐘選　清咸豐刻本　一册

610000－1042－0006244　綫847.4/133
東湖文集□□卷　（清）汪士通撰　清乾隆十六年（1751）刻本　一册

610000－1042－0006245　綫847.4/168
南野堂集箋記十二卷詩集七卷　（清）吴文溥撰　清乾隆五十九年（1794）刻本　十册

610000－1042－0006246　綫851.47/168
南野堂詩集七卷　（清）吴文溥撰　清乾隆五十九年（1794）刻本　八册

610000－1042－0006247　綫847.4/168
南野堂筆記十二卷　（清）吴文溥撰　清宣統三年（1911）中華國粹書社石印本　四册

610000－1042－0006248　綫847.4/694
錢南園遺集五卷　（清）錢灃撰　清光緒二十一年（1895）刻本　二册

610000－1042－0006249　綫851.475/171
素修堂詩集二十四卷　（清）吴蔚光撰　清嘉慶十六年（1811）刻本　六册

610000－1042－0006250　綫851.474/134
容甫先生遺詩五卷補遺一卷　（清）汪中撰　清光緒十一年（1885）維揚述古齋木活字印本　一册

610000－1042－0006251　綫851.474/134
容甫先生遺詩五卷補遺一卷　（清）汪中撰　清光緒十一年（1885）維揚述古齋木活字印本　一册

610000－1042－0006252　綫善847.4/134
述學内篇三卷外篇一卷補遺一卷别録一卷　（清）汪中撰　（清）汪喜孫補遺　清道光汪喜孫刻本　四册

610000－1042－0006253　綫847.4/134
述學六卷附録一卷校勘記一卷遺文一卷附鈔一卷　（清）汪中撰　清同治五年（1866）成都志古堂刻本　四册

610000－1042－0006254　綫847.4/134
述學内篇三卷外篇一卷補遺一卷别録一卷　（清）汪中撰　清同治八年（1869）揚州書局刻本　二册

610000－1042－0006255　綫851.475/665
五百四峰堂詩鈔二十五卷　（清）黎簡撰　清嘉慶元年（1796）廣州儒雅堂刻本　八册

610000－1042－0006256　綫－847.5/807
澹静齋全集六種　（清）龔景瀚撰　清道光六年（1826）恩賜堂刻本　十二册

610000－1042－0006257　綫善851.47/446
簡松草堂詩集二十卷蠟味小稿五卷　（清）張雲璈撰　清嘉慶十二年（1807）刻本　十二册

610000－1042－0006258　綫851.474/521
兩當軒詩鈔十四卷悔存詞鈔二卷　（清）黄景仁撰　清嘉慶二十二年（1817）書帶草堂刻本　六册

610000－1042－0006259　綫善847.7/521
兩當軒集二十卷考異二卷附録六卷　（清）黄景仁撰　清同治十二年（1873）集珍齋木活字印本　八册

610000－1042－0006260　綫847.4/521
兩當軒集二十二卷附録四卷　（清）黄景仁撰　清光緒二年（1876）武進黄氏家塾刻本　六册

610000－1042－0006261　綫851.47/521
兩當軒全集二十二卷附録四卷　（清）黄景仁撰　清宣統二年（1910）掃葉山房石印本　六册

610000－1042－0006262　綫851.475/487

珍執室詩鈔二卷 （清）莊述祖撰 清光緒十
八年(1892)鉛印本 一冊

610000－1042－0006263 綫 847.5/669

劉氏遺書八卷 （清）劉台拱撰 清刻本
四冊

610000－1042－0006264 綫 847/671

劉端臨先生遺書三卷 （清）劉台拱撰 清光
緒刻本 二冊

610000－1042－0006265 綫 847.6/064

念宛齋集詩十卷文八卷詞鈔一卷 （清）左輔
撰 清嘉慶二十三年至二十五年(1818－
1820)刻本 八冊

610000－1042－0006266 綫 847.4/048

儀鄭堂駢體文三卷 （清）孔廣森撰 清光緒
二十二年(1896)善化章氏經濟堂刻本 二冊

610000－1042－0006267 綫 847.5/565

芙蓉山館詩鈔八卷補鈔一卷詞鈔二卷文鈔不
分卷 （清）楊芳燦撰 清嘉慶刻本 六冊

610000－1042－0006268 綫 847.5/565

芙蓉山館詩鈔八卷補鈔一卷詞鈔二卷文鈔不
分卷 （清）楊芳燦撰 清嘉慶刻本 六冊
存六卷(一至六)

610000－1042－0006269 綫 847.5/565

芙蓉山館文鈔不分卷 （清）楊芳燦撰 （清）
吳鎮選 清乾隆五十六年(1791)松花菴刻本
一冊

610000－1042－0006270 綫 847.5/565

芙蓉山館詩鈔不分卷 （清）楊芳燦撰 （清）
吳鎮選 清乾隆五十八年(1793)松花菴刻本
一冊

610000－1042－0006271 綫 847.5/464

簡莊文鈔六卷續編二卷河莊詩鈔一卷 （清）
陳鱣撰 清光緒十四年(1888)海昌羊氏粵東
刻本 二冊

610000－1042－0006272 綫 847.4/367

孫淵如先生全集問字堂集六卷贈言一卷岱南
閣集二卷平津館文稿二卷五松園文稿一卷嘉

穀堂集一卷 （清）孫星衍撰 清光緒十一年
至十二年(1885－1886)吳縣朱氏槐廬家塾刻
本 八冊

610000－1042－0006273 綫 847/227

牘山文稿六卷 （清）周鎬撰 清咸豐八年
(1858)刻本 一冊

610000－1042－0006274 綫 851.475/119

留春堂詩鈔七卷 （清）伊秉綬撰 清嘉慶十
九年(1814)刻本 二冊

610000－1042－0006275 綫 847.5/510

大雲山房文稿初集四卷二集四卷言事二卷
（清）惲敬撰 清同治二年(1863)惲世臨刻本
七冊

610000－1042－0006276 綫 847.5/510

大雲山房文稿初集四卷二集四卷 （清）惲敬
撰 清光緒十四年(1888)湖北官書處刻本
八冊

610000－1042－0006277 綫 847/633

西霞文鈔二卷 （清）鄭光策撰 清嘉慶十年
(1805)沙縣陳名世刻本 二冊

610000－1042－0006278 綫 847.6/510

賞雨茅屋外集一卷 （清）曾燠撰 清嘉慶十
七年(1812)刻本 一冊

610000－1042－0006279 綫 851.47/378

盈書閣遺稿一卷繡餘吟稿一卷樓居小草題詞
一卷素文女子遺稿一卷 （清）袁棠撰 清光
緒十八年(1892)隨園刻本 一冊

610000－1042－0006280 綫 851.475/040

煙霞萬古樓詩選二卷文集六卷 （清）王曇撰
清光緒二十一年(1895)鴻文書局石印本
四冊

610000－1042－0006281 綫 851.476/365

天真閣集三十二卷 （清）孫原湘撰 清嘉慶
五年(1800)刻本 八冊

610000－1042－0006282 綫 847.5/447

茗柯文編初編一卷二編二卷三遍一卷四編一
卷 （清）張惠言撰 清光緒七年(1881)刻本

二册

610000－1042－0006283　綫847.6/788

鐵橋漫稿八卷　（清）嚴可均撰　清光緒十一年(1885)長洲蔣氏心矩齋刻本　四册

610000－1042－0006284　綫851.47/625

不櫛吟二卷　（清）潘素心撰　清嘉慶五年(1800)刻本　一册

610000－1042－0006285　綫851.475/447

船山詩草二十卷　（清）張問陶撰　清嘉慶二十年(1815)刻本　六册

610000－1042－0006286　綫851.475/447

船山詩草二十卷　（清）張問陶撰　清道光元年(1821)刻本　八册

610000－1042－0006287　綫851.47/447

船山詩草補遺六卷　（清）張問陶撰　清道光二十九年(1849)刻本　二册

610000－1042－0006288　綫851.475/447

船山詩草選六卷同人唱和詩一卷　（清）張問陶撰　（清）石韞玉錄　清嘉慶二十二年(1817)刻本　一册

610000－1042－0006289　綫851.47/697

松壺畫贅二卷畫憶二卷　（清）錢杜撰　清光緒十四年(1888)榆園刻本　一册

610000－1042－0006290　綫851.476/165

揅經室詩錄五卷　（清）阮元撰　清道光十三年(1833)蘇州刻本　二册

610000－1042－0006291　綫851.47/537

瓶水齋詩別集二卷詩話一卷　（清）舒位撰　清乾隆刻本　一册

610000－1042－0006292　綫851.475/537

瓶水齋詩集十七卷別集二卷詩話一卷　（清）舒位撰　清光緒十二年(1886)刻本　八册

610000－1042－0006293　綫851.47/635

書帶草堂詩鈔二卷　（清）鄭廷蒚撰　清嘉慶六年(1801)刻本　一册

610000－1042－0006294　綫851.475/190

雙藤書屋詩集十二卷月波舫遺稿一卷雙藤書屋試帖二卷　（清）何道生撰　清道光元年(1821)雕藻齋吳耀宗刻本　四册

610000－1042－0006295　綫851.475/190

雙藤書屋詩集十二卷月波舫遺稿一卷雙藤書屋試帖二卷　（清）何道生撰　清道光元年(1821)雕藻齋吳耀宗刻本　四册

610000－1042－0006296　綫851.475/190

雙藤書屋詩集十二卷月波舫遺稿一卷雙藤書屋試帖二卷　（清）何道生撰　清道光元年(1821)雕藻齋吳耀宗刻本　四册

610000－1042－0006297　綫851.476/171

香蘇山館古體詩鈔十七卷　（清）吳嵩梁撰　清咸豐三年(1853)木犀軒刻本　五册

610000－1042－0006298　綫851.476/171

香蘇山館今體詩鈔十九卷　（清）吳嵩梁撰　清咸豐三年(1853)木犀軒刻本　五册

610000－1042－0006299　綫851.476/171

香蘇山館古體詩鈔十八卷今體詩鈔十六卷　（清）吳嵩梁撰　清刻本　六册

610000－1042－0006300　綫847.5/717

戴簡恪公遺集八卷　（清）戴敦元撰　清同治十一年(1872)刻本　四册

610000－1042－0006301　綫847.6/172

初月樓文鈔十卷續鈔八卷遺編四卷　（清）吳德旋撰　清道光十六年(1836)刻本　六册

610000－1042－0006302　綫847.5/423

鑑止水齋集二十卷　（清）許宗彥撰　清咸豐八年(1858)德清許延毅刻本　六册

610000－1042－0006303　綫847.6/462

太乙舟文集八卷　（清）陳用光撰　清道光二十三年(1843)武昌王崇文堂書坊刻本　六册

610000－1042－0006304　綫847.6/512

小謨觴館詩集八卷詩續集二卷詩餘附錄一卷文集四卷文續集二卷　（清）彭兆蓀撰　清嘉慶十一年(1806)刻本　三册

610000－1042－0006305　綫847.6/151

養一齋文集二十卷　(清)李兆洛撰　清光緒
四年(1878)刻本　八冊

610000－1042－0006306　綫851.476/740
古泉山館詩集八卷　(清)瞿中溶撰　清同治
十年(1871)刻本　四冊

610000－1042－0006307　綫847.5/172
有正味齋全集詩集十六卷詩續集八卷詞集二
卷詞續集二卷外集五卷駢體文二十四卷續集
八卷　(清)吳錫麒撰　清嘉慶十三年(1808)
同人堂刻本　十九冊　缺五卷(外集三、駢體
文四至七)

610000－1042－0006308　綫847.2/172
有正味齋駢文十六卷　(清)吳錫麒撰　(清)
葉聯芬箋注　清道光二十年(1840)慈北葉氏
刻本　八冊

610000－1042－0006309　綫847.5/172
有正味齋駢文十六卷　(清)吳錫麒撰　(清)
葉聯芬箋注　清同治七年(1868)慈北葉氏刻
本　八冊

610000－1042－0006310　綫847.6/172
有正味齋駢體文二十四卷首一卷　(清)吳錫
麒撰　(清)王廣業箋　(清)葉聯芬注　清咸
豐九年(1859)青箱塾刻本　八冊

610000－1042－0006311　綫847.6/172
有正味齋駢體文二十四卷首一卷　(清)吳錫
麒撰　(清)王廣業箋　(清)葉聯芬注　清光
緒十五年(1889)上海蜚英館石印本　四冊

610000－1042－0006312　綫847.5/172
有正味齋駢文箋注二十四卷首一卷　(清)吳
錫麒撰　(清)王廣業箋　(清)葉聯芬注　清
尚友山房石印本　八冊

610000－1042－0006313　綫847.5/172
有正味齋試帖詳注四卷　(清)吳錫麒撰
(清)吳搢　(清)吳敬恒注　清文發堂刻本
二冊

610000－1042－0006314　綫851.475/501
金源紀事詩八卷　(清)湯運泰撰　清同治十

二年(1873)淮南書局刻本　四冊

610000－1042－0006315　綫847.8/154
桐閣先生文鈔十二首一卷　(清)李元春撰
(清)賀瑞麟編　清光緒十年(1884)朝邑同義
文會刻本　十二冊

610000－1042－0006316　綫851.48/117
怡山館詩鈔二卷　(清)朱錫穀撰　清刻本
一冊

610000－1042－0006317　綫847/444
養素堂文集三十五卷詩集二十六卷　(清)張
澍撰　清道光十七年(1837)武威張氏棗華書
屋刻本　十二冊　存二十九卷(文集七至三
十五)

610000－1042－0006318　綫851.476/444
養素堂詩集二十六卷　(清)張澍撰　清道光
二十二年(1842)武威張氏棗華書屋刻本　十
四冊

610000－1042－0006319　綫847.6/596
蔭圃小草鈔存三卷　(清)趙亨鈐撰　清道光
二十三年(1843)刻本　二冊

610000－1042－0006320　綫847.5/501
賴古齋文集八卷　(清)湯修業撰　清道光九
年(1829)武進宛鄰書屋刻本　二冊

610000－1042－0006321　綫851.476/430
靈芬館詩二集　(清)郭麐撰　清嘉慶九年
(1804)刻本　八冊

610000－1042－0006322　綫851.476/455
雙白燕堂詩八卷　(清)陸耀遹撰　清同治六
年(1867)刻本　二冊

610000－1042－0006323　綫851.476/459
秣陵集六卷　(清)陳文述撰　清光緒十年
(1884)淮南書局刻本　六冊

610000－1042－0006324　綫847.7/124
話山草堂詩鈔四卷文鈔一卷雜著七卷詞鈔一
卷　(清)沈道寬撰　清光緒三年(1877)大興
沈敦蘭潤州榷廨刻本　八冊

610000－1042－0006325　綫851.474/533

秦中覽古草一卷　（清）賀大熹撰　清嘉慶五年(1800)宏恩堂刻本　一冊

610000－1042－0006326　綫851.475/254

青埵山人詩十卷　（清）洪飴孫撰　清光緒十年(1884)閩縣陳氏西江使廨刻本　二冊

610000－1042－0006327　綫851.476/671

次園詩草全集十九卷　（清）劉騰蛟撰　清嘉慶二十三年至道光十年(1818－1830)刻本　八冊

610000－1042－0006328　綫851.476/671

次園三集三卷　（清）劉騰蛟撰　清道光十年(1830)刻本　一冊

610000－1042－0006329　綫851.477/501

琴隱園詩集三十六卷詞集四卷　（清）湯貽汾撰　清光緒刻本　八冊

610000－1042－0006330　綫851.476/481

撫吳草四卷　（清）陶澍撰　清刻本　一冊

610000－1042－0006331　綫847.7/666

綠野齋文集四卷　（清）劉鴻翔撰　清道光七年(1827)李廷錫刻本　四冊

610000－1042－0006332　綫851.476/793

友竹山房詩草七卷首一卷補遺一卷　（清）蘇履吉撰　清道光十年(1830)善慶堂刻本　四冊

610000－1042－0006333　綫847.6/610

因寄軒文初集十卷二集六卷補遺一卷小異遺文一卷　（清）管同撰　（清）鄧嘉輯校　清光緒五年(1879)刻本　四冊

610000－1042－0006334　綫847.2/447

日鋤齋集詩集四卷日記四卷　（清）張琛撰　清嘉慶二十二年(1817)刻本　四冊

610000－1042－0006335　綫847.6/409

新疆賦不分卷　（清）徐松撰　清道光刻本　一冊

610000－1042－0006336　綫817.6/285

研六室文鈔十卷　（清）胡培翬撰　清道光十七年(1837)涇川書院刻本　四冊

610000－1042－0006337　綫847.6/040

慎其餘齋文集二十卷末一卷　（清）王贈芳撰　清咸豐四年(1854)盧陵王其淦留香書屋刻本　六冊

610000－1042－0006338　綫847.6/669

孟塗集前集十卷後集二十二卷文集十卷駢體文二卷　（清）劉開撰　清道光六年(1826)姚氏檗山草堂刻本　八冊　缺一卷(後集八)

610000－1042－0006339　綫851.476/669

孟塗先生遺詩二卷　（清）劉開撰　清光緒十二年(1886)刻本　一冊

610000－1042－0006340　綫847.6/576

樨華館試帖彙鈔輯注十卷　（清）路德撰　清道光十四年(1834)刻本　四冊　存八卷(一至六、九至十)

610000－1042－0006341　綫847.6/576

樨華館試帖彙鈔輯注十卷　（清）路德撰　清道光十四年(1834)刻本　一冊　存一卷(一)

610000－1042－0006342　綫847.6/576

樨華館試帖彙鈔輯注十卷　（清）路德撰　清道光刻本　二冊　存二卷(二、十)

610000－1042－0006343　綫847.6/576

樨華館試帖輯注一卷　（清）路德撰　（清）張熙宇輯注　（清）王植貴輯錄　清刻本　一冊

610000－1042－0006344　綫847.6/576

樨華館文集六卷駢體文一卷詩集四卷雜錄一卷　（清）路德撰　清光緒七年(1881)解梁刻本　十冊

610000－1042－0006345　綫847.6/576

樨華館文集六卷　（清）路德撰　清光緒七年(1881)解梁刻本　六冊

610000－1042－0006346　綫851.7/576

樨華館詩集四卷詩餘一卷　（清）路德撰　清光緒七年(1881)刻本　二冊

610000－1042－0006347　綫847.6/576

樨華館駢體文一卷　（清）路德撰　清光緒七年(1881)刻本　一冊

610000－1042－0006348　綫847.6/576

檉華館雜錄一卷附錄一卷　（清）路德撰　清光緒七年(1881)刻本　一冊

610000－1042－0006349　綫851.476/458

簡學齋詩存四卷詩刪四卷　（清）陳沆撰　清道光刻本　二冊

610000－1042－0006350　綫851.476/458

簡學齋詩存四卷詩刪四卷試律續鈔一卷館課賦存一卷館課賦續鈔一卷館課詩律一卷　（清）陳沆撰　清咸豐刻本　六冊

610000－1042－0006351　綫851.3/458

詩比興箋四卷　（清）陳沆撰　清光緒九年(1883)武昌長洲彭祖賢刻本　二冊

610000－1042－0006352　綫847.6/627

養一齋集二十五卷首一卷　（清）潘德輿撰　清道光二十九年(1849)刻本　八冊

610000－1042－0006353　綫847.6/627

養一齋集二十六卷首一卷行狀一卷崇祀鄉賢錄一卷　（清）潘德輿撰　清同治八年(1869)刻本　二十四冊

610000－1042－0006354　綫089.77/152

西漚外集八卷　（清）李惺撰　清同治七年(1868)刻本　八冊

610000－1042－0006355　綫847.7/470

柏梘山房文集十六卷續集一卷駢體文二卷詩集十卷續集二卷　（清）梅曾亮撰　清咸豐六年(1856)刻本　六冊

610000－1042－0006356　綫847.7/470

柏梘山房文集十六卷續集一卷駢體文二卷詩集十卷續集二卷　（清）梅曾亮撰　清咸豐六年(1856)刻本　八冊

610000－1042－0006357　綫847.7/359

日損益齋文集八卷　（清）馬疏撰　清咸豐七年(1857)家塾刻本　四冊

610000－1042－0006358　綫847.6/667

青溪舊屋文集十一卷　（清）劉文淇撰　清光緒九年(1883)刻本　二冊

610000－1042－0006359　綫851.47/170

花宜館詩鈔五卷　（清）吳振棫撰　清道光二十七年(1847)刻本　四冊

610000－1042－0006360　綫851.476/455

意苕山館詩稿十六卷　（清）陸嵩撰　清光緒十八年(1892)京師刻本　四冊

610000－1042－0006361　綫851.477/413

知止齋詩集十六卷　（清）翁心存撰　清光緒三年(1877)刻本　四冊

610000－1042－0006362　綫847.7/697

甘泉鄉人稿二十四卷餘稿二卷　（清）錢泰吉撰　清同治十一年(1872)刻本　五冊

610000－1042－0006363　綫847.7/697

甘泉鄉人稿二十四卷年譜一卷　（清）錢泰吉撰　清同治十一年(1872)刻本　六冊

610000－1042－0006364　綫847.7/697

甘泉鄉人稿二十四卷餘稿二卷年譜一卷　（清）錢泰吉撰　清同治十一年(1872)刻本　六冊

610000－1042－0006365　綫847.6/807

定盦文集三卷續集四卷補編四卷　（清）龔自珍撰　清宣統元年(1909)上海國學扶輪社鉛印本　七冊

610000－1042－0006366　綫847.6/807

定盦文集三卷續集四卷補編四卷　（清）龔自珍撰　清宣統二年(1910)上海掃葉山房石印本　六冊

610000－1042－0006367　綫847.6/807

定盦文集補編四卷續錄一卷年譜一卷拾遺一卷錄定庵時文兩篇　（清）龔自珍撰　清宣統元年(1909)上海國學扶輪社鉛印本　五冊

610000－1042－0006368　綫851.476/802

定盦詩集定本二卷詞集定本一卷定盦集外未刻詩一卷詞一卷　（清）龔自珍撰　清宣統上海神州國光社鉛印本　一冊

610000－1042－0006369　綫847.7/521

松鳳閣詩鈔二十六卷　（清）彭蘊章撰　清同

治七年(1868)刻本　八冊

610000－1042－0006370　綫847.7/201
躬恥齋文鈔二十卷首一卷後編六卷　（清）宗稷辰撰　清咸豐元年(1851)越峴山館刻本
十七冊

610000－1042－0006371　綫851.477/201
躬恥齋詩鈔十四卷首一卷後編十七卷　（清）宗稷辰撰　清咸豐九年(1859)杜林軒刻本
八冊

610000－1042－0006372　綫847/771
知養恬齋賦鈔四卷　（清）羅繞典撰　清道光二十一年(1841)刻本　一冊

610000－1042－0006373　綫851.47/127
古香樓遺稿十卷　（清）沈長春撰　清嘉慶二十五年(1820)刻本　四冊

610000－1042－0006374　綫072.7/745
古微堂內集二卷外集八卷　（清）魏源撰　清光緒四年(1878)淮南書局刻本　四冊

610000－1042－0006375　綫072.7/745
古微堂內集二卷外集八卷　（清）魏源撰　清宣統元年(1909)上海國學扶輪社鉛印本
六冊

610000－1042－0006376　綫847.4/444
對雪亭文集十卷詩鈔二卷　（清）張洲撰　清乾隆五十八年(1793)武功張氏刻本　六冊

610000－1042－0006377　綫851.487/675
香雪齋梅花詩一卷　（清）練彩撰　清道光三年(1823)刻本　一冊

610000－1042－0006378　綫847.6/127
落帆樓文遺稿二卷　（清）沈垚撰　清光緒貴池劉世珩刻本　二冊

610000－1042－0006379　綫851.476/237
二南詩鈔二卷　（清）周樂撰　清道光九年(1829)紉香齋刻本　一冊

610000－1042－0006380　綫851.477/195
東洲草堂詩鈔三十卷　（清）何紹基撰　清同治六年(1867)長沙無園刻本　八冊

610000－1042－0006381　綫847/447
二竹齋文集二卷　（清）張井撰　清道光十五年(1835)刻本　八冊

610000－1042－0006382　綫847.6/041
槐門文集四卷　（清）王維戊撰　清道光十七年(1837)刻本　四冊

610000－1042－0006383　綫847.7/755
樂志堂文略四卷附錄一卷　（清）譚瑩撰　清刻本　二冊

610000－1042－0006384　綫847/450
時晴齋館賦二卷　（清）張集馨撰　清同治三年(1864)刻本　二冊

610000－1042－0006385　綫847.7/064
慎盦文鈔二卷詩鈔二卷　（清）左宗植撰　清光緒元年(1875)刻本　四冊

610000－1042－0006386　綫847.7/664
通甫類稿四卷　（清）魯一同撰　清咸豐九年(1859)刻本　四冊

610000－1042－0006387　綫847.7/664
通甫詩存二卷　（清）魯一同撰　清咸豐九年(1859)刻本　四冊

610000－1042－0006388　綫851.476/308
復莊詩問三十四卷　（清）姚燮撰　清道光二十六年(1846)大梅山館刻本　八冊

610000－1042－0006389　綫851.47/065
釘餖吟十二卷　（清）石贊清輯　（清）黃丙森注釋　清咸豐八年(1858)刻本　四冊

610000－1042－0006390　綫847.6/450
月齋文集八卷詩集四卷　（清）張穆撰　清咸豐八年(1858)刻本　六冊

610000－1042－0006391　綫847.7/173
柈湖文集十二卷首一卷　（清）吳敏樹撰　清光緒十九年(1893)思賢講舍刻本　四冊

610000－1042－0006392　綫851.47/632
巢經巢詩鈔九卷　（清）鄭珍撰　清咸豐二年(1852)刻本　二冊

610000 - 1042 - 0006393　綫851.47/632

巢經巢詩鈔九卷　（清）鄭珍撰　清光緒二十三年（1897）遵義黎氏五羊城刻本　二冊

610000 - 1042 - 0006394　綫851.47/736

寄嶽雲齋試體詩選詳注四卷　（清）聶銑敏撰　（清）張學蘇箋注　清嘉慶九年（1804）永順堂刻本　四冊

610000 - 1042 - 0006395　綫851.47/736

增訂寄嶽雲齋試體詩選四卷　（清）聶銑敏撰　（清）朱兆鳳評　清刻本　二冊　存二卷（三至四）

610000 - 1042 - 0006396　綫821.8/526

桐雲閣試帖一卷　（清）楊庚撰　（清）張熙宇輯評　清刻朱墨印本　一冊

610000 - 1042 - 0006397　綫802.252/562

桐雲閣試帖輯注二卷　（清）楊庚撰　（清）張熙宇輯評　清刻本　一冊　存一卷（下）

610000 - 1042 - 0006398　綫851.47/373

嘯月山房詩四卷陶杜詩說一卷　（清）桂青萬撰　清嘉慶刻本　一冊

610000 - 1042 - 0006399　綫851.477/115

峨秀堂詩鈔四卷　（清）朱世重撰　（清）李嘉績選　清光緒二十八年（1902）潞河李氏代耕堂刻本　一冊

610000 - 1042 - 0006400　綫847.6/600

小松石齋文集五卷　（清）趙允懷撰　清光緒十五年（1889）刻本　一冊

610000 - 1042 - 0006401　綫851.47/599

古香書屋詩鈔十二卷　（清）趙輝璧撰　清光緒十年（1884）刻本　四冊

610000 - 1042 - 0006402　綫847.6/599

古香書屋文鈔二卷　（清）趙輝璧撰　清光緒十八年（1892）刻本　二冊

610000 - 1042 - 0006403　綫851.37/802

鶴巢詩存一卷行述一卷　（清）顧淳慶撰　介卿遺草一卷　（清）顧家樹撰　清光緒十二年（1886）刻本　一冊

610000 - 1042 - 0006404　綫851.477/242

二瓦硯齋詩鈔十卷詞一卷　（清）金玉麟撰　清咸豐元年（1851）刻本　二冊

610000 - 1042 - 0006405　綫851.47/669

雙柏齋女史吟二卷　（清）劉世奇撰　金印齋女史吟一卷　（清）楊秀芝撰　清光緒三原劉傳經堂刻本　一冊

610000 - 1042 - 0006406　綫851.47/669

鄭谷詩存八卷　（清）劉世奇撰　清光緒二年（1876）三原劉傳經堂刻本　一冊

610000 - 1042 - 0006407　綫851.477/668

浤江詩鈔十二卷　（清）劉碩輔撰　清咸豐八年（1858）心書經齋刻本　四冊

610000 - 1042 - 0006408　綫851.47/165

聽松濤館詩鈔十一卷　（清）阮文藻撰　清道光十一年（1831）刻本　六冊

610000 - 1042 - 0006409　綫851.47/238

拾慧餘吟不分卷　（清）周作楫集句　清道光刻本　四冊

610000 - 1042 - 0006410　綫851.478/367

文靖公遺集十二卷　（清）寶鋆撰　（清）孫蔭桓輯　清光緒二十二年（1896）刻本　六冊

610000 - 1042 - 0006411　綫851.47/542

碧梧書屋詩鈔四卷　（清）程一敬撰　清咸豐五年（1855）刻本　四冊

610000 - 1042 - 0006412　綫851.477/214

飲鳳集一卷　（清）武澄撰　清咸豐九年（1859）刻本　一冊

610000 - 1042 - 0006413　綫851.476/125

沈四山人詩錄附錄一卷　（清）沈謹學撰　清同治三年（1864）八喜齋刻本　一冊

610000 - 1042 - 0006414　綫847.7/172

不兩齋偶存稿四卷　（清）吳錫岱撰　清光緒二十六年（1900）刻本　二冊

610000 - 1042 - 0006415　綫847.7/447

瓶花廬詩鈔一卷拙庵試帖二卷　（清）張豐玉撰　清光緒九年（1883）施草廬刻本　一冊

610000 – 1042 – 0006416　綫847.7/506

顯志堂稿十二卷　(清)馮桂芬撰　清光緒二年(1876)吳縣馮氏校邠廬刻本　四冊

610000 – 1042 – 0006417　綫847.7/048

心白日齋集六卷　(清)尹耕雲撰　清光緒二十一年(1895)刻本　四冊

610000 – 1042 – 0006418　綫847.7/227

半巖廬遺集一卷　(清)邵懿辰撰　清光緒三十四年(1908)刻本　一冊

610000 – 1042 – 0006419　綫851.47/157

西湖采蓮平韻絕句三十首不分卷　(清)李秀芝撰　清道光十年(1830)致和堂刻本　一冊

610000 – 1042 – 0006420　綫851.47/175

半行庵詩存稿八卷題辭一卷　(清)貝青喬撰　清同治五年(1866)刻本　二冊

610000 – 1042 – 0006421　綫847.6/338

飲月軒詩文存稿合鈔詩鈔五卷文鈔三卷　(清)唐廷詔撰　清道光二十一年(1841)刻本　五冊

610000 – 1042 – 0006422　綫847.7/285

胡文忠公遺集八十六首一卷　(清)胡林翼撰　(清)鄭敦謹　(清)曾國荃輯　清同治六年(1867)黃鶴樓刻本　三十二冊

610000 – 1042 – 0006423　綫847.7/285

胡文忠公遺集八十六首一卷　(清)胡林翼撰　(清)鄭敦謹　(清)曾國荃輯　清光緒元年(1875)湖北崇文書局刻本　三十二冊

610000 – 1042 – 0006424　綫847.7/285

胡文忠公遺集八十六首一卷　(清)胡林翼撰　(清)鄭敦謹　(清)曾國荃輯　清光緒元年(1875)湖北崇文書局刻本　三十二冊

610000 – 1042 – 0006425　綫847.7/285

胡文忠公遺集八十六首一卷　(清)胡林翼撰　(清)曾國荃輯　(清)胡鳳丹編　清光緒二十七年(1901)上海圖書集成印書局鉛印本　八冊

610000 – 1042 – 0006426　綫851.47/802

味蔗軒詩鈔一卷　(清)顧㷱世撰　清光緒十二年(1886)西安刻本　一冊

610000 – 1042 – 0006427　綫847.8/170

攜雪堂文集一卷詩集一卷對聯一罔極編一卷家訓一卷時文一卷試帖一卷　(清)吳可讀撰　清光緒十九年(1893)刻本　五冊

610000 – 1042 – 0006428　綫847.8/064

左文襄公文集五卷詩集一卷聯語一卷　(清)左宗棠撰　清光緒十二年(1886)廣益書局石印本　四冊

610000 – 1042 – 0006429　綫847.8/064

左文襄公詩集一卷文集五卷　(清)左宗棠撰　清宣統元年(1909)鉛印本　一冊　缺二卷(文集一至二)

610000 – 1042 – 0006430　綫847.8/133

悔翁詩鈔十五卷補遺一卷詩餘五卷筆記六卷　(清)汪士鐸撰　清光緒十年(1884)合肥張氏味古齋刻本　四冊

610000 – 1042 – 0006431　綫847.8/235

思益堂集十九卷　(清)周壽昌撰　清光緒十四年(1888)刻本　六冊

610000 – 1042 – 0006432　綫847.6/235

思益堂日劄三卷　(清)周壽昌撰　清光緒三年至二十三年(1877 – 1897)申報館鉛印本　一冊

610000 – 1042 – 0006433　綫851.47/405

輟耕吟稿五卷　(清)倪偉人撰　清光緒十六年(1890)章安官舍刻本　二冊

610000 – 1042 – 0006434　綫851.476/129

登樓集一卷　(清)沈錫藩撰　清道光二十六年(1846)刻本　一冊

610000 – 1042 – 0006435　綫847.4/364

遜學齋文鈔十二卷首一卷末一卷文續鈔五卷詩鈔十卷詩續鈔五卷　(清)孫衣言撰　清同治十二年(1873)刻本　十二冊

610000 – 1042 – 0006436　綫847.7/364

遜學齋文鈔十卷　(清)孫衣言撰　清同治十

二年(1873)刻本　四冊

610000－1042－0006437　綫847.8/697

示樸齋駢體文六卷　（清）錢振倫撰　清同治
六年(1867)袁浦崇實書院刻本　一冊

610000－1042－0006438　綫847.8/447

繩武齋文稿二卷詩稿二卷　（清）張殿元撰
清光緒十五年(1889)繩武齋刻本　三冊

610000－1042－0006439　綫847.8/447

繩武齋遺集一卷　（清）張殿元撰　清光緒十
五年(1889)繩武齋刻本　一冊

610000－1042－0006440　綫851.477/426

雪門詩草十四卷　（清）許瑤光撰　清同治十
三年(1874)刻本　六冊

610000－1042－0006441　綫847.8/454

嶺上白雲集十二卷廍翁文鈔四卷　（清）陸懋
修撰　清光緒二十三年(1897)刻本　四冊

610000－1042－0006442　綫847.7/041

祛痾齋文集六卷續集一卷年譜一卷　（清）王
會昌撰　清光緒元年(1875)刻本　四冊

610000－1042－0006443　綫847.7/041

祛痾齋文集六卷續集一卷　（清）王會昌撰
清刻本　三冊　存五卷(文集三至六、續集一
卷)

610000－1042－0006444　綫847.7/564

**損齋文鈔十五卷首一卷外集一卷語錄鈔三卷
附錄一卷**　（清）楊樹椿撰　清光緒十九年
(1893)柏經正堂刻本　四冊

610000－1042－0006445　綫851.478/521

祥人詩草一卷詩續鈔十五卷　（清）黃雲鵠撰
清光緒刻本　三冊

610000－1042－0006446　綫851.477/450

宦豫草二卷　（清）張香海撰　清道光二十九
年(1849)刻本　一冊

610000－1042－0006447　綫851.47/450

筍輿吟二卷　（清）張香海撰　清咸豐刻本
一冊

610000－1042－0006448　綫851.47/450

驛鐙小稿二卷　（清）張香海撰　清咸豐二年
(1852)刻本　一冊

610000－1042－0006449　綫851.47/450

潼江草二卷　（清）張香海撰　清咸豐四年
(1854)刻本　一冊

610000－1042－0006450　綫851.47/651

夢綠草堂詩鈔十二卷　（清）蔡壽祺撰　清咸
豐七年(1857)刻本　六冊

610000－1042－0006451　綫847.7/103

薛荔山莊詩文稿五卷首一卷　（清）成瑞撰
清咸豐七年(1857)刻本　二冊

610000－1042－0006452　綫851.47/064

汶水軒試帖四卷附汶水軒雜體詩課徒作一卷
　（清）左泉閔撰　清咸豐八年(1858)刻本
五冊

610000－1042－0006453　綫851.477/565

未能寡過詩初稿一卷　（清）楊叔懌撰　清同
治三年(1864)至光緒抄本　一冊

610000－1042－0006454　綫853/154

天嶽山館文鈔四十卷　（清）李元度撰　清光
緒四年(1878)刻本　十六冊

610000－1042－0006455　綫847.8/154

天嶽山館文鈔四十卷　（清）李元度撰　清光
緒九年(1883)刻本　二十冊

610000－1042－0006456　綫847/669

廣經室文鈔一卷　（清）劉恭冕撰　清光緒十
五年(1889)廣雅書局刻本　一冊

610000－1042－0006457　綫851.47/304

春在堂詩編十卷　（清）俞樾撰　清同治七年
(1868)刻本　四冊

610000－1042－0006458　綫847.8/304

**賓萌集六卷外集四卷春在堂雜文二卷續編五
卷三編四卷四編八卷補遺一卷**　（清）俞樾撰
清光緒三十一年(1905)刻本　十四冊

610000－1042－0006459　綫847.8/348

虹橋老屋遺稿文集四卷詩集五卷　（清）秦緗

業撰 清光緒十五年(1889)刻本 三冊

610000－1042－0006460 綫847.7/445
廉亭文集八卷 (清)張裕釗撰 清末木漸齋
刻本 二冊

610000－1042－0006461 綫847/533
清麓文集二十三卷 (清)賀瑞麟撰 清光緒
二十五年(1899)劉氏傳經堂刻本 二十冊

610000－1042－0006462 綫847/533
清麓文集二十三卷日記五卷 (清)賀瑞麟撰
清光緒劉氏傳經堂刻本 二十三冊

610000－1042－0006463 綫851.47/542
妙香軒集唐詩鈔四卷附二卷 (清)程祖潤撰
清咸豐七年(1857)刻本 一冊

610000－1042－0006464 綫善851.47/218
綠筠吟館詩存不分卷 (清)孟繩武撰 清道
光、咸豐稿本 一冊

610000－1042－0006465 綫851.47/218
綠筠唅館吳遊草一卷 (清)孟繩武撰 清抄
本 一冊

610000－1042－0006466 綫851.47/134
思源齋詩草一卷 (清)汪蕃撰 清道光三十
年(1850)思源齋刻本 一冊

610000－1042－0006467 綫847.7/571
偶存集一卷援守井研記略一卷 (清)董貽清
撰 清同治十一年(1872)刻本 一冊

610000－1042－0006468 綫847.7/283
退補齋文存十二卷首一卷詩存十六卷首一卷
(清)胡鳳丹撰 清同治十二年(1873)鄂州
寓廬刻本 四冊 存十五卷(文存一至五、首
一卷,詩存四至十二)

610000－1042－0006469 綫851.47/644
白香亭詩集三卷 (清)鄧輔綸撰 清光緒十
九年(1893)東河督署刻本 二冊

610000－1042－0006470 綫851.477/406
溫經堂詩鈔四卷 (清)徐變鈞撰 清咸豐四
年(1854)刻本 二冊

610000－1042－0006471 綫851.47/571
六一山房詩集十卷 (清)董沛撰 清同治十
一年(1872)二百八十峰草堂蔡氏刻本 二冊

610000－1042－0006472 綫851.47/036
木蘭書齋詩鈔一卷 (清)王治撰 清咸豐八
年(1858)刻本 一冊

610000－1042－0006473 綫851.476/209
慎因書屋詩全集二十卷 (清)林芬撰 清咸
豐十一年(1861)刻本 二十冊

610000－1042－0006474 綫089.7/448
寒松閣集詩八卷說文佚字考四卷駢體文一卷
續一卷疑年賡錄二卷 (清)張鳴珂撰 清光
緒十三年至二十四年(1887－1898)嘉興張氏
刻本 五冊

610000－1042－0006475 綫851.47/036
後湖草堂詩鈔三十卷 (清)王濟宏撰 清咸
豐四年(1854)刻本 六冊

610000－1042－0006476 綫851.377/501
采風詩二集八卷 (清)湯國泰撰 清咸豐十
一年(1861)刻本 四冊

610000－1042－0006477 綫847.8/274
柏灃西先生遺集八卷 (清)柏景偉撰 清同
治三年(1864)金陵思過齋刻本 五冊

610000－1042－0006478 綫847.8/274
灃西草堂文集八卷 (清)柏景偉撰 清光緒
二十六年(1900)鉛印本 八冊

610000－1042－0006479 綫851.479/191
午陰清舍詩草不分卷 何福堃撰 清稿本
一冊

610000－1042－0006480 綫851.479/191
午陰清舍詩草十六卷 何福堃撰 清光緒三
十一年(1905)蘭州官書局鉛印本 四冊

610000－1042－0006481 綫851.479/191
午陰清舍詩草續編八卷 何福堃撰 清光緒
三十四年(1908)太原書局鉛印本 四冊

610000－1042－0006482 綫851.479/191
午陰清舍詩草三編五卷 何福堃撰 清宣統

二年(1910)何福堃抄本　一冊

610000－1042－0006483　綫851.479/191

午陰清舍詩草三編五卷　何福堃撰　清宣統
二年(1910)何福堃抄本　一冊　存一卷(一)

610000－1042－0006484　綫851.479/191

午陰清舍詩草三編五卷　何福堃撰　清宣統
二年(1910)刻本　二冊

610000－1042－0006485　綫851.477/191

午陰清舍詩草四編　何福堃撰　清咸豐元年
(1851)抄本　一冊　存一編(二)

610000－1042－0006486　綫851.477/191

午陰清舍詩草四編□□卷　何福堃撰　清咸
豐二年(1852)何福堃稿本　一冊　存二卷
(四至五)

610000－1042－0006487　綫856.7/191

午陰清舍試帖四卷附午陰清舍詩草一卷　何
福堃撰　清光緒三十一年(1905)蘭州官書局
鉛印本　二冊

610000－1042－0006488　綫847.8/151

越縵堂騈體文四卷散體文一卷　(清)李慈銘
撰　(清)曾之撰編　清光緒二十三年(1897)
常熟曾氏刻本　四冊

610000－1042－0006489　綫851.478/155

白華絳跗閣詩集十卷　(清)李慈銘撰　清光
緒十六年(1890)刻本　六冊

610000－1042－0006490　綫847.8/268

**樂道堂文鈔五卷岾屺懷音一卷豳風詠一卷虞
獻集一卷**　(清)奕訢撰　清同治六年(1867)
刻本　八冊

610000－1042－0006491　綫847.8/755

復堂類集文四卷詩十一卷詞三卷日記八卷
(清)譚獻撰　清光緒十一年(1885)刻本
八冊

610000－1042－0006492　綫848.1/039

湘綺樓全集文集八卷詩集十四卷箋啟八卷
王闓運撰　清宣統二年(1910)上海國學扶輪
社石印本　十二冊

610000－1042－0006493　綫848.1/039

湘綺樓文集八卷箋啟八卷　王闓運撰　清宣
統二年(1910)上海國學扶輪社石印本　二冊

610000－1042－0006494　綫847.8/234

周武壯公遺書四卷　(清)周盛傳撰　清光緒
三十一年(1905)金陵刻本　十冊

610000－1042－0006495　綫851.477/090

浩然堂詩集六卷　(清)江開撰　清咸豐十一
年(1861)刻本　三冊

610000－1042－0006496　綫851.478/712

雪青閣詩集四卷　(清)謝維藩撰　清光緒九
年(1883)開封官廨刻本　四冊

610000－1042－0006497　綫847.8/451

儀顧堂集十六卷　(清)陸心源撰　清同治、
光緒刻本　六冊

610000－1042－0006498　綫851.47/566

秋湄詩鈔一卷續鈔一卷　(清)楊篤撰　清同
治十二年(1873)東川書院刻本　一冊

610000－1042－0006499　綫847.8/326

高陶堂遺集八卷　(清)高心夔撰　清光緒八
年(1882)平湖朱氏經注經齋刻本　四冊

610000－1042－0006500　綫851.478/279

食古齋詩錄四卷文錄一卷　(清)柳以蕃撰
清光緒十八年(1892)刻本　四冊

610000－1042－0006501　綫847.8/692

敬孚類稿十六卷　(清)蕭穆撰　清光緒三十
二年(1906)刻本　四冊

610000－1042－0006502　綫851.4/167

徐烈婦詩鈔二卷　(清)吳崇愛撰　**吳絳雪年
譜一卷**　(清)俞樾撰　**報素文書並回文一卷
同心梔子讀法一卷**　(清)應𤦃撰　清光緒元
年(1875)雲鶴仙館刻本　二冊

610000－1042－0006503　綫851.47/670

養晦堂詩集二卷　(清)劉蓉撰　清光緒三年
(1877)思賢講舍刻本　一冊

610000－1042－0006504　綫847.7/670

養晦堂文集十卷思辨錄疑義一卷詩二卷

(清)劉蓉撰　清光緒三年(1877)思賢講舍刻本　八冊

610000－1042－0006505　綫847.7/670
養晦堂文集十卷　(清)劉蓉撰　清光緒三年(1877)思賢講舍刻本　六冊

610000－1042－0006506　綫847.8/665
拙尊園叢稿六卷　(清)黎庶昌撰　清光緒十九年(1893)上海醉六堂石印本　二冊

610000－1042－0006507　綫847.8/665
拙尊園叢稿六卷　(清)黎庶昌撰　清光緒二十一年(1895)金陵狀元閣刻本　四冊

610000－1042－0006508　綫072.78/726
庸庵文編四卷　(清)薛福成撰　清光緒十四年(1888)刻本　四冊

610000－1042－0006509　綫072.78/726
庸庵文編四卷續編二卷外編四卷　(清)薛福成撰　清光緒二十三年(1897)上海石印本　六冊

610000－1042－0006510　綫072.78/726
庸庵文編四卷　(清)薛福成撰　清光緒二十八年(1902)秦中官書局石印本　二冊

610000－1042－0006511　綫072.78/726
庸庵外編四卷　(清)薛福成撰　清光緒二十八年(1902)秦中官書局石印本　二冊

610000－1042－0006512　綫072.78/726
庸庵海外文編四卷　(清)薛福成撰　清光緒二十一年(1895)刻本　四冊

610000－1042－0006513　綫847.8/726
庸庵海外文編四卷　(清)薛福成撰　清光緒二十三年(1897)湖南新學書局刻本　三冊

610000－1042－0006514　綫847.8/510
曾惠敏公遺集十七卷奏疏六卷文集五卷詩集四卷日記二卷　(清)曾紀澤撰　清光緒十九年(1893)江南製造總局鉛印本　八冊

610000－1042－0006515　綫847.8/510
曾惠敏公全集十七卷　(清)曾紀澤撰　清光緒二十年(1894)上海石印本　四冊

610000－1042－0006516　綫847.7/719
純甫古文鈔六卷　(清)戴楫撰　清同治九年(1870)廣東富文齋刻本　一冊

610000－1042－0006517　綫851.476/036
太華山人詩存五卷　(清)王益謙撰　清同治元年(1862)廣州刻本　二冊

610000－1042－0006518　綫851.47/230
航海吟草一卷　(清)奕譞撰　清光緒十三年(1887)上海鴻文書局石印本　一冊

610000－1042－0006519　綫847.8/167
桐城吳先生文集四集　(清)吳汝綸撰　清光緒三十年(1904)吳氏家刻本　三冊

610000－1042－0006520　綫851.478/172
桐城吳先生詩集一卷　(清)吳汝綸撰　清光緒吳氏家刻本　一冊

610000－1042－0006521　綫851.3/171
廡傭編三卷　(清)吳鼎立撰　清光緒元年(1875)思源堂刻本　三冊

610000－1042－0006522　綫851.478/037
椒生詩草六卷　(清)王之春撰　清光緒十年(1884)上海文藝齋刻本　二冊

610000－1042－0006523　綫848.1/732
藝風堂文集七卷外篇一卷續集八卷　繆荃孫撰　清光緒二十六年至二十七年(1900－1901)刻本　八冊

610000－1042－0006524　綫848.1/732
藝風堂文集七卷外篇一卷　繆荃孫撰　清光緒二十六年(1900)江陰繆氏刻本　四冊

610000－1042－0006525　綫848.1/732
藝風堂文漫存辛壬稿三卷癸甲稿四卷乙丁稿五卷　繆荃孫撰　清光緒江陰繆氏刻本　五冊

610000－1042－0006526　綫851.47/627
意蓮詩鈔五卷　(清)潘鎮撰　清宣統元年(1909)擷華書局鉛印本　二冊

610000－1042－0006527　綫851.478/669
雲水前集一卷後集一卷　(清)劉元機撰　清

光緒十一年(1885)楚北余氏刻本　二冊

610000－1042－0006528　綫851.478/669

雲水前集一卷　(清)劉元機撰　清光緒十八年(1892)刻本　一冊

610000－1042－0006529　綫851.477/615

蘇林詩賸一卷　(清)熊其光撰　清光緒十八年(1892)刻本　一冊

610000－1042－0006530　綫851.477/090

黃葉山樵詩草四卷　(清)江璧撰　清光緒刻本　一冊

610000－1042－0006531　綫847.8/076

俞俞齋文稿初集四卷詩稿初集二卷　(清)史念祖撰　清光緒十六年(1890)黔南藩署木活字印本　六冊

610000－1042－0006532　綫851.47/392

聽園西疆雜述詩四卷　(清)蕭雄撰　清光緒十八年(1892)陝西通志館鉛印本　三冊

610000－1042－0006533　綫851.47/186

池陽吟草二卷續草一卷　(清)余庚陽撰　清同治十年(1871)劉傳經堂刻本　三冊

610000－1042－0006534　綫851.47/139

池陽續草一卷　(清)余庚陽撰　清同治十三年(1874)劉傳經堂刻本　一冊

610000－1042－0006535　綫851.477/237

琴筑同聲集四卷補錄一卷附錄一卷　(清)周行編輯　清咸豐十一年(1861)關中安康謝仁溥刻本　二冊

610000－1042－0006536　綫851.477/237

琴筑同聲集四卷補錄一卷附錄一卷　(清)周行編輯　清咸豐十一年(1861)關中安康謝仁溥刻本　四冊

610000－1042－0006537　綫851.477/426

晚香詩草一卷　(清)許振褘撰　清同治十一年(1872)刻本　一冊

610000－1042－0006538　綫851.475/665

雲膚山房詩集六卷首一卷末一卷　(清)黎光地撰　清同治十二年(1873)鹿園刻本　二冊

610000－1042－0006539　綫847.8/237

出山草詩十二卷文五卷　(清)周銘旂撰　清光緒十七年(1891)奉天官廨刻本　六冊

610000－1042－0006540　綫847.8/481

漢摯室文鈔四卷補遺一卷　(清)陶方琦撰　清光緒十八年(1892)徐氏鑄學齋刻本　一冊

610000－1042－0006541　綫847.8/755

希古堂集甲集二卷乙集六卷　(清)譚宗浚撰　清光緒十六年(1890)羊城刻本　四冊

610000－1042－0006542　綫851.478/378

漸西村人初集十三卷　(清)袁昶撰　清光緒二十年(1894)避舍蓋公堂刻本　六冊

610000－1042－0006543　綫851.47/409

三山吟草六卷　(清)徐賢尊撰　清光緒刻本　二冊

610000－1042－0006544　綫851.47/409

三山吟草僦鈔八卷　(清)徐賢傑撰　清光緒刻本　二冊

610000－1042－0006545　綫847.9/641

樊山集二十八卷續集十七卷公牘三卷　樊增祥撰　清光緒刻本　十冊

610000－1042－0006546　綫851.47/447

退思軒詩集六卷補遺一卷　(清)張百熙撰　清宣統三年(1911)武昌刻本　二冊

610000－1042－0006547　綫851.478/521

人境廬詩草十一卷　(清)黃遵憲撰　清宣統三年(1911)嘉應黃氏鉛印本　四冊

610000－1042－0006548　綫851.478/521

日本雜事詩二卷　(清)黃遵憲撰　清光緒十一年(1885)黃氏鴛江権舍刻本　一冊

610000－1042－0006549　綫847.8/599

向湖村舍詩初集十二卷　(清)趙藩撰　清光緒十四年(1888)長沙刻本　三冊

610000－1042－0006550　綫847.6/712

轉蕙軒駢文稿一卷　(清)謝賢卿撰　清同治十一年(1872)刻本　一冊

610000 – 1042 – 0006551　綫847.8/407

不自慊齋漫存七卷　（清）徐賡陛撰　清光緒
八年(1882)刻本　六冊

610000 – 1042 – 0006552　綫847.7/054

寓意於物齋文編一卷詩存一卷　（清）毛鳳枝
撰　清同治刻本　一冊

610000 – 1042 – 0006553　綫851.478/329

上齋紀事詩一卷　高賡恩撰　清光緒三十四
年(1908)刻本　一冊

610000 – 1042 – 0006554　綫851.47/362

勿待軒詩集存稿四卷　（清）馬先登撰　清光
緒五年(1879)同州馬先登敦倫堂刻本　二冊

610000 – 1042 – 0006555　綫851.478/591

漢南雜詠一卷　（清）周午峰撰　清光緒八年
(1882)愛蓮書屋刻本　一冊

610000 – 1042 – 0006556　綫847.8/285

端敏先生遺書四卷　（清）胡元直撰　清光緒
二十年(1894)刻本　一冊

610000 – 1042 – 0006557　綫847.2/450

西廬文集四卷補錄一卷　（清）張雋撰　清宣
統二年(1910)上海國學扶輪社鉛印本　二冊

610000 – 1042 – 0006558　綫851.478/128

浣花吟館小草二卷　（清）沈葆珊撰　清光緒
十四年(1888)刻本　一冊

610000 – 1042 – 0006559　綫851.48/143

海棠仙館詩草一卷　宋伯魯撰　清刻本
一冊

610000 – 1042 – 0006560　綫078/098

樂素堂文集八卷　吉同鈞撰　清宣統三年
(1911)北平中華印書局鉛印本　四冊

610000 – 1042 – 0006561　綫847.7/558

御製文集十卷詩集六卷　（清）穆宗載淳撰
清同治、光緒刻本　八冊

610000 – 1042 – 0006562　綫851.47/535

吟秋閣詩鈔一卷　（清）鈕飲霞撰　清光緒元
年(1875)刻本　一冊

610000 – 1042 – 0006563　綫851.47/339

于役吟草一卷　（清）梁善長撰　清抄本
一冊

610000 – 1042 – 0006564　綫847.8/570

豫齋集二卷　（清）萬方煦撰　清光緒七年
(1881)刻本　二冊

610000 – 1042 – 0006565　綫851.476/802

玉笥山房要集四卷　（清）顧廷綸撰　清光緒
十二年(1886)刻本　一冊

610000 – 1042 – 0006566　綫847.9/529

惺是齋初稿十卷　喻長霖撰　清宣統三年
(1911)鉛印本　六冊

610000 – 1042 – 0006567　綫851.478/236

自娛齋詩鈔一卷　（清）周鶴皋撰　清光緒九
年(1883)六竹書屋刻本　一冊

610000 – 1042 – 0006568　綫851.47/039

惜心書屋詩鈔一卷　（清）王正誼撰　（清）李
嘉績輯　蘭穀遺稿一卷　（清）顧德馨撰　桐
屋遺稿一卷　（清）陳稚君撰　懶雲山莊詩鈔
一卷　清光緒十五年(1889)西安李氏代耕堂
刻本　一冊

610000 – 1042 – 0006569　綫851.478/463

梅影廬遺詩一卷憶梅詞一卷　（清）陳錫祺撰
清光緒十二年(1886)新城官署刻本　一冊

610000 – 1042 – 0006570　綫851.47/037

養拙齋詩十四卷　（清）王必達撰　清光緒十
九年(1893)刻本　四冊

610000 – 1042 – 0006571　綫847.8/171

華峰文集六卷　吳光耀撰　清光緒二十四年
(1898)刻本　二冊

610000 – 1042 – 0006572　綫847.2/779

郿冰壑先生全書十三種　（清）郿成撰　清光
緒十一年(1885)刻本　一冊

610000 – 1042 – 0006573　綫802.278/011

重文二卷　（清）丁午撰　清光緒八年(1882)
刻本　一冊

610000 – 1042 – 0006574　綫847.8/571

荻芬書屋文橐不分卷　（清）董恂撰　清光緒
甘泉董氏刻本　二冊

610000－1042－0006575　綫847.8/670

二樂堂初稿二卷　（清）劉明良撰　清光緒十
七年(1891)刻本　一冊

610000－1042－0006576　綫851.478/572

聊園詩十卷詞一卷　（清）蜀西樵也撰　清光
緒十六年至十七年(1890－1891)陝西韓城刻
本　四冊

610000－1042－0006577　綫847/444

宜雨宜晴山館文存二卷　（清）張煒撰　清光
緒十九年(1893)刻本　二冊

610000－1042－0006578　綫851.478/539

亦耕草堂詩鈔四卷二集二卷外集二卷柳窗雜
詞一卷庚子花詩一卷亦耕草堂詞一卷竹枝詞
一卷　（清）焦繼華撰　清光緒二十八年
(1902)刻本　十一冊

610000－1042－0006579　綫851.479/349

浮漚集六卷外集二卷　（清）夏家鏞撰　清宣
統元年(1909)江寧夏氏刻本　二冊

610000－1042－0006580　綫851.479/349

浮漚集六卷外集二卷　（清）夏家鏞撰　清宣
統元年(1909)刻本　二冊

610000－1042－0006581　綫847.8/512

漱六山房遺集八卷　（清）澎潤芳撰　清光緒
二十四年(1898)彭氏家刻本　六冊

610000－1042－0006582　綫851.478/039

蓄墨復齋詩鈔四卷　（清）王培新撰　清光緒
二十二年(1896)四木堂刻本　二冊

610000－1042－0006583　綫851.487/802

顧鳳翔遺集一卷　（清）顧駥撰　清光緒三十
二年(1906)刻本　一冊

610000－1042－0006584　綫847/128

萬物炊累室駢文一卷　（清）沈同芳撰　清光
緒木活字印本　一冊

610000－1042－0006585　綫851.4/209

晚翠軒集一卷　（清）林旭撰　崦樓遺稿二卷

（清）沈鵲應撰　清光緒鉛印本　一冊

610000－1042－0006586　綫851.478/707

麻園遺集一卷　（清）謝煥樞撰　附親廬初稿
一卷　（清）謝掄元撰　清宣統元年(1909)京
師集成圖書公司鉛印本　一冊

610000－1042－0006587　綫851.479/191

退盒詩集二卷　（清）何福海撰　清宣統元年
(1909)南洋印刷官廠書館鉛印本　二冊

610000－1042－0006588　綫851.37/095

燕蘭小譜六卷　（清）安樂山樵　（吳長元）撰
清宣統三年(1911)長沙葉氏校刻本　一冊

610000－1042－0006589　綫851.478/041

檗塢詩二卷詞一卷　（清）王以敏撰　清光緒
刻本　一冊

610000－1042－0006590　綫851.478/562

容安小室詩鈔四卷詞鈔一卷　（清）楊福申撰
清宣統三年(1911)同文書館鉛印本　二冊

610000－1042－0006591　綫847.8/078

待堂遺稿詩錄一卷文錄一卷附錄一卷　（清）
田明昶撰　清光緒十三年(1887)刻本　二冊

610000－1042－0006592　綫847.8/708

賭棋山莊文集七卷　（清）謝章鋌撰　清光緒
十年(1884)刻本　四冊

610000－1042－0006593　綫851.47/154

汧上錄一卷　（清）李嘉績撰　清光緒十五年
(1889)青門寓廬刻本　二冊

610000－1042－0006594　綫847.8/632

綠綺寮集二卷　（清）鄭士範撰　清宣統二年
(1910)周正誼堂刻本　二冊

610000－1042－0006595　綫847.8/367

師鄭堂駢體文二卷　（清）孫雄撰　（清）李越
縵　（慈銘）鑒定　清光緒二十一年(1895)刻
本　一冊

610000－1042－0006596　綫851.47/759

隴遊草一卷　（清）□□撰　清抄本　一冊

610000－1042－0006597　綫851.471/148

石臼集前集九卷後集七卷　（清）邢昉撰　清康熙刻本　六冊

610000－1042－0006598　綫851.468/148
石臼集前集九卷　（清）邢昉撰　清光緒十八年(1892)刻本　四冊

610000－1042－0006599　綫851.47/148
石臼集前集九卷後集七卷　（清）邢昉撰　清高淳吳四寶堂木活字印本　六冊

610000－1042－0006600　綫847.9/641
樊山時文一卷　樊增祥撰　清光緒二十年(1894)刻本　一冊

610000－1042－0006601　綫847.2/190
義門先生集十二卷附錄一卷　（清）何焯撰　清宣統三年(1911)中華圖書館石印本　四冊

610000－1042－0006602　綫847.8/133
汪梅村先生集十二卷　（清）汪士鐸撰　清光緒七年(1881)刻本　四冊

610000－1042－0006603　綫851.47/039
蘭穀遺稿一卷　（清）顧德馨撰　（清）李嘉績輯　清光緒十五年(1889)西安李氏代耕堂刻本　一冊

610000－1042－0006604　綫851.478/463
梅影廬遺詩一卷憶梅詞一卷　（清）陳錫祺撰　清光緒十二年(1886)新城官署刻本　一冊

610000－1042－0006605　綫847.2/041
郝文忠公陵川文集三十九卷　（清）王鐸編訂　清乾隆五十九年(1794)刻本　十冊

610000－1042－0006606　綫851.476/459
碧城仙館詩鈔八卷　（清）陳文述撰　清嘉慶十一年(1806)刻本　二冊

610000－1042－0006607　綫847/011
試帖存稿二卷　（清）丁午撰　清光緒七年(1881)刻本　二冊

610000－1042－0006608　綫847/487
楓南山館遺集七卷　（清）莊受祺撰　清光緒元年(1875)刻本　二冊

610000－1042－0006609　綫851.47/570
補蹉跎齋詩一卷　（清）萬同倫撰　清光緒十一年(1885)長安刻本　一冊

610000－1042－0006610　綫847.8/285
璧沼集四卷　（清）胡元玉撰　清光緒十五年(1889)長沙梁益智書局刻本　一冊

610000－1042－0006611　綫851.477/232
棣華書屋詩鈔三卷　（清）周瀛撰　清光緒十七年(1891)涇陽周光霽堂刻本　一冊

610000－1042－0006612　綫851.4/237
周仙洲詩稿一卷試帖鈔一卷　（清）周瀛撰　清抄本　二冊

610000－1042－0006613　綫851.477/088
白圭堂詩鈔六卷　（清）江之紀撰　清光緒十九年(1893)刻本　四冊

610000－1042－0006614　綫851.476/271
詩緣不分卷惜琴室主人花燭詞不分卷　（清）南癡等撰　清光緒稿本　三冊

610000－1042－0006615　綫851.476/324
長真閣集六卷詩餘一卷　（清）席佩蘭撰　清光緒二十二年(1896)刻本　二冊

610000－1042－0006616　綫851.36/482
詩緣前編續四卷正編續十卷　（清）王曾祺撰　清光緒二十八年(1902)成都聊園刻本　四冊

610000－1042－0006617　綫847.8/407
不自慊齋漫存十二卷　（清）徐賡陛撰　清光緒三十一年(1905)刻本　十二冊

610000－1042－0006618　綫851.47/487
朗吟詩稿一卷附靜觀齋偶一卷　（清）李復心撰　清刻本　一冊

610000－1042－0006619　綫851.476/672
學讀書草一卷　（清）劉毓夑撰　清一樂山房抄本　一冊

610000－1042－0006620　綫847.5/450
都是春齋文集八卷　（清）張佑撰　清刻本　四冊

610000－1042－0006621　綫851.475/450
都是春齋韻語一卷春洋子年譜一卷　（清）張
佑撰　清刻本　二冊

610000－1042－0006622　綫善851.477/218
竹平安館詩集二卷　（清）孟煐撰　清稿本
一冊

610000－1042－0006623　綫851.478/218
竹平安館詩集二卷　（清）孟煐撰　清抄本
一冊

610000－1042－0006624　綫802.7/218
紫筠唅館試帖彙鈔□□卷　（清）孟煐撰　清
刻本　一冊　存二卷（三至四）

610000－1042－0006625　綫善847.2/500
海印樓集穫音十卷文稿□□卷　（清）溫自知
撰　清抄本　二冊　存十三卷（穫音十卷、文
稿五至七）

610000－1042－0006626　綫610.8/153
靜思堂三集一卷　（清）季爾慶撰　清嘉慶刻
本　一冊

610000－1042－0006627　綫847.9/232
欠泉庵文集二卷　（清）周煥樞撰　清光緒刻
本　二冊

610000－1042－0006628　綫857.47/265
紅樓夢詩一卷　（清）姜祺撰　清刻本　一冊

610000－1042－0006629　綫851.47/567
楊傲詩一卷　（清）楊傲撰　清抄本　一冊

610000－1042－0006630　綫848.3/210
畏廬文集一卷　林紓撰　清宣統二年（1910）
上海商務印書館鉛印本　一冊

610000－1042－0006631　綫847.8/448
晚晦齋文集□□卷　張元勳撰　清石印本
一冊　存一卷（三）

610000－1042－0006632　綫善078.84/340
梁啟超手稿不分卷　梁啟超撰　稿本　二冊

610000－1042－0006633　綫848.4/340
甲辰新民叢報彙編不分卷　梁啟超撰　清光

緒三十二年（1906）文會書社石印甲辰飲冰室
文集本　十二冊

610000－1042－0006634　綫848.4/340
飲冰室壬寅文集十六卷　梁啟超撰　清光緒
上海大中書局石印本　十六冊

610000－1042－0006635　綫851.374/671
二南遺音四卷續集一卷　（清）劉紹攽輯　清
乾隆二十八年（1763）劉氏傳經堂刻本　五冊

610000－1042－0006636　綫851.3/673
二南遺音四卷補遺一卷續集一卷　（清）劉紹
攽輯　清同治十二年（1873）劉氏傳經堂刻本
五冊

610000－1042－0006637　綫839.15/154
關中兩朝賦鈔二卷　（清）李元春選　清道光
十二年（1832）守樸堂刻本　二冊

610000－1042－0006638　綫839.15/154
關中兩朝詩鈔十二卷　（清）李元春選　清道
光十二年（1832）守樸堂刻本　七冊　存十一
卷（一至六、八至十二）

610000－1042－0006639　綫839.15/154
關中兩朝詩鈔補四卷續補一卷　（清）李元春
選　（清）南薰屏輯　清道光十六年（1836）刻
本　五冊

610000－1042－0006640　綫839.15/154
關中兩朝文鈔二十二卷道脈四種書十七卷
（清）李元春選　（清）石全潤輯錄　清道光十
二年（1832）刻本　五十冊

610000－1042－0006641　綫839.15/154
關中兩朝文鈔二十二卷　（清）李元春選
（清）石全潤輯錄　清道光十二年（1832）刻本
二十三冊

610000－1042－0006642　綫839.15/154
關中兩朝文鈔補六卷　（清）李元春評選　清
道光十六年（1836）守樸堂刻本　四冊　存五
卷（一、三至六）

610000－1042－0006643　綫851.47/449
鳳翔紀事詩一卷　（清）張兆棟撰　清光緒四

年(1878)粵東省城學院刻本　一冊

610000－1042－0006644　綫善 839.15/713

清麓稱觴記不分卷　（清）謝化南纂　清寫樣待刻本　一冊

610000－1042－0006645　綫 856.7/596

陝西校士錄不分卷　（清）趙惟熙輯　清光緒二十三年(1897)刻本　三冊

610000－1042－0006646　綫 856.7/596

陝西校士錄不分卷　（清）趙維熙輯　清光緒二十三年(1897)三原學署刻本　三冊

610000－1042－0006647　綫 086.15/154

西河古文錄八卷　（清）李元春輯　清道光十年(1830)西河書院刻本　四冊

610000－1042－0006648　綫 086.15/154

西河詩文錄八卷　（清）李元春輯　清道光十年(1830)西河書院刻本　八冊

610000－1042－0006649　綫 839.15/154

西河制藝錄二卷詩錄八卷　（清）李元春輯　清道光十年(1830)西河書院刻本　六冊

610000－1042－0006650　綫 830/533

原故文錄一卷詩錄一卷　（清）賀瑞麟輯　清光緒五年(1879)刻本　一冊

610000－1042－0006651　綫 839.15/533

原獻詩錄三卷　（清）賀瑞麟輯　清光緒五年(1879)刻本　三冊

610000－1042－0006652　綫 839.15/533

原獻文錄四卷詩錄三卷原故文錄一卷　（清）賀瑞麟輯　清光緒六年(1880)刻本　八冊

610000－1042－0006653　綫 851.47/212

長安本事詩一卷　（□）□□撰　清抄本　一冊

610000－1042－0006654　綫 852.4/288

長安宮詞一卷　（清）胡延輯　清光緒二十八年(1902)刻本　一冊

610000－1042－0006655　綫 835.7/165

詁經精舍文集十一卷　（清）阮元選訂　清嘉

慶六年(1801)刻本　五冊

610000－1042－0006656　綫 851.37/171

國朝杭郡詩輯十六卷　（清）吳顥輯　清嘉慶五年(1800)守惇堂刻本　八冊

610000－1042－0006657　綫 851.37/009

國朝杭郡詩三輯一百卷　（清）丁申　（清）丁丙編　清光緒十九年(1893)刻本　五十冊

610000－1042－0006658　綫 851.476/458

國朝湖州詩錄三十四卷　（清）陳焯編　（清）鄭佶參訂　清道光十年至十一年(1830－1831)刻本　十二冊

610000－1042－0006659　綫善 830/435

越風三十卷　（清）商盤評選　清乾隆三十四年(1769)王友新浴鳬山館刻本　十六冊

610000－1042－0006660　綫 830/755

碧漪集五卷　（清）譚新嘉輯　清宣統三年(1911)刻本　二冊

610000－1042－0006661　綫 835.7/632

莆風清籟集六十卷　（清）鄭王臣輯選　清乾隆五十一年(1786)刻本　二十冊

610000－1042－0006662　綫 851.36/315

大樔侯氏詩集二十三種　（清）侯資燦輯　清嘉慶二十四年(1819)刻本　四冊

610000－1042－0006663　綫 839.27/565

全蜀藝文志六十四卷　（明）楊慎編　清嘉慶二十二年(1817)張氏刻本　十六冊

610000－1042－0006664　綫 852.3/793

蜀十五家詞十七卷　吳虞輯　清宣統二年(1910)鉛印本　四冊

610000－1042－0006665　綫 851.37/533

蜀詩十五卷　（清）費經虞輯　清道光十三年(1833)鵝溪孫氏古棠書屋刻本　四冊

610000－1042－0006666　綫 851.37/444

國朝蜀詩略十二卷　（清）張沆輯　清咸豐九年(1859)刻本　六冊

610000－1042－0006667　綫 839.27/755

蜀秀集九卷 （清）譚宗浚選輯 清光緒五年
(1879)成都試院刻本 八冊

610000－1042－0006668 綫830.78/328

資州校士錄不分卷 （清）高培穀輯 清光緒
九年(1883)資州官廨刻本 八冊

610000－1042－0006669 綫846.9/570

徐州二遺民集十卷 （明）萬壽祺 （明）閻爾
梅撰 清光緒十九年(1893)刻本 四冊

610000－1042－0006670 綫835.7/168

貴池二妙集五十一卷 （清）吳應箕 （清）劉
城撰 劉世珩編輯 清光緒二十七年(1901)
劉氏唐石簃刻本 十冊

610000－1042－0006671 綫835.7/464

國朝金陵文鈔十六卷末一卷 陳作霖撰 清
光緒二十三年(1897)刻本 十六冊

610000－1042－0006672 綫851.37/486

吳會英才集二十卷 （清）畢沅輯 清刻本
四冊

610000－1042－0006673 綫851.37/486

吳會英才集二十四卷 （清）畢沅輯 清道光
刻本 四冊

610000－1042－0006674 綫839.21/381

國朝松陵詩徵二十卷 （清）袁景輅編 （清）
費周仁等輯 清乾隆三十二年(1767)刻本
八冊

610000－1042－0006675 綫839.21/381

國朝松陵詩徵二十卷 （清）袁景輅編 （清）
費周仁等輯 清乾隆三十二年(1767)刻本
十冊

610000－1042－0006676 綫839.21/227

海虞文徵三十卷 邵松年編 清光緒三十一
年(1905)上海鴻文書局石印本 十六冊

610000－1042－0006677 綫851.37/579

國朝海陵詩彙補遺不分卷 （清）鄒應庚輯
清抄本 一冊

610000－1042－0006678 綫672.1308/639

常州賦一卷 （清）褚邦慶編注 清光緒四年

(1878)刻本 一冊

610000－1042－0006679 綫851.37/444

京江耆舊集十三卷 （清）張學仁 （清）王豫
輯 清嘉慶二十三年(1818)刻本 十二冊

610000－1042－0006680 綫851.37/154

秦淮詩鈔二卷 （清）李鰲輯 清刻本 二冊

610000－1042－0006681 綫851.3/037

海虞詩苑十八卷 （清）王應奎編輯 清乾隆
二十四年(1759)古處堂刻本 六冊

610000－1042－0006682 綫831.7/038

江蘇詩徵一百八十三卷 （清）王豫輯 清道
光元年(1821)焦山海西庵詩徵閣刻本 四十
八冊

610000－1042－0006683 綫851.37/481

國朝畿輔詩傳六十卷 （清）陶樑輯 清道光
十九年(1839)紅豆樹館刻本 十六冊

610000－1042－0006684 綫839.11257/369

遵化詩存十卷補遺一卷 （清）孫贊元輯 清
光緒十三年(1887)合肥陳氏刻本 四冊

610000－1042－0006685 綫839.11/307

三賢文集十二卷 （清）張斐然等輯 清光緒
二十四年(1898)刻本 十二冊

610000－1042－0006686 綫847.8/430

津門古文所見錄四卷 （清）郭師泰編 （清）
華景安校刊 清光緒十八年(1892)刻本
四冊

610000－1042－0006687 綫835.7/171

學海堂集初集十六卷二集二十二卷三集二十
四卷四集二十八卷 （清）吳蘭修編校 清道
光五年(1825)啟秀山房刻本 四十冊

610000－1042－0006688 綫831.76/521

粵東三子詩鈔十四卷 （清）黃玉階編 清道
光二十二年(1842)廣州刻本 四冊

610000－1042－0006689 綫851.37/042

嶺南三大家詩選二十四卷 （清）王隼選 清
同治七年(1868)南海陳氏刻本 四冊

610000 - 1042 - 0006690　綫善 830/688

國朝山左詩鈔六十卷　（清）盧見曾選　清乾隆二十三年(1758)雅雨堂刻本　二十冊

610000 - 1042 - 0006691　綫 851.3/316

黔詩紀略三十三卷　（清）唐樹義等輯　清同治十二年(1873)刻本　八冊

610000 - 1042 - 0006692　綫 851.37/802

江左三大家詩鈔九卷　（清）顧有孝　（清）趙澐輯　清康熙六年(1667)雙門底廣雅堂刻本　六冊

610000 - 1042 - 0006693　綫 851.37/802

江左三大家詩鈔九卷　（清）顧有孝　（清）趙澐輯　清康熙六年(1667)刻本　三冊

610000 - 1042 - 0006694　綫 835.7/135

汪羅彭薛四家合鈔十五卷　（清）國學扶輪社輯　清宣統二年(1910)上海國學扶輪社鉛印本　六冊

610000 - 1042 - 0006695　綫 851.37/048

闕里孔氏詩鈔十四卷曲阜詩鈔八卷　（清）孔憲彝纂　清道光十六年(1836)刻本　六冊

610000 - 1042 - 0006696　綫 839.42/129

吉林紀事詩四卷　沈兆禔撰　清宣統三年(1911)金陵湯明書林聚珍書局鉛印本　二冊

610000 - 1042 - 0006697　綫 847.8/362

馬氏文粹六卷　（清）馬先登輯　清同治、光緒馬氏敦倫堂刻本　二冊

610000 - 1042 - 0006698　綫 851.37/598

趙氏淵源集十卷　（清）趙紹祖輯　清光緒十三年(1887)四川重慶府綦江縣小古墨齋刻本　五冊

610000 - 1042 - 0006699　綫 851.36/710

東嵐謝氏明詩略四卷　（清）謝世南編　清光緒十九年(1893)刻本　四冊

610000 - 1042 - 0006700　綫 851.341/610

讀雪山房唐詩鈔三十四卷　（清）管世銘輯　清光緒十二年(1886)湖北官書處刻本　十二冊

610000 - 1042 - 0006701　綫 835/439

文章選錄不分卷　（三國魏）曹丕等撰　清抄本　一冊

610000 - 1042 - 0006702　綫善 832/692

選賦六卷　（南朝梁）蕭統選　（明）郭明龍評點　明凌氏鳳笙閣刻本　六冊

610000 - 1042 - 0006703　綫善 830/692

梁昭明文選二十四卷　（南朝梁）蕭統選　（明）張鳳翼纂注　（明）盧之頤重訂　明天啓六年(1626)盧之頤刻本　八冊

610000 - 1042 - 0006704　綫 830/692

梁昭明文選二十四卷　（南朝梁）蕭統選　清康熙刻本　八冊

610000 - 1042 - 0006705　綫善 830/692

文選六十卷　（南朝梁）蕭統編　（唐）李善注　（清）何義門評點　清乾隆三十七年(1772)長洲葉氏海錄軒刻朱墨印本　三十六冊

610000 - 1042 - 0006706　綫 830/692

文選六十卷　（南朝梁）蕭統選　（唐）李善注　（清）何義門評點　清乾隆三十七年(1772)海錄軒刻本　十六冊

610000 - 1042 - 0006707　綫 830/692

文選六十卷　（南朝梁）蕭統選編　（唐）李善注　（清）何義門評點　清乾隆三十七年(1772)長洲葉氏海錄軒刻本　十一冊　缺六卷(三十四至三十九)

610000 - 1042 - 0006708　綫 830/692

文選六十卷　（南朝梁）蕭統輯　（唐）李善注　清同治八年(1869)湖北崇文書局刻本　二十四冊

610000 - 1042 - 0006709　綫 830/692

文選六十卷　（南朝梁）蕭統選　（唐）李善注　清同治八年(1869)金陵書局刻本　十冊

610000 - 1042 - 0006710　綫 830/692

文選六十卷　（南朝梁）蕭統輯　（唐）李善注　清光緒元年(1875)海錄軒刻本　十冊

610000 - 1042 - 0006711　綫 830/692

文選六十卷考異十卷 （南朝梁）蕭統編
（唐）李善注 清光緒六年(1880)四明林氏刻
本 二十四冊

610000－1042－0006712 綫 830/692
文選六十卷 （南朝梁）蕭統選編 （唐）李善
注 （清）何義門評點 清乾隆三十七年
(1772)長洲葉氏海錄軒刻本 十一冊 缺六
卷(三十四至三十九)

610000－1042－0006713 綫 830/692
文選六十卷 （南朝梁）蕭統選 （唐）李善注
（清）葉樹藩訂 清刻本 十六冊

610000－1042－0006714 綫 830/692
文選六十卷 （南朝梁）蕭統選 （唐）李善注
（清）葉樹藩訂 清刻本 十六冊

610000－1042－0006715 綫 830/692
文選五卷首一卷 （南朝梁）蕭統選 （唐）李
善注 考異一卷 （清）胡克家撰 清光緒十
四年(1888)同文書局石印本 六冊

610000－1042－0006716 綫 830/692
文選六十卷考異十卷 （南朝梁）蕭統選
（唐）李善注 清宣統三年(1911)上海會文堂
書局石印本 十六冊

610000－1042－0006717 綫 830/692
文選六十卷考異十卷 （南朝梁）蕭統選
（唐）李善注 清上海錦章圖書局石印本 十
六冊

610000－1042－0006718 綫 830/692
宋氏胡刻文選六十卷附考異十卷 （南朝梁）
蕭統選 （清）胡克家重校 清上海鴻文書局
石印本 十冊

610000－1042－0006719 綫 830/692
文選集評十七卷 （南朝梁）蕭統輯 （清）于
光華集 清乾隆三十七年(1772)刻本 十
二冊

610000－1042－0006720 綫 830/692
重訂文選集評十五卷 （南朝梁）蕭統選輯
（清）于光華集 清乾隆三十年(1765)有懷堂

刻本 十六冊

610000－1042－0006721 綫 830/692
重訂文選集評十五首一卷末一卷 （南朝梁）
蕭統輯 （清）于光華編次 清乾隆四十三年
(1778)刻本 十六冊

610000－1042－0006722 綫 830/692
重訂文選集評十五首一卷末一卷 （南朝梁）
蕭統輯 （清）于光華編次 清同治十一年
(1872)江蘇書局刻本 十六冊

610000－1042－0006723 綫 835.7/017
重訂文選集評十五卷 （清）于光華編 清刻
本 一冊 存一卷(十五)

610000－1042－0006724 綫 830/464
文選補遺四十卷首一卷 （宋）陳仁子輯
（宋）譚紹烈纂 清道光二十五年(1845)刻本
十六冊

610000－1042－0006725 綫 830/692
文選古字通疏證六卷 （清）薛傳均撰 清刻
本 二冊

610000－1042－0006726 綫 830/186
文選音義八卷 （清）余蕭客輯撰 清乾隆二
十三年(1758)靜勝堂刻本 四冊

610000－1042－0006727 綫 830/115
文選集釋二十四卷 （清）朱琦撰 清光緒元
年(1875)涇川朱氏梅村家塾漢口小萬卷齋刻
本 十二冊

610000－1042－0006728 綫 830/366
文選考異四卷 （清）孫志祖輯 清光緒十五
年(1889)番禺陶敦刻本 二冊

610000－1042－0006729 綫 830/366
文選李注補正四卷 （清）孫志祖輯 清光緒
十五年(1889)番禺陶敦刻本 二冊

610000－1042－0006730 綫 830/135
文選理學權輿八卷補一卷 （清）汪師韓撰
（清）孫志祖輯 清光緒十五年(1889)刻本
三冊 存七卷(二、四至八,補一卷)

610000－1042－0006731 綫 830/135

文選理學權輿八卷補一卷考異四卷李注補正四卷 (清)汪師韓撰 (清)孫志祖輯 清光緒十五年(1889)刻讀畫齋本 八冊

610000－1042－0006732 綫善 830/692

昭明文選六臣匯注疏解十九卷 (清)顧施禎撰 清康熙二十五年(1686)心耕堂刻本 十冊

610000－1042－0006733 綫 835.1/788

全上古三代秦漢三國六朝文七百四十六卷 (清)嚴可均校輯 清光緒十三年至十九年(1887－1893)廣雅書局刻本 一百冊

610000－1042－0006734 綫 835.1/788

全上古三代秦漢三國六朝文七百四十六卷 (清)嚴可均輯 清光緒二十年(1894)黃崗王氏刻本 九十冊 存六百七十卷

610000－1042－0006735 綫 835.3/788

全北齊文十卷全後周文二十四卷 (清)嚴可均校輯 清末民初石印本 三冊

610000－1042－0006736 綫 835.93/426

六朝文絜四卷 (清)許槤輯 清光緒三年(1877)南海馮焌光刻本 二冊

610000－1042－0006737 綫 835.93/426

六朝文絜四卷 (清)許槤輯 清光緒三年(1877)滬上刻本 一冊

610000－1042－0006738 綫 835.93/426

六朝文絜四卷 (清)許槤輯 清光緒三年(1877)讀有用書齋刻本 一冊

610000－1042－0006739 綫 835.93/426

六朝文絜四卷 (清)許槤評選 清光緒四年(1878)享金寶石齋刻本 一冊

610000－1042－0006740 綫 835.93/429

六朝文絜箋注十二卷 (清)許槤評選 (清)黎經誥箋注 清光緒十五年(1889)成都志古堂刻本 二冊

610000－1042－0006741 綫 830/288

六朝四家全集十八卷 (清)胡鳳丹編 清同治九年(1870)刻本 六冊

610000－1042－0006742 綫 832.3/362

六朝唐賦讀本不分卷 (清)馬傳庚選注 清光緒二年(1876)松林堂刻本 二冊

610000－1042－0006743 綫善 830/155

文苑英華一千卷 (宋)李昉等輯 明隆慶元年(1567)胡維新刻本 一百二冊

610000－1042－0006744 綫 830/320

文苑英華選六十卷 (清)宮夢仁選輯 清康熙四十一年(1702)刻本 二十冊

610000－1042－0006745 綫 830/065

古文苑九卷 (唐)□□輯 (清)飛青閣校 清光緒五年(1879)飛青閣刻本 三冊

610000－1042－0006746 綫 830/419

古文苑二十一卷 (宋)章樵注 清光緒十二年(1886)江蘇書局刻本 十冊

610000－1042－0006747 綫 830/419

古文苑二十一卷 (宋)章樵注 (清)李錫齡校刊 清刻本 四冊

610000－1042－0006748 綫 835/174

古文關鍵二卷 (宋)呂祖謙編 清同治十年(1871)退補齋刻本 二冊

610000－1042－0006749 綫 851.3/430

樂府詩集一百卷目錄二卷 (宋)郭茂倩編 清同治十三年(1874)刻本 十六冊

610000－1042－0006750 綫 851.3/430

樂府詩集一百卷目錄二卷 (宋)郭茂倩編 清同治十三年(1874)湖北崇文書局刻本 十六冊

610000－1042－0006751 綫 851.3/430

樂府詩集一百卷目錄二卷 (宋)郭茂倩編 清光緒元年(1875)湖北崇文書局刻本 十六冊

610000－1042－0006752 綫 835/710

謝疊山先生文章軌範七卷 (宋)謝枋得選 清光緒元年(1875)湖北崇文書局刻本 二冊

610000－1042－0006753 綫 851.34/031

瀛奎律髓四十九卷 (元)方回選 清康熙五

十二年(1713)吳氏刻本　八冊

610000－1042－0006754　綫善 830/367

徐文長先生秘集三卷　（明）徐渭選　明末書坊刻本　四冊

610000－1042－0006755　綫善 835/338

文編六十四卷　（明）唐順之輯　明天啓元年(1621)陳元素刻本　十一冊　存四十九卷（一至二十、二十六至三十七、四十八至六十四）

610000－1042－0006756　綫善 835/463

古文品外錄十二卷　（明）陳繼儒編選　明天啓五年(1625)朱蔚然刻本　六冊

610000－1042－0006757　綫善 851.3/470

古樂苑五十二卷衍錄三卷總目二卷前卷一卷　（明）梅鼎祚輯　明萬曆十九年(1591)呂胤昌刻本　二十冊

610000－1042－0006758　綫善 830/470

宛雅初編八卷　（明）梅鼎祚選輯　（清）施念曾　（清）張汝霖補輯　清乾隆施念曾刻本　一冊　存四卷(一至四)

610000－1042－0006759　綫善 830/669

文致不分卷　（明）劉越石選　明天啓元年(1621)閔元衢刻本　四冊

610000－1042－0006760　綫善 830/669

文致不分卷　（明）劉越石選　明刻本　四冊

610000－1042－0006761　綫善 830/730

古詩歸十五卷　（明）鍾惺　（明）譚元春評選　明蘇州刻本　一冊

610000－1042－0006762　綫善 851.373/730

名瑗詩歸三十六卷　（明）鍾惺評選　明刻本　十二冊

610000－1042－0006763　綫善 835.19/564

秦漢文鈔六卷　（明）閔日新等輯　明萬曆三十九年(1611)閔日新刻本　七冊

610000－1042－0006764　綫善 830.2/539

漢魏諸名家集二十二種一百三十一卷　（明）汪士賢編　明萬曆汪士賢刻本　三十八冊

610000－1042－0006765　綫善 830.2/444

漢魏六朝百三家集一百十八卷　（明）張溥輯　清光緒三年(1877)滇南唐氏刻本　一百二十冊

610000－1042－0006766　綫善 830/444

漢魏六朝百三家集一百十八卷　（明）張溥輯　清光緒五年(1879)信述堂刻本　一百冊

610000－1042－0006767　綫善 830.2/444

漢魏六朝百三家集一百十八卷　（明）張溥輯　清光緒刻本　四十四冊

610000－1042－0006768　綫善 835.9/501

金莖沆瀣不分卷　（明）湯桂楨選　明抄本　二冊

610000－1042－0006769　綫善 835/288

名世文宗三十卷　（明）胡時化選輯　（明）陳仁錫評正　明崇禎元年(1628)南城書林翁少麓刻本　十七冊

610000－1042－0006770　綫善 851.4/054

三家宮詞三卷　（明）毛晉輯　明天啓五年(1625)毛晉綠君亭刻本　三冊

610000－1042－0006771　綫善 851.3/054

三家宮詞三卷二家宮詞二卷　（明）毛晉輯　清上海掃葉山房石印本　一冊

610000－1042－0006772　綫善 835/450

古文必讀七卷　（明）張鼐評選　清刻本　三冊　存六卷(一至六)

610000－1042－0006773　綫善 851.341/039

古唐詩合解唐詩十四卷古詩四卷　（清）王堯衢注　清雍正十年(1732)三義堂刻本　五冊

610000－1042－0006774　綫善 851.341/039

古唐詩合解唐詩十二卷古詩四卷　（清）王堯衢注　清雍正十年(1732)刻本　一冊

610000－1042－0006775　綫善 851.341/039

古唐詩合解唐詩十二卷古詩四卷　（清）王堯衢注　清雍正十年(1732)刻本　五冊

610000－1042－0006776　綫善 851.341/039

古唐詩合解唐詩十二卷古詩四卷　（清）王堯

衢編注　清道光十七年(1837)刻本　六冊

610000－1042－0006777　綫851.341/039

古唐詩合解十二卷　(清)王堯衢注　清道光二十年(1840)崇順堂刻本　六冊

610000－1042－0006778　綫851.341/039

古唐詩合解唐詩十二卷古詩四卷　(清)王堯衢注　清西安忠興堂刻本　八冊

610000－1042－0006779　綫830.41/373

唐宋八大家文鈔　(唐)韓愈等撰　(明)茅坤批評　明刻本　三十冊

610000－1042－0006780　綫830.41/336

唐宋八家鈔八卷　(清)高嵣撰　清乾隆五十三年(1788)刻本　八冊

610000－1042－0006781　綫835.41/154

唐宋八家文選八卷附宋元諸家文選二卷　(清)李元春選　清刻本　六冊

610000－1042－0006782　綫835.41/130

唐宋八家文讀本三十卷　(清)沈德潛輯　清刻本　八冊　存二十卷(六至二十二、二十六至二十八)

610000－1042－0006783　綫835.41/130

唐宋八大家古文讀本三十卷　(清)沈德潛評點　(清)顧闇亭等編　清光緒二十四年(1898)上海江左書林石印本　五冊

610000－1042－0006784　綫835.41/325

御選唐宋文醇五十八卷　(清)高宗弘曆選訂　清乾隆三年(1738)武英殿刻本　二十冊

610000－1042－0006785　綫善851.341/068

御選唐宋詩醇四十七卷　(清)高宗弘曆選　清乾隆二十五年(1760)刻本　二十冊

610000－1042－0006786　綫851.341/468

御選唐宋詩醇四十七卷　(清)高宗弘曆選　清乾隆二十五年(1760)刻本　二十四冊

610000－1042－0006787　綫835.41/068

御選唐宋文醇五十八卷　(清)高宗弘曆選　清光緒三年(1877)浙江書局刻本　二十冊

610000－1042－0006788　綫851.341/468

御選唐宋詩醇四十七卷　(清)高宗弘曆選　清光緒七年(1881)浙江書局刻本　二十冊

610000－1042－0006789　綫851.341/297

唐宋詩醇擇錄二卷　(清)段玉裁選輯　清抄本　二冊

610000－1042－0006790　綫851.3/185

唐宋四家詩選二十一卷　(清)余元甲選輯　清康熙刻本　四冊

610000－1042－0006791　綫851.35/172

宋金元詩詠二十卷　(清)吳綺選　清康熙十七年(1678)刻本　十二冊

610000－1042－0006792　綫851.3/695

列朝詩集六集八十一卷　(清)錢謙益輯　清康熙絳雲樓刻本　二十五冊

610000－1042－0006793　綫851.3/695

列朝詩集乾集二卷甲集前編十一卷甲集二十二卷乙集八卷丙集十六卷丁集十六卷閏集六卷　(清)錢謙益輯　清宣統二年(1910)上海神州國光社鉛印本　五十六冊

610000－1042－0006794　綫善851.3/464

歷代題畫詩類一百二十卷　(清)陳邦彥輯　清康熙四十六年(1707)武英殿刻本　二十四冊

610000－1042－0006795　綫835/802

歷代經濟文編三十二卷　(清)顧炎武編　清光緒二十七年(1901)浙紹會文堂石印本　七冊　存二十一卷(五至九、十二至二十七)

610000－1042－0006796　綫835/366

山曉閣選古文全集三十二卷　(清)孫琮評　清康熙五年至十年(1666－1671)金閭天祿閣刻本　三十五冊

610000－1042－0006797　綫835/207

古文析義上編六卷　(清)林雲銘評注　清康熙二十一年(1682)刻本　六冊

610000－1042－0006798　綫835/207

古文析義六卷二編八卷　(清)林雲銘譯注

清道光十三年(1833)令德堂刻本　六冊

610000－1042－0006799　綫835/207

增訂古文析義合編十六卷　（清）林雲銘注
清愛蓮堂刻本　十六冊

610000－1042－0006800　綫835/244

天下才子必讀書十五卷末一卷　（清）金人瑞
選　清刻本　六冊　存十卷(二、四、六至七、
十至十五)

610000－1042－0006801　綫830/174

晚村先生八家古文精選八卷　（清）呂留良編
選　清康熙四十三年(1704)刻本　四冊

610000－1042－0006802　綫851.3/039

古詩箋三十二卷　（清）王士禎選　（清）聞人
倓箋　清乾隆三十一年(1766)芷蘭堂刻本
十六冊

610000－1042－0006803　綫851.3/039

古詩選三十二卷　（清）王士禎選　清康熙三
十六年(1697)刻本　五冊

610000－1042－0006804　綫851.3/039

古詩選三十二卷　（清）王士禎選　清同治五
年(1866)刻本　十冊

610000－1042－0006805　綫851.3/039

五言詩十七卷　（清）王士禎選　清乾隆三十
一年(1766)芷蘭堂刻本　五冊　存十五卷
(一至十五)

610000－1042－0006806　綫851.3/039

漁洋山人古詩選五言十七卷七言十五卷
（清）王士禎選　清同治五年(1866)金陵書局
刻本　十冊

610000－1042－0006807　綫851.3/411

本事詩十二卷　（清）徐釚輯　清康熙十一年
(1672)邵武徐氏刻本　二冊

610000－1042－0006808　綫851.3/411

本事詩十二卷　（清）徐釚輯　清康熙四十三
年(1704)刻本　六冊

610000－1042－0006809　綫851.3/411

本事詩十二卷　（清）徐釚輯　清乾隆二十二

年(1757)刻本　四冊

610000－1042－0006810　綫851.3/129

古詩源十四卷　（清）沈德潛選　清康熙四十
四年(1705)藜照山館刻本　四冊

610000－1042－0006811　綫851.3/129

古詩源十四卷　（清）沈德潛選　清康熙五十
八年(1719)芥子園刻本　六冊

610000－1042－0006812　綫851.3/129

古詩源十四卷　（清）沈德潛選　清光緒十七
年(1891)湖南思賢書局刻本　六冊　缺一卷
(十四)

610000－1042－0006813　綫851.3/129

古詩源十四卷　（清）沈德潛選　清尊經閣刻
本　六冊

610000－1042－0006814　綫830/651

古文雅正十四卷　（清）蔡世遠選評　清道光
八年(1828)刻本　四冊

610000－1042－0006815　綫830/651

古文雅正十四卷　（清）蔡世遠選評　清光緒
二十一年(1895)周正誼堂刻本　八冊

610000－1042－0006816　綫851.3/447

宛鄰書屋古詩錄十二卷　（清）張琦選輯　清
同治八年(1869)刻本　四冊

610000－1042－0006817　綫851.3/447

佩文齋詠物詩選不分卷　（清）張玉書等輯
清刻本　一冊

610000－1042－0006818　綫851.378/152

小學弦歌八卷　（清）李元度輯　清光緒八年
(1882)文昌書局刻本　四冊

610000－1042－0006819　綫830/367

續古文苑二十卷　（清）孫星衍編　清嘉慶十
二年(1807)刻本　八冊

610000－1042－0006820　綫830/367

續古文苑二十卷　（清）孫星衍編　清嘉慶十
七年(1812)冶城山館刻本　八冊

610000－1042－0006821　綫832/556

賦鈔箋略十五卷　（清）雷琳　（清）張杏濱箋
清乾隆三十一年(1766)刻本　八冊

610000－1042－0006822　綫832.7/802
賦學正鵠集釋十卷　（清）李元度輯　清光緒
十一年(1885)文昌書局刻本　六冊

610000－1042－0006823　綫832.7/802
賦學正鵠集釋十卷　（清）李元度輯　清光緒
十一年(1885)石渠山房刻本　三冊　存八卷
（一、四至十）

610000－1042－0006824　綫832/692
賦則四卷首一卷　（清）鮑桂星評選　清道光
二十六年(1846)金陵鄧廷楨刻本　二冊

610000－1042－0006825　綫善831/119
古詩肄及六卷唐詩肄及十八卷　（清）任璣選
清康熙二十一年(1682)刻本　五冊

610000－1042－0006826　綫善835.9/461
御定歷代賦彙一百四十卷外集二十卷逸句二
卷　（清）陳元龍編輯　清康熙四十五年
(1706)武英殿刻本　五十冊

610000－1042－0006827　綫043/055
分韻詩賦題解統編一百六卷　（清）王景曾編
清光緒十四年(1888)鴻文書局石印本
六冊

610000－1042－0006828　綫善851.3/802
詩林韶濩二十卷　（清）顧嗣立撰　清康熙四
十四年(1705)顧氏秀野草堂刻本　九冊　缺
二卷(三至四)

610000－1042－0006829　綫835/048
斯文精萃不分卷　（清）尹繼善輯　清乾隆二
十九年(1764)京都三槐堂書鋪刻本　六冊

610000－1042－0006830　綫830/515
斯文精萃不分卷　（清）尹繼善輯　清刻本
五冊

610000－1042－0006831　綫830/752
七種古文選四十四卷　（清）儲欣評選　清乾
隆五十一年(1786)福建寶章堂刻本　三十
六冊

610000－1042－0006832　綫835/319
古文眉詮七十九卷　（清）浦起龍編　清乾隆
九年(1744)刻本　十二冊

610000－1042－0006833　綫835/311
古文辭類纂七十四卷　（清）姚鼐纂　清同治
八年(1869)江蘇書局刻本　十二冊

610000－1042－0006834　綫835/311
古文辭類纂七十五卷　（清）姚鼐纂　清同治
八年(1869)向竹軒刻本　十六冊

610000－1042－0006835　綫835/311
古文辭類纂十五卷續古文辭類纂八卷　（清）
姚鼐纂　王先謙續纂　清光緒二十年(1894)
上海圖書集成局鉛印本　十冊

610000－1042－0006836　綫835/311
古文辭類纂七十四卷續古文辭類纂三十四卷
（清）姚鼐　王先謙纂　清光緒三十年
(1904)上海商務印書館鉛印本　十二冊

610000－1042－0006837　綫835/311
古文辭類纂十卷　（清）姚鼐纂　清光緒三十
三年(1907)上海商務印書館鉛印本　一冊

610000－1042－0006838　綫830/665
續古文辭類纂二十八卷　（清）黎庶昌輯　清
光緒十六年(1890)金陵書局刻本　八冊

610000－1042－0006839　綫835/311
古文辭類纂三編二十八卷　（清）姚鼐纂　清
光緒二十六年(1900)石印本　七冊　存二十
四卷(五至二十八)

610000－1042－0006840　綫851.3/457
歷朝名媛詩詞十二卷　（清）陸泉評選　清光
緒上海掃葉山房石印本　四冊

610000－1042－0006841　綫835.93/426
六朝文絜四卷　（清）許槤輯　清光緒三年
(1877)上海馮焌光刻本　二冊

610000－1042－0006842　綫835.93/426
六朝文絜四卷　（清）許槤輯　清光緒三年
(1877)滬上刻本　一冊

610000－1042－0006843　綫835.93/426

六朝文絜四卷　（清）許槤輯　清光緒三年
(1877)讀有用書齋刻本　一冊

610000－1042－0006844　綫835.93/426

六朝文絜四卷　（清）許槤評選　清光緒四年
(1878)享金寶石齋刻本　一冊

610000－1042－0006845　綫835.93/429

六朝文絜箋注十二卷　（清）許槤評選　（清）
黎經誥箋注　清光緒十五年(1889)成都志古
堂刻本　二冊

610000－1042－0006846　綫830/288

六朝四家全集十八卷　（清）胡鳳丹編　清同
治九年(1870)刻本　六冊

610000－1042－0006847　綫832.3/362

六朝唐賦讀本不分卷　（清）馬傳庚選注　清
光緒二年(1876)松林堂刻本　二冊

610000－1042－0006848　綫善835/409

古文淵鑒六十四卷　（清）徐乾學等編注　清
康熙二十四年(1685)武英殿刻本　二十四冊

610000－1042－0006849　綫835/409

古文淵鑒六十四卷　（清）徐乾學等編注　清
康熙二十四年(1685)刻本　三十二冊

610000－1042－0006850　綫835/409

古文淵鑒六十四卷　（清）徐乾學等編注　清
廣東孔氏刻本　三十二冊

610000－1042－0006851　綫835/031

古文約選十種　（清）方苞選　清康熙果親王
府刻本　一冊

610000－1042－0006852　綫831.17/788

山南詩選四卷　（清）嚴如煜輯　清光緒十三
年(1887)城固高萬鵬刻本　四冊

610000－1042－0006853　綫851.3/450

五言排律依永集八卷　（清）張九鉞箋釋　清
乾隆二十六年(1761)文陛齋刻本　四冊

610000－1042－0006854　綫835/017

古文分編集評初集五卷二集五卷三集八卷四
集四卷　（清）于光華編輯　清乾隆四十年
(1775)務本堂刻本　十五冊

610000－1042－0006855　綫835/611

閨式堂古文選釋二集十二卷　（清）臧岳輯
清雍正十二年(1734)古吳三樂齋刻本　六冊
存六卷(一至三、五、七至八)

610000－1042－0006856　綫835.9/658

忠雅堂評選四六法海八卷　（清）蔣士銓評選
清光緒十五年(1889)嶺南雲林閣刻本
八冊

610000－1042－0006857　綫121.33/329

歸餘鈔四卷　（清）高嵋輯評　清乾隆五十三
年(1788)刻本　八冊

610000－1042－0006858　綫851.3/304

詠物詩選八卷　（清）俞琰輯　清雍正二年
(1724)刻本　六冊

610000－1042－0006859　綫851.3/304

詠物詩選八卷　（清）俞琰輯　清雍正二年
(1724)刻本　六冊

610000－1042－0006860　綫851.3/222

詠物詩選注釋八卷　（清）易開緗　（清）孫溎
鳴輯注　清道光四年(1824)觀山堂刻本
八冊

610000－1042－0006861　綫851.3/222

詠物詩選注釋八卷　（清）易開緗　（清）孫溎
鳴輯注　清光緒十二年(1886)富有堂刻本
八冊

610000－1042－0006862　綫835/542

立雪軒評注古文集解八卷　（清）程德潤撰
（清）程廷贊增評　清乾隆二十八年(1763)程
氏光霽堂刻本　八冊

610000－1042－0006863　綫835.2/154

桐閣史漢文選二卷　（清）李元春評選　清道
光十九年(1839)刻本　二冊

610000－1042－0006864　綫830/157

桐閣詩賦選要十卷歷朝詩要六卷古今賦要四
卷　（清）李元春評選　清道光三十年(1850)
刻本　十冊

610000－1042－0006865　綫847.7/167

桐城吳氏古文讀本十二卷　（清）吳汝綸評選
清光緒三十二年（1906）上海文明書局鉛印本　四冊

610000－1042－0006866　綫851.3/129

詠史集八卷別集一卷　（清）汪元慎纂　清光緒五年（1879）鑄錯軒刻本　四冊

610000－1042－0006867　綫851.3/666

槐軒名家詩解二卷　（清）夏世欽撰　清光緒刻本　一冊　存一卷（上）

610000－1042－0006868　綫851.324/510

三十家詩鈔六卷首一卷末一卷　（清）曾國藩纂輯　（清）王定安增輯　清同治十三年（1874）傳忠書局刻本　六冊

610000－1042－0006869　綫851.3/510

三十家詩鈔六卷首一卷末一卷　（清）曾國藩纂　（清）王定安增輯　清同治十三年（1874）都門刻本　六冊

610000－1042－0006870　綫835/510

經史百家簡編二卷　（清）曾國藩纂　清同治十三年（1874）傳忠書局刻本　二冊

610000－1042－0006871　綫835/510

經史百家雜鈔二十六卷　（清）曾國藩纂　（清）李鴻章校　清光緒二年（1876）傳忠書局刻本　二十四冊

610000－1042－0006872　綫851.3/510

十八家詩鈔二十八卷　（清）曾國藩纂　（清）李鴻章審訂　（清）王定安校　清同治十三年（1874）傳忠書局刻本　二十八冊

610000－1042－0006873　綫832.7/433

七十家賦鈔六卷　（清）康紹鏞編　清光緒四年（1878）大成會刻本　四冊

610000－1042－0006874　綫832/802

律賦必以集二卷　（清）顧南雅評選　清道光十三年（1833）關中書院刻本　二冊

610000－1042－0006875　綫832.1277/601

律賦新編箋注四卷　（清）趙笠農　（清）趙子丹輯　（清）夏彥葆注　清同治九年（1870）金

閭小酉山房刻本　四冊

610000－1042－0006876　綫832.7/570

律賦標準四卷二集四卷　（清）葉祺昌評選
清光緒七年（1881）刻本　八冊

610000－1042－0006877　綫832.7/455

本朝試賦新硎五卷首一卷　（清）陸貽穀等輯
清乾隆二十九年（1764）金陵三多齋刻本　八冊

610000－1042－0006878　綫832.7/155

本朝試賦麗則四卷　（清）李光理等輯　清乾隆三十四年（1769）金陵三多齋刻本　八冊

610000－1042－0006879　綫851.3/040

八代詩選二十卷　王闓運選　清光緒七年（1881）四川尊經書局刻本　六冊

610000－1042－0006880　綫851.12/040

八代詩選二十卷　王闓運選　清章氏經濟堂刻本　十二冊

610000－1042－0006881　綫835/449

古文賞心集新編八卷　（清）張錚評注　清雍正十年（1732）古吳煥文堂刻本　八冊

610000－1042－0006882　綫835/709

古文賞音十二卷　（清）謝有煇纂　清康熙四十四年（1705）刻本　十二冊

610000－1042－0006883　綫835/337

古文翼八卷　（清）唐得宜編　清光緒十九年（1893）湖南經國書局刻本　十五冊

610000－1042－0006884　綫835/337

古文翼八卷　（清）唐得宜編　清光緒二十七年（1901）三元書局石印本　八冊

610000－1042－0006885　綫835/113

古文輯註八卷　（清）朱良玉編訂　清雍正十年（1732）光裕堂刻本　六冊　存六卷（一、三至六、八）

610000－1042－0006886　綫835/133

古文喈鳳新編八卷　（清）汪基輯　清雍正十一年（1733）學庫山房刻本　二冊

610000－1042－0006887　綫835/133

古文喈鳳新編八卷　（清）汪基輯　清雍正十一年(1733)聚盛堂刻本　四冊

610000－1042－0006888　綫835/133

古文喈鳳新編八卷　（清）汪基輯　清刻本　四冊

610000－1042－0006889　綫830/235

歷代宮閨文選二十六卷宮閨姓氏小錄一卷　（清）周壽昌輯　（清）許家怡重訂　清宣統三年(1911)上海群學社鉛印本　六冊

610000－1042－0006890　綫851.3/669

詩醇節錄一卷　（清）劉建韶輯　清道光二十二年(1842)刻本　一冊

610000－1042－0006891　綫822/449

分類賦學雞蹠集三十卷　（清）張維城輯　清道光十二年(1832)粲花吟館刻本　四冊　存十一卷(一至十一)

610000－1042－0006892　綫802.8/154

古文筆法百篇八卷　（清）李扶九編　清光緒七年(1881)上海尚古山房石印本　一冊

610000－1042－0006893　綫802.8/154

古文筆法百篇八卷　（清）李扶九編　清光緒二十九年(1903)石印本　四冊

610000－1042－0006894　綫835/170

古文讀本二卷　（清）吳汝綸評選　清光緒二十九年(1903)北京華新書局鉛印本　二冊

610000－1042－0006895　綫835/170

古文觀止十二卷　（清）吳秉權　（清）吳大職選　清光緒二十九年(1903)善成堂刻本　六冊

610000－1042－0006896　綫830/694

吳越錢氏傳芳集一卷　（清）錢泳輯　清嘉慶十五年(1810)刻本　一冊

610000－1042－0006897　綫835/461

古今小品八卷　（清）陳天定評選　清道光九年(1829)芸香堂刻本　八冊

610000－1042－0006898　綫851.34/486

千家詩輯鈔四卷　（清）善成堂書林重輯　清光緒五年(1879)刻本　一冊

610000－1042－0006899　綫851.3/489

千家詩輯鈔四卷　（清）崇雲閣重輯　清光緒九年(1883)崇雲閣刻本　一冊

610000－1042－0006900　綫851.3/039

千家詩輯鈔四卷　（清）王相選注　（清）任福祐重輯　清光緒十一年(1885)刻本　一冊

610000－1042－0006901　綫851.3/039

新鐫五言千家詩會義直解四卷諸名家百花詩一卷　（清）王相選注　（清）任福祐重輯　清嘉慶二十年(1815)刻本　一冊

610000－1042－0006902　綫851.3/039

五言千家詩會義直解二卷諸名家百花詩一卷　（清）王相選注　（清）任福祐重輯　清嘉慶二十二年(1817)刻本　一冊

610000－1042－0006903　綫851.3/039

新鐫五言千家詩會義直解二卷　（清）王相選注　清刻本　一冊

610000－1042－0006904　綫851.37/220

詩苑天聲應制集四卷　（清）范與良評選　清順治十六年(1659)旋采堂刻本　一冊　存三卷(一至三)

610000－1042－0006905　綫825.9/151

駢體文抄三十一卷　（清）李兆洛輯　清同治六年(1867)婁江徐氏刻本　八冊

610000－1042－0006906　綫835.7/632

盛世人文初集四卷　（清）鄭士範輯　清光緒三十二年(1906)鳳翔周正誼堂刻本　三冊　存三卷(一至三)

610000－1042－0006907　綫善830/521

四婦人集五卷　（清）黃丕烈校輯　清嘉慶沈氏古倪園嘯園刻本　四冊

610000－1042－0006908　綫835.6/426

明清文才調集不分卷　（清）許振褘編　（清）鄧輔綸參訂　清光緒十七年(1891)大梁東河行署刻本　十二冊

610000－1042－0006909　綫 851.04/463

增廣詩句題解彙編正續三編十二卷　（清）陳
劍芝　（清）葉湘秋初編　（清）顧芷卿
(清)朱春舫增輯　清同治十二年(1873)刻本
十二冊

610000－1042－0006910　綫 851.02/552

增廣詩句題解彙編四卷　（清）同文書局校訂
清光緒十年(1884)上海同文書局石印本
四冊

610000－1042－0006911　綫 851.02/777

增廣詩句題解彙編八卷姓氏考一卷　（清）寶
文書局編　清光緒二十年(1894)寶文書局石
印本　四冊

610000－1042－0006912　綫 851.04/214

新編詩句題解續集五卷　（清）東閣主人輯
清光緒十四年(1888)上海五彩石印本　二冊

610000－1042－0006913　綫 851.3/462

文選各家詩集四卷　（清）陳光明輯　清光緒
五年(1879)醉經堂刻本　一冊

610000－1042－0006914　綫 851.4415/161

諸家詠杜附錄二卷　（唐）杜甫撰　（清）仇兆
鰲輯注　清刻本　一冊

610000－1042－0006915　綫 803/737

古文雜抄不分卷　（唐）韓愈等撰　清末民初
抄本　八冊

610000－1042－0006916　綫 835/737

詩文雜抄一卷　（唐）韓愈等撰　清抄本
一冊

610000－1042－0006917　綫 802.84/793

中學文粹八卷　（清）蘇民編　清光緒三十年
(1904)上海商務印書館鉛印本　五冊

610000－1042－0006918　綫 802.84/210

中學國文讀本　林紓評選　清宣統元年至三
年(1909－1911)上海商務印書館鉛印本
十冊

610000－1042－0006919　綫 835.21/731

西漢文選四卷　（清）儲欣輯評　清光緒九年

(1883)靜遠堂刻本　二冊　存二卷(一至二)

610000－1042－0006920　綫 835.2/154

兩漢文選二卷附魏晉至隋文選一卷　（清）李
元春輯評　（清）張銘彝校刊　清刻本　一冊

610000－1042－0006921　綫 835.2/571

兩漢策要十二卷　（漢）董仲舒等撰　清光緒
十三年(1887)上海同文書局石印本　八冊

610000－1042－0006922　綫 851.32/155

漢詩評十卷　（清）李因篤音評　清康熙三十
二年(1693)刻本　四冊

610000－1042－0006923　綫 851.32/155

漢詩音註十卷　（清）李因篤評註　清光緒刻
本　四冊　存七卷(四至十)

610000－1042－0006924　綫 851.32/461

漢詩統箋四卷　（清）陳本禮箋　清嘉慶陳氏
裛露軒刻本　一冊

610000－1042－0006925　綫 830.351/377

謝法曹集一卷　（南朝宋）謝惠連撰　**袁陽源
集一卷**　（南朝宋）袁淑撰　清光緒十八年
(1892)善化蘭田章氏經濟堂刻本　一冊

610000－1042－0006926　綫善 830.41/044

元氏長慶集六十卷補遺六卷　（唐）元稹撰
白氏長慶集七十卷　（唐）白居易撰　明萬曆
三十二年至三十四年(1604－1606)馬元調寶
儉堂刻本　三十二冊

610000－1042－0006927　綫善 831.4/333

唐十二家詩十二卷　（明）楊一統編　明萬曆
十二年(1584)楊一統刻本　四冊

610000－1042－0006928　綫 851.341/244

貫華堂選批唐才子詩甲集八卷　（清）金人瑞
評選　清順治貫華堂刻本　六冊

610000－1042－0006929　綫善 851.341/433

御選唐詩三十二卷目錄三卷　（清）聖祖玄燁
選　（清）吳廷楨等纂注　清康熙五十二年
(1713)武英殿刻本　十五冊

610000－1042－0006930　綫 851.341/725

御選唐詩三十二卷目錄三卷　（清）聖祖玄燁

選　（清）陳廷敬等編注　清康熙五十二年
(1713)武英殿刻本　二十四冊

610000－1042－0006931　綫851.341/039
初唐四傑文集二十一卷　（唐）王勃等撰　清
光緒五年(1879)淮南書局刻本　三冊

610000－1042－0006932　綫851.341/129
唐詩別裁二十卷　（清）沈德潛選　清乾隆二
十八年(1763)刻本　六冊

610000－1042－0006933　綫851.341/129
唐詩別裁集二十卷　（清）沈德潛選　清乾隆
二十八年(1763)友德堂刻本　十冊

610000－1042－0006934　綫851.341/129
唐詩別裁二十卷　（清）沈德潛選　清道光十
八年(1838)刻本　十二冊

610000－1042－0006935　綫851.341/129
唐詩別裁集二十卷　（清）沈德潛選　（清）俞
汝昌注　清道光十八年(1838)富春堂刻本
十二冊

610000－1042－0006936　綫851.341/129
重訂唐詩別裁集二十卷　（清）沈德潛選　清
元聚堂刻本　八冊

610000－1042－0006937　綫851.341/129
唐詩別裁集引典備註二十卷　（清）沈德潛選
（清）俞汝昌註　清道光十八年(1838)刻本
六冊

610000－1042－0006938　綫851.341/129
唐詩別裁集引典備註二十卷　（清）沈德潛選
（清）俞汝昌增註　清道光十八年(1838)刻
本　十二冊

610000－1042－0006939　綫851.341/039
唐詩合解十二卷　（清）王堯衢注　清同治十
一年(1872)刻本　三冊

610000－1042－0006940　綫851.341/668
唐詩合選詳解十二卷　（清）劉大蔚注釋　清
光緒十四年(1888)刻本　四冊　存八卷(一
至八)

610000－1042－0006941　綫851.341/336

唐四家詩集二十一卷　（清）胡鳳丹輯　清光
緒十三年(1887)湖北官書處刻本　五冊

610000－1042－0006942　綫851.341/137
網師園唐詩箋十八卷　（清）宋宗元輯　清乾
隆三十二年(1767)尚絅堂刻本　八冊

610000－1042－0006943　綫851.341/041
王孟詩評九卷　（唐）王維　（唐）孟浩然撰
（宋）劉辰翁評　（明）李夢陽參評　清光緒五
年(1879)巴陵方氏碧琳琅館刻本　四冊

610000－1042－0006944　綫善830.41/737
韓文杜律二卷　（唐）韓愈　（唐）杜甫撰　明
閔齊伋刻本　二冊

610000－1042－0006945　綫851.341/132
杜韓詩句集韻八卷　（清）汪文柏輯　清光緒
八年(1882)姑蘇來青閣刻本　六冊

610000－1042－0006946　綫851.341/128
全唐近體詩鈔五卷　（清）沈裳錦選　清道光
二年(1822)姚文田刻本　二冊

610000－1042－0006947　綫851.341/128
全唐近體詩鈔五卷　（清）沈裳錦選　清光緒
十二年(1886)蒲圻但氏刻本　二冊

610000－1042－0006948　綫851.341/154
全唐詩九百卷　（清）曹寅等編　清康熙四十
六年(1707)刻本　一百二十冊

610000－1042－0006949　綫851.341/154
全唐詩九百卷　（清）曹寅等編　清光緒十三
年(1887)上海同文書局石印本　三十二冊

610000－1042－0006950　綫851.341/412
御定全唐詩錄一百卷　（清）徐倬　（清）徐元
正輯　清康熙四十五年(1706)刻本　二十三
冊　缺一卷(一)

610000－1042－0006951　綫善835.41/571
全唐文一千卷　（清）董誥等輯　清嘉慶十九
年(1814)揚州全唐文局刻本　三百二十冊

610000－1042－0006952　綫851.341/041
王右丞詩集二卷孟襄陽詩集二卷　（唐）王維
（唐）孟浩然撰　清康熙刻本　一冊

610000－1042－0006953　綫851.341/039
十種唐詩選　（清）王士禎刪纂　清康熙南芝
堂刻本　八冊

610000－1042－0006954　綫851.341/039
十種唐詩選　（清）王士禎刪纂　清康熙南芝
堂刻本　三冊

610000－1042－0006955　綫822/619
唐律賦鈔一卷　（清）潘遵祁輯　清道光二十
八年(1848)刻本　一冊

610000－1042－0006956　綫822/619
唐律賦鈔一卷　（清）潘遵祁輯　清道光二十
八年(1848)刻本　一冊

610000－1042－0006957　綫835.9/461
唐駢體文鈔十七卷　（清）陳均輯　清光緒二
十一年(1895)刻本　六冊

610000－1042－0006958　綫851.34/054
唐七律選四卷唐人試帖四卷　（清）毛奇齡撰
　清康熙四十一年(1702)學者堂刻本　四冊

610000－1042－0006959　綫851.341/090
唐人五十家小集　（清）江標輯　清光緒二十
一年(1895)元和江氏靈鶼閣刻本　十六冊

610000－1042－0006960　綫851.341/091
唐人五十家小集　（清）江標輯　清宣統三年
(1911)刻本　十四冊

610000－1042－0006961　綫善851.341/152
唐僧弘秀集十卷　（宋）李龏選輯　明嘉靖刻
本　四冊

610000－1042－0006962　綫851.341/217
唐詩成法十二卷　（清）屈復撰　清乾隆八年
(1743)弱水草堂刻本　四冊

610000－1042－0006963　綫851.341/217
唐詩成法十二卷　（清）屈復撰　清光緒八年
(1882)黔南節署刻本　四冊

610000－1042－0006964　綫851.341/217
唐詩成法八卷附佳句一卷　（清）屈復撰　清
刻本　三冊　存六卷(三至八)

610000－1042－0006965　綫851.34/218
唐詩分韻精華不分卷　（清）孟煥編　清孟煥
抄本　一冊

610000－1042－0006966　綫851.341/372
唐詩鼓吹十卷　（唐）柳宗元等撰　（元）郝天
挺注　清乾隆十三年(1748)刻本　五冊

610000－1042－0006967　綫851.341/372
唐詩鼓吹十卷　（元）郝天挺注　（明）廖文炳
解　清乾隆二十七年(1762)光霽堂刻本
六冊

610000－1042－0006968　綫851.341/372
唐詩鼓吹箋注十卷　（元）郝天挺注　（明）廖
文炳解　清康熙二十七年(1688)懷恩堂刻本
六冊

610000－1042－0006969　綫851.341/372
東巖草堂評訂唐詩鼓吹十卷　（元）郝天挺注
　（清）朱三錫評　清康熙二十七年(1688)刻
本　十冊

610000－1042－0006970　綫善851.341/155
唐詩觀瀾集二十四卷　（清）李因培選評
（清）凌應曾注　清乾隆二十四年(1759)刻本
十冊

610000－1042－0006971　綫善851.341/286
唐詩貫珠六十卷　（清）胡以梅箋　清康熙五
十四年(1715)蘇州胡氏素心堂刻本　二十
四冊

610000－1042－0006972　綫善851.341/730
唐詩歸三十六卷　（明）鍾惺　（明）譚元春評
選　明刻本　八冊

610000－1042－0006973　綫善851.341/521
唐詩紀一百七十卷　（明）黃德水　（明）吳琯
輯　明萬曆十三年(1585)吳琯刻本　三十
六冊

610000－1042－0006974　綫善851.34/170
唐詩紀一百七十卷　（明）黃德水　（明）吳琯
輯　明萬曆十四年(1586)刻本　七冊　存二
十九卷(初唐四十九至五十二、五十七至六

十,盛唐二十一至二十八、四十五至四十八、一百三至一百五;目錄七至十二)

610000－1042－0006975　綫善 830/303
唐詩正三十卷 (清)俞南史 (清)汪森選 清康熙十四年(1675)蘇州天祿閣刻本　二十四冊

610000－1042－0006976　綫善 851.341/611
唐詩應試註釋七卷 (清)臧岳編　清乾隆二十四年(1759)古吳三樂齋刻本　六冊

610000－1042－0006977　綫善 851.441/611
唐詩類釋十九卷 (清)臧岳輯 (清)毛西河參評　清錫環堂刻本　八冊

610000－1042－0006978　綫善 851.341/611
應試唐詩類釋十九卷 (清)臧岳輯　清初刻本　六冊

610000－1042－0006979　綫善 851.341/611
應試唐詩類釋十九卷 (清)臧岳輯　清乾隆三十九年(1774)刻本　六冊

610000－1042－0006980　綫善 851.341/611
應試唐詩類釋十九卷 (清)臧岳輯　清乾隆四十年(1775)刻本　六冊

610000－1042－0006981　綫善 851.341/328
唐詩品彙九十卷拾遺十卷 (明)高棅輯　明萬曆刻本　二十二冊

610000－1042－0006982　綫善 851.341/463
唐詩三百首補注八卷 (清)陳婉俊輯　清光緒十七年(1891)刻本　二冊

610000－1042－0006983　綫善 851.341/017
續選唐詩三百首 (清)于慶元輯　清道光十七年(1837)刻本　一冊

610000－1042－0006984　綫善 851.341/017
續選唐詩三百首 (清)于慶元輯　清永順堂刻本　一冊

610000－1042－0006985　綫善 851.341/017
唐詩三百首續選 (清)于慶元輯　清光緒十一年(1885)湖南長沙文昌書局刻本　一冊

610000－1042－0006986　綫善 851.341/017
唐詩三百首續選 (清)于慶元輯　清刻本　一冊

610000－1042－0006987　綫善 851.341/787
唐詩三百首注疏六卷 (清)孫洙編 (清)章燮注　清道光十五年(1835)永順堂刻本　三冊

610000－1042－0006988　綫善 851.341/787
唐詩三百首注疏二卷 (清)孫洙編 (清)章燮注　清古香書屋鉛印本　二冊

610000－1042－0006989　綫善 851.341/017
唐詩三百首注釋六卷 (清)于慶元輯　清光緒十年(1884)石渠山房刻本　三冊　存四卷(一至四)

610000－1042－0006990　綫善 851.341/787
唐詩三百首注釋六卷 (清)孫洙輯　清光緒十一年(1885)長沙文昌書局刻本　五冊

610000－1042－0006991　綫善 851.341/169
唐詩選六卷首一卷補遺一卷 (清)吳翌鳳輯　清嘉慶十年(1805)滄浪吟榭刻本　六冊

610000－1042－0006992　綫善 851.341/039
唐詩選六卷 王闓運選輯　清光緒三年(1877)成都尊經書局刻本　十四冊

610000－1042－0006993　綫善 830/802
唐詩英華二十二卷 (清)顧有孝選　清順治十四年(1657)顧氏寧遠堂刻本　十冊

610000－1042－0006994　綫善 830/259
唐詩韻匯□□卷 (明)施端教輯　清康熙刻本　二十四冊　存一卷(八十七)

610000－1042－0006995　綫善 851.341/171
唐詩選勝直解不分卷 (清)吳烶選注　清乾隆刻本　六冊

610000－1042－0006996　綫善 851.341/036
王荊公唐百家詩選二十卷 (宋)王安石選編　清康熙雙清閣刻本　八冊

610000－1042－0006997　綫善 851.34/807
中晚唐詩紀行本三十一家秘本三十一家

（清）龔賢編　清康熙龔賢刻本　四十冊

610000 – 1042 – 0006998　綫851.341/159

中晚唐詩叩彈集十二卷續集三卷　（清）杜詔
（清）杜庭珠集　清康熙四十三年(1704)采
山亭刻本　二冊　存五卷(一至二、六至八)

610000 – 1042 – 0006999　綫851.341/159

中晚唐詩叩彈集十二卷續集三卷　（清）杜詔
（清）杜庭珠集　清康熙四十三年(1704)寶
仁堂刻本　六冊

610000 – 1042 – 0007000　綫851.4341/159

中晚唐詩叩彈集十二卷續集三卷　（清）杜詔
（清）杜庭珠集　清康熙刻本　六冊

610000 – 1042 – 0007001　綫851.341/159

中晚唐詩叩彈續集三卷　（清）杜詔　（清）杜
庭珠集　清康熙四十三年(1704)采山亭張玉
清刻本　一冊

610000 – 1042 – 0007002　綫851.3/152

中晚唐詩主客圖二卷　（清）李懷民輯　清石
印本　二冊

610000 – 1042 – 0007003　綫851.341/332

刪訂唐詩解二十四卷　（清）唐汝詢選釋
(清)吳昌祺評定　清康熙四十一年(1702)誦
懿堂刻本　六冊

610000 – 1042 – 0007004　綫835.41/452

唐文續拾十六卷　（清）陸心源輯　清刻本
六冊

610000 – 1042 – 0007005　綫851.341/409

而菴說唐詩二十二卷首一卷　（清）徐增撰
清乾隆二十三年(1758)文茂堂刻本　六冊
存十六卷(一至七、十四至二十二)

610000 – 1042 – 0007006　綫851.341/409

而菴說唐詩二十二卷首一卷　（清）徐增撰
清乾隆二十三年(1758)文茂堂刻本　二冊
缺一卷(首一卷)

610000 – 1042 – 0007007　綫851.341/409

而菴說唐詩詳解二十二卷　（清）徐增撰　清
乾隆二十四年(1759)崇德堂刻本　八冊

610000 – 1042 – 0007008　綫851.341/395

河岳英靈集二卷　（唐）殷璠輯　清光緒四年
(1878)遼陽賴豐烈揚州刻本　二冊

610000 – 1042 – 0007009　綫830.41/313

唐文粹一百卷　（宋）姚鉉輯　清光緒九年
(1883)江蘇書局刻本　二十冊

610000 – 1042 – 0007010　綫830.41/313

唐文粹一百卷　（宋）姚鉉輯　清光緒九年
(1883)江蘇書局刻本　十六冊

610000 – 1042 – 0007011　綫830.41/313

文粹一百卷補遺二十六卷　（宋）姚鉉輯　清
光緒十六年(1890)杭州許氏榆園刻本　二
十冊

610000 – 1042 – 0007012　綫851.341/331

唐中興閒氣集二卷　（唐）高仲武輯　清光緒
武進費氏刻本　二冊

610000 – 1042 – 0007013　綫851.34104/124

唐詩金粉十卷　（清）沈炳震輯　清雍正二年
(1724)刻本　八冊

610000 – 1042 – 0007014　綫851.34104/124

唐詩金粉十卷　（清）沈炳震輯　清光緒十四
年(1888)蜚英館石印本　二冊

610000 – 1042 – 0007015　綫851.341/430

唐詩緯二十八卷　（清）方玉潤編　清刻本
十一冊　存二十六卷(三至二十八)

610000 – 1042 – 0007016　綫830.41/348

唐人三家集二十八卷　（清）秦思復輯　清道
光十年(1830)江都秦氏石研齋刻本　十二冊

610000 – 1042 – 0007017　綫851.341/039

唐賢三昧集三卷　（清）王士禎編　清康熙二
十七年(1688)刻本　一冊

610000 – 1042 – 0007018　綫851.433/236

十六國宮詞二卷　（清）周昇撰並注　清道光
十二年(1832)刻本　一冊

610000 – 1042 – 0007019　綫善851.341/315

才調集十卷　（五代）韋縠輯　（清）馮舒
（清）馮班評點　清康熙四十三年(1704)汪文

珍垂雲堂刻本　四冊

610000－1042－0007020　綫善851.341/315
才調集十卷　（五代）韋縠輯　（清）馮舒
（清）馮班評點　清康熙四十三年(1704)汪文
珍垂雲堂刻本　四冊

610000－1042－0007021　綫851.341/315
才調集十卷　（五代）韋縠輯　（清）馮舒
（清）馮班評點　清康熙垂雲堂刻本　六冊

610000－1042－0007022　綫847/426
才調集十卷　（五代）韋縠輯　（清）許振褘集
評　清光緒十七年(1891)刻本　十一冊

610000－1042－0007023　綫善851.341/315
才調集箋注十卷　（五代）韋縠輯　（清）吳兆
宜箋注　清抄本　六冊

610000－1042－0007024　綫851.341/315
才調集箋注十卷　（五代）韋縠輯　清抄本
六冊

610000－1042－0007025　綫851.341/315
才調集補注十卷　（五代）韋縠輯　（清）殷元
勳箋注　（清）宋邦綏補注　清光緒二十年
(1894)江蘇書局刻本　六冊

610000－1042－0007026　綫852.37/487
十國宮詞一卷　（清）莊師洛註　清嘉慶九年
(1804)刻本　一冊

610000－1042－0007027　綫852.348/168
十國宮詞一百首　（清）吳省蘭輯　清上海掃
葉山房石印本　一冊

610000－1042－0007028　綫851.4/804
十國雜事詩十七卷敘目二卷　（清）饒智元撰
清光緒十七年(1891)刻本　一冊

610000－1042－0007029　綫善835/404
新刊國朝二百家名賢文粹三百卷　（宋）□□
輯　宋慶元三年(1197)四川眉山咸陽書隱齋
刻本　一冊　存六頁(卷一百三十八第七葉、
卷一百三十九第四至八葉)

610000－1042－0007030　綫830.51/279
三宋人集　（清）方功惠編　清光緒七年

(1881)巴陵方氏碧琳琅館刻本　六冊

610000－1042－0007031　綫830.51/790
三蘇全集四種一百二十二卷　（宋）蘇洵等撰
（清）弓翊清編　清道光十二年至十三年
(1832－1833)眉州三蘇祠刻本　七十九冊

610000－1042－0007032　綫845.1/790
三蘇策論十二卷　（宋）蘇洵等撰　（清）張紹
齡編　清光緒二十七年(1901)上海書局石印
本　六冊

610000－1042－0007033　綫851.35/438
宋百家詩二十卷　（清）曹廷棟輯　清乾隆六
年(1741)二六書堂刻本　二十冊

610000－1042－0007034　綫851.351/129
宋詩別裁八卷　（清）沈德潛選　清刻本
二冊

610000－1042－0007035　綫851.351/448
宋詩別裁八卷　（清）張景星等點閱　清乾隆
刻本　六冊

610000－1042－0007036　綫851.351/448
宋詩別裁八卷　（清）張景星等點閱　清乾隆
刻本　八冊

610000－1042－0007037　綫851.351/448
宋詩別裁八卷　（清）張景星等點閱　清乾隆
刻本　六冊

610000－1042－0007038　綫善851.351/168
宋詩鈔初集一百六卷　（清）吳之振輯　清康
熙十年(1671)吳之振鑒古堂刻本　二十四冊

610000－1042－0007039　綫851.351/170
宋詩鈔初集一百六卷　（清）吳之振　（清）吳
爾堯同選　清康熙吳之振鑒古堂刻本　三
十冊

610000－1042－0007040　綫851.351/233
宋四名家詩　（清）周之鱗　（清）柴升輯　清
刻本　四冊

610000－1042－0007041　綫830.51/174
宋文鑑一百五十卷　（宋）呂祖謙輯　清光緒
三十二年(1906)江蘇書局刻本　二十四冊

610000－1042－0007042　綫 835.5/795

輯宋四書五經義式不分卷　（清）蘇兆奎輯　清光緒二十七年(1901)華陽蘇氏刻本　一冊

610000－1042－0007043　綫 830.514/127

沈氏三先生文集六十二卷附錄一卷　（宋）沈遘等撰　（清）高布輯　清光緒二十二年(1896)浙江書局刻本　十冊　存四十八卷（一至十三、二十八至六十二）

610000－1042－0007044　綫 830.52/571

南宋文錄二十四卷　（清）董兆熊輯　清光緒十七年(1891)蘇州書局刻本　六冊

610000－1042－0007045　綫 830.52/487

南宋文苑七十卷外編四卷　（清）莊仲方編　清光緒十四年(1888)江蘇書局刻本　十六冊

610000－1042－0007046　綫 851.37/127

南宋雜事詩七卷　（清）沈嘉轍等撰　清同治十一年(1872)淮南書局刻本　四冊

610000－1042－0007047　綫 851.37/127

南宋雜事詩七卷　（清）沈嘉轍等撰　清武林芹香齋刻本　八冊

610000－1042－0007048　綫 830.55/042

遼文萃七卷遼史藝文志補證一卷　王仁俊譯　清光緒三十年(1904)刻本　一冊

610000－1042－0007049　綫善 851.356/044

中州集十卷中州樂府集一卷　（金）元好問選　明汲古閣刻本　十冊

610000－1042－0007050　善 851.356/044

中州集十卷中州樂府集一卷　（金）元好問選　明汲古閣刻本　十二冊

610000－1042－0007051　綫善 851.356/433

御訂全金詩增補中州集七十二首二卷　（清）郭元釪輯　清康熙五十年(1711)武英殿刻本　二十冊

610000－1042－0007052　綫 851.3/802

金詩選四卷　（清）顧奎光選輯　（清）陶玉禾評　清乾隆十六年(1751)刻本　四冊

610000－1042－0007053　綫 851.3/802

金詩選四卷元詩選六卷補遺一卷　（清）顧奎光選輯　（清）陶瀚　（清）陶玉禾參評　清乾隆刻本　十冊

610000－1042－0007054　綫 830.56/487

金文雅十六卷　（清）莊仲方編　清光緒十七年(1891)江蘇書局刻本　四冊

610000－1042－0007055　綫善 830.57/793

元文類七十卷　（元）蘇天爵選　明嘉靖十六年(1537)晉藩刻本　四十冊

610000－1042－0007056　綫善 830.57/793

元文類七十卷　（元）蘇天爵選　明修德堂刻本　二十冊

610000－1042－0007057　綫 830.57/793

元文類七十卷目錄三卷　（元）蘇天爵編　清光緒十五年(1889)江蘇書局刻本　十冊

610000－1042－0007058　綫善 851.357/054

元人十種詩　（明）毛晉輯　明崇禎十一年(1638)毛晉汲古閣刻本　三十六冊

610000－1042－0007059　綫 851.357/448

元詩百一鈔八卷補遺一卷　（清）張景星等點閱　清乾隆二十九年(1764)寶仁堂刻本　四冊

610000－1042－0007060　綫 851.357/448

元詩別裁集八卷補遺一卷　（清）張景星評選　清務本堂刻本　四冊

610000－1042－0007061　綫 851.357/802

元詩選十集　（清）顧嗣立輯　清康熙三十三年(1694)長洲顧氏秀野草堂刻本　三十九冊

610000－1042－0007062　綫 851.357/802

元詩選六卷補遺一卷　（清）顧奎光選輯　（清）陶瀚　（清）陶玉禾評　清乾隆十六年(1751)刻本　八冊

610000－1042－0007063　綫 851.357/802

元詩選六卷補遺一卷　（清）顧奎光選輯　（清）陶瀚　（清）陶玉禾評　清乾隆十六年(1751)錫山顧氏刻本　四冊

610000－1042－0007064　綫善 851.36/326

槎軒集十卷　（明）高啟撰　**眉庵集十二卷**
（明）楊基撰　**靜居集六卷**　（明）張羽撰　清
孟煥抄本　十冊

610000 – 1042 – 0007065　綫善 836.16/802

鍥熙朝名公書啟連腴十六卷　（明）顧起元輯
　（明）李之藻校釋　明萬曆三十九年(1611)
萃慶堂刻本　七冊　存十四卷(一至八、十一
至十六)

610000 – 1042 – 0007066　綫善 835.6/464

明文奇賞四十卷　（明）陳仁錫評選　明天啓
三年(1623)陳仁錫刻本　二十冊

610000 – 1042 – 0007067　綫善 830/130

增定國朝館課經世宏辭十五卷　（明）王錫爵
　（明）沈一貫輯　明萬曆十八年(1590)南京
周曰校萬卷樓刻本　一冊　存二卷(一至二)

610000 – 1042 – 0007068　綫善 830/196

皇明文徵七十四卷　（明）何喬遠輯　明崇禎
刻本　八冊　存十四卷(十三、二十一至二十
二、四十一至五十一)

610000 – 1042 – 0007069　綫 830.6/542

皇明文徵七十四卷　（明）何喬遠輯　明崇禎
刻本　八冊　存十四卷(十三、二十一至二十
二、四十一至五十一)

610000 – 1042 – 0007070　綫善 830/730

明詩歸十卷補遺一卷　（明）鍾惺　（明）譚元
春輯　（清）王汝南增補　清刻本　十冊

610000 – 1042 – 0007071　綫善 851.369/118

明詩綜一百卷　（清）朱彝尊錄　（清）汪森緝
評　清康熙六峰閣刻本　三十二冊

610000 – 1042 – 0007072　綫善 851.369/447

明詩綜一百卷　（清）朱彝尊錄　（清）汪森緝
評　清康熙四十四年(1705)六峰閣刻本　二
十二冊

610000 – 1042 – 0007073　綫善 851.368/221

明末四百家遺民詩十六卷附近青堂詩一卷
（清）卓爾堪選輯　清末民初有正書局石印本
八冊

610000 – 1042 – 0007074　綫 851.36/115

明人詩鈔正集十四卷續集十四卷　（清）朱琰
編　清乾隆二十五年(1760)刻本　八冊

610000 – 1042 – 0007075　綫 851.36/132

明十三家詩選初集八卷二集八卷　（清）汪瑞
輯　清刻本　八冊

610000 – 1042 – 0007076　綫 851.36/129

明詩別裁集十二卷　（清）沈德潛　（清）周準
輯　清務本堂刻本　六冊

610000 – 1042 – 0007077　綫 851.36/129

明詩別裁集十二卷　（清）沈德潛　（清）周準
輯　清元聚堂刻本　六冊

610000 – 1042 – 0007078　綫 851.36/129

明詩別裁集十二卷　（清）沈德潛　（清）周準
輯　清友德堂刻本　六冊

610000 – 1042 – 0007079　綫 830.6/339

明文粹十六卷　（清）梁善長選　清乾隆二十
四年(1759)刻本　十冊

610000 – 1042 – 0007080　綫 835.6/726

明文在一百卷　（清）薛熙纂　清光緒十五年
(1889)江蘇書局刻本　十冊

610000 – 1042 – 0007081　綫 856.7/328

明文鈔初編不分卷　（清）高塘輯　清乾隆五
十一年(1786)刻本　十七冊

610000 – 1042 – 0007082　綫 856.7/419

明文才調集不分卷國朝文才調集不分卷
(清)許振褘編　清光緒十七年(1891)大梁東
河行署刻本　十一冊　缺一冊(八)

610000 – 1042 – 0007083　綫 852.368/348

啟禎宮詞二卷　（清）秦蘭徵　（清）王譽昌撰
清嘉慶十六年(1811)瞿紹基鐵琴銅劍樓刻
本　一冊

610000 – 1042 – 0007084　綫 835.7/459

正氣集三卷　（清）陳慶林輯　清光緒三十年
(1904)吳江陳氏刻本　三冊

610000 – 1042 – 0007085　綫 082/570

陸陳兩先生詩文鈔二十八卷　（清）葉裕仁編

輯　清光緒六年(1880)鎮洋繆朝荃凝修堂刻本　八冊

610000 – 1042 – 0007086　綫839.23/134
蓮漪文鈔八卷　(清)汪曰楨輯　清咸豐刻本　二冊

610000 – 1042 – 0007087　綫851.3/103
春雲集六卷首一卷末一卷　(清)成瑞輯　清道光九年(1829)刻本　二冊

610000 – 1042 – 0007088　綫善835.7/315
國朝三家文鈔三種三十二卷　(清)侯方域等撰　(清)宋犖選　清康熙三十三年(1694)刻本　十二冊

610000 – 1042 – 0007089　綫831.7/037
湖海詩傳四十六卷　(清)王昶輯　清嘉慶八年(1803)三泖漁莊刻本　十二冊

610000 – 1042 – 0007090　綫831.7/037
湖海詩傳四十六卷　(清)王昶輯　清同治四年(1865)刻本　二十冊

610000 – 1042 – 0007091　綫835.7/037
湖海文傳七十五卷　(清)王昶輯　清道光十九年(1839)經訓堂刻同治五年(1866)印本　十六冊

610000 – 1042 – 0007092　綫善857.1/598
寄園七夕集字詩一卷　(清)趙吉士輯　清康熙三十六年(1697)趙吉士刻本　二冊

610000 – 1042 – 0007093　綫851.3/244
金鈴集約抄□□卷　(□)□□輯　清末民初孟雲帆抄本　一冊

610000 – 1042 – 0007094　綫851.37/127
春明盍簪集試帖八卷　(清)萬青藜編　清同治元年(1862)刻本　四冊

610000 – 1042 – 0007095　綫851.378/409
奎堂疊詠詩一卷　(清)徐樹銘輯撰　清光緒十七年(1891)澂園海燕亭刻本　一冊

610000 – 1042 – 0007096　綫851.3/454
粲花軒詩薰二卷筱雲詩集二卷捧月樓詞二卷　(清)陸建湄等撰　清隨園刻本　一冊

610000 – 1042 – 0007097　綫835/451
切問齋文鈔三十卷　(清)陸燿輯　清乾隆四十年(1775)刻本　十冊

610000 – 1042 – 0007098　綫835/451
切問齋文鈔三十卷首一卷　(清)陸燿輯　清道光五年(1825)長白誠端刻本　八冊

610000 – 1042 – 0007099　綫851.37/129
欽定國朝詩別裁集三十二卷　(清)沈德潛纂評　清乾隆二十六年(1761)刻本　三十八冊

610000 – 1042 – 0007100　綫善830/458
所知集初編十二卷　(清)陳毅選輯　清乾隆三十二年(1767)陳氏眠雲閣刻本　六冊

610000 – 1042 – 0007101　綫851.376/521
西樵游草一卷　(清)黃承謙等撰　清道光二十八年(1848)翠筠別墅刻本　一冊

610000 – 1042 – 0007102　綫851.37/039
西園瓣香集三卷　(清)王元常等撰　清嘉慶十四年(1809)刻本　三冊

610000 – 1042 – 0007103　綫830.74/447
續同人集文集四卷　(清)張堅等撰　清乾隆五十五年(1790)刻本　四冊

610000 – 1042 – 0007104　綫832.7/713
應試新賦備要初集六卷二集六卷　(清)謝稼思評選　清嘉慶七年(1802)聚文堂刻本　六冊

610000 – 1042 – 0007105　綫847.5/115
瀛海探驪集八卷　(清)朱埏之輯　清嘉慶十九年(1814)尊怡山館刻本　八冊

610000 – 1042 – 0007106　綫851.37/669
國朝六家詩鈔八卷　(清)劉執玉輯　清乾隆三十二年(1767)刻本　六冊

610000 – 1042 – 0007107　綫851.37/669
國朝六家詩鈔八卷　(清)劉執玉輯　清乾隆三十二年(1767)刻本　四冊

610000 – 1042 – 0007108　綫832.77/445
得月樓賦鈔六卷　(清)張元灝選評　清同治三年(1864)刻本　七冊

610000－1042－0007109　綫851.37/641

二家試帖一卷二家詠古詩一卷　樊增祥輯
清光緒二十七年(1901)恩施樊氏刻本　一冊

610000－1042－0007110　綫851.372/039

感舊集十六卷　(清)王士禎選　(清)盧見曾
補傳　清乾隆十七年(1752)刻本　八冊

610000－1042－0007111　綫851.372/039

感舊集十六卷　(清)王士禎選　(清)盧見曾
補傳　清乾隆十七年(1752)德州盧氏刻本
八冊

610000－1042－0007112　綫851.375/805

欽定熙朝雅頌集一百六卷　(清)鐵保編纂
清嘉慶九年(1804)刻本　二十四冊

610000－1042－0007113　綫835.7/363

國朝古文選二卷　(清)孫澍輯　清光緒二十
七年(1901)叢文精舍刻本　二冊

610000－1042－0007114　綫851.37/651

國朝閨閣詩鈔一百卷　(清)蔡殿齊輯　清道
光二十四年(1844)嫏嬛別館刻本　十冊

610000－1042－0007115　綫831.7/510

國朝閨秀正始集二十卷附錄一卷　(清)惲珠
輯　清道光十一年(1831)紅香館刻本　八冊

610000－1042－0007116　綫832.7/579

國朝律賦麗則六卷　(清)鄒玉嶐纂輯　清乾
隆至嘉慶刻本　五冊　存三卷(二至四)

610000－1042－0007117　綫835.9/510

國朝駢體正宗評本十二卷補編一卷　(清)曾
燠選　(清)姚燮評　清光緒十年(1884)花雨
樓刻本　六冊

610000－1042－0007118　綫835.9/510

國朝駢體正宗十二卷　(清)曾燠輯　清刻本
六冊

610000－1042－0007119　綫830.76/747

國朝卅五科同館詩賦解題七首一卷　(清)魏
茂林楫　清道光二十九年(1849)刻本　六冊

610000－1042－0007120　綫851.37/445

國朝詩鐸二十六卷　(清)張應昌輯　清同治

八年(1869)永康應氏秀芷堂刻本　二十冊

610000－1042－0007121　綫835.7/037

國朝文匯二百卷　王文濡輯　清宣統元年
(1909)上海國學扶輪社石印本　一百一冊

610000－1042－0007122　綫830.7/311

國朝文錄八十二卷　(清)姚椿輯　清光緒二
十六年(1900)掃葉山房石印本　十六冊

610000－1042－0007123　綫830.7/556

盍簪集八卷　(清)雷國楫選　清乾隆四十二
年(1777)刻本　四冊

610000－1042－0007124　綫851.36/445

弘正四傑詩集六十九卷　(清)張祖同輯　清
光緒二十一年(1895)長沙張氏湘雨樓刻本
十六冊

610000－1042－0007125　綫802.8/565

花樣集十二卷　(清)楊昌光輯　清刻本　一
冊　存二卷(九至十)

610000－1042－0007126　綫835.7/533

皇朝經世文編一百二十卷　(清)賀長齡等輯
清道光七年(1827)刻本　八十冊

610000－1042－0007127　綫835.7/533

皇朝經世文編一百二十卷　(清)賀長令輯
清光緒十三年(1887)上海廣百宋齋鉛印本
二十四冊

610000－1042－0007128　綫835.7/533

皇朝經世文編一百二十卷　(清)賀長齡輯
清光緒二十二年(1896)上海掃葉山房鉛印本
二十三冊

610000－1042－0007129　綫835.7/533

皇朝經世文編一百二十卷　(清)賀長齡等輯
清光緒二十四年(1898)上海宏文閣鉛印本
二十四冊

610000－1042－0007130　綫835.7/533

皇朝經世文編一百二十卷　(清)賀長齡輯
清光緒二十五年(1899)上海中西書局石印本
十二冊

610000－1042－0007131　綫835.7/533

皇朝經世文編一百二十卷　（清）賀長齡輯
清光緒二十八年（1902）上海煥文書局鉛印本
二十四冊

610000－1042－0007132　綫835.7/533
皇朝經世文編一百二十卷　（清）賀長齡輯
清光緒二十八年（1902）上海詞源閣書局石印
本　二十冊

610000－1042－0007133　綫835.7/533
皇朝經世文編一百二十卷　（清）賀長齡輯
清光緒二十八年（1902）上海寶善書局石印本
二十冊

610000－1042－0007134　綫835.7/533
皇朝經世文編補一百二十卷　（清）賀長齡輯
（清）張鵬飛補　清咸豐元年（1851）來鹿堂
刻本　九十冊　存一百十卷（十一至一百二
十）

610000－1042－0007135　綫835.7/152
皇朝經世文編補一百二十卷　（清）賀長齡輯
（清）張鵬飛補　清咸豐元年（1851）來鹿堂
刻本　六十一冊　存七十二卷（一至三、五至
九、十三至五十、五十三至五十五、五十七至
七十一、七十八、一百十四至一百二十）

610000－1042－0007136　綫835.7/533
皇朝經世文續編一百二十卷　（清）葛士濬輯
清光緒十四年（1888）圖書集成局鉛印本
三十二冊

610000－1042－0007137　綫835.7/533
皇朝經世文續編一百二十卷　（清）葛士濬輯
清光緒十七年（1891）上海廣百宋齋鉛印本
二十四冊

610000－1042－0007138　綫835.7/533
皇朝經世文續編一百二十卷　（清）葛士濬輯
清光緒二十七年（1901）上海久敬齋鉛印本
二十四冊

610000－1042－0007139　綫835.7/533
皇朝經世新增續編一百二十卷　（清）葛士濬
輯　清光緒二十三年（1897）上海掃葉山房鉛
印本　二十四冊

610000－1042－0007140　綫835.7/462
皇朝經世文三編八十卷　（清）陳忠倚輯　清
光緒二十八年（1902）天章書局石印本　十
六冊

610000－1042－0007141　綫835.7/478
皇朝經世文三編八十卷　（清）陳忠倚輯　清
光緒二十八年（1902）龍文書局石印本　十
二冊

610000－1042－0007142　綫835.7/478
皇朝經世文四編五十二卷　（清）何良棟輯
清光緒二十八年（1902）上海書局石印本　十
二冊

610000－1042－0007143　綫835.7/478
皇朝經世文五編三十二卷　（清）求是齋輯
清光緒二十八年（1902）上海宜今室石印本
十二冊

610000－1042－0007144　綫835.7/478
皇朝經世文新編二十一卷　麥仲華輯　清光
緒二十四年（1898）上海譯書局石印本　二十
四冊

610000－1042－0007145　綫835.7/478
皇朝經世文新編二十一卷　麥仲華輯　清光
緒二十七年（1901）上海書局石印本　十二冊

610000－1042－0007146　綫835.7/478
皇朝經世文新編二十一卷　麥仲華輯　清光
緒二十七年（1901）上海日新社石印本　十六
冊　存十七卷（一至八、十至十六、二十至二
十一）

610000－1042－0007147　綫835.7/066
皇朝經世文新編續集二十一卷　（清）甘韓輯
清光緒二十八年（1902）石印本　十四冊

610000－1042－0007148　綫835.7/227
皇朝經世文統編一百七卷　（清）邵之棠輯
清光緒二十七年（1901）上海寶善齋石印本
五十二冊

610000－1042－0007149　綫835.7/298
皇朝經世文新增時務續編四十卷時事洋務八

卷　題　（清）三畫堂主人輯　清光緒二十三年(1897)掃葉山房鉛印本　六冊

610000－1042－0007150　綫082.7/156

皇朝文典七十四卷　（清）李兆洛撰　清嘉慶刻本　二十四冊

610000－1042－0007151　綫善847.4/596

今文粹編八卷二編二卷　（清）趙熟典輯纂清乾隆五十一年(1786)刻本　九冊　缺一卷（三）

610000－1042－0007152　綫851.37/510

朋舊遺詩合鈔二十二卷　（清）曾燠輯　清嘉慶十年(1805)刻本　十冊

610000－1042－0007153　綫851.37/447

七家詩選注釋七卷　（清）張熙宇輯評　（清）張昶注　清道光十二年(1832)文發堂刻本四冊

610000－1042－0007154　綫851.37/447

七家詩選七卷　（清）張熙宇輯評　清道光二十九年(1849)懷德堂刻本　四冊

610000－1042－0007155　綫851.3/447

七家詩選七卷　（清）張熙宇輯評　（清）張昶註釋　清同治十三年(1874)刻本　三冊

610000－1042－0007156　綫851.375/447

七家詩輯注彙鈔九卷　（清）張熙宇輯評(清)王植桂輯注　清光緒十年(1884)石渠山房刻本　八冊

610000－1042－0007157　綫851.37/562

海棠七家詩九卷　（清）□□輯　修竹齋試帖一卷　（清）那清安撰　桐雲閣試帖一卷(清)楊庚撰　簡學齋試帖輯註一卷　（清）陳沆撰　西漚試帖一卷　（清）李惺撰　清刻本三冊　存四卷(二、五至七)

610000－1042－0007158　綫851.375/042

澹香齋試律詳註六卷　（清）張熙宇評選(清)石暉甲箋註　清光緒二十年(1894)二西山房刻本　六冊

610000－1042－0007159　綫830.7/293

同人集十二卷　（清）冒襄輯　清光緒八年(1882)水繪園刻本　十二冊

610000－1042－0007160　綫851.47/328

雲樣集八卷　（清）高陳謨輯　清刻本　一冊存四卷(一至四)

610000－1042－0007161　綫832/453

韻蘭集賦鈔六卷二集二卷　（清）陸雲槎輯選（清）屈塵菴評選　清道光十六年(1836)務本堂刻本　八冊

610000－1042－0007162　綫835.7/509

志學齋時文讀本前集二卷今集二卷　（清）馮譽驥　（清）王與軒輯　清光緒八年(1882)刻本　四冊

610000－1042－0007163　綫832.7/363

竹笑軒賦鈔初集不分卷　（清）孫清達編　清咸豐三年(1853)聚盛堂刻本　二冊

610000－1042－0007164　綫835.9/510

國朝駢體正宗評本十二卷　（清）曾燠選（清）姚燮評　清光緒十一年(1885)張氏芸林草堂校刻本　七冊

610000－1042－0007165　綫835.7/668

篤舊集十八卷　（清）劉存仁編輯　清咸豐九年(1859)蘭州刻本　八冊

610000－1042－0007166　綫835/802

乾坤正氣集二十卷　（清）顧沅輯　清道光二十二年(1842)顧氏藝海樓刻本　六冊

610000－1042－0007167　綫835/623

乾坤正氣集選鈔九十七卷　（清）吳燠彩選輯清光緒十三年(1887)古蓮花池刻本　三十二冊

610000－1042－0007168　綫851.37/200

同館賦鈔三十二卷　（清）法式善編　清嘉慶十七年(1812)刻本　三十二冊

610000－1042－0007169　綫851.37/409

同館賦續鈔十八卷　（清）徐桐編　清光緒十六年(1890)刻本　十六冊

610000－1042－0007170　綫832.74/542

本朝館閣賦後集十二卷補遺附錄一卷　（清）
程際盛　（清）周錫瓚編　**稻香樓試帖二卷**
（清）程琰撰　清乾隆三十三年(1768)困學齋
刻本　六冊

610000－1042－0007171　綫835.7/103
八旗文經六十卷　（清）盛昱輯　清光緒二十
七年(1901)刻本　十二冊

610000－1042－0007172　綫851.47/242
金陵述難詩略一卷　（□）□□撰　清刻本
一冊

610000－1042－0007173　綫835.7/721
瑞芝山房文鈔八卷詩鈔八卷　（清）戴燮元輯
清光緒元年至三年(1875－1877)廣陵刻本
十冊

610000－1042－0007174　綫851.3/316
庚辰集五卷　（清）紀昀輯　清乾隆二十五年
(1760)山淵堂刻本　五冊

610000－1042－0007175　綫851.3/316
庚辰集五卷附唐人試律說一卷　（清）紀昀輯
清乾隆二十七年(1762)太和堂刻本　六冊

610000－1042－0007176　綫851.3/316
庚辰集五卷附唐人試律說一卷　（清）紀昀輯
清刻本　六冊

610000－1042－0007177　綫851.3/310
七言今體詩鈔九卷五言今體詩鈔九卷　（清）
姚鼐輯　**七言詩歌行鈔十一卷**　（清）王士禎
選　清同治五年(1866)刻本　五冊

610000－1042－0007178　綫851.475/324
隨園女弟子詩選六卷　（清）席佩蘭等撰　清
嘉慶元年(1796)刻本　二冊

610000－1042－0007179　綫851.37/120
楚庭耆舊遺詩前集二十一卷後集二十一卷續
集三十二卷　（清）伍崇曜輯　清道光二十三
年(1843)南海伍氏刻本　十二冊

610000－1042－0007180　綫830/290
文選集腋二卷　（清）胥斌纂輯　清光緒刻本
二冊

610000－1042－0007181　綫830/135
滑稽詩文集第一集四卷　（清）硯雲居士編纂
清宣統二年(1910)石印本　四冊

610000－1042－0007182　綫802.8/329
國民必讀不分卷　高步瀛　陳寶泉編　清光
緒三十三年(1907)陝西學務公所石印本
一冊

610000－1042－0007183　綫835.8/210
林嚴合鈔四卷　林紓　嚴復撰　暉暉子輯
清宣統元年(1909)上海國學扶輪社鉛印本
四冊

610000－1042－0007184　綫835.7/416
章太炎鈔四卷　章炳麟撰　**譚復生鈔二卷**
（清）譚嗣同撰　清宣統二年(1910)上海國學
扶輪社鉛印本　五冊

610000－1042－0007185　綫858.8/159
古謠諺一百卷　（清）杜文瀾輯　清咸豐十一
年(1861)曼陀羅華閣刻本　二十冊

610000－1042－0007186　綫539.9223/291
越諺三卷附論六篇剩語二卷　（清）范寅輯
清光緒八年(1882)谷應山房刻本　三冊

610000－1042－0007187　綫539.92/227
杭諺詩一卷　（清）邵懿辰輯　清光緒三十四
年(1908)刻本　一冊

610000－1042－0007188　綫856.7/030
欽定四書文選　（清）方苞等選評　清乾隆刻
本　十二冊

610000－1042－0007189　綫525.9915/512
彭衙書堂文編　（清）王懋竑等編　清乾隆四
十二年(1777)白水縣刻本　一冊

610000－1042－0007190　綫082/172
蘭山課業四種　（清）盛元珍等輯　清乾隆五
十七年(1792)刻本　十四冊

610000－1042－0007191　綫090.8/542
蘭山課業經訓約編不分卷　（清）盛元珍輯
清乾隆四十二年(1777)皋蘭書院刻本　四冊

610000－1042－0007192　綫090.8/542

蘭山課業經訓約編不分卷　（清）盛元珍輯
清乾隆五十七年(1792)刻本　二冊

610000－1042－0007193　綫082/172

蘭山課業經訓約編不分卷　（清）盛元珍輯
與詩賦約編不分卷　（清）葉氏輯　清蘭山書
院刻本　六冊

610000－1042－0007194　綫851.474/172

蘭山課業風騷補編不分卷　（清）周樽輯
（清）吳鎮參訂　松厓詩錄二卷　（清）吳鎮撰
　清乾隆五十七年(1792)刻本　四冊

610000－1042－0007195　綫856.7.499

關中書院課藝一卷　（清）童槐萼訂　清嘉慶
二十年(1815)終南仙館刻本　一冊

610000－1042－0007196　綫856.7/366

關中書院課藝一卷　（清）孫山長評選　清道
光二十一年(1841)文筠堂刻本　一冊

610000－1042－0007197　綫610.09/726

讀歷代史地理志日記□□卷附州縣沿革□□
卷　（清）薛秉辰撰　清光緒十四年(1888)關
中書院刻本　一冊

610000－1042－0007198　綫832.7/144

關中書院課士賦不分卷　（清）路德輯　清道
光十八年(1838)刻本　一冊

610000－1042－0007199　綫832.7/576

關中書院課士賦不分卷　（清）路德輯　清道
光二十一年(1841)刻本　二冊

610000－1042－0007200　綫802.82/521

蓮池書院課藝□□卷　（清）黃彭年輯　清光
緒五年(1879)刻本　五冊　存七卷(初集1－
2、二集1－2、四集1－3)

610000－1042－0007201　綫802.82/154

蓮池書院課藝□□卷　（清）李張瑞等撰　清
刻本　一冊　存一卷(三集三)

610000－1042－0007202　綫802.82/357

蓮池書院課藝□□卷　（清）李張瑞等撰　清
刻本　一冊　存二卷(四集四至五)

610000－1042－0007203　綫802.82/072

續刻味經課藝　（清）史家榮輯　清光緒二十
二年(1896)刻本　一冊

610000－1042－0007204　綫802.82/235

課藝遺稿□□卷　（清）周臣民集　清光緒二
十二年(1896)抄本　二冊

610000－1042－0007205　綫856.7/039

格致書院課藝不分卷(清光緒十三年至十八
年)　（清）王韜等纂　清光緒二十三年
(1897)上海書局石印本　十二冊

610000－1042－0007206　綫856.7/039

格致書院課藝不分卷(清光緒十四年至十九
年)　（清）王韜等撰　清光緒二十三年
(1897)上海書局石印本　七冊

610000－1042－0007207　綫856.7/039

格致書院課藝不分卷(清光緒十二年至十九
年)　（清）王韜等纂　清光緒弢園鉛印本
十三冊

610000－1042－0007208　綫802.81/543

各省課藝匯海不分卷　（清）擷雲腴山館編
清光緒十一年(1885)選青書屋銅活字印本
三冊

610000－1042－0007209　綫090/598

簪花集五經會課藝五卷　（清）趙一琴選輯
清光緒五年(1879)寶仁堂刻本　十冊

610000－1042－0007210　綫856.7/669

近科墨卷羔雁錄不分卷　（清）劉青選　（清）
師孔評選　清刻本　一冊

610000－1042－0007211　綫856.7/521

近科墨中不分卷　（清）黃垂冊等撰　清刻本
一冊

610000－1042－0007212　綫856.7/669

兩論不分卷　（清）劉際昌訂　清同治八年
(1869)抄本　一冊

610000－1042－0007213　綫802.82/106

大題文府不分卷　（清）同文書局編　清光緒
十二年(1886)上海同文書局石印本　二十冊

610000－1042－0007214　綫802.82/081

大題三萬選七卷　（□）□□編　清光緒石印本　二十冊　存三卷(上論、下論、上孟)

610000－1042－0007215　綫 856.7/688

闈式堂明文小題傳薪八卷　（清）臧岳評釋　清乾隆三十一年(1766)三樂齋刻本　一冊

610000－1042－0007216　綫 856.7/161

今文分類小題嘉言不分卷　（清）杜起元評選　清乾隆五十四年(1789)文盛堂刻本　二冊

610000－1042－0007217　綫 856.7/603

今文小題愜心集不分卷　（清）遠紹堂選　清刻本　一冊

610000－1042－0007218　綫 121.217/395

今文小題愜心集不分卷　（清）殷光緒評選　清煥文堂刻本　一冊

610000－1042－0007219　綫 856.7/154

小題別體不分卷　（清）李撰一輯　清道光二十六年(1846)刻本　一冊

610000－1042－0007220　綫 856.7/315

小題指南六卷　（清）侯鳳苞等撰　清同治元年(1862)二希堂刻本　六冊

610000－1042－0007221　綫 856.7/076

搭題易讀不分卷　（清）史鑑輯　清咸豐九年(1859)西安益興堂刻本　一冊

610000－1042－0007222　綫 856.7/076

巧搭分品不分卷　（清）史鑑輯　清道光二十六年(1846)義興堂刻本　一冊

610000－1042－0007223　綫 856.7/170

八銘堂塾鈔初集六卷二集六卷　（清）吳懋政輯　清道光二十年(1840)刻本　十冊

610000－1042－0007224　綫 856.7/170

八銘堂塾鈔初集六卷二集六卷　（清）吳懋政輯　清咸豐元年(1851)刻本　八冊

610000－1042－0007225　綫 856.7/054

小試秘鑰四卷　（清）毛猷撰　清同治十年(1871)小酉山房刻本　四冊

610000－1042－0007226　綫 856.7/076

小題芝蘭不分卷　（清）史鎰輯　清同治十二年(1873)慶春堂刻本　一冊

610000－1042－0007227　綫 523.9/629

小題珠玉不分卷　（清）鄭守廉等撰　清同治十三年(1874)刻本　六冊

610000－1042－0007228　綫 856.7/521

小題金繡不分卷　（清）黃硯北　（清）潘衡齋選　清光緒元年(1875)刻本　四冊

610000－1042－0007229　綫 802.82/458

華國齋小題文府不分卷　（清）陳烜撰　清光緒元年(1875)小酉山房刻本　二冊

610000－1042－0007230　綫 856.7/605

五經樓小題拆字不分卷　（清）山仲甫　（清）山璉輯選　清光緒三年(1877)刻本　四冊

610000－1042－0007231　綫 856.7/127

小題清華集不分卷　（清）沈霖浦等撰　清光緒四年(1878)刻本　四冊

610000－1042－0007232　綫 856.78/445

小題清來集四卷　（清）張之洞輯　清光緒三年(1877)刻本　四冊

610000－1042－0007233　綫 121.217/215

小題文府不分卷續集不分卷　（清）枕經廎主人撰　清光緒上海點石齋石印本　十三冊　小題文府存十八至二十二、二十四至二十八冊,续集存一、三至四冊

610000－1042－0007234　綫 802.82/442

增選正續小題文府不分卷　（清）曹錦春輯　清光緒十年(1884)石印本　二十八冊

610000－1042－0007235　綫 856.7/110

增選小題真珠船初集續集不分卷　（清）向有編　清光緒十七年(1891)上海鴻寶齋石印本　二十三冊　缺一冊(初集十二)

610000－1042－0007236　綫 523.9/154

小題正鵠初集八卷　（清）李元度編輯　清光緒二年(1876)郁文堂刻本　八冊

610000－1042－0007237　綫 523.9/154

塾課小題正鵠四集　（清）李元度編輯　清光

緒六年(1880)上洋紫文閣刻本　六冊

610000－1042－0007238　綫523.9/154

塾課小題正鵠初集不分卷　(清)李元度編輯
清光緒八年(1882)文昌書局刻本　一冊

610000－1042－0007239　綫802.82/152

務本堂熟課不分卷　(清)李冠群撰　清光緒
十六年(1890)忠興堂刻本　一冊

610000－1042－0007240　綫523.9/017

塾課集益四卷　(清)于光華編　清嘉慶八年
(1803)友益堂刻本　六冊

610000－1042－0007241　綫856.7/576

文藝金針不分卷　(清)路德評選　清道光十
五年(1835)文筍堂刻本　一冊

610000－1042－0007242　綫835.7/692

仁在堂時藝辨不分卷　(清)路德評選　清道
光二十一年(1841)仁在堂刻本　一冊

610000－1042－0007243　綫856.7/576

仁在堂時藝竅十七卷　(清)路德輯　清光緒
十二年(1886)刻本　七冊　存十一卷(一至
十一)

610000－1042－0007244　綫856.7/546

仁在堂全集不分卷　(清)路德輯　清上海圖
書集成局鉛印本　十四冊

610000－1042－0007245　綫856.7/106

經藝宏括十四卷　(清)同文書局輯　清光緒
十四年(1888)同文書局石印本　十四冊

610000－1042－0007246　綫802.17/125

增廣經藝備體四卷　(清)沈守針等撰　清光
緒十五年(1889)上海蜚英館石印本　四冊

610000－1042－0007247　綫856.7/802

方宦售世文不分卷　(清)顧曾烜纂　清刻本
四冊

610000－1042－0007248　綫856.146/793

蘇黃尺牘四卷　(宋)蘇軾　(宋)黃庭堅撰
(清)黃始輯注　清乾隆三十八年(1773)刻本
四冊

610000－1042－0007249　綫856.15/770

蘇黃詩詞尺牘不分卷　(宋)蘇軾　(宋)黃庭
堅撰　(清)羅崇介等輯　清宣統元年(1909)
石印本　四冊

610000－1042－0007250　綫856.25/521

蘇長公尺牘三卷黃山谷尺牘二卷　(宋)蘇軾
(宋)黃庭堅撰　(清)黃始輯　清上海著易
堂石印本　四冊

610000－1042－0007251　綫856.1/463

翰海十二卷　(明)陳繼儒鑑定　(明)沈佳允
輯　清光緒上海申報館鉛印本　八冊

610000－1042－0007252　綫856.26/618

熊襄愍公尺牘四卷　(明)熊廷弼撰　清光緒
三十四年(1908)武昌璞園刻本　四冊

610000－1042－0007253　綫856.27/752

歸震川先生尺牘二卷　(明)歸有光撰　清宣
統元年(1909)中國書畫會石印本　二冊

610000－1042－0007254　綫856.27/458

培遠堂偶存稿手札節要三卷　(清)陳宏謀撰
清道光十九年(1839)培遠堂刻本　一冊

610000－1042－0007255　綫856.27/458

培遠堂手札節三卷　(清)陳宏謀撰　清同治
十一年(1872)江蘇書局刻本　一冊

610000－1042－0007256　綫856.27/458

陳文恭公手札節要三卷　(清)陳宏謀撰　清
同治七年(1868)湖北崇文書局刻本　一冊

610000－1042－0007257　綫856.27/458

陳文恭公手札節要三卷　(清)陳宏謀撰　清
光緒三十二年(1906)汝清張氏刻本　三冊

610000－1042－0007258　綫善856.16/037

忠賢遺翰藏真五卷　(清)□□輯　清抄本
四冊

610000－1042－0007259　綫856.27/409

新增尺牘初桄二卷　(清)余菊生撰　清光緒
十九年(1893)上海鴻文書局石印本　二冊

610000－1042－0007260　綫856.17/189

伯岸書信集不分卷　(清)伯岸撰　清稿本

一冊

610000－1042－0007261　綫856.27/156

函稿不分卷(壬辰五月至丙申子月)　(清)邦賢撰　清光緒十八年至二十二年(1892－1896)稿本　一冊

610000－1042－0007262　綫856.17/267

恒軒書信集不分卷　(清)恒軒撰　清稿本　一冊

610000－1042－0007263　綫856.27/380

小倉山房尺牘十卷　(清)袁枚撰　清乾隆五十四年(1789)刻本　二冊

610000－1042－0007264　綫856.27/380

小倉山房尺牘六卷　(清)袁枚撰　(清)馬步元箋正　清光緒十三年(1887)刻本　六冊

610000－1042－0007265　綫856.27/380

小倉山房尺牘十卷　(清)袁枚撰　(清)馬步元箋注　清光緒十八年(1892)刻本　四冊

610000－1042－0007266　綫856.27/380

音注小倉山房尺牘八卷　(清)袁枚撰　(清)胡光門箋釋　清光緒二十七年(1901)申昌書局石印本　二冊

610000－1042－0007267　綫856.274/582

分類詳注飲香尺牘四卷首一卷　(清)飲香居士輯　(清)白下慵隱子箋釋　清道光六年(1826)大德堂刻本　四冊

610000－1042－0007268　綫856.276/788

留莪庵尺牘四卷　(清)嚴籀撰　清咸豐六年(1856)刻本　四冊

610000－1042－0007269　綫856.17/531

分類尺牘備覽正集八卷續集八卷　(清)王虎榜輯　清光緒三十年(1904)上海廣益書局石印本　十六冊

610000－1042－0007270　綫856.17/531

分類尺牘備覽三十卷　(清)王虎榜輯　清石印本　四冊　存八卷(三至四、八、十二、十九至二十二)

610000－1042－0007271　綫856.178/295

分類尺牘備覽三十卷　(清)王虎榜輯　清光緒鉛印本　一冊　存三卷(四至六)

610000－1042－0007272　綫856.274/630

板橋家書一卷　(清)鄭燮撰　清乾隆刻本　一冊

610000－1042－0007273　綫856.27/510

曾文正公書札三十三卷　(清)曾國藩撰　清光緒二年(1876)傳忠書局刻本　十八冊

610000－1042－0007274　綫856.27/510

曾文正公家書六卷　(清)曾國藩撰　清光緒五年(1879)傳忠書局刻本　十二冊

610000－1042－0007275　綫856.27/169

兩罍軒尺牘十二卷　(清)吳雲撰　清宣統二年(1910)上海時中書局石印本　二冊

610000－1042－0007276　綫943.5/173

昭代名人尺牘二十四卷小傳二十四卷　(清)吳修輯　清光緒三十四年(1908)上海集古齋石印本　二十六冊

610000－1042－0007277　綫943.5/173

昭代名人尺牘二十四卷　(清)吳修審定　清光緒三十四年(1908)西泠印社石印本　二十四冊

610000－1042－0007278　綫856.17/173

昭代名人尺牘十二卷附小傳　(清)吳修輯　清宣統元年(1909)上海南洋官書局石印本　十二冊

610000－1042－0007279　綫856.17/481

昭代名人尺牘續集二十四卷　陶湘選輯　清宣統三年(1911)天寶石印局石印本　十二冊

610000－1042－0007280　綫856.27/460

枕善堂尺牘一隅二十卷　(清)陳大溶撰　清道光十六年(1836)刻本　十冊

610000－1042－0007281　綫856.27/419

尺牘合璧四卷　(清)許思湄撰　(清)婁世瑞注　清光緒二十五年(1899)上海慎記書局石印本　一冊

610000－1042－0007282　綫856.27/304

春在堂尺牘六卷　（清）俞樾撰　清光緒十年
(1884)成都志古堂刻本　三冊　存四卷(一
至三、五)

610000－1042－0007283　綫856.278/151
李文忠公朋僚函稿二十四卷　（清）李鴻章撰
（清）吳汝綸編輯　清光緒二十八年(1902)
保定蓮池書社鉛印本　十二冊

610000－1042－0007284　綫856.27/036
［函抄］不分卷　（清）王□□等撰　清抄本
二冊

610000－1042－0007285　綫856.27/433
［信札］不分卷　（清）康□□撰　清抄本
一冊

610000－1042－0007286　綫856.17/458
挂席山房十五家手札不分卷　陳少保輯　清
宣統二年(1910)上海時中書局石印本　二冊

610000－1042－0007287　綫856.17/034
國朝名人書劄三卷　（清）文明書局編輯　清
宣統三年(1911)上海文明書局鉛印本　三冊

610000－1042－0007288　綫856.1/051
名媛尺牘二卷　（清）水鏡山房輯　清水鏡山
房刻本　二冊

610000－1042－0007289　綫856.18/435
新撰女子尺牘二卷　商務印書館編譯所編
清宣統二年(1910)上海商務印書館石印本
一冊　存一卷(一)

610000－1042－0007290　綫856.1/053
類抄尺牘不分卷　（□）□□撰　清抄本
一冊

610000－1042－0007291　綫856./550
書札全題不分卷　褚鑣輯　清抄本　一冊

610000－1042－0007292　綫856.4/336
寫信必讀十卷　（清）唐芸洲編　清宣統三年
(1911)石印本　三冊

610000－1042－0007293　綫856.178/636
增廣寫信不求人二卷　（□）□□撰　清光緒
二十六年(1900)上海書局石印本　一冊

610000－1042－0007294　綫856.27/458
培遠堂偶存稿十卷　（清）陳宏謀撰　清乾隆
三十年(1765)吳門穆大展局刻本　十冊

610000－1042－0007295　綫856.7/017
七種文鈔八卷　（清）于光華輯　清乾隆三十
五年(1770)刻本　七冊

610000－1042－0007296　綫856.7/440
曹寅谷制藝不分卷　（清）曹之升撰　清嘉慶
四年(1799)刻本　四冊

610000－1042－0007297　綫856.7/802
歆齋制藝不分卷　（清）顧臯撰　清道光二十
四年(1844)三原李錫齡惜陰軒刻本　二冊

610000－1042－0007298　綫192.8/244
格言聯璧二卷　（清）金纓輯　清同治十二年
(1873)漢口鎮善事局刻本　一冊

610000－1042－0007299　綫856.7/320
宮吏部公制義不分卷　（清）宮建章撰　清光
緒十五年(1889)宮爾鐸刻本　一冊

610000－1042－0007300　綫856.6/447
古今集聯不分卷　（清）張世準輯錄　清刻本
四冊

610000－1042－0007301　綫856.7/459
國朝名文約編二卷　（清）陳詩編　清乾隆四
十七年(1782)刻本　一冊

610000－1042－0007302　綫856.7/459
國朝名文約編二卷　（清）陳詩編　清道光二
十七年(1847)刻本　四冊

610000－1042－0007303　綫847/445
合肥壽序不分卷　（清）張之洞撰　清抄本
一冊

610000－1042－0007304　綫856.6/121
合肥相國七十賜壽圖不分卷附壽言不分卷
（清）羅豐祿等輯　清光緒海軍石印書局石印
本　六冊

610000－1042－0007305　綫856.6/569
建德尚書七十賜壽圖附壽言　（清）劉文鳳等
輯　清石印本　二冊

610000－1042－0007306　綫856.27/406

壺園雜著三卷　（清）徐寶善撰　清刻本
一冊

610000－1042－0007307　綫856.6/667

紀事哀吟一卷　（清）劉宗標編　清光緒八年
(1882)刻本　一冊

610000－1042－0007308　綫856.6/562

集石鼓文楹帖讀史集聯不分卷　（清）楊調元
撰　清光緒三十四年(1908)陝西學務公所圖
書館鉛印本　一冊

610000－1042－0007309　綫856.7/069

簡摩集啟禎文一卷　（清）司徒修輯　胡元瑛
等校　清道光十二年(1832)刻本　一冊

610000－1042－0007310　綫856.7/242

龍文百斛　（清）金正希等撰　清光緒十八年
(1892)抄本　一冊

610000－1042－0007311　綫856/752

夢痕錄餘一卷　（清）汪輝祖口授　（清）汪繼
培　（清）汪繼壕記錄　清嘉慶刻本　一冊

610000－1042－0007312　綫521.9/072

論文枕秘二卷　（清）史祐撰　墨訣四則
(清)費庚吉撰　清道光二十八年(1848)關中
書院刻本　一冊

610000－1042－0007313　綫856.7/646

蒲編堂評改先入言一卷　（清）慕甲榮撰
(清)路德評改　清咸豐八年(1858)刻本
一冊

610000－1042－0007314　綫856.8/435

天花亂墜二集　（清）寅華生選輯　清光緒十
九年(1893)刻本　八冊

610000－1042－0007315　綫856.7/425

鐵網珊瑚初集二集三集　（清）許乃裕等鑑定
清光緒十五年(1889)上海積山書局石印本
三冊

610000－1042－0007316　綫856.7/463

就正草一卷　（清）陳鐘麟撰　清花嶼山房刻
本　一冊

610000－1042－0007317　綫019.1/233

先正讀書訣一卷首一卷　（清）周永年輯　清
光緒七年(1881)抄本　一冊

610000－1042－0007318　綫856.6/340

楹聯叢話十二卷　（清）梁章鉅編輯　清咸豐
六年(1856)刻本　二冊

610000－1042－0007319　綫856.6/340

楹聯續話四卷　（清）梁章鉅輯　清道光二十
三年(1843)福州梁氏南浦厲齋刻本　二冊

610000－1042－0007320　綫856.6/174

楹聯續話四卷　（清）呂思湛輯　清咸豐六年
(1856)刻本　一冊

610000－1042－0007321　綫856.6/557

楹聯集錦不分卷　（清）□□撰　清抄本
一冊

610000－1042－0007322　綫856.7/333

新著採芹捷訣一卷　（清）唐永飛輯　清嘉慶
刻本　一冊

610000－1042－0007323　綫856.8/295

皆大歡喜四卷　（清）□□撰　韻鶴軒雜著二
卷　（清）□□撰　韻鶴軒筆談二卷　（清）
□□撰　清刻本　四冊

610000－1042－0007324　綫856.7/372

分體利試文中初集六卷　（清）郝朝昇評選
清嘉慶三年(1798)致和堂刻本　一冊　存一
卷(一)

610000－1042－0007325　綫802.7/055

分體利試文中初集六卷　（清）郝朝昇評撰
清刻本　一冊　存一卷(六)

610000－1042－0007326　綫856.7/730

利試文格四卷　（清）鍾運堯選輯　清同治十
年(1871)存養山房刻本　四冊

610000－1042－0007327　綫856.6/602

莫愁湖楹聯便覽一卷　（清）釋壽安輯　清光
緒五年(1879)刻本　一冊

610000－1042－0007328　綫802.82/636

賞心集不分卷　（清）□□撰　清光緒十三年

(1887)抄本　一冊

610000－1042－0007329　綫802.82/732

文章遊戲三編二十四卷　（清）繆艮輯　清嘉慶二十二年至道光五年（1817－1825）刻本　十六冊

610000－1042－0007330　綫856/732

夢筆生花四編三十二卷　（清）繆艮編　清光緒三十三年（1907）上海書局石印本　八冊

610000－1042－0007331　綫善856.5/570

璿璣碎錦二卷　（清）萬樹撰　清乾隆五年（1740）揚州江氏栢香堂刻本　二冊

610000－1042－0007332　綫856.4/802

方宧誧世文不分卷　（清）顧曾烜撰　清光緒二十三年（1897）九嶐官廨刻本　四冊

610000－1042－0007333　綫802.82/235

制義遺稿不分卷　（清）周臣民輯　清光緒二十七年（1901）抄本　一冊

610000－1042－0007334　綫856.6/083

摩兜堅齋汲古集聯一卷續一卷再續一卷　白遇道纂　清光緒三十二年（1906）鉛印本　三冊

610000－1042－0007335　綫802.8/329

通俗國民必讀二卷　高步瀛　陳寶泉編　清光緒元年（1875）陝西學務公所圖書館鉛印本　一冊

610000－1042－0007336　綫856.7/419

［雜抄］不分卷　（清）章世純等撰　清抄本　二冊

610000－1042－0007337　綫802.82/734

［雜抄］不分卷　（清）章世純等撰　清抄本　一冊

610000－1042－0007338　綫802.82/734

［雜抄］一卷　（清）□□撰　清刻本　二冊

610000－1042－0007339　綫847.8/734

［雜錄］不分卷　（清）□□撰　清抄本　一冊

610000－1042－0007340　綫820/668

文心雕龍十卷　（南朝梁）劉勰撰　（明）楊慎批點　（清）張松孫輯注　清乾隆五十六年（1791）長洲張氏刻本　四冊

610000－1042－0007341　綫820/668

文心雕龍十卷　（南朝梁）劉勰撰　（清）黃叔琳注　清道光十三年（1833）兩廣節署刻本　四冊

610000－1042－0007342　綫820/668

文心雕龍十卷　（南朝梁）劉勰撰　（清）紀昀評　清光緒元年（1875）湖南書局刻本　四冊

610000－1042－0007343　綫820/668

文心雕龍十卷　（南朝梁）劉勰撰　清光緒三年（1877）湖北崇文書局刻本　二冊

610000－1042－0007344　綫820/668

文心雕龍十卷　（南朝梁）劉勰撰　（清）黃叔琳注　（清）紀昀評　清上海文瑞樓石印本　四冊

610000－1042－0007345　綫善820/668

文心雕龍輯注十卷　（南朝梁）劉勰撰　（清）黃叔琳輯注　清乾隆三年（1738）養素堂刻本　二冊

610000－1042－0007346　綫820/668

文心雕龍輯注十卷　（南朝梁）劉勰撰　（清）黃叔琳輯注　清乾隆三年（1738）養素堂刻本　四冊

610000－1042－0007347　綫820/668

文心雕龍輯注十卷　（南朝梁）劉勰撰　（清）黃叔琳輯注　清養素堂刻本　六冊

610000－1042－0007348　綫820.7/119

文章緣起一卷　（南朝梁）任昉撰　（明）陳懋仁注　（清）方熊補注　清光緒刻本　一冊

610000－1042－0007349　綫821.87/069

二十四詩品淺解一卷　（唐）司空圖撰　（清）楊廷芝解　清光緒二十九年（1903）刻本　一冊

610000－1042－0007350　綫820.941/458

全唐文紀事一百二十二卷　（清）陳鴻墀纂

清刻本 三十二冊

610000－1042－0007351　綫821.841/047
全唐詩話六卷 （宋）尤袤撰 （明）毛晉訂
明毛氏汲古閣刻本 三冊

610000－1042－0007352　綫821.841/047
重訂全唐詩話八卷 （宋）尤袤輯 （清）孫濤
訂 清宣統三年（1911）三樂堂石印本 四冊

610000－1042－0007353　綫851.341/316
唐人試律說一卷 （清）紀昀編 清乾隆二十
五年（1760）刻本 一冊

610000－1042－0007354　綫821.852/447
歲寒堂詩話二卷 （宋）張戒撰 清刻本
一冊

610000－1042－0007355　綫823.1852/444
詞源二卷 （宋）張炎撰 清道光八年（1828）
江都秦氏享帚精舍刻本 一冊

610000－1042－0007356　綫821.45/174
東萊先生古文關鍵二卷 （宋）呂祖謙編評
清同治九年（1870）張氏勵志書屋刻本 二冊

610000－1042－0007357　綫821.8/129
蘇詩查注補正四卷 （清）沈欽韓撰 清光緒
二十年（1894）廣雅書局刻本 二冊

610000－1042－0007358　綫821.1852/746
詩人玉屑二十卷 （宋）魏慶之撰 清古松堂
刻本 十二冊

610000－1042－0007359　綫善821.8/288
苕溪漁隱叢話前集六十卷後集四十卷 （宋）
胡仔撰 清刻本 十冊

610000－1042－0007360　綫821).8/288
漁隱叢話前集六十卷後集四十卷 （宋）胡仔
纂集 清乾隆耘經樓刻本 十冊

610000－1042－0007361　綫821.8/288
漁隱叢話前集六十卷後集四十卷 （宋）胡仔
纂集 清乾隆耘經樓刻本 十冊

610000－1042－0007362　綫821.8/288
苕溪漁隱叢話前集六十卷後集四十卷 （宋）

胡仔撰 清道光二十六年（1846）海山仙館刻
本 十冊

610000－1042－0007363　綫善851.551/643
宋詩紀事一百卷 （清）厲鶚撰 清乾隆十一
年（1746）厲鶚樊榭山房刻本 二十四冊

610000－1042－0007364　綫851.551/643
宋詩紀事一百卷 （清）厲鶚撰 清樊榭山房
刻本 二十四冊

610000－1042－0007365　綫821.11/564
詩法七種 （元）楊載等撰 清同治十年
（1871）抄本 四冊

610000－1042－0007366　綫851.36/462
明詩紀事一百八十七卷 （清）陳田輯 清光
緒二十五年至宣統三年（1899－1911）貴陽陳
氏聽詩齋刻本 三十八冊

610000－1042－0007367　綫善821.8/295
**南溪筆錄群賢詩話前集一卷後集一卷續集一
卷** （元）□□輯 明正德五年（1510）程啟充
陝西三原刻本 三冊

610000－1042－0007368　綫善821.8/295
**南溪筆錄群賢詩話前集一卷後集一卷續集一
卷** （元）□□輯 明正德五年（1510）程啟充
刻本 二冊

610000－1042－0007369　綫善821.186/710
四溟詩話四卷 （明）謝榛撰 清乾隆十九年
（1754）沈維材耘雅堂刻本 四冊

610000－1042－0007370　綫821.8/521
七子詩話二十二卷 （清）紀昀鑒定 清乾隆
四十五年（1780）刻本 四冊

610000－1042－0007371　綫821.8/740
歸田詩話三卷 （明）瞿佑撰 清道光十八年
（1838）李孟熙刻本 一冊

610000－1042－0007372　綫821.8/740
歸田詩話三卷 （明）瞿佑撰 清長塘鮑氏刻
本 一冊

610000－1042－0007373　綫善821.8/191
歷代詩話二十七種五十七卷考索一卷 （清）

何文煥輯　清乾隆三十五年(1770)何文煥刻本　十六冊

610000－1042－0007374　綫821.8/191

歷代詩話二十七種五十七卷考索一卷　(清)何文煥輯　清乾隆三十五年(1770)何文煥刻本　十六冊

610000－1042－0007375　綫善821.87/659

古今詩話探奇二卷　(清)蔣鳴珂輯　清乾隆四十九年(1784)刻本　一冊　存一卷(上)

610000－1042－0007376　綫821.87/659

古今詩話探奇一卷　(清)蔣鳴珂輯　清抄本　一冊

610000－1042－0007377　綫821.8/118

靜志居詩話二十四卷　(清)朱彝尊撰　清扶荔山房刻本　十六冊

610000－1042－0007378　綫821.8/481

全浙詩話五十四卷　(清)陶元藻輯　清嘉慶元年(1796)怡雲閣刻本　二十冊

610000－1042－0007379　綫821.187/215

榕城詩話三卷　(清)杭世駿撰　清乾隆刻本　一冊

610000－1042－0007380　綫821.876/038

四品彙鈔不分卷　(清)王飛鶚輯　清道光二十三年(1843)臨潼王飛鶚華雨山房刻本　二冊

610000－1042－0007381　綫821.1875/380

隨園詩話十六卷　(清)袁枚撰　清乾隆五十七年(1792)刻本　八冊

610000－1042－0007382　綫821.1875/380

隨園詩話十六卷　(清)袁枚撰　清道光四年(1824)刻本　十二冊

610000－1042－0007383　綫821.1875/380

隨園詩話十六卷　(清)袁枚撰　清道光二十四年(1844)經元堂刻本　十二冊

610000－1042－0007384　綫821.1875/380

隨園詩話補遺十卷　(清)袁枚撰　清嘉慶元年(1796)刻本　四冊

610000－1042－0007385　綫821.1875/380

隨園詩話補遺十卷　(清)袁枚撰　清刻本　四冊

610000－1042－0007386　綫823.18/464

白雨齋詩話八卷　(清)陳廷焯撰　清光緒二十年(1894)刻本　四冊

610000－1042－0007387　綫823.2/565

詞餘叢話三卷　(清)楊恩壽撰　清光緒三年(1877)長沙楊氏坦園刻本　一冊

610000－1042－0007388　綫835/039

古文詞通義二十卷　王葆心撰　清光緒三十二年(1906)鉛印本　五冊　存十卷(三至六、九至十二、十九至二十)

610000－1042－0007389　綫821.18/430

靈芬館詩話六卷續六卷　(清)郭麐撰　清嘉慶二十一年(1816)刻本　四冊

610000－1042－0007390　綫821.8/054

西河合集詩話八卷詞話二卷　(清)毛奇齡撰　清刻本　二冊

610000－1042－0007391　綫820/669

藝概六卷　(清)劉熙載撰　清同治刻本　四冊

610000－1042－0007392　綫820/669

藝概六卷　(清)劉熙載撰　清光緒三年(1877)嶺南刻本　二冊

610000－1042－0007393　綫075.7/461

藝苑叢話十六卷　陳琰輯　清宣統三年(1911)上海六藝書局石印本　四冊

610000－1042－0007394　綫075.7/461

塵海妙品十四卷　陳琰輯　清宣統三年(1911)上海六藝書局石印本　四冊

610000－1042－0007395　綫821.3/039

漁洋詩話三卷　(清)王士禛撰　清康熙四十四年(1705)刻本　一冊

610000－1042－0007396　綫821.8/039

漁洋詩話三卷　(清)王士禛撰　清康熙刻本　二冊

341

610000－1042－0007397　綫821.8/039

帶經堂詩話三十卷　（清）王士禎撰　（清）張
綜珅輯　清同治十二年(1873)廣州藏修堂刻
本　八冊

610000－1042－0007398　綫821.8/039

帶經堂詩話三十首一卷　（清）王士禎撰　清
上海掃葉山房石印本　十冊

610000－1042－0007399　綫821.1824/039

五代詩話十卷　（清）王士禎編　（清）鄭方坤
刪補　清咸豐元年(1851)南海伍氏刻本
六冊

610000－1042－0007400　綫821.18/152

雨村詩話十六卷　（清）李調元編撰　清乾隆
六十年(1795)萬卷樓刻本　六冊

610000－1042－0007401　綫821.18/152

雨村詩話二卷詞話四卷　（清）李調元撰　清
刻本　一冊

610000－1042－0007402　綫822.8/152

賦話十卷　（清）李調元撰　清康熙四十三年
(1704)渝雅齋刻本　四冊

610000－1042－0007403　綫821.18/039

談藝珠叢二十七種四十五卷　（清）王啟原輯
　清光緒十一年(1885)長沙玉尺山房刻本
十冊

610000－1042－0007404　綫821.18/115

詩觕五卷　（清）朱琰輯　清乾隆二十五年
(1760)刻本　一冊　存一卷(一)

610000－1042－0007405　綫821.3/309

詩詞韻輯二種八卷　（清）姚詩雅輯　清同治
四年(1865)滑臺官舍刻本　二冊

610000－1042－0007406　綫821.187/627

養一齋詩話十卷附養一齋李杜詩話三卷
（清）潘德輿撰　清道光十六年(1836)刻本
四冊

610000－1042－0007407　綫821.187/627

養一齋詩話十卷附養一齋李杜詩話三卷
（清）潘德輿撰　清道光十六年(1836)刻本

二冊

610000－1042－0007408　綫821.8/447

初白菴詩評三卷　（清）張載華輯　清末民初
上海六藝書局石印本　八冊

610000－1042－0007409　綫822/185

賦學指南二集六卷　（清）余丙照編輯　清咸
豐四年(1854)敬書堂刻本　三冊

610000－1042－0007410　綫822/185

賦學指南十六卷　（清）余丙照編輯　清光緒
十六年(1890)珍藝書局鉛印本　四冊

610000－1042－0007411　綫821.8/688

古今詩話選雋二卷　（清）盧衍仁輯　清刻本
二冊

610000－1042－0007412　綫821.87/165

廣陵詩事十卷　（清）阮元輯　清嘉慶六年
(1801)刻本　一冊

610000－1042－0007413　綫827/039

紅樓夢評贊不分卷　（清）王雪香等撰　紅樓
夢雜記一卷紅樓夢竹枝詞一卷　（清）盧先駱
撰　紅樓夢題詞一卷　（清）周綺撰　紅樓夢
賦一卷　（清）沈謙撰　清光緒二年(1876)刻
本　四冊

610000－1042－0007414　綫821.14/407

彙纂詩法度針三十三首一卷　（清）徐文弼輯
　清乾隆二十四年(1759)刻本　八冊

610000－1042－0007415　綫821.14/407

彙纂詩法度針三十三首一卷　（清）徐文弼輯
　清乾隆二十七年(1762)聚錦堂刻本　八冊

610000－1042－0007416　綫821.477/510

彙纂詩法度針三十三首一卷　（清）徐文弼輯
　清乾隆二十七年(1762)聚錦堂刻本　八冊

610000－1042－0007417　綫821.87/597

甌北詩話十二卷　（清）趙翼撰　清嘉慶刻本
二冊

610000－1042－0007418　綫821.8/597

甌北詩話十二卷　（清）趙翼撰　清嘉慶七年
(1802)刻本　四冊

二冊

610000－1042－0007419　綫 851.37/039

詩學指南一卷　（清）王樻選　清抄本　一冊

610000－1042－0007420　綫 821.8/655

藝苑名言八卷首一卷　（清）蔣瀾輯　清嘉慶二十五年（1820）務本堂刻本　一冊

610000－1042－0007421　綫 046/112

朱飲山千金譜二十九卷附三韻易知十卷　（清）朱燮撰　（清）楊廷茲編輯　清乾隆五十五年（1790）治怒齋刻本　十冊

610000－1042－0007422　綫 821.8/065

平等閣詩話二卷　平等閣主人　（狄楚青）撰　清宣統上海有正書局鉛印本　二冊

610000－1042－0007423　綫善 823.117/277

詞學全書四種　（清）查繼超輯　清康熙十八年（1679）刻本　六冊

610000－1042－0007424　綫 823.117/277

詞學全書五種　（清）查培繼輯　清康熙十八年（1679）鴻寶堂刻本　六冊

610000－1042－0007425　綫 823.117/277

詞學全書五種　（清）查培繼輯　清乾隆十一年（1746）致和堂刻本　八冊

610000－1042－0007426　綫 823.117/277

詞學全書五種　（清）查培繼輯　清乾隆十一年（1746）世德堂刻本　十冊

610000－1042－0007427　綫 852.34/599

花間集十卷　（五代）趙崇祚輯　清光緒十四年（1888）邵武徐榦刻本　二冊

610000－1042－0007428　綫 852.3/564

樂府新編陽春白雪前集五卷後集五卷　（元）楊朝英輯　清光緒三十一年（1905）懷甯馬氏影元刻本　一冊

610000－1042－0007429　綫 852.3/521

梅苑十卷　（宋）黃大興編　清康熙揚州使院刻本　二冊

610000－1042－0007430　綫 852.351/232

絕妙好詞箋詩箋七卷續鈔二卷　（宋）周密輯　（清）查為仁箋　清乾隆十五年（1750）刻本

四冊

610000－1042－0007431　綫 852.351/232

絕妙好詞箋詩箋七卷續鈔二卷　（宋）周密輯　（清）查為仁箋　清乾隆十五年（1750）刻本　四冊

610000－1042－0007432　綫善 833.1/802

草堂詩餘正集六卷　（明）顧從敬類選　（明）沈際飛評箋　明刻本　四冊

610000－1042－0007433　綫 852.3/137

草堂詩餘五卷　（明）楊慎批點　清光緒十三年（1887）山陰宋澤元花懺盦刻本　二冊

610000－1042－0007434　綫 852.351/054

宋六十名家詞九十卷　（明）毛晉輯　清光緒十四年（1888）錢塘汪氏刻本　三十冊

610000－1042－0007435　綫 852.3/503

宋六十一家詞選十二卷　馮煦編　清光緒十三年（1887）冶城山館刻本　四冊

610000－1042－0007436　綫 852.35/046

宋七家詞選七卷　（清）戈載輯　清光緒十一年（1885）曼陀羅華閣刻本　四冊

610000－1042－0007437　綫 852.35/042

宋元三十一家詞三十一卷　（清）汪鵬運輯　清光緒十九年（1893）四印齋刻本　四冊

610000－1042－0007438　綫 852.35/040

四印齋所刻詞二十一種　（清）王鵬雲輯　清光緒十四年（1888）臨桂王氏家塾刻本　十六冊

610000－1042－0007439　綫善 852.392/433

御選歷代詩餘一百二十卷　（清）王奕清等編　清康熙四十六年（1707）武英殿刻本　四十冊

610000－1042－0007440　綫 852.372/433

御選歷代詩餘一百二十卷　（清）王奕清等編　清康熙四十六年（1707）刻本　四十八冊

610000－1042－0007441　綫 852.3/521

歷代詞腴二卷　（清）黃承勳輯　清光緒十一年（1885）刻本　一冊

610000 - 1042 - 0007442　綫 852.37/039

衍波詞二卷　（清）王士禎撰　微波詞　（清）
錢枚撰　清光緒刻本　一冊

610000 - 1042 - 0007443　綫 835/470

古文詞略二十卷　（清）梅曾亮輯　清光緒二
十五年（1899）成都志古堂刻本　六冊

610000 - 1042 - 0007444　綫 835/470

古文詞略二十四卷　（清）梅曾亮輯　清光緒
三十三年（1907）陝西學務公所圖書局鉛印本
四冊

610000 - 1042 - 0007445　綫 852.47/144

薇省詞鈔十卷附錄一卷　況周儀輯錄　清光
緒二十四年（1898）廣陵刻本　四冊

610000 - 1042 - 0007446　綫 852.37/424

國朝七家詞選　（清）孫麟趾選　清光緒二十
四年（1898）豫章刻本　一冊

610000 - 1042 - 0007447　綫 852.37/521

國朝詞綜續編二十四卷　（清）黃燮清編　清
同治十二年（1873）刻本　八冊

610000 - 1042 - 0007448　綫 852.37/521

國朝詞綜續編二十四卷　（清）黃燮清編　清
同治十二年（1873）刻本　八冊

610000 - 1042 - 0007449　綫 852.37/151

二家詞鈔五卷　（清）李慈銘　樊增祥撰　清
光緒二十八年（1902）刻本　二冊

610000 - 1042 - 0007450　綫 852.37/151

二家詞鈔五卷　（清）李慈銘　樊增祥撰　清
光緒二十八年（1902）上海會文堂石印本
二冊

610000 - 1042 - 0007451　綫 852.47/168

侯鯖詞五卷　（清）吳唐林輯　清光緒十一年
（1885）杭州刻本　二冊

610000 - 1042 - 0007452　綫 852.37/802

今詞初集二卷　（清）顧貞觀　（清）納蘭性德
選　清光緒二十三年（1897）雪浪山房刻本
二冊

610000 - 1042 - 0007453　綫 852.47/570

天籟軒詞選六卷　（清）葉申薌編輯　清道光
十九年（1839）刻本　六冊

610000 - 1042 - 0007454　綫 852.37/410

春帖子詞一卷　（清）徐用儀輯　清光緒十年
（1884）鉛印本　一冊

610000 - 1042 - 0007455　綫 852.3/537

白香詞譜箋四卷　（清）舒夢蘭輯　（清）謝朝
徵箋　清光緒十一年（1885）刻本　二冊

610000 - 1042 - 0007456　綫 852.3/537

白香詞譜箋四卷　（清）舒夢蘭輯　（清）謝朝
徵箋　清宣統二年（1910）掃葉山房石印本
四冊

610000 - 1042 - 0007457　綫 852.3/537

白香詞譜箋四卷　（清）舒夢蘭輯　（清）謝朝
徵箋　清宣統二年（1910）吉林宮書印刷局鉛
印本　一冊

610000 - 1042 - 0007458　綫 852.3/008

西泠詞萃　（清）丁丙輯　清光緒十一年至十
三年（1885 - 1887）錢塘丁氏刻本　四冊

610000 - 1042 - 0007459　綫善 833.17/661

昭代詞選三十八卷　（清）蔣重光選輯　清乾
隆三十三年（1768）經鉏堂刻本　二十冊

610000 - 1042 - 0007460　綫 824/445

新編濃淡詞十卷　（清）張淡然輯　清道光十
五年（1835）柳汁齋刻本　三冊　存七卷（一
至七）

610000 - 1042 - 0007461　綫 852.3/118

詞綜三十八卷明詞綜十二卷國朝詞綜四十八
卷　（清）朱彝尊輯　清康熙刻本　二十四冊

610000 - 1042 - 0007462　綫 852.3/118

詞綜三十八卷明詞綜十二卷國朝詞綜四十八
卷二集八卷　（清）朱彝尊輯　清康熙刻本
二十四冊

610000 - 1042 - 0007463　綫 852.3/118

詞綜三十八卷　（清）朱彝尊輯　清同治四年
（1865）亦西齋刻本　十二冊

610000 - 1042 - 0007464　綫 852.3/447

詞選二卷　（清）張惠言輯　清道光十年
（1830）刻本　二冊

610000－1042－0007465　綫852.3/447

詞選二卷茗柯詞一卷　（清）張惠言輯撰　立
山詞一卷　（清）張琦撰　清光緒四年（1878）
刻本　一冊

610000－1042－0007466　綫852.3/447

詞選二卷附錄一卷續詞選二卷　（清）張惠言
（清）董毅輯　清上海掃葉山房石印本
一冊

610000－1042－0007467　綫852.3/571

續詞選二卷附錄一卷　（清）董毅輯　清光緒
四年（1878）刻本　一冊

610000－1042－0007468　綫852.37/755

篋中詞十卷　（清）譚獻輯　清光緒八年
（1882）刻本　十冊

610000－1042－0007469　綫852.378/412

小檀欒室彙刻閨秀詞十集　徐乃昌輯　清光
緒二十一年至二十二年（1895－1896）南陵徐
乃昌小檀欒室刻本　二十冊

610000－1042－0007470　綫852.379/412

閨秀詞鈔十六卷補遺一卷續補遺四卷　徐乃
昌輯　清宣統元年（1909）南陵徐乃昌小檀欒
室刻本　十冊

610000－1042－0007471　綫852.37/732

國朝常州詞錄三十一卷　繆荃孫校輯　清光
緒二十二年（1896）江陰繆氏雲自在龕刻本
十二冊

610000－1042－0007472　綫852.37/144

粵西詞見二卷　況周儀輯　清光緒二十二年
（1896）金陵刻本　一冊

610000－1042－0007473　綫852.482/509

陽春集不分卷附樂府指迷一卷　（五代）馮延
已撰　清光緒十五年（1889）四印齋刻本
一冊

610000－1042－0007474　綫852.4516/238

片玉詞二卷補遺一卷　（宋）周邦彥撰　清光

緒十一年（1885）錢塘丁氏刻本　一冊

610000－1042－0007475　綫852.452/265

雙白詞八卷白雲詞續一卷　（宋）姜夔撰　清
光緒七年（1881）四印齋刻本　二冊

610000－1042－0007476　綫913.2/265

白石道人歌曲四卷別集一卷　（宋）姜夔撰
清光緒十年（1884）仁和許增娛園刻本　一冊

610000－1042－0007477　綫852.4516/793

東坡詞鈔一卷　（宋）蘇軾撰　清宣統石印本
一冊

610000－1042－0007478　綫852.452/113

樵歌三卷　（宋）朱敦儒撰　清光緒二十年
（1894）刻本　一冊

610000－1042－0007479　綫852.452/444

山中白雲詞八卷　（宋）張炎撰　清雍正四年
（1726）珍藝堂刻本　四冊

610000－1042－0007480　綫852.452/444

山中白雲詞八卷附詞源二卷　（宋）張炎撰
清光緒八年（1882）仁和許增娛園刻本　二冊

610000－1042－0007481　綫852.514/389

珠玉詞鈔一卷補抄一卷　（宋）晏殊撰　（清）
晏端書選　清光緒十一年（1885）揚州刻本
一冊

610000－1042－0007482　綫852.4515/151

漱玉詞一卷　（宋）李清照撰　清光緒七年
（1881）四印齋刻本　一冊

610000－1042－0007483　綫852.451/521

黃山谷詞一卷　（宋）黃庭堅撰　清宣統元年
（1909）石印本　一冊

610000－1042－0007484　綫852.472/414

納蘭詞二卷　（清）納蘭性德撰　清光緒十六
年（1890）刻本　一冊

610000－1042－0007485　綫852.47/414

飲水詞鈔二卷　（清）納蘭性德撰　清隨園刻
本　一冊

610000－1042－0007486　綫852.4/277

寸灰詞一卷　(清)桑霦直撰　清刻本　一册

610000－1042－0007487　綫852.476/430
浮眉樓詞二卷蘅夢詞二卷　(清)郭麐撰　清嘉慶八年(1803)刻本　二册

610000－1042－0007488　綫852.476/802
眉綠樓詞一卷　(清)顧文彬撰　清光緒刻本　一册

610000－1042－0007489　綫852.47/648
綠蕪秋雨詞一卷蕭心劍氣詞一卷　(清)蔡寶善撰　清光緒十八年(1892)石印本　一册

610000－1042－0007490　綫852.477/235
倚月樓詞稿四卷　(清)周天麟撰　清光緒七年(1881)刻本　一册

610000－1042－0007491　綫852.478/669
約園詞四卷　(清)劉溎年撰　清光緒十二年(1886)刻本　一册　存二卷(一至二)

610000－1042－0007492　綫852.48/329
雲日再瞻篇一卷　(清)高曦亭撰　清二酉堂刻本　一册

610000－1042－0007493　綫852.476/166
玉壺山房詞選二卷　(清)改琦撰　清道光八年(1828)雲間沈氏來鶴樓刻本　四册

610000－1042－0007494　綫852.472/463
迦陵詞全集三十卷　(清)陳維崧撰　清康熙二十九年(1690)忠立堂刻本　四册

610000－1042－0007495　綫852.47/668
留雲借月盦詞五卷　(清)劉炳照撰　清光緒十九年(1893)刻本　二册

610000－1042－0007496　綫852.477/658
水雲樓詞二卷　(清)蔣春霖撰　清咸豐十一年(1861)曼陀羅華閣刻本　一册

610000－1042－0007497　綫852.37/424
水雲樓詞二卷續一卷　(清)蔣春霖撰　清咸豐十一年(1861)湖南思賢書局刻本　一册

610000－1042－0007498　綫852.47/802
拜石山房詞鈔四卷　(清)顧翰撰　清光緒十五年(1889)榆園刻本　一册

610000－1042－0007499　綫852.47/380
捧月樓詞二卷　(清)袁通撰　**附飲水詞二卷**　(清)納蘭性德撰　清隨園刻本　一册

610000－1042－0007500　綫852.47/170
百萼紅詞二卷　(清)吳鼒撰　清光緒五年(1879)直隸張氏刻本　二册

610000－1042－0007501　綫852.474/045
叩拙詞一卷　(清)陶維垣撰　清乾隆四十九年(1784)刻本　一册

610000－1042－0007502　綫852.474/630
板橋詞鈔一卷道情十首　(清)鄭燮撰　清乾隆八年(1743)上元司徒文膏刻本　一册

610000－1042－0007503　綫847.4/629
板橋詞鈔一卷道情十首板橋家書一卷板橋題畫一卷板橋詩鈔三卷　(清)鄭燮撰　清刻本　二册

610000－1042－0007504　綫852.47/304
春在堂詞錄三卷　(清)俞樾撰　清光緒二十五年(1899)刻本　一册

610000－1042－0007505　綫852.477/078
曇波一卷　(清)四不頭陀撰　清咸豐八年(1858)刻本　一册

610000－1042－0007506　綫852.478/448
新蘅詞八卷外集一卷　(清)張景祁撰　清光緒九年(1883)百億梅仙館刻本　一册

610000－1042－0007507　綫852.47/118
曝書亭集詞注七卷　(清)朱彝尊撰　(清)李富孫注　清嘉慶十九年(1814)嘉興李富孫校經廎刻本　四册

610000－1042－0007508　綫852.47/414
箏船詞一卷　(清)劉嗣綰撰　清隨園刻本　一册

610000－1042－0007509　綫852.47/505
紅雪詞四卷　(清)馮雲鵬填詞　清嘉慶十二年(1807)掃葉亭刻本　四册

610000－1042－0007510　綫852.47/441

珂雪詞二卷　（清）曹貞吉撰　清刻本　一冊
　　存一卷（上）

610000－1042－0007511　綫852.472/173

吳梅村詞一卷　（清）吳偉業撰　清光緒十六
年（1890）湖北官書局刻本　一冊

610000－1042－0007512　綫852.477/040

受辛詞一卷　（清）王茨撰　清咸豐十年
（1860）刻本　一冊

610000－1042－0007513　綫852.477/040

受辛詞一卷　（清）王茨撰　清光緒九年
（1883）刻本　一冊

610000－1042－0007514　綫852.478/287

天倪閣詞一卷　胡薇元撰　清光緒十三年
（1887）刻本　一冊

610000－1042－0007515　綫852.478/286

鐵笛詞一卷　胡薇元撰　清光緒二十七年
（1901）凫山呂氏刻本　一冊

610000－1042－0007516　綫852.47/449

蕙雪詞四卷　（清）張絢撰　夢罍詞一卷
（清）張修府撰　清光緒十一年（1885）貴陽刻
本　一冊

610000－1042－0007517　綫852.478/542

匏笙詞二卷　（清）程澍撰　清光緒三十四年
（1908）京華書局鉛印本　一冊

610000－1042－0007518　綫852.481/630

比竹餘音四卷　鄭文焯撰　清光緒二十八年
（1902）吳興沈氏刻本　一冊

610000－1042－0007519　綫852.481/630

冷紅詞四卷　鄭文焯撰　清光緒二十年
（1894）耦園刻本　一冊

610000－1042－0007520　綫852.47/798

左庵詩餘八卷　（清）李佳繼昌撰　清刻本
二冊

610000－1042－0007521　綫852.37/464

國朝金陵詞鈔八卷附一卷　陳作霖編　清光
緒二十八年（1902）刻本　四冊

610000－1042－0007522　綫852.48/144

第一生修梅花館詞五卷附錄二卷　況周儀撰
　　清光緒十八年（1892）刻本　一冊

610000－1042－0007523　綫852.37/424

冰甌館詞鈔一卷　（清）張丙炎撰　清光緒十
一年（1885）刻本　一冊

610000－1042－0007524　綫852.37/424

蘿月詞二卷　（清）許賡皞撰　清道光十九年
（1839）刻本　一冊

610000－1042－0007525　綫852.37/424

楚頌亭詞一卷　易順鼎撰　清光緒十年
（1884）刻本　一冊

610000－1042－0007526　綫852.37/424

琴臺夢語一卷　易順鼎撰　清光緒十三年
（1887）刻本　一冊

610000－1042－0007527　綫852.37/424

味梨集一卷　（清）王鵬運撰　清光緒二十一
年（1895）臨桂王鵬運刻本　一冊

610000－1042－0007528　綫852.37/424

湘麋閣遺詩四卷附蘭當詞二卷　（清）陶方琦
撰　清光緒十六年（1890）鄂局刻本　二冊

610000－1042－0007529　綫852.37/424

憶雲詞四卷補遺一卷　（清）項廷紀撰　清光
緒二十五年（1899）思賢書局刻本　一冊

610000－1042－0007530　綫852.37/424

美人長壽盦詞六卷　程頌萬撰　清光緒二十
六年（1900）甯鄉程氏武昌刻本　二冊

610000－1042－0007531　綫852.37/424

荓綠詞三卷續編一卷　（清）丁至和撰　清咸
豐十一年（1861）曼陀羅華閣刻本　一冊

610000－1042－0007532　綫852.37/424

雲起軒詞鈔一卷　（清）文廷式撰　清光緒三
十三年（1907）南陵徐乃昌刻本　一冊

610000－1042－0007533　綫823.187/172

蓮子居詞話四卷　（清）吳衡照輯　清嘉慶二
十三年（1818）刻本　二冊

610000－1042－0007534　綫善 823.1/411

詞苑叢談十二卷　（清）徐釚撰　清康熙二十七年(1688)徐釚刻本　四冊

610000－1042－0007535　綫 823.187/708

賭棋山莊集詞話十七卷　（清）謝章鋌撰　清光緒十年(1884)刻本　六冊

610000－1042－0007536　綫 823.11/054

填詞名解不分卷　（清）毛先舒撰　清抄本　六冊

610000－1042－0007537　綫 823.187/010

聽秋聲館詞話二十卷　（清）丁紹儀撰　清同治八年(1869)刻本　四冊

610000－1042－0007538　綫 852.3/220

考證白香詞譜一卷　（宋）范仲淹等撰　清抄本　一冊

610000－1042－0007539　綫 853.2/414

按對大元九宮詞譜格正全本還魂記詞調二卷　（明）湯顯祖撰　（清）鈕少雅正譜　清夢鳳樓暖紅室刻本　二冊

610000－1042－0007540　綫 852.1/570

詞律二十卷　（清）萬樹編　清康熙二十六年(1687)陽羨萬樹堆絮園刻本　十冊

610000－1042－0007541　綫 852.1/570

詞律二十卷　（清）萬樹編　清康熙陽羨萬樹堆絮園刻本　十一冊

610000－1042－0007542　綫 852.1/570

詞律二十卷　（清）萬樹編　（清）恩錫（清）杜文瀾校刊　清光緒二年(1876)刻本　九冊

610000－1042－0007543　綫 823.11/570

詞律二十卷拾遺八卷補遺一卷　（清）萬樹編（清）徐本立拾遺　（清）杜文瀾補遺　清光緒二年(1876)吳下刻本　十六冊

610000－1042－0007544　綫 852.1/570

詞律二十卷拾遺八卷補遺一卷　（清）萬樹編（清）恩錫（清）杜文瀾校刊　清光緒二年(1876)德記書局石印本　十二冊

610000－1042－0007545　綫 852.37/710

碎金詞譜六卷　（清）謝元淮輯　清道光二十三年(1843)刻本　五冊

610000－1042－0007546　綫 853.61/658

清代傳奇四種　（清）蔣士銓等撰　清光緒十一年(1885)刻本　三冊

610000－1042－0007547　綫 853.5357/036

合訂西廂記文機活趣全解八卷　（元）王實甫撰　（清）金人瑞批點　（清）吳吳山三婦合評（清）鄧汝寧音義　清康熙八年(1669)致和堂刻本　六冊

610000－1042－0007548　綫 853.5357/036

合訂西廂記文機活趣全解八卷　（元）王實甫撰　（清）金人瑞批點　（清）吳吳山三婦合評（清）鄧汝寧音義　清文盛堂刻本　六冊

610000－1042－0007549　綫 853.5357/036

增補箋註繪像第六才子西廂釋解八卷　（元）王實甫撰　（清）金人瑞批點　（清）吳吳山三婦合評　清康熙八年(1669)金陵文會堂刻本　六冊

610000－1042－0007550　綫 853.5357/036

貫華堂第六才子書八卷　（元）王實甫撰（清）金人瑞評點　清乾隆十五年(1750)古吳三多齋刻本　六冊

610000－1042－0007551　綫 853.5357/036

貫華堂第六才子書八卷　（元）王實甫撰（清）金人瑞批點　清光緒九年(1883)玉樹園刻本　六冊

610000－1042－0007552　綫 853.5357/036

貫華堂注釋第六才子書六卷　（元）王實甫撰（清）金人瑞評　清貫華堂刻本　六冊

610000－1042－0007553　綫 853.63/036

雲林別墅繪像妥注第六才子書六首一卷（元）王實甫撰　（清）金人瑞評　（清）鄒聖脈注　清乾隆五十年(1785)刻本　六冊

610000－1042－0007554　綫 853.5357/036

雲林別墅繪像妥注第六才子書六首一卷

（元）王實甫撰　（清）鄒聖脈注　清尚德堂刻本　四冊

610000－1042－0007555　綫善 853.5357/036
此宜閣增訂金批西廂四卷首一卷末一卷
（元）王實甫撰　（清）金人瑞評　清乾隆六十年(1795)昭文周氏此宜閣刻本　五冊　缺一卷(二)

610000－1042－0007556　綫善 853.5357/036
懷永堂繪像第六才子書八卷　（元）王實甫撰　（清）金人瑞評　清光緒九年(1883)映紅仙館刻本　六冊

610000－1042－0007557　綫善 853.5357/036
繪像第六才子書八卷　（元）王實甫撰　（清）金人瑞評　清光緒十年(1884)廣州刻本　六冊

610000－1042－0007558　綫善 853.5357/036
第六才子書西廂記八卷　（元）王實甫撰　(清)金人瑞評點　清光緒十五年(1889)味蘭軒刻本　六冊

610000－1042－0007559　綫善 853.5357/036
第六才子書西廂記八卷　（元）王實甫撰　(清)金人瑞評點　清刻本　六冊

610000－1042－0007560　綫善 853.63/036
西廂記五卷才子西廂像一卷附刻八種十卷
（元）王實甫撰　（元）關漢卿補　清宣統二年(1910)夢鳳樓暖紅室刻本　十冊

610000－1042－0007561　綫善 853.536/406
四聲猿四卷　（明）徐渭撰　明沈景麟延閣刻本　二冊

610000－1042－0007562　綫善 853.636/501
紫簫記二卷三十四齣　（明）湯顯祖撰　明刻本　一冊

610000－1042－0007563　綫善 853.537/373
後四聲猿四卷　（清）桂馥撰　清道光二十九年(1849)憐芳味口軒木活字印本　一冊

610000－1042－0007564　綫善 853.537/047
西堂樂府六種　（清）尤侗撰　清康熙刻本

二冊

610000－1042－0007565　綫善 853.53/561
吟鳳閣四卷譜二卷　（清）楊潮觀撰　清乾隆三十九年(1774)刻本　五冊

610000－1042－0007566　綫善 853.53/658
四絃秋（青衫淚）一卷　（清）蔣士銓填詞　清乾隆三十八年(1773)紅雪樓刻本　一冊

610000－1042－0007567　綫善 853.6374/658
冬青樹二卷三十八齣　（清）蔣士銓撰　清乾隆四十六年(1781)紅雪樓刻本　一冊

610000－1042－0007568　綫善 854.4915/528
三笑姻緣不分卷　（清）華鴻源鈔　清光緒十二年(1886)抄本　一冊

610000－1042－0007569　綫善 853.53/740
瞿園雜劇五卷　瞿園（袁祖光）編　清光緒三十四年(1908)鉛印本　一冊

610000－1042－0007570　綫善 853.53/740
瞿園雜劇續編五種　瞿園（袁祖光）編　清宣統元年(1909)豐源印書局鉛印本　一冊

610000－1042－0007571　綫善 854.397/182
庶幾堂金樂三十種　（清）余治撰　清同治十二年(1873)刻本　十冊

610000－1042－0007572　綫善 853.43/380
西樓記二卷四十齣　（清）袁於令撰　清刻本　四冊

610000－1042－0007573　綫善 853.43/380
西樓記二卷四十齣　（清）袁於令撰　清刻本　一冊

610000－1042－0007574　綫善 853.53/520
香雪亭新編耆英會記二卷三十齣　（清）畫川逸叟撰　清道光十年(1830)刻本　二冊

610000－1042－0007575　綫善 853.537/620
綴白裘新集十二集　（清）玩花主人輯　（清）錢德蒼增輯　清乾隆五十二年(1787)嘉興博雅堂刻本　四十八冊

610000－1042－0007576　綫善 853.63577/329

成裕堂繪像第七才子書(琵琶記)六卷　(明)
高明撰　清刻本　六冊

610000－1042－0007577　綫 853.6357/358
青衫記二卷三十齣　(明)顧大典撰　明刻本
一冊

610000－1042－0007578　綫 853.6367/501
南柯記二卷四十四齣　(明)湯顯祖撰　明刻
本　四冊

610000－1042－0007579　綫 853.536/501
湯義仍先生南柯夢記二卷　(明)湯顯祖撰
明刻本　四冊

610000－1042－0007580　綫 853.6367/501
牡丹亭還魂記二卷五十五齣　(明)湯顯祖撰
清光緒十二年(1886)同文書局石印本
四冊

610000－1042－0007581　綫善 853.63/501
玉茗堂還魂記二卷　(明)湯顯祖撰　清乾隆
五十年(1785)冰絲館刻本　六冊

610000－1042－0007582　綫 853.636/557
水滸記二卷　(明)許自昌撰　清道光十年
(1830)刻本　一冊

610000－1042－0007583　綫 853.636/688
想當然傳奇二卷　(明)盧柟撰　清嘉慶二十
一年(1816)刻本　二冊

610000－1042－0007584　綫 853.636/410
殺狗記二卷三十六齣　(明)徐畛撰　(明)馮
夢龍訂定　明刻本　一冊

610000－1042－0007585　綫善 853.636/630
新編目連救母勸善戲文三卷　(明)鄭之珍撰
明萬曆十年(1582)高石山房刻本　三冊

610000－1042－0007586　綫 853.636/236
錦箋記二卷四十齣　(明)周履靖撰　明刻本
一冊

610000－1042－0007587　綫 853.56/563
玉環記二卷三十四齣　(明)楊柔勝撰　明刻
本　一冊

610000－1042－0007588　綫 853.63/104
十錯認春燈謎記二十齣　(明)阮大鋮撰　清
光緒三十年(1904)影印本　二冊

610000－1042－0007589　綫 853.637/151
笠翁十種曲二十卷　(清)李漁編　清康熙刻
本　十冊　存五種

610000－1042－0007590　綫 853.637/151
笠翁十種曲二十卷　(清)李漁編　清道光七
年(1827)聚秀堂刻本　十冊　存六種

610000－1042－0007591　綫 853.637/151
笠翁十種曲二十卷　(清)李漁編　(清)玄洲
逸叟批評　清刻本　九冊　存五種

610000－1042－0007592　綫善 853.63/151
蜃中樓傳奇二卷三十齣　(清)李漁編　清康
熙世德堂刻本　一冊

610000－1042－0007593　綫 853.637/151
蜃中樓傳奇二卷三十齣　(清)李漁編　(清)
墨菴居士批評　清刻本　一冊　存十五齣
(下卷十六至三十)

610000－1042－0007594　綫 853.637/151
凰求鳳傳奇二卷三十齣　(清)李漁編　(清)
冷西梅客批評　清刻本　二冊

610000－1042－0007595　綫 853.63/151
意中緣傳奇二卷三十齣　(清)李漁編　(清)
禾中女史　(黃媛介)批評　清刻本　二冊

610000－1042－0007596　綫 853.63/502
風箏誤傳奇二卷三十齣　(清)李漁撰　清道
光二十六年(1846)漱芳閣刻本　八冊

610000－1042－0007597　綫 853.63/502
風箏誤傳奇二卷三十齣　(清)李漁編次
(清)樸齋主人　(徐懋曙)批評　清刻本
二冊

610000－1042－0007598　綫 853.63/502
風箏誤傳奇二卷三十齣　(清)李漁編次
(清)樸齋主人　(徐懋曙)批評　清刻本
二冊

610000－1042－0007599　綫 853.63/502

奈何天傳奇(奇福記)二卷三十齣　（清）李漁
編次　（清）紫珍道人　（徐士俊）批評　清刻
本　二冊

610000－1042－0007600　綫853.63/502
奈何天傳奇(奇福記)二卷三十齣　（清）李漁
編次　清刻本　一冊　存一齣(下卷十五)

610000－1042－0007601　綫853.637/151
巧團圓傳奇二卷三十三齣　（清）李漁編
（清）莫愁釣客　（清）睡鄉祭酒評　清康熙刻
本　二冊

610000－1042－0007602　綫853.637/151
比目魚傳奇二卷三十二齣　（清）李漁編
（清）秦淮醉侯批　（杜濬）評　清刻本　二冊

610000－1042－0007603　綫853.637/151
玉搔頭傳奇二卷三十齣　（清）李漁編　（清）
睡鄉祭酒　（杜濬）批評　清刻本　二冊

610000－1042－0007604　綫853.637/151
憐香伴二卷三十六齣　（清）李漁編　（清）玄
洲逸叟批評　清康熙刻本　四冊

610000－1042－0007605　綫853.637/151
慎鸞交傳奇二卷三十四齣　（清）李漁編
（清）匡廬居士　（郭傳芳）　（清）雲間木叟
評　清刻本　二冊

610000－1042－0007606　綫853.537/047
鈞天樂二卷三十二齣　（清）尤侗撰　清康熙
四年(1665)刻本　二冊

610000－1042－0007607　綫853.63/444
夢中緣二卷四十六齣　（清）張漱石填詞
（清）楊古林評點　清乾隆刻本　四冊

610000－1042－0007608　綫853.63/444
梅花簪二卷　（清）張漱石填詞　（清）柴次山
評點　清刻本　二冊

610000－1042－0007609　綫853.63/034
補天石傳奇八卷　（清）周樂清撰　清咸豐五
年(1855)靜遠草堂刻本　四冊

610000－1042－0007610　綫853.3974/658
清容外集九種　（清）蔣士銓撰　清乾隆四十

六年(1781)紅雪樓刻本　四十冊

610000－1042－0007611　綫853.3974/658
清容外集三種　（清）蔣士銓撰　清紅雪樓刻
本　四冊

610000－1042－0007612　綫853.537/658
藏園九種曲　（清）蔣士銓撰　清漁古堂刻本
十二冊

610000－1042－0007613　綫853.537/658
藏園九種曲　（清）蔣士銓撰　清刻本　四冊
存五種

610000－1042－0007614　綫853.6374/658
桂林霜二卷　（清）蔣士銓撰　清乾隆三十八
年(1773)刻本　一冊

610000－1042－0007615　綫853.637/658
臨川夢二卷　（清）蔣士銓撰　清乾隆刻本
四冊

610000－1042－0007616　綫853.6374/658
臨川夢二卷　（清）蔣士銓撰　清乾隆三十九
年(1774)紅雪樓刻本　一冊

610000－1042－0007617　綫853.6374/658
香祖樓二卷　（清）蔣士銓撰　清乾隆三十九
年(1774)紅雪樓刻本　二冊

610000－1042－0007618　綫853.43/658
香祖樓二卷　（清）蔣士銓撰　清煥乎堂刻本
一冊　存一卷(上)

610000－1042－0007619　綫853.637/658
空谷香傳奇二卷三十齣　（清）蔣士銓填詞
（清）高文照題評　清刻本　二冊

610000－1042－0007620　綫853.637/173
秣陵春(雙影記)二卷臨春閣四卷通天台四卷
（清）吳偉業撰　清振古齋刻本　二冊

610000－1042－0007621　綫853.6372/048
桃花扇傳奇五卷　（清）孔尚任撰　清光緒二
十一年(1895)刻本　五冊

610000－1042－0007622　綫853.63/462
蜀錦袍傳奇二卷　（清）陳烺填詞　清光緒十

七年(1891)刻本　二冊

610000－1042－0007623　綫853.63/458

仙緣記傳奇二卷　(清)陳烺填詞　清光緒十一年(1885)武林刻本　一冊

610000－1042－0007624　綫853.6378/458

仙緣二卷　(清)陳烺填詞　清光緒十七年(1891)刻本　二冊

610000－1042－0007625　綫853.63/458

燕子樓傳奇二卷　(清)陳烺填詞　清光緒刻本　一冊

610000－1042－0007626　綫853.63/458

玉獅堂傳奇四種　(清)陳烺撰　清光緒十一年(1885)武林刻本　四冊

610000－1042－0007627　綫853.63/458

玉獅堂傳奇十種　(清)陳烺撰　清光緒刻本　三冊　存三種

610000－1042－0007628　綫853.637/458

海虬記傳奇二卷　(清)陳烺撰　清光緒十七年(1891)刻本　一冊　存一卷(下)

610000－1042－0007629　綫853.637/458

梅喜緣傳奇二卷　(清)陳烺撰　清光緒十七年(1891)刻本　一冊

610000－1042－0007630　綫853.637/521

帝女花二卷　(清)黃燮清撰　清道光十三年(1833)刻本　四冊

610000－1042－0007631　綫853.637/521

桃溪雪二卷　(清)黃燮清撰　(清)李光溥評文　清道光二十七年(1847)刻本　一冊

610000－1042－0007632　綫853.637/521

桃溪雪二卷　(清)黃燮清撰　(清)李光溥評文　清光緒元年(1875)雲鶴仙館刻本　二冊

610000－1042－0007633　綫853.537/521

倚晴樓七種曲　(清)黃燮清撰　清道光刻本　六冊

610000－1042－0007634　綫853.537/521

倚晴樓七種曲　(清)黃燮清撰　清光緒七年

(1881)刻本　十冊

610000－1042－0007635　綫853.63/165

燕子箋四卷四十二齣　(清)阮大鋮撰　清同治十三年(1874)刻本　四冊

610000－1042－0007636　綫853.637/165

春燈謎二卷四十齣　(清)阮大鋮撰　清暖紅室刻本　二冊

610000－1042－0007637　綫853.63/318

校補果報錄圖詠八卷　(清)海芝濤撰　清光緒二十年(1894)香港書局石印本　八冊

610000－1042－0007638　綫853.617/699

新訂時調綴白裘十集　(清)錢德蒼選　清乾隆四十七年(1782)金閶學耕堂刻本　十二冊

610000－1042－0007639　綫853.537/462

繡像義妖全傳二十八卷五十四回　(清)陳遇乾撰　(清)陳士奇　(清)俞秀山評　清同治八年(1869)刻本　六冊

610000－1042－0007640　綫853.537/462

繡像義妖全傳二十八卷五十四回　(清)陳遇乾撰　(清)陳士奇　(清)俞秀山評　清光緒二年(1876)刻本　十二冊

610000－1042－0007641　綫853.63/354

南陽樂傳奇二卷三十二齣　(清)夏綸撰　清乾隆九年(1744)世光堂刻本　二冊

610000－1042－0007642　綫853.43/715

儒酸福傳奇二卷　(清)魏熙元填詞　清光緒十年(1884)玉玲瓏館刻本　二冊

610000－1042－0007643　綫853.63/318

果報錄(倭袍傳)十二卷一百回　(清)海芝濤撰　清木活字印本　十二冊

610000－1042－0007644　綫853.63/318

倭袍傳十二卷一百回　(清)海芝濤撰　清木活字印本　十二冊

610000－1042－0007645　綫853.63/318

倭袍傳一百回　(清)海芝濤撰　清抄本　十二冊

610000－1042－0007646　綫善 853/463

紅樓夢傳奇八卷　（清）陳鐘麟撰　清道光十五年（1835）廣州刻本　十六冊

610000－1042－0007647　綫 853.63/450

六如亭二卷三十六齣　（清）張九鉞撰　清道光三十年（1850）刻本　二冊

610000－1042－0007648　綫 853.637/544

鴛鴦鏡傳奇二十齣　（清）傅玉書撰　清光緒二十一年（1895）榕城刻本　二冊

610000－1042－0007649　綫 853.6/005

滄桑豔二卷二十齣　丁傳靖撰　（清）張士瑛評點　清光緒三十四年（1908）刻本　一冊

610000－1042－0007650　綫 853.6372/253

長生殿二卷　（清）洪昇撰　清滬城李鐘元刻本　七冊

610000－1042－0007651　綫 853.637/040

東海記十六齣　（清）王曦填詞　清嘉慶十三年（1808）宛鄰書屋刻本　二冊

610000－1042－0007652　綫 853.637/740

鶴歸來傳奇二卷附瞿式耜本傳一卷　（清）瞿頡填詞　（清）周昂評點　清湖北官書處刻本　二冊

610000－1042－0007653　綫 853.63/131

後緹縈南曲十齣　（清）汪宗沂撰　（清）夏嘉穀評點　清光緒十一年（1885）刻本　一冊

610000－1042－0007654　綫 853.63/807

增廣繡像蜃樓傳六卷三十二回　（清）讀畫樓主人撰　清光緒二十一年（1895）鉛印本　三冊

610000－1042－0007655　綫 853.63/556

江花夢傳奇二卷二十七齣　（清）雷岸居士撰　清抄本　二冊

610000－1042－0007656　綫 225/542

異方便淨土傳燈歸元鏡三祖實錄二卷　（清）釋智達拈頌　清光緒十八年（1892）刻本　二冊

610000－1042－0007657　綫 854.4933/548

新選大宋下南唐十二卷　（清）□□撰　清粵東省醉經堂刻本　十一冊　存三卷（南唐二下、南唐三下、南唐四下）

610000－1042－0007658　綫 853.63/067

風雲會傳奇二卷二十三齣　（清）玉泉樵子（許善長）填詞　（清）梅溪逸叟訂譜　清光緒三年（1877）仁和許善長碧聲吟館刻本　二冊

610000－1042－0007659　綫 853.63/067

風雲會傳奇二卷瘞雲巖傳奇二卷碧聲吟館倡酬錄一卷　（清）玉泉樵子（許善長）撰　清光緒三年至四年（1877－1878）仁和許善長碧聲吟館刻本　四冊

610000－1042－0007660　綫 853.638/521

石榴記傳奇四卷三十二齣　（清）黃振填詞　清柴灣村舍刻本　四冊

610000－1042－0007661　綫善 852.468/263

秋水庵花影集樂府四卷詩餘一卷　（明）施紹莘撰　明刻本　十二冊

610000－1042－0007662　綫 853.41/214

繪圖綴白裘四集四卷　（清）玩花主人輯（清）錢德蒼增輯　清光緒十二年（1886）石印本　一冊

610000－1042－0007663　綫善 853.41/036

明清散曲套數選不分卷　王謇輯　清稿本　四冊

610000－1042－0007664　綫 853.41/392

時錄詞曲□□卷附曲譜　（清）□□撰　清抄本　一冊

610000－1042－0007665　綫 853.43/388

繡像紅樓夢散套十六套附曲譜　（清）荊石山民（黃兆魁）填詞　清蟾波閣刻本　四冊

610000－1042－0007666　綫 853.3/727

戲曲唱段選□□卷　（清）□□撰　清抄本　十一冊

610000－1042－0007667　綫善 858.51/562

重刊增定廿一史彈詞二卷　（明）楊慎編著（明）王起隆增定　明崇禎十四年（1641）朱茂

時刻本　二冊

610000－1042－0007668　綫858.51/562
廿一史彈詞註十卷　（明）楊慎編著　（清）張
三異增定　（清）張仲璜註　明紀彈詞註一卷
（清）張三異撰　（清）張仲璜註　清乾隆五
十一年(1786)視履堂刻本　十二冊

610000－1042－0007669　綫858.51/562
廿一史彈詞註十卷　（明）楊慎編著　（清）張
三異增定　（清）張仲璜註　明紀彈詞註一卷
（清）張三異撰　（清）張仲璜註　清道光十
年(1830)富平楊浚刻本　十二冊

610000－1042－0007670　綫858.51/681
娛萱草彈詞三十二卷　（清）橘道人撰　清光
緒二十年(1894)木活字印本　六冊

610000－1042－0007671　綫858.51/296
再造天十六卷十六回　（清）侯芝撰　清同治
八年(1869)刻本　十二冊

610000－1042－0007672　綫858.51/515
繡像描金鳳十二卷　（□）□□撰　清光緒二
年(1876)刻本　十二冊

610000－1042－0007673　綫858.51/694
錦上花四十八回　（□）□□撰　清同治十三
年(1874)學餘堂刻本　十二冊

610000－1042－0007674　綫858.51/752
繡像雙珠鳳全傳十二卷八十回　（□）□□撰
　清同治二年(1863)淨雅書屋刻本　十二冊

610000－1042－0007675　綫858.51/227
繪圖筆生花三十二回　（清）邱心如撰　清光
緒石印本　八冊

610000－1042－0007676　綫858.51/227
繪圖筆生花三十二回　（清）邱心如撰　清光
緒二十年(1894)上海書局石印本　十六冊

610000－1042－0007677　綫858.42/548
木皮散人鼓詞一卷　（清）賈鳧西撰　附萬古
愁曲一卷　（清）歸莊撰　與乾嘉詩壇點將錄
一卷　（清）舒位撰　附東林點將錄一卷
（明）王紹徽撰　清光緒三十三年(1907)葉氏

觀古堂刻本　一冊

610000－1042－0007678　綫858.51/492
第八才子花箋書二卷　（□）□□撰　清末民
初粵東省城太平新街以文堂刻本　二冊

610000－1042－0007679　綫858.51/201
定國志安邦中集二十卷　（清）□□撰　清刻
本　三十二冊

610000－1042－0007680　綫858.51/691
定國志安邦中集二十卷　（清）□□撰　清刻
本　二十冊

610000－1042－0007681　綫858.51/201
繪圖定國志八卷　（清）□□撰　清宣統二年
(1910)上海章福記書局石印本　八冊

610000－1042－0007682　綫858.51/691
安邦誌二十卷　（清）□□撰　清刻本　十九
冊　缺一卷(四)

610000－1042－0007683　綫858.51/095
安邦誌二十卷　（清）□□撰　清光緒三十四
年(1908)文賢堂刻本　二十冊

610000－1042－0007684　綫858.51/095
安邦誌二十卷　（清）□□撰　清刻本　二
十冊

610000－1042－0007685　綫858.51/095
繪圖安邦志八卷　（清）□□撰　清宣統二年
(1910)上海章福記書局石印本　八冊

610000－1042－0007686　綫858.51/043
天雨花三十回　（清）陶貞懷撰　清刻本　三
十二冊

610000－1042－0007687　綫858.51/043
繪圖天雨花二十卷六十回　（清）陶貞懷撰
清宣統元年(1909)上海書局石印本　二十冊

610000－1042－0007688　綫858.51/296
再生緣全傳二十卷　（清）侯芝撰　清道光三
十年(1850)善成堂刻本　二十冊

610000－1042－0007689　綫858.51/296
再生緣全傳二十卷　（清）侯芝撰　清咸豐二

年(1852)經畬堂刻本　二十冊

610000－1042－0007690　綫858.51/212
接續金絲蝴蝶全本五卷　(清)抱璞樓主人編
清末民初廣州以文堂刻本　四冊　存四卷
(一至四)

610000－1042－0007691　綫858.51/212
新續金絲蝴蝶全本五卷　(清)抱璞樓主人編
次　清丹桂堂刻本　五冊

610000－1042－0007692　綫858.51/681
來生福彈詞三十六回　(清)橘中逸叟撰　清
刻本　二十冊

610000－1042－0007693　綫858.51/681
來生福彈詞三十六回　(清)橘中逸叟撰　清
刻本　二十四冊

610000－1042－0007694　綫858.51/004
繡像文武香球十二卷七十二回　(清)二酉室
主人撰　清同治二年(1863)二酉室刻本　十
二冊

610000－1042－0007695　綫858.51/583
鳳凰山七十二卷　(清)□□撰　清海陵軒刻
本　二十四冊

610000－1042－0007696　綫858.51/095
鳳凰山七十二卷　(清)□□撰　清兩儀堂刻
本　二十四冊

610000－1042－0007697　綫858.51/583
繪圖鳳凰山七十二卷　(清)□□撰　清宣統
二年(1910)上海章福記書局石印本　十冊

610000－1042－0007698　綫858.51/556
千秋恨十二卷十二回　(清)頑石子撰　清光
緒八年(1882)頑石山房刻本　四冊

610000－1042－0007699　綫858.51/018
三國志全書初集四卷　(晉)陳壽撰　清末民
初莞城富文堂刻本　四冊

610000－1042－0007700　綫858.51/013
十五貫十六卷　(清)朱素臣撰　清同治十一
年(1872)刻本　四冊

610000－1042－0007701　綫858.51/346
送寒衣湘子記全書二卷　(□)□□撰　清末
民初以文堂刻本　二冊

610000－1042－0007702　綫858.51/243
新刻金葉菊二卷　(□)□□撰　清同治四年
(1865)五桂堂刻本　一冊

610000－1042－0007703　綫858.51/067
新刻正西番寶蝶全本二卷　(□)□□撰　清
刻本　一冊

610000－1042－0007704　綫858.51/752
新造雙玉鳳十五卷　(清)□□撰　清潮州李
萬利刻本　四冊

610000－1042－0007705　綫858.51/057
新造反唐十九卷　(清)□□撰　清潮州李萬
利刻本　五冊

610000－1042－0007706　綫858.51/319
新造粉粧樓五十三卷　(清)□□撰　清潮州
李萬利刻本　九冊

610000－1042－0007707　綫858.51/318
新造海門案五卷　(清)□□撰　清潮州李萬
利刻本　一冊

610000－1042－0007708　綫858.51/490
新造梨花征西二集二十八卷　(清)□□撰
清潮州李萬利刻本　四冊

610000－1042－0007709　綫858.51/672
新造三國劉皇叔招親全歌四卷　(清)□□撰
清潮州李萬利刻本　一冊

610000－1042－0007710　綫858.51/021
新造上海殺子報三卷　(清)□□撰　清潮州
李萬利刻本　一冊

610000－1042－0007711　綫858.51/752
新造雙奇緣三卷　(清)□□撰　清潮州李萬
利刻本　一冊

610000－1042－0007712　綫858.51/524
新造隋唐演義右調彈詞七十四卷　(清)□□
撰　清末民初潮州瑞文堂刻本　十二冊

610000 – 1042 – 0007713　綫858.51/805

新造鐵扇記下集五卷　（清）□□撰　清李萬
利潮州刻本　二冊

610000 – 1042 – 0007714　綫858.51/043

新造五虎六卷　（清）□□撰　清潮州李萬利
刻本　二冊

610000 – 1042 – 0007715　綫858.51/777

新造蕭光祖下棚寶魚蘭十二卷　（清）□□撰
　清潮州李萬利刻本　二冊

610000 – 1042 – 0007716　綫858.51/067

新造玉麒麟雙狀元五卷　（□）□□撰　古板
麒麟圖下集七卷　（□）□□撰　清潮城府李
萬利刻本　四冊

610000 – 1042 – 0007717　綫858.42/786

新造輾龍鏡韓廷美三十三卷　（□）□□撰
清潮州瑞文堂刻本　十冊

610000 – 1042 – 0007718　綫858.51/491

新編移花接木竹箭誤五卷　（□）□□撰　清
潮州李春記書坊刻本　二冊

610000 – 1042 – 0007719　綫858.51/515

新刻繡像換空箱全傳二十一卷　（□）□□撰
　清刻本　八冊

610000 – 1042 – 0007720　綫858.51/531

新刻正字紫霞杯四卷　（□）□□撰　清廣州
第七甫五桂堂刻本　三冊　缺一卷(三)

610000 – 1042 – 0007721　綫858.51/362

新刻董永全套仲叔尋母三卷　馬學愚編　清
末民初丹桂堂刻本　三冊

610000 – 1042 – 0007722　綫858.51/522

新刻琥珀鳳釵柳希雲全本南音六卷　（□）
□□撰　清刻本　六冊

610000 – 1042 – 0007723　綫858.51/522

新刻後續琥珀鳳釵柳希雲全本南音六卷
（□）□□撰　清刻本　六冊

610000 – 1042 – 0007724　綫858.51/464

新刻陰陽扇全本三卷　（□）□□撰　清廣州
第七甫丹桂堂刻本　三冊

610000 – 1042 – 0007725　綫858.51/671

新選劉全進瓜全本二卷　（□）□□撰　清廣
州五桂堂刻本　二冊

610000 – 1042 – 0007726　綫858.51/500

新造乾隆君游山東五卷　（□）□□撰　清潮
州李萬利刻本　一冊

610000 – 1042 – 0007727　綫858.51/246

新造宋朝明珠記五卷　（□）□□撰　清潮州
李萬利刻本　一冊

610000 – 1042 – 0007728　綫858.51/639

新造廣東案警富新書十六卷　（□）□□撰
清潮州王生記刻本　四冊

610000 – 1042 – 0007729　綫858.51/245

新造金狗精八卷　（□）□□撰　清潮州李萬
利刻本　三冊

610000 – 1042 – 0007730　綫858.51/668

新造劉成美下截全歌十六卷　（□）□□撰
清潮州李萬利刻本　三冊

610000 – 1042 – 0007731　綫858.51/679

新造龍井渡殘瓦記四卷　（□）□□撰　清潮
州李萬利刻本　一冊

610000 – 1042 – 0007732　綫858.51/470

新造梅李爭花全本四卷　（□）□□撰　清廣
州醉經書局刻本　四冊

610000 – 1042 – 0007733　綫852.419/348

新造秦雪梅歌八卷　（□）□□撰　清潮州王
生記刻本　二冊

610000 – 1042 – 0007734　綫858.51/275

新造珊瑚寶十卷　（□）□□撰　清潮州李萬
利刻本　四冊

610000 – 1042 – 0007735　綫858.51/008

新造十二寡婦征西四卷　（□）□□撰　清潮
州李萬利刻本　一冊

610000 – 1042 – 0007736　綫858.51/226

新造雙白燕二十六卷　（□）□□撰　清潮州
李萬利刻本　七冊

610000－1042－0007737　綫858.51/640

造宋朝賣油郎全歌五卷　（□）□□撰　清末民初潮州瑞文堂刻本　一冊

610000－1042－0007738　綫858.51/694

重訂錦綉食齋連下成道全套三卷　（□）□□撰　清末民初廣州五桂堂石印本　三冊

610000－1042－0007739　綫858.419/296

張翌鵬王秀珍男貞女烈香毯記二卷　（□）□□撰　清潮州李萬利刻本　一冊

610000－1042－0007740　綫858.419/078

四喜寶卷一卷　（□）□□撰　清道光二十年（1840）德基抄本　一冊

610000－1042－0007741　綫858.419/078

四喜寶卷一卷　（□）□□撰　清同治十二年（1873）錢湘濤抄本　一冊

610000－1042－0007742　綫858.419/752

雙奇冤寶卷一卷　（□）□□撰　清咸豐元年（1851）抄本　一冊

610000－1042－0007743　綫858.419/752

雙奇冤□□卷　（□）□□撰　清光緒三十四年（1908）抄本　一冊

610000－1042－0007744　綫858.419/178

希奇寶卷一卷　（□）□□撰　清同治五年（1866）蘇城元妙觀得見齋刻本　一冊

610000－1042－0007745　綫858.419/043

五祖黃梅寶卷二卷　（□）□□撰　清光緒元年（1875）刻本　一冊

610000－1042－0007746　綫858.419/672

太華山紫金嶺兩世修行劉香寶卷全集二卷　（□）□□撰　清杭州瑪瑙寺經房刻本　二冊

610000－1042－0007747　綫858.419/672

太華山紫金嶺兩世修行劉香寶卷全集二卷　（□）釋列正校對增補　清光緒元年（1875）甯城三餘堂刻本　二冊

610000－1042－0007748　綫858.419/498

三祖行腳因由寶卷一卷　（清）釋普浩輯　清光緒元年（1875）刻本　一冊

610000－1042－0007749　綫858.419/196

何仙姑寶卷二卷　（□）□□撰　清光緒二年（1876）鎮江寶善堂刻本　一冊

610000－1042－0007750　綫858.419/196

何仙姑寶卷二卷　（□）□□撰　清光緒三十年（1904）蘇城瑪瑙經房刻本　一冊

610000－1042－0007751　綫858.419/067

浙江溫平陽縣白梅村七世修行玉英寶卷一卷　（□）□□撰　清光緒三年（1877）越郡剡北刻本　一冊

610000－1042－0007752　綫858.419/212

浙江嘉興府秀水縣刺心寶卷二卷　（□）□□撰　清光緒五年（1879）杭州瑪瑙經房刻本　一冊

610000－1042－0007753　綫858.419/370

珠塔寶卷　（清）□□撰　清光緒七年（1881）周榮溪傳抄本　一冊

610000－1042－0007754　綫858.419/180

山西平陽府平陽村秀女寶卷全集一卷　（清）□□撰　清光緒七年（1881）刻本　一冊

610000－1042－0007755　綫858.419/583

鳳麟寶卷一卷　（清）□□撰　清光緒八年（1882）陳文魁抄本　一冊

610000－1042－0007756　綫858.419/470

湖廣荊州府永慶縣修行梅氏花綱寶卷二集　（清）□□撰　清光緒八年（1882）杭州瑪瑙明臺經房刻本　二冊

610000－1042－0007757　綫858.419/257

逆媳寶卷　（清）□□撰　清光緒九年（1883）抄本　一冊

610000－1042－0007758　綫858.419/640

張氏三娘賣花寶卷一卷　（清）□□撰　清光緒十年（1884）釋發心刻本　一冊

610000－1042－0007759　綫858.419/544

順星延壽寶卷一卷　（清）□□撰　清光緒十年（1884）鴻源抄本　一冊

610000－1042－0007760　綫858.419/570

璿璣碎錦一卷 （清）萬樹撰 清光緒十三年(1887)漱霞仙館刻本 一冊

610000－1042－0007761 綫858.419/083
白蛇寶卷一卷 （清）□□撰 清光緒十四年(1888)朱培基抄本 一冊

610000－1042－0007762 綫858.419/180
秀英寶卷一卷 （清）□□撰 清光緒十五年(1889)蘇城瑪瑙經房刻本 一冊

610000－1042－0007763 綫857.41/153
別善惡一卷 （清）李長青編輯 清光緒十六年(1890)刻本 一冊

610000－1042－0007764 綫858.419/179
妙英寶卷全集一卷 （□）□□撰 清光緒十六年(1890)蘇城瑪瑙經房刻本 一冊

610000－1042－0007765 綫858.419/179
妙英寶卷全集一卷 （□）□□撰 清刻本 一冊

610000－1042－0007766 綫858.419/521
黃糠寶卷一卷 （□）□□撰 清光緒十六年(1890)抄本 一冊

610000－1042－0007767 綫858.419/083
白鶴圖不分卷 （□）□□撰 清光緒十六年(1890)華眉軒抄本 一冊

610000－1042－0007768 綫858.419/083
白鶴圖寶卷二卷 （□）□□撰 清光緒二十九年(1903)抄本 一冊

610000－1042－0007769 綫858.419/759
龐公寶卷一卷 （□）□□撰 清光緒二十一年(1895)浙江瑪瑙經房刻本 一冊

610000－1042－0007770 綫858.419/346
消災延壽閻王卷一卷 （□）□□撰 清光緒二十二年(1896)蘇城瑪瑙經房刻本 一冊

610000－1042－0007771 綫858.419/067
新刻玉釧緣全傳三十二卷 （□）□□撰 清道光二十二年(1842)學庫山房刻本 六十四冊

610000－1042－0007772 綫857.419/067
新刻玉釧緣全傳三十二卷 （□）□□撰 清石印本 十六冊

610000－1042－0007773 綫858.419/121
如如老祖化度眾生指往西方寶卷全集一卷 （□）□□撰 清刻本 一冊

610000－1042－0007774 綫858.419/487
荷花寶卷三卷 （□）□□撰 清光緒二十四年(1898)蘇城瑪瑙經房刻本 三冊

610000－1042－0007775 綫858.419/698
回文寶卷一卷 （清）錢果順撰 清光緒三十一年(1905)蘇城瑪瑙經房刻本 一冊

610000－1042－0007776 綫858.419/728
文昌帝君還鄉寶卷一卷 （□）□□撰 清光緒二十五年(1899)蘇城瑪瑙經房刻本 一冊

610000－1042－0007777 綫858.419/752
雙玉燕一卷 （□）□□撰 清光緒二十六年(1900)謝鳳昌抄本 一冊

610000－1042－0007778 綫858.419/279
指真寶卷一卷 （□）□□撰 清光緒二十六年(1900)蘇城瑪瑙經房刻本 一冊

610000－1042－0007779 綫858.419/018
三世姻緣寶卷一卷 （□）□□撰 清光緒二十六年(1900)蘇城瑪瑙經房刻本 一冊

610000－1042－0007780 綫858.419/100
地藏寶卷一卷 （□）□□撰 清光緒二十七年(1901)刻本 一冊

610000－1042－0007781 綫858.419/248
姑嫂雙修寶卷一卷 （□）□□撰 清光緒二十八年(1902)謝鳳昌抄本 一冊

610000－1042－0007782 綫858.419/679
龍虎寶卷一卷 （□）□□撰 清光緒二十九年(1903)沈少亭抄本 一冊

610000－1042－0007783 綫858.419/679
龍圖寶卷一卷 （□）□□撰 清光緒三十四年(1908)周清泉抄本 一冊

610000－1042－0007784　綫858.419/034

協天大帝玉律經寶卷二卷　（□）文昌帝君
（□）孚佑帝君校　清光緒三十一年(1905)常
州大酉山房刻本　一冊

610000－1042－0007785　綫858.41/434

觀音十二圓覺一卷　涵谷撰　清刻本　一冊

610000－1042－0007786　綫858.419/384

財神寶卷一卷　（□）□□撰　清坤記傳抄本
　一冊

610000－1042－0007787　綫858.419/384

財神寶卷一卷　（□）□□撰　清光緒三十年
(1904)蔡蕃和抄本　一冊

610000－1042－0007788　綫858.419/775

懶婚寶卷一卷　（□）□□撰　清光緒三十四
年(1908)謝鳳昌抄本　一冊

610000－1042－0007789　綫858.419/752

雙印寶卷一卷　（□）□□撰　清光緒三十四
年(1908)謝鳳昌抄本　一冊

610000－1042－0007790　綫858.419/647

蝴蝶寶卷一卷　（□）□□撰　清宣統三年
(1911)抄本　一冊

610000－1042－0007791　綫858.419/498

香山寶卷二卷　（宋)釋普明撰　清刻本
一冊

610000－1042－0007792　綫858.419/498

香山寶卷二卷　（宋)釋普明撰　清宣統三年
(1911)刻本　二冊

610000－1042－0007793　綫858.419/498

香山寶卷二卷　（宋)釋普明撰　清刻本
一冊

610000－1042－0007794　綫858.419/179

延壽寶卷一卷　（清)徐壽貞撰　清樂善堂刻
本　一冊

610000－1042－0007795　綫858.419/119

延壽寶卷一卷　（清)徐壽貞撰　清汝南兆傳
抄本　一冊

610000－1042－0007796　綫858.419/640

趙氏賢孝寶卷二卷　（□）□□撰　清刻本
一冊

610000－1042－0007797　綫853.43/130

沈香寶卷一卷　（□）□□撰　清抄本　一冊

610000－1042－0007798　綫858.419/321

家堂賣魚寶卷一卷　（□）□□撰　清抄本
一冊

610000－1042－0007799　綫858.419/440

天仙寶卷一卷　（□）□□撰　清咸豐元年
(1851)曹鶴賢抄本　一冊

610000－1042－0007800　綫858.419/147

灶皇寶卷一卷　（□）□□撰　清抄本　一冊

610000－1042－0007801　綫858.419/106

江南松江府華亭縣白沙村孝修回郎寶卷一卷
　（□）□□撰　清刻本　一冊

610000－1042－0007802　綫858.419/345

梁皇寶卷一卷　（□）□□撰　清邱山處照庵
刻本　一冊

610000－1042－0007803　綫858.419/592

滾龍袍寶卷一卷　（□）□□撰　清末民初抄
本　一冊

610000－1042－0007804　綫858.419/608

新編蜘蛛記二卷　（□）□□撰　清潮州李萬
利刻本　一冊

610000－1042－0007805　綫858.419/015

新造八仙圖十卷　（□）□□撰　清潮州李萬
利刻本　二冊

610000－1042－0007806　綫858.419/083

新造白綾象四卷　（□）□□撰　清潮州李萬
利刻本　二冊

610000－1042－0007807　綫858.419/083

新造白扇記一卷　（□）□□撰　清潮州李萬
利刻本　一冊

610000－1042－0007808　綫858.419/395

新造背解紅羅二十八卷　（□）□□撰　清潮

州李萬利刻本　　四冊

610000－1042－0007809　綫858.419/661

新造蔣興哥重繪珍珠衫四卷　（□）□□撰
清潮州李萬利刻本　　一冊

610000－1042－0007810　綫858.419/700

新造錦鴛鴦全歌三卷　（□）□□撰　清潮州
李萬利刻本　　一冊

610000－1042－0007811　綫858.419/157

新造李九我相爺全歌三卷　（□）□□撰　清
潮州李萬利刻本　　一冊

610000－1042－0007812　綫858.419/752

新造雙駙馬六卷　（□）□□撰　清潮州李萬
利刻本　　二冊

610000－1042－0007813　綫858.419/752

新造雙如意六卷　（□）□□撰　清潮州李萬
利刻本　　一冊

610000－1042－0007814　綫858.419/752

新造雙狀元英臺子六卷　（□）□□撰　清潮
州李萬利刻本　　二冊

610000－1042－0007815　綫858.419/051

新造水蛙記二卷　（□）□□撰　清潮州李萬
利刻本　　一冊

610000－1042－0007816　綫858.419/078

新造四美圖九卷　（□）□□撰　清潮州李萬
利刻本　　三冊

610000－1042－0007817　綫858.51/043

新造五虎平西珍珠旗二十七卷　（□）□□撰
清潮州李萬利刻本　　九冊　　缺一卷（二十
四）

610000－1042－0007818　綫858.419/043

新造五生圖八卷　（□）□□撰　清潮州李萬
利刻本　　二冊

610000－1042－0007819　綫858.419/100

新造西番枕五卷　（□）□□撰　清潮州李萬
利刻本　　二冊

610000－1042－0007820　綫858.419/218

新造孝順孟日紅割股救姑四卷　（□）□□撰
清潮州李萬利刻本　　一冊

610000－1042－0007821　綫858.419/121

新造行樂圖二卷　（□）□□撰　清潮州李萬
利刻本　　一冊

610000－1042－0007822　綫858.419/067

新造玉釧緣十卷　（□）□□撰　清潮州李萬
利刻本　　五冊

610000－1042－0007823　綫858.419/067

新造玉盒仙琴金寶扇八卷　（□）□□撰　清
潮州李萬利刻本　　二冊

610000－1042－0007824　綫858.419/637

最新潮州柳知府全歌五卷　（□）□□撰　清
潮州李萬利刻本　　一冊

610000－1042－0007825　綫858.419/067

新造玉樓春十四卷　（□）□□撰　清潮州李
萬利刻本　　三冊

610000－1042－0007826　綫858.419/109

新造竹釵記十二卷　（□）□□撰　清潮州李
萬利刻本　　四冊

610000－1042－0007827　綫858.419/067

新造玉如意下棚六卷　（□）□□撰　清末民
初潮州王生記刻本　　一冊

610000－1042－0007828　綫851.46/531

碧山樂府四卷　（明）王九思撰　明崇禎十三
年(1640)刻本　　二冊

610000－1042－0007829　綫192.9/412

勸善曲選三卷勸婦女盡孝俗歌一卷　（清）徐
延珍等撰　清刻本　　一冊

610000－1042－0007830　綫853.43/637

新選潛龍走國全本四卷　（清）□□撰　清廣
州五桂堂刻本　　一冊

610000－1042－0007831　綫853.27/407

**一笠菴北詞廣正譜十八卷附南戲北詞正謬一
卷**　（明）徐于室撰　（清）李玄玉更定　清青
蓮書屋刻本　　六冊

610000－1042－0007832　綫853.27/407

一笠菴北詞廣正譜十卷附南戲北詞正謬一卷
（明）徐于室撰　（清）李玄玉更定　清石印
本　十冊

610000－1042－0007833　綫善853.27/127

增定南九宮曲譜二十一卷附錄一卷　（明）沈
璟撰　明刻本　四冊

610000－1042－0007834　綫善853.2/501

南柯記全譜二卷　（明）湯顯祖撰　（清）葉堂
訂譜　清乾隆五十七年（1792）納書楹刻本
二冊

610000－1042－0007835　綫善853/233

**新定九宮大成南北宮詞譜八十一卷閏一卷總
目三卷**　（清）周祥鈺等撰　清乾隆十一年
（1746）允祿刻本　四十二冊　存六十六卷
（一至六十六）

610000－1042－0007836　綫853.27/570

納書楹玉茗堂四夢曲譜八卷　（清）葉堂訂譜
清乾隆五十七年（1792）刻本　八冊

610000－1042－0007837　綫善853.274/570

納書楹曲譜正集四卷續集四卷外集二卷
（清）葉堂撰　清乾隆五十七年（1792）納書楹
刻本　十四冊

610000－1042－0007838　綫善853.274/570

納書楹曲譜正集四卷　（清）葉堂撰　清乾隆
五十七年（1792）刻本　六冊

610000－1042－0007839　綫853.274/570

**納書楹曲譜正集四卷續集四卷外集二卷補遺
四卷四夢全譜八卷**　（清）葉堂訂譜　清道光
二十八年（1848）納書楹刻本　二十二冊

610000－1042－0007840　綫853.27/041

遏雲閣曲譜不分卷　（清）王錫純輯　清光緒
十九年（1893）鉛印本　八冊

610000－1042－0007841　綫853.53/537

瓶笙館修簫譜四卷　（清）舒位撰　清道光十
三年（1833）刻本　一冊

610000－1042－0007842　綫善853.2968/125

絃索辨訛三卷　（明）沈寵綏撰　明崇禎十二
年（1639）刻本　二冊

610000－1042－0007843　綫善853.296/124

度曲須知二卷　（明）沈寵綏撰　明崇禎顧允
升刻本　二冊

610000－1042－0007844　綫823.27/152

曲話二卷　（清）李調元撰　清道光五年
（1825）李朝夔刻本　一冊

610000－1042－0007845　綫善081.1/064

百川學海十集一百種　（宋）左圭編　明弘治
十四年（1501）無錫華珵刻本　十七冊

610000－1042－0007846　綫善081.1/064

百川學海一百四十二種　（宋）左圭編　明萬
曆至天啓杭州書坊刻本　十六冊

610000－1042－0007847　綫善075.68/532

快書五十種　（明）閔景賢輯　明天啓六年
（1626）刻本　十冊　存四十二種

610000－1042－0007848　綫081.3/195

漢魏叢書八十種　（明）何允中輯　明萬曆二
十年（1592）刻本　一百六十冊

610000－1042－0007849　綫081.3/542

漢魏叢書八十六種　（明）程榮等輯刊　清乾
隆五十六年（1791）刻本　一百二十冊

610000－1042－0007850　綫081.3/730

漢魏叢書三十八種　（明）張运泰　（明）余元
熹輯　（明）鍾惺評　清刻本　四十冊

610000－1042－0007851　綫081.3/054

漢魏叢書三十八種　（明）張运泰　（明）余元
熹輯　（明）鍾惺評　清刻本　四十冊

610000－1042－0007852　綫081.3/730

唐宋叢書六十八種　（明）鍾人傑　（明）張遂
辰輯　明經德堂刻本　三十二冊

610000－1042－0007853　綫081/315

晚霞軒藏叢書七十八種　（□）□□撰　明刻
清印本　八冊

610000－1042－0007854　綫081/315

晚霞軒叢書一百十一種　（□）□□撰　明刻
清印本　四冊　存三十三種

610000－1042－0007855　綫善 082.4/468
欽定四庫全書　（清）紀昀等纂　清乾隆南三
閣抄本　五冊　存五種

610000－1042－0007856　綫善 082/444
學津討原二十集一百七十三種　（清）張海鵬
編　清嘉慶虞山張海鵬照曠閣刻本　二百四
十冊

610000－1042－0007857　綫善 082.3/688
雅雨堂叢書九種　（清）盧見曾編　清乾隆二
十一年(1756)盧見曾刻本　十九冊

610000－1042－0007858　綫 082.3/688
雅雨堂叢書十二種　（清）盧見曾輯　清乾隆
二十一年(1756)德州盧見曾雅雨堂刻本　二
十八冊

610000－1042－0007859　綫 082.3/688
雅雨堂叢書十二種　（清）盧見曾輯　清乾隆
二十一年(1756)德州盧見曾雅雨堂刻本　二
十五冊

610000－1042－0007860　綫 080/688
雅雨堂叢書十二種　（清）盧見曾輯　清乾隆
二十一年(1756)德州盧氏雅雨堂刻本　十六
冊　存八種

610000－1042－0007861　082.7/444
昭代叢書十一集　（清）張潮輯　清道光吳江
沈氏世楷堂刻本　一百四十六冊　缺一集
（別集）

610000－1042－0007862　綫 082/802
讀畫齋叢書四十六種　（清）顧修輯　清嘉慶
四年(1799)刻本　六十四冊

610000－1042－0007863　綫 082.2/211
春暉堂叢書十一種　（清）徐渭仁輯　清同治
八年(1869)上海徐氏寒木春華館刻本　二十
四冊

610000－1042－0007864　082.7/670
述古叢鈔初集十種二集三種　（清）劉晚榮輯

清同治九年(1870)藏修書屋刻本　二十冊

610000－1042－0007865　綫 082/090
靈鶼閣叢書三集三十九種　（清）江標輯　清
光緒二十一年(1895)元和江氏湖南使院刻本
二十四冊

610000－1042－0007866　綫 082.8/090
靈鶼閣叢書六集五十七種　（清）江標輯　清
光緒二十三年(1897)元和江標湖南使院刻本
四十八冊

610000－1042－0007867　綫 082.4/362
龍威秘書十集一百六十八種　（清）馬俊良輯
清乾隆五十九年至嘉慶元年(1794－1796)
石門馬氏大酉山房刻本　六十冊

610000－1042－0007868　綫 082/133
秘書二十一種　（清）王士漢校輯　清嘉慶六
年(1801)刻本　二十冊

610000－1042－0007869　綫 082.2/133
秘書二十一種　（清）汪士漢輯　清文盛堂刻
本　八冊

610000－1042－0007870　綫 082.2/040
檀几叢書五十種　（清）王晫輯　清康熙霞翠
堂刻本　十六冊

610000－1042－0007871　綫 082/661
鐵華館叢書六種　（清）蔣鳳藻輯　清光緒九
年至十年(1883－1884)長州蔣鳳藻刻本
六冊

610000－1042－0007872　綫 082.6/156
惜陰軒叢書三十四種續編五種　（清）李錫齡
輯　清道光二十六年至咸豐八年(1846－
1858)宏道書院刻本　一百二十五冊

610000－1042－0007873　綫 082.6/156
惜陰軒叢書三十四種續編五種　（清）李錫齡
輯　清道光二十六年至咸豐八年(1846－
1858)宏道書院刻本　一百二十四冊

610000－1042－0007874　綫 082.6/156
惜陰軒叢書三十四種續編五種　（清）李錫齡
輯　清道光二十六年至咸豐八年(1846－

1858)宏道書院刻本　一百二十四冊

610000－1042－0007875　綫082.6/156

惜陰軒叢書三十四種續編五種　(清)李錫齡
輯　清道光二十六年至咸豐八年(1846－
1858)宏道書院刻本　一百十四冊

610000－1042－0007876　綫082.6/156

惜陰軒叢書續編五種　(清)李錫齡　(清)張
廣文輯　清咸豐八年(1858)刻本　十冊

610000－1042－0007877　綫082.8/113

校經山房叢書二十七種　(清)朱記榮校輯
清光緒三十年(1904)孫谿槐廬刻本　三十
二冊

610000－1042－0007878　綫082.7/755

半厂叢書初編十一種　(清)譚獻輯　清光緒
仁和譚氏刻本　十六冊

610000－1042－0007879　綫082.7/487

長恩書室叢書二十種　(清)莊肇麟輯　清咸
豐四年(1854)新昌莊肇麟過客軒刻本　十
六冊

610000－1042－0007880　綫082.76/669

聚學軒叢書六十種　劉世珩校刊　清光緒二
十九年(1903)刻本　一百冊

610000－1042－0007881　綫082.2/233

賴古堂藏書十種　(清)周亮工等輯　清道光
九年(1829)刻本　四冊

610000－1042－0007882　綫082/669

青照堂叢書三編八十五種　(清)劉際清輯
(清)李元春增輯　清道光十五年(1835)朝邑
劉氏刻本　一百二冊

610000－1042－0007883　綫082/669

綱目大戰錄三卷　(清)李元春評輯　清末朝
邑劉學峻等鏡堂刻青照堂叢書續本　三冊

610000－1042－0007884　綫082/154

青照堂叢書摘二十種　(清)劉際清　(清)李
元春輯　清道光十五年(1835)朝邑劉氏刻本
七冊

610000－1042－0007885　綫082.7/360

玉函山房輯佚書五百九十四種　(清)馬國翰
輯　清光緒九年(1883)長沙娜嬛館刻本　一
百冊

610000－1042－0007886　綫082.7/360

玉函山房輯佚書五百九十四種　(清)馬國翰
輯　清光緒九年(1883)長沙娜嬛館刻本　九
十六冊

610000－1042－0007887　綫082.7/360

玉函山房輯佚書五百九十四種　(清)馬國翰
輯　清光緒十五年(1889)刻本　八十四冊

610000－1042－0007888　綫082.2/433

古香齋袖珍十種　清同治至光緒南海孔氏岳
雪樓刻本　三百五十六冊

610000－1042－0007889　綫082/155

集虛草堂叢書甲集十種　李國松輯　清光緒
三十年(1904)合肥李氏刻本　二十四冊

610000－1042－0007890　綫082.8/282

漸學廬叢書第一集十六種　(清)胡祥鑅輯
清光緒二十三年(1897)石印本　十一冊

610000－1042－0007891　綫082.8/412

隨庵徐氏叢書十種　徐乃昌輯　清光緒三十
四年(1908)南陵徐乃昌刻本　十二冊

610000－1042－0007892　綫082.3/450

正誼堂全書六十六種　(清)張伯行輯　(清)
左宗棠重輯　清同治五年(1866)福州正誼書
院刻八年至九年(1869－1870)續刻本　一百
六十冊

610000－1042－0007893　綫857.081/154

說鈴前集三十七種後集十六種　(清)吳震方
輯　清康熙四十四年(1705)刻本　二十冊

610000－1042－0007894　綫857.081/154

說鈴前集三十七種後集十六種　(清)吳震方
輯　清康熙四十四年(1705)刻本　十冊　存
三十七種

610000－1042－0007895　綫857.081/154

說鈴前集三十七種後集十六種　(清)吳震方
輯　清道光五年(1825)刻本　十八冊

610000－1042－0007896　綫857.081/154

說鈴前集三十七種後集十六種　（清）吳震方輯　清同治七年（1868）大文堂刻本　三十二冊

610000－1042－0007897　綫857.081/154

說鈴前集三十七種後集十六種　（清）吳震方輯　清刻本　二十冊

610000－1042－0007898　綫857.081/154

說鈴二集五十三種　（清）吳震方輯　清刻本　十六冊

610000－1042－0007899　綫082.4/152

函海一百六十三種　（清）李調元輯　清乾隆萬卷樓刻本　一百六十四冊

610000－1042－0007900　綫082.4/152

函海一百六十三種　（清）李調元輯　清道光五年（1825）李朝夔補刻本　二冊　存六種

610000－1042－0007901　綫082.4/152

函海一百六十三種　（清）李調元輯　清光緒七年（1881）廣漢鍾登甲樂道齋刻本　五十八冊　存七十一種

610000－1042－0007902　綫082.4/152

函海一百六十三種　（清）李調元輯　清光緒十四年（1888）李氏萬卷樓刻本　一百六十四冊

610000－1042－0007903　綫082/233

貸園叢書初集十二種　（清）周永年輯　清乾隆五十四年（1789）竹西書屋刻本　十六冊

610000－1042－0007904　綫082.7/570

麗廔叢書九種　葉德輝輯　清光緒三十三年（1907）長沙葉氏刻本　八冊

610000－1042－0007905　綫082.7/570

麗廔叢書八種　葉德輝輯　清光緒長沙葉氏刻本　七冊

610000－1042－0007906　綫084/293

十種古逸書三十卷　（清）茆泮林輯　清道光十四年（1834）梅瑞軒刻本　六冊

610000－1042－0007907　綫082.4/468

武英殿聚珍版叢書五十四種　（清）紀昀等編　清同治十三年（1874）江西書局刻本　一百二十八冊

610000－1042－0007908　綫082.6/521

遜敏堂叢書三十三種　（清）黃秩模輯　清道光二十八年（1848）木活字印本　六冊

610000－1042－0007909　綫082.8/732

對雨樓叢書四種二十四卷　繆荃孫輯　清光緒三十一年（1905）仿宋影刻本　五冊

610000－1042－0007910　綫082.6/444

二酉堂叢書二十一種　（清）張澍輯　清道光元年（1821）武威張氏二酉堂刻本　十二冊

610000－1042－0007911　綫082.6/444

二酉堂叢書二十一種　（清）張澍輯　清道光元年（1821）武威張氏二酉堂刻本　十冊

610000－1042－0007912　綫082/150

坊刻本叢書八種　（□）□□撰　清刻本　六冊

610000－1042－0007913　綫082/409

觀自得齋叢書二十四種六十九卷　（清）徐士愷輯　清光緒十八年（1892）徐氏觀自得齋刻本　二十七冊

610000－1042－0007914　綫082.8/042

南菁書院叢書四十一種一百四十四卷　王先謙　繆荃孫輯　清光緒十四年（1888）江陰南菁書院刻本　三十二冊

610000－1042－0007915　綫082.5/367

平津館叢書四十三種　（清）孫星衍輯　清光緒十一年（1885）吳縣朱氏槐廬家塾刻本　五十冊

610000－1042－0007916　綫082.74/451

奇晉齋叢書十六種十九卷　（清）陸烜輯　清乾隆三十四年（1769）刻本　六冊

610000－1042－0007917　綫082.7/533

清麓叢書（西京清麓叢書）三編一百五十三種　（清）賀瑞麟輯　清末民初傳經堂刻本　五百四十一冊

610000 – 1042 – 0007918　綫082.8/452

十萬卷樓叢書四十六種三百五十九卷　（清）陸心源編　清光緒五年（1879）吳興陸氏十萬卷樓刻本　一百冊

610000 – 1042 – 0007919　綫082.6/521

士禮居黃氏叢書二十四種一百九十四卷（清）黃丕烈輯　清光緒十三年（1887）上海蜚英館石印本　二十八冊

610000 – 1042 – 0007920　綫082/419

式訓堂叢書二集二十六種　（清）章壽康輯　清光緒會稽張氏刻本　三十二冊

610000 – 1042 – 0007921　綫082/039

天壤閣叢書十九種五十四卷　（清）王懿榮輯　清光緒五年（1879）王氏刻本　二十冊

610000 – 1042 – 0007922　綫082.7/802

藝苑捃華四十八種　（清）顧之逵輯　清同治七年（1868）小讀書堆刻本　二十四冊

610000 – 1042 – 0007923　綫082.6/592

得月簃叢書初刻十種　（清）榮譽輯　清道光十年（1830）得月簃刻本　十二冊

610000 – 1042 – 0007924　綫820.81/802

國朝名人著述叢編十四種　（清）□□輯　清光緒五年（1879）上海淞隱閣鉛印本　六冊

610000 – 1042 – 0007925　綫082.6/628

海山仙館叢書五十六種　（清）潘仕成輯　清光緒番禺潘氏補刻本　一百二十冊

610000 – 1042 – 0007926　綫082.7/348

汗筠齋叢書第一集四種　（清）秦鑑輯　清嘉慶三年（1798）嘉定秦氏刻本　六冊

610000 – 1042 – 0007927　綫084/521

黃氏逸書考二百八十五種　（清）黃奭輯　清道光甘泉黃氏刻本　一百六十冊

610000 – 1042 – 0007928　綫082.7/165

文選樓叢書三十二種　（清）阮元輯　清光緒七年（1881）藝林山房刻本　二十二冊

610000 – 1042 – 0007929　綫080/367

問經堂叢書十八種三十一卷　（清）孫星衍輯

清嘉慶七年（1802）問經堂刻本　十冊

610000 – 1042 – 0007930　綫082/270

宜稼堂叢書十一種二百五十三卷　（清）郁松年輯　清道光二十一年至二十二年（1841 – 1842）上海郁氏刻本　六十四冊

610000 – 1042 – 0007931　綫075.7/171

藝海珠塵十集二十種　（清）吳省蘭輯　清嘉慶聽彝堂刻本　四冊

610000 – 1042 – 0007932　綫082.6/120

粵雅堂叢書二編二十集　（清）伍崇曜輯　清道光、咸豐南海伍氏刻本　二百四十冊

610000 – 1042 – 0007933　綫082.7/120

粵雅堂叢書三編三十集　（清）伍崇曜輯　清道光至光緒南海伍氏刻本　四百一冊

610000 – 1042 – 0007934　綫082.7/120

粵雅堂叢書三編三十集　（清）伍崇曜輯　清道光至光緒南海伍氏刻本　三百三十五冊

610000 – 1042 – 0007935　綫082.7/120

粵雅堂叢書三編三十集　（清）伍崇曜輯　清道光至光緒南海伍氏刻本　三百九十八冊

610000 – 1042 – 0007936　綫082.7/732

雲自在龕叢書三十五種　繆荃孫校輯　清光緒刻本　二十六冊

610000 – 1042 – 0007937　綫081.3/037

增訂漢魏叢書八十六種　（清）王謨輯　清乾隆五十六年（1791）刻本　八十一冊

610000 – 1042 – 0007938　綫081.3/037

增訂漢魏叢書二十種　（清）王謨輯　清光緒六年（1880）練江三餘堂刻本　四十八冊

610000 – 1042 – 0007939　綫081.3/037

增訂漢魏叢書二十種　（清）王謨輯　清光緒汪述古山莊校刻本　八冊　存五種

610000 – 1042 – 0007940　綫081.3/037

增訂漢魏叢書九十六種　（清）王謨輯　清宣統三年（1911）上海大通書局石印本　三十二冊

610000－1042－0007941　綫082.9/132

振綺堂叢書初集十種　（清）汪康年輯　清宣
統二年(1910)京師泉唐汪氏鉛印本　六冊
存八種

610000－1042－0007942　綫082.9/132

振綺堂叢書二集十二種　（清）汪康年輯　清
光緒二十年(1894)泉唐汪康年振綺堂刻本
十二冊

610000－1042－0007943　綫082/309

咫進齋叢書三集三十七種　（清）姚覲元輯
清光緒九年(1883)歸安姚覲元咫進齋刻本
二十四冊

610000－1042－0007944　綫082/692

後知不足齋叢書三十六種　（清）鮑廷爵輯
清光緒十年(1884)常熟鮑氏刻本　十八冊

610000－1042－0007945　綫083/521

翠琅玕館叢書五十五種　（清）馮兆年輯　清
光緒刻本　四十冊

610000－1042－0007946　綫089.8/464

靈峰草堂叢書七種十七卷　（清）陳矩輯　清
光緒貴陽陳氏刻本　四冊

610000－1042－0007947　綫082/412

學壽堂叢書十五種一百一十九卷　（清）徐紹楨
撰輯　清咸豐至光緒番禺徐氏刻本　二十
六冊

610000－1042－0007948　綫082/130

晨風閣叢書二十二種　沈宗畸輯　清宣統元
年(1909)沈氏刻本　十六冊

610000－1042－0007949　綫082/052

佚存叢書六帙十六種　（日本）天瀑山人
（林衡）輯　清光緒八年(1882)滬上黃潤生木
活字印本　三十六冊

610000－1042－0007950　綫083.84/570

雙楳景闇叢書十三種　葉德輝輯　清光緒二
十九年至宣統三年(1903－1911)長沙葉氏郎
園刻本　五冊

610000－1042－0007951　綫082/718

聲韻考四卷　（清）戴震撰　清宣統至民國影
印本　六冊

610000－1042－0007952　綫847.6/679

經德堂全集九種　（清）龍啟瑞輯撰　清光緒
四年至七年(1878－1881)京師刻本　十一冊

610000－1042－0007953　綫847.8/154

代耕堂全集九種　（清）李嘉續輯　清光緒二
十二年至三十二年(1896－1906)西安潞河李
氏代耕堂刻本　十二冊

610000－1042－0007954　綫083/769

玉簡齋叢書二集二十二種七十四卷　羅振玉
輯　清宣統二年(1910)上虞羅氏刻本　二
十冊

610000－1042－0007955　綫善090/791

兩蘇經解七種六十四卷　（宋）蘇軾　（宋）蘇
轍撰　明萬曆三十九年(1611)顧氏刻本　二
十一冊

610000－1042－0007956　綫090.81/118

孫谿朱氏經學叢書初編十三種三十八卷
（清）朱記榮輯　清光緒十一年至十三年
(1885－1887)吳縣朱氏槐廬刻本　十二冊

610000－1042－0007957　綫802.21081/444

許學叢書三集十四種　張炳翔輯　清光緒十
三年(1887)長洲張炳翔刻本　二十四冊

610000－1042－0007958　綫091/700

經苑二十五種　（清）錢儀吉輯　清同治七年
(1868)刻本　七十七冊

610000－1042－0007959　綫082.5/486

經訓堂叢書二十一種　（清）畢沅校　清光緒
十三年(1887)大同書局石印本　二十冊

610000－1042－0007960　綫082.5/486

經訓堂叢書二十一種　（清）畢沅校　清光緒
十三年(1887)大同書局石印本　六冊　存
七種

610000－1042－0007961　綫090/083

皮氏經學叢書九種　（清）皮錫瑞撰　清光緒
思賢書局刻本　十四冊

610000－1042－0007962　綫608/570

叢書十二種二十六卷　（清）葉晴峰輯　清道光二十四年(1844)刻本　十二冊

610000－1042－0007963　綫609.81/288

問影樓輿地叢書第一集十五種　胡思敬輯　清光緒三十四年(1908)新昌胡思敬京師鉛印本　十冊

610000－1042－0007964　綫608/034

皇朝藩屬輿地叢書第四集四種　（清）文瑞樓主人輯　清光緒十九年(1893)寶善書局石印本　十四冊　存三種

610000－1042－0007965　綫608/034

皇朝藩屬輿地叢書六集二十八種　（清）文瑞樓主人輯　清光緒二十九年(1903)上海書局石印本　四十八冊

610000－1042－0007966　綫608/521

皇朝藩屬輿地叢書六集二十八種　（清）黃沛翹輯　清光緒二十九年(1903)金匱浦氏靜寄東軒石印本　四十七冊

610000－1042－0007967　綫609.81/041

小方壺齋輿地叢鈔十二帙　（清）王錫祺輯　清光緒十七年(1891)上海著易堂鉛印本　六十四冊

610000－1042－0007968　綫608/342

史學叢書二集四十三種　（清）梁玉繩等撰　清光緒十九年(1893)武林有三長齋石印本　二十四冊

610000－1042－0007969　綫608/342

史學叢書二集四十三種　（清）梁玉繩等撰　清光緒二十五年(1899)上海文瀾書局石印本　三十冊　缺六種

610000－1042－0007970　綫608/342

史學叢書二集四十三種　（清）梁玉繩等撰　清光緒二十八年(1902)上海煥文書局點石齋石印本　十二冊

610000－1042－0007971　綫608/342

史學叢書二集四十三種　（清）梁玉繩等撰

清光緒石印本　二十冊

610000－1042－0007972　綫608/121

漢書地理志稽疑六卷　（清）全祖望撰　**國策地名考二十卷首一卷**　（清）程恩澤撰　（清）**狄子奇箋**　**叔苴子內編六卷外編二卷**　（明）莊元臣撰　**唐史論斷三卷**　（宋）孫甫撰　清嘉慶抄本　七冊

610000－1042－0007973　綫610.3/316

紀事本末五種五百八卷　（□）□□撰　清同治十二年(1873)江西書局刻本　一百三十六冊

610000－1042－0007974　綫082.1/506

紀載彙編十種十卷　（□）□□撰　清光緒申報館鉛印本　二冊

610000－1042－0007975　綫608/156

李氏五種合刊二十七卷　（清）李兆洛輯　清同治九年(1870)合肥李氏刻本　十冊

610000－1042－0007976　綫608/156

李氏五種合刊二十七卷　（清）李兆洛輯　清光緒二十四年(1898)上海掃葉山房石印本　八冊

610000－1042－0007977　綫622.201/132

七家後漢書七種附一種　（清）汪文臺輯　清光緒八年(1882)太平崔國榜等刻本　六冊

610000－1042－0007978　綫608/034

痛史二十種　樂天居士輯　清宣統三年(1911)上海商務印書館鉛印本　三十一冊

610000－1042－0007979　綫080/039

子書百家（百子全書）一百一種　（清）湖北崇文書局輯　清光緒元年(1875)湖北崇文書局刻本　一百十冊

610000－1042－0007980　綫080/039

子書百家（百子全書）一百一種　（清）湖北崇文書局輯　清光緒元年(1875)湖北崇文書局刻本　八十三冊

610000－1042－0007981　綫080/319

二十二子全書不分卷　（清）浙江書局輯　清

光緒二年(1876)浙江書局刻本　八十三冊

610000－1042－0007982　綫080/705

二十五子彙函　（清)鴻文書局輯　清光緒十九年(1893)上海鴻文書局石印本　十六冊　存一卷(十六)

610000－1042－0007983　綫080/019

子書二十八種　（清)文瑞樓編　清宣統三年(1911)上海集成圖書公司鉛印本　四十八冊

610000－1042－0007984　綫善126.9/737

性理三解三種八卷　（明)韓邦奇撰　清乾隆十六年(1751)刻本　三冊　存五卷(正蒙拾遺一卷,啟蒙意見一至二、五至六)

610000－1042－0007985　綫126.9/737

性理三解三種八卷　（明)韓邦奇撰　清嘉慶七年(1802)刻本　四冊

610000－1042－0007986　綫125/174

宋四子抄釋二十一卷　（明)呂柟編　清三原李錫齡校刻本　八冊

610000－1042－0007987　綫125.14/154

關中道脈四種書十七卷　（清)李元春輯　清道光十年(1830)刻本　六冊

610000－1042－0007988　綫311.7/151

則古昔齋算學十三種　（清)李善蘭撰　清同治六年(1867)刻本　六冊

610000－1042－0007989　綫311.7/450

翠薇山房數學十五種　（清)張作楠撰　清光緒五年(1879)刻本　二十四冊

610000－1042－0007990　綫311.7/450

翠薇山房數學十五種三十八卷　（清)張作楠(清)江臨泰撰　清刻本　二十冊

610000－1042－0007991　綫311.7/450

翠薇山房數學十五種三十八卷　（清)張作楠撰　清刻本　六冊　存五種

610000－1042－0007992　綫311.7/450

翠薇山房數學十五種三十八卷　（清)張作楠撰　清光緒二十三年(1897)上海鴻寶齋石印本　八冊

610000－1042－0007993　綫916.11/561

琴學叢書六種二十四卷　楊宗稷撰　清宣統三年至民國八年(1911－1919)北京甯遠楊宗稷舞胎仙館刻本　八冊

610000－1042－0007994　綫902.5/647

賞奇軒四種合編四卷　（清)賞奇軒輯　清刻本　四冊

610000－1042－0007995　綫902.5/546

賞奇軒四種合編四卷　（清)賞奇軒輯　清光緒二十六年(1900)賞奇軒刻本　四冊

610000－1042－0007996　綫042/208

文林綺繡五種五十九卷　（明)凌迪知等輯　清光緒二十年(1894)上洋鴻寶莊石印本　六冊

610000－1042－0007997　綫075.7/764

鴻雪軒紀豔四種四卷　（清)藝蘭生輯　清同治十三年(1874)上海申報館鉛印本　二冊

610000－1042－0007998　綫082.77/022

小嫏嬛山館衡刊類書二十種三十八卷　（清)□□編　清同治六年(1867)刻本　九冊　存七種

610000－1042－0007999　綫082/364

小嫏嬛山館衡刊類書二十種三十八卷　（清)□□編　清同治十二年(1873)錦文堂刻本　十二冊

610000－1042－0008000　綫046.77/465

琅環獺祭十二種　（清)□□輯　清光緒二十年(1894)文選樓石印本　一冊　存五種

610000－1042－0008001　綫857.081/435

稗海四十八種續二十二種　（明)商濬輯　清刻本　六十冊

610000－1042－0008002　綫857.081/435

稗海四十八種續二十二種　（明)商濬輯　清刻本　七十八冊

610000－1042－0008003　綫857.081/435

稗海四十八種續二十二種　（明)商濬輯(清)李穆堂重訂　清刻本　七十六冊

610000－1042－0008004　綫善 857.081/454

古今說海一百三十五種一百四十二卷　（明）
陸楫等編　明嘉靖二十三年(1544)陸楫刻本
二十四冊

610000－1042－0008005　綫善 857.081/454

古今說海一百三十五種一百四十二卷　（明）
陸楫輯　清道光元年(1821)苕溪邵氏西山堂
刻本　十六冊

610000－1042－0008006　綫善 857.081/454

古今說海一百三十五種一百四十二卷　（明）
陸楫輯　清道光元年(1821)苕溪邵氏西山堂
刻本　二十三冊　存一百二十九種

610000－1042－0008007　綫 857.17/513

唐人說薈（唐代叢書）一百六十四種二十卷
(清)陳世熙輯　清同治十年(1871)刻本　二
十四冊

610000－1042－0008008　綫 857.141/462

唐代叢書（唐人說薈）四集一百四種　（清）陳
世熙輯　清刻本　二十四冊

610000－1042－0008009　綫 857.141/037

唐代叢書（唐人說薈）十二集一百六十四帙
(清)陳世熙輯　清光緒二十二年(1896)上海
賜書堂石印本　十二冊

610000－1042－0008010　綫 857.141/462

唐代叢書（唐人說薈）十二集一百六十四帙
(清)陳世熙輯　清宣統三年(1911)上海天寶
書局石印本　十二冊

610000－1042－0008011　綫 857.141/462

唐代叢書（唐人說薈）十二集一百六十四帙
(清)陳世熙輯　清宣統三年(1911)上海天寶
書局石印本　十二冊

610000－1042－0008012　綫 857.17/513

唐人說薈（唐代叢書）十六集一百六十四種
(清)陳世熙輯　清宣統三年(1911)上海掃葉
山房石印本　十六冊

610000－1042－0008013　綫善 857.081/697

宋人百家小說一百四十三種一百四十三卷

(明)桃源溪父編　明崇禎刻本　十二冊

610000－1042－0008014　綫 857.16/802

顧氏明朝四十家小說四十種四十卷　（明）顧
元慶輯　清宣統三年(1911)上海國學扶輪社
鉛印本　六冊

610000－1042－0008015　綫 857.278/353

異書四種六卷　申報館輯　清光緒二年
(1876)申報館鉛印本　二冊

610000－1042－0008016　綫 857.2/378

續異書四種七卷　申報館輯　清光緒三年
(1877)上海申報館鉛印本　四冊

610000－1042－0008017　綫善 851.369/054

詩詞雜俎十二種　（明）毛晉輯　明天啓、崇
禎毛晉汲古閣刻本　十二冊　存九種

610000－1042－0008018　綫 086.11/036

畿輔叢書一百七十種　（清）王灝輯　清光緒
刻本　四百三十冊

610000－1042－0008019　綫 082.76/600

涇川叢書四十五種　（清）趙紹祖　（清）趙繩
祖輯　清道光十二年(1832)涇縣趙氏古墨齋
刻本　二十四冊

610000－1042－0008020　綫 086.2540/364

永嘉叢書十三種　（清）孫衣言輯　清咸豐十
年至光緒八年(1860－1882)瑞安孫氏盤穀草
堂詒善祠塾刻本　六十冊

610000－1042－0008021　綫 086.23/008

武林掌故叢編第一集二種第二集一種　（清）
丁丙輯　清光緒九年(1883)錢塘丁氏嘉惠堂
刻本　四冊

610000－1042－0008022　綫 086.25/599

湖北叢書三十種二百九十卷　（清）趙尚輗輯
清光緒十七年(1891)三餘草堂刻本　一
百冊

610000－1042－0008023　綫善 088/570

午夢堂集十種十二卷　（明）葉紹袁編　明崇
禎葉紹袁刻本　六冊

610000－1042－0008024　綫 088/748

甯都三魏全集六種　（清）魏際瑞等撰　清道光二十五年（1845）刻本　五十冊

610000－1042－0008025　綫089.75/250

授經堂遺集二十三種二百二十二卷　（清）洪亮吉撰　清光緒三年至五年（1877－1879）授經堂刻本　六十四冊

610000－1042－0008026　綫089.7/521

儆季雜著五種附二種　（清）黃以周等撰　清光緒二十年至二十一年（1894－1895）江蘇南京講舍刻本　十冊

610000－1042－0008027　綫善820.88/461

江都陳氏叢書三種十四卷　（清）陳本禮撰　清嘉慶十三年至十七年（1808－1812）陳氏裛露軒刻本　八冊

610000－1042－0008028　綫088/377

項城袁氏家集七種　丁振鐸輯　清宣統三年（1911）清芬閣鉛印本　五十六冊

610000－1042－0008029　綫845.22/447

張宣公全集三種六十一卷　（宋）張栻撰　清道光二十九年（1849）綿邑洗墨池刻本　六冊

610000－1042－0008030　綫089.57/428

許文正公遺書十二首一卷末一卷　（元）許衡撰　清光緒十三年（1887）刻本　四冊

610000－1042－0008031　綫089.6/737

五泉遺著三種八卷　（明）韓邦靖撰　明正德十四年（1519）刻本　三冊

610000－1042－0008032　綫善857.36/155

李竹嬾先生說部全書八種二十四卷　（明）李日華撰　明刻清乾隆三十三年（1768）曹秉鈞修補印本　十二冊

610000－1042－0008033　綫089.67/364

孫文恭公遺書六種附錄一卷　（明）孫應鰲撰　清光緒六年（1880）獨山莫氏刻本　六冊

610000－1042－0008034　綫089.72/521

黃梨洲遺書十種　（清）黃宗羲撰　清光緒三十一年（1905）浙江杭州群學社石印本　十二冊

610000－1042－0008035　綫847.2/521

梨洲遺著彙刊二十一種首一卷　（清）黃宗羲撰　清宣統二年（1910）上海時中書局鉛印本　二十冊

610000－1042－0008036　綫089.72/802

亭林遺書十種二十七卷　（清）顧炎武撰　清蓬瀛閣刻本　十冊

610000－1042－0008037　綫089.7/802

顧亭林先生遺書十種補遺十種　（清）顧炎武撰　清光緒十一年（1885）吳縣朱記榮刻匯印本　十六冊

610000－1042－0008038　綫089.72/802

亭林先生補遺十種　（清）顧炎武撰　（清）朱記榮輯　清光緒十一年（1885）吳縣朱記榮上海掃葉山房刻本　八冊

610000－1042－0008039　綫089.72/802

亭林先生遺書彙輯二十六種六十八卷　（清）顧炎武撰　清光緒十四年（1888）刻本　二十四冊

610000－1042－0008040　綫089.72/039

船山遺書五十六種六十二卷　（清）王夫之撰　清同治四年（1865）刻本　一百冊

610000－1042－0008041　綫089.72/039

王船山先生經史論八種　（清）王夫之撰　清光緒二十七年（1901）簡青書局石印本　十三冊

610000－1042－0008042　綫089.72/039

王船山先生經史論八種四十四卷　（清）王夫之撰　清光緒二十八年（1902）上海文林書局石印本　十二冊

610000－1042－0008043　綫089.72/054

毛西河先生全集一百十七種　（清）毛奇齡撰　清乾隆十年（1745）書留草堂刻本　一百冊

610000－1042－0008044　綫089.72/054

西河合集一百二十三種　（清）毛奇齡撰　清乾隆三十五年（1770）刻嘉慶元年（1796）陸成棟印本　一百二十冊

610000－1042－0008045　綫089.7/039

王漁洋遺書三十八種　（清）王士禎撰　清康熙刻本　四十一冊

610000－1042－0008046　綫089.7/078

古歡堂全集六種　（清）田雯撰　清康熙刻本　十六冊

610000－1042－0008047　綫089.7/078

古歡堂集二十八卷　（清）田雯撰　清刻本　六冊

610000－1042－0008048　綫847.2/155

榕村全集三十四種　（清）李光地撰　清乾隆元年(1736)李清植刻嘉慶六年(1801)補刻本　六十四冊

610000－1042－0008049　綫847.2/328

高氏五種　（清）高士奇撰　清康熙刻本　六冊

610000－1042－0008050　綫089.7/037

豐川全集四種六十六卷　（清）王心敬撰　清乾隆三年(1738)刻本　三十八冊

610000－1042－0008051　綫847.3/739

鹿洲全集八種　（清）藍鼎元撰　（清）曠敏本等評　清康熙、雍正漳浦藍氏刻光緒六年(1880)補刻本　二十四冊

610000－1042－0008052　綫089.73/739

鹿洲全集七種　（清）藍鼎元撰　（清）曠敏本等評　清同治四年(1865)廣州羊城緯文堂刻本　二十冊

610000－1042－0008053　綫089.73/739

鹿洲全集九種　（清）藍鼎元撰　（清）曠敏本等評　清刻本　二十二冊

610000－1042－0008054　綫089.73/739

鹿洲全集七種　（清）藍鼎元撰　（清）曠敏本等評　清刻本　二十四冊

610000－1042－0008055　綫089.7/215

杭大宗七種叢書十八卷　（清）杭世駿撰　清咸豐元年(1851)湖南長沙小嫏嬛山館刻本　七冊

610000－1042－0008056　綫090.81/514

省吾堂四種二十五卷　（清）惠棟撰　清乾隆常熟蔣光弼省吾堂刻本　十冊

610000－1042－0008057　綫847.5/380

隨園三十種　（清）袁枚撰　清咸豐四年(1854)錢塘袁氏隨園刻本　五十六冊　存十八種

610000－1042－0008058　綫089.73/598

甌北全集七種　（清）趙翼撰　清光緒三年(1877)滇南唐氏刻本　四十八冊

610000－1042－0008059　綫089.73/598

甌北全集七種　（清）趙翼撰　清宣統元年(1909)成都官書局影印本　六十冊

610000－1042－0008060　綫089.75/696

潛研堂全書二十四種　（清）錢大昕撰　清光緒十年(1884)長沙龍氏家塾刻本　六十四冊

610000－1042－0008061　綫089.75/128

龍莊遺書四種十五卷　（清）汪輝祖撰　清光緒江蘇書局刻本　六冊

610000－1042－0008062　綫082.5/297

經韻樓叢書十種　（清）段玉裁撰　清乾隆至道光金壇段氏刻本　二十四冊

610000－1042－0008063　綫082.5/297

經韻樓叢書八種　（清）段玉裁撰　清乾隆至道光金壇段氏七葉衍祥堂等刻本　三十二冊

610000－1042－0008064　綫089.7/131

古愚老人消夏錄十七種　（清）汪汲撰　清乾隆至嘉慶清河汪汲古愚山房刻本　十二冊

610000－1042－0008065　綫089.75/422

章實齋先生遺書六卷附錄一卷　（清）章學誠撰　清宣統二年(1910)鉛印本　四冊

610000－1042－0008066　綫802.15/041

高郵王氏四種　（清）王念孫撰注　清嘉慶元年(1796)上海鴻章書局石印本　六十四冊

610000－1042－0008067　綫089.7/214

授堂遺書八種　（清）武億撰　清乾隆五十四年(1789)刻本　十冊　存七種

610000－1042－0008068　綫089.75/214

授堂遺書八種　（清）武億撰　**附錄二卷**
（清）武穆淳撰　清道光二十三年（1843）偃師武氏刻本　十六冊

610000－1042－0008069　綫089.7/048

𤲬軒孔氏所著書七種六十卷　（清）孔廣森撰　清乾隆至嘉慶刻嘉慶二十二年（1817）匯印本　十冊

610000－1042－0008070　綫082.74/539

焦氏叢書二十一種一百二十二卷　（清）焦循撰　清嘉慶二十二年（1817）雕菰樓刻本　四十冊

610000－1042－0008071　綫082.74/539

焦氏叢書二十一種一百二十二卷　（清）焦循撰　清光緒二年（1876）衡陽魏氏刻本　四十冊

610000－1042－0008072　綫善082.6/447

宛鄰書屋叢書四種二十一卷　（清）張琦撰並編　清嘉慶二十年至道光十年（1815－1830）宛鄰書屋刻本　八冊

610000－1042－0008073　綫847.6/033

儀衛軒全書二十一種　（清）方東樹撰　清同治七年至光緒二十年（1868－1894）方宗誠刻本　四十冊

610000－1042－0008074　綫082.5/081

安吳四種三十六卷　（清）包世臣撰　清同治十一年（1872）刻本　十六冊

610000－1042－0008075　綫089.76/208

竹柏山房十五種　（清）林春溥撰　清嘉慶至咸豐侯官林春溥竹柏山房刻本　二十四冊

610000－1042－0008076　綫089.76/208

竹柏山房十五種　（清）林春溥撰　清嘉慶至咸豐侯官林春溥竹柏山房刻本　四十冊

610000－1042－0008077　綫089.76/042

越中從政錄四種　（清）王鳳生撰　清道光四年（1824）刻本　四冊

610000－1042－0008078　綫082.7/115

朱氏群書六種　（清）朱駿聲撰　清光緒八年（1882）臨嘯閣刻本　四冊

610000－1042－0008079　綫847.6/521

儆居集五種二十二卷　（清）黃式三撰　清光緒十四年（1888）刻本　八冊

610000－1042－0008080　綫856/157

棣懷堂隨筆六卷　（清）李象鵾撰　清道光十六年（1836）華亭張祥河刻本　四冊

610000－1042－0008081　綫856/157

棣懷堂隨筆十一卷首一卷末一卷附雲湖合編一卷　（清）李象鵾撰　清同治十三年（1874）刻本　八冊

610000－1042－0008082　綫089.76/571

董方立遺書九種　（清）董祐誠撰　清同治八年（1869）成都董貽清刻本　六冊

610000－1042－0008083　綫089.77/632

鄭子尹遺書五種　（清）鄭珍撰　清咸豐至同治刻本　八冊

610000－1042－0008084　綫847.6/632

鄭徵君遺著四種　（清）鄭珍撰　清同治五年（1866）刻本　七冊

610000－1042－0008085　綫089.77/458

番禺陳氏東塾叢書四種附一種　（清）陳澧撰　清咸豐至光緒刻本　十二冊

610000－1042－0008086　綫089.77/458

東塾遺書四種　（清）陳澧撰　清刻本　二冊

610000－1042－0008087　綫847.7/510

曾文正公全集十五種　（清）曾國藩撰　清同治十二年（1873）湖南省匋甓勤齋刻本　四冊

610000－1042－0008088　綫847.7/510

曾文正公全集十五種　（清）曾國藩撰　（清）李瀚章輯　清同治至光緒傳忠書局刻本　一百三十八冊

610000－1042－0008089　綫847.7/510

曾文正公六種彙刊　（清）曾國藩撰　清光緒十六年（1890）鴻寶書局石印本　八冊　存四種

610000－1042－0008090　綫089.7/064

左文襄公全集六種　（清）左宗棠撰　清光緒
十六年(1890)刻本　一百十八冊

610000－1042－0008091　綫652.78/669

劉武慎公遺書二十五卷附年譜三卷　（清）劉
長佑撰　清光緒二十六年(1900)鉛印本　二
十八冊

610000－1042－0008092　綫089.78/304

第一樓叢書九種四十七卷　（清）俞樾撰　清
同治十年(1871)刻本　十冊

610000－1042－0008093　綫089.78/304

春在堂全書三十種　（清）俞樾撰　清光緒十
五年(1889)刻本　一百冊

610000－1042－0008094　綫089.78/304

春在堂全書三十四種　（清）俞樾撰　清光緒
二十五年(1899)德清俞氏刻本　八十二冊
存十五種

610000－1042－0008095　綫089.78/304

春在堂全書三十四種　（清）俞樾撰　清光緒
二十三年(1897)石印本　三十二冊

610000－1042－0008096　綫089.78/304

曲園雜纂五十卷　（清）俞樾撰　清光緒十五
年(1889)刻本　九冊

610000－1042－0008097　綫089.7/564

蔣古齋輯著三種七卷　（清）楊城書撰　清道
光十三年(1833)刻本　一冊

610000－1042－0008098　綫089.78/565

坦園叢稿三十一卷　（清）楊恩壽撰　清光緒
湖南長沙楊氏坦園刻本　九冊

610000－1042－0008099　綫072.78/726

庸盦全集十種　（清）薛福成撰　清光緒十年

至二十四年(1884－1898)無錫薛氏刻本　四
十八冊

610000－1042－0008100　綫072.78/726

庸盦全集六種　（清）薛福成撰　清光緒二十
三年(1897)上海醉六堂石印本　十二冊

610000－1042－0008101　綫847.8/167

桐城吳先生全書六種　（清）吳汝綸撰　吳闓
生編　清光緒三十年(1904)吳氏家刻本　二
十冊

610000－1042－0008102　綫082.8/114

拙盦叢稿九種二十卷　（清）朱一新撰　清道
光二十二年(1842)刻本　十六冊

610000－1042－0008103　綫089.78/544

實學叢書五種　（清）傅雲龍撰　清光緒二十
一年(1895)石印本　九冊

610000－1042－0008104　綫835.7/788

侯官嚴氏叢刻四種　嚴復譯撰　清光緒二十
七年(1901)南昌讀有用書之齋刻本　四冊

610000－1042－0008105　綫082/748

潛園二十四種四十六卷　（清）魏元曠撰　清
萬載辛述軒刻本　十八冊

610000－1042－0008106　綫089.7/409

志學齋集七種　（清）徐壽基撰　清光緒十一
年至十三年(1885－1887)武進徐氏刻本　十
冊　存五種

610000－1042－0008107　綫578.82/712

歸查叢刻第一集七種　（清）謝希傅撰　清光
緒二十四年(1898)山東草堂鉛印本　四冊

610000－1042－0008108　綫089.8/445

愛園叢書九種三十四卷　（清）張慎儀撰　清
光緒刻本　十六冊

陝西師範大學古籍整理研究所
古籍普查登記目錄

全國古籍普查登記目錄

國家圖書館出版社
National Library of China Publishing House

610000 - 4041 - 0000001 001

鐵琴銅劍樓藏書目錄二十四卷 （清）瞿鏞撰
清光緒二十四年(1898)常孰瞿氏罟里家塾
刻本 十冊

610000 - 4041 - 0000002 002

八代詩選二十卷 王闓運撰 清光緒七年
(1881)四川尊經書局刻本 六冊

610000 - 4041 - 0000003 003

抱朴子內篇四卷外篇四卷 （晉）葛洪撰 清
光緒元年(1875)湖北崇文書局刻本 四冊

610000 - 4041 - 0000004 004

北齊書五十卷 （唐）李百藥撰 清同治十三
年(1874)金陵書局刻本 四冊

610000 - 4041 - 0000005 005

北史一百卷 （唐）李延壽撰 清同治十一年
(1872)金陵書局刻本 十六冊

610000 - 4041 - 0000006 006

辨誤錄三卷 （宋）吳曾纂 清道光十一年
(1831)六安晁氏木活字印本 一冊

610000 - 4041 - 0000007 007

昌黎先生集四十卷外集十卷 （唐）韓愈撰
明嘉靖東吳徐氏東雅堂刻本 十六冊

610000 - 4041 - 0000008 008

昌黎先生詩集注十一卷 （清）顧嗣立刪補
清道光十六年(1836)脣德堂刻朱墨印本
八冊

610000 - 4041 - 0000009 009

長安獲古編二卷補遺一卷 （清）劉喜海輯
清同治刻本 一冊

610000 - 4041 - 0000010 010

陳書三十六卷 （唐）姚思廉撰 清同治十一
年(1872)金陵書局刻本 二冊

610000 - 4041 - 0000011 011

炊聞詞二卷 （清）王士錄譔 （清）尤侗
（清）鄒祇謨評 清康熙三年(1664)嵒松閣刻
本 二冊

610000 - 4041 - 0000012 012

春秋胡傳三十卷 （宋）胡安國傳 清乾隆怡
府刻本 八冊

610000 - 4041 - 0000013 013

春秋左傳不分卷 （明）孫月峰批點 明萬曆
四十四年(1616)刻吳興閔家朱墨印本 八冊

610000 - 4041 - 0000014 014

春秋左傳十七卷 （春秋）左丘明撰 清雍正
十三年(1735)和碩果親王刻三色套印本 十
四冊

610000 - 4041 - 0000015 015

大方廣佛華嚴經八十卷 （唐）釋實义難陀譯
明永樂十七年(1419)刻本 一冊 存一卷
(七十二)

610000 - 4041 - 0000016 016

大方廣佛華嚴經八十卷 （唐）釋實义難陀譯
明刻本 一冊 存一卷(十八)

610000 - 4041 - 0000017 017

大明集禮五十三卷 （明）徐一夔等纂修 明
嘉靖九年(1530)刻本 一冊 存一卷(一)

610000 - 4041 - 0000018 018

丹鉛總錄二十七卷 （明）楊慎著集 明嘉靖
三十三年(1554)梁佐刻藍印本 八冊

610000 - 4041 - 0000019 019

東塾讀書記十五卷 （清）陳澧撰 清光緒廣
州刻本 六冊

610000 - 4041 - 0000020 020

東遊日記不分卷(清光緒二十五年六月初二
至十一月十一日) 沈翊清撰 清光緒二十
六年(1900)福州刻本 一冊

610000 - 4041 - 0000021 021

讀書紀數略五十四卷 （清）宮夢仁編 清康
熙四十六年(1707)刻本 十六冊

610000 - 4041 - 0000022 022

讀書敏求記四卷 （清）錢曾撰 清乾隆六十
年(1795)刻本 四冊

610000 - 4041 - 0000023 023

杜工部集二十卷 （唐）杜甫撰 （清）錢謙益

箋註　清康熙刻本　十冊

610000－4041－0000024　024

蛾術堂集十四種　（清）沈豫撰　清道光十八年(1838)蕭山沈氏漢讀齋刻本　八冊　存十種

610000－4041－0000025　025

二林居集二十四卷　（清）彭紹升著　清嘉慶四年(1799)味初堂刻本　四冊

610000－4041－0000026　026

復堂類集二十一卷　（清）譚獻撰　清光緒五年(1879)刻本　六冊

610000－4041－0000027　027

復堂日記八卷(同治二年癸亥五月至辛卯十一月)　（清）譚獻撰　清光緒十三年(1887)刻本　二冊

610000－4041－0000028　028

甘泉鄉人稿二十四卷餘稿二卷年譜一卷　（清）錢泰吉撰　清同治十一年(1872)刻本　六冊

610000－4041－0000029　029

感舊集十六卷　（清）王士禛輯　（清）盧見曾補傳　清乾隆十七年(1752)盧氏雅雨堂刻本　八冊

610000－4041－0000030　030

庚子銷夏記八卷　（清）孫承澤撰　清乾隆二十六年(1761)刻本　四冊

610000－4041－0000031　031

古微書三十六卷　（明）孫瑴著錄　清嘉慶十七年(1812)禹航陳世閒對山望月樓刻本　三冊

610000－4041－0000032　032

古香齋鑑賞袖珍五經　清康熙至乾隆古香齋刻本　八冊

610000－4041－0000033　033

顧亭林先生詩箋注十七卷　（清）顧炎武撰　（清）徐嘉輯　清光緒二十七年(1901)徐氏味靜齋刻本　二冊

610000－4041－0000034　034

顧亭林先生詩箋注十七卷　（清）顧炎武撰　清光緒二十七年(1901)徐氏味靜齋刻本　六冊

610000－4041－0000035　035

癸巳類稿十五卷　（清）俞正燮撰　清道光十三年(1833)求日益齋刻本　五冊

610000－4041－0000036　036

國朝詞綜四十八卷　（清）王昶撰　清嘉慶七年(1802)刻本　八冊

610000－4041－0000037　037

國朝駢體正宗評本十二卷補編一卷　（清）曾燠原選　（清）姚燮評　（清）張壽榮參　清光緒十年(1884)芸林草堂刻本　八冊

610000－4041－0000038　038

國朝先正事略六十卷　（清）李元度纂　清同治五年(1866)循陔艸堂刻本　二十四冊

610000－4041－0000039　039

國粹學報不分卷　鄧實纂　清宣統二年(1910)鉛印本　二十一冊

610000－4041－0000040　040

國語正義二十一卷　（清）董增齡撰集　清光緒六年(1880)會稽章氏式訓堂刻本　八冊

610000－4041－0000041　041

漢書一百卷　（漢）班固撰　明刻本　二冊　存十一卷(四至十四)

610000－4041－0000042　042

何大復先生集三十八卷附錄一卷　（明）何景明撰　明萬曆刻本　一冊　存五卷(十五至十九)

610000－4041－0000043　043

河東先生集四十五卷外集二卷龍城錄二卷集傳一卷附錄二卷　（唐）柳宗元撰　（唐）劉禹錫纂　明嘉靖東吳郭雲鵬濟美堂刻本　十八冊

610000－4041－0000044　044

後漢書九十卷　（南朝宋）范曄撰　（唐）李賢

注　續漢書志三十卷　（晉）司馬彪撰　（南朝梁）劉昭注　清同治八年(1869)金陵書局刻本　十二冊

610000－4041－0000045　045

畫禪室隨筆四卷　（明）董其昌著　（明）楊補編次　（明）陳王賓校訂　清康熙五十九年(1720)刻本　二冊

610000－4041－0000046　046

淮南鴻烈解二十八卷　（漢）劉安撰　（漢）許慎記　明萬曆刻本　一冊　存六卷(十七至二十二)

610000－4041－0000047　047

皇朝經世文編一百二十卷　（清）賀長齡輯（清）魏源編次　（清）曹堉校勘　清道光七年(1827)刻本　八十冊

610000－4041－0000048　048

李衛公會昌一品集三十五卷　（唐）李德裕撰　清光緒十三年(1887)刻本　六冊

610000－4041－0000049　049

彙案成卷不分卷　（清）□□撰　清末木活字印本　一冊

610000－4041－0000050　050

司馬溫公稽古錄二十卷　（宋）司馬光撰　明嘉靖至萬曆刻本　四冊

610000－4041－0000051　051

集古錄目十卷　（宋）歐陽棐撰　繆荃孫校輯　清光緒十年(1884)雲自在龕刻本　三冊

610000－4041－0000052　052

江邨銷夏錄三卷　（清）高士奇輯　清康熙三十二年(1693)刻本　四冊

610000－4041－0000053　053

金石萃編一百六十卷　（清）王昶譔　清嘉慶十二年(1807)刻本　六十四冊

610000－4041－0000054　054

金石索十二卷首一卷　（清）馮雲鵬　（清）馮雲鵷輯　清道光元年(1821)滋陽縣署刻本　十二冊

610000－4041－0000055　055

金史一百三十五卷　（元）托克托等修　金國語解十二卷　（清）張廷玉等撰　清同治十三年(1874)江蘇書局刻本　十七冊

610000－4041－0000056　056

晉書一百三十卷附音義三卷　（唐）太宗李世民撰　（唐）何超撰　清同治十年(1871)金陵書局刻本　十六冊

610000－4041－0000057　057

經傳攷證八卷　（清）朱彬撰　清同治五年(1866)刻本　二冊

610000－4041－0000058　058

輶軒使者絕代語釋別國方言十三卷　（漢）揚雄撰　（晉）郭璞注　清光緒福山王氏天壤閣刻本　二冊

610000－4041－0000059　059

九家集注杜詩三十六卷　（唐）杜甫撰　（宋）郭知達編注　清刻本　十六冊

610000－4041－0000060　060

舊唐書二百卷　（五代）劉昫等撰　清同治十一年(1872)浙江書局刻本　三十二冊

610000－4041－0000061　061

舊唐書二百卷　（五代）劉昫等撰　校勘記六十六卷逸文十二卷　（清）岑建功輯　清同治十一年(1872)定遠方氏刻本　八十八冊

610000－4041－0000062　062

舊五代史一百五十卷目錄二卷附考證　（宋）薛居正等撰　清同治十一年(1872)湖北崇文書局刻本　十六冊

610000－4041－0000063　063

居來先生集六十五卷　（明）張佳胤著　明末刻本　一冊　存二卷(六十四至六十五)

610000－4041－0000064　064

聚學軒叢書五集六十種　劉世珩輯　清光緒二十九年(1903)貴池劉世珩刻本　一百二十冊

610000－4041－0000065　065

空同集六十四卷 （明）李夢陽撰 明萬曆二十九年(1601)刻本(卷三十七至四十一、四十六至四十七、五十配抄本) 十六冊

610000－4041－0000066 066

李翰林集三十卷 （唐）李白撰 清光緒三十二年(1906)黃岡陶子麟刻本 六冊

610000－4041－0000067 067

李嶠集三卷 （唐）李嶠撰 明嘉靖刻本 一冊 存二卷(中、下)

610000－4041－0000068 068

隸篇十五卷續十五卷再續十五卷 （清）翟雲升撰 清道光十七年至十八年(1837－1838)刻本 十冊

610000－4041－0000069 069

麗廔叢書九種 葉德輝編 清光緒三十三年(1907)長沙葉氏刻本 十冊

610000－4041－0000070 070

梁書五十六卷 （唐）姚思廉撰 清同治十三年(1874)金陵書局刻本 四冊

610000－4041－0000071 071

遼史一百十五卷附欽定遼史語解十卷 （元）托克托等修 清同治十二年(1873)江蘇書局刻本 十五冊

610000－4041－0000072 072

臨文便覽不分卷 （清）張啟泰輯 清光緒元年(1875)抄本 二冊

610000－4041－0000073 073

六臣註文選六十卷 （南朝梁）蕭統撰 （唐）李善等註 清康熙二十四年(1685)石渠閣刻本 四十八冊

610000－4041－0000074 074

唐陸宣公集二十二卷 （唐）陸贄撰 （清）年羹堯重訂 清雍正刻本 六冊

610000－4041－0000075 075

陸宣公集二十二卷 （唐）陸贄撰 清同治五年(1866)楊氏問竹軒家塾刻本 八冊

610000－4041－0000076 076

唐陸宣公集二十二卷首一卷增輯一卷附錄一卷 （唐）陸贄撰 清光緒二年(1876)江蘇書局刻本 六冊

610000－4041－0000077 077

唐陸宣公奏議讀本四卷首一卷 （唐）陸贄撰 （清）汪銘謙編輯 （清）馬傳庚評點 清光緒二十六年(1900)影印本 二冊

610000－4041－0000078 078

論語集解義疏十卷 （三國魏）何晏集解 （南朝梁）皇侃義疏 清刻本 五冊

610000－4041－0000079 079

綠萼梅詩鈔不分卷 （清）沈大成編 清乾隆三十二年(1767)刻本 一冊

610000－4041－0000080 080

名原二卷 （清）孫詒讓記 清光緒三十一年(1905)刻本 一冊

610000－4041－0000081 081

明季稗史彙編十六種 （清）留雲居士輯 清都城琉璃廠鉛印本 十二冊

610000－4041－0000082 082

明史三百三十二卷 （清）張廷玉等撰 清光緒三年(1877)湖北崇文書局刻本 四十八冊

610000－4041－0000083 083

南雷文定前集十一卷後集四卷三集三卷四集四卷附錄一卷 （清）黃宗羲撰 （清）馮祖憲校訂 清黃氏家塾刻本 八冊

610000－4041－0000084 084

南齊書五十九卷 （南朝梁）蕭子顯撰 清同治十三年(1874)金陵書局刻本 四冊

610000－4041－0000085 085

南史八十卷 （唐）李延壽撰 清同治十一年(1872)金陵書局刻本 十冊

610000－4041－0000086 086

甌北詩鈔不分卷 （清）趙翼撰 清初刻本 四冊

610000－4041－0000087 087

佩文齋廣羣芳譜一百卷 （清）聖祖玄燁撰

清刻本 三十四册

610000－4041－0000088 088
平妖傳八卷 （明）羅本著 清嘉慶十七年
(1812)講德齋刻本 八册

610000－4041－0000089 089
普濟玉林國師語錄十二卷附年譜二卷 （清）
釋通琇撰 （清）音緯編 （清）孫超琦彙 清
同治十三年(1874)刻本 六册

610000－4041－0000090 090
前漢書一百二十卷 （漢）班固撰 （唐）顏師
古注 清同治八年(1869)金陵書局刻本 十
六册

610000－4041－0000091 091
錢考功詩集十卷附補遺一卷 （唐）錢起撰
清康熙刻本 二册

610000－4041－0000092 092
清白士集六種附一種 （清）梁玉繩撰 清嘉
慶五年(1800)刻本 八册 存六種

610000－4041－0000093 093
清秘述聞十六卷 （清）法式善編 清嘉慶四
年(1799)刻本 四册

610000－4041－0000094 094
清真集二卷補遺一卷 （宋）周邦彥撰 清光
緒二十六年(1900)鄭氏刻本 二册

610000－4041－0000095 095
勸學篇二卷 （清）張之洞撰 清光緒二十四
年(1898)廣雅書局刻本 一册

610000－4041－0000096 096
三朝要典二十四卷 （明）顧秉謙等撰 明天
啓刻本 二册 存六卷(四至九)

610000－4041－0000097 097
三國志六十五卷 （晉）陳壽撰 （南朝宋）裴
松之注 清同治九年(1870)金陵書局刻本
八册

610000－4041－0000098 098
山海經箋疏十八卷圖讚一卷 （晉）郭璞傳
（清）郝懿行箋疏 清光緒十二年(1886)上海

還讀樓刻本 四册

610000－4041－0000099 099
詩雋類函一百五十卷 （明）俞安期彙纂
（明）梅鼎祚增定 （明）曹學佺訂校 明萬曆
三十七年(1609)刻本 四十六册

610000－4041－0000100 100
史記一百三十卷 （漢）司馬遷撰 （南朝宋）
裴駰集解 （唐）司馬貞索隱 清光緒四年
(1878)金陵書局刻本 十册

610000－4041－0000101 101
士禮居藏書題跋記六卷 （清）黃丕烈撰 清
光緒八年(1882)潘氏刻本 四册

610000－4041－0000102 102
書畫傳習錄四卷續錄一卷梁溪書畫徵一卷
（明）王紱輯 （清）稽承祚校刊 清嘉慶十九
年(1814)稽氏層雲閣刻本(傳習錄卷一、三至
四,書畫徵癸集配抄本) 十册

610000－4041－0000103 103
水經注四十卷 （漢）桑欽撰 （北魏）酈道元
注 明末刻本 十册

610000－4041－0000104 104
宋十五家詩選不分卷 （清）陳訏輯 清康熙
三十二年(1693)刻本 八册

610000－4041－0000105 105
宋史四百九十六卷目錄三卷 （元）脫脫等撰
清光緒元年(1875)浙江書局刻本 六十
五册

610000－4041－0000106 106
宋書一百卷 （南朝梁）沈約撰 清同治十一
年(1872)金陵書局刻本 十二册

610000－4041－0000107 107
隋書八十五卷 （唐）魏徵等撰 清同治十年
(1871)淮南書局刻本 十册

610000－4041－0000108 108
苔石效顰集不分卷 （宋）繆鑑撰 清光緒十
五年(1889)刻本 一册

610000－4041－0000109 109

陝西師範大學古籍整理研究所古籍普查登記目錄

唐荊川集六卷 （明）唐順之著 （清）張汝瑚選 清康熙二十一年(1682)刻本 四冊

610000－4041－0000110 110

唐詩選六卷 王闓運撰 清光緒二年(1876)成都尊經書局刻本 六冊

610000－4041－0000111 111

桃花扇四卷首一卷 （清）孔尚任編 清光緒二十一年(1895)蘭雪堂刻本 五冊

610000－4041－0000112 112

古今萬姓統譜一百四十卷 （明）凌迪知編（明）凌述知校 明萬曆刻本 三十冊

610000－4041－0000113 113

汪龍莊先生遺書八種 （清）汪輝祖撰 清同治元年(1862)望三益齋刻本 六冊

610000－4041－0000114 114

魏書一百十四卷 （北齊）魏收撰 清同治十一年(1872)金陵書局刻本 十六冊

610000－4041－0000115 115

文選六十卷 （南朝梁）蕭統撰 （唐）李善注 明嘉靖六年(1527)晉藩養德書院刻本(卷四至五、七補配明唐藩刻本) 二十冊 缺一卷(六)

610000－4041－0000116 116

文選六十卷 （南朝梁）蕭統撰 （唐）李善注 （清）葉樹藩參訂 清末羊城翰墨園刻朱墨印本 十二冊

610000－4041－0000117 117

文苑英華選六十卷 （清）宮夢仁選 清康熙四十三年(1704)刻本 二十四冊

610000－4041－0000118 118

吾學錄初編二十四卷 （清）吳榮光述 （清）黃本驥編次 （清）陳傳均 （清）吳彌光校 清同治九年(1870)江蘇書局刻本 六冊

610000－4041－0000119 119

吳詩集覽二十卷 （清）吳偉業撰 （清）靳榮藩輯 清乾隆四十年(1775)刻本 二十

610000－4041－0000120 120

吳詩集覽二十卷談藪二卷 （清）吳偉業撰

（清）靳榮藩輯 清凌雲亭刻本 十二冊

610000－4041－0000121 121

吳淵穎先生集十二卷 （元）吳萊撰 （清）王邦采 （清）王繩曾箋 清康熙六十年(1721)刻本 四冊

610000－4041－0000122 122

五代史七十四卷 （宋）歐陽修撰 （宋）徐無黨注 清末崇文書局刻本 六冊

610000－4041－0000123 123

惜抱軒遺書三種十一卷 （清）姚鼐撰 清光緒五年(1879)桐城徐宗亮刻本 四冊

610000－4041－0000124 124

湘軍志十六卷 王闓運撰 清刻本 四冊

610000－4041－0000125 125

小謨觴館文注四卷 （清）彭兆蓀撰 （清）孫元培 （清）孫長熙纂輯 清道光十四年(1834)木活字印本 二冊

610000－4041－0000126 126

寫定尚書不分卷 （清）吳汝綸輯 清光緒十八年(1892)桐城吳氏家塾石印本 一冊

610000－4041－0000127 127

欣賞編不分卷 （明）沈津編 明萬曆八年(1580)刻本 八冊

610000－4041－0000128 128

新編古今事文類聚前集六十卷 （宋）祝穆編 明司禮監刻本 一冊 存二卷(二十七至二十八)

610000－4041－0000129 129

新唐書二百七十三卷 （宋）歐陽修 （宋）宋祁撰 清同治十二年(1873)浙江書局刻本 二十四冊 存二百三十二卷(一至二百三十二)

610000－4041－0000130 130

新增格古要論十三卷 （明）曹昭著 （明）舒敏編校 （明）王佐校增 （明）黃正位重校 明末刻本 六冊

610000－4041－0000131 131

須靜齋雲烟過眼錄一卷 （清）潘世璜撰 清
宣統三年(1911)吳縣潘氏刻朱印本 一冊

610000－4041－0000132 132

養吉齋叢錄二十六卷餘錄十卷 （清）吳振棫
纂 清光緒二十二年(1896)刻本 八冊

610000－4041－0000133 133

堯峯文鈔五十卷 （清）汪琬撰 （清）林佶編
清康熙三十二年(1693)林佶寫刻本 八冊

610000－4041－0000134 134

遺山詩集二十卷 （金）元好問撰 明末毛氏
汲古閣刻本 四冊

610000－4041－0000135 135

儀顧堂集二十卷 （清）陸心源譔 清末刻本
六冊

610000－4041－0000136 136

藝風藏書記八卷 繆荃孫撰 清光緒二十六
年至二十七年(1900－1901)刻本 三冊

610000－4041－0000137 137

欽定全唐文一千卷總目三卷 （清）董誥等編
清武英殿刻本 二冊 存八卷(七百三十
三至七百四十)

610000－4041－0000138 138

欽定中樞政考三十二卷 （清）明亮修 （清）
納蘇泰等纂 清末抄本 一冊 存一卷(一)

610000－4041－0000139 139

影舊鈔卷子原本玉篇不分卷 （南朝梁）顧野
王撰 清光緒遵義黎氏日本東京使署影刻古
逸叢書本 二冊

610000－4041－0000140 140

王狀元集百家注杜陵編年詩史三十三卷
（唐）杜甫撰 （宋）魯訔編年并注 （宋）王
十朋集注 清宣統三年至民國二年(1911－
1913)陶子麟刻貴池劉氏玉海堂景宋叢書本
十六冊

610000－4041－0000141 141

漁洋山人精華錄訓纂十卷［王士禎］年譜二卷
（清）惠棟撰 清乾隆刻本 二十冊

610000－4041－0000142 142

語石十卷 葉昌熾撰 清宣統元年(1909)刻
本 四冊

610000－4041－0000143 143

御製資政要覽三卷 （清）世祖福臨撰 清順
治十二年(1655)內府刻本 三冊

610000－4041－0000144 144

御製資政要覽三卷 （清）世祖福臨撰 清順
治十二年(1655)內府刻本 三冊

610000－4041－0000145 145

御製資政要覽三卷後序一卷 （清）世祖福臨
撰 清順治十二年(1655)內府刻本 四冊

610000－4041－0000146 146

元史二百十卷 （明）宋濂等撰 清同治十三
年(1874)江蘇書局刻本 三十四冊

610000－4041－0000147 147

欽定元史語解二十四卷 （清）高宗弘曆撰
清光緒四年(1878)江蘇書局刻本 四冊

610000－4041－0000148 148

韞山堂詩集十六卷文集八卷 （清）管世銘撰
清嘉慶六年(1801)刻本 四冊

610000－4041－0000149 149

增定智囊補二十八卷 （明）馮夢龍重輯 明
末清初斐齋刻本 十二冊

610000－4041－0000150 150

戰國策十卷 （宋）鮑彪校注 （元）吳師道重
校 明初刻本(卷一至二、七配抄本) 六冊

610000－4041－0000151 151

張皋文手寫墨子經說解二卷 （清）張惠言寫
清宣統元年(1909)國學保存會石印本
一冊

610000－4041－0000152 152

古文辭類纂七十四卷 （清）姚鼐纂集 續古
文辭類纂三十四卷 王先謙撰 清光緒三十
三年(1907)上海商務印書館鉛印本 十二冊

610000－4041－0000153 153

重刊補註洗冤錄集證五卷 （宋）宋慈撰

（清）王又槐增輯　（清）李觀瀾補輯　（清）孫光烈參閱　（清）阮其新補註　（清）王又梧校訂　（清）張錫蕃重訂　清道光十七年（1837）刻朱藍墨三色套印本　四冊

610000 – 4041 – 0000154　154
周禮鄭氏注十二卷附札記一卷　（漢）鄭玄注　清嘉慶二十三年（1818）刻本　五冊

610000 – 4041 – 0000155　155
周書五十卷　（唐）令狐德棻等撰　清同治十三年（1874）金陵書局刻本　四冊

610000 – 4041 – 0000156　156
周易本義不分卷　（宋）朱熹本義　清康熙內府刻本　二冊

610000 – 4041 – 0000157　157
周易述四十卷　（清）惠棟集注并疏　清乾隆

二十五年（1760）刻本　六冊　存二十一卷（一至六、九至二十三）

610000 – 4041 – 0000158　158
莊子南華眞經四卷　（晉）郭象注　明萬曆閔齊伋刻朱墨印本　四冊

610000 – 4041 – 0000159　159
拙尊園叢稿六卷　（清）黎庶昌撰　清光緒二十一年（1895）金陵李氏狀元閣刻本　四冊

610000 – 4041 – 0000160　160
拙尊園叢稿六卷　（清）黎庶昌撰　清光緒十九年（1893）上海醉六堂石印本　二冊

610000 – 4041 – 0000161　161
善本書室藏書志四十卷附錄一卷　（清）丁丙輯　清光緒二十七年（1901）錢塘丁氏刻本　十二冊

《陝西師範大學圖書館古籍普查登記目録》
書名筆畫字頭索引

391

十一畫

十三畫

十五畫

十六畫

十七畫

十八畫

十九畫

二十畫

二十一畫

《陝西師範大學圖書館古籍普查登記目録》
書名筆畫索引

405

406

四畫

411

413

414

五畫

419

424

六畫

427

430

七畫

八畫

438

444

445

九畫

453

454

十畫

459

十一畫

十三畫

482

十四畫

488

十五畫

十六畫

十七畫

十九畫

二十三畫

二十四畫

二十五畫

二十八畫

《陝西師範大學古籍整理研究所古籍普查登記目録》
書名筆畫字頭索引

《陝西師範大學古籍整理研究所
古籍普查登記目録》
書名筆畫索引